供应链物流管理

谢京辞 孟庆春 赵培忻◎主　编

包春兵 付学梅 盛东方 王景鹏◎副主编

中国财经出版传媒集团

经济科学出版社

Economic Science Press

图书在版编目（CIP）数据

供应链物流管理/谢京辞，孟庆春，赵培忻主编．
—北京：经济科学出版社，2021.6
ISBN 978 - 7 - 5218 - 2590 - 9

Ⅰ.①供⋯ Ⅱ.①谢⋯②孟⋯③赵⋯ Ⅲ.①供应链
管理－物流管理－高等学校－教材 Ⅳ.①F252.1

中国版本图书馆 CIP 数据核字（2021）第 094680 号

责任编辑：于　源
责任校对：王京宁
责任印制：范　艳　张佳裕

供应链物流管理
GONGYINGLIAN WULIU GUANLI
主编　谢京辞　孟庆春　赵培忻
经济科学出版社出版、发行　新华书店经销
社址：北京市海淀区阜成路甲 28 号　邮编：100142
总编部电话：010 - 88191217　发行部电话：010 - 88191522
网址：www.esp.com.cn
电子邮箱：esp@esp.com.cn
天猫网店：经济科学出版社旗舰店
网址：http://jjkxcbs.tmall.com
北京季蜂印刷有限公司印装
710×1000　16 开　39 印张　630000 字
2021 年 6 月第 1 版　2021 年 6 月第 1 次印刷
ISBN 978 - 7 - 5218 - 2590 - 9　定价：98.00 元
（图书出现印装问题，本社负责调换。电话：010 - 88191510）
（版权所有　侵权必究　打击盗版　举报热线：010 - 88191661
QQ：2242791300　营销中心电话：010 - 88191537
电子邮箱：dbts@esp.com.cn）

前　言

2014 年国务院在《物流业发展中长期规划（2014－2020 年)》中指出物流业是融合运输、仓储、货代、信息等产业的复合型服务业，是支撑国民经济发展的基础性、战略性产业。2017 年国务院在《关于积极推进供应链创新与应用的指导意见》中强调供应链是以客户需求为导向，以提高质量和效率为目标，以整合资源为手段，实现产品设计、采购、生产、销售、服务等全过程高效协同的组织形态。在国家相关政策的支持下，物流与供应链的重要性逐步提高，关注度逐年提升。

为了培养国家急需的相关人才，国内高校相继开设了物流管理、物流工程、采购管理、供应链管理等本科专业。山东大学管理学院也于 2004 年开设物流管理本科专业，2020 年初获教育部批准设立供应链管理新兴本科专业并于当年招生。为了提高学生培养质量，适应供应链管理新专业的发展，山东大学管理学院信息系统与供应链管理系组织一线教师编写本教材。

在教材编写过程中，本着理论联系实际、定量分析与定性分析相结合的原则，面向管理类本科教材需求，全书按照立体化教材体例编写，分理论篇、运营篇和前沿篇三篇，共二十一章，内容较为丰富，体例规范，每章后面附有本章小结、复习与思考、延伸阅读等，方便教师教学和学生自学。

本书编写兼顾高校开设课程多样化的需求，主要面向工商管理类、物流管理与工程类等本科专业开设的《物流管理》《供应链管理》《物流与供应链管理》《供应链物流管理》等相关课程。其中理论篇前四章是上述课程的基础，《物流管理》可重点讲授第十至十五章、其他章节选择性讲授，《供应链管理》可重点教授运营篇的相关内容，其他章节选择性讲授，《物流与供应链管理》《供应链物流管理》等相关课程可自由组合内容讲授。

本书由谢京辞、孟庆春、赵培忻任主编，负责全书策划、大纲制定及统稿工作。包春兵、付学梅、盛东方、王景鹏任副主编，负责主要章节撰写。本书编写的具体分工如下：谢京辞负责编写第1章、第12章和第20章，孟庆春负责编写第2章，赵培忻负责编写第10章和第11章，包春兵负责编写第13章、第16章和第17章，张江华负责编写第4章，付学梅负责编写第5章和第14章，盛东方负责编写第15章、第18章和第19章，王景鹏负责编写第6章、第7章、第8章和第9章，褚梦禹、谢京辞编写第3章和第21章。在本书编写过程中，编者参考了大量国内外参考书和文献资料，主要参考资料已在参考文献中列出，有的可能有遗漏，在此对国内外有关作者和出版机构表示衷心的感谢。

由于本书涉及内容较广，知识更新速度较快，加上时间仓促，作者水平有限，难免会有一些不当与错误，恳请读者批评指正。

编者

2020年11月

Contents | 目　录

第二编　运营篇

第三编　前沿篇

理 论 篇

绪　　论

<u>引导案例</u>

戴尔的供应链管理

1. 订单完成、采购与生产流程的管理

戴尔的经营系统与供应链有效地结合在一起，订单生成的同时便触发了供应链中的订货、补货、生产和运输系统。工厂运用 FP 系统，根据顾客要求的订单送达时间及库存情况、原材料送达时间进行排序，生成订单流。同时触发补货系统，两小时内物料便送至生产线，随后迅速组织生产，产品完成后直接交由第三方物流运输至客户。

2. 供应商与物流管理

戴尔与供应商在供应链管理的环境下，处于一种战略合作关系，提倡双赢机制。戴尔非常善于利用供应商的专业效益，与英特尔（Intel）和微软

3

（Microsoft）结成战略合作伙伴，加快企业推出最新、品质最好的产品。戴尔寻找供应商会注重其弹性，以及是否具备长期竞争、是否能不断投资并保持高速的生产能力来配合戴尔的需求。另外，戴尔拥有一套自己的供应商管理机制，如"供应商积分卡"，即在卡上标明标准：每100万件能容忍的瑕疵品比率、市场表现、生产线废品率、运送的及时性、交易的容易度等，以此来衡量评估供应商。

在物流方面，戴尔将这方面的业务外包给第三方物流公司，如联邦快递、伯灵顿和豪顿的各地区物流业翘楚。通过信息的整合，使工厂、供应商和物流公司能有效快捷地联系在一起，为物流的快速准确运送提供了基础。并且在产品设计上，戴尔也考虑到物流的便利。如为尽量减少存储和运输空间，戴尔专门设计了一种称为多层包装（Multi-Pack）的包装箱。

3. 产品研发管理

戴尔的设计从未离开过市场。市场部门对设计部门提要求，设计部门在确定产品得到市场部门的认可之后，针对不同细分市场顾客的不同需求，设计不同的产品线。戴尔将订单中的客户需求引入新品开发的立项和论证上，并使供应商参与到产品开发的过程中，以完成供应链中的新品开发，加速产品周期，快速抢占市场，获取利润。

资料来源：高妙永：《从戴尔的BTO透视供应链管理——戴尔BTO模式案例分析》，载《经济研究导刊》2012年第31期。

▌ 1.1 供应链物流管理的产生与发展历程

从20世纪初"物流"概念在美国的初步形成到如今"供应链物流"概念的兴起，在这100多年的历史演进过程中，供应链物流管理经历了实物流通（physical distribution）、分销物流、物流管理、供应链物流管理等发展阶段。随着新兴技术和市场需求的变化，供应链物流管理的发展也呈现出新的特点。

1.1.1　实物流通的产生与发展（1901～1949 年）

1. 经济动因

1901 年，约翰·F. 克罗威尔（John F. Crowell）首先研究了物流相关问题。他向美国政府提交了《行业协会关于农产品配送报告》，在报告的第一部分中讨论了影响农产品配送成本的因素。随后相关学者提出市场营销具有产生需求和实物供应两大功能，被视为物流概念早期的萌芽。

1912 年，阿奇·肖（Arch Shaw）在国际著名杂志经济学季刊（*The Quarterly Journal of Economics*）上发表《市场流通中的若干问题》（*Some Problems in Market Distribution*），并从中提出"Physical Distribution"（实物流通）的概念。当时西方一些国家正深陷经济危机，存在较严重的生产过剩和需求不足的问题，企业界为了扩大销售，开始关注销售过程中的物流问题。他指明实物流通是与创造需求不同的问题，是为计划、执行和控制原材料、在制品库存，以及制成品从起源地到消费地的有效率的流动而进行的两种或多种活动的集成，并提到"物资经过时间或空间的转移会产生附加价值"。1915 年，哈佛大学出版社出版了阿奇·肖的同名专著以详细阐述市场流通中的问题。

1935 年，美国销售协会对实物流通进行了定义：实物流通是包含于销售之中的物质资料和服务，从生产地到消费地流动过程中伴随的种种活动。

这种观点可以归结为经济动因，即物流的概念来源于经济相关变化，起源于人们对协调经济活动中物流及其相关活动的追求。英国克兰菲尔德物流与运输中心主任马丁·克里斯多弗（Martin Christopher）教授认为，阿奇·肖是最早提出实物流通概念并进行探讨的学者，他在 1994 年出版的《物流与供应链管理》一书中提到，从阿奇·肖的实物流通概念提出以后，又经过了 70 年左右的时间，物流管理的基本原则才有了明确的定义。

2. 军事动因

詹姆士·约翰逊（James C. Johnson）和唐纳德·伍德（Donald F. Wood）认为"物流"一词首先用于军事，并提到美国少校琼西·贝克（Chauncey B. Baker）在 1905 年明确提出了物流的概念，"那个与军备的移动和供应相关的战争的艺术的分支就叫物流"①。战争开始前，军事后勤部门要为参战人员提供弹药和装备；战争开始后，军事物资和装备必须保持可以供应的状态。

第二次世界大战期间，美国海军因军事上的需要，为了改善战争中的物资供应状况，提出了实物流通理论，即对军事物流的供应实行后勤管理（logistics management），对军火的运输、补给、屯驻等进行全面管理。其核心是将战时物资的生产、采购、运输、配给等活动作为一个整体进行统一管理，以求战略物资补给费用更低、速度更快、服务更好。实践证明，这一理论的应用取得了很好的效果。从此，后勤逐渐形成了单独的学科，并不断发展为后勤工程（logistics engineering）、后勤管理（logistics management）和后勤分配（logistics distribution）。

1.1.2 分销物流阶段（1950～1979年）

从20世纪50年代开始，以 physical distribution 为中心开始形成的分销物流逐渐发展成为主流概念，从美国开始走向全世界，成为普遍认可且较为统一的物流概念，为后期物流管理阶段的形成和发展打好了基础。

20世纪60年代至70年代是物流发展的重要阶段。世界上第一本教科书《物流管理》于1961年出版，该书由斯马凯伊（Edward W. Smykeay）、鲍尔索克斯（Donald J. Bowersox）和莫斯曼（Frank H. Mossman）三位教授撰写，标志着物流理论体系开始形成，其范围不限于商品流通，而是扩大到生产和消费等领域。从这一时期开始，美国密西根州立大学和俄亥俄大学开始在大学开设物流课程。1963年全美实物分配管理协会（National Council of Physical Distribution Management）成立，首次从管理角度对物流进行了定义：物流（physical distribution）是有计划地将原材料、半成品及产成品由生产地送到消费地的所有流通活动。其内容包括为用户服务、需求预测、情报信息联系、材料搬运、订单处理、选址、采购、包装、运输、装卸、废料处理及仓库管理等。

在分销物流发展过程中，企业内部物流尤其是生产领域的研究与实践应

① James C. Johnson, Donald F. Wood., *Cotemporary Logistics*（4th Edition），Macmillan Publishing company，1990，P.6.

6

用异军突起。独立需求和相对需求的提出、物料需求计划（material require-ment plan，MRP）等技术开始投入使用，20 世纪 60 年代日本丰田公司的准时化生产技术以及看板技术也是这一时期的代表。另外，设施规划与工厂设计也成为企业内部一个强劲发展的领域，工厂选址、厂区布局、物料搬运系统设计等应用于实践，取得了很好的经济效益。但分销物流概念显然不能包括生产阶段，特别是到了 80 年代以后，随着物流活动进一步集成化、一体化、信息化发展，物流管理阶段开启了。

1.1.3　物流管理阶段（1980～1990 年）

20 世纪 80 年代，世界经济出现了全球化趋势。全球化采购、生产和销售成为商业新模式。全球化导致运输距离拉长，面向消费者的需求变化复杂且快速，这些给跨国公司的经营管理带来了前所未有的挑战，使得他们迫切需要对相关供应商、分销商和顾客资源加以整合和管理，以利于经营效益的提高。因此，原来的分销物流（physical distribution，P. D.）理念，已不适应这种形势，而是开始采用物流（logistics）理念进行替代和描述。

这一时期世界各国开始对物流的概念进行重新阐述。1981 年日本日通综合研究所在《物流手册》中对物流的定义是：物流是物质资料从供给者向需要者的物理性移动，是创造时间性、场所性价值的经济活动。从物流的范畴来看，包括包装、装卸、保管、库存管理、流通加工、运输、配送等诸多活动。

1985 年美国实物配送管理协会改名为美国物流管理协会（Council of Logistics Management，CLM），并把物流定义为满足消费者需求而进行的对原材料、中间库存、最终产品及相关信息从起始点到消费地的有效流动，以及为实现这一流动而进行的计划、管理和控制过程。

同年，加拿大物流管理协会（Canadian Association of Logistics Manage-ment，CALM）认为："物流是对原材料、在制品库存、产成品及相关信息从起源地到消费地的有效率的、成本有效益的流动和储存进行计划、执行和控制，以满足顾客要求的过程。该过程包括进向、去向和内部流动。"

从主要国家对物流的定义变化可以看出，物流从流通领域扩展到供应、生产、流通全过程。如图 1-1 所示，物流演变为实物流通的全过程，从追

7

求运输、储存、装卸、包装、流通加工、信息处理的部分最优演化为采购、生产、销售等部门最优，最终追求经营管理全体最优化。从 P. D. 阶段演化为 Logistics 阶段，物流开始向系统化和一体化迈进。

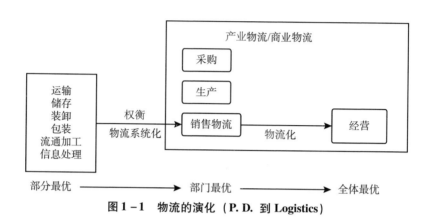

图 1-1　物流的演化（P. D. 到 Logistics）

1.1.4　供应链物流管理（1990 年至今）

20 世纪 90 年代以后，供应链管理（Supply Chain Management，SCM）的概念开始产生，主要得益于企业经营管理模式的变化。传统的企业模式出于对制造资源的占有和控制，主要通过企业自建或者自营的方式展开，拥有从设计、制造到最终销售各环节的所有权，形成"纵向一体化"的管理模式。这种"大而全"的模式管理效率低下，核心竞争力不能很好体现，经营成本高。鉴于此，企业开始转向"横向一体化"发展，把非核心业务外包出去，提炼核心竞争力，供应链的思维开始产生。

如图 1-2 所示，一个企业要建成能够高效率运转的商业物流系统存在许多障碍，而多个关联企业采用协作和联合发展的方式，譬如企业有明确的分工又协作经营、共享信息系统、共担库存风险、共同计划、共同开发相关产品、共担投资风险等，这些举措所形成战略合作的"链化"企业关系如果能很好地得以贯彻，实现商流、物流、信息流的有效融合，那么企业就可以更有效地运转。在企业集成化和一体化的供应链运营过程中，信息科技加速了这一进程，企业资源计划（Enterprise Resource Planning，ERP）等技术广泛应用于企业经营管理中，极大地改善了企业运营绩效。

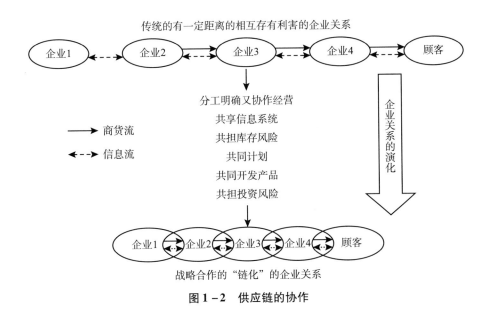

图 1-2 供应链的协作

这一时期，1992 年美国物流管理协会对物流的定义做了修订：物流是以满足客户需求为目的，对产品、服务以及相关信息从供应地到消费地的高效率、低成本的流动和储存而进行的计划、执行和控制。1998 年再次修订为：物流是供应链流程的一部分，是为满足顾客需要对商品、服务及相关信息从产地到消费地高效、低成本正向、逆向流动和储存而进行的规划、实施、控制过程。美国物流管理协会最终在 2005 年更名为美国供应链管理专业协会（Council of Supply Chain Management Professionals，CSCMP），并不断地对物流和物流管理的定义进行持续更新。

同时期，欧洲物流协会（European Logistics Association，ELA）在 1994 年提出"物流是在一个系统内对人员及商品的运输、安排及与此相关的支持活动的计划、执行与控制，以达到特定的目的"。1997 年日本物流系统协会（Japan Institute of Logistics Systems，JILS）提出：物流是为满足消费者的需求，根据市场需求信息有效地提供商品，对采购、生产和销售进行整合的一种营销战略。

我国物流业从 20 世纪 90 年代末开始兴起。中华人民共和国国家标准《物流术语》和新修订的《物流术语》对物流相关术语进行统一，其中物流的定义是："物流是物品从供应地向接收地的实体流动过程。根据实际需要，将运输、储存、装卸、搬运、包装、流通加工、配送、信息处理等基本功能实施进行有机结合"。

随着时代的发展，从物流发展的历史视角来看，如图 1 - 3 所示，物流从开始的 P. D. 以前、P. D.、Logistics 到 SCM 时代，通过集成化、一体化等管理模式的变化，实现了物流总成本的降低和物流服务水平的提高。

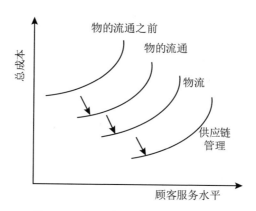

图 1 - 3 物流成本 VS 顾客服务水平

进入 21 世纪，信息技术和自动化技术在供应链管理中不断得到应用，人工智能、区块链、大数据分析等新兴科技不断拓展其商业场景，电子商务物流、全球化供应链、智慧物流与供应链，绿色可持续供应链等是现代供应链物流管理的新特征。

◼ 1.2 供应链物流系统的构成及其功能活动

1.2.1 供应链物流系统的构成

1. 供应链与供应链管理

供应链是围绕核心企业，通过对信息流、物流、资金流的控制，从采购原材料开始，经过中间产品以及最终产品，最后由销售网络把产品送到消费者手中的正向和逆向的整体运行系统，它是将供应商、制造商、分销商、零售商直到最终用户连成一个整体的功能网链结构模式。与供应链的概念相对应，所谓供应链管理，就是满足顾客的需求，规划和管理供应、采购、生产、营销和所有物流活动，尤其是渠道成员的协调和合作，包括供应商、中间商、第三方提供商、客户等。从本质上讲，供应链管理是对企业内外供应和需求的全面整合。①

供应链管理是从企业管理的角度出发，重点描述企业运营实体之间的系统结构，强调企业内外部资源的同时使用，要从企业及其合作群体的大系统的角度降低成本，提升效率。而物流是从企业作业活动的角度提出的概念，重点描述企业围绕物的流转而形成的各项实际作业活动内容。②

2. 供应链物流管理

供应链物流管理是供应链思想和物流管理相结合的产物，是一种新型的共生式物流管理模式，它强调供应链成员组织不再孤立地优化自身的物流活动，而是通过协作、协调和协同，提高供应链物流的整体效率，最终达到供应链成员整体获益的目的。③

供应链物流管理是指以供应链核心产品或者核心业务为中心的物流管理体系。前者主要是指以核心产品的制造、分销和原材料供应为体系而组织起来的供应链的物流管理，例如汽车制造、分销和原材料的供应链的物流管理，就是以汽车产品为中心的物流管理体系。后者主要是指以核心物流业务为体系而组织起来的供应链的物流管理，例如第三方物流、配送、仓储、运输供应链的物流管理。

企业运营要做到准时交货、提高交货可靠度、保证质量、提高响应性、降低库存成本、加速资金周转、快速应对市场变化、提升客户管理水平并提供优质优价的产品，都离不开物流管理。对于供应链环境下的企业，合作企业之间是战略伙伴、战略同盟，这时的物流管理实际上就是供应链物流管

---

① 宋华、于亢亢：《物流与供应链管理》（第三版），中国人民大学出版社 2017 年版，第 17 页。
② 冯耕中、刘伟华：《物流与供应链管理》，中国人民大学出版社 2010 年版，第 45 页。
③ 郑称德：《供应链物流管理》，南京大学出版社 2018 年版，第 7 页。

理，是以供应链目标为指导，实现企业内部物流与外部物流的同步优化。把供应链链上所有节点的企业作为一个整体，以提升整条链的运营绩效为导向，实现共赢。因此，现代企业只有建立敏捷高效的供应链物流系统才能提升企业的竞争力。

3. 供应链物流系统的构成

随着物流概念的发展和内涵的变化，供应链物流的概念可以划分为狭义和广义的物流。狭义的物流概念指商品销售过程的物流活动，具体指商品被生产出来以后，经过销售进入最终消费的物流活动。而广义的物流概念指实物流通的全过程，包括生产领域、流通领域和消费领域的物资流动，是物质资料从供应地经过生产和销售到最终消费的整个过程的一切物流活动。除此之外，还包括回收废弃物流（如退货物流、周转包装物流、废弃物流等）的相关内容。

如图1-4所示，按照所处的链条环节和所起作用划分，整个供应链物流系统可以分为供应物流、生产物流、销售物流、回收废弃物流四个物流子系统。其中，供应物流、生产物流和销售物流所构成的狭义的物流被称为正向物流系统，退货物流、回收物流和废弃物流所构成的广义的回收废弃物流被称为反向或逆向物流。在这些物流子系统中，又包含运输、储存、包装、流通加工、物料搬运、配送等功能。四个物流子系统分析见图1-4。

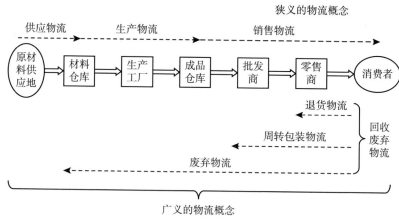

图1-4 供应链物流系统

（1）供应物流子系统。供应物流是指为生产企业提供原材料、零部件或其他物品时，物品在提供者与需求者之间的实体流动，包括原材料等一切生产材料的采购、进货运输、仓储、库存管理、用料管理和供料运输等活动。由于企业的资金大部分被购买物资、原材料及半成品（或零配件）所占用，供应物流所关联的采购合理化对企业的低成本运营有重要作用。

（2）生产物流子系统。生产物流是指生产过程中原材料、在制品、半成品、产成品等企业内部的实体流动。生产物流是制造产品的工厂企业所特有的。在生产企业内部，原材料、燃料、外购件投入生产后，经过下料、发料被运送到各加工点和存储点，以在制品的形态从一个生产单位流入另一个生产单位，并按照规定的工艺过程进行加工、存储，借助一定的运输装置在某个点内流转，又从某个点内流出，这始终体现着物料实物形态的流转。

人们在研究生产活动时，往往关注生产加工的各个过程，却经常忽视将各个加工过程有效地衔接，关注整个生产物流过程的均衡稳定，保障各种在制品的顺利流转，缩短等待时间，这些都可以使相关零部件库存得以压缩，提高生产效率。

（3）销售物流子系统。销售物流是指企业为保证自身的经济利益，通过市场销售活动将产品所有权转给用户的物流活动，重点关注物资生产者到用户之间的物流活动。现在社会的市场竞争异常激烈，也已变为买方市场，因此销售物流活动带有极强的服务性，主要是以满足买方需求为目的的销售。企业通过销售物流才能完成相关投资的回收，以便于再次开展生产活动，可见销售的好坏关系到企业的生存和发展。所以，企业在销售物流活动中需要研究送货方式、包装水平、运输路线等，并优化各种物流方式，通过少批量、多批次、定时、定量等方式达到销售目的。

（4）回收废弃物流子系统。退货物流是指对已采购但验收不合格的原材料和零部件的退货，以及与已售出商品的退货有关的运输、验收和保管有关的物流活动。有些退货是由于产品自身有所欠缺，有些是由于物流过程中造成产品损坏，还有部分是在电商物流中，由于消费者的缘故产生的无条件退货，所以退货物流的货品可能有缺陷，但也有可能是合格品。

商品在生产、供应、销售活动中总会产生相关余料和废料，回收或利用这些物料是会产生物流活动的，比如包装容器的回收、旧报纸的回收等。这些物资从需求方返回到供给方所形成的物品实体流动被称为回收物流。如果回收物流处理不当，往往会影响生态环境，不利于我国资源节约型和环境友好型社会的建立。

废弃物物流是指将经济活动中失去使用价值的物品，根据实际需要进行收集、分类、加工、包装、搬运等，送到专门的处理场所形成的物品实体流动。由于废弃物物流的处理较为复杂，需要进行有效收集、存储、运输以及最终焚烧、掩埋等作业，有时还需要使用专用设备，因此需要多方的支持。

1.2.2 供应链物流的功能活动

供应链物流的活动主要由储存、运输、配送、包装、装卸搬运、流通加工、信息处理等组成，这些通常也被称为物流活动的基本功能。其中，储存、运输和配送是供应链物流的主要活动，包装、装卸搬运、流通加工、配送、信息处理是供应链物流的辅助活动。以下是对这 7 种活动分别进行的分析。

1. 储存

储存是物流体系中唯一的静态环节，主要功能是实现物资的时间效益，相当于物流（或配送）中心的节点，主要起到缓冲和调节的作用。其主要的载体是仓库及其附属设备。在物流系统中，仓储和运输是同等重要的构成因素。仓储功能包括对进入物流系统的货物进行堆存、管理、保管、保养、维护等一系列活动。仓储的作用主要表现在两个方面：一是完好地保证货物的使用价值和价值；二是为将货物配送给用户，在物流中心进行必要的加工活动而进行的保存。随着商业模式和消费习惯的变革，物流由原来的少品种、大批量转换为多批次、小批量或多品种、小批量，仓储功能从重视保管效率逐渐变为重视顺利进行发货和配送作业，仓储活动中也加入了拣选、配货、检验、分类等作业，并融合了配送以及贴标签、包装等流通加工功能。

2. 运输

运输是物流的核心业务之一，是实现物质实体由供应方向需求方的移动，也是创造空间价值的过程。运输方式有公路、铁路、航空、水运和管道等。如何选择运输手段对于提高物流效率具有十分重要的意义，在决定运输手段时，必须权衡运输系统要求的运输服务和运输成本，根据运输方式特性，综合考虑运费、时间长短、频度、运输能力、货物的安全性、时间的准确性、适用性、网络可达性等要素，合理选择运输方式。

3. 配送

配送是一种特殊且综合的活动，是商流与物流的紧密结合。物流是商物分离的产物，而配送是商物合一的产物，配送本身就是一种商业形式。配送主要包括"配"和"送"两种功能，是运输派生出来的功能。配送位于供应链物流系统的最末端，属于短距离的运输。在现代的配送业务之中，几乎包含了所有物流相关功能要素，是物流的一个缩影或在某个小范围中物流活动的集中体现。一般的配送集装卸、包装、保管、运输于一身，通过这一系列的活动完成将货物送达的目的。

4. 包装

包装是为在流通过程中保护产品、方便储运、促进销售，按一定的技术方法而采用的容器、材料和辅助物等的总称，也指为达到上述目的在采用容器、材料和辅助物的过程中施加一定技术方法等的操作活动。包装的目的不是要改变商品的销售包装，而在于通过对销售包装进行组合、拼配、加固从而形成适于物流和配送的组合单元。

5. 装卸搬运

在同一地域范围内（如车站范围、工厂范围、仓库内部等），以改变"物"的存放、支撑状态的活动被称为装卸，以改变"物"的空间位置的活动被称为搬运，两者全称为装卸搬运。有时候或在特定场合，单称"装卸"或单称"搬运"也包含了"装卸搬运"的完整涵义。装卸搬运是为了加快商品的流通速度所必须具备的功能。通过对装卸搬运设备进行合理选择和有效配置，尽可能减少搬运次数，以节约物流费用，提高经济效益。

6. 流通加工

流通加工是为了提高物流速度和物品的利用率，在物品进入流通领域后，按客户的要求进行的加工活动，即在物品从生产者向消费者流动的过程中，为了促进销售、维护产品质量、实现物流高效率所采取的使物品发生物理和化学变化的功能。流通加工的主要目的是方便生产或销售。流通加工可以对商品进行进一步的加工处理，有效满足客户需求，更好地衔接生产和销售，使供应链的流程更加合理化，是物流活动的一项增值服务。

7. 信息处理

信息是连接运输、储存等供应链物流各环节的纽带，是整个供应链活动的中枢，在供应链物流管理中是不可或缺的。供应链物流中的信息可分为物流信息和商流信息。物流信息主要包括货物数量、空间位置、物流费用等信息。商流信息主要是和商品交易相关的信息，主要有货源信息、市场销售情况、合同、付款结算等。多数情况下，商流信息和物流信息是同时出现、相互依附的。这些信息是企业进行管理和决策的依据，通过信息分析和处理，企业可以达到减少浪费、节约成本、提高服务质量的目的，从而确保在激烈的市场竞争中立于不败之地。

以上是供应链物流的基本活动，除了这些基本活动之外，还有增值性的供应链物流服务。增值性服务主要是根据客户需要，提供超出基本服务之外的服务，主要有增加便利性的服务、加快反应速度的服务、降低成本的服务（第三方物流的服务）、延伸服务（供应链集成）等。

1.3　企业供应链物流管理的作用

当今许多企业在加强科技研发和推进全面质量管理的同时，已把寻求成本优势和价值优势的目光投向了供应链物流领域。供应链物流管理链接其资源供应和消费者，目的是以最低的总成本按时按量地达到顾客服务要求，其对企业的经营管理有重要意义，重点表现在以下两个方面。

1.3.1　供应链物流管理是现代企业的第三利润源泉

在企业的发展过程中，追求利润是企业的目标。20世纪六七十年代，发达国家的企业大多把追求利润的焦点放在了生产领域，千方百计降低资源消耗以获取"第一利润源泉"。当生产领域的节约达到瓶颈后，企业开始把焦点放在"第二利润源泉"即人力资源领域，追求廉价劳动力、劳动分工，或者采用机械化、自动化等手段提高劳动生产率以降低成本、增加利润。所以，"第二利润源泉"是以提高生产率为目标的。

随着时代的发展，前两大利润源泉可挖掘的潜力逐步减少，利润获取难度加大，物流领域开始引起企业广泛的关注。1962 年美国著名管理学家彼得·德鲁克（Peter F. Drucker）在《财富》杂志上发表了《经济领域的黑暗大陆》疑问，指出流通领域是经济领域"一块尚未开垦的处女地"，强调流通及其流通过程中的物流管理将变成企业降低成本的最后边界。随后，1970 年日本早稻田大学的西泽修教授提出了著名的"第三利润源泉"，表明物流作为"黑暗大陆"虽然尚未被完全照亮，但它绝不是一块不毛之地，而是一片富饶之源。

进入 20 世纪 80 年代，面对全球激烈的市场竞争，企业开始把寻求利润的目光投向物流领域。合理高效的物流能够为企业的整个生产和流通结构的协调与完善带来巨大的利润，供应链物流管理成为了企业竞争的新焦点，受到了理论界和产业界的高度重视。

1.3.2 供应链物流管理是企业获取战略优势的主要手段

当今企业的经营理念从产品导向过渡到市场导向，"为顾客创造价值"与"让顾客满意"逐渐成为企业追求的目标。卓越的供应链物流管理能力，可以使企业通过向客户提供优质服务来获得竞争优势。高效的供应链规划和设计能提高企业对零配件的可得性、对渠道的把控力、配送的及时性和交付的一贯性，能使企业成为有吸引力的供应商和理想的业务合作伙伴。供应链物流管理已被企业纳入战略管理范畴，已成为企业获取优势的主要手段。

世界 500 强企业大多具有一流的供应链物流管理能力，通过向顾客提供优质服务获取竞争优势。沃尔玛通过降低企业成本、缩短供货周期和提高供货质量支持企业的竞争战略，击败了凯马特超市等众多对手。企业在市场扩张和新产品开发过程中，通过供应链物流、信息流和商流的一体化整合，可以有效提高企业的运营效率和效益，为企业战略的实现做好后勤保障。

本 章 小 结

本章共包括三个小节，第一节介绍了供应链物流管理的产生与发展历程，分为实物流通、分销物流、物流管理、供应链物流管理四个阶段。第二节则介绍了供应链物流系统的构成及其功能活动。在此基础上，第三节讨论了企业供应链物流管理的作用。

本章重要术语

物流　供应链　供应链物流　供应链整合　第三利润源泉

延 伸 阅 读

1. 马士华、林勇等：《供应链管理》（第五版），机械工业出版社 2016 年版。

2. 苏尼尔·乔普拉、彼得·迈因德尔：《供应链管理：战略、计划和运作》，清华大学出版社 2017 年版。

3. 唐纳德·J. 鲍尔索克斯、戴维·J. 克劳斯等著，马士华、张慧玉等译：《供应链物流管理》（原书第 4 版），机械工业出版社 2014 年版。

复习与思考

1. 什么是物流？什么是供应链管理？

2. 什么是供应链物流管理？

3. 简述物流的产生和发展历程。

4. 供应链物流系统有哪些？

5. 供应链物流管理有哪些功能活动？

6. 企业供应链物流管理的作用是什么？

第2章

供应链物流理论

学习目标

1. 理解并掌握供应链物流管理领域的基础知识与经典理论。
2. 掌握供应链物流风险评价方法并能用于分析相关案例。
3. 了解供应链物流管理的前沿软件并能进行简单操作。

引导案例

宜家高效的物流环节

1. 储运环节——低成本、快速度

在物流环节上，从时间、空间、包装等物流各个方面严格控制成本。例如宜家特色的"平板包装"，不仅可以实现商品储运过程中的集装单元化，降低了运输成本，而且在物流中心现场作业中也大大提高了装卸效率，使自动化存储成为可能。另外，为了节省运输成本，宜家在全球近20家的配送中心与一些中央仓库大多集中在海陆空的交通要道。宜家配送中心的基本功能可以分为两个部分，一部分是直接配送中心（DC），主要负责对销售网点的货物配送，另一部分是辅助配送中心（CDC），辅助网上销售，直接面向顾客提供送货上门服务。宜家的CDC平均每天处理1200多份订单，生成约300多个货物单元。宜家总部设有专业运输部门，控制全球的10000多辆卡车。尽管物流成本占据了家居类产品成本的很大比重，但是宜家商品储运过程中的集装单元化降低了运输成本。

2. 软件系统——响应时间短，工作效率高

宜家采用先进的 IT 技术，无论是从订货、退货，还是库存管理、订单分配都采用了网络数据库技术，大大提高了物流的效率，节省了人力、物力。例如，需要订货的商店可以通过自动订货系统进行订货，如果订单确认，系统会把相应的信息传递到仓库的数据管理系统，仓库的电脑控制系统就会自动按订单完成取货，整个订货过程不需要人工参与。完善的仓库作业安全管理系统能够在差错发生时发出警告，以确保现场高效准确的运作。仓库管理系统的另一个重要作用就是可以进行良好的库存面积管理。系统将仓库的每一个位置进行编号，以便通过电脑迅速而准确地找到指定位置。此外，系统还会依据不同的编号对货物进行分区库存管理，由于货物的性质以及客户的需求不尽相同，系统会根据相关的数据信息和系统算法确定货物出库的先后顺序，找出最合适的货物存放位置。

资料来源：余硕秋：《宜家公司供应链管理模式》，载《管理世界》2013 年第 7 期。

2.1 物流理论

2.1.1 物流概述

1. 物流的定义

物流的概念是在发展中逐步形成的。物流概念主要通过两条途径从国外传入我国，一条是在 20 世纪 80 年代初随"市场营销"理论从欧美传入，"physical distribution"用中文译为"实体分配"或"实物流通"，实体分配的译法被普遍接受。所谓"实体分配"指的是商品实体从供给者至需求者的物理性移动。另一条途径是"physical distribution"从欧美传入日本，用日文翻译为"物流"，20 世纪 80 年代初期，我国从日本直接引入"物流"

这一概念。①

对于物流，目前国内外尚没有形成统一的概念，各种表述不尽相同，但大体含义一致。本书将物流的定义总结为：为了满足客户的需要，以最低的成本，通过运输、保管、配送等方式，实现原材料、半成品、成品及相关信息由商品的产地到商品的消费地所进行的计划、实施和管理的全过程。物流一般由对商品的运输、仓储、包装、搬运装卸、流通加工，以及相关的物流信息等环节构成，是对各个环节进行综合和复合化后所形成的最优系统。

2. 物流的定位

近几十年来，国内外学术界对物流理论与实践的分析和研究十分丰富，在理论与实践深入发展的过程中，人们对物流的定位有了更深刻、更多维的理解，本节通过介绍商物分离说、黑大陆说、物流冰山说、第三利润源说、效益背反说、服务中心说和战略说等经典的物流理论和学说来体现物流的定位的演变与发展。

（1）商物分离说。商物分离又称为商物分流，是物流科学赖以存在的先决条件。所谓商物分离，是指流通中两个组成部分，即商业流通和实物流通各自按照自己的规律和渠道独立运动。

第二次世界大战以后，流通过程中"实际流通"和"所有权转让"的两种不同形式出现了明显的分离，逐渐变成了两个有一定独立运动能力的不同运动过程，这就是所谓的"商物分离"。"商"，指"商流"，即商业性交易，实际是商品的价值运动，是商品所有权的转让，流动的是"商品所有权证书"，是通过货币实现的；"物"，即"物流"，是商品实体的流通。

商流和物流也有着不同的物质基础和不同的社会形态。从马克思主义政治经济学的角度来看，在流通这一统一体中，商流明显偏重于经济关系、分配关系与权力关系，因而属于生产关系范畴；物流明显偏重于工具、装备、设施及技术，因而属于生产力范畴。所以，商物分离实际是流通总体中的专业分工、职能分工，是通过这种分工实现大生产式的社会再生产的产物，这是物流科学中重要的新观念。物流科学正是在商物分离的基础上才得以对物

———————————

① 王萍：《电子商务基础》，华东理工大学出版社 2010 年版，第 180 页。

流进行独立的考察，进而形成的科学。

（2）黑大陆说。美国著名的管理学权威 P. F. 德鲁克曾经讲过："流通是经济领域里的黑暗大陆。"由于流通领域中物流活动的模糊性尤其突出，人们对其的认识更为不清晰。所以，现在"黑大陆"的说法主要针对物流领域。

"黑大陆"尚未被认识和了解，如果理论研究和实践探索照亮了这块"黑大陆"，那么摆在人们面前的可能是一片不毛之地，也可能是一片宝藏之地。从某种意义上来看，黑大陆说是一种未来学的研究结论，是战略分析的结论，带有很强的哲学抽象性，这一学说对于研究这一领域起到了启迪和推动的作用。

（3）物流冰山说。物流冰山说是由日本早稻田大学的西泽修教授提出来的。他在研究物流成本时发现，现行的财务会计制度和会计核算方法都不可能掌握物流费用的实际情况，因而人们对物流费用的了解可以说是一片空白，甚至有很大的虚假性，他把这种情况比作"物流冰山"。冰山的特点是，它们大部分沉在水面之下，露出水面的仅是冰山的一角。物流便是一座冰山，其中沉在水面以下的是我们看不到的黑色区域，我们看到的只是物流的一部分。

西泽修用物流成本的具体分析论证了德鲁克的"黑大陆"说，事实证明，物流领域的方方面面对我们而言还是不清楚的，在"黑大陆"和"冰山"的水下部分，正是物流尚待开发的领域，也是物流的潜力所在。

（4）第三利润源说。"第三利润源"的说法主要出自日本。"第三利润源"是对物流潜力及效益的描述。从历史发展来看，人类历史上曾经有过两个大量提供利润的领域。第一个是资源领域，第二个是人力领域。资源领域最初是廉价原材料、燃料的掠夺或获得，后来则是依靠科技进步、节约消耗、综合利用、回收利用乃至大量人工合成资源而获取高额利润，习惯上被称为"第一利润源"；人力领域最初是廉价劳动，后来则是依靠科技进步提高劳动生产率，降低人力消耗或采用机械化、自动化来降低劳动耗用从而降低成本、增加利润，这个领域习惯上被称为"第二利润源"。在前两个利润源潜力越来越小、利润开拓越来越困难的情况下，物流领域的潜力被人所重视，按时间序列排为"第三利润源"。

（5）效益背反说。"效益背反"指的是物流的若干功能要素之间存在着损益的矛盾，也就是说，某个功能要素的优化和利益发生的同时，必然会存在另一个或另几个功能要素的利益损失，反之也是如此。这是一种此消彼长、此盈彼亏的现象，虽然在许多领域都存在这种现象，但在物流领域中，这个问题似乎尤为严重。

效益背反说有许多有力的实证予以支持，例如包装问题，假定其他成本因素不变，包装越省，利润则越高。但是，一旦商品进入流通之后，如果节省的包装降低了产品的防护效果，就会造成储存、装卸及运输功能要素的工作劣化和效益大减。显然，包装活动的效益是以其他的损失为代价的。我国流通领域每年因包装不善出现的上百亿元的商品损失，就是这种效益背反的实证。

在认识到效益背反的规律之后，物流科学迈出了认识物流功能要素这一步，寻求解决和克服各功能要素效益背反现象，寻找包装、运输与保管等功能要素的有机联系，从一个整体的角度来认识物流，进而有效地解决效益背反问题并追求总体的效果，这是物流科学的一大发展。

（6）服务中心说。服务中心说代表了美国和欧洲等一些国家的学者对物流的认识，这种学说认为，物流活动最大的作用并不在于为企业节约消耗、降低成本或增加利润，而是在于提高企业对用户的服务水平，进而提升企业的竞争能力。

（7）战略说。战略说是当前非常盛行的说法，学术界和产业界中已经有越来越多的人逐渐认识到，物流更具有战略性，它是企业发展的战略而不是一项具体的任务。将物流和企业的生存和发展直接联系起来的战略说的提出，对促进物流的发展有重要意义，企业不追求物流一时一事的效益，而着眼于总体，着眼于长远，于是，物流本身的战略性发展也被提到议事日程上来。战略性的规划、战略性的投资及战略性的技术开发是最近几年促进物流现代化发展的重要原因。

3. 物流的类型

为了便于研究，可以从物流的作用、空间范围以及性质等不同角度将物流划分为不同的类型。

（1）按照物流的作用分类，可参照第一章供应链物流系统的构成，分为供应物流、销售物流、生产物流、回收废弃物流。

（2）按照物流活动的性质分类。

①社会物流。社会物流是指以全社会为范畴、面向广大用户的、超越一家一户的物流。社会物流涉及商品流通领域所发生的所有物流活动，因此社会物流带有宏观性和广泛性，所以也被称为大物流或宏观物流。社会物流伴随着商业活动的发生，与商品所有权的转移相关。

②行业物流。行业物流是指同一行业在经常性的互相协作中所发生的物流活动。同一行业的各个企业在经营上往往是竞争对手，但为了共同的利益，在物流领域中却又常常互相协作，共同促进物流系统的合理化。行业物流合理化、系统化的结果使参与的各个企业都能够得到相应的利益。

③企业物流。企业物流是指企业在其经营范围内由生产或服务活动所形成的物流活动。它从企业角度上研究与之有关的物流活动，是具体的、微观的物流活动。

（3）按照物流活动的空间范围分类。

①地区物流。地区物流是指根据行政区或地理位置划分的一定区域内的物流。地区物流的目的在于提高所在地区企业物流活动的效率，以及保障当地居民的生活福利环境。地区物流的规划需要从本地区的利益出发，并充分考虑利与弊两方面的问题，要与地区和城市的建设规划相统一并妥善安排。

②国内物流。国内物流是指为国家的整体利益服务，在领土范围内开展的物流活动。国内物流作为国民经济的重要方面，是现代化建设的重要组成部分。国内物流的建设投资和发展必须从全局着眼，清除由于部门和地区分割所造成的物流障碍，通过建成优质大型物流项目来为国民经济服务。

③国际物流。国际物流又称全球物流，指生产和消费分别在两个或两个以上的国家独立进行时，为克服生产和消费之间的空间距离和时间距离，对物资进行物理性移动的一项国际商品交易或交流活动，从而完成国际商品交易的最终目的，即实现卖方交付单证、货物和收取货款，而买方接受单证、支付货款和收取货物的贸易对流条件。

2.1.2　物流系统概述

1. 物流系统的定义

物流系统（logistic system）是指在一定的时间和空间里，由所需位移的物资、包装设备、装卸搬运机械、运输工具、仓储设施、人员和通信联系等若干相互制约的动态要素所构成的具有特定功能的有机整体，包括由产品的包装、仓储、运输、检验、装卸、流通加工及前后的整理、再包装、配送所组成的运作系统、物流信息系统等子系统。其中，仓储和运输是物流运作系统的主要组成部分，物流信息系统是物流系统的基础。

建立与管理物流系统的目的主要是实现物流系统的合理化，以及宏观与微观效益的最大化。物流系统的宏观经济效益是指一个物流系统的建立对全社会经济效益的影响，将物流系统视作社会子系统来考量其对整个社会流通及全部国民经济效益的影响；物流系统的微观经济效益是指物流系统本身在运行中所获得的企业效益，其直接表现形式是通过有效地组织"物"的流动，在提高客户服务水平的同时降低物流运营成本。

2. 物流系统的特征

物流系统除了具有一般系统共有的特征外，还具有以下特点。

（1）物流系统的对象异常复杂。物流系统的对象是物质产品，既包括生产资料、消费资料，又包括废旧、废弃物品等，涵盖全部社会物质资源。

（2）物流系统拥有大量的基础设施和庞大的设备，而且种类各异。为了实现物流系统的各种能力，必须配有相应的物流设施和各种机械设备，例如交通运输设施（车站、码头和港口）、仓库设施和货场、各种运输工具、装卸搬运设备、加工机械、仪器仪表等。

（3）物流系统涉及面广、范围大。物流系统既有企业内部物流、企业间物流，又有城市物流、社会物流和国际物流。

（4）物流系统与外部环境的联系极为密切和复杂。物流系统受外部环境条件的约束，而且这些约束条件的多变性、随机性强。

（5）物流系统的动态性较强而稳定性较弱。物流系统与生产系统的一个重大区别在于：生产系统按照固定的产品、固定的生产方式，连续或不连续地生产，少有变化，系统稳定的时间较长；而一般的物流系统总是联结多个生产企业和用户，系统内要素及系统的运行经常随着需求、供应、渠道、价格的变化而发生变化，难于维持长期稳定。

（6）物流系统属于中间层次系统范畴。一方面，物流系统具有可分性，可以分解成若干个子系统；另一方面，物流系统在整个社会再生产中主要处于流通环境中，受更大的系统如流通系统、社会经济系统的制约。

（7）物流系统的关系复杂。物流系统的各个子系统间存在着普遍的复杂联系，各要素间关系也较为复杂。此外，物流子系统的组成也并非一成不变，它是根据物流管理目标和管理分工自成体系的。因此，物流子系统不仅具有多层次性，而且具有多目标性。

（8）系统结构要素间有非常强的"背反"现象，常被称为"交替损益"或"效益背反"现象。物流系统中许多要素在按新观念建立物流系统前，早就是其他系统的组成部分。因此，这些要素往往较多地受原系统的影响和制约，而不能完全按物流系统的要求运行，对要素的处理稍有不慎，就会出现系统总体恶化的结果。

在对物流活动进行研究时，应全面考虑物流系统的特征，才能建立一个高效低耗的物流系统，实现系统各种功能的优化。

3. 物流系统的设计

物流系统设计是一项科学性、协同性较强的工作，主要从管理系统、设施系统、输入输出环境的规划设计入手并在此基础上进行整合，形成物流系统设计总体方案，最后运用相关软件对该方案进行仿真，评估其可行性与效率。

（1）管理系统的规划设计。管理系统是指由物流系统的计划、控制、协调、指挥与作业等环节所组成的系统，它是整个物流系统的支柱。管理系统规划设计具体包括以下几个方面。

①物流系统战略目标规划设计。主要根据所服务的对象、顾客的性质与地理位置等，对所提供的物流服务进行规划与设计。在规划设计前，常采用网上调研、图书资料调研与现场调研等方法，收集物流系统的内部条件、外部条件及潜在客户信息，调查物流服务的供需状况、物流行业的发展状况

等。然后，以此为基础，进行资料整理和数据分析，研究确定出物流系统的战略目标。

②物流能力规划设计。主要确定物流系统所达到的目标，而物流能力的大小主要取决于企业投入的人、财、物数量及管理水平等。因此，这一阶段主要考察人员能否胜任，财力、物力是否充足等。

③物流需求预测规划设计。管理系统的另一个主要职能是对市场进行预测分析，一方面可以掌握和了解未来客户物流需求的规模及种类，做好物流工作；另一方面，通过网络广泛收集用户的需求，开展促销业务，可以提供高效率、低成本和高质量的系统服务以满足物流需求。

④物流过程管理规划设计。物流过程管理规划设计是对物流过程管理的关键要素进行规划与设计，并建立相应的标准体系，这些关键要素包括物流过程管理中的任务说明、培训、设施设备、书面程序、商品养护、记录、信息管理、顾客意见、评估与完善、合同商等事项。

⑤作业管理规划设计。作业管理规划设计是指对物流作业运行的组织与管理进行规划设计，主要包括货物的接收、装卸搬运、存货、运输、配送等。

⑥管理信息系统的规划设计。管理信息系统的规划设计是指对信息的接收、传输与处理进行规划和设计。在规划设计时，应重点考虑电子订货系统、仓储配货管理系统、运输管理系统、销售时点管理系统、电子数据交换系统、附加价值通信网等系统与网络的构建。

（2）设施系统的规划设计。物流设施系统的规划设计包括物流中心、配送中心、仓库、货场、码头、集装箱中转站等物流节点的规划设计。

①物流中心是为了实现物流的系统化、效率化而设置的开放型的物品储存、运输、包装、装卸等综合性的物流业务基础设施，是组织、衔接、调节、管理物流活动的较大的物流据点。物流中心的规划设计包括物流中心的选址、设计方案的优化等。

②配送中心是在接受供应者所提供的多品种、大批量的货物之后，通过储存、保管、分拣、配货以及流通加工、信息处理等作业，将按需要者订货要求配齐的货物送交给顾客的组织机构和物流设施。配送中心的规划设计包

括配送中心总体规模设计、配送中心作业功能规划、配送中心设施规划等。

③仓库是保管、存储物品的建筑物和场所的总称。仓库设计的内容包括仓库选址、仓库类型选择、仓库结构设计、存货分类方法和合理库存量的确定和管理等。

④集装箱中转站是暂时堆存和保管集装箱的场所。根据集装箱堆存量的大小，集装箱中转站可分为混合型和专用型两种形式。集装箱中转站的设计包括站区选址、结构和布局设计等。

（3）输入输出环境系统分析。任何一个系统都处于一个比它更大的环境系统中。外界环境通过向系统提供劳动力、劳动手段、指令、资源、信息对系统发生作用（影响），这一作用为外部环境对该系统的输入。系统以其本身所拥有的各种手段和特定功能，在外部环境的某种影响下，对环境的输入进行必要的转化处理活动，使之成为对环境有用的产品，并提供给外部环境使用，即所谓的系统的输出。因此，物流系统的输入输出环境，即为物流活动所处的外部环境与内部环境。

①外部环境包括宏观环境和微观环境，即行业环境。其中宏观环境包括社会经济状况与发展水平，人口与消费状况，国家的方针、政策、制度，物流基础环境，区位环境，通信环境，网络环境等。微观环境包括供应商与商品供应情况、用户与商品的销售状况、竞争环境等。

②内部环境主要是指一个物流系统设计对象的内部条件。包括人、财、物以及物流战略与模式，现有设施，物流各作业环节，物流费用与物流效率，客户服务与产品等。

（4）物流系统仿真软件。物流系统的复杂性与内部关联性越来越强，仿真已成为检验和判断物流系统设计方案可行性及效率的重要手段。物流系统仿真可以通过专业的物流仿真软件来实现，目前应用较为广泛的大型仿真软件有 AutoMod、SIMAnimation、Witness、RaLC 等专业仿真软件。

①Automod 是具有精确三维建模功能的零散事件系统仿真软件，主要包括 AutoMod、AutoStat 与 AutoView 三大模块。其中，AutoMod 模块为用户提供输送机模块、自动化存取系统、基于路径的移动设备、起重机模块等物流系统模块来仿真现实世界中的物流自动化系统；AutoStat 模块根据用户自定

义的测量与实验标准自动执行统计分析；AutoView 则可以提供动态的场景描述和灵活的显示方式。AutoMod 的功能强大，可实现高难度仿真；但建模操作复杂，全部对象物都需要程序命令语言，要求操作人员必须具备丰富的编程知识。

②SIMAnimation 是由美国 3i 公司设计开发的集成化物流仿真软件，通过采用先进的基于图像的仿真语言，大大简化了仿真模型的创建过程。SIMAnimation 使用 OpenGL 三维建模技术，集三维实体光照、材质视点变换、漫游于一体，提供真正的三维动画和虚拟的现实世界，使仿真模型更加形象直观、易于理解。在算法上，SIMAnimaiton 在保证出库有限的情况下，按路径最短原则进行自动定位和设计路经，实现多回路运输。SIMAnimation 使用 Petri 网模型技术，可将用户定义的物理与逻辑模型编辑为一个可执行模型，在可执行模型中实现仿真和动画的快速、同步运行。[①]

③Witness 是由英国 Lanner Group 设计开发的平面离散系统生产线仿真器，是可视化交互型仿真软件中的佼佼者。Witness 具有齐备的基本仿真功能和处理优势，拥有强大的建模功能模组和层次建模策略，可定制模型组件库；同时，该软件操作简单，对设备的要求低。此外，作为可选项，Witness 还添加了三维立体显示功能（VR），进一步扩大了适用范围，但该功能并不适合从大致轮廓的概念设计开始依次建构模型的动态过程。

④RaLC（乐龙）软件由日本人工智能服务有限公司开发，集现代物流技术、人工智能、3D 图像、数据处理和计算机仿真等技术为一体。RaLC 采用三维立体动画模型，可在三维立体画面上对对象物体的属性进行直观、简单的设置，易学易用，建模简单快速。此外，RaLC 可与用户独创性机器设备整合，根据用户的个性化需求提供个性化服务，因此是专业实用的高性价比物流系统仿真软件。

4. 物流系统的优化

（1）物流系统优化的原则。

①外部条件与内部条件相结合。物流系统不是一个孤立的系统，而是一

---

① 黄银娣、卞荣花、张骏：《国内外物流系统仿真软件的应用研究》，载《工业工程与管理》2010 年第 15 期，第 124 页。

个与外部环境紧密相联的、开放性的动态系统，它受到外部经济、科学技术等要素的制约。就物流系统内部而言，装卸、运输、储存等功能环节的不平衡以及各物流功能要素的制约与影响，均受到内外部环境的影响。因此在进行物流系统分析时，不仅要注意到物流系统内部各环节的协调发展，也要对企业的外部环境进行分析，将系统内外的关联因素结合起来进行综合分析。

②局部利益与整体利益相结合。建立和优化物流系统时，由于各功能环节的相互影响和制约，正如我们前面所分析的"效益背反"和"收益递减"理论所显示的，不可能使得在保证整体利益最大化的同时，还能保证各子系统的利益也最大化。因此，对于物流系统分析的准则是在保证一定局部利益的同时，确保整体利益最大。

③定量分析与定性分析相结合。在物流活动中的许多问题中，有的可以数量化，如运输能力、储存量、物流成本、装卸包装费用等；但有的却不可能进行数量化分析，如物流方针政策、物流制度、物流流程等，所以对于物流系统分析必须采用定量分析与定性分析相结合的方法来实现对于物流系统的正确评估。[①]

（2）物流系统优化的方法。

①成本—效益分析法。对企业的物流系统成本进行分析，关键是要清楚系统内各个部门及相关企业的各种物流费用的占用与支出情况，分析其成本—效益比，看是否能帮助企业提高对顾客的物流服务水平，寻求改进其物流费用支出情况的关键环节，采取恰当的措施来彻底地降低其成本。物流系统成本分析的要点是要将物流系统的各项对创造顾客价值有贡献的有用功以及对顾客价值无贡献的无用功区分清楚，通过物流系统的再造增加有用功的比重，同时降低无用功的比重。

②物流系统功能集成分析法。物流系统另一个最主要的分析方法是对物流各功能环节、功能集成的分析，即在企业的物流系统中，分析物流的各项职能之间是否能相互配合、协调一致地联结起来，从而使得企业的物流作业在各部门的协作下产生"1＋1＞2"的协作效应。物流系统功能集成的关键

---

① 杜学森：《物流管理》，中国铁道出版社 2008 年版，第 33 页。

在于：通过物流信息系统对各业务功能部门的连接，将企业物流业务的各项职能有机地整合起来，通过一定交易信息的共享，减少业务衔接的时间，缩短流程时间，从而获得整体效益最大化的协作效应。

③价值分析法。当物流系统有多种性能或功效时，可用物流系统的价值来衡量物流系统的综合功能。具体做法是对每一个性能的价值予以量化，然后再对每一性能对物流系统综合功能的贡献大小予以量化，作为权重乘上各个量化了的性能价值，最后把所有加了权的性能价值作和，就得到某一物流系统方案的综合评价值，通过该综合评价值的比较，来选择物流系统的较优方案。

④专家分析法。当有些系统，某些属性或评价因素不易量化，甚至评价因素本身就不易确定时，可以请一名或多名对评价对象有专门知识或经验的人，对系统或系统方案进行定性、定量或两者相结合的评价。专家评价也会对系统方案评出分数，然后根据各方案得分的多少排出优劣顺序。

⑤系统仿真分析法。系统仿真是利用系统模型在仿真的环境和条件下，对系统进行研究、分析和试验的方法。系统仿真的目的在于利用人为控制的环境条件，改变某些特定的参数，观察模型的反应，研究真实系统的现象或过程。系统仿真方法是一种间接的研究方法。

以上五种方法是基本的物流系统优化分析方法。在实际操作中，不同的物流系统对应的优化方法也是不同的，如对于运输系统，有运输规划法；对于配送系统，有配送中心选址优化法；另外还有不同的物流作业优化方法等。[①]

（3）物流系统优化的实现。

实现物流系统的优化需要全面考虑以下几方面因素。

①目标。设定的目标必须是定量而且可测定的。要优化某个事情或过程，就必须确定怎样才能知道目标对象已经被优化了。使用定量的目标，计算机就可以判断一项物流计划是否比另一个更好，管理层就可以知道优化的过程是否能够提供一个可接受的投资回报率。比如，一项送货作业可能被确

---

① 杜学森：《物流管理》，中国铁道出版社 2008 年版，第 34 页。

定的目标是"日常分摊的资产使用成本、燃料和维修成本以及人力资本成本之和最小"。这些成本目标既定量，也容易测定。

②模型。模型必须忠实地反映实际的物流过程。建立模型是把物流运营的要求和限制条件翻译成计算机能够理解和处理的方法、语言。例如，当需要一个模型来反映货物是如何通过组合装上卡车时，一个非常简单的模型诸如发货的总重量或总体积就能够反映出某些货物的装载要求，如大宗液体货物。

③数据。数据必须准确、及时和全面。数据驱动了物流系统的优化过程。对必须产生可操作的物流方案的物流优化过程来说，数据必须全面、充分才有效，才有价值。

④集成。系统集成必须全面支持信息的自动传递。因为对物流系统优化来说，要同时考虑大量的信息，所以系统的集成是非常重要的。比如，要优化每天从仓库向门店送货的过程就需要考虑订货、客户、运输工具、人员、送货线路和道路状况等信息。

⑤表述方式。系统优化方案必须以一种便于执行、管理和控制的形式来表述。由物流优化技术给出的解决方案，除非现场操作人员能够执行，管理人员能够确认预期的投资回报已经实现，否则就是不成功的。现场操作要求指令简单明了，要容易理解和执行；管理人员则要求有关优化方案及其实施效果在时间和资产利用等方面的关键指标信息更综合、更集中。

⑥算法。算法必须灵活地利用独特的问题结构。不同物流优化技术之间最大的差别就在于算法的不同（借助于计算机的过程处理方法通常能够找到最佳物流运营方案），而每一种物流优化技术都具有某种特点。为了在合理的时间段内给出物流优化解决方案，就必须借助于优化的算法来进一步开发优化技术。因此，关键的问题是：物流优化系统的分析人员必须认可和理解不同物流优化技术的问题结构，所使用的优化算法应该具有弹性，算法能够被"调整"到可以利用这些特定问题结构的状态。

⑦计算。计算平台必须具有足够的容量，并在可接受的时间段内给出优化方案。因为任何一个现实的物流问题都存在着大量可能的解决方案，所以任何一个具有一定规模的问题都需要相当的计算能力加以支持，这样的计算

能力应该使得优化技术既能够找到最佳物流运营方案，也能够在合理的时间段内给出最佳方案。显然，对在日常执行环境中运行的优化技术来说，它必须在几分钟或几个小时内给出物流优化方案（而不是花几天的计算时间）。采取动用众多计算机同时计算的强大的集群服务和并行结构的优化算法，可以比使用 PC 机或基于工作站技术的算法能更快地给出更好的物流优化解决方案。

⑧人员。负责物流系统优化的人员必须具备支持建模、数据收集和优化方案所需的领导和技术专长。优化技术是"火箭科学"，希望火箭发射后能够良好地运行而没有"火箭科学家"来保持它的状态是不可能的。这些专家必须确保数据和模型的正确，必须确保技术系统在按照设计的状态工作。如果缺乏具有适当技术专长和领导经验的人的组织管理，复杂的数据模型和软件系统要正常运行并获得必要的支持是不可能的。没有他们的大量工作，物流优化系统就难以达到预期的目标。

⑨过程。过程必须支持优化并具有持续的改进能力。物流系统优化需要应对并处理大量的在运营过程中出现问题的能力。物流目标、规则和过程的改变是系统的常态。所以，这不仅要求系统化的数据监测方法、模型结构和算法等能够适应变化，而且要求他们能够捕捉机遇并促使系统变革。如果不能在实际的物流运营过程中对物流优化技术实施监测、支持和持续的改进，就必然导致优化技术的潜力不能得到充分发挥，或者只能使其成为"摆设"。

⑩投资回报（ROI）。投资回报必须是可以证实的，必须考虑技术、人员和操作的总成本。物流系统优化从来就不是免费的午餐，它要求大量的技术和人力资本投入。要证实物流系统优化的投资回报率，就必须准确地估算全部的优化成本并将优化技术给出的解决方案与标杆替代方案进行逐条比较。在计算投资回报的时候，要确定物流优化技术系统的使用效果，必须在实施优化方案之前根据关键绩效指标确定基准（目标），将实施物流优化技术解决方案以后的结果与基准（目标）进行比较并对物流优化技术系统的

绩效进行定期的评审。①

2.1.3　物流管理概述

1. 物流管理的定义

物流管理（logistics management）是指在社会再生产过程中，根据物质资料流动的规律，应用管理的基本原理和科学方法，对物流活动进行计划、组织、指挥、协调、控制和监督，使各项物流活动实现最佳的协调与配合，以降低物流成本，提高物流效率和经济效益。

在总体上，物流管理需要坚持物流合理化的原则，即在兼顾成本与服务的前提下，对物流系统的构成要素进行调整改进，实现物流系统整体优化；在宏观上，物流管理除了完善支撑要素建设外，还需要服从政府以及相关专业组织的战略与规划；在微观上，物流管理除了实现供应链的整体最优管理目标外，还要实现服务的专业化与增值化。现代物流管理的永恒主题是成本与服务，即在努力削减物流成本的基础上，努力提升物流增值性服务；在服务上，物流管理服从 7R 原则，即适合的质量（right quality）、适合的数量（right quantity）、适合的时间（right time）、适合的地点（right place）、优良的印象（right impression）、适当的价格（right price）和适合的商品（right commodity），为客户提供符合上述七方面要求的服务。

2. 物流管理的特征

（1）以提高客户满意度为第一目标。物流起源于客户需求，在客户需求的驱动下，物沿着供应链从上游的供应商向下游的客户流动。离开了客户需求，物的流动就会变得盲目。因此，客户需求是驱动物流以及物流管理的原动力。

（2）以整体最优为目的。通过对企业各个部门的理论分析，不难感受到现代物流综合了企业各个部门的职能，以实现整个企业和整个流通渠道资源最优化为目的。

（3）既重视效率更重视效益。现代物流管理不仅追求物流体系中的增

---

① 侯龙文：《现代物流管理》，经济管理出版社 2006 年版，第 33 页。

值能力，更注重物流活动过程中的增值服务能力，把客户满意度作为衡量物流运营能力的标准。

（4）关注整个流通渠道的物流运动。物流管理的主要对象从传统的包含采购、生产和销售物流的企业物流，扩展成包含退货物流和废弃品物流等逆向物流的社会物流。

3. 物流管理的目标与内容

（1）物流管理的目标。实施物流管理的目标就是用尽可能低的总成本实现既定的客户服务水平，即寻求一种服务优势和成本优势的动态平衡，并由此创造企业在竞争中的战略优势。根据这个目标，物流管理要解决的基本问题，就是把合适的产品以合适的数量和合适的价格在合适的时间和合适的地点提供给客户。

物流管理强调运用系统方法解决问题。现代物流通常被认为是由运输、存储、包装、装卸、流通加工、配送和信息诸环节构成。系统方法就是利用现代管理方法和现代技术，使各个环节共享信息，作为一体化的系统来进行组织和管理，使系统能够在尽可能低的总成本条件下，提供有竞争优势的客户服务。系统方法认为，系统的效益并不是各个局部环节效益的简单相加，这就意味着对于出现的某一个方面的问题，要对全部的影响因素进行分析和评价。从这一思想出发，物流系统并不简单地追求在各个环节上的最低成本，而是认为各环节存在着相互影响、相互制约、交替损益的关系。比如过分强调包装材料的节约，就可能因其易于破损造成运输和装卸费用的上升。因此，系统方法强调要进行总成本分析，以及避免次佳效应和成本权衡应用的分析，以达到总成本最低，并同时满足既定的客户服务水平的目标。

（2）物流管理的内容。物流管理主要涉及物流作业管理、物流战略管理、物流成本管理、物流服务管理、物流组织与人力资源管理等五大基本内容。

①物流作业管理。物流作业管理是指对物流活动或功能要素的管理，主要包括运输与配送管理、仓储与物料管理、包装管理、装卸搬运管理、流通加工管理、物流信息管理等管理内容。

②物流战略管理。物流战略管理是对企业的物流活动实行的总体性管理，是企业制定、实施、控制和评价物流战略的一系列管理决策与行动，其核心问题是使企业的物流活动与环境相适应，以实现物流的长期、可持续发展。

③物流成本管理。物流成本管理是有关物流成本方面的一切管理工作的总称，即对物流成本所进行的计划、组织、指挥、监督和调控。物流成本管理的主要内容包括物流成本核算、物流成本预测、物流成本计划、物流成本决策、物流成本分析、物流成本控制等。

④物流服务管理。物流服务管理是指对物流服务中客户需求及客户满意度的管理，其目标是更好地满足客户的要求、有效地完成商品供应、减轻客户的物流作业负荷，主要包括客户信息收集、客户满意度管理、客户开拓巩固、客户项目管理等管理内容。

⑤物流组织与人力资源管理。物流组织与人力资源管理是指对专门从事物流经营和管理活动的组织机构及人力资源配置的管理，主要包括对企业内部的物流运作部门、企业间的物流联盟组织、政府物流管理机构等的组织结构设计、职权配置与制度设计等管理内容。

■ 2.2 供应链管理

2.2.1 供应链基础知识

1. 供应链的定义

供应链（Supply Chain）是生产及流通过程中，围绕核心企业，将所涉及的原材料供应商、制造商、分销商、零售商直到最终用户等成员通过上游和下游成员链接所形成的网链结构。① 供应链包括产品到达顾客手中之前所有参与供应、生产、分配、销售的企业，供应链对上游的供应者（供应活

---

① 中华人民共和国国家标准《供应链管理第 2 部分：SCM 术语》（GB/T26337.2 – 2011），第 1 页。

动)、中间的生产者（制造活动）和运输商（储存运输活动），以及下游的消费者（分销活动）同样重视。

供应链的概念是从扩大的生产概念发展来的，它将企业的生产活动进行了前伸和后延。例如，日本丰田公司的精益协作方式就将供应商的活动视为生产活动的有机组成部分而加以控制和协调，这就是前伸。后延是指将生产活动延至产品的销售和服务阶段。因此，供应链就是通过计划、获得、存储、分销、服务等这样一些活动而在顾客和供应商之间形成一种衔接，从而使企业能满足内外部顾客的需求。[①]

2. 供应链的结构

（1）供应链的基本结构要素。一般来说，构成供应链的基本要素包括以下几个方面。

①供应商。供应商是指给生产厂家提供原材料或零部件的企业。

②厂家。厂家即产品制造业，负责产品生产、开发和售后服务等。

③分销企业。分销企业是为实现将产品送到经营地理范围的每一角落而设的产品流通代理企业。

④零售企业。零售企业是将产品销售给消费者的企业。

⑤物流企业。物流企业即上述企业之外专门提供物流服务的企业。

⑥消费者。消费者是供应链的最后环节，也是整条供应链的唯一收入来源。

（2）供应链的结构模型。按照供应链的定义，产品生产到消费全过程是一个非常复杂的网链模式，覆盖了从原材料供应商、零部件供应商、产品制造商、分销商、零售商直至最终用户的整个过程。[②]

根据供应链的实际运行情况，在一个供应链系统中，有一个企业处于核心地位。该企业起着对供应链上的信息流、资金流和物流的调度和协调中心的作用。从这个角度出发，供应链系统的结构具体如图 2-1 所示。

---

① 陈明蔚：《供应链管理（第二版）》，北京理工大学出版社 2018 年版，第 2 页。
② 马士华、林勇：《供应链管理》，机械工业出版社 2010 年版，第 66 页。

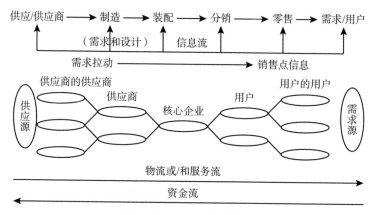

图 2 - 1　供应链结构模型

从图 2 - 1 中可以看出，供应链由所有加盟的节点企业组成，其中有一个核心企业（可以是制造型企业如通用汽车，也可以是零售型企业如沃尔玛），其他节点企业在核心企业需求信息的驱动下，通过供应链的职能分工与合作（生产、分销、零售等），以资金流、物流或服务流为媒介实现整个供应链的不断增值。

3. 供应链的特征

供应链主要具有以下特征。

（1）复杂性。由于供应链节点企业组成的跨度不同，供应链往往由多个、多类型甚至多国企业构成，这使得供应链结构模式比一般单个企业的结构模式更为复杂。

（2）动态性。供应链管理因企业战略和适应市场需求变化的需要，使得其中节点企业需要动态的更新，这使得供应链具有明显的动态性。

（3）面向用户需求。供应链的形成、存在、重构，都是基于一定的市场需求而发生的，用户的需求拉动是供应链中信息流、产品和服务、资金流运作的驱动源。

（4）交叉性。同一节点企业可以是多条供应链的成员，供应链相互交叉，增加了供应链管理的难度。

由于供应链是一个结构复杂、动态变化的系统，在供应链管理实践中，必须准确理解和把握供应链的特征，有目的地选择适合本企业的运作模式，有针对性地选择最适宜的管理策略。

4. 供应链的类型

根据不同的划分标准，供应链可划分为不同的类型。

（1）根据供应链的稳定性划分。根据供应链存在的稳定性不同，可以将供应链划分为稳定的供应链和动态的供应链。基于相对稳定、单一的市场需求而组成的供应链稳定性较强；而基于相对频繁变化、复杂的需求而组成的供应链动态性较高。在实际管理运作中，需要根据不断变化的需求，相应地改变供应链的组成。

（2）根据供应链的容量与需求关系划分。根据供应链容量与用户需求的关系可以将供应链划分为平衡的供应链和倾斜的供应链。供应链具有一定的、相对稳定的设备容量和生产能力（所有节点企业能力的综合，包括供应商、制造商、运输商、分销商、零售商等），但用户需求处于不断变化的过程中，当供应链的容量能满足用户需求时，供应链处于平衡状态；而当市场变化加剧，造成供应链成本增加、库存增加、浪费增加等现象时，企业不是在最优状态下运作，供应链则处于倾斜状态。平衡的供应链可以实现各主要职能（采购/低采购成本、生产/规模效益、分销/低运输成本、市场/产品多样化和财务/资金运转快）之间的均衡。

（3）根据供应链的功能模式划分。根据供应链的功能模式（物理功能、市场中介功能和客户需求功能）不同，可以将供应链划分为有效性供应链、反应性供应链和创新性供应链。有效性供应链主要体现供应链的物理功能，即以最低的成本将原材料转化成零部件、半成品、产品，以及在供应链中的运输等；反应性供应链主要体现供应链的市场中介的功能，即把产品分配到满足用户需求的市场，对未知的需求做出快速反应等；创新性供应链主要体现供应链的客户需求功能，即根据最终消费者的喜好或时尚的引导，进而调整产品内容与形式来满足市场需求。

（4）根据供应链中的企业地位划分。根据供应链中企业地位不同，可以将供应链划分为盟主型供应链和非盟主型供应链。盟主型供应链是指供应链中某一成员在整个供应链中占据主导地位，对其他成员具有很强的辐射能力和吸引能力，通常称该企业为核心企业或主导企业，如以生产商（奇瑞汽车有限公司）为核心的供应链、以中间商（香港利丰公司）为核心的供应链、以零售商（沃尔玛）为核心的供应链；非盟主型供应链是指供应链中企业的地位彼此差距不大，对供应链的重要程度相同。

2.2.2 供应链管理概述

1. 供应链管理的定义

供应链管理（Supply Chain Management）是指在满足一定的客户服务需求的条件下，为了最小化整个供应链系统成本而把供应商、制造商、仓库、配送中心和渠道商等有效地组织在一起来进行的产品制造、转运、分销及销售的管理方法，是在传统企业各部门之间、特定企业不同部门之间、供应链上各企业之间进行的系统的、具有战略意义的协调活动，其目标是改善个别企业以及整个供应链各环节的经营绩效。

通常，供应链管理是在认识与掌握了供应链各环节内在规律和相互联系的基础上进行的，利用管理的计划、组织、指挥、协调、控制职能，对产品生产和流通过程中各个环节所涉及的物流、信息流、资金流、价值流以及业务流进行合理的调控，以期达到最佳组合，发挥最大的效益，以最小的成本达到为客户提供最大的附加值的目的。

2. 供应链管理的特征

供应链管理是一种先进的管理理念，它的先进性体现在以满足客户和最终消费者的期望为导向开展生产和供应。除此之外，供应链管理还有以下几种特征。

（1）全过程战略管理。传统的管理模式往往以企业的职能部门为基础，但由于各企业之间以及企业内部职能部门之间的性质、目标不同，造成相互的矛盾和利益冲突，影响了各企业、部门职能效率，因而很难实现整体目标化。而供应链中各环节不是彼此分割的，而是一个环环相扣的有机整体。供应链管理把物流、信息流、资金流、业务流和价值流的管理贯穿于供应链的全过程。从原材料和零部件的采购与供应、产品制造、运输与仓储到销售各种职能领域，要求各节点企业之间实现信息共享、风险共担、利益共存，并从战略的高度来认识供应链管理的重要性和必要性，从而真正实现整体的有效管理。

（2）集成化管理。供应链管理的关键是采用集成的思想和方法。它是一种从供应开始，经由制造商、分销商、零售商，直到最终客户的全要素、全过程的集成化管理模式，是一种新的管理策略，它把不同的企业集成起来以增强供应链的效率，注重企业之间的合作，以达到全局最优。

（3）最小库存与零库存理念。库存是维系生产与销售的必要措施，运用管理技术可以最小化甚至消除库存成本。供应链管理使企业与其上下游企业之间在不同的市场环境下实现了库存的转移，降低了企业的平均库存成本。这就要求供应链上的各个企业成员建立战略合作关系，通过快速反应和信息共享来降低库存总成本。

（4）以客户和最终消费者的需求为导向。无论构成供应链的节点企业数量有多少，也无论供应链节点企业的类型、层次有多少，供应链的形成都是以客户和最终消费者的需求为导向的。正是由于有了客户和最终消费者的需求，才有了供应链的存在。只有让客户和最终消费者的需求得到满足，才能实现供应链的更大发展。

3. 供应链管理的内容

供应链管理覆盖了从供应商的供应商到客户的客户的全部过程，主要涉及供应、生产计划、物流、需求四个主要领域。供应链管理是以同步化、集成化生产计划为指导，以各种技术为支持，尤其是以 Internet/Intranet 为依托，围绕供应、生产计划、物流、满足需求来实施的。供应链管理的目标在于提高用户服务水平和降低总的交易成本，并寻求两者之间的平衡，供应链管理主要包括七大关键内容。

（1）客户关系管理。顾客是供应链管理的核心和基本出发点，供应链管理的第一步就是识别对企业经营使命至关重要的关键客户，并与他们发展合作关系。

（2）客户服务管理。一方面，服务是获取客户信息的唯一来源；另一方面，为客户提供实时、在线的产品和信息，以支持客户对交货期和货物状态的查询。

（3）需求管理。需求管理系统利用 POS 系统和关键客户数据来提高供应链效率和减少不确定性，并平衡客户需求和企业供应能力。

（4）订单管理。为高效地完成客户订单，需将企业的制造、分销和运输计划综合在一起进行管理。

（5）生产流程管理。供应链中的生产是"拉式"按需生产，企业要进行柔性生产以适应频繁的市场需求变化。生产流程管理的改进可以缩短生产周期，提高客户响应速度。

（6）采购管理。与供应商发展长期合作关系，以支持企业生产和新产品开发工作。

（7）产品开发和商品化管理。一定要让客户和供应商参与到新产品开发过程中，以便在更短的时间内，以更低的成本开发出客户需要的成功产品。

供应链管理的目的在于协调传统的各项职能，而传统的职能部门一般都倾向于保持自己的职能优势，这样的组织结构阻碍了供应链的发展和成功。因此，供应链管理的关键就在于完成一个转变，即从管理个别职能到把不同的活动整合成供应链关键业务过程的转变。①

4. 供应链管理的方法

方法与理论是互相联系、互相依赖、互相促进的统一体，供应链管理方法不仅可以为供应链管理理论研究提供工具，还可以激励理论研究，为理论研究提供方向。常见的供应链管理方法有以下几种。

（1）快速反应。QR（Quick Response）即快速反应，是从美国纺织服装业发展起来的一种供应链管理方法。它是美国零售商、服装制造商以及纺织品供应商开发的整体业务概念，目的是减少原材料到销售点的时间和整个供应链上的库存，最大限度地提高供应链管理的运作效率。

QR要求零售商和供应商一起工作，通过共享POS信息来预测商品的未来补货需求，以及不断地预测未来发展趋势以探索新产品的机会，以便对消费者的需求能更快地做出反应。在运作方面，双方利用EDI系统来加速信息流，并通过共同组织活动来最小化前置时间和费用。

（2）有效客户反应。ECR（Efficient Consumer Response）即有效客户反

---

① 吴承健、傅培华、王姗姗：《物流学概论》，浙江大学出版社2009年版，第207页。

应，是从美国食品杂货业发展起来的一种供应链管理方法，通过制造商、批发商和零售商各自经济活动的整合，以最低的成本，最快、最好地实现消费者需求的流通模式。

ECR 强调供应商和零售商的合作，其最终目标是建立一个具有高效反应能力和以客户需求为基础的系统，使零售商及供应商以业务伙伴方式合作，提高整个供应链的效率，而不是单个环节的效率，从而大大降低整个系统的成本、库存和物资储备，同时为客户提供更好的服务。

（3）电子订货系统。EOS（Electronic Order System）即电子订货系统，是指将批发、零售商场所发生的订货数据输入计算机，通过计算机通信网络连接的方式即刻将资料传送至总公司、批发商、制造商处。

EOS 能处理从新商品资料说明直到会计结算等商品交易过程中的所有作业，可以说 EOS 涵盖了整个商流。在寸土寸金的情况下，零售业已没有许多空间用于存放货物，因此要求供货商及时补足售出商品的数量且不能有缺货，这种情况下采用 EOS 系统成为必然。EOS 综合了许多先进的管理手段，因此在国际上使用非常广泛，并且越来越受到商业界的青睐。

（4）企业资源计划。ERP（Enterprise Resource Planning）即企业资源计划，通过前馈的物流、反馈的物流和资金流，把客户需求和企业内部的生产活动，以及供应商的制造资源结合在一起，体现完全按用户需求制造的一种供应链管理思想的功能网链结构模式。

作为一项重要的供应链管理方法，ERP 在整个供应链的管理过程中，更注重对信息流和资金流的控制，其触角已伸向各行各业，如金融业、高科技产业、通信业、零售业等，应用范围得到极大的扩展。为了给企业提供更好的管理模式和管理工具，ERP 还在不断地吸收先进的管理技术和 IT 技术，如人工智能、精益生产、并行工程、互联网/内联网（Internet/Intranet）、数据库等。未来的 ERP 将在动态性、集成性、优化性和广泛性方面得到更好的发展。

（5）物流资源计划。LRP（Logistics Resource Planning）即物流资源计划，是运用物流手段进行物资资源优化配置的技术。

从市场的角度来看，LRP 为企业生产和流通的高效运行组织资源，包括从社会和企业内部有效地组织资源，改善企业物流，提高企业效率；从社会的角度来看，LRP 为市场需求进行经济有效的物资资源配置，以满足社会的物资需求。总的来说，LRP 就是要打破生产和流通的界限，面向大市场，为企业生产和社会流通提供经济有效的物资资源配置。[①]

2.2.3 供应链物流管理

1. 供应链管理与物流管理的关系

（1）供应链管理与物流管理的联系。

一方面，供应链管理包含了物流管理。供应链管理是对物流、商流、资金流和信息流的综合管理，物流管理是其中的核心内容。物流贯穿于整个供应链，它连接供应链的各个企业，是企业间相互合作的纽带。同时，物流连接了所有供应链上实体流动的计划、组织、协调与控制过程，而供应链管理则是对物流整个流程从源头到终点的整体管理。

另一方面，供应链管理是物流管理的延伸和发展。从时间层面来说，物流管理的产生早于供应链管理，现代物流管理也呈现出一体化的趋势，在纵向上，要求企业将提供产品或运输服务的供货商和用户纳入管理范围；在横向上，通过同一行业中多个企业在物流方面的合作来提高规模经济效益和物流效率。所以说，供应链管理正是物流垂直一体化的延伸，只不过供应链管理所涵盖的范围更广，不仅限于物流。

（2）供应链管理与物流管理的区别。

第一，从目标来看，供应链管理的目标是通过管理库存和合作关系，以达到对客户的快速反应，从而使整个供应链的交易成本最低；而物流管理的目标是通过各种手段对物流各环节进行协调，以期在正确的时间将正确的产品送达正确的地点，同时能够尽可能地降低物流成本，其主要任务是库存和运输管理。[②]

第二，从管理重点来看，供应链管理强调的是供应链上各企业间的协调与合作，通过有效结合供应商、制造商、零售商等，提高供应链整体的效

---

① 张华、李一辉、喻立：《电子商务与物流管理》，华中科技大学出版社 2015 年版，第 145 页。
② 何慧：《供应链管理》，东南大学出版社 2012 年版，第 23 页。

率，同时降低供应链整体成本；物流管理强调的是物流各环节的协调与衔接，通过对运输、储存、配送等环节的组织和控制，提高物流的整体效率。

第三，从内容来看，供应链管理比物流管理涉及的内容更广。供应链管理是包含物流在内的商流、资金流、信息流的综合管理，包含了从材料采购、产品研发和制作、库存管理、配送运输、客户服务等的全过程。而物流管理所涉及的范围相对比较小，包含对实物的运输和储存相关的系列活动的管理。

2. 供应链物流管理的概念与特点

供应链物流管理是指采用供应链管理的思想来对物流活动进行计划、组织、协调与控制等管理工作。供应链物流管理强调供应链作为一个整体，供应链成员之间应通过相互协同、协作与协调来提高供应链物流整体效率。

供应链物流管理也是一种物流管理，它和通常的物流管理没有本质的区别。供应链物流管理同样包括对于运输、储存、包装、配送、装卸搬运、流通加工和信息处理等相关活动的组织和管理，其特点如下。

（1）整体性。供应链企业之间是一种相互信任、相互支持、共生共荣、利益相关的紧密伙伴关系，因此供应链物流管理具有整体性，通过对供应链整体的物流进行组织与协调，从而提高供应链的效率，降低供应链整体的成本。

（2）敏捷性。物流过程实现了敏捷化作业流程的快速重组能力，极大地提高了物流系统的敏捷性，通过消除非增值的作业过程和时间，使供应链物流系统进一步降低了成本，为实现供应链的敏捷性、精细化运作提供了基础性保证。[①]

（3）协同性。供应链物流管理具有协同性，这是供应链管理思想在物流管理中的直接体现。供应链管理环境下的物流管理系统通过各节点企业的战略协作，实现了整个物流系统的无缝连接，而无缝连接的供应链物流系统是供应链获得协调一致运作的前提条件。

（4）信息共享。供应链本身具有信息共享的特点，供应链企业之间通常有着健全的信息网络。因此在进行供应链物流管理时，可以充分利用信息网络及时传递和共享信息，从而保证供应链各个环节能够及时掌握市场需求

---

① 张诚、周湘峰、刘美玲：《物流与供应链管理理论精要与实践案例》，经济管理出版社 2018 年版，第 36 页。

信息和整个供应链的运作情况，更好地组织物流活动。

（5）核心企业主导。供应链物流是以核心企业为主导的物流，是要站在核心企业的立场上，以为核心企业服务的观点来统一组织整个供应链的物流活动，其他各企业要更紧密地配合核心企业运作来满足核心企业的需要。[①]

3. 供应链物流管理的内容

供应链物流管理是供应链管理的一项重要内容，供应链物流管理的内容主要包括供应链库存管理、供应链运输管理和供应链物流信息管理等。

（1）供应链库存管理。供应链库存管理主要包含两种管理方案，分别为供应商管理库存（vendor managed inventory，VMI）和联合库存管理（jointly managed inventory，JMI）。

VMI 是一种在供应链环境下的库存运作模式。本质上，它将多级供应链问题变成单级库存管理问题。相对于根据用户发出订单进行补货的传统做法，VMI 是以实际或预测的消费需求和库存量作为市场需求预测和库存补货的解决方法，即由销售资料得到消费需求信息，供货商可以更有效地计划、更快速地反应市场变化和消费需求。

JMI 是一种在供应商管理库存的基础上发展起来的，上游企业和下游企业权利责任平衡和风险共担的库存管理模式，强调供应商与客户同时参与、共同制订库存计划，实现利益共享与风险分担，其目的是通过供应链上各节点共同参与、共同制订库存计划，从而解决供应链系统中由于各企业相互独立运作库存模式所导致的需求放大现象，提高供应链效率。

（2）供应链运输管理。除库存管理之外，供应链物流管理的另一个重要方面就是运输管理，供应链运输管理是指产品从生产者手中到中间商手中再至消费者手中的运送过程的管理。合理的运输管理对提高供应链的快速响应能力、降低供应链成本有着重要的作用，这里介绍一种供应链运输管理的方法——协同运输管理。

协同运输管理（collaborative transportation management，CTM）是一种在协同计划预测补货（collaborative planning，forecasting and replenishment，CP-

---

① 王槐林、刘明菲：《物流管理学》（第三版），武汉大学出版社 2010 年版，第 342 页。

FR）的基础上发展而来的新的模型，在原有"供应商—销售商"的合作关系上，扩展至"供应商—发货人—第三方物流—收货商"的战略联盟，通过信息共享和供应链协作，制订计划、预测、运输、库存等商品服务全过程的共同决策，不仅包括 CPFR 里原有的协同计划、预测补货，还延伸至运输和配送的领域。①

（3）供应链物流信息管理。供应链物流信息的数据量大、涉及面广、来源复杂且实时更新，因此对物流信息进行有效管理也是供应链物流管理中的重要部分。供应链物流信息管理就是对供应链中的物流信息资源进行统一规划和组织，并对物流信息的收集、加工、存储、检索、传递和应用的全过程进行合理控制，从而使供应链物流各环节协调一致，实现信息共享和互动，减少信息冗余和错误，辅助决策支持，改善客户关系，最终实现信息流、资金流、商流、物流的高度统一，达到提高供应链物流竞争力的目的。

■ 2.3 供应链物流风险与评价

2.3.1 供应链物流风险概述

1. 供应链物流风险的概念

供应链物流风险是指在供应链中组织、策划各项物流活动的过程中，各种事先无法预料的不确定因素带来的影响，使得供应链物流的实际绩效与目标绩效发生一定的偏差，从而使供应链上的企业蒙受损失的可能性以及可能性的大小。

2. 供应链物流风险分类

（1）根据风险所处环境分类。

①内部风险。内部风险是指来源于供应链企业之间或者企业内部的物流风险，主要包括企业间运输风险、企业间信息不对称、企业间利益分配风险

---

① 魏修建、姚峰：《现代物流与供应链管理》，西安交通大学出版社 2008 年版，第 63 页。

等企业间风险和企业内部物流运作风险、供应链内库存节点风险等企业内部风险。

②外部风险。外部风险是指由于外部环境的变化影响到物流活动，从而给供应链带来的损失，主要包含自然灾害、意外事故等不可抗力风险和社会政治、经济、市场变化等社会风险。

（2）根据业务内容分类。根据业务内容分类，可将供应链物流风险分为采购风险、运输风险、仓储风险、配送风险、信息风险、物流服务风险等，即供应链在各个业务环节中产生的物流风险。例如，配送风险是指在产品配送过程中，由于天气状况或交通情况等原因而导致的配送延迟、产品受损等风险。

（3）按照风险的影响范围分类。

①系统性风险。系统性风险是指由于供应链受外部因素或内部因素的影响，而导致整个供应链的物流活动无法正常进行，从而遭受经济损失的可能性。比如政府法规变化、自然灾害的发生等。

②非系统性风险。非系统性风险是指供应链中个别企业由于自身原因而产生不确定性，从而影响供应链中的物流活动。比如企业产品质量不达标而导致的供应中断。

3. 供应链物流风险识别和分析

风险识别是指通过大量来源可靠的信息资料来识别风险来源、了解引起风险的主要因素、识别风险可能引起的后果，进而确定系统所面临的风险及其性质的过程。它是供应链物流风险管理工作的第一步。对于供应链物流风险的识别，一方面，可以通过感性认识、经验、类推比较的方法来分析、判断供应链物流风险的影响因素；另一方面，则可以通过对客观资料、风险事故经验等进行归纳整理，从而对供应链各环节的风险进行识别和分析，来确定各环节存在的风险。

（1）供应链物流风险影响因素。物流环境下的物流风险产生的原因与供应链中的各项活动息息相关，因此我们认为影响供应链物流风险的因素主要有供应因素、需求因素、运营因素、控制因素和环境因素。

①供应因素是指供应链的上游企业在产品供应方面缺乏可靠性，从而使

得产品的供应存在不确定性，因产品供应而进行的物流活动便存在一定的风险，无法保证及时供应。

②需求因素是指由于市场需求的不确定性而导致的供需不平衡，从而增加供应链物流风险。若缺货则会产生额外的物流运输成本，若产品过剩则会使得物流活动中的仓储成本上升。

③运营因素是由于供应链上的产品在进行运输、仓储、配送等物流活动时，由于系统原因或突发因素而产生的物流运作风险，可能导致无法在正确的时间将正确数量的正确产品送达正确的地点。

④控制因素是指在进行供应链物流控制时，由于控制方法或决策者控制不当而造成的物流风险。

⑤环境因素是指由于外部环境的变化对供应链物流活动造成影响，从而产生的供应链物流风险，主要包括自然灾害、社会经济政治制度等因素。

（2）供应链物流风险分析。供应链物流风险的分类具有多样性。这里我们主要按照供应链物流的环节对供应链物流风险进行分析，主要介绍生产与采购物流风险、运输物流风险、仓储物流风险。

①生产与采购物流风险分析。生产与采购物流风险是指供应链中的上游企业在进行原材料采购和产品生产过程中，由于各种因素导致原材料不能及时送达、生产活动不能顺利进行而造成损失的风险。这一部分的风险来源主要包括原材料供应的中断、原材料质量不达标、生产设备故障、自然灾害的发生等。

②运输物流风险分析。运输物流风险是指产品或货物在运输过程中产生的风险。根据运输方式不同，可以将运输大致分为海运、陆运和空运三种。三种运输方式所面临的风险也有所差异：海运更多地受到天气、海上状况等自然因素影响，可能导致货物受损或运输时间延长等风险；陆运则受交通状况等影响较大，交通堵塞对于公路运输的影响较大，而铁路运输过程中的周转也可能导致货物缺失；空运对天气状况的要求较高，因此可能会面临货物运输延迟甚至运输取消的风险。除此之外，装卸不当、运输事故及自然灾害等也是造成运输物流风险的原因。

③仓储物流风险分析。仓储物流风险是指储存在仓库中的货物、仓储基

础设置、仓储设备，由于各种因素包括其自身物理化学性质，外界各种自然、社会、人为因素等的影响，使其在存储期间面临着许多不确定的情况致使其物理化学性质发生变化，使仓储物资、仓储基础设施、仓储设备等遭受损失的不确定性。仓储物流风险产生的原因主要有火灾、洪水等自然灾害和不当的库存管理等。

仓储物流风险的发生，一方面可能会导致货物缺损，从而对供应链整体利润造成损害；另一方面会影响到货物的供应，从而导致供应链中断，甚至产生更加严重的影响。

2. 3. 2　供应链物流风险评价

1. 供应链物流风险评价原则与流程

（1）供应链物流风险评价原则。风险评价的原则是贯穿于风险评价过程中的基本原则，供应链物流风险评价需要遵循的原则也无外乎风险评价的一般原则，主要包括以下内容。

①系统性原则。系统性原则是指在进行风险评价时，要从供应链系统的角度出发，而不能只关注供应链上的某一节点或某一企业，必须要以系统的思想考察整个供应链的情况，及时发现供应链可能面临的物流风险，如运输风险、仓储风险、配送风险等，而且必须充分考虑影响风险的各个因素，对各因素发生的可能性进行衡量，只有这样才能使最终的评价结果更为合理。

②客观性原则。风险评价的方法多种多样，不同的评价方法所考虑的因素不同，因此在进行风险评价时，应尽可能地使风险预测、风险评价的结果与实际发生的损失相一致，尽可能反映客观存在的风险。若存在较大偏差，则会造成一定的损失。例如，若对于风险的评价过高，会提高供应链的风险管理成本；若评价过低，则会忽略部分物流风险，从而造成未预见的供应链财产损失。

③可行性与通用性原则。供应链物流风险评价涉及面较广、管理难度较大，这就要求风险管理人员掌握并灵活运用风险评价方法。风险管理者普遍使用的评价标准，要具有可行性和通用性，避免使用烦琐复杂的评价方法。这样可以减少风险评价的工作量，同时为风险管理提供重要依据。

④统一性原则。风险评价是针对某一风险事件或者风险单位进行的，这就要求风险评价要坚持统一性的原则，不能将与风险因素或者风险单位无关的材料作为风险评价的依据。只有坚持统一性的原则，才能客观、准确地评价风险。[①]

（2）供应链物流风险评价流程。供应链物流风险评价是指应用各种技术，采用定性和定量等各种方法来估计风险的大小，找到其中的关键风险，并评价各种风险可能对供应链物流产生的影响，从而给出一定的对策建议的过程，如图 2 - 2 所示。

图 2 - 2 供应链物流风险评价流程

首先，选择一种合适的风险评价方法。在进行方法选择时，应当考虑供应链所处的环境，不同供应链所处的行业有所差异，所适用的风险评价方法也有所差异。只有把供应链所处行业环境、供应链本身运作情况等因素分析清楚，才能选择更恰当的方法来对风险进行评价。

其次，依据该风险评价方法的相关流程对供应链中存在的各种物流风险大小进行估计，从而能够通过风险的大小来找到主要风险，进而对主要风险采取相应的风险控制措施。

再次，对供应链物流风险可能产生的后果进行预估，主要包括风险可能造成的供应链运作问题或供应链经济损失。

最后，给出合理可行的对策建议，即对可能发生的风险采取一定的防范措施，以避免供应链物流风险带来的损失。供应链物流风险的主要防范措施如下。

①认真把握供应链物流决策。在进行物流决策时，应根据自身实际生产或库存情况和市场需求变动情况，综合考虑采用何种方式运输多少数量的货物或产品，以在满足市场需求的情况下，尽最大努力降低库存成本。

---

① 谢非：《风险管理原理与方法》，重庆大学出版社 2013 年版，第 142 页。

②建立货物跟踪系统。为了避免货物在物流运输过程中发生的损失或遗失风险，我们需要对货物进行跟踪，将各种货物信息存储在信息管理系统中，从而实现对货物运输的整体把控。

③选择合适的物流承运商。可靠的物流承运商能够实现产品运输过程中的安全保障，即使在运输过程中发生货物损失，也能够及时采取应急措施，尽可能减少供应链物流中产生的风险。

④购买货运保险。购买货运保险也是一种防范供应链物流风险的措施，这虽然不能降低物流风险发生的概率，但是可以在一定程度上降低风险发生造成的损失。

⑤建立严格的物流风险防控流程。供应链中货物的物流运输严格按照流程执行，一旦发生物流风险，就能够通过从仓库补货等方式，重新进行货物运输。同时，对于物流风险发生的原因进行分析，对相关物流环节部门进行惩罚等。

供应链风险评价流程不仅仅是一个简单的风险评价过程，它更是一个对自身供应链进行重新认识和了解的过程，同时也是对供应链物流流程改善和提高的过程。风险评价是供应链物流风险管理的重要内容，因此必须对这一过程采取足够重视的态度，才能使供应链物流更加规范，从而促进供应链整体的发展。

2. 供应链物流风险的评价方法

风险评价的方法有很多，结合供应链物流的特征，下面介绍几种可以用于评价供应链物流风险的评价方法。

（1）调查和专家打分法。调查和专家打分法是一种常见、简易、易于应用的风险评价方法，又称主观评分法，主要从风险发生的概率和风险损失程度这两方面来评价风险。首先，应用该方法辨识出供应链物流中可能遇到的所有风险，列出风险调查表；其次，利用专家系统对已经识别结果的重要性，如风险因素、风险事件进行评价；最后，评价供应链物流的整体风险水平。但是这种方法的主观性较强，并且要求专家对供应链物流有整体的认知和把握，因此只能运用于决策前期，作为进一步风险管理的基础。

（2）风险矩阵分析法。风险矩阵分析法是在风险识别后对风险发生的可能性和影响性进行等级划分，并且对这些风险赋值，然后针对风险清单上每一个风险估计的结果，把风险影响性的赋值和风险可能性的赋值进行相乘便得到该风险的评估结果。对赋值结果按大小进行排列，数值越大的风险需要重视的程度越高，反之成立。其具体步骤如下。

第一步：列出该供应链物流中的所有潜在问题。这一步骤需要决策者或分析者对供应链物流的整体情况比较了解，或者通过调查访问供应链物流各环节的工作人员进行确定。

第二步：依次估计这些潜在问题发生的可能性，可按低、中、高，也可按数字 0 到 10 的形式估计，发生的可能性越大，其对应的数字越大。

第三步：依次再估计这些潜在问题发生后对整个供应链物流可能造成的影响，也可按低、中、高或 0 到 10 进行标记，同样地，影响程度越大，其对应的数字越大。

第四步：可得出风险矩阵图便于分析，如图 2 - 3 所示。

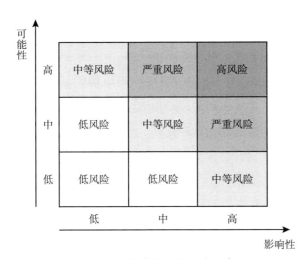

图 2 - 3　供应链物流风险矩阵

第五步：给出科学可行的对策建议，包括预防性措施、应急计划等。

（3）综合评价法。综合评价法也称多属性评价法，多属性是指多个维度、多个指标。综合评价法是依据评价准则，参考供应链上物流的相关数据，分析供应链的整体情况，来选择供应链中的某些物流风险评价指标与性质相同的指标评价标准进行比较，给出评价，最终通过风险评价矩阵来分析企业风险的大小并进行排序的评价方法。

综合评价法一般分为三步：建立指标评价体系、确定评价指标权重、确定风险等级。

第一，建立指标评价体系，通过所在供应链的行业特点、物流特点来选取合适的指标描述供应链物流风险，例如原材料采购价格风险、运输风险、需求预测风险、库存管理风险等，从而建立科学合理的评价指标体系。

第二，确定评价指标权重。通过合理的方法来衡量各个指标的重要程度，赋予不同指标相应的权重。对供应链物流风险影响越大，其所占权重越高；对供应链物流风险影响越小其所占权重越小。

第三，通过上述风险指标的结果，确定风险等级，再结合供应链所属行业的性质、在行业中的地位和所占市场份额，综合评价供应链物流的风险水平。[①]

综合评价法中，最常用到的两种方法是层次分析法和模糊综合评价法，这里我们将对这两种方法做一个简单的介绍。

①层次分析法（AHP）经常运用在风险结构关系比较清楚的情境。其评价的基本思路是：将所识别的风险按支配关系分组形成有序的递阶层次结构，根据两两比较的方法确立判断矩阵，然后通过一定的方式计算出各个阶层风险因素的权重系数，最后综合给出各个风险的权重，并以此作为评价供应链物流风险大小的依据。该方法的优点很多，易观察，易分析，结果简单明了，同时系统性也很强，目前已在很多领域得到了广泛应用。但是由于其判断矩阵的建立更多地依赖于人为判断，当遇到风险因素多、规模大的供应链时，就容易出现问题，所以不能客观、科学地反映实际情况。

②模糊综合评价法是一种对多种因素综合影响的实物或现象做出总体评价与判断的方法。其评价的基本思路是：辨识供应链物流中的所有风险，根据风险因素构建综合评价指标体系；专家通过两两比较的方法构建判断矩

---

① 胡丽：《城市基础设施 PPP 模式融资风险控制研究》，重庆大学出版社 2013 年版，第 78 页。

阵；确定指标权重，建立模糊关系矩阵及容错性计算。该方法结构严谨、思路简洁，为供应链中普遍存在的模糊、不清晰的问题提供了一种充分的概念化结构，并以数学的语言来分析解决问题。但是同样的，其判断矩阵的建立更多地依赖人为判断，因此确定比较困难，易受主观影响。

（4）马科维茨均值—方差模型。马科维茨均值—方差模型最初应用于证券投资。此类决策中的决策目标通常有两个：尽可能高的收益率和尽可能低的不确定性风险。最好的结果应是使这两个相互制约的目标达到最佳平衡，所以可用收益率均值来描述期望收益率，用收益率的方差来描述风险，由此建立起来的投资模型即为均值—方差模型。

这种模型可以运用到评价供应链物流风险中，主要可以用于评价供应链的采购物流风险。例如，采购物流风险中最常见的是产品供应风险。一般来说，不同供应商供应原材料的成本不同，风险也有所差异。成本较低的情况下，可能会面临较大的风险；稳定供货的情况下，可能会面临较高的成本。因此，我们可以用马科维茨均值—方差模型来评价采购物流风险，以便在采购成本和采购风险之间做出权衡。

（5）其他方法。风险评价的方法具有多样性，除了以上介绍的几种方法之外，还有一些比较常见的方法，包括检查表评价法、人员访问等。我们在进行供应链物流风险评价时，可以结合供应链所处环境和自身的运作情况，选择合适的风险评价方法进行供应链物流风险评价。

本 章 小 结

供应链物流的原理，就是要结合供应链的特点，综合采用各种物流手段，实现物资实体的有效移动，既要满足供应链正常运行的物资需要，又要保障整个供应链的总物流费用最低、整体效益最高。

本章首先从物流的定义、定位、类型等基础理论入手，引申至物流系统的设计和优化问题，讨论物流管理的重要目标与内容；其次，在阐述供应链、供应链管理等重要理论的基础上，将物流置于供应链环境之下，分析供应链物流管理的概念、特征和具体内容；最后，为了降低脆弱性对供应链物流正常运作的影响、实现弹性供应链物流管理，本章界定了供应链物流风险的概念、分类，识别、分析了供应链物流风险，并采取定性或者定量的方法完成了对供应链物流风险的评价。

物流管理作为企业运营的后勤保障支持系统，是企业竞争力的关键构成部分，特别是供应链管理理论的应用更加凸显了物流的重要地位。本章通过介绍物流管理的基本概念及其在供应链环境下的运营管理，将物流作为一种核心竞争力整合到企业供应链战略之中，反映了供应链一体化的管理理念。其核心意义在于增强企业和合作伙伴在供应链物流运作上的协同性，实现供应链合作伙伴物流资源共享，从而取得整体最优的绩效水平，达到提高供应链整体竞争力的目的。

本章重要术语

物流　物流系统　物流管理　供应链　供应链管理　供应链物流管理
供应链物流风险　风险识别　供应链物流风险评价

延 伸 阅 读

1. 唐纳德·J. 鲍尔索克斯、戴维·J. 克劳斯等著，马士华、张慧玉等译：《供应链物流管理》（第 4 版），机械工业出版社 2014 年版。

2. John Manners‐Bell, *Supply Chain Risk Management*：*Understanding Emerging Threats to Global Supply Chains*. London：Kogan Page，2017.

3. 辛童：《华为供应链管理》，浙江大学出版社 2020 年版。

4. 刘伟华：《疫情下全球供应链重构与中国制造业应对》，载《人民论坛》2020 年第 18 期。

5. 李延来、应程铄：《基于累积前景理论的物流方案选择方法》，载《系统管理学报》2020 年第 3 期。

复习与思考

一、单选题

1. 物流管理的终极目标是（　　）。

A. 用户服务　　　　　　　　　　　B. 物料管理

C. 组织系统管理　　　　　　D. 优化物流渠道

2. 从供应链的结构模型可以看出，供应链是一个（　　　），由围绕核心企业的供应商、供应商的供应商和用户、用户的用户组成。

A. 直线结构　　　　　　　　B. 网链结构

C. 直线结构　　　　　　　　D. 直链结构

3. 快速反应机制是指供应链管理者所采取的一系列降低（　　　）的措施，其指导思想是尽可能获得时间上的竞争优势，提高系统的反应速度。

A. 库存存储时间　　　　　　B. 补给货物交货期

C. 生产计划时间　　　　　　D. 产品规划时间

4. 由于自然灾害给供应链运作带来中断的风险为（　　　）。

A. 延误风险　　　　　　　　B. 中断风险

C. 系统风险　　　　　　　　D. 预测风险

二、多选题

1. 供应链的特征有（　　　）。

A. 复杂性　　　　　　　　　B. 动态性

C. 交叉性　　　　　　　　　D. 面向客户需求

2. 供应链管理的方法包括（　　　）。

A. 快速反应 QR　　　　　　B. 有效客户反应 ECR

C. 电子订货系统 EOS　　　　D. 企业资源计划 ERP

E. 物流资源计划 LRP

三、简答题

1. 供应链管理与物流管理的联系与区别是什么？

2. 供应链风险评价的一般步骤是什么？

第 3 章

供应链物流战略

1. 了解企业战略的概念与特征。
2. 熟悉企业战略的层次及各层级的战略类型。
3. 熟悉供应链物流战略的概念和目标。
4. 理解供应链物流战略的制定和实施步骤。
5. 熟悉供应链物流战略的类型。

引导案例

海尔集团的"一流三网"

海尔集团自 1999 年开始进行以"市场链"为纽带的业务流程再造。在以订单信息流为中心，带动物流、商流、资金流的运动中，海尔集团通过对观念的创新与机制的再造，构筑起海尔的核心竞争能力。其中在物流领域，海尔集团创造了一套富有特色的"一流三网"的同步流程模式。

所谓"一流"是以订单信息流为中心，"三网"分别是全球供应链资源网络、全球配送资源网络和计算机信息网络，"三网"同步流动，为订单信息流引导的价值增值过程提供支持。这三个网是物流的基础和支持，如果没有这"三网"，那么物流的改造也是不可能的。海尔物流"一流三网"的同步模式实现了四个目标。

①进行为订单而采购、制造等活动，这样从根本上消除了呆滞物资、消灭了库存。2007 年，海尔集团每个月平均接到 6000 多个销售订单，这些订单的定制产品品种达 7000 多个，需要采购的物料品种达 15 万余种。在这种复杂的情况下，海尔集团通过整合物流，呆滞物资降低 73.8%，仓库面积减少 50%，库存资金减少 67%。海尔国际物流中心货区面积 7200 平方米，但它的吞吐量却相当于 30 万平方米普通平面仓库的吞吐量，同样的工作，海尔物流中心只需要 10 个叉车驾驶员，而一般仓库完成这样的工作量至少需要上百人。

②获得了快速满足用户需求的能力。海尔通过整合内部资源、优化外部资源，使供应商由原来的 2336 家优化至 667 家，而国际化供应商数量增加了 2 倍，建立了强大的全球供应链网络。GE、爱默生、巴斯夫等世界 500 强企业都已成为海尔的供应商，有力地保障了海尔产品的质量和交货期。不仅如此，更有一批国际化大公司已经以其高科技和新技术参与到海尔产品的前端设计中，目前可以参与产品开发的供应商比例已高达 50%。

③以三个 JIT 方式实现同步流程。所谓 3 个 JIT 是指 JIT 采购、JIT 材料配送和 JIT 分拨物流。目前通过海尔的 BBP 采购平台，所有的供应商均在网上接受订单，并通过网上查询计划与库存，及时补货，实现 JIT 采购；货物入库后，物流部门可根据次日的生产计划利用 ERP 信息系统进行配料，同时根据看板管理，4 小时送料到工位，实现 JIT 材料配送；生产部门按照订单的需求完成订单以后，满足用户个性化需求的定制产品会通过海尔全球配送网络送达用户手中。目前海尔在中心城市已实现 8 小时配送到位，区域内 24 小时配送到位，全国 4 天以内到位。

④以计算机网络与新经济接轨。在企业外部，海尔 CRM（客户关系管理）和 BBP 电子商务平台的应用架起了与全球用户资源网、全球供应链资源网沟通的桥梁，实现了与用户的零距离服务。目前，海尔 100% 的采购订单在网上下达，使采购周期由原来的平均 10 天降低到 3 天，网上支付已达到总支付额的 20%。在企业内部，计算机自动控制的各种先进物流设备不但降低了人工成本、提高了劳动效率，还直接提升了物流过程的精细化水平，达到质量零缺陷的目的。计算机管理系统搭建了海尔集团内部的信息高

速公路，能将电子商务平台上获得的信息迅速转化为企业内部的信息，以信息代替库存，达到零营运资本的目的。

资料来源：武梓：《海尔独特的"一流三网"》，载《现代物流报》2007年第012版。

3.1 企业战略概述

3.1.1 企业战略的概念与特征

1. 企业战略的概念①

战略一词最初是军事方面的概念，指对战争战役进行全局筹划和部署。在现代社会和经济生活中，其含义演变为泛指统领性的、全局性的、影响胜败的谋略、方案和对策。

20世纪60年代，企业界开始明确地引进战略概念。哈佛的工商业史学家艾尔弗雷德·钱德勒（Alfred D. Chandler）在《战略与结构》一书中将战略定义为：一个企业根本长期目的和目标的确定，以及为实现这一目标所需要采取的行动路线和资源配置。战略管理大师安索夫（Ansoff）认为：战略构造应是一个有控制、有意识的正式计划过程，战略通过逐级分解而贯彻。美国管理学教授奎因（Quinn）认为，战略是一种模式和计划，它将一个组织的主要目的、政策和活动按照一定的顺序结合起来，形成一个紧密的载体。管理大师彼得·德鲁克（Peter F. Drucker）则认为："战略规划是从事下列各项工作的一个持续的过程，系统地进行目前企业的（承担风险的）决策，并尽可能地了解这些决策的未来性；系统地组织执行这些决策所需的努力；通过有组织的、系统的反馈，对照期望来衡量这些决策的成果。"

总之，企业战略是关于企业长期经营目标的决策，以及为实现这一目标对企业的发展方向、途径、范围、实施步骤、阶段目标进行科学规划。

2. 企业战略的特征

企业战略是关于企业作为一个整体应该如何运作的根本指导思想，对处

---

① 赵旭、刘进平：《物流战略管理》（第二版），中国人民大学出版社2015年版，第4页。

于动态变化的内外部环境之中的企业在当前及未来将如何行动的一种总体表述，具有指导性、全局性、长远性、竞争性、系统性、风险性六大特征。

（1）指导性。企业战略界定了企业的发展方向、长远目标，明确了企业的经营方针和行动指南，并提出了实现目标的发展规划及指导性的措施、对策。因此，企业战略在企业经营管理活动中具有行动纲领的意义，为企业的下一步发展起着导向的作用。

（2）全局性。企业战略是从企业整体角度出发纵观全局、统筹全局，根据企业总体发展要求制定而成的。从外部来看，企业战略要考虑世界、全国、地区、行业的情况；从内部来看，要研究企业的整体发展，而不是局部发展。企业局部活动要服从于全局性战略活动的要求，有时为了全局目标的如期实现，局部活动必须适时适当调整。

（3）长远性。企业战略立足现实、着眼未来，针对企业长期生存和长远发展所面临的各种问题，规定了企业在今后几年甚至几十年的发展方向和工作重点。"人无远虑、必有近忧"，企业战略需要确立企业的长远发展目标，谋求企业的长远利益，并致力于把企业打造成长寿企业。

（4）竞争性。竞争是市场经济不可回避的现实，也正是因为有了竞争才确立了战略在经营管理中的主导地位。企业战略的一个重要目的就是要在竞争中战胜对手，从而赢得市场和客户。为此，企业需要进行内外部环境分析，明确自身的资源优势，培养自身的核心竞争力，增强企业的对抗性和战斗力。

（5）系统性。企业战略围绕长期发展目标设立了阶段目标及实现各阶段目标的经营策略，从而形成一个环环相扣的战略目标体系。同时，根据组织关系，企业总体战略、事业层级战略、职能层级战略三个层级组成了企业战略。这三个层级的战略要保持一致性或协调性，才能推动企业持续健康发展。

（6）风险性。企业做出任何一项决策都存在风险，企业战略决策同样如此。因为企业外部的政治经济环境、技术环境、行业市场环境等因素以及企业内部的资源、文化、能力等因素都会影响到企业战略目标和业绩的实现，所以在企业战略的制定、实施和控制过程中，充满了不确定性和风险性，影响着企业的生存和发展。

3.1.2 企业战略层次

企业战略不仅要确定企业整体目标以及实现这些目标的方法，而且要确定企业内每一层次、每一类业务以及每个部门的目标及其实现方法。如表3-1所示，企业战略从高到低一般分为三个层次，即公司层级战略、事业层级战略、职能层级战略。对企业战略进行层次划分既有利于保持企业方向与战略的统一性和整体性，调动企业资源以最大限度地符合企业长期发展目标的要求，又能适应分权管理的要求，提高企业活动的灵活性，使决策更好地适应内外部环境的变化。

表 3 - 1   企业战略层次

企业战略	公司层级战略	扩张型发展战略
		稳定型发展战略
		紧缩型发展战略
	事业层级战略	总成本领先战略
		差异化战略
		重点集中战略
	职能层级战略	研发战略
		营销战略
		财务战略
		人力资源战略

1. 公司层级战略

公司层级战略也叫企业总体战略，是以企业全局为研究对象，为实现企业总体目标，对企业未来发展方向做出的长期性和总体性战略。一般来说，企业总体战略主要关注两个问题：一是企业生存和发展的根本问题，即企业应该做些什么，涉及如何确定企业的性质和宗旨，选择企业的活动范围和重点；二是企业怎样去开展这些业务，涉及如何设立各个战略单位的目标和资源配置。公司层级战略主要包括扩张型发展战略、稳定型发展战略和紧缩型发展战略三种战略类型。

（1）扩张型发展战略。扩张型发展战略是指企业扩大经营规模，或在原有的企业范围内增加生产能力与产品供应量，或是推动企业之间的联合与兼并，以促进企业不断发展的一种战略。从企业发展的角度来看，任何成功的企业都应当经历长短不一的扩张型发展战略实施期，因为从本质上说，只有实施扩张型发展战略，企业才能不断地扩大规模，提高市场竞争力，最终发展成为实力雄厚的大企业。为达到扩张发展的目的，企业可以通过市场渗透战略、多元化战略、一体化战略、战略联盟等多种方式来扩大企业的市场份额，提高企业的经营效率和效益，使企业保持生机和活力。但要注意，不能盲目扩张，破坏企业的资源平衡。

（2）稳定型发展战略。稳定型发展战略是在内外部环境约束下，使企业的资源分配和经营状况基本保持在目前状态和水平上的战略。其本质是追求稳定，即坚持企业前期对产品和市场领域的选择，期望企业在市场占有率、产销规模或总体利润水平上保持现状或略有提高，从而稳定和巩固企业现有的市场地位。实施稳定型发展战略的企业，其面临的经营风险相对较小，因为避免了开发新产品、新渠道、新市场所需的大量资金投入以及开发失败的风险，但稳定型战略可能会使企业的风险意识减弱，甚至形成害怕风险、回避风险的文化，从而降低企业对风险的敏感性和适应性，特别是当市场需求、竞争格局等内外部环境发生突变时，企业就会陷入困境。

（3）紧缩型发展战略。紧缩型发展战略是企业从目前的战略经营领域和基础水平收缩或撤退的一种经营战略。一般来说，企业实施紧缩型发展战略只是短期的，其根本目的是使企业在躲过风暴后转向其他的战略选择，即为以后的发展积蓄力量。可以说，紧缩型发展战略是一种以退为进的战略。它可以帮助企业在外部环境恶劣的情况下，节约开支和费用，使企业顺利地渡过不利处境；可以在企业经营不善的情况下最大限度地降低企业损失，保存企业实力；可以帮助企业把运作不良领域的资源释放出来，集中于其他有发展前途的经营领域，从而迅速实现资源的最优配置。但实施紧缩型发展战略常常意味着不同程度的裁员和减薪，因此可能会引起企业内外部人员的不满。

2. 事业层级战略[①]

事业层级战略是在企业总体战略的基础上，特别是在共同的企业使命的前提下，根据各个事业部所面临的机会和挑战、自身条件等做出的战略决策。其重点是将企业总体战略所包括的企业目标、发展方向和措施具体化，形成各个事业单位具体的竞争与经营战略，从而保证这些事业单位在它所从事的行业或某一细分市场中的竞争地位。事业层级战略主要包括总成本领先战略、差异化战略和重点集中战略三种战略类型。

（1）总成本领先战略。总成本领先战略也称低成本战略，是指企业在研发、生产、销售、服务等方面加强成本控制，使企业的总成本低于竞争对手的成本，从而获得竞争优势的一种战略。总成本领先战略的核心是使企业的成本在较长时期内处于同行业中的领先地位，并由此获得比竞争对手更高的市场占有率，同时使企业的盈利处于同行业平均水平之上。企业采用总成本领先战略可以为生产技术尚不成熟、还未形成规模经济的潜在进入者设置较高的进入壁垒，增强企业对供应商和顾客的议价能力，保持企业领先的竞争地位，但在此过程中一定要考虑技术革新和技术进步的影响，注重降低成本的同时还应保证产品及服务的质量。

（2）差异化战略。差异化战略也称为特色经营战略，是指企业为顾客提供与众不同的、具有独特性的产品或服务，使企业的产品、服务、品牌形象等与竞争对手有明显的区别，从而获得竞争优势的一种战略。企业实施差异化战略可以增强顾客对本企业产品和服务的满意度和忠诚度，降低顾客对价格的敏感程度，从而提高企业的效益和利润水平，使企业在竞争中处于更有利的地位。但是必须要注意，只有当差异化的产品和服务被市场所接受并且创造的价值超过实施差异化所增加的成本时，企业的差异化战略才是成功的。所以，企业实施差异化战略必须关注以下问题，即谁是企业的顾客；为顾客提供哪些差异化的产品和服务；在满足顾客要求并赢利的同时，怎样才能比竞争对手更有效率。

（3）重点集中战略。重点集中战略又称专一化战略或目标集聚战略，

[①] 郑称德：《供应链物流管理》，南京大学出版社 2018 年版，第 44~46 页。

是指企业将目标集中在某一特定的顾客群体、某个细分的产品线或某一特定地区，并在这个特定目标市场中提供比竞争对手更优的产品和服务，从而获得竞争优势的一种战略。重点集中战略的核心是将企业资源或力量集中于选定的细分市场，然后通过产品差异化或成本领先或两者兼有的方式，保证企业在狭窄的目标市场上获得竞争优势以及较高的市场份额。采用重点集中战略有利于企业为某一特定细分市场提供最佳质量或性能的产品，从而提高企业的市场占有率，迅速增加企业的收入和利润。但由于重点集中战略的目标市场是相对狭小的，所以企业市场份额的总体水平是较低的。

3. 职能层级战略

职能层级战略是企业各职能部门根据公司层级战略和事业层级战略的要求而制订的具体行动计划。这些行动计划规定了各职能部门在实施总体战略中的责任和要求，包括贯彻事业层级发展目标，确定职能部门的发展目标、发展重点和主要措施，以及进行职能战略实施中的风险分析和应变能力分析等。职能层级战略主要有研发战略、营销战略、财务战略、人力资源战略等类型。

（1）研发战略。研发战略主要有产品研发战略和技术研发战略两种类型，前者是指在现有市场上通过改良现有产品或开发新产品来满足顾客需要，扩大销售量的战略；后者是指对企业现有技术进行改造或者开发、掌握新技术，从而改进工艺、改善产品质量、提高劳动生产率的战略。研究与开发是企业科技进步的原动力，强化研发工作对于加快企业产品更新换代、降低成本、提高企业经济效益、保持企业竞争优势等都有重要的推动作用。

（2）营销战略。营销战略是指用战略管理的思想和方法对市场营销活动进行管理，它强调从战略的基本点出发，思考和规划企业的整个营销模式。其主要内容包括：进行市场调研，预测、分析市场需求和市场发展趋势；选择企业的目标市场、品牌定位和价值诉求；制定有关产品、价格、促销、渠道的战略计划；实施、控制和评估具体的营销战略等。有效的营销战略是企业成功的基础，它以市场需求为导向，注重关注内外环境的变化以及竞争对手的行为和反应，从而为营销决策提供科学依据。

（3）财务战略。财务战略是指对企业资金进行筹集、运用、分配以取得最大经济效益的方略。其具体内容包括：合理筹集企业所需资金；有效分配和调度资金，确保资金结构的合理化和财务结构的健全化；在企业经营过程中，利用适当的财务计划和控制方法加速资金周转，提高资金运用的效率，促进企业的成长。财务战略的基本目的，就是最有效地利用企业各种资金，在企业内、外部各种条件制约下，确保企业财务目标的实现。

（4）人力资源战略。人力资源战略是为适应企业生存和发展的需要，对企业的人力资源进行开发，提高员工队伍的整体素质，发现和培养一大批优秀人才所进行的长远性的谋划和方略。其主要内容包括：根据企业中长期发展的要求，招聘和培养企业所需人才，满足企业对人力资源总量的需要；优化人力资源结构，满足企业对各层次、各专业人才的需要；提高每个劳动者的素质，使之与工作岗位的要求相匹配，同时充分发挥员工的积极性和创造性，推动企业不断发展和进步。

4. 各层级战略的关系

公司层级战略倾向于总体价值取向，以抽象概念为基础，主要由企业高层管理者制定；事业层级战略主要就本事业单位的某一项具体业务进行战略规划，主要由事业部门领导层负责；职能层级战略主要涉及具体执行和操作问题，由各职能部门制定。公司层级战略、事业层级战略与职能层级战略一起构成了企业战略体系。在企业内部，企业战略的各个层级之间是相互联系、相互配合的。企业每一层级的战略都为下一层级战略提供方向，并构成下一层级的战略环境；每层战略又为上一级战略目标的实现提供保障和支持。所以，企业要实现其总体战略目标，必须将三个层级的战略有效地结合起来。

■3.2 供应链物流战略概述

3.2.1 供应链物流战略的概念和作用

1. 供应链物流战略概念

供应链物流战略是企业为了寻求供应链物流的可持续发展，就供应链物流的发展目标及达成目标所必需的途径和手段来制定的长远性、全局性的规划与谋略。供应链物流战略是企业的重要职能战略之一，它以企业总体战略目标为依据，在科学分析企业内外部环境的基础上，对物流服务的未来需求进行预测并对整个供应链的资源进行管理，以实现供应链物流的经营目标。

2. 供应链物流战略的作用

随着企业所处的市场竞争环境愈加复杂多变，供应链物流组织成员增多，物流范围跨越幅度加大，供应链物流战略在供应链物流管理中有着愈发重要的意义和作用，主要体现在以下几点。

（1）指明了企业供应链物流的发展方向，为制定物流业务策略、规划日常物流管理活动、配置和调度物流资源提供依据，减少发展的随意性和盲目性，有利于企业供应链物流按计划顺利发展。

（2）供应链物流战略使企业物流运营能够适应环境的变化，使企业重视环境、分析环境、适应环境，根据环境的变化不断调整自身的供应链物流管理策略和行为，达成与经营环境的良好协同。

（3）供应链物流战略目标为衡量企业现在和将来的物流管理绩效提供了测量标准。

3.2.2　供应链物流战略的目标[①]

一般来说，供应链物流战略主要有以下三个目标：降低物流成本；改善顾客服务水平；提升企业核心竞争力。

1. 降低物流成本

供应链物流成本包括固定成本和可变成本两部分，前者主要指供应链物流系统中的各种固定资产投资，如仓库、运输车辆、信息系统设备等方面的投资，后者主要指随物流量的变动而变动的成本，主要包括运输成本、仓储成本、客户服务成本、订货处理与信息成本等。降低供应链物流的固定成本往往意味着企业的自有设施、设备规模小，而软件资源和外部资源的利用较多，这可能会导致供应链物流的可变成本增加。例如，企业对顾客直接供货

---

① 郑称德：《供应链物流管理》，南京大学出版社 2018 年版，第 47 页。

可以减少对仓库的需求，但会增加企业的运输成本。因此，企业供应链物流战略的首要目标就是在保证物流服务质量的前提下，对供应链中的物流活动进行全局性规划，以降低活动中的物流总成本。

2. 改善顾客服务水平

供应链物流服务是指企业在订单处理、产品质量、反应速度等方面对顾客需求的满足能力。随着经济的发展和竞争的激烈，顾客在选择产品和服务时除了考虑价格因素外，也越来越重视到货的及时性、准确性等因素。为此，企业可以适度采纳先进的物流技术和设备、采用专业化物流服务或者采用先进的物流管理系统来改进企业的物流管理水平，提高顾客物流服务能力。但是，高的服务水平往往需要高成本来保障，因此企业需要在顾客服务水平和物流成本之间综合权衡。只有当顾客服务水平的提高给企业增加的收入足以抵消增加的物流成本时，供应链物流战略才有实施的可能性和必要性。

3. 提升企业核心竞争力

企业的供应链物流战略要能够提升企业竞争力，使企业在激烈的市场竞争中集中精力关注核心业务。当供应链物流是企业核心竞争力的构成基础时，企业可通过一体化战略，将供应链中的各种物流活动作为一个整体系统来进行管理，实现供应链集成，以在成本、速度、柔性化等方面获得相对优势；如果供应链物流不构成企业核心竞争力，那么可以将物流业务外包给专业化的第三方物流服务供应商进行管理，从而使企业将有限的资源集中于发展核心产业，帮助企业节省费用，增加盈利。

3.2.3 企业供应链物流战略的制定与实施

1. 供应链物流战略的制定[①]

供应链物流战略的制定是指企业组织各方面的力量，依据一定的方法和程序，为自己选择、确定合适的供应链物流战略的过程。图 3-1 显示了企业制定供应链物流战略的总体框架。

---

① 郑称德：《供应链物流管理》，南京大学出版社 2018 年版，第 55~57 页。

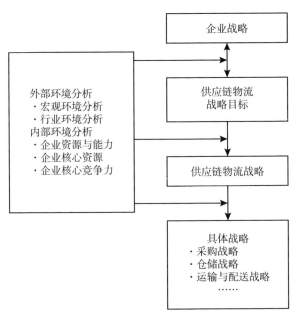

图 3 - 1　供应链物流战略制定框架

资料来源：郑称德：《供应链物流管理》，南京大学出版社 2018 年版。

（1）企业战略。供应链物流战略作为企业重要的职能战略之一，对于实现企业战略目标及经营领域竞争优势起着重要的支撑作用，因此它的制定要与其他层级的企业战略以及其他职能战略相适应，供应链物流战略的目标必须服从并服务于企业总体战略目标。例如，如果企业实行总成本领先战略，就要在供应链物流战略选择上以低成本为目标，保持低库存水平，采用大批量配送策略，选择低成本供应商等；如果企业选择差异化战略，供应链物流就要围绕顾客的个性化需求进行，提高顾客满意度。因此在制定供应链物流战略之前，必须定义和了解企业战略。另外，在一个持续经营的企业，特有的运作能力有利于帮助企业选择合适的企业战略，也就是供应链物流战略能够反过来影响企业战略。

（2）外部环境分析。企业的外部环境主要是指宏观环境和行业环境，可分别用 PEST 模型和波特五力模型进行分析。

①宏观环境分析。宏观环境又称一般环境，是指在国家或地区范围内影响一切行业和企业的各种因素或力量。PEST 模型是对企业进行宏观环境分

析的常用工具，它通过分析政治、经济、社会、技术四个方面的因素从总体上把握宏观环境，并评价这些因素对企业战略目标和战略制定的影响。

第一，P 即 politics，政治要素。是指对组织经营活动具有实际与潜在影响的政治力量和有关的法律、法规等因素。当政府对企业所经营业务的态度发生变化，并发布了对企业经营具有约束力的法律、法规时，企业的供应链物流战略必须随之做出调整。

第二，E 即 economic，经济要素。是指一个国家的经济制度、经济结构、产业布局、资源状况、经济发展水平以及未来的经济走势等。构成经济环境的关键要素包括 GDP 的发展变化趋势、居民可支配收入水平、利率水平、通货膨胀率和就业率等。

第三，S 即 society，社会要素。是指组织所在社会中成员的民族特征、文化传统、价值观念、宗教信仰、受教育水平以及风俗习惯等因素。构成社会环境的要素包括人口规模、年龄结构、种族结构、收入分布、消费结构和水平、人口流动性等。其中，人口规模直接影响着一个国家或地区市场的容量，年龄结构则决定了消费品的种类及推广方式。

第四，T 即 technology，技术要素。技术要素不仅仅包括那些引起革命性变化的发明，还包括与企业生产有关的新技术、新工艺、新材料的出现、发展趋势以及应用前景。物流技术与装备水平，如仓储技术、信息技术、包装技术与配送技术、多式联运技术与装备等，会影响到物流运作中的机械化、自动化水平，对物流资源的整合、物流成本的下降和物流效率的提高具有重要作用。

②行业环境分析[①]。行业环境又称为运营环境，是指直接影响企业实现其目标的外部力量。行业环境分析就是对行业整体的发展状况和竞争态势进行详细分析，如图 3 - 2 所示，按波特的分类标准，即对供应商的议价能力、顾客的议价能力、潜在进入者的威胁、替代品的威胁，以及行业内现有企业的竞争进行分析。

---

① 赵旭、刘进平：《物流战略管理》（第二版），中国人民大学出版社 2015 年版，第 60 ~ 63 页。

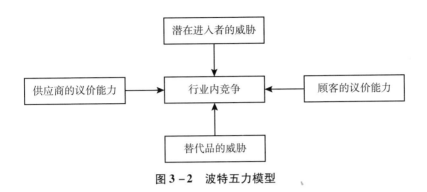

图 3 - 2　波特五力模型

第一，供应商的议价能力。供应商议价能力是指供应商讨价还价的行为和程度，他们主要通过提高供应价格和降低供应产品或服务的质量来影响企业的盈利能力与竞争优势。当供应商提供的产品或服务占企业物流成本的较大比例或者对企业的物流服务水平影响较大时，供应商的议价能力就较强。供应商的议价能力决定了企业能不能以更低的成本获得所需产品或服务。

第二，顾客的议价能力。顾客议价能力是指顾客通过压低价格、要求较高的产品质量或索取更多的服务项目以使自己获利的能力。决定顾客议价能力的基本因素有两个：一是顾客的价格敏感度，它决定了顾客讨价还价的欲望有多大；二是顾客的相对议价能力，它决定了顾客能在多大程度上成功地压低价格。如果顾客对本企业的物流服务具有很强的依赖性，并且转换成本较高，那么顾客议价能力较弱。反之，顾客的议价能力就较强。顾客的议价能力决定了企业能不能以更高的价格把产品和服务提供给自己的顾客。

第三，潜在进入者的威胁。潜在进入者会瓜分企业现有的市场份额以及加剧行业内企业间的竞争程度，从而对企业的市场地位和盈利水平产生威胁。潜在进入者的威胁大小主要取决于本行业的进入壁垒以及行业中现有企业反击的强烈程度。其中，进入壁垒可从制度壁垒、规模经济壁垒、技术壁垒、人才壁垒、转换成本壁垒等方面加以考虑。

第四，替代品的威胁。物流服务替代品威胁主要取决于替代品与本企业现有物流服务的相对性价比以及顾客使用替代品的欲望或偏好。因此，替代品的威胁包括三个方面：替代品在价格上的竞争力、替代品质量和性能上的竞争力、客户转向替代品的难易程度。如果物流服务替代品的价格越低、质量越好、用户转换成本越小，那么企业面临的替代品威胁就越大，竞争压力就越强。

第五，行业内现有企业的竞争。企业在提供物流服务时，既面临来自国外物流企业的巨大威胁，又面临来自国内正在进行现代化转型的传统物流企业的冲击，还面临着积极进行社会化变革的大型生产与流通企业自营物流体系的竞争，以及新型第三方物流企业的挑战。因此，企业需要根据来自国内以及国外企业的竞争调整供应链物流战略。与潜在进入者、替代品、同行业企业的竞争决定了企业能够占多大的市场份额。

（3）内部环境分析。内部环境分析主要是对企业内部的资源和能力进行分析。资源是指企业在物流活动中投入的要素，包括资金、设备、人力等有形资源以及专利、品牌、技术等无形资源。能力是指企业组织部署或配置利用资源以实现预期目标的技能，其核心是企业对资源的组织管理方式，根源于企业员工的知识、经验与技能，通常表现为企业的物流服务运营能力（包括运输、仓储保管、流通加工、物流产品设计能力等）、职能管理能力（包括物流营销管理、供应商与顾客关系管理、物流运作协调管理能力等）、基本管理能力（包括计划、组织、人力资源管理、领导、控制能力等）、其他能力（企业文化建设能力）等，如表 3-2 所示。

表 3-2　　　　　　　　企业内部资源与能力组成结构

企业资源与能力	类别	主要内容
资源	有形资源	设施与设备、资金实力、人员数量、物流业务运作网络
	无形资源	物流技术特别是信息技术、品牌、专利、企业声誉、企业文化和形象、人员素质、客户资源、社会关系网络（例如与政府机构、其他物流企业的关系）
能力	服务运营能力	运输、仓储保管、配送、装卸、流通加工、物流产品设计、物流系统规划与咨询能力
	职能管理能力	物流营销管理、财务管理、技术与研发管理、供应商与客户关系管理、物流运作协调管理能力
	基本管理能力	计划、组织、人力资源管理、领导（激励沟通）、控制能力
	其他能力	物流企业战略管理能力、企业文化建设能力

资料来源：赵旭、刘进平：《物流战略管理》，中国人民大学出版社 2015 年版，第 66 页。

在此基础上，要识别企业的核心资源和核心竞争力。企业核心资源和核心竞争力要满足五个标准：①具有价值性，既可以创造顾客感知价值，又能为企业带来增值或超常规的利润回报；②具有延展性，能帮助企业延伸出产品族或产业族；③具有独特性，实现企业之间的异质性和效率差异，保证企业在竞争中获得绝对或比较优势；④具有刚性和持久性，能在较长时期内发挥作用；⑤具有难模仿性或难替代性，防止其他企业轻易获取，保证较长时间的行业领先地位。

（4）供应链物流战略确定。根据企业战略和内外部环境分析结果，企业可以确定供应链物流战略目标，然后选择相应的供应链物流战略来有效地实现物流发展目标。通常采用 SWOT 分析法来制定供应链物流战略，其基本思路如下。

①分析环境因素。分析企业所处环境，掌握两方面的信息：一是企业内部的优势和劣势；二是企业外部的机遇和威胁。

S 即企业内部的优势（strength）。企业内部优势是指企业在供应链物流管理方面超越其竞争对手的能力，或者企业所特有的能提高企业竞争力的供应链物流资源。优势因素可以包括充足的资金来源、现代化的物流设施设备、先进的技术技能、积极进取的企业文化、优秀的品牌形象、良好的雇员关系等。

W 即企业内部的劣势（weakness）。企业内部劣势是指企业在供应链物流管理上所缺少或做的不好的方面，或指某种会使企业处于竞争劣势的条件。劣势因素包括明确的战略导向的缺乏、内部管理混乱、设备陈旧、经营成本过高、公司信誉度差、物流人才缺乏等。

O 即企业外部的机会（opportunity）。机会是企业经营环境中重要的有利因素，企业管理者应当确认每一个机会，评价企业在每一个机会下的成长和利润前景，抓住那些可与企业财务和资源相匹配、使企业获得竞争优势的机会。国家对发展物流的政策支持、物流信息技术的不断升级、与顾客或供应商关系的改善等都可视为企业的机会。

T 即企业外部的威胁（threat）。在企业外部环境中，总是存在某些对企业供应链物流管理构成约束和威胁的因素，如强大的新竞争对手的出现、汇率和外贸政策的不利变动、客户需求的不确定性、经济萧条和业务周期的冲击、供应商诚信度差、供应商产品和质量偏低等。

②构造 SWOT 矩阵，列出备选战略。分析内外部环境因素后，以企业内部的优势和劣势分别面对企业外部的机会和威胁，寻找战略思路，就可以得出多个备选战略方案，见表 3 – 3。

表 3 – 3   SWOT 分析矩阵

	优势 S	劣势 W
机会 O	SO 战略（增长型战略）	WO 战略（扭转型战略）
威胁 T	ST 战略（多种经营战略）	WT 战略（防御型战略）

资料来源：郑称德：《供应链物流管理》，南京大学出版社 2018 年版，第 57 页。

SO 战略（增长型战略），即优势——机会战略，是一种利用企业内部优势抓住企业外部发展机会的战略。条件是外部环境中存在机会，而企业在这方面也有优势，这种情况是最理想的。

WO 战略（扭转型战略），即劣势——机会战略，是以利用外部机会来弥补内部弱点为目标的战略。条件是外部环境中存在机会，但是企业在这方面处于劣势，力量不够。这就要求企业致力于改变内部劣势，有效地利用市场机会。

ST 战略（多种经营战略）。即优势——威胁战略，是利用本企业的优势回避或减轻外部威胁的影响。条件是外部环境中存在一些威胁，但企业在这方面有优势。针对这种情况，企业可以利用现有优势在其他产品或市场上建立长期机会，实行分散化或多样化战略。

WT 战略（防御型战略），即劣势——威胁战略，是一种旨在减少内部弱点、同时回避外部环境威胁的防御性战略。条件是外部环境中存在一些威胁，而企业在这方面也处于劣势，这是最不理想的情况。

③评价备选战略以确定最终战略。SWOT 法为企业提供了四种可以选择的战略，即 SO 战略、WO 战略、ST 战略和 WT 战略。这四种战略各有优缺点，并且适用条件不同，所以要采用科学的评价方法对其进行统一评价，得

出企业在当前环境中最应采取的战略。评价方法可以是定性评价，也可以建立数学模型定量计算，例如可以采用专家评价法，首先为每个评价指标设置重要度权数，然后让专家给每个战略方案打分，最后计算各个战略方案的总分，哪个总分最高，哪个就是最优战略方案。

（5）供应链物流具体管理战略。供应链物流战略必须得到供应链物流系统各环节的配合，即物流系统各环节的管理者需要制定与供应链物流战略相匹配的功能性战略，这些功能性战略主要包括采购部门制定的采购战略、仓储部门制定的仓储战略、运输部门制定的运输战略和配送战略等等。采购、仓储、运输等部门再在确立的功能性战略指导下，拟定具体的管理策略和方法。

2. 供应链物流战略的实施①

供应链物流战略制定出来以后，就要进行实施，也就是把供应链物流战略划分为各个时间阶段的任务目标，再对各个阶段的任务目标制定具体的实施计划，然后把这些计划落实到企业各个部门的各个业务环节中。供应链物流战略的实施主要包括以下内容。

（1）计划。供应链物流战略只是一个纲领性文件，它虽然有任务目标、实现途径，但都是概括性的、总体的。要想把供应链物流战略真正实施好，还需要进行详细地计划和规划。首先将总的战略目标进行分解，得到每个战略阶段的任务目标，然后进一步分解每个战略阶段的目标，得到战略阶段中每一年的任务目标，最后根据既定的每年任务目标，制定包括物流资源安排、时间进度安排、操作方法和程序、控制指标、保障措施等在内的实施方案。

（2）组织。组织是对战略计划执行的分工，为战略的实施提供原料、设备、资本、人员等必要资源。企业的组织结构要符合供应链物流战略发展的要求，考虑到企业的供应链物流战略需要适应动态发展的环境，因此，组织结构必须具备相当的动态弹性。

（3）指挥。指挥是指通过各种方法和手段影响组织成员为实现同一目

---

① 王槐林、刘明菲：《物流管理学》，武汉大学出版社 2010 年版，第 362 页。

标而努力。在战略实施过程中，领导者要发挥影响力，指挥员工按照计划采取行动，同时，领导者还要与员工充分沟通，运用合适的激励方法调动他们实现物流战略目标的积极性。

（4）协调。在供应链物流战略实施过程中，各个部门的执行进度可能与计划进度不完全一致，或者物流各项功能活动之间会出现一些矛盾和冲突。这时，就要进行协调，通过疏通环节、达成共识等途径来统一进度、解决矛盾，最终使得物流系统的每一部分或每一成员的个别行动都能够服从和服务于整体目标的实现。

（5）控制。控制是对战略实施过程进行监督、检查、调整的管理活动，以计划为标准，及时掌握现实和计划的偏差，分析偏差产生的原因，找出克服偏差的办法和措施，把它们付诸实施，从而保证原计划的顺利执行。对于不可控的偏差，则应采取相应措施改变原计划，使其符合实际工作的需要。

3.3 企业供应链物流战略类型

企业的类型不同、所处行业不同、实力不同，所采取的供应链物流战略也是不一样的，本节主要介绍四种物流战略：基于成本的精益化物流战略、基于服务的敏捷化物流战略、基于时间的物流延迟战略和实时物流战略。

3.3.1 基于成本的精益化物流战略[①]

1. 精益化物流的起源及内容

20 世纪 50 年代，日本把汽车工业作为经济倍增计划的重点发展产业，然而那时日本丰田汽车公司一年的汽车产量还不及美国福特公司一天的产量。在丰田汽车公司对美国几大汽车厂考察之后，他们发现采用大批量生产

---

① 郑吉春、李伊松：《精益物流与敏捷物流的选择策略分析》，载《北京交通大学学报（社会科学版）》2004 年第 2 期，第 29～30 页。

方式降低成本仍有进一步改进的余地，并且日本企业还面临资金不足、需求不足、技术落后等困难，因此他们认为在日本进行大批量、少品种的生产方式是不可取的，而应考虑一种更能适应日本市场需求的生产组织策略。在不断探索之后，丰田汽车公司终于找到了一套适合日本国情的汽车生产方式：及时制生产、全面质量管理、并行工程、充分协作的团队工作方式和集成的供应链关系管理，逐步创立了独特的多品种、小批量、高质量和低消耗的精益生产方法。精益思想从理论的高度归纳了精益生产中所包含的管理思想，其核心就是以越来越少的投入——较少的人力、设备，较短的时间和较小的场地创造出尽可能多的价值，同时也越来越接近用户，为他们提供确实需要的东西。

将精益思想应用到物流领域对企业的物流活动进行管理就产生了精益化物流的概念，即通过消除生产和供应过程中非增值的物流浪费，以减少备货时间，提高顾客满意度。具体包括以下五个方面：①以顾客需求为中心，从顾客的角度而不是从企业或职能部门的角度来确定什么可以创造价值、什么不可以创造价值；②对价值流中的供应、制造和配送等每一个环节进行分析，找出不能提供增值的浪费环节所在；③根据不间断、不迂回、不倒流、不等待和不出废品的原则，制订创造价值流的行动方案；④及时创造仅由顾客拉动的价值；⑤一旦发现有造成浪费的环节就及时消除，不断追求完美。

2. 精益化物流的要求

精益化物流应满足以下四个要求。

第一，拉动型的物流系统。在精益化物流系统中，顾客需求是驱动生产的源动力，是价值流的出发点。价值流的流动要靠下游顾客来拉动，而不是依靠上游的推动。当顾客没有发出需求指令时，上游的任何部分不提供服务，只有接到顾客需求指令后，各部门才提供服务。

第二，高质量的物流系统。精益化物流系统应该为顾客提供准时、快速的高质量物流服务。准时的物流服务要求物品在流动中的各个环节，包括交货、运输、中转、分拣、配送等，都要按计划按时完成。企业要实现"零库存"的目标，就必须提供准时服务。快速的物流服务是企业迅速响应顾客需求，实现商品在流通中价值增值的重要保障。物品在流通中的速度主要体现在物品停留的节点最少、流通所经过的路径最短、仓储时间最合理等方面，以实现整体物流的快速进展。

第三，低成本的物流系统。在企业的物流活动中，可能产生浪费的环节有很多，比如供应链上游不能按时交货或提供服务而等候、提供给顾客不需要或不满意的服务、无需求造成的产品积压和多余的库存、实际不需要的流通程序和物料移动等。精益化物流系统通过快速反应、准时化生产，应该消除诸如设施设备空耗、人员冗余、操作延迟等浪费，保证其物流服务的低成本。

第四，不断完善的物流系统。在精益化物流系统中，全员都能理解并接受精益思想的精髓，领导者制定能够使系统实现"精益"效益的决策，全体员工贯彻执行，各尽其责，以达到全面物流管理的境界。企业全体员工不断发现并改善存在的问题，以一种追求完美的心态保证整个系统持续改进，不断完善。

3.3.2　基于服务的敏捷化物流战略①

1. 敏捷化物流战略的概念

敏捷化物流战略是指在快速多变的市场环境下，通过企业内外各种资源的优化整合，试图在速度、柔性、质量、获利能力、创新主动性等方面取得竞争优势。它强调的是物流系统的柔性，使之能够有效地响应市场需求，从而抓住各种有利的市场机会来获取利润。敏捷物流战略在配送速度、准时交货率、交货周期等环节上都有很高的要求。

2. 实施敏捷化物流战略的关键

（1）有效的信息传递和共享机制。顾客、企业和供应商之间的信息传递和共享在无形中形成一条以信息技术为支持的虚拟供应链。在虚拟供应链中，通过信息技术使供求信息对各方透明，确保供应链各方的行动依据统一，避免企业运作各自为政，产生"牛鞭效应"。对于信息的传递和共享仅

---

① 张宇航：《基于竞争优势理论的企业物流战略研究》，长安大学硕士学位论文，第26～28页。

利用信息技术是不能完全达到预期目标的，传统的组织结构形式和业务流程会显现出一定的不适应性，因而要想共享的信息充分发挥它的作用，企业之间就必须进行流程的整合——买方和供应商之间协同合作，努力做到信息共享、共同开发产品、整合各系统的运作流程。

（2）准确把握敏捷物流理念。尽管物流是削减成本的有效途径，但由于敏捷物流始终围绕基于服务和响应来获取竞争优势这一理念展开，因此企业更多地是通过快速响应顾客需求和快捷、稳定的物流服务来战胜竞争对手，在这种情况下，可能必须以牺牲部分成本作为代价。但是这并不意味着无限度地牺牲成本以提高顾客服务水平，而是要在了解顾客真正的需求基础上，为顾客提供差异化的物流服务，并且这种服务所带来的收入增加要足以弥补额外的物流费用。

（3）平衡系统的柔性和复杂性。敏捷物流系统必须具备一定的柔性以满足顾客多样化以及快速变动的需求，但柔性可能会带来系统复杂性的增加。这些复杂性包括管理复杂性、操作复杂性等。

3. 精益化物流与敏捷化物流的比较

（1）关注的焦点不同。精益着重于消除浪费，从而降低物流运营成本，提高生产率；而敏捷强调的是物流系统的柔性，使之能够有效地响应市场需求，从而抓住各种有利的市场机会来获取利润。精益物流以成本为标准，最直接的表现就是产品的价格；而敏捷物流以顾客服务为主要标准，用顾客服务水平来衡量。

（2）适应的市场不同。精益要求目标市场稳定且能够预测，从而可以根据预测来组织生产；而敏捷却是为多变的、不确定的市场提出的。

（3）对前置时间的要求不同。前置时间又称为订单周期，是指从客户发出订单到客户收到产品或服务为止所需的时间。它说明了物流系统的响应速度。一般情况下，产品前置时间长则采用精益化物流战略，前置时间短则执行敏捷战略。

除了以上三点之外，两者还有一些区别，具体见表 3-4。

表3–4　　　　　　　　　　精益化物流战略和敏捷化物流战略的比较

	精益化物流战略	敏捷化物流战略
竞争的核心	成本和质量	反应时间和服务
适应的市场	变化但可预测	多变的、不确定的
前置时间	长	短
活动依据	基于预测	基于订单
产品变化	少	多
产品生命周期	长	短
采取的方法	消除各种形式的浪费，杜绝一切不增值的经营活动，零库存	采用虚拟企业形式对市场进行快速反应

　　资料来源：郑吉春、李伊松：《精益物流与敏捷物流的选择策略分析》，载《北京交通大学学报（社会科学版）》2004年第2期；张宇航：《基于竞争优势理论的企业物流战略研究》，长安大学硕士学位论文，第26~28页。

3.3.3　基于时间的物流战略[①]

1. 物流延迟战略[②]

　　物流延迟，也称时间延迟，是指在收到顾客订单后再进行物流运作，以减少对市场预测的风险，并适应顾客灵活性的要求。

　　在传统的物流运作中，企业是根据对未来业务量的预测来进行各项物流作业的，例如企业会对市场和顾客的需求做出预测，然后根据产品就近储存的原则，将不同的产品从中心仓库运送到靠近消费地点的各个分仓库中，等收到顾客的订单后再将产品从分仓库送到顾客手中。而实施物流延迟战略的企业则是根据预测，在几个主要的中心仓库存储必要的产品，当接到客户的订单后，从中心仓库处启动物流程序，把产品运送到顾客所在地的仓库或直接快运给顾客。

　　由于预测总是不准确的，因此完全根据预测进行物流作业要么会导致库存过多、增加成本，要么会导致库存不足、降低顾客服务水平。而物流延迟战略在每个消费地点并不需要冒预测的风险，在中心仓库层次上又可以获得

　　①　孙家庆、唐丽敏：《物流学导论》，清华大学出版社2012年版，第96~98页。
　　②　朱道立等：《物流和供应链管理》，复旦大学出版社2006年版，第331页。

规模经济优势，这样就能以较少的总体库存投资提高服务水平。

2. 实时物流战略

实时物流战略致力于通过使用最新信息技术和现代物流技术来积极地消除物流业务流程中的管理与执行的延迟，从而提高企业整个物流系统的反应速度与竞争力，提升物流服务水平。

一般来说，企业实施实时物流战略需要从两方面着手：①采用先进的信息技术和现代物流技术，使得物流系统达到信息化和自动化的要求；②以顾客为中心建立动态的业务流程以满足不同顾客个性化的需要，使物流系统达到无缝化和协同化的要求。

企业实施实时物流战略后，由于信息的实时采集、计算、传输、管理和追踪，各个运作环节可以实现信息共享、无缝对接，从而消除各个运作环节中的间隙，提高物流系统的反应速度。实时物流战略不仅追求生产、采购、营销系统中物流与执行的协同、一体化运作，更强调与企业商务系统的融合，形成以供应链中主导企业为核心的商务大系统的物流反应与执行速度，使商流、物流、资金流、信息流四流合一，真正实现企业追求"实时"的理想目标。

3. 二者的区别与联系

物流延迟战略中的"延迟"着眼于企业收到顾客订单之前的一段流程，将物流作业延迟到收到顾客订单后再进行；实时物流战略着眼于企业收到订单之后（从企业收到订单起）的一段流程，致力于消除物流运作过程中的管理与执行的延迟。由此可见，物流延迟战略所进行的"延迟"与实时物流战略所致力消除的"延迟"并不相同，两种战略并不相互矛盾。相反，在企业的实际物流运作中，两种战略要配合使用。

物流延迟战略虽然减少了需求预测的风险，但增加了违约和增加物流成本的风险。因为收到顾客订单之后再进行物流运作，压缩了物流作业的时间，这无疑会增加违约以及顾客流失的风险；同时，为了在更短的时间内满足客户的要求，企业无法进行集中运输，这会导致物流成本的增加。为减少或避免物流延迟战略带来的风险，就需要在物流延迟战略的实施过程中以实时物流战略作为保障。也就是在收到顾客订单之后，通过各个运作环节的信息共享，实现各个环节的无缝对接和实时运作，提高物流系统的反应速度，使得整个物流系统在减少需求预测风险的同时，又能不增加违约和物流成本的风险。

本 章 小 结

本章共包括三个小节，第一节介绍了企业战略的概念、特征和层次，尤其简要介绍了每个层次的战略类型。第二节就企业战略的一个重要职能层级战略——供应链物流战略做主要介绍，具体包括供应链物流战略的概念、作用、目标，以及供应链物流战略的制定和实施步骤。在此基础上，第三节对几种流行的物流战略做了重点介绍，包括精益化物流战略、敏捷化物流战略、物流延迟战略和实时物流战略。

本章重要术语

企业战略　总成本领先战略　差异化战略　重点集中战略

供应链物流战略　精益化物流战略　敏捷化物流战略　物流延迟战略

实时物流战略

延 伸 阅 读

1. 赵旭、刘进平：《物流战略管理》（第二版），中国人民大学出版社 2015 年版。

2. 郑称德：《供应链物流管理》，南京大学出版社 2018 年版。

3. 王槐林、刘明菲：《物流管理学》，武汉大学出版社 2010 年版。

复习与思考

1. 企业战略有哪些层次，各层次有哪些战略类型？

2. 简要叙述供应链物流战略的概念和目标。

3. 如何用 SWOT 分析法制定供应链物流战略？

4. 供应链物流战略的实施有哪些步骤？

5. 敏捷化物流战略和精益化物流战略的区别是什么？

6. 物流延迟战略和实时物流战略的区别与联系是什么？

第三方物流管理

引导案例

麦当劳的第三方物流管家

夏晖公司充当麦当劳的第三方物流管家已有 30 年之久,它们是如何形成的"共生"关系?为什么两者的合作竟然没有一纸合同?

夏晖是麦当劳的全球物流服务提供商,从 1974 年在美国芝加哥开始合作至今,双方已经有了 40 多年的交情。不过麦当劳鼎鼎大名,夏晖除了在物流业的名声外,公众几乎一无所知。就像自然界中的"共生"现象一样,如果把麦当劳比成鲨鱼,夏晖则是与之共生的鱼,双方和睦相处,各取所需。麦当劳走到哪里,夏晖就跟到哪里,麦当劳打天下,夏晖也有物流生意做。

麦当劳选择夏晖作为合作伙伴进行第三方物流的实际运作，双方结成战略联盟，通过库存管理、装卸管理、运输管理等各环节的紧密合作，使得夏晖的整体物流服务水平达到一个新的高度，同时为麦当劳的发展提供了一个平台。

夏晖充当了冷链物流的"布道者"。

上午10点，与夏晖仅有一墙之隔的麦当劳面包供应商——北京怡斯宝特公司将新鲜出炉的面包准时搬上货架，通过一条密封的通道直接进入夏晖的库房，然后再由与冷藏平台对接的冷藏车运到麦当劳的各个门店去。每周的运货数量和次数都经过夏晖的精心计算，除非出现紧急情况，才会临时补货。在夏晖北京的库房外，除了看到两辆与冷藏平台紧密对接的打着夏晖公司标志的运输专用车，听到货物被搬上搬下的声音外，却看不到进行装卸的人员和货物。因为即使在装卸环节也要保证一定的温度，使被运输的食品保质保鲜，所以全部是封闭的自动化操作。而排路系统也早就按工作人员输入的门店位置、时间等数据为运输找出了最佳路线。车辆很快就驶出了夏晖，经过宏达北路、四环等既定路线抵达相关的门店。夏晖的工作人员会随时通过监控设备了解运输车辆的温度设置是否达到规定要求。因为如果一旦出现温度不准确，麦当劳会拒收这车货。

夏晖在北京拥有近万平方米的仓库，却感觉一点也不大。原来它已被分割为冷冻、冷藏、干货等不同的子库。一排排的货柜几乎接触到屋顶，每个区域内都有四个专业测温仪，被放置在不同的位置，随时监测室内的温度。与国内一些物流公司的仓库相比，可以见到的操作人员非常少，只有几台带显示终端的分拣车在游走，人海战术早就被先进的信息管理系统取代了。

在夏晖的营运办公室墙上，一张表格显示：送货准时到达率目标99%。夏晖根据麦当劳的采购清单，所有储藏、运输等工作都必须在规定时间内全部完成，准点率在98%以上才算符合服务质量要求，并且不能断货。

因为采用第三方物流运作模式，麦当劳可以专心进行核心业务的开发运作，成为世界知名的零售连锁企业，而夏晖也因此成为第三方物流企业中的表率。

资料来源：周晓桦、柴伟莉：《第三方物流》，电子工业出版社2010年版。

4.1　第三方物流概述

4.1.1　第三方物流的概念

2001 年，在我国公布的国家标准《物流术语》中，第三方物流（Third Party Logistics，3PL/TPL）被定义为"由供方与需方以外的物流企业提供物流服务的业务模式"。目前对第三方物流的解释很多，但尚没有一个统一的定义，代表性的观点有以下几种。

1. 从物流服务的提供者角度界定[①]

第三方物流指物流的实际供给方（第一方）和物流的实际需求方（第二方）之外的第三方通过合约向第二方提供部分或全部的物流服务。这个定义强调第三方物流服务的提供者是实物交易之外的第三方，如图 4 – 1 所示。

图 4 – 1　第三方物流的概念

资料来源：郑克俊等：《第三方物流》，科学出版社 2007 年版，第 3 页。

2. 从物流服务的提供者与客户达成物流服务交易的形式界定

第三方物流又称为合同物流、契约物流，是第三方物流提供者按合同在特定时间内向使用者提供个性化的系列服务。这个定义强调物流服务的提供者与客户是基于合同的长期合作，而不是一次性的短期交易行为。

[①]　姜春华：《第三方物流》，东北财经大学出版社 2005 年版，第 2 页。

3. 从物流服务的提供者所提供的物流服务功能范围界定

第三方物流是提供全部物流业务服务的一站式、一体化综合物流服务。这个定义强调物流服务的提供者提供的是全程物流服务。一个物流企业可能不具备所有物流业务活动所需的设施设备，但它可以通过整合外部资源，通过分包、转包等方式，借助其他物流企业的力量为客户提供全程的、一体化的物流服务。

4. 从企业间关系界定①

严格地说，第三方物流指的是第三方物流提供者在特定的时间段内按照特定的价格向物流服务需求方提供个性化的系列物流服务，这种物流服务是建立在现代电子信息技术基础上的，企业之间是联盟关系。提供第三方物流服务的承包商不一定是单一的，它可以是多家企业。

4.1.2 第三方物流的产生

1. 第三方物流的产生是因为社会分工的需要

各企业为增强市场竞争力，将企业的资金、人力、物力投入到核心业务中去，寻求社会化分工协作带来的效率和效益的最大化。专业化分工的结果导致了许多非核心业务从企业生产经营活动中分离出来，其中就包括物流业。将物流业务委托给第三方专业物流公司负责，可降低物流成本，完善物流活动的服务功能。

2. 第三方物流的产生是为了满足新型管理理念的要求

信息技术，特别是计算机技术的高速发展与社会分工的进一步细化，推动了管理技术和思想的迅速更新，由此产生了供应链、虚拟企业等一系列强调准时制、快速反应的机制。有效的顾客反应等更高的要求，使一般企业很难承担此类业务，由此产生了专业化物流服务的需求。发展第三方物流的思想正是为满足这种需求而产生的。它的出现一方面迎合了个性需求时代企业间专业合作（资源配置）不断变化的要求，另一方面提高了物流服务质量，加强了对供应链的全面控制和协调，促进供应链达到整体最佳。

---

① 田宇：《第三方物流分包管理》，中山大学出版社 2006 年版，第 33 页。

3. 第三方物流的产生是物流研究与物流实践发展的结果

物流研究与物流实践经历了成本导向、利润导向、竞争力导向等几个阶段。将物流改善与竞争力提高的目标相结合是物流理论与技术成熟的标志，这是第三方物流概念出现的逻辑基础。

4. 第三方物流的产生是物流领域竞争激化的产物

随着经济自由化和贸易全球化的发展，物流领域的政策被不断放宽，同时也导致物流企业自身竞争的激化，物流企业不断地拓展服务内涵和外延，导致了第三方物流的出现。

第三方物流面向社会众多企业提供物流服务，可站在比单一企业更高的高度，让物流业务范围得到扩大。随着市场外部环境的变化，企业的生产经营活动也变得越来越复杂，要实现物流活动的合理化，仅仅将物流系统的业务范围局限在企业内部已远远不够。建立企业间、跨行业的物流网络系统，将原材料生产企业、制品生产企业、批发零售企业等与生产流通全过程相关的企业的物流活动有机结合起来，形成一个链状的商品供应系统，是构筑现代物流大系统的基础。第三方物流通过其掌握的物流系统开发设计能力、信息技术能力，成为建立企业间物流系统网络的组织者，完成个别企业，特别是中小企业所无法完成的工作。以上种种原因，极大地推动了第三方物流的发展，使第三方物流成为 21 世纪国际物流业务发展的重要角色。

4.1.3　第三方物流的特征

1. 第三方物流是独立于供方与需方的物流运作形式

（1）第一方物流是由卖方、生产者或供应方组织的物流，这些组织的核心业务是生产和供应商品，为了自身生产和销售业务需要而进行物流自身网络及设施设备的投资、经营与管理。

（2）第二方物流是由买方、销售者组织的物流，这些组织的核心业务是采购并销售商品，为了销售业务需要投资建设物流网络、物流设施和设备，并进行具体的物流业务运作组织和管理。

（3）第三方物流则是由专业的物流组织进行的物流，其中的"第三方"是指提供物流交易双方的部分或全部物流功能的服务提供者，即物流企业，是独立于第一方、第二方之外的组织，具有比这二者明显资源优势的承担物流业务、组织物流运作的主体。

2. 第三方物流是一种社会化、专业化的物流

第三方物流是由企业生产和销售外的专业化物流组织提供的物流，第三方物流服务不是某一企业内部专享的服务，第三方物流供应商是面向社会众多企业来提供专业服务，因此具有社会化的性质，可以说是物流专业化的一种形式。

3. 第三方物流是综合系列化的服务

第三方物流是根据合同条款规定的要求，提供多功能、甚至全方位的物流服务。一般来说，第三方物流公司能提供物流方案设计、仓库管理、运输管理、订单处理、产品回收、搬运装卸、物流信息系统、产品安装装配、运送、报关、运输谈判等近30种物流服务。

4.1.4　第三方物流的作用

第三方物流给企业（顾客）带来了众多益处，主要表现在以下几方面。

1. 集中主业

通过将物流业务外包，企业能够实现资源优化配置，将有限的人力、财力集中于核心业务进行重点研究，开发出新产品以参与全球化的市场竞争。

2. 节省费用

专业的第三方物流提供者利用规模生产的专业优势和成本优势，通过提高各环节能力的利用率实现费用节省，使企业能从分离费用结构中获益。根据对工业用车的调查结果，企业解散自有车队而以公共运输服务代之的主要原因就是为了减少固定费用，这不仅包括购买车辆的投资，还包括和车间仓库、发货设施、包装器械以及员工有关的开支。

3. 减少库存

企业不能承担多种原料和产品库存的无限增长，尤其是高价值的部件要被及时送往装配点，实现零库存，以保证库存的最小量。第三方物流提供者借助精心策划的物流计划和适时运送手段，最大限度地减少了库存，改善了企业的现金流量，实现了成本优势。

4. 提升企业形象

第三方物流提供者是物流专家，他们利用完备的设施和训练有素的员工对整个供应链实施完全的控制，减少物流的复杂性；他们通过遍布全球的运送网络和服务提供者（分承包方）大大缩短交货期，帮助顾客改进服务，树立自己的品牌形象。

4.2 第三方物流企业的运作模式

4.2.1 第三方物流企业概述

第三方物流企业是指主要从事第三方物流服务的企业，通过与购买方或需求方的合作来为其提供专业化的物流服务，它不拥有商品属性，不参与商品的买卖，而是为客户提供以合同为约束、以结盟为基础的，系列化、个性化、信息化的物流代理服务。

从资源整合的方式看，第三方物流企业主要有两种：一种是不拥有固定资产，依靠第三方物流企业整合社会资源进行运作的"非资产型"，由于不需要大量的资金投入，运行风险较小，但采用这种方式需要具有成熟的底层物流市场，同时企业自身也要有先进的技术手段和一定的运作能力作支撑；另一种是投资购买各种设备并建立自己物流网点的"资产型"。除此之外，还可以通过兼并重组或者建立战略联盟的方式来获得或利用物流资源，这种方式虽然需较大的投入，但拥有自己的网络与设备有利于更好地控制物流服务过程，使物流服务质量更有保证，同时，雄厚的资产也能展示企业的实力，有利于同客户建立信任关系，对品牌推广和市场拓展具有重要作用。

4.2.2 第三方物流企业的运作模式

从企业资产规模与运营能力两方面来构建第三方物流企业的几种典型运作模式，如图4-2所示。其中横轴表示企业资产的规模，纵轴表示企业对资源整合的运营能力，下面对图中各象限内所示模式进行介绍。

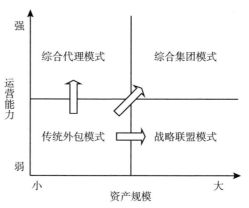

图 4 – 2　第三方物流企业的运作模式

资料来源：张旭辉、杨勇攀：《第三方物流》，北京大学出版社 2017 年版，第 12 页。

1. 传统外包型物流运作模式

这种模式以生产商或经销商为中心，第三方物流企业几乎不须专门添置设备和进行业务训练，也不介入企业的生产和销售计划，管理过程简单。其优点是降低了生产或经销企业库存，甚至达到了"零库存"，节约了物流成本，同时精简了组织结构，有利于集中协调各要素发展核心业务，提高企业竞争力。缺点是由于这种方式是在传统的运输、仓储业上建立起来的，所以仍以生产商或经销商为中心，第三方物流企业之间缺少协作，没有实现资源更大范围的优化，并且生产企业、销售企业与第三方物流企业之间缺少沟通的信息平台，这可能会造成生产的盲目、运力的浪费或不足和库存结构的不合理。

2. 综合代理物流运作模式

这种模式对第三方物流企业管理水平要求较高，对资产投入要求较低，不进行大的固定资产投资，低成本经营。第三方物流企业经营的核心能力就是综合物流代理业务的销售、采购、协调管理企业的设计与经营，并且注重业务流程和组织机构的创新，使企业经营不断产生新的增长点。采用这种模式的第三方物流企业应该具有很强的实力，同时拥有发达的网络体系，从而为客户提供全方位的服务。

3. 战略联盟型物流运作模式

第三方物流企业在运用这种模式时，对固定资产的投入比重要高于对企业管理水平的要求，其中最主要的投入是信息平台的建设。这种运作模式主要指从事运输、仓储、信息等经济业务的经营者以契约形式结成战略联盟，他们内部信息共享、相互间合作、信息交流平等化，形成第三方物流网络系统。其缺点是由于联盟成员是合作伙伴关系，实行独立核算，彼此间服务租用，在彼此利益不一致的情况下，要实现资源更大范围的优化就存在一定的局限。

4. 综合集团型物流运作模式

这种模式是处于高资产与高管理水平位置以组建能够集成物流多种功能于一体的综合物流集团，包括由运输、仓储、包装、装卸、流通加工、信息等各物流功能所组建完成的相应功能的部门，扩展物流服务范围，帮助企业协调管理并组织设计与经营。对上游生产商可提供产品代理、管理服务和原材料供应等服务。对下游经销商全权代理为其配货送货，并可同时完成综合物流项目以及进行整体网络设计。

在以上这几种物流运作模式中，提供传统外包服务的物流企业在运营能力和资产规模上的发展会使其分别朝着其他三种第三方物流模式移动，这也表明了传统的提供单一的物流外包服务的发展潜力有限，第三方物流企业只有发展了更具特色的物流服务才能在激烈的市场竞争中立足。

4.3　基于供应链的第三方物流运作方案

在社会分工的不断细化下，第三方物流已经成为诸多企业的共同选择，如何借助第三方物流提升供应链竞争力，也成为很多企业的一大困惑。

4.3.1　第三方物流的关键服务类别

正如供应商的选择一样，企业在选择第三方物流供应商时，需要关注资质、匹配度和配合度等指标。只有符合企业需求的第三方物流供应商，才能成为精益物流、智慧供应链的助力。而在此之前，企业需要明确第三方物流的关键服务类别。

1. 第三方物流运输服务

第三方物流运输服务包括的主要内容如表4-1所示。

表4-1 第三方物流运输服务

项目	内容
汽车运输	主要指整车货物的陆路运输，以长途汽车运输为主
零担运输	指不满一个货运汽车的零散货物运输，往往涉及不同发货人的拼装运输
专一承运	指运输工具专门为一个客户使用的运输形式
多式联运	指一项货物运输业务同时涉及海运、陆运、空运或其中两种以上运输方式
水运	指沿海、内河、远洋等水上运输
铁路运输	主要指整车货物的陆路运输，以火车运输为主
包裹	指小件的运输，其特点是时效性强，可能涉及空运、汽运、铁路等各种运输方式
设备	专门提供运输设备的服务
司机	出租职业司机的物流服务
车队	指提供车队的管理服务

资料来源：柳荣：《新物流与供应链运营管理》，人民邮电出版社2020年版，第172页。

2. 第三方物流仓储服务

第三方物流仓储服务包括的内容如表4-2所示。

表4-2 第三方物流仓储服务

项目	内容
越库	现代第三方物流仓储服务应用最多的形式，指货物仅在仓库交叉分装，基本没有停留过程，越库的实现不仅需要高效率的仓储操作技术，更需要发达的物流信息管理技术
上门收货服务	收货并入仓储存
包装/组装	货物在仓储环节的包装服务和进一步打码、重新包装等
完善	指生产流程中没有完成的部分生产过程在仓储环节进一步完善的行为
分货管理	按不同的客户分类、分组储存和管理

项目	内容
存货及管理	指以存货数量管理为主体的仓储服务，依据销售数据，对提供存货数量进行预测、监督、调整的服务
位置服务	指按销售分布或生产分布对仓储或配送中心的位置进行咨询、设计、选址的服务

资料来源：柳荣：《新物流与供应链运营管理》，人民邮电出版社 2020 年版，第 173 页。

3. 第三方物流特别服务

第三方物流特别服务，其内容如表 4 - 3 所示。

表 4 - 3　　　　　　　　　第三方物流特别服务

项目	内容
逆向物流	指产品回收、更换、处置等物流过程
直接配送到商店	产品从工厂到零售商店的过程
进/出口清关	代理进出口报关，缮制单证等服务
ISO 认证	物流企业或相关国际质量标准的认证服务
直接送货到家	上门送货到家庭的服务

资料来源：柳荣：《新物流与供应链运营管理》，人民邮电出版社 2020 年版，第 174 页。

4. 第三方物流国际互联网服务

第三方物流国际互联网服务，其内容如表 4 - 4 所示。

表 4 - 4　　　　　　　　　第三方物流国际互联网服务

项目	内容
搜寻/跟踪	利用互联网等技术手段，对物流过程中的货物/车辆进行实时搜索、跟踪
电子商务	基于网络的交易、信息服务等商务行为
电子执行	用互联网、EDI 电子数据交换等方式实现的物流操作过程

续表

项目	内容
通讯管理	物流通讯的网上管理和电子信息管理
电子供应链	将整个供应链过程在互联网上进行管理的物流过程

资料来源：柳荣：《新物流与供应链运营管理》，人民邮电出版社 2020 年版，第 174 页。

聚焦于上述四大关键服务类别，企业能更好地认识第三方物流资质，并做出正确选择。

4.3.2 第三方物流运作方案的选择

企业选择哪种物流运作方案及选择什么样的第三方物流商为其服务，主要取决于企业的物流需求和市场中第三方物流商所能提供的物流服务，只有当企业的物流需求和第三方物流商的物流供给相匹配时，企业才能选择合适的物流商完成相应的物流运作管理工作。表 4 - 5 给出了 3 种可供选择的第三方物流运作方案。

表 4 - 5　　　　　　　　　　　第三方物流运作方案

方案类别	企业的物流需求	3PL 的物流供给	3PL 提供的物流服务
方案一	运输、仓储等具体的物流实务操作	提供运输、仓储等最基本的物流运作服务	单功能物流服务
方案二	运输、仓储等具体的物流实物操作，包括物流信息在内的物流管理工作，建立长期合作关系	提供运输、仓储等最基本的物流实物运作；帮助企业完成包括物流信息系统建立等物流管理工作	多功能物流服务
方案三	能有效整合企业物流资源，为企业提供最优的物流解决方案，建立战略联盟合作关系	能提供长期、高效、专业的物流集成管理服务；为客户进行物流系统规划设计、整合和改进；为客户量身定制一体化的物流解决方案	集成物流服务

资料来源：董千里等：《物流运作管理》（第 2 版），北京大学出版社 2015 年版，第 40 页。

（1）方案一表明企业只需要第三方物流商为其提供运输、仓储等简单的物流运作服务，即单功能物流服务。在这种方案的实施中，企业与第三方物流商之间只须建立简单的合同关系，并且企业对第三方物流商的选择余地较大，物流运作方案实施的重点应放在企业内部的物流决策方面。

（2）方案二表明企业需要第三方物流商不仅为其提供简单的物流实物操作能力，还能进行物流管理工作，因此企业与第三方物流商须建立长期合作关系，所提供的服务也属于多功能物流服务。

（3）方案三表明企业需要能提供集成物流服务的综合物流集成商为其服务，因此，第三方物流商要能为客户进行物流系统规划设计、整合和改进，以及一体化物流解决方案。

可以看出，这三种第三方物流运作方案随着服务范围的不断扩大，对第三方物流商的要求也越来越高，物流服务业越来越趋向于高级化发展。

▇ 4.4　我国第三方物流的发展趋势

4.4.1　我国第三方物流的发展展望

经济新常态下中国经济发展结构调整将逐步深化，互联网技术和其催生的新物流需求将深刻地影响到供应链的变化与调整，与供应链如影随形的第三方物流服务进入快速调整与变革新时期。根据《中国物流发展报告（2018～2019）》[①]，第三方物流行业发展的关键机遇及挑战如下。

1. 物流市场日趋集中，综合物流体优势明显

资本市场日益关注物流行业，一批优质企业获得资本支持实现跨越式发展。随着市场增速放缓，传统靠粗放式发展的企业增长乏力，市场日益向领先企业集中。快递快运、汽车物流、物流地产、航运物流、航空物流等一批高投入重资产领域市场的集中度将显著提升。领先企业通过兼并重组、联盟

---

① 中国物流与采购联合会：《中国物流发展报告（2018～2019）》，中国财富出版社2019年版。

合作、上市融资等多种方式实现规模扩张、资源集聚，有望培育一批实力雄厚、模式先进、行业领先、国际知名的大型规模企业。规模企业日益向综合物流转型，通过跨界竞争涉足多个细分市场，抵御潜在竞争对手进入压力，建立不同领域的市场壁垒，不断发掘新的增长点和利润源。

2. 产业融合日益深化，供应链一体化发展提速

随着产业链延伸和价值链提升，物流业与上下游制造业、商贸业深度融合，物流业无缝嵌入制造业、商贸业的产供销各个环节，提供全程优化解决方案，发挥着供应链整合者的作用。当前，全球经济已经进入供应链时代，掌控现代供应链体系是体现国家竞争力的重要标志，也是现代化经济体系建设的应有之义。

3. 智慧物流未来已来，成为产业强大引擎

新一轮产业革命、技术革命深入推进，成为行业发展的强大引擎。物联网、云计算、大数据、人工智能、区块链等一些重大技术与产业深度融合，创造行业新业态，"互联网＋"物流模式不断创新。随着数字经济引领创新发展，产业互联网深入推进，传统物流运作方式和商业模式将被改变，行业新动能不断培育壮大。当然，面对新一轮技术革命，传统物流企业的观念转变和战略转型速度稍显不足。如何推动广大物流企业拥抱互联网，全面实现物流数字化、智能化改造，加入智慧物流生态体系的构建，形成"数字驱动、协同共享"的产业新生态是下一步面临的新机遇。

4.4.2 我国"互联网＋物流"的发展

"互联网＋"成为供应链物流进步的利器，在互联网大潮冲击下，供应链结构开始调整，以客户为中心、扁平化趋势开始显现，信息化和自动化成为供应链优化的两个重要抓手，目的是实现全链条的可视化、可追溯化。大数据、云计算、智能化、模块化、集成化、平台化技术与模式的应用将打造一个新的供应链物流生态体系，为供应链上下游企业、政府监管部门、企业经营管理提供高效、便捷、齐全的云服务。① 国家发展改革委于 2016 年 7 月

---

① 中国物流与采购联合会：《中国物流发展报告（2014~2015）》，中国财富出版社 2015 年版。

29 日在《"互联网＋"高效物流实施意见》①　中指出要从以下几个方面推进物流行业的发展。

1. "互联网＋"车货匹配

发展公路港等物流信息平台，整合线下物流资源，打造线上线下联动公路港网络，促进车货高效匹配，拓展信用评价、交易结算、融资保险、全程监控等增值服务。组织开展道路货运无车承运人试点，完善相关管理政策，鼓励利用物联网等先进技术优化业务流程，提高物流流程标准化和物流过程可视化水平，促进公路货运的集约化、高效化、规范化发展。

2. "互联网＋"运力优化

鼓励企业利用大数据、云计算技术，加强货物流量、流向的预测预警，推进货物智能分仓与库存前置，提高物流链条中不同企业间的协同运作水平，优化货物运输路径，实现对配送场站、运输车辆和人员的精准调度。

3. "互联网＋"运输协同

制定出台多式联运发展推进办法，支持多式联运公共信息平台建设，加快不同业务系统之间的对接，推动多式联运信息交换共享；培育多式联运经营主体，在重点领域探索实行"一票到底"的联运服务，研究应用电子运单；探索完善海关多式联运监管模式。

4. "互联网＋"仓储交易

鼓励企业依托互联网、物联网等先进信息技术建立全国性或区域性仓储资源网上交易平台，推动仓储资源在线开放和实时交易，整合现有仓储设施资源，提高仓储利用效率，降低企业使用成本。探索建立全国物流金融网上服务平台，完善仓单登记、公示及查询体系，有效防范仓单重复质押等金融风险。

5. "互联网＋"物流企业联盟

支持以资源整合、利益共享为核心的物流企业联盟，依托互联网信息技术整合社会分散的运输、仓储、配送等物流业务资源，推动实现合同签订、车辆调度、运费结算等统筹管理，规范运营流程，提高货运组织化水平，提

---

① 国家发展改革委：《"互联网＋"高效物流实施意见》，2016 年。

升物流服务能力和效率，带动广大中小企业集约发展，并鼓励依托企业联盟的跨区域甩挂运输发展。

6. "互联网＋"供应链管理

鼓励物流企业依托互联网向供应链上下游提供延伸服务，推进物流与制造、商贸、金融等产业互动融合、协同发展。支持供应链管理综合服务商建设智慧供应链管理服务体系，发展适应"互联网＋"大规模定制的智能集成式物流模式，面向小批量、多品类、快速生产、快速交货和连续补货等新需求，提供物流服务解决方案。

本 章 小 结

本章从不同角度概述了第三方物流的概念，阐释了第三方物流产生的原因及其作用和特点，根据第三方物流企业的分类，对不同类型的运作模式进行了详细分析，包括传统外包型物流运作模式、战略联盟型物流运作模式、综合代理物流运作模式和综合集团型物流运作模式。在此基础上，介绍了第三方物流的关键服务类别，阐述了企业如何将自身的物流需求和第三方物流商的物流供给相匹配，选择合适的物流商完成相应的物流运作管理工作。最后，对全球以及我国第三方物流的发展趋势进行了展望，其中，我国的第三方物流业将在物流服务变革、跨供应链一体化运营、标准化、规范化、信息化、自动化、细分化等方面深入发展，并结合我国"互联网＋"的战略背景，对物流业的现状特征进行了总结。

本章重要术语

第三方物流　第三方物流企业　第三方物流企业的运作模式　第三方物流运作方案

延 伸 阅 读

1. WalkerMal, Outsourcing Transport and Warehousing: Pricing, Honesty and Contentious Issues. *Australasian Freight Logistics*, No. 18, July/Aug 2009: 24 - 27. ISSN: 1836 - 7356.

2. 吴理门：《物流案例与分析》，天津大学出版社 2011 年版。

3. 王淑琴、陈峻：《第三方物流运作模式及发展策略的分析研究》，载《交通运输系统工程与信息》2004 年第 2 期。

4. 宋华、于亢亢：《物流与供应链管理》（第 3 版），中国人民大学出版社 2017 年版。

5. 王淑琴、王炜等：《第三方物流组织运作模式探讨》，南京市现代物流发展研讨会论文汇编 2001 年版，第 1～8 页。

6. 《物流成本高，我国汽车供应链无法"增值"》，载《中国汽车报》2007 年 5 月 30 日。

7. 李松庆：《企业如何与第三方物流供应商有效合作》，载《经营与管理》2005 年第 2 期。

8. 张明、周鹏：《第三方物流和自营物流的比较分析》，载《中外物流》2006 年第 3 期。

复习与思考

一、简答题

1. 简述第三方物流的作用。

2. 概述第三方物流企业的分类。

3. 企业如何选择合适的第三方物流商为其提供物流服务？

二、论述题

1. 论述第三方物流企业的运作模式。

2. 如何评价我国第三方物流的未来发展趋势？

三、案例分析题

科龙的第三方物流运作

中国正在成为世界家电的制造中心，同国际一流的企业比较，物流是制造企业最后的也是最有希望降低成本、提高效益的环节。科龙通过参股专业的物流公司，在家电生产企业和物流服务商之间，利用资本纽带关系构建家电物流的平台，开创了国内家电企业向第三方物流转型的路子。科龙作为中

99

国家电的龙头企业，在物流运作上也是模范代表。科龙通过对中国冰箱行业的整合，收购兼并小企业，建立生产基地，构架了家电物流的平台，实现了战略性的发展。

1. 第三方物流是战略选择

2002 年开始，科龙就对中国的冰箱行业进行了产业整合，陆续收购了吉林的基诺尔电器、远东的阿里斯顿设备和杭州的西能冰箱，并在杭州、珠海分别投资建设冰箱生产基地，形成了顺德、珠海等冰箱生产基地和空调生产基地。科龙通过产业整体和国内外的扩张，对物流管理的广度和深度提出了更高的要求，原来的物流体系已远远跟不上发展的需要，因此优化价值链、引入第三方物流成为科龙的战略性选择。

2. 打造国内第三方物流平台

2002 年，科龙和中远广东公司、无锡小天鹅公司共同出资成立了中国广州安泰达公司，科龙集团控制公司的物流价格管理，物流业务统一交给安泰达公司。同时科龙和无锡小天鹅形成了互补性的战略关系，并充分利用第三方物流。第三方物流的引入，带来了四个优化和两个延伸。

第一个优化，物流组织整合和流程的优化。将专业物流部门合并起来，组成了一个物流部门。第二个优化，物流运输整合和系统的优化。通过联合招标，将科龙旗下的冰箱、空调、冰柜和小家电四类产品的干线运输进行整合，使采购物流、生产物流、分销物流统筹起来，提高了物流的整体效率和效益。第三个优化，物流仓储整合和资源的优化。第四个优化，整个信息资源的整合和效率的优化。

第一个延伸，物流向二次配送延伸。根据高、中、低端全面覆盖的营销战略，安泰达公司在一些重点城市尝试开拓二次配送业务，实现以销售指导配送、以配送促进销售的良性循环。第二个延伸，向外部物流的延伸。安泰达公司以科龙、小天鹅的物流为平台开拓了伊莱克斯、普尔惠等业务。

3. 国际第三方物流合作举足轻重

科龙在向国际主流家电制造商迈进的过程中，国际第三方物流的作用举足轻重。目前，科龙和马士基物流、KLINE 等一些国外知名物流公司进行接触，进行广泛的全球性物流合作，使国际第三方物流成为科龙国际战略的重要力量。作为一个制造企业，科龙正在利用物流为自己带来更好的效益，物流企业也在为制造商提供服务的过程中，获得丰厚的回报。

第三方物流作为科龙的战略性选择，发挥了重要的作用，第三方物流的引进给科龙带来了优化的延伸，与此同时，使科龙向国际化发展。

资料来源：周晓桦、柴伟莉：《第三方物流》，电子工业出版社 2010 年版。

思考：

1. 科龙在物流发展上采用了什么战略？

2. 四个优化和两个延伸为科龙带来了什么优势？

3. 你认为第三方物流的未来发展方向应该是什么？

运 营 篇

企业供应链物流运作模式

引导案例

TNT 的物流服务

供应链管理是一项全球性的业务，但即使是在惠普这样一个业务运营和供应商遍布全球的大公司里，它的一切革新也只能从某一地开始。今天，在惠普 Unix 服务器总装厂里，惠普公司正在对其供应链管理方式进行革新。

一、TNT 成为沟通惠普和供应商的桥梁

1999 年开始，TNT 物流公司成为惠普的第三方物流（3PL）管理商，负责管理零售件仓库和来自世界各地供应商货品的进口运输。随着惠普开始减少直接开支，允许低成本服务商接管原来由惠普自己的员工管理的一些事务，TNT 的势力逐步增长。

现在 TNT 做的所有工作，过去都是惠普自己做的。与使用惠普自己的员工相比，TNT 的开支要节省 40%。而且，TNT 更多使用临时工和兼职人

105

员，这样可以根据订单多少安排人员。

惠普在罗斯威尔的物流合同是由具有 25 年物流经验的大卫埃尔韦负责的。1994 年到 1999 年期间，埃尔韦代表的 4 家 3PL 公司来管理惠普的物流业务，除了 TNT 物流公司外，另外 3 家分别是罗德威（Roadway）物流公司、凯利伯（Caliber）物流公司和联邦快递物流公司。这 3 家公司后来由于种种原因没能继续获得惠普的物流合同，其中最主要的一个原因是不能培育出与惠普公司合作的业务伙伴关系。尽管在外包合同中，减少成本、提高效率是最终目标，但另一方面，人际关系也是非常重要的。

TNT 管理着惠普的 11 座仓库，每年的营业额约 2600 万美元，罗斯韦尔占其中大部分。位于罗斯韦尔的工厂占地 80 万平方公尺，由于仓库和生产线是在同一处，所以这种经营又称为"同址"运营。目前在许多其他公司，零部件还需要在仓库和工厂间运来运去，既耗时又费钱，而在罗斯韦尔，配送零部件通常只需一辆叉车跑一趟来回。接到要求提取某一零部件的提货单后，一名 TNT 员工就会在排满了 8000 种库存产品的巨大货架上找到所要的零部件，然后更改库存记录，最后把零件送到组装线上，这通常只需要 30 分钟。但在过去，由于仓库和厂房遍布罗斯韦尔全城，运送一趟通常需要两到三个小时。TNT 节省的不仅是时间，还减少了产品的损耗和破坏。

TNT 物流公司除了管理上千万美元的库存，还从惠普员工手中接过了运输管理业务，这在惠普公司历史上尚属首次。TNT 将过去众多的运输商减少为寥寥几家。其中鹰（Eagle）物流公司负责重型产品的国内空运，施耐德（Schneider）、美国运输（US Freightways）、康威（Con－Way）公司和联邦快递货运公司负责惠普国内运输的 70%，康捷（Expeditors）公司承担亚洲地区的空运，并且是惠普在亚欧地区的货运代理，德迅公司（K&N）在欧洲空运中发挥作用。

在 TNT 管理运输之前，惠普产品的国际空运通常耗时 17 天，国内空运需要 7~8 天，供应商为了赶上配送时间，通常要加夜班。如今，TNT 保证在美国境内的运送时间是 1~4 天，在国外的运送时间是 4 天，99% 的产品运送都能按时送达。如果中间出了岔子，惠普将和 TNT 一起来解决，保证零部件按时送达。

TNT 的运输经理就像是沟通惠普采购经理和公司供应商的桥梁。TNT 从惠普手中拿到订单后，联系供应商，确保零部件能及时送到惠普的工厂，中间具体的运输过程就是承运商的事了。每周，TNT 都对每一条产品线上的国内和国际运输费用开出清单，这在惠普历史上也是从未有过的。仅仅是在与惠普合作的头 6 个月，TNT 就通过减少加急运输，为惠普节省了 250 万美元。另外，TNT 还通过减少运输商的使用、改变运输方式，帮惠普省下了 400 万美元。同时，TNT 还利用旧垫板，而不是像原来租用带垫板的面包车，这又为惠普在半年内省下了 50 万美元。过去，惠普要租赁大量飞机保证及时运输，但现在 TNT 只在了为保证生产线继续运转的紧急情况下才使用空运，其余情况下都通过公路运输。

二、不断调整适应惠普的变革

惠普自身也在进行着变革，公司原来的物流经理都离开了原有岗位。惠普与康柏合并之后，新公司使用的 3PL 供应商有 30 多家，遍布全球，新公司希望在近期把这一数目减至 15 家。合并后，公司对所有的 3PL 公司都进行合同评估，公司内部对于运营的集中化程度分歧很大。过去惠普都是对每一地的物流单独管理，但现在人们对于本地化还是集中化持有不同的意见。对于 TNT 来说，必须让当地工厂经理和总部的决策者双方都满意。过去惠普是反对外包的。而在康柏，外包是企业文化的一部分。在合并过程中，TNT 必须加倍小心，因为他们通常都是和那些在惠普有着二三十年工龄的老员工打交道。

现在惠普、康柏已经合二为一，双方的物流业务正慢慢融合。如果康柏在物流方面站上风的话，那么对 3PL 来说，将会有更多的外包机会，而且业务会越来越集中到少数企业中。

TNT 物流公司还替康柏管理着 5 个卫星枢纽，这和惠普在罗斯韦尔的情况大不相同。这 5 个仓库的库存由供应商管理，TNT 并不掌握库存。而在罗斯韦尔，惠普掌握着所有的库存。

惠普之所以最后选定 TNT，并不是因为价格，而是 TNT 的作风。由于经济下滑、高科技企业受挫，惠普必须紧缩开支。惠普临近罗斯韦尔的一个 80 万平方英尺的仓库关闭，一些生产线转移到罗斯韦尔，实际产量比 3 年前增加20%，但开支增幅只有6%。

TNT物流公司和惠普之间签订了一个颇具激励性的合同，TNT必须在不提价的前提下，达到一系列指标。当TNT成功把成本减少了12%时，其中的4%作为奖励给予TNT的员工，成本得以缩减在很大程度上得益于TNT在200多名员工中进行的交叉培训。

资料来源：《中国物流与采购联合会会员通讯总第74期~84期（2005）》，2005年。

5.1 供应链物流运作模式的分类

按照参与主体的不同，供应链物流运作模式被分为核心企业主导型供应链物流运作模式、第三方物流主导型供应链物流运作模式和集成物流商主导型供应链物流运作模式三种。

5.1.1 核心企业主导型供应链物流运作模式

1. 核心企业主导型供应链物流运作模式概念

供应链核心企业为降低物流成本、提高物流效率，与原材料供应或产品销售相关的上下游合作企业或企业部门形成了地域分散但管理集中的供应链网络。在这一供应链网络中，物流企业只起支持作用，大多由供应链上各节点企业主体凭借自身拥有的物流运作系统或设施，共同完成对供应链的集成管理活动。

2. 核心企业主导型供应链物流运作模式的主要特征

（1）信息的开放性。处于同一条供应链上的各参与主体由于地域分散，通常要通过信息化手段保持紧密联系。在核心企业主导型供应链物流运作中需要建立基于Internet的物流信息平台，使成员企业都能及时地掌握到整个供应链的运行情况，每一环节的物流信息都能透明地与其他环节进行交流与共享。

（2）合作的互利性。由不同企业构成的供应链是一个利益相关的集合体，因此其供应链运作模式要求各成员企业在共享利益、共担风险的前提下，通过合作与协调优化物流资源配置，提高各成员企业的物流资源利用效率，降低交易成本和风险。

（3）供应链主体的独立性。虽然构成供应链的各相关主体是利益共享、风险共担的一个整体，但供应链各个主体成员仍然自主经营、自负盈亏，均具有追求自身企业利润最大化的基本需求。在供应链环境下，这种最大化要求必须通过供应链系统目标的一致性来实现。

5.1.2 第三方物流主导型供应链物流运作模式

1. 第三方物流主导型供应链物流运作模式概念

在由中小型企业组成的、无明显核心企业的供应链中，为降低物流成本、提高物流效率，非核心业务通常外包给第三方物流商，由第三方物流商围绕连接供应商与制造商、制造商与销售商、工商企业与消费者的供需关系，凭借自己特色服务的核心优势去组织管理整个供应链。

2. 第三方物流主导型供应链物流运作模式的主要特征

（1）第三方物流商是供应链的主要参与者。在第三方物流主导型的供应链物流运作模式中，第三方物流商不再是供应链的辅助者，而是作为供应链的主要参与者，第三方物流要能够以供应链的视角为客户——工商企业提供整个战略思考和战术运作的系统框架，使企业能够看清楚自身在供应链中的地位和作用，指导经营定位、运营方式的战略战术决策，明确问题出在何处，应采取哪种系统的解决方案。

（2）良好的成本优势。第三方物流商注重在物流各环节进行成本考察，如在仓储过程中注重仓储利用率指标及成本的降低；在运输系统的整合方面，第三方物流商承担各独立环节委托，可以通过混装和减少或消除返程空车率等措施来享受范围经济、规模经济和距离经济等带来的成本优势，面向市场高度完成物流任务。因此，第三方物流商可以利用独有的成本优势有效降低供应链中的成本。

（3）高效的供应链运作能力。第三方物流商为客户创造价值的基本途径是达到比客户更高的运作效率，能提供较高的服务——成本比。运作效率的提高意味着第三方物流在供应链物流的基本活动中，凭借足够高效的设施及熟练的操作技能在仓储、运输、配送等方面能够以较低的成本满足客户的需求。此外，第三方物流商还具有高效的协调和沟通技能，其完善、高效的物流信息系统能很大程度上提高供应链管理效率和工作效率，从而节省供应链成本并增加效益。

5.1.3 集成物流商主导型供应链物流运作模式

1. 集成物流商主导型供应链物流运作模式概念

在由产品生产或销售相关的上下游合作企业或企业部门所形成的地域分散又管理集中的供应链网络中，由集成物流商通过其拥有的不同资源、能力、技术和管理能力，对客户企业所处的供应链进行优化和决策，提供一整套供应链解决方案，从而有效地提高供应链中物流效率、降低物流成本的一体化供应链物流运作方式。

2. 集成物流商主导型供应链物流运作模式的主要特征

（1）响应的敏捷性。在集成物流商主导型供应链物流运作模式下，集成物流商需要在某一市场机遇下快速把握多变的客户企业需求，这就要求集成物流商在提供"低成本、高质量"物流服务的同时，能够对供应链中的各种物流需求作出敏捷的响应，使采购、生产和销售能够顺利进行，最终达到对用户需求的有效响应。

（2）物流过程的同步化。在完成某一项目或任务时，把项目或任务分解为相对独立的工作模块并行作业，在并行运作过程中，需要同步化的物流作业来支持。物流作业过程同步化是集成物流商主导型供应链物流运作模式最终实现响应敏捷性的必然决策。

（3）物流方案的整体性。集成物流商所进行的供应链中的物流不仅是单阶段相对独立的物流活动（如供应商到生产商的采购物流、生产商到经销商的销售物流、生产成员之间的物流等），而且是包括供应链上从原材料获取到最终产品分销整个过程的物流活动。这就要求集成物流商所进行的物流管理须运用系统论的整体最优思想，将采购物流、生产成员之间的物流和销售物流等整个物流活动综合考虑，实现整体最优化。因此，集成物流商主导型供应链物流运作模式需要从供应链的角度制定整体的物流解决方案。

5.2　企业主要的供应链物流运作模式

5.2.1　企业自营物流运作模式

1. 企业自营物流运作模式的内涵

企业自身拥有物流的运输、仓储、配送等功能，在进销存业务过程中只存在供方和需方的物流活动，供需双方按照合同规定，各自进行运输配送以及安排货物的存放保管等物流活动。它主要包括两种模式：第一方物流是需求方为采购而进行的仓储、货运物流，如需求方赴产地采购、自行运回商品；第二方物流是供应方为了提供商品而进行的仓储、货运物流，如供应方送货上门。

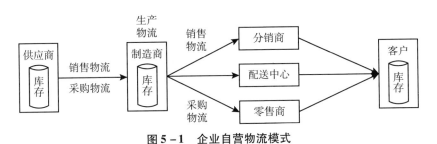

图 5 - 1　企业自营物流模式

资料来源：张光明：《供应链管理》，武汉大学出版社 2011 年版，第 180 页。

2. 企业自营物流运作模式的优点

（1）对供应链各环节有较强的控制能力，易与生产和其他业务环节密切配合。全力服务于本企业的经营管理，确保企业能够获得长期稳定的利润。对于竞争激烈的产业，有利于企业对供应和分销渠道的控制。

（2）可以合理地规划管理流程，提高物流作业效率，减少流通费用。对于规模较大、产品单一的企业而言，自营物流可以使物流与资金流、信息流、商流结合更加紧密，从而大大提高物流作业乃至全方位的工作效率。

（3）可以使原材料和零配件采购、配送以及生产支持从战略上一体化。实现准时采购、增加批次、减少批量、调控库存、减少资金占用、降低成本，从而实现零库存、零距离和零营运资本。

3. 企业自营物流运作模式的缺点

（1）增加了企业投资负担，削弱了企业抵御市场风险的能力。企业为了自营物流，就必须投入大量的资金用于仓储设备、运输设备以及相关的人力资本，这必然会减少企业对其他重要环节的投入，削弱企业的市场竞争能力。对于一些规模较小的企业，甚至会出现对物流的投资比重过大而导致企业无法正常运转的情况。

（2）企业配送效率低下，管理难于控制。对绝大多数企业而言，物流部门只是企业的一个后勤部门，物流活动也并非为企业所擅长。在这种情况下，企业自营物流就等于迫使企业从事不擅长的业务活动，企业的管理人员往往需要过多的时间、精力和资源去从事辅助性的工作，结果是辅助性的工作没有抓起来，关键性的业务也无法发挥出核心作用。

（3）规模有限，物流配送的专业化程度非常低，成本较高。对于规模不大的企业，其产品数量有限，采用自营，不能形成规模效应。一方面，导致物流成本过高，产品在市场上的竞争能力下降；另一方面，由于规模有限，物流配送的专业化程度非常低，不能满足企业的需要。

（4）无法进行准确的效益评估。由于许多自营的企业采用内部各职能部门彼此独立完成各自的物流，没有将物流分离出来进行独立核算，因此企业无法计算出准确的产品物流成本，无法进行准确的效益评估。

5.2.2　企业物流外包运作模式

1. 企业物流外包运作模式的内涵

以签订合同的方式，将企业一定期限内部分或全部物流职能如运输、仓储、配送等委托给专业物流企业来完成，而企业从这些物流职能中脱离出来，专心于核心业务。这种模式离不开综合物流企业，因此又被称为第三方物流模式，如图5-2所示。

按照供应链的理论，将不是自己核心业务的业务外包给从事该业务的专业公司去做，从原材料供应到生产，再到产品的销售等各个环节的各种职能，都是由在某一领域具有专长或核心竞争力的专业公司互相协调和配合来完成，这样所形成的供应链具有最大的竞争力。

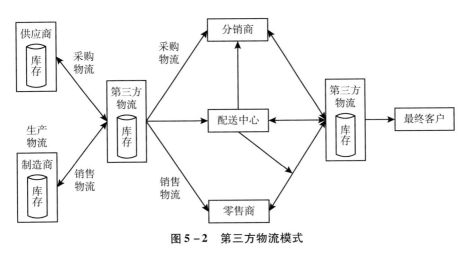

图 5 – 2   第三方物流模式

资料来源：张光明：《供应链管理》，武汉大学出版社 2011 年版，第 181 页。

2. 企业物流外包运作模式的优点

（1）有利于企业把主要精力放在企业所擅长的项目上面。在日趋激烈的市场竞争中，企业要想维持其竞争优势，出路在于将其有限的人力、财力资源集中于核心能力，进行重点研究，努力开发新产品。第三方物流企业的物流专长，为企业提供了一种充分利用外部资源处理非核心物流业务，集中精力于其最擅长领域的机会。

（2）减少固定资产投资，加速资本周转。企业自营物流需要投入大量的资金购买物流设备，建设仓库和信息网络等专业物流设施。这些资源对于缺乏资金的企业特别是中小企业而言是沉重的负担。使用第三方物流公司不仅可以减少设施的投资，还能够免去仓库和车队方面的资金占用，加速资金的周转。

（3）有利于企业更好地利用先进的物流技术。由第三方物流企业作为专业的物流服务提供商，可以做到技术灵活性随着技术进步和需求的变化而变化，以满足企业越来越高的物流配送与信息技术方面的要求。

（4）节省物流费用，减少库存。专业的第三方物流企业利用规模经济等专业优势和成本优势，通过提高各环节的利用率节省费用，使企业能从分离费用结构中获益。第三方物流企业还借助精心策划的物流计划和适时运送等手段，最大限度地盘活库存，改善企业的现金流量。

3. 企业物流外包运作模式的缺点

（1）失去控制。委托企业将物流职能外包时面临的最大问题就是可能会失去对其物流管理的控制，特别是当外包出去的物流职能具有战略意义时。失去对物流的控制意味着企业的全面质量管理或连续改进等可能会偏离初衷，甚至影响到企业营销战略的正常实施。

（2）难以获得组织的支持。在管理上，委托企业将物流职能外包给专业物流企业，却对该企业的能力和员工不信任，不仅影响本企业的物流部门，还会对制造、销售、供应、财务等部门造成影响。由于物流职能的外包会影响这些部门员工的利益，因此这些内部组织可能会不支持物流职能的外包。

5.2.3　企业间物流联盟运作模式[①]

1. 企业间物流联盟运作模式的内涵

企业间物流联盟是指不同企业之间基于正式的相互协议而建立的一种物流合作关系，参加联盟的企业汇集、交换或统一物流资源以谋取共同利益，同时，合作企业仍保持各自的独立性。也就是说，企业间物流联盟是为了达到比单独从事各自的物流活动取得更好的效果，企业间形成的相互信任、共担风险、共享收益的物流伙伴关系。

企业间物流联盟作为企业间的网络化系统，其最大的着眼点是在经营活动中积极利用外部规模经济，当企业不能充分利用自身积累的物流经验、技术和人才，或者缺乏这些物流资源时，可以通过联盟实现企业间的物流资源共享，相互弥补物流资源的不足，以避免对已有物流资源的浪费。联盟的建立，使企业对其物流资源的使用界限扩大了，一方面可以提高企业已有的物

---

① 程明：《企业物流运作模式分析与决策研究》，河海大学硕士学位论文，2005 年。

流资源的使用效率，减少沉没成本；另一方面可以节约新的物流资源方面的投入，提高企业战略调整的灵活性。

2. 企业间物流联盟运作模式的优点

物流联盟包括配送的共同化、物流资源利用的共同化、物流设施设备利用的共同化以及物流管理共同化等。物流联盟模式是合理化物流的有效措施之一，是企业保持优势常用的重要途径之一，是实现企业的横向联合、集约协调、求同存异和效益共享，有利于发挥集团型竞争优势的一种现代管理方法。

（1）有利于降低企业成本，实现效益最大化。企业之间有共享的利益是企业间物流联盟形成的基础。企业之间通过结成物流联盟将能有效地降低物流成本，有助于物流合作伙伴之间在交易过程中减少相关交易成本，提高企业的物流效率，实现物流效益的最大化。

（2）有利于提高物流服务水平，扩大市场份额。物流联盟可以帮助企业提高物流服务水平，通过联盟方式解决自身资源和能力的不足，有助于企业学习对方成熟的物流管理经验，提高自身管理水平，打造自身品牌；同时物流联盟可以帮助企业获得重要的市场情报，为企业带来新的客户、市场，扩大营销领域，提高市场占有率。

（3）有利于实现规模经济，提升企业竞争力。生产要素只有在一定的经济实体中集中到相当的程度后，才能获得较好的规模效益。但是，商业零售和连锁企业本身就具有完整的物流配送服务体系，产业组织过度分散必然导致无法形成规模效应，严重影响企业的经营效率，制约企业竞争力的提高。

3. 企业间物流联盟运作模式的缺点

企业与其他企业进行物流合作，意味着必须要在获得某些优势和损失之间进行权衡。通过联盟，生产企业可以从物流伙伴的合作中获得竞争所需要的一些能力，包括获取资源、市场等要素。但同时，企业间物流联盟运作模式也不可避免存在着一些弊端。

（1）对物流控制能力降低。由于其他企业介入了本企业的采购、生产、分销、售后服务等环节，因此，企业对自身物流控制能力降低，如双方协调出现问题，还可能引起物流失控现象。而且，如信息沟通不良，容易产生相互推诿的情况。

（2）客户关系管理失衡。由于其他企业物流服务的介入，直接面对企业的客户容易掌握客户信息，这可能会削弱委托企业同客户的关系，同时存在泄露本企业客户机密的危险。

（3）管理难度增加。由于企业间物资的不同，对物流的要求也不同，因而出现比较复杂的物流管理，增加了企业物流管理的难度。

5.2.4　企业供应链物流运作模式的比较

以上三种模式各自有其特点和优劣势，通过对这三种模式的比较分析，可以帮助企业更好地选择合适的供应链物流运作模式。表 5-1 对这三种模式的主体、适用范围、重点功能和发展方向进行了总结。

表 5-1　　　　　　供应链物流运作模式的比较分析

	自营物流模式	第三方物流模式	物流联盟模式
主体	供需双方	独立的第三方物流	两个或两个以上的非物流企业
适用范围	物流经营能力强的企业	物流为非核心能力的制造商或分销商等供应链环节	实力相当、资源互补、目标相似的多个企业
重点功能	供需双方为销售、采购而利用自身物流能力进行的物流活动；侧重于事务处理	负责由供应商开始的运输、仓储、库存等个性化、专业化物流活动，提供综合的物流服务；侧重于决策优化与供应链无缝衔接	通过联盟实现企业间的物流资源共享，相互弥补物流资源的不足，实现"1+1＞2"
发展方向	将物流资产重组，由成本费用中心转为利润中心	通过扩张改造、兼并联合等方式建造综合集中高效的物流服务体系	发挥乘数效应，通过对联盟内物流资源进行有效组织，共享物流要素

资料来源：张光明：《供应链管理》，武汉大学出版社 2011 年版；程明：《企业物流运作模式分析与决策研究》，河海大学硕士学位论文，2005 年。

■ 5.3　企业供应链物流运作模式的选择和方案设计

5.3.1　供应链物流运作模式须考虑的因素[①]

各种运作模式都有自身的特点和适用范围，企业在选择供应链物流运作模式时，首先需要考虑以下因素。

1. 产品覆盖的范围

企业的产品生产出来以后，必须通过分销网络将产品配送到各个市场上去。通常情况下，客户市场在地理分布上是很分散的，要求配送的地点很不集中，所以要对销售区域进行科学合理的定位，根据消费人群所在地区的情况选择合适的管理方式，以保证提供有效的物流支持，否则不但不能很好地满足客户需求，还会付出高昂的成本。

2. 产品的多样性

产品的多样性在很大程度上影响着物流方式的选择，因此要考虑不同产品的消费特点及流通特点，尤其是物流特点对物流方式的影响。品种多、批量小、配送频率高的产品，分销过程就比较复杂，组织物流的难度大、成本高。相反，品种单一、批量大的产品就比较容易采用规模效益好的、更经济的物流组织方式。

3. 物流成本控制

如果企业选择自营物流，那么企业要为自建物流系统进行资金投入，包括车辆费用、仓库场地和建设费用，以及人力成本等，这些投入对于大企业来说资金占用不是很多，影响不是很大。但对于中小企业来说，这一部分固定资产的投入及维护费用将给企业带来沉重的压力。而如果企业选择物流外包，企业也要花费诸如交易成本在内的物流费用，因此企业在选择供应链物流运作模式时，需要在自营和外包的成本之间进行权衡。

---

① 董千里等：《物流运作管理》（第 2 版），北京大学出版社 2015 年版，第 37 页。

4. 物流服务提供商

物流服务提供商可分为综合物流服务提供商和专业物流服务提供商。综合物流服务提供商可以提供范围较广的服务，但是在某一专业领域不一定能够满足客户的特殊要求。而专业物流服务提供商的服务范围较窄，但是专业化水平较高，可以满足专业化物流服务需求。例如为 DELL 公司提供第三方物流服务的伯灵顿（Global Bax），就是专门从事 IT 物流服务的，可以非常深入地配合 DELL 的生产管理要求，这是一般综合物流服务企业做不到的。由此可见，不同的物流服务提供商具有不同的组织商流、物流、信息流、资金流的能力。设计物流方案时，要根据物流服务提供商的不同并考虑本企业的需求，扬长避短，发挥各自的优势，实现供应链集成，共同向消费者提供物流服务的工作。

5. 客户对于供应链物流服务的需求

企业产品需要及时快捷地运送到客户手中，这就说明客户对企业物流的要求很高，而这些要求主要体现在物流服务质量、效率和成本等方面，有时还需要相关的增值服务。

6. 自营/外包风险

无论企业选择的是自营物流还是外包物流，都会产生相应的风险。例如，选择自营物流时，会有管理不善、成本过高等风险，而选择外包物流时，又会有服务质量下降、企业信息泄露等风险。因此，企业选择供应链物流运作模式时，还需要权衡各种风险综合考虑。

7. 物流对企业成功的影响度和企业对物流的管理能力

物流对企业成功的影响度和企业对物流的管理能力是影响企业供应链物流运作模式的最重要因素，决策状态如图 5 - 3 所示。

如果物流在企业战略中起关键作用，但自身物流管理水平较低，对这类企业（Ⅱ）来说，组建物流联盟将会在物流设施、运输能力、专业管理技巧上收益颇丰；对于物流在其战略中不占关键地位，但其物流水平却很高的企业（Ⅳ）来说，寻找伙伴共享物流资源，可以通过增大物流量的方式获得规模效益，降低成本。因此，处于区间Ⅱ、Ⅳ的企业可以组建物流联盟。

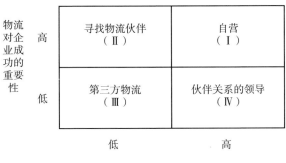

图 5 - 3　决策分类矩阵

资料来源：马士华、林勇：《企业生产与物流管理》（第 2 版），清华大学出版社 2015 年版，第 40 页。

如果企业有很好的顾客服务需求标准，物流成本占总成本的比重很大，自己物流管理能力强，即企业（Ⅰ），一般不会选择外购物流服务，而是采用自营的方式；对那些物流在其战略中地位并不很重要，自身物流管理能力也比较欠缺的企业（Ⅲ）来说，采用第三方物流是最佳选择，因为这样能大幅度降低物流成本，提高服务水平。

企业在选择供应链物流运作模式时，必须综合考虑以上因素，然后决定采用哪种供应链物流运作模式为自己服务。

5.3.2　企业供应链物流运作模式决策程序

企业在进行供应链物流运作模式决策时，应从物流在企业中的战略地位出发，在考虑企业物流能力的基础上，充分考虑各方面的约束因素，进行成本比较。参考的决策程序如图 5 - 4 所示。

从企业竞争战略的角度来考虑，最重要的决策变量之一是对渠道的控制力要求。越是竞争激烈的产业，企业越要强化对供应和分销渠道的控制，所以往往就会倾向于自营物流。在自营物流的时候，又往往在市场营销战略的统筹规划下专注于关键物流网点，如地区性配送中心或分销中心的设置、物流服务标准的制定和物流信息资源的协调配置等。例如汽车工业就倾向于拥有自己的汽车销售公司和"四位一体"的营销服务网络系统，麦当劳就专注于市场的开拓和供应商的选择。

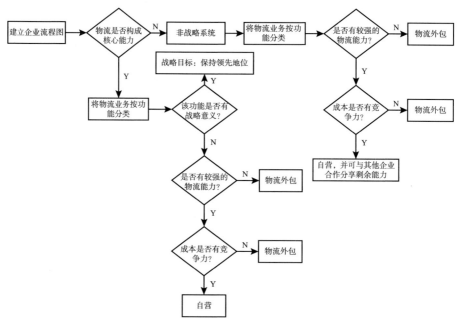

图 5 - 4　企业供应链物流运作模式决策流程图

资料来源：马士华、林勇：《企业生产与物流管理》（第 2 版），清华大学出版社 2015 年版，第42 页。

从企业竞争战术的角度来考虑，最重要的决策变量有两个：一是看是否能够提高企业的运营效率；二是看是否能够降低企业的运营成本。无论是自营物流还是外包物流，都要以能否使企业获得高服务水平和低物流成本作为判断准则。因此，是否采用外包物流方式的关键是看社会上第三方物流企业是否具有足够的物流服务能力。

5.3.3　企业供应链物流运作方案设计

基于供应链的综合物流运作设计按其设计地位的重要性可以从战略设计、职能设计和运作设计三个层面进行，各个层面所要进行的工作如图 5 - 5 所示。

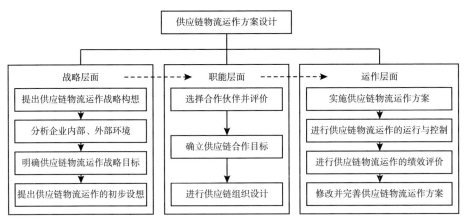

图 5 - 5 供应链物流运作方案设计流程

资料来源：董千里等：《物流运作管理》（第 2 版），北京大学出版社 2015 年版，第 41 页。

1. 基于供应链的物流运作方案的战略层设计

（1）提出基于供应链的物流运作方案设计的战略构想。由企业高级管理人员根据企业的总体发展规划和目标，提出基于供应链的物流运作方案设计的战略构想。

（2）分析企业所处的内外部环境。主要包括分析企业所处的外部市场竞争环境和内部企业现状两部分。分析企业所处的市场竞争环境，就是要分析目前市场（要具有全球市场的战略眼光）急需什么产品、需求量有多大，决定开发功能性产品还是开发革新性产品；企业目前所占的市场份额是多少；其他竞争对手都采取了什么样的竞争策略等。分析企业内部环境就是要分析企业当前的管理状况。如果企业已在某供应链中，则重点分析所处的供应链状况，包括供应链的管理、效率和所带来的利润，以及供应链的发展前景和企业在供应链中的地位等。

（3）明确供应链物流运作的战略目标。要明确企业基于供应链的物流运作应朝什么方向发展，企业应采取什么样的具体运作方案，以及选择什么样的供应链合作伙伴进行合作。并且，企业的物流运作管理方案的战略目标一定要与企业发展的总体战略规划相一致，并服从于企业的总体战略规划。

（4）提出物流运作设计的初步设想。在对企业的内外部环境进行分析并明确了物流运作方案的战略目标后，企业要提出物流运作方案设计的初步设想，如方案的具体实施步骤、组织技术设计、企业与其他供应链成员之间的关系等。

2. 基于供应链的物流运作方案的职能层设计

（1）选择供应链合作伙伴并对其进行综合评估。在确定基于供应链的物流运作方案的初步设想之后，为保证方案的顺利实施，企业要对供应链合作伙伴进行选择，并进行综合评估。这主要包括以下几个过程：分析市场需求；选择目标并确立合作伙伴；制定合作伙伴评价标准；成立评价小组；合作伙伴参与；评价合作伙伴。

（2）共同确立供应链合作目标。基于供应链的物流运作实际上体现了从企业内部改造到企业之间的整合过程，其设计边界往往超越了企业管理自身，因此，企业必须与其他供应链成员共同确立供应链的合作目标，以达到供应链效率整体最优和供应链成员之间"双赢"的目标。

（3）进行供应链组织设计。一般应重点抓好以下 6 个关键环节的设计工作：生产与市场；供应与销售；库存与增值；选址与资源；运输与配送；信息与控制。

3. 基于供应链的物流运作方案的运作层设计

（1）实施供应链物流运作方案。在完成物流运作方案的以上设计步骤后，企业就要根据物流运作方案的战略目标、组织设计等具体实施供应链物流运作方案。

（2）进行供应链物流运作的运行与控制。企业在进行供应链物流运作过程中，需要对运作方案的运行情况进行实时的监督与控制，以便早日发现问题，早日解决问题。

（3）进行供应链物流运作的绩效评价。关于物流运作方案的绩效评价工作对方案的顺利实施尤为重要，这不仅包括对企业内部物流工作的绩效评价，还包括企业对合作伙伴的绩效评价，以及对其他参与方（如第三方物流企业等）的绩效评价。

（4）修改并完善基于供应链的物流运作方案。任何方案的实施都需要有一个运行、修改、完善的过程，物流运作方案运行一段时间后，需要对此前的方案进行修改完善，这样才有利于企业物流的健康发展。

本 章 小 结

按照参与主体的不同，可以将供应链物流运作模式分为核心企业主导型、第三方物流主导型和集成物流商主导型三种。本章首先对它们的含义和主要特征进行了详细阐述。其次，对企业主要的三种供应链物流运作模式，包括自营物流、物流外包以及企业间物流联盟的内涵和优缺点进行了分析。最后，分析了企业在选择供应链物流运作模式时需要考虑的因素以及具体的决策流程，进而从战略、职能、运作三个层面介绍了基于供应链的综合物流运作方案设计所要进行的工作。

本章重要术语

核心企业主导型供应链　第三方物流主导型供应链　集成物流商主导型供应链　自营物流　物流外包　战略层　职能层　运作层

延 伸 阅 读

1. 德勤：《物流行业商业模式转型趋势初探：新物流　下一站赢家？》。

2. 董素玲、陈骏：《供应链物流管理环境下的无缝供应链对接问题》，载《产业与科技论坛》2008 年第 11 期。

3. 姚冠新、徐静等：《农产品物流模式研究综述》，载《物流科技》2016 年第 1 期。

4. 王健、周万森：《供应链物流系统运作模式分析》，载《厦门大学学报（哲学社会科学版）》2005 年第 3 期。

5. 王卫星、张婷婷：《供应链管理环境下的物流运作模式》，载《价值工程》2006 年第 11 期。

6. Goran S. , Supply chain management：the re-integration of marketing issues in logistics theory in logistics theory and practice [J]. *European Business Review*, Vol. 14, No. 6, June 2002.

复习与思考

一、简答题

1. 主要有哪几种供应链物流运作模式？

2. 概述企业供应链物流运作方案的设计流程。

二、论述题

1. 企业在选择供应链物流运作模式时，需要考虑哪些因素？

2. 如果你是一家家电制造商的供应链经理，你会选择哪种供应链物流运作模式？

三、案例分析题

一砖一瓦　再造乐高

乐高集团是全球知名的玩具制造商，然而其财务状况却一塌糊涂——从1998年到2004年的七年中，有四年都处于亏损状态。其亏损的核心原因在于供应链。2004年新上任的CEO克努德斯托普（Knudstorp）大刀阔斧地对公司供应链进行了改革，从设计、采购、制造和分销等环节开始了一砖一瓦的再造，使乐高"在准确的时间，以准确的成本，把准确的产品，送到准确的地点"，走出了战略变革的第一步。

1. 摸清病症

为什么在业绩低迷多年之后，乐高才意识到供应链是问题的根源呢？因为供应链不是该公司的核心优势，创新能力以及高质量才是。而公司管理者最初的想法是依赖核心优势走出泥潭。从20世纪90年代到2004年，乐高进入电子游戏、电视节目以及零售领域，但这种多元化发展使情况变得更为复杂，导致公司赤字不断。

乐高成立之初，供应链管理十分简单。当沃尔玛和家乐福依靠供应链革命站稳了脚跟后，乐高却错失了巨变的良机。20世纪50年代，当公司的积木刚刚流行起来的时候，乐高的供应链能够控制玩具市场的小型零售商。20世纪60年代以来，这种方式一直运转得很好，但进入20世纪90年代后，乐高的竞争者开始重新设计分销系统，以应对大型零售商店的配送，但乐高却把更多的精力放在了品牌建设上——那时，乐高积木玩具已经是世界上最广为人知的产品了。20 世纪 90 年代末，乐高的大多数市场份额已经被别的公司抢占，其他公司更注重分析和精打细算，把每笔成本降到最低，并为零售巨头提供及时生产。

为了重振昔日辉煌，乐高意识到，必须重新打造其供应链的每一个环节，把创新能力与市场对接，在大型零售商占统治地位的世界里进行运营和竞争。对于乐高集团来说，这可不是件小事情。2004 年 10 月，担任了乐高集团 25 年 CEO 的 Kristiansen 卸任，将 CEO 的位子让给了 34 岁的 Knudstorp。此时，乐高集团已经拥有 7300 多名员工，有分布在不同国家的两家工厂和三个包装中心。

Knudstorp 就任后，立即发布了改革的命令。他与 Kristiansen、董事会其他成员及领导小组紧密合作，找出公司问题的根源。乐高真的过度多元化了吗？是的。但如果仅仅关注它，并非解决问题之道。成本是问题吗？绝对是，但这也只是冰山一角，仅仅打一场成本战不可能成功。

Knudstorp 和他的团队审视了公司运营的方方面面，然后开始重点关注供应链。他们用全面分析方法，分析了产品开发、采购、制造和分销配送的各个环节。

2. 忽视成本的产品开发

多年来，乐高集团源源不断地推出创新性产品，其产品开发实验室"Kitchen"绝对是公司的骄傲。但领导小组发现，新产品接连不断地生产，但利润却越来越少。过去，塑料积木等产品仅有一种主要颜色，再加上黑和白，现在有 100 多种颜色，产品系列也更为精细化：一副海盗套件包括 8 个海盗、10 种装束和姿势各异的腿。

对细节的关注反映出公司追求卓越的文化，但同时也反映出公司对创新成本的漠视。设计者在构思新玩具时，不考虑原材料价格等生产成本。而当今全球玩具市场，成本压力一直是个热点，这种忽视一切的创新是站不住脚的。

此外，每年都推出新产品本来无可厚非，但乐高并没有把这种商业战略与供应链匹配起来。公司的最小存货单位（SKU）为 1500 多件，其中 30 件产品就占据了公司 80% 的销售额，但公司库存的 2/3 却都是已经停产的货物，而且最小存货数量每年都在递增，积压了大量库存。

3. 采购中的浪费

令人惊讶的是，乐高集团与超过 11000 家供应商打交道，这几乎是波音公司制造飞机所需供应商的两倍。随着产品开发人员不断寻求新材料，这一数字还在逐年增加。每个设计师都有自己偏好的供应商并与他们保持联系，公司并没有统一的采购流程。

这种采购方式导致了令人难以置信的浪费。比如说，一种新的设计可能需要一种专门的彩色树脂，但这种树脂以三吨起卖。制造这种新玩具可能仅需要几千克树脂，公司就为此积压了价值 10000 欧元并且是以后再也派不上用场的树脂。由于从大量供应商手中不定期地订购这么多特殊产品，当采购人员与供应商打交道时，不可能以规模采购作为有力的谈判筹码。

4. 没有规模优势的制造

与采购一样，乐高组织生产设施的方式，使其难以获得规模优势。公司采用了一项世界最大的塑料注射成型工艺，丹麦工厂里有 800 多台机器，各生产小组就像在上百家独立玩具作坊内工作一样。小组随意处理订单并且频繁改动，使顾客需求、供应能力及库存水平不能紧密、可靠地结合起来，这种缺陷导致整体产能利用率仅为 70%。

在一个割裂的系统里，进行长期计划是异常困难的，日常运营也杂乱无章，而乐高的制造工厂都位于成本较高的地区，比如丹麦、瑞士以及美国，这对公司更为不利。

5. "一视同仁"的分销配送

乐高的 200 家大型连锁店带来了 2/3 的收入，其余绝大多数商店只产生 1/3 的收入，但乐高却对它们一视同仁。公司为服务小型商店花费了不成比例的时间和精力，这大大抬高了成本，而在 2/3 的订单中，装箱不满导致了配送费非常昂贵，因为这需要配送中心劳动密集的"挑选—包装"。另外，为了服务众多小型客户，乐高集团建立了多层库存系统。难以在正确的配送中心配送正确的产品，这正是乐高丢掉生意和高库存的原因。

6. 推动变革

为了推动变革，Knudstorp 组建了一个包括高级执行人员和管理人员的小组，双管齐下。领导小组制定战略，来自销售、物流、IT 以及制造部门的代表和设计者则在操作（运营）层面上协调变动。

管理层建了一个"作战指挥室"，整个运营小组每天聚集于此，制订具体的"作战方案"。例如，应当生产哪些玩具，分清任务的轻重缓急，如何对付困难等问题。小组成员追踪关键活动的进展、及时解决瓶颈问题并平息争端，以这样的方式明确分派任务，杜绝组织内过于人情化的倾向。

"作战指挥室"的墙面上，贴满了各种清单，以追踪尚未解决的问题如配送故障及库存水平等。在接下来的一年中，公司随时都会有 30 ~ 40 个人集中推进这些计划。Knudstorp 会经常光临这间"作战指挥室"，一旦他看到上次来访后仍没有得到解决的问题，就会质问经理人员。

工作量大、时间紧迫，也让人产生了异常巨大的压力。除此之外，管理层还特别关注细节。他们设置明确的优先权，限制各个项目的范围，密切监控进程。每一个小组提出自己的跨部门计划，这一进程从审视公司供应链的复杂性以及分析其对生产力、计划和控制的影响开始。

改革小组采取一种"假设驱动法"，讨论如何改善流程。一旦在某项行动计划上达成一致，除非最初假设是错误的，否则改革小组不会改变方向，这一方法使整个改革进程走上了正轨。

领导小组还抽出时间来建立共识。他们知道，在一个组织严密的家族企业里，仅靠行政命令来管理是绝对行不通的，乐高需要维持员工的忠诚——尽管为了打造一个更为全球化的供应链，公司已经裁掉了不少职员。

他们认为，完全透明化的战略是最令人尊敬的改革方式。从早期开始，领导小组就与全体员工沟通了公司的现实情况，直到提出裁员的痛苦计划（为了节约成本和接近市场，乐高把原来位于美国的工厂迁移到了墨西哥），在这一过程中，领导小组都咨询了全体员工的意见。虽然看起来进展缓慢，却意义重大。领导小组最终达成共识，可见这一决策是非常具有凝聚力的。

规划和协商流程后，领导层开始制订行动方案。他们认为，先将公司的原材料成本合理化是整个改革中较为容易的环节，并且马上就能省下钱来。

首席财务官 Jesper Ovesen 领头做这项工作。由于这一举动击中了乐高创新能力的核心——那些赋予积木缤纷颜色的彩色树脂,因此,如果这项方案成功,不仅仅节省了钱财,更显示了乐高集团改变的决心。

彩色树脂一直是公司的大项支出,价格极为不稳定。采购小组分析了原材料的价格,与更少的供应商合作从而稳定价格,也更容易制订生产计划。更重要的是,采购项目的成功让大家更为乐观,也激发大家去推动其他的改变。供应链沿线的每个成本中心,改革小组都采取了新观点:限制并不会破坏创意或产品卓越性,甚至可以增强产品卓越性。

乐高集团的座右铭是"锐意进取,只求最好",公司的名字来源于丹麦语"Leg godt",即"玩得好"。创新一直深植于公司文化中,公司成立之初,这种做法帮助公司塑造起品牌,并且让员工颇感自豪。但是一段时间后,这种文化成了"不计成本制造新玩具"的代名词。Knudstorp 说:"这种想法已经成为一种感情上的观念,一种反对成本削减新计划的借口。任何时候,都有些人不想做某些事,他们就会说'因为质量原因,你不能这么做'"。

但是公司的产品创新主管 Mads Nipper 与监管供应链的 Bali Padda 紧密合作,设计出一系列方案,解决了这种限制中的矛盾。Nipper 和 Padda 建议把约 100 种颜色减掉一半,并去掉产品中成千上万种的玩具警察、玩具海盗以及其他人物造型。该小组深思熟虑,在树脂采购工作的基础上,分析每一配件的真正成本,确定哪些成本是存在仓库里被浪费掉的。这项工作,和树脂小组一起,帮助公司削减了一半的树脂成本,将供应商数量减少了 80%。

同时,运营小组还帮助设计师提高成本效率。小组成员制订出采用新颜色、新外形及订购新材料的基本规则,并构造了一个成本矩阵,清楚表明变动与成本的关系。一旦成本改革清晰了,设计者们会被敦促利用新方式使用已有的材料,而不是用新模型和新颜色来设计出新配件,这种方案让设计者在开发新产品时更多考虑成本因素。成本透明化让开发者重新定义自己的成就,"最好的厨师不是那些把所有原料都摆在跟前的人,而是那种进到任何厨房,用手头仅有的原料就可以工作的人。"一位高级经理人员在乐高集团开发室"Kitchen"的备忘录里写道。设计者们把这些话铭记于心。产品研发小组最初把削减复杂性看成是件纯粹痛苦的事情，但他们渐渐意识到，一开始被认为是束缚的东西，事实上令他们更有创意了。

设计小组思维的变化，再次肯定了 Knudstorp 长期以来的想法。那就是——用全面的观点看待企业问题。"我认为很多公司犯的大错误，首先与供应链有关，其次是创新，最后是产品质量。创新也是一个供应链的问题，有时候，供应链能够为顾客导向的创新提供思路。"

7. 全面考虑价值链

砍掉为数众多的材料与颜色，更容易进行下一步——让生产周期合理化。小组首先停掉的是过去引以为豪的做法——任何机器都能够生产任何部件，这意味着频繁、昂贵的重新装配。取而代之的是，小组为特定的机器配置了特定的模型，并且制定了 4～12 周的常规生产周期。现在，乐高可以在月度例会上确定销售和运营计划，从而减少频繁的生产变动。

领导小组还阐明了决策权，从而保证时间进度表对整个组织都有意义。比方说，从今以后，对成型机器做出任何手动变化而不通知产品包装组的做法是不可接受的。清晰描述的权利和责任，使得员工难以回避艰难的决定，或是忽略对其他部门的影响。因此，公司现在可以绕开很多潜在的生产问题。

领导小组还考虑了制造工厂的分布。乐高从中国合同制造商手中采购 10% 的产品，但小组却反对将更多的工作转向亚洲。鉴于将生产任务移至捷克 Kladno 的成功经验，公司认为：把工厂设在最接近重要市场的地方可以提高效率。一家位于东欧的工厂只需三四天就能把产品运送到欧洲的商店，而乐高 60% 的销售收入来自欧洲，40% 的销售收入发生在圣诞节期间。

2005 年，乐高集团把一些比较简单的产品外包给一家匈牙利的工厂，这家工厂是新加坡电子产品制造商 Flextronics 旗下的公司。同年，公司还把业务扩展到了 Kladno。这些谈判非常漫长而艰难，同时还必须非常谨慎地处理这种变动对员工的影响。首席采购官（CPO）Niels Duedahl 负责监管整个过程，他的身后有一个分析团队，该团队建立了详细的成本模型。他们的理念是：比供应商还了解供应成本。这一措施可以使乐高的领导层不仅能评估方案,也为与供应商谈判做好了准备。

乐高还需要使分销渠道更靠近顾客,从而降低膨胀的分销成本。乐高物流供应商的数量已经从二十六个削减到三四个,此举在充分保证弹性、鼓励供应商竞争的同时,获得了规模经济,仅这一项举措就节约了10%的运输费用。合并缩减物流供应商,仅仅让乐高集团完成了其竞争者多年以前就完成的工作,而重新设计分销系统则使公司有能力超越对手。

虽然很多公司都将制造转移到成本较低的市场,但很少有公司对分销工作采取同样的办法。乐高集团淘汰了丹麦、德国和法国的5个分销中心,在捷克建立了唯一的新分销中心,由DHL负责运营。"把鸡蛋放在一个篮子里,听起来是一个挺差劲的战略,但统一的分销更容易追踪库存以及避免存货短缺,也使乐高更接近欧洲最大的人口中心,缩短与市场的平均距离。"

有了新的价值链,乐高集团能够更容易地获知顾客偏好,公司的营销小组向其他包装消费品制造商学习,与大型零售商密切合作,进行联合预测、库存管理以及产品定制。占据乐高大部分市场的大型连锁商店获得了乐高的营销支持,公司也继续与小型零售商打交道,但服务条款更为常规化和标准化。通过为早期订单提供折扣,以及满一箱起运的做法,乐高进一步降低了服务的成本。

公司还邀请大客户参与产品开发,不仅取悦了大客户,而且零售商较强的预测能力和补给技术,使公司营销人员比依靠单打独斗更能了解购买者行为。集团让这些大零售商帮助制定商品组合决策,为他们提供独家的SKU(最小存货单位),从而进一步强化了这种关系。

8. 再次盈利

供应链改革之后,乐高集团恢复了盈利。2004年以来,集团节省了大约5000万欧元。即使面临石油价格上升导致原材料和运输等成本提高的局面,2005年乐高的库存周转率也提高了12%,并刷新了2002年以来的利润纪录——6100万欧元。2006年,集团依然保持了这种良好的势头,库存周转率比2005年又提高了11%,利润出乎意料地提高了240%。

Knudstorp认为,供应链再造对整个公司都带来了变革。"它让我们再次把重点放在发展业务、创新和发展我们的组织上,使这个组织更具创新

性。" Knudstorp 说，"而当我们赚不到钱的时候，当我们拥有一个落伍了
10~15 年的供应链的时候，这些都是奢侈品"。既然乐高集团已经认识到这
一点，精简了其产品开发、采购、制造以及分销工作，它便可以把资源应用
于自己最擅长的领域：制造绝妙的玩具。

案例来源：Keith Oliver、Edouard Samakh、Peter Heckmann 著，袁玲译：《一砖一瓦　再造乐高》，
载《北大商业评论》2008 年第 4 期（本文原著来自博斯公司季刊《战略与经营》）。

思考：

1. 乐高之前在供应链物流运作与管理方面存在哪些问题？

2. 乐高采用了哪些供应链物流运作策略？你能否为乐高提供新的供应
链物流运作策略进行管理？

第 6 章

供应链物流管理组织设计

学习目标

1. 理解物流管理组织的概念与分类。
2. 识别物流管理组织设计的影响因素与设计原则。

引导案例

顺丰组织架构曝重大调整

走上多元化发展道路的顺丰速运开始对组织机构进行重大调整。昨日，有业内人士爆料称，顺丰组织机构将划分为五大事业群独立运营。顺丰并未对此传闻作出官方回应，但有内部消息人士向北京商报记者证实了上述消息。

中国交通运输协会华东工作委员会秘书长王磊在微博上爆料称，顺丰将原有业务板块划分为五大业务事业群进行独立运营，即速运事业群、商业事业群（嘿客、优选）、供应链事业群（普运、冷运）、仓配物流事业群（电商、海淘）、金融服务事业群（顺手付）。

同时有消息称，顺丰将全面开放全国上百仓库为电商企业提供分仓备货服务，覆盖七大区域分发中心及上百个配送中心。分仓备货服务是指由电商企业根据销售预测，提前备货至顺丰仓库，实现就近发货、区内配送，电商企业无须自建仓库就能实现极速送达。

资料来源：北京商报，http：//app. bbtnews. com. cn/？ app = article&controller = article&action = show&contentid = 27008，2015 年 3 月 11 日。

6.1　物流管理组织概念与类型

6.1.1　物流管理组织的概念

什么是组织？组织是指为了实现既定目标，通过人与人、人与物以及信息的有机结合所形成的社会系统。而物流管理组织是指在企业或整个社会中为了进行物流管理，将责任和权限体系化了的组织。从本质上讲，物流管理组织是以物流管理活动为核心内容的实体组织。[①] 广义地说，它包括企业内部的物流管理和部门，是指企业之间的物流联盟或企业与相关政府物流管理机构等组织形式。

物流管理组织有几个重要的要素，包括物流管理、企业物流信息、企业管理规则和管理方法与手段。在整个物流管理组织中，以物流管理人员为主体，行为规范是健全的规章制度，中介是企业物流信息。

6.1.2　物流管理组织的类型

一般来讲，企业的物流管理组织主要有以下几种类型。

1. 直线制形式

直线制物流组织结构是最简单的组织结构形式。其特点是企业各级行政领导自上而下垂直领导，不增设专业职能机构。由于组织层级少，权力较为集中，统一指挥，领导决策执行迅速，因此工作效率较高。然而，线性系统也有许多缺点。比如领导需要处理的事情太多，精力就容易受到制约，不利于提高企业的管理水平。因此，直线型系统大多适用于经营规模小、经营对象简单的小型物流企业。

---

① 马士华、林勇等：《供应链管理（第六版）》，机械工业出版社 2020 年版，第 242 页。

2. 职能制形式

企业发展到一定阶段后，最高层次的领导将专业管理的职责和权力交给相应的职能管理机构，在专业管理活动中直接管理和指导业务，形成职能体系。职能体系的优势在于能够充分发挥职能机构专业管理的作用和职业经理人的专长，加强管理的专业分工，促进行业领先，实现管理的正确性和高效性。然而，职能体系也有其不足之处。例如，每个职能组织都有指挥权，容易形成多头领导。因此，在实际的管理工作中很难相互协调，所以在实践中，大多数企业并没有采用职能型组织形式。

3. 直线职能制形式

直线职能制形式是将直线制形式和职能制形式的优缺点结合起来，在直线制形式的基础上，将职能制形式组合起来形成的一种组织管理形式。直线制形式体系的特点是各管理层次的负责人自上而下进行纵向领导，并设立相应的职能机构或职能人员，协助领导工作。[①] 但职能机构或人员不能向下级单位下达指令，只能对业务进行指导和监督，下级负责人只接受上级负责人的领导。相比之下，直线职能制综合了直线制和职能制的优点，避免了直线制和职能制的缺点。它在实践中得到了广泛的应用，是一种比较好的组织形式。我国大多数大中型物流企业也采用直线职能制的组织形式，如图 6 - 1 所示。

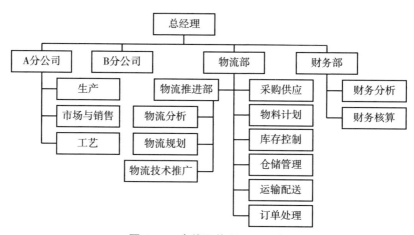

图 6 - 1　直线职能制组织形式

---

①　徐君：《企业战略管理（第三版）》，清华大学出版社 2017 年版，第 301 页。

4. 事业部式组织机构形式

如图 6-2 所示，事业部式组织形式的特点是企业按产品类别、业务或地区设置若干个分部，实行集中决策下的分散经营、分散管理。应该说，业务部门是实现企业目标的基本业务单元，实行独立经营、独立核算，具体管理企业的各项经营活动。事业部组织结构具有以下优点：事业部的组织结构有助于总公司摆脱日常行政事务，使总公司能够集中决策；有利于业务部门根据市场变化做出相应的经营决策；有利于组织专业化生产，提高企业整体运营效率。

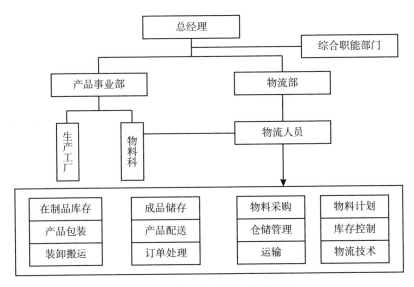

图 6-2　事业部式组织结构形式

但是，事业部的组织形式也存在诸多不足。由于业务部门本身就是利益中心，可以实现独立经营、独立核算。因此在决策时，往往只考虑业务部门本身的利益，从而影响整个企业业务部门之间的相互合作。而且，事业部制普遍存在管理成本高、综合能力差等缺点。企业内部的员工容易自我中心化、分散化，不利于统一企业决策者的思维，不利于实现对业务单元结构体系的深度控制。

考虑到事业部的特点，事业部的组织结构适合规模大、产品类型多、分布广的企业。对于大型第三方物流公司来说，它们一般都是资本密集型和技术密集型企业。其生产经营规模比较大，资金相对雄厚，在顺丰物流等物流服务方面享有良好声誉，其宗旨是利用自身专业高效的物流体系，为客户提供安全、优质、快捷的物流服务。① 因此，大型第三方物流公司采用部门制的组织结构，对企业的生产经营活动进行有效的管理和运营。

一般而言，第三方物流组织结构采用事业部的组织形式有如下优点。②

（1）按照物流服务类型划分企业内部各业务部门，有利于充分发挥第三方物流公司的专业优势，提高物流服务质量；

（2）企业各业务部门实行独立核算、独立经营，使各部门的经营状况一目了然，便于相互比较、相互促进；

（3）由于权力下放，物流企业的分工比其他形式更加明确，形成了责任管理体系，有利于培养精通物流经营管理的人才，也有利于发挥内部员工的才能和创造力，突出个人贡献。

5. 矩阵式组织结构

如图6-3所示，矩阵式组织结构由纵向和横向两套管理体系组成。一般意义上，企业为了完成某项任务或目标，从直线职能系统的垂直职能系统中指派一些专业人员组成临时或长期的专门小组，协调企业内部各有关部门的活动；公司团队进行横向系统联系，并有权指导参与计划的员工；团队成员接受双重领导，专注于横向，任务完成后返回原部门。

矩阵式组织结构的优点是有利于优化组合，公司横向管理采用招聘专业人才的方式，充分发挥各部门、各专业人员的优势。同时，专案组在原有线性职能体系垂直职能体系的基础上，通过横向管理，加强了纵向和横向体系之间的相互协调。

然而，矩阵式组织结构也存在许多问题。例如，由于团队成员彼此独立，很容易产生不同的观点，这就带来了许多差异。团队成员之间的不协调常常给实际工作带来很大困难。因此，如何加强团队成员内部的协调与一致性，是矩阵式组织结构进一步完善和发展的重点。

---

① 张旭辉、杨攀勇：《第三方物流》，北京大学出版社2010年版，第8页。
② 隋鑫：《企业物流管理》，中国物资出版社2010年版，第105页。

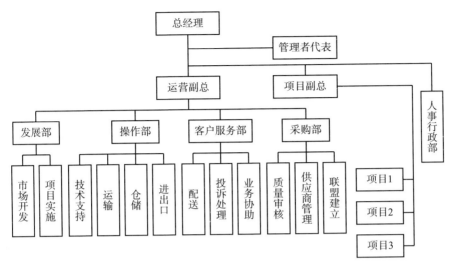

图 6 - 3　矩阵式组织结构形式

6. 物流项目组组织结构

物流项目组的组织结构是以项目为核心，职能部门为辅的组织形式。每个项目组都有独立的单元。物流项目团队的组织结构有很多优势，比如工作针对性强、具体项目效率比较高、指挥协调相对一致、组织结构相对简单、成本和质量控制比较容易。但需要指出的是，物流项目组的组织结构也存在诸多不足，比如当项目联系不紧密时，就容易出现冗余；内部员工的横向协调性也较差，工作的连续性相对较差，这对员工来说很容易缺乏安全感，很容易导致员工情绪波动。

7. 物流子公司——物流管理组织结构的新形式[①]

物流子公司，即物流管理组织结构的一种新形式，是指将一个公司或企业的部分或全部物流管理与一个具有法人资格的独立企业分离，实施社会化、专业化运作，如京东物流，带领其物流子公司作为代理公司专门从事物流管理业务。其组织结构形式如图 6 - 4 所示。作为一种新型的物流管理组织形式，与上述属于企业的非独立的物流管理组织相比，具有以下非常鲜明的特点。

---

① 郑称德：《供应链物流管理》，南京大学出版社 2018 年版，第 107 页。

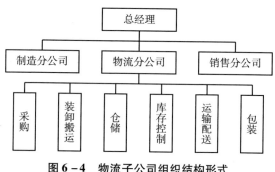

图6-4　物流子公司组织结构形式

物流子公司具有以下优势。第一，明确了物流系统的成本，改变了人们对物流系统的看法，提高了对物流成本核算的认识，使企业能够加强物流管理。第二，物流子公司作为独立于企业的物流管理组织，具有独立的法人资格。因此，物流子公司可以实行以利润为中心的内部管理，提高整个物流系统的效率。第三，采用物流子公司的组织形式，不仅可以摆脱企业内部轻视物流工作的陈旧观念，而且大大改变了物流企业的地位，有利于调整物流从业人员的积极性。第四，物流子公司的设立，使公司能够开拓物流业务的新领域。

需要指出的是，物流子公司也有很多不足之处。第一，物流管理业务独立后，子公司与原公司由隶属关系转变为客户关系。二者之间的对抗、竞争和矛盾，会使原公司不愿接受子公司提出的物流合理化建议，这不利于原企业推进物流合理化经营。第二，如果物流子公司不与原企业完全脱钩，也会因原企业转嫁亏损、物流不合理、对原企业的依赖而无法独立经营，从而影响物流管理组织的有效性。

通过建立独立的物流子公司，实现了物流系统的独立性。但是，需要指出的是，物流子公司必须做到以下几点才能发挥作用。第一，物流子公司必须实行独立核算，自负盈亏。企业之所以设立物流子公司，是为了加强内部物流管理，降低物流成本。因此，物流子公司要想获得一定的利润，就必须有独立经营的权力。物流子公司只有获得一定的利润，才能实现其存在的价值。第二，物流子公司除了满足企业内部的物流活动外，还必须实行社会化经营，拓展业务领域，实现物流企业的成长和发展。物流子公司作为独立经营、自负盈亏的公司，必须谋求进入物流企业现有市场，实现与其他企业的共同物流，在社会经营活动中实现自身价值，实现成长和发展。

以德邦为例，其组织架构调整相较而言是比较频繁的，其从初创期开始就进行了多次组织架构的调整。在2016年，德邦又进行了一次大的组织架构调整，主要进行了四个动作：一是将市场营销本部更名为零担本部；二是成立快运事业群，隶属于总裁，下辖零担本部、快递本部、运营本部；三是成立营管管理部，隶属于快运事业群；四是成立流程与IT本部，隶属于总裁，下辖流程支持部、营运流程支撑中心等等。在2017年初，德邦又进行了组织架构变革，并进行多项变动，其中主要的变动有：成立营运事业群、职能事业群隶属于总裁；成立枢纽中心本部、营运办公室隶属于营运事业群；成立资本运营本部隶属于职能事业部。其变化后的部分组织架构如图6-5所示。

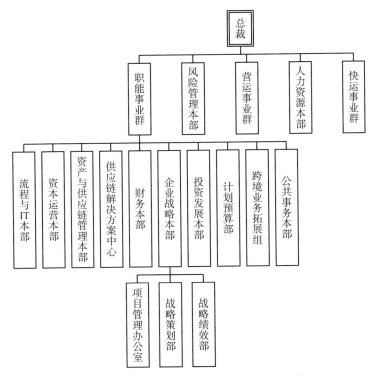

图6-5　2017年德邦调整后的部分组织架构

■ 6.2　物流管理组织设计的影响因素与设计原则

当组织的目标明确后，就需要进行组织设计来保证组织目标的实现。本节主要介绍物流管理组织设计的影响因素与设计原则。

6.2.1　影响物流组织结构设计的因素

组织结构设计是指正式组织为实现其长期或阶段性目标而设计或改变组织结构的工作。组织是一个开放的社会系统，与外部环境密切相关。随着科学技术的发展和人们素质的提高，组织的环境变得更加动荡，组织必须根据环境的特点来提高环境适应性。① 同样，物流组织设计也不再是以前固定的模式，而是应该根据物流组织的特点，提高其针对性、灵活性和适应性，找出最适合具体情况的组织设计和管理行为模式。因此，物流组织设计不仅受到物流、技术、物流环境等外部因素的影响，还受到组织的物流战略体系、物流运作规模等内部因素的影响。物流组织设计者必须厘清这些影响因素与物流组织结构之间的关系，以便对组织进行合理的设计。

1. 物流外部环境

大量研究表明，环境是影响组织结构的重要力量。汤姆伯恩斯和斯托克首先提出了外部环境与组织结构之间的密切关系。在他们的《管理创新》一书中，他们认为环境可以分为相对稳定的环境和不稳定的环境，处于不同环境中的组织结构是不同的。在一个相对稳定的环境中，组织通常采用机械化的组织结构来维持组织的长期稳定性。然而，处于不稳定环境中的组织通常采用一种有机的组织结构来保持其对环境的灵活性和适用性。物流组织应根据组织所处环境的稳定性特点，采用不同的组织结构。

物流组织所面临的环境比较复杂，通常包括一般宏观环境和行业特定环境。宏观环境主要包括政治法律环境、社会经济环境、社会文化环境、科技

---

① 蒋志青：《企业组织结构设计与管理》，电子工业出版社 2004 年版，第 56 页。

环境、自然环境等因素；行业特定环境主要包括物流服务对象、行业竞争对手、政府管理机构、金融、保险、社会组织、非政府组织、新闻媒体等公共因素。

2. 物流组织战略体系

一个组织的战略可以定义为确定组织的基本长期目标以及实现这些目标的方式和方法。为了实现组织的基本目标和长期目标，必须设计和规划组织的新的运作过程，合理配置资源，使组织能够适应不断变化的需求、动荡的环境、新技术的发展和竞争对手的行为，以保证各项活动的正常开展。国内外众多组织专家和管理专家的研究和组织管理实践表明，组织的战略是影响组织结构的重要因素。战略是关于组织的长期目标、发展方向和资源分配的远景和规划。组织结构必须符合组织所选战略的需要。如果物流组织的战略发生重大调整，管理组织的结构也必须相应地调整，以适应和支持新的战略。

3. 物流发展规模

物流规模对物流结构的影响主要表现在三个方面。第一，对组织结构差异的影响。一般来说，组织规模越大，就会促使管理层次越多、岗位和部门数量越多、职能和技能专业化程度越高、组织形式化程度越高、组织分权程度越高、高层领导的比例越小、专业技术支持人员的比例越高。[①] 组织结构的差异会影响组织物流专业化水平和部门结构的设置以及它们之间的协调。第二，从组织空间布局的角度来看，物流规模越大，物流空间越广，组织内的横向和纵向沟通与协调就越困难，导致组织差异较大。第三，从组织权力分配的差异性来看，物流规模的大小直接影响到物流部门是采取集中管理还是分散管理。一般来说，物流规模越大，分散管理可以使物流活动的组织更加合理，反之，物流规模越小，集中管理就相对比较合适。当然，规模并不是决定组织结构设计的唯一因素，它与战略、环境、技术等因素共同决定了组织结构的设计。

4. 科学技术水平

技术是指组织将输入转化为输出的知识、工具、技能和活动。技术不仅

---

① 徐杰：《物流组织网络：结构与运作》，社会科学文献出版社2008年版，第136页。

影响组织活动的有效性和效率，而且影响组织结构的设置。① 通常，组织所采用的技术方法和层次是不同的，组织结构的形式也会有所不同，如集权式或分权式等。

6.2.2 组织结构设计的基本原则

在物流管理组织设计中，应该从组织的实际情况出发，根据物流管理总体需要，体现专业职能部门合理分工。一般来讲，物流管理组织结构的设计需要遵循以下原则。

1. 有效性原则

有效性原则包含以下几个方面：（1）组织结构设计要为组织目标的实现服务；（2）力求以较少的人员、较少的层次、较少的时间达到较好的管理效果；（3）组织结构设计的工作过程要有效率。

2. 分工与协作原则

分工与协作是相辅相成的，只有分工没有协作，分工就失去意义，而没有分工就谈不上协作。

3. 权责利对等原则

责任、权力和利益三者之间是不可分割的，必须是协调的、平衡的和统一的。在委以责任的同时，必须委以必要的权利，还必须有利益来激励。② 有责无权、有权无责或者权责不对等、不匹配等，都会使组织结构不能有效运行，组织目标也难以实现。

4. 分级管理原则

每个职务都要有人负责，每个人都应知道他的直接领导是谁，下级是谁。正常情况下，等级链上的下级只接受一个上级的命令；每一个上级领导不得越权指挥但可以越级检查，下级也不能越级请示但可以越级反映情况并提出建议。

5. 协调原则

协调包括组织内部各层级的纵向协调，也包括各职能要素和部门之间的

---

① 赖万英、陈福集：《企业物流组织结构再造研究》，载《物流科技》2005 年第 12 期。
② 胡建波：《物流概论》，西南财经大学出版社 2019 年版，第 222 页。

横向协调。因此协调包含两个方面：一是组织内部关系的协调；二是组织任务分配的协调。

6. 弹性结构原则

具有弹性，是指一个组织的部门机构、人员的职责和职位都应适应环境的变化而做相应的变动。它要求部门机构和职位都具有弹性。

本 章 小 结

物流组织是指专门从事物流经营和管理活动的组织机构，物流组织结构是指物流企业有关物流分支机构所形成的网络组织结构，其建立和形成是社会分工和生产发展的必然结果。物流组织设计就是通过对物流组织结构和活动进行创新、变革和再设计，有效的规划和设计物流组织中各个部门的职能和职权，确定组织中的职能职权、直线职权、参谋职权的活动范围并且编制职务说明书。

本章重要术语

物流组织　直线制　直线职能制　事业部式　矩阵式　物流项目组

延 伸 阅 读

1. 马士华、林勇：《供应链管理》，机械工业出版社 2020 年版。

2. 丁小龙、王富忠、李化：《现代物流管理学》，北京大学出版社 2010 年版。

3. 徐君：《企业战略管理》，清华大学出版社 2017 年版。

4. 张旭辉、杨勇攀：《第三方物流》，北京大学出版社 2019 年版。

5. 隋鑫：《企业物流管理》，中国物资出版社 2010 年版。

6. 郑称德：《供应链物流管理》，南京大学出版社 2018 年版。

7. 蒋志青：《企业组织结构设计与管理》，电子工业出版社 2004 年版。

8. 徐杰：《物流组织网络：结构与运作》，社会科学文献出版社 2008 年版。

9. 胡建波：《物流概论》，西南财经大学出版社 2019 年版。

10. 赖万英、陈福集：《企业物流组织结构再造研究》，载《物流科技》

2005 年第 12 期。

复习与思考

一、简答题

1. 讨论物流组织结构设计时应该遵循哪些原则？

2. 浅谈物流组织结构设计的影响因素。

二、案例分析题

杜邦公司（Du Pont Company）是世界上最大的化学品生产公司，建立至今已有近 200 年。在这 200 年中，尤其是 20 世纪以来，企业的组织结构历经变革，其根本点在于不断适应企业的经营特点和市场情况的变化。杜邦公司所创设的组织结构，曾经成为美国许多公司包括著名大公司的效仿模式，并反映了企业组织结构发展演变的一般特点。

1. 成功的单人决策及其局限性

历史上的杜邦家族是法国富埒王室的贵族，1789 年在法国大革命中化为灰烬，老杜邦带着两个儿子伊雷内和维克托逃到美国。1802 年，儿子们在特拉华州布兰迪瓦因河畔建起了火药厂。由于伊雷内在法国时是个火药配料师，与他共事的又是法国著名化学家拉瓦锡，加上美国历次战争的需要，工厂很快站住了脚并发展起来。

整个 19 世纪中期，杜邦公司基本上是单人决策式经营，这一点在亨利这一代尤为明显。

亨利是伊雷内的儿子，军人出身，由于接任公司以后完全是一套军人派头，所以人称"亨利将军"。在公司任职的 40 年中，亨利挥动军人严厉粗暴的铁腕统治着公司。他实行的一套管理方式，被称为"凯撒型经营管理"。

这套管理方式无法言喻，也难以模仿，是经验式管理。公司的所有主要决策和许多细微决策都要由他亲自制定，所有支票都由他亲自开，所有契约也都得由他签订。他一人决定利润的分配，亲自周游全国，监督公司的好几百家经销商。他全力加速账款回收，严格支付条件，促进交货流畅，努力降低价格。亨利接任时公司负债高达 50 多万，但其后来却成为行业的首领。

在亨利的时代，这种单人决策式的经营基本上是成功的。这主要是因为：

（1）公司规模不大，直到 1902 年合资时才有 2400 万美元的资产；

（2）经营产品比较单一，基本上是火药；

（3）公司产品质量占据绝对优势，竞争对手难以超越；

（4）市场变化不甚复杂。

单人决策之所以取得了较好效果，这与"将军"的非凡精力也是分不开的。直到 72 岁时，亨利仍不要秘书的帮助；任职期间，他亲自写的信不下 25 万封。

但是正因为这样，亨利死后，继承者的经营终于崩溃了。亨利的侄子尤金，是公司的第三代继承人。亨利是与公司一起成长的，而尤金一下子登上舵位，缺乏经验，晕头转向。他试图承袭其伯父的作风经营公司，也采取绝对的控制，亲自处理细枝末节，亲自拆信复函，但他终于陷入公司错综复杂的矛盾之中。1902 年，尤金去世，合作者也都心力交瘁，两位副董事长和秘书兼财务长最终相继累死，这不仅是由于他们的体力不胜负荷，还由于当时的经营方式已与时代不相适应。

2. 集团式经营的首创

正当公司濒临危机，无人敢接重任，家族拟将公司出卖给别人的时候，三位堂兄弟出来力挽家威，他们不仅具有管理大企业的丰富知识，而且具有在铁路、钢铁、电气和机械行业中采用先进管理方法的实践经验，有的还请泰勒当过顾问。他们果断地抛弃了"亨利将军"的那种单枪匹马的管理方式，精心地设计了一个集团式经营的管理体制。在美国，杜邦公司是第一家把单人决策改为集团式经营的公司。

集团式经营最主要的特点是建立了"执行委员会"，隶属于最高决策机构董事会之下，是公司的最高管理机构。在董事会闭会期间，大部分权力由执行委员会行使，董事长兼任执行委员会主席。

1918 年时，执行委员会有 10 个委员、6 个部门主管、94 个助理，高级经营者年龄大多在 40 岁以下。公司抛弃了当时美国流行的体制，建立了预测、长期规划、预算编制和资源分配等管理方式。在管理职能分工的基础上，建立了制造、销售、采购、基本建设投资和运输等职能部门。在这些职能部门之上是一个高度集中的总办事处，控制销售、采购、制造、人事等工作。

执行委员会每周召开一次会议，听取情况汇报，审阅业务报告，审查投资和利润，讨论公司的政策，并就各部门提出的建议进行商讨。对于各种问题的决议，一般采取投票、多数赞成通过的方法，权力高度集中于执行委员会。

各单位申请的投资，要经过有关部门专家的审核，对于超过一定数额的投资，各部门主管没有批准权。执行委员会做出的预测与决策，一方面要依据发展部提供的广泛的数据，另一方面要依据来自各部门的详尽报告，各生产部门和职能部门必须按月按年向执委会报告工作。在月度报告中提出产品的销售情况、收益、投资以及发展趋势；年度报告还要论及五年及十年计划，以及所需资金、研究与发展方案。

由于在集团式经营的管理体制下，权力高度集中，遵循统一指挥、垂直领导和专业分工的原则，所以秩序井然，职责清楚，效率显著提高，大大促进了杜邦公司的发展。20 世纪初，杜邦公司生产的五种炸药占当时全美总产量的 64% ~74%，生产的无烟军用火药则占 100%。第一次世界大战中，协约国军队 40% 的火药来自杜邦公司。公司的资产到 1918 年增加到 3 亿美元。

3. 充分适应市场的多分部体制

杜邦公司在第一次世界大战中大幅度扩展，在之后逐步走向多角化经营，这使组织结构遇到了严重问题。每次收购其他公司后，杜邦公司都因多角化经营遭到严重亏损。这种困扰除了由于战后通货从膨胀到紧缩之外，主要是由于公司的原有组织结构对企业成长缺乏适应力。1919 年，公司的一个小委员会指出：问题在于过去的组织结构没有弹性。尤其是 1920 年夏到1922 年春，市场需求突然下降，使许多企业出现了所谓存货危机。这使人们认识到：企业需要一种能力，即易于根据市场需求的变化改变商品流量的能力。

继续保持那种使高层管理人员陷入日常经营、不去预测需求和适应市场变化的组织结构形式，显然是错误的。一个能够适应大生产的销售系统对于一家大公司来说，已经成为至关重要的问题。杜邦公司经过周密的分析，提出了一系列组织结构设置的原则，创造了一个多分部的组织结构。在执行委员会下，除了设立由副董事长领导的财力和咨询两个总部外，还按各产品种类设立分部，而不是采取通常的职能式组织如生产、销售、采购等。在各分部之下，则有会计、供应、生产、销售、运输等职能处。各分部是独立核算单位，分部经理可以独立自主地统管所属部分的采购、生产和销售。在这种形式的组织结构中，自治分部在不同的、明确划定的市场中，通过协调从供给者到消费者的流量，使生产和销售一体化，从而使生产和市场需求建立密切联系。这些以中层管理人员为首的分部，通过直线组织管理其职能活动。高层管理人员总部在大量财务和管理人员的帮助下，监督这些多功能的分部，用利润指标加以控制，使他们的产品流量与波动需求相适应。

由于多分部管理体制的基本原理是政策制定与行政管理分开，从而使公司的最高管理层摆脱了日常性经营事务，把精力集中在考虑全局性的战略发展问题上，研究与制定公司的各项政策。

新分权化的组织使杜邦公司很快成为一个极具效率的集团，所有单位构成了一个有机的整体，公司组织具有了很大的弹性，能适应需要的变化。这使杜邦公司得以在20世纪20年代建立起美国第一个人造丝工厂，以后又控制了赛璐珞生产的75%～100%，垄断了合成氨，而且在30年代后，杜邦公司还能以新的战略参加竞争，那就是致力于发展新产品，垄断新的化学产品生产。从30年代到60年代，被杜邦公司首先控制的，有着重要意义的化学工业新产品有：合成橡胶、尿素、乙烯、尼龙、塑料等，直到参与第一颗原子弹的制造，并迅速转向氢弹生产。

4. "三头马车式"的体制

杜邦公司的执行委员会和多分部的管理结构，是在不断对集权和分权进行调整的情况下去适应需要的。例如，60年代后期，公司发现各部门的经理过于独立，以致有些情况连执行委员会都不了解，因此又一次做了改革：一些高级副总经理同各工业部门和职能部门建立了联系，负责将部门的情况汇报给执行委员会，并协助各部门按执行委员会的政策和指令办事。

60年代以后，杜邦公司的组织结构又发生了一次重大的变更，这就是建立起了"三头马车式"的组织体制。新的组织体制是为了适应日益严峻的企业竞争需要而产生的。60年代初，杜邦公司接二连三地遇到了难题：过去许多产品的专利权纷纷期满，在市场上受到日益增多的竞争者的挑战：道氏化学、孟山都、美国人造丝、联合碳化物以及一些大石油化工公司相继成了它的劲敌，以至于1960年到1972年，在美国消费物价指数上升4%，批发物价指数上升25%的情况下，杜邦公司的平均价格却降低了24%，这使它在竞争中蒙受重大损失。再加上它掌握多年的通用汽车公司10亿多美元的股票被迫出售，美国橡胶公司被转到了洛克菲勒手下，公司又历来没有强大的金融后盾，真可谓四面楚歌，危机重重。

1962年，公司的第十一任总经理科普兰上任，他被称为危机时代的起跑者。公司新的经营战略是：运用独特的技术情报，选取最佳销路的商品，强力开拓国际市场；发展传统特长商品，开发新的产品品种，稳住国内势力范围，争取巨额利润。然而要转变局面决非朝夕之功，这是一场持久战。有了新的经营方针，还必须有相应的组织结构作为保证。除了不断完善和调整公司原设的组织结构外，1967年，科普兰把杜邦公司总经理一职史无前例地让给了非杜邦家族的人，公司财务委员会议议长也由别人担任，自己专任董事长一职，从而形成了一个"三头马车式"的体制。1971年，科普兰又出让了董事长的职务。

这一变革具有两方面的意义。一方面，杜邦公司是美国典型的家族公司，公司几乎有一条不成文的法律，即非杜邦家族的人不能担任最高管理职务。甚至实行同族通婚，以防止家族财产外溢。现在这些惯例被大刀阔斧地砍去，不能不说是一个重大的改革，虽然杜邦公司一直由家族力量控制，但是董事会中的家族成员比例越来越少。在庞大的管理等级系统中，如果不是专门受过训练的杜邦家族成员，同样没有发言权。另一方面，在当代，企业结构日益庞大，业务活动非常复杂，最高领导层工作十分繁重，环境的变化速度越来越快，管理所需的知识越来越高深，只有实行集体领导，才能做出满意的决策。在新的体制下，最高领导层分别设立了办公室和委员会，以作为管理大企业的"有效的富有伸缩性的管理工具"。科普兰说，"三头马车式"的集团体制是今后经营世界性大规模企业不得不采取的安全措施。

60年代后杜邦公司的几次成功，不能说与新体制无关。过去，杜邦公司是向联合碳化物公司购买乙炔生产合成橡胶等产品，现在，它自己开始廉价生产，使联合碳化物不得不关闭乙炔工厂。在许多化学公司挤入塑料行业竞争的情况下，杜邦公司另外找到了出路，向建筑和汽车等行业发展，使60年代每辆汽车消耗塑料比50年代增加三至六倍，70年代初，又生产了一种尼龙乙纤维，挤入了钢铁工业市场。

资料来源：中国财经新闻网，http：//www.prcfe.com/web/meyw/2009 – 09/09/content_556091.htm，2009年9月9日。

思考：

1. 杜邦的企业组织结构是如何演变的？
2. "三头马车式"的体制有哪些优劣之处？

第7章

供应链物流系统的重构

学习目标

1. 了解物流与商流分离的供应链物流系统重构。
2. 了解基于缓冲存货点移动的供应链物流系统重构。
3. 了解基于渠道扁平化的供应链物流系统重构。
4. 了解基于价值链分解和整合的重构。

引导案例

惠普的物流系统

在打印机行业竞争激烈的环境下，为了解决传统供应链中台式打印机的库存和服务危机，惠普公司采用标准组件法设计台式打印机，并根据欧洲和亚洲市场的客户需求进行设计。"本地化"组装，以产生不同风格的产品出售，惠普将产品个性化过程从生产车间推广到区域配送中心。

惠普公司设计出的供应网络（存货的储备地点以及服务、制造和分销中心的定位和结构）能提供两项功能：一是该供应网络能以符合成本效益的原则进行大规模生产，为执行产品差异化的分销中心供应基本产品，即生产延迟；二是该供应网络具备高度灵活的配送服务，能对个人顾客的订单做出迅速反应，快捷地提供个性化的成品，即物流延迟。惠普公司的"本土化"加工，是在地区分销中心完成的。例如，惠普的台式打印机不在其设于新加坡的生产工厂进行加工，而在设于德国斯图加特的欧洲分销中心进行，其设计的打印机连电源插头都要因国而异。这种重新设计的结果是：制造成本比在生产车间进行个性化加工时稍高，但总的制造、运输和存货成本降低了 25%。其设计理念是，将制造过程模块化、标准化，最后一个制造工序在接到顾客订单后才发生。既不是把市场需求抛在一边，制造完了再去推销，进行单一的推式生产，也不是坐在那里等订单，等订单来了才开始第一道工序，进行单一的拉式生产。

惠普公司极好地实施了完全延迟运作战略，运用大规模定制法，将大工业制造和小作坊量身定做的优点集于一身，把产品加工置于"本土化"分销中心，从而能以最大的效率进行运作，以最小的存货量快捷地完成顾客的订单，极大地增强了企业供应链的柔性，从而为惠普赢得了很大的竞争优势。

资料来源：韩董：《论全球化供应链管理的延迟运作战略的应用——基于惠普（HP）和戴尔（DELL）公司的成功案例》，载常州工学院学报 2006 年第 6 期，第 63 ~ 67 页。

■ 7.1　基于物流与商流分离的供应链物流系统重构

物流与商流是供应链管理的两个重要内容，它们的运动方式直接决定着企业供应链的运作模式和运作效率。然而，由于物流与商流之间存在着内在的相互依赖关系，在传统的供应链中，两者是统一的，这严重降低了供应链的有效性和响应性。目前，物流与商流分离原则已成为改造传统物流供应链系统的重要手段，也是许多企业实践中的热点。

7.1.1　传统分销供应链商流与物流分离的必要性

1. 商流和物流的区别

商流是指供应链主体之间不断转售的商品价值形态的转换过程，即从货币形态向商品形态、从商品形态向货币形态转化的过程。物流是供应链上下游企业之间的物流活动,伴随着物流的过程。① 物流和商流同时发生在供应链中,是相互依存、相辅相成的。但商流和物流之间有着明显的区别,主要体现在以下两点。

(1)管理内容和目标不同。商流是一种价值运动,其管理目标是从节约社会劳动力、降低流通成本、加快资金周转入手,以顺利加速商品价值形态的更替;物流是使用价值的物质运动,其管理目的是缩短商品的运输时间、路线,减少商品在流通领域的停留时间,降低储运成本,顺利转移商品实体。

(2)不同的运动方法。商流是必须经过一定供应链环节的业务活动,它反映了不同供应链主体之间的利益关系;物流不受供应链环节的限制,它反映了如何根据运输条件储存材料,或者说以最快的速度、最短的距离以及最小的成本将物品送到消费者或客户手中,所以物流可以依赖于商流,但也可以从商流中分离出来,根据自身的规律独立运行。

2. 商流和物流统一带来的问题

在传统的分销供应链中,物流往往依赖于商流,二者在经营权、所有权和运行路径上是统一的,这就导致了以下问题。

(1)管理精力分散。各地区的销售分公司不仅要管理物流(接收和处理订单),还要负责物流(货物的储存和配送)。销售人员从事多种任务,并且在客户管理和市场调查方面负担过重。

(2)牛鞭效应②。牛鞭效应是物流与企业管理权整合所产生的另一个问题。销售分公司和零售商维持库存,他们更注重商流过程(客户订单履行)而忽略了物流运营成本,他们倾向于扩大销售预测和增加库存订单,这就导致零部件供应商的产量增加,形成牛鞭效应,如图7-1所示。

(3)资源浪费。这个问题是物流所有权与商流统一的体现。每个销售分公司都有运输车队和仓库来服务销售流程,但往往由于其业务量小,车队和仓库利用率不高。

---

① 胡奇英:《供应链管理与商业模式分析与设计》,清华大学出版社2016年版,第84页。

② 赵晓波、黄四民:《库存管理》,清华大学出版社2008年版,第225页。

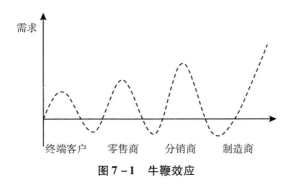

图 7 - 1　牛鞭效应

（4）隐藏的物流成本。当物流和商流的运行路径统一时，零售商向销售分公司下订单，销售分公司将订单传递给总公司。总公司把货物送到销售分公司，然后分公司把货物交给零售商。但是，如果将物流业务与石油公司的仓库分开，不仅可以节省运输成本，而且可以更快地响应客户的需求。

因此，上述问题的存在使得传统分销供应链物流与商流的分离成为必然。

7.1.2　商流与物流分离的形式和实现方法

商流与物流分离是指商流与物流在管理权、所有权、时间、空间、规模上的分离，即在供应链中物流不再完全依附于商流，而是以满足商流的需求为前提，按其独有规律管理和运行。

1. 物流与商流分离的形式

（1）物流与商流运动路径的分离。商品的所有权多次易手，但产品实体可能从最初的售卖者直接送达最终的购买者，即商流是曲线迂回的进行，但物流则是直达供货。

（2）物流与商流管理权分离。销售订单（商流）由各分销公司负责，但货物库存、运输和配送等物流活动，则由总公司配送中心或物流中心统一负责调配。

（3）物流与商流、经营权分离。商流与物流计划由总公司或销售分公司控制和协调，物流的具体运作外包给第三方物流公司进行。

（4）物流与商流运行时间与规模分离。该分离形式包括两种，商流在前、物流在后和物流在前、商流在后。商流在前、物流在后，是指当商流到达时，企业并不立即进行运输和配送，而是当订单量达到一定物流规模时候才进行物流活动。物流在前、商流在后，是指企业进行促销前所预备的现场库存。

2. 物流与商流分离的实现办法

（1）物流中心。建设物流中心是实现物流与商流分离的主要手段。[1] 具体做法是将物流活动与分公司分开，取消分公司，在仓库总部建立统一的物流中心，对物流活动进行管理。无论商流的过程如何，货物都是从物流中心直接交付给客户的。

（2）管理职能整合。这种物流与商流的分离，意味着总公司将分散在各分公司的物流管理职能进行整合，形成统一的管理组织。机构从全局出发，对供应链物流实施统一、系统的领导。供应链物流管理职能分为直线职能和参谋职能。直线职能包括库存管理、仓库管理、运输配送等物流管理活动；参谋职能包括订单处理、生产计划、运输配送计划、需求预测等商流管理活动。按照综合管理职能，供应链物流管理机构有以下三种组织模式。

①第一种模式：直线型管理机构。在这种模式下，供应链物流管理机构负责所有的直线职能，但参谋的职能，如订单处理或需求预测仍然分散在每个分支机构。这种模式使分行能够集中精力进行市场开发和客户服务，减少资源浪费和物流成本，但很难消除牛鞭效应。

②第二种模式：参谋型管理机构。该模型将各分公司的员工职能抽出，组成一个供应链物流管理组织，进行整体供应链计划订单处理和需求预测，但仓储、运输等基本物流活动仍留在各分公司，管理组织主要发挥供应链的协调功能。如果零售商也将预测和补货计划交给物流管理组织，那么就形成了分销渠道的供应商管理库存 VMI。[2]

③第三种模式：一体化管理组织。在这种模式下，分公司不再具有物流职能和人员，分公司原有的物流人员调整为物流管理组织。管理机构实现两级管理，即物流总部和区域物流中心。客户订单、计划等员工职能由物流总

---

① 平海：《物流系统设计与分析》，清华大学出版社 2010 年版，第 147 页。
② 蔡建湖、胡晓青、张玉洁：《VMI 环境下的供应链管理》，经济科学出版社 2019 年版，第 63 页。

部统一管理,根据区域覆盖范围向区域物流中心下达指令;区域物流中心承担仓储、运输、配送等直线功能。

以上三种物流管理机构都能有效地实现物流与商流的分离,但实施的策略不同。第一种模式是通过分散的商流和集中的物流来实现分离;第二种模式是集中的商流和分散的物流来实现分离;第三种模式是物流和商流都是集中的,但通过两级管理模式分开管理。

(3)第三方物流。当物流不构成企业的核心竞争力时,企业也可以将物流活动外包到第三方物流,从而实现物流与商流的分离。总公司或分公司负责订单处理等业务活动,第三方物流负责供应链中的具体物流操作,如仓储、运输和配送。无论商流经过多少个环节,货物都是由第三方物流按照总公司或分公司指定的交货计划直接交付给客户,如图7-2所示。

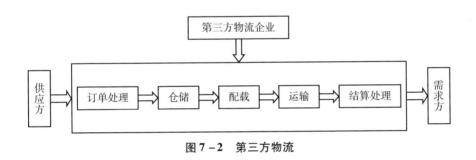

图 7-2 第三方物流

需要指出的是,以上三种方法既可以单独应用,也可以相互结合。

7.2 基于缓冲存货点移动的供应链物流系统重构

7.2.1 缓冲库存点概述

1. 缓冲库存点的定义

缓冲库存点是指在产品结构或分销网络中设置的库存点,以在流程或实体之间产生独立性,这是美国生产和库存控制协会对缓冲库存点的定义。缓冲库存点的选择是决定客户提前期和库存投资的战略决策。①

2. 缓冲库存点上下游的活动性质

在供应链物流系统中，缓冲库位于"半成品库存"中。在缓冲库存点上游，公司根据市场预测制定采购计划和零部件制造计划，采购和零部件制造按计划进行，生产后存储在在制品仓库中。在缓冲点下游，则根据实际客户订单进行成品组装和配送。

因此，在物流系统中，缓冲点也成为客户订单渗透的切入点。在缓冲库存点（订单渗透点）上游，所有物流活动都是由预测驱动的，并按照计划进行采购、仓储、制造成品或半成品，这些成品或半成品可能需要在后续市场中满足"预期"市场需求。在缓冲库存点（订单渗透点）下游，所有物流活动（包括装配、运输、配送等）均由实际客户订单驱动，即安排活动以满足明确的客户订单。

缓冲存货点上下游的业务活动性质如表7-1所示。

表7-1　　　　　　　　缓冲存货点上下游活动性质的对比

业务性质	缓冲存货点上游	缓冲存货点下游
业务活动进行原则	精细化——执行计划	敏捷化——满足订单
活动进程	由预测驱动	由实际需求驱动
订单波动程度	小	大
活动的业务量	大	小（对于每份订单）
业务水平	通用化模块	顾客定制
业务主要目标	降低成本	满足不同订单

3. 缓冲库存点的位置

对于不同的供应链物流运作类型，缓冲库存点处在不同的位置，如图7-3所示。

---

① David Simchi - Levi、Philip Kaminsky 著，季建华等译：《供应链设计与管理》，中国人民大学出版社2010年版，第48页。

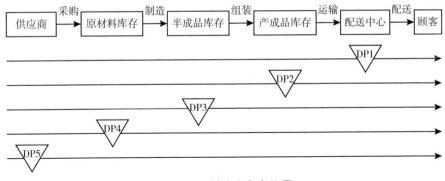

图 7 - 3　缓冲库存点位置

（1）缓冲库存点 1（DP1）：当缓冲库存点位于市场仓库或配送中心，企业属于按存货送货类型（ship to stock，STS），即在对市场需要量进行预测的基础上有计划地进行生产。产成品生产完毕后送到市场仓库或配送中心作为存货进行储存，等待顾客订单到来再进行配送。

（2）缓冲库存点 2（DP2）：缓冲库存点位于工厂仓库，企业属于按存货生产类型（make to stock，MTS），即在对市场需要量进行预测的基础上，引导消费，有计划地进行半成品生产，成品集中存放于工厂。当顾客订单到达时，再运输或配送到市场。

（3）缓冲库存点 3（DP3）：缓冲库存点位于半成品仓库，企业属于按订单组装的生产类型（assemble to order，ATO），即按照预测预先生产出在制品或半成品，仓库中没有产成品。当顾客订单到达后再进行产成品组装并运送到顾客。

（4）缓冲库存点 4（DP4）：缓冲库存点位于原材料仓库或零部件仓库，企业属于按订单生产类型（make to order，MTO）。企业只预先保存原材料和零部件存货，当顾客订单到来后，再生产出半成品和组装半成品。

（5）缓冲库存点 5（DP5）：缓冲库存点位于供应商仓库，企业属于按订单设计运作类型（engineer to order，ETO）。收到订单后，企业才开始产品设计，产品设计要征得客户同意后再订购元件和材料。

7.2.2 延迟策略

1. 延迟策略的产生原因

不同类型的供应链物流运作有不同的缓冲库存位置。反之，当缓冲库存点在供应链物流系统中的位置不同时，也会形成不同类型的供应链物流系统。在此基础上，我们可以尝试改变缓冲库存点的位置，即当缓冲库存点沿着供应链向上或向下移动时，可以建立一个供应链物流系统的程序控制器，从而得到具有不同运行特性的供应链。当然，缓冲库存点是否向上或向下移动，取决于公司供应链物流系统战略对供应链物流系统的要求，即物流系统反过来又支持供应链物流战略。一般来说，当缓冲库存点距离供应链上游较近时，供应链物流系统中的库存较小，供应链物流系统满足客户个性化需求的能力较高，这意味着供应链物流系统的灵活性变得更强、更大，对市场更敏感。然而，供应链物流系统对顾客需求的反应时间也较长，失去市场机会的可能性也较大。当缓冲库存点靠近供应链下游时，供应链对客户需求的供应时间会更短，而当缓冲库存点位于配送中心时，供应链物流系统甚至可以用现货来满足客户的需求，但供应链物流系统中的库存量越大，对客户个性化需求的响应能力也相对较差。为了满足大规模客户定制生产的要求，延迟策略应运而生。

2. 延迟策略的定义及形式

延迟策略是指在接到客户订单后再进行产品的最终制造和交付，以降低预测风险。

它包括两种策略[①]：（1）生产延迟策略。最基本的原则是准时化，即在获得顾客的确切需求和购买意向前，不要过早准备或采购零部件，而是要严格按照订单在适当的时间生产出数量和质量都合适的产品；（2）物流延迟策略。指地理延迟。物流网络中的几个主要中心仓库根据预测结果存储必要的物品，在收到客户订单后，物流流程从中心仓库开始，并将物品交付到客户所在地的仓库或直接运送给客户。

---

① 熊恒庆、施和平：《延迟策略：对付不确定性风险的利器》，载《商业研究》2011 年第648 期。

由于客户的定制以及不同的国家和地区对产品有不同的要求，比如每个国家对电源和说明书语言都有自己的要求，那么准确预测所有产品的需求是不可能的。但是，很多产品都有广义零部件和差异化零部件之分，通过设计产品和生产工艺，可以将再制造时间和制造过程从广义零件和差异化零件中分离出来，即先生产和储存广义零件，后根据客户要求或不同市场需求生产差异化零件，再与广义零件一起形成各种半成品，这样就可以更大程度地满足客户的差异化需求。其中，广义零件的存储点是广义零件转化为差异化产品的点，即产品差异点，或者库存缓冲点。当然，根据产品差异化或延迟的程度，不同的产品差异可能出现在供应链的上游或下游阶段。前者称为早期延迟，后者称为晚期延迟。换言之，产品差异点或缓冲库存点可以设置在制造工厂、区域分销中心、分销渠道甚至客户处。

延迟策略将供应链中产品的生产过程分为两个阶段：不变和可变。最大化不变的通用生产过程，生产通用标准件，当接到客户的订单时，企业成为最快完成产品差异化过程和交付过程的企业，以不变应万变，从而缩短产品的交货期，降低供应链运作的不确定性，有效提高供应链的竞争优势。但并不是所有的产品生产过程都可以采用延迟策略。

3. 实施延迟策略的条件

（1）产品可模块化生产。产品在设计时可分解为几个较大的模块，这几个模块经过组合或加工，能够形成多样化的最终产品，这就是延迟策略实施的重要前提。

（2）零部件可标准化、通用化。产品可模块化只是一个先决条件，更重要的是零部件具有标准化与通用化的特性，这样才能彻底从时间与空间上将产品的生产过程分解为通用化阶段与差异化阶段，并保证最终产品的完整。

（3）经济上有可行性。实施延迟策略一般会增加产品的制造成本，除非它的收益大于成本，否则延迟策略没有必要执行。如果最终产品的制造在重量、体积和品种上的变化很大，推迟最终的产品加工成型工作能节省大量的运输成本和减少库存成本，并简化管理工作，那么延迟策略的实施便会带来巨大的经济利益。

（4）适当的存货提前期①。通常来说，过短的提前期不利于延迟策略的实施，因为它要求给最终的生产与加工过程留有一定的时间余地，过长的提前期无须延迟策略。

7.3　基于渠道扁平化的供应链物流系统重构

7.3.1　渠道扁平化的背景

在传统供应链物流系统的销售物流环节中，销售渠道通常包括多个层次，如一级经销商、二级经销商……零售商，或者全国总代理、省级代理商、市级代理商、县级代理商、零售商。这种多层次的销售渠道在供应链形成之初，对产品顺利、快速地进入市场起到了非常重要的作用。②但随着终端市场的成熟和产品价格的逐步下调，多层次渠道的弊端逐渐显现，比如交易成本高、客户信息传递慢、库存成本高、形成牛鞭效应等，最终导致企业利润微薄。为了压缩供应链中的各个环节、降低流通成本、提高运营效率、尽可能接近用户、了解用户需求，近年来，在供应链物流系统重构中，销售渠道扁平化已成为一种普遍现象。

7.3.2　渠道扁平化的基本形式

渠道销售扁平化有两种基本形式。

1. 从制造商到消费者的水平压缩

从最初的层层代理商到厂家和零售商之间的直接交易，这种扁平化形式在汽车行业早已形成，其渠道模式基本上是汽车厂商、物流公司、4S 店；而其他行业，如信息技术行业，也开始采用这种扁平化的形式。以手机为例，几年前，销售渠道基本上包括国家级代理商、省级代理商、市级代理

---

① Euclides A. Coimbra 著，郑玉彬、宋殿辉等译：《物流与供应链改善》，机械工业出版社 2016 年版，第 14 页。

② 刘章勇、王翅：《渠道管理》，北京理工大学出版社 2018 年版，第 15 页。

商、县级代理商等，但近年来渠道层次逐渐降低，许多手机制造商采用类似汽车销售的模式，直接向专卖店供货。这种扁平化方法如图 7-4 所示。

图 7-4 扁平化渠道的转变

2. 改变终端销售模式

如图 7-5 所示，企业还可以通过改变终端销售模式进行渠道扁平化，例如通过电话营销、B2B 和 B2C 电子商务、面对面直销等直销方式销售产品。

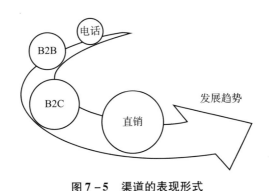

图 7-5 渠道的表现形式

7.3.3 渠道扁平化的好处

供应链核心企业（制造商）通过扁平化供应链物流系统的好处主要有以下两点。

1. 获得价格优势

因为层级越高，各级销售商都希望从中获利，再加上自身的运营成本，最终消费者购买的产品价格就会越高。在渠道扁平化之后，产品将具有价格优势。

2. 更接近市场客户

扁平化之后，企业可以更接近市场客户。消费者的需求、实际的产品评价和反应可以迅速反馈给公司，销售部门也可以迅速了解消费者对产品、服务态度和市场的看法。同时，也可以更好地感受到竞争和需求的变化。

7.3.4　渠道扁平化的压力

在传统的多级渠道供应链物流系统中，销售渠道扮演着重要的角色，主要承担着五大功能，如图7-6所示。第一是营销，帮助核心企业进行营销，建立客户关系。第二是物流，储存和运输企业产品给下级代理商或客户。第三是销售，向客户销售公司产品。第四是服务，帮助公司进行售后服务或客户关系维护。第五是融资。融资有两个主要功能，一是替代企业在库存分配中的下级渠道；二是帮助企业收回应收账款。因此，传统的多层次渠道有其独特的优势。当供应链扁平化时，原本由分销渠道承担的职能转变成企业自身的责任，企业会面临更大的资源压力和管理压力，主要体现在以下几点。

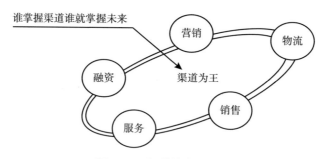

图7-6　渠道的主要功能

1. 市场覆盖问题

扁平化之后，网络中的合作伙伴数量将被压缩，这对公司覆盖市场的能力提出了新的挑战。在销售渠道水平有限的情况下，如何快速把握市场，尤其是关系营销市场，是企业要重点考虑的问题。例如，戴尔是一个典型的扁平供应链，它没有渠道，客户直接通过在线订单购买戴尔产品，戴尔直接面对客户，具有价格优势，能够更快地获取客户信息，了解客户变化。但其对客户的把握并不一定更好，因为在一个非市场行为比较多的市场，很多都依赖关系营销，而戴尔扁平的供应链很难应对。不过与戴尔不同的是，联想是一个多层次的销售渠道。其经销商已延伸至县乡两级，至少有三级渠道。联想在销售渠道上有很多合作伙伴，拥有丰富的社交网络和关系网络，更容易实现大规模销售。

2. 财政压力

在多层次的分销渠道中，分销商帮助企业解决库存和销售资金回收等重大财务问题。公司在向经销商销售产品时，回收了销售产品的价值，增加了自身的流动性，不再需要承担这部分产品的库存成本，中间渠道的存在在一定程度上缓解了厂商的资金压力，降低了制造商的运营风险。扁平化后，虽然渠道平坦，终端销售渠道更顺畅，但投入也更大，风险也更大。

3. 物流压力

没有分销商，企业只能直接将产品运往终端市场或零售商，这对企业的物流配送能力是一个很大的考验。

4. 企业内部管理能力的要求

渠道扁平化之前，一个企业可能只需要管理几十个或者上百个分销商，但是扁平化之后，企业必须亲自管理更多的终端零售市场，管理范围不断扩大，管理难度也在增加，对终端市场的控制会消耗更多的资源。

正是由于上述压力，核心企业要想实现扁平化，就必须投入更多的资源，努力完善市场，拓展物流、账户回收、零售商控制等管理能力。因此，并不是每个公司的供应链都可以扁平化。

7.3.5 分销商角色的转变

供应链扁平化后，销售渠道水平将大大压缩。渠道的最初分销商怎么办呢？事实上，如果这个问题处理不好，不仅分销商将面临生死存亡的考验，作为供应链核心企业的制造企业也很难顺利完成供应链的扁平化，因为扁平化关系到最初分销商的生存问题，他们可能会抵制扁平化。

从目前国内外企业的实践来看，在扁平化的过程中，分销商的角色可以通过两种方式改变。[1] 一是转型为第三方物流公司，负责将厂家产品从生产线直接配送到下游连锁零售企业；二是预留下游代理商，直接进入零售行

---

[1] Sunil Chopra、Peter Meindl 著，陈荣秋译：《供应链管理》，中国人民大学出版社 2010 年版，第 76～85 页。

业，形成超级连锁零售商。

目前，第一种角色转换比较普遍。在美国，分销商已经退化为专门从事仓储和运输的物流公司。自美国零售市场一体化以来，整个零售市场被不超过十家全国性零售连锁巨头垄断。这样，核心企业只须与这些连锁店协商统一条款，然后根据需要使用，物流公司负责把货物送到连锁店。在这个供应链物流系统中，没有必要存在分销商。我国许多 IT 产品分销商也开始转型为供应链销售和物流平台，分担相当一部分 IT 厂商的物流管理责任。他们大多有自己的一套完整的物流体系，但除此之外，他们还与制造商直接交易，承担库存和减持的风险，赚取分销利润。例如，数码中国集团作为中国最大的 IT 分销商，其制胜法宝之一就是完善的物流体系。公司建立了以北京、上海、广州三个国家级配送中心、九个区域性配送中心、多个二级和城市配送中心为中心的物流体系，在国内拥有先进的 15 个立体仓库、每天配送到 300 多个城市的 1000 多家代理商，从竞争力的角度来看，物流本身就是数码中国取胜的关键因素之一。同时，一些 IT 厂商和核心企业也在积极将分销商转型为物流平台，尽可能地保护分销商的利益，消除分销商的阻力，从而顺利完成扁平化。例如，实达电脑从 2003 年起就将其分销商转变为物流平台。

■ 7.4 基于价值链分解与整合的供应链物流系统重构

7.4.1 价值链概述

1. 价值链的概念

价值链的概念最早是由迈克尔·波特在《竞争优势》一书中提出的，波特认为，企业的每一项生产经营活动都是创造价值的经济活动，企业所有不同但相互关联的生产经营活动，包括研发、设计、试制原材料和设备采购、产品生产、运输、仓储、营销服务等，形成了完整的价值创造链网络结构。例如，汽车产业的价值链不仅包括汽车零部件的生产，还包括整车的生产，以及租车、新车和旧车销售、购车、信用保险、汽车维修和服务等一系列价值活动。

价值链理论认为，在价值链的增值过程中，没有任何价值活动是维持公司在行业领先地位的唯一责任。企业要获得竞争优势，需要对价值链的增值环节进行分析，从价值链的各个环节寻找自身竞争优势的来源，从而实现成本领先、产品差异化或目标聚集的竞争战略。价值链管理的本质是改善整个供应链的行为，通过一个系统的标准方法来检查每一个环节，看看如何使整个价值链的速度、确定性和成本效益最大化。价值链管理的基本问题是：如何创造价值？如果改进后的收益降低了最终客户的成本，它会增加价值百分比吗？

2. 价值链和供应链的关系

供应链和价值链是从供应商到客户价值实现的一系列增值活动和相应的过程，这些活动和过程构成了一个完整的增值链。这个链条的核心功能是实现产品或服务的持续增值，这意味着供应链和价值链是同一个增值链，只不过是这种增值链的两种不同表现形式。增值链的特点是，它的每个节点，包括供应商、制造商、分销商和客户，都是上游供应商和下游客户，链中的每一个环节都是通过合作创造价值、实现多赢。其中，顾客价值的增加是实现供应链和价值链功能的前提和基础。考虑到供应链的动态性，可以将供应链划分为由企业和客户组成的多个连续的环节，每一个环节价值的不断提升，是更有力地支撑供应链持续发展的源泉。从这个意义上说，供应链体现为价值链的物质载体，价值链体现为供应链的价值表现。价值链决定了供应链，而供应链服务和服从价值链。供应链、价值链和产业链的关系如图 7 - 7 所示。

3. 价值链的分解和整合

随着技术的不断进步，产品加工程度提高、市场范围扩大、社会分工更加精细，这些使得价值链的增值环节越来越多，结构也越来越复杂。一个产品从开发、生产到销售、运输的价值链过程很少能由一个公司来完成，除非公司有非常充足的资金和非常全面的能力，所以价值链开始分解，一些新的

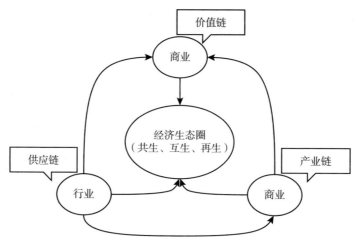

图 7 – 7 价值链、供应链与产业链

公司加入价值链，在一定的环节中形成了新的价值优势，例如该环节技术成熟精湛、成本较低。这些公司的进入使一些大而全、小而全的企业在竞争中处于劣势，迫使他们放弃某些增值环节，从自身的比较优势出发，选择一定的环节来培育和提升自己的竞争力，即核心竞争力，从而重新确立自己的主导地位。这种情况在技术密集型行业更为明显，如电子、电信、计算机、制药、汽车和航空行业。

价值链的不断分解，在市场上形成了许多具有一定比较优势的独立增值环节。这些原本属于某一价值链的环节一旦独立，就可能不仅对应于某一特定的价值链，也有可能加入到其他相关的价值链中，所以就有了一种新的市场机会——价值链整合，即可以设计一个新的价值链，通过市场选择最后一个环节来连接它们，创造新的价值。在产能相对过剩、市场竞争激烈的情况下，这种整合的机会就越多。例如在家用电脑市场，尽管竞争激烈，但仍有新电脑出现。他们根据客户的需求选择英特尔芯片、台湾主板、韩国显示器和中国硬盘，然后组装。这种方式更贴近市场并且迎合消费者需求，因此可以获得新的增值效益。

从以上分析可以看出，价值链的分解与整合已经成为一种经营策略。在一个完整的价值链中，几家甚至多家公司都选择了能够发挥最大比较优势的环节，它们之间相互合作，共同完成价值链的全过程，从而最大限度地降低最终产品的成本，实现更高的增值效益。企业经营的核心是以最小的投资获得最大的效益，价值链的分解和整合策略可以保证企业获得最大的投入产出比。

因此，企业要想获得竞争优势，可以根据市场需求重新分析价值链的增值过程，重新分解或整合价值链的各个环节，构建新的增值过程，为客户提供更高的价值。[①] 这种新的增值过程既是一个新的价值链，也是一个新的供应链。因此，价值链的分解与整合是供应链赢得竞争的重要手段，可以使供应链具有更快的响应速度和更低的成本。可以说，价值链的分解与整合是供应链物流系统评价的基本前提，也是供应链物流系统重构的重要方法和标准。随着经济全球化的发展，国家和地区之间经济联系的障碍趋于弱化。企业可以更方便地在全球范围内组织研发，寻找合作伙伴，调整生产和市场布局。这种布局空间的拓展，为企业实现价值链的分解与整合提供了良好的条件。

7.4.2　价值链分解与整合策略的类型

1. 非核心环节外包的价值链分解

将非核心优势的价值链环节外包是企业价值链分解的常用方法。该方法是指企业从功能与成本的比较中研究自身在哪些环节上具有比较优势，或有可能建立起竞争优势，集中力量培育并发展这种优势，而将某些不具有优势的或非核心的价值链环节分离出来，外包给具有更低成本和更高质量的专业化企业。在这样构成的供应链中，企业能够集中精力于核心竞争力的成长，同时利用外包合作伙伴的能力，使得供应链成本更低、运行效率更高。例如，全球汽车制造商通用、福特在竞争基础改变的情况下进行了业务的分拆，通用将它的零部件生产商剥离出去，成立了一个新的公司——德尔福。而福特成立了伟世通，抛掉自己的汽车零部件生产，实施全球采购。德国大众汽车公司为了降低价格而不影响质量和利润，选择将成本降低的压力渗透到每一个环节，如将原来不太理想的各零部件供应商的采购环节、运输物流环节从公司中分离出去，以降低企业投资成本、减少经营风险、提高劳动生产率，使得企业可以更专注于研发和生产等核心业务。

---

① 周永亮：《价值链重构：突破企业成长的关口》，机械工业出版社 2016 年版，第 98 ~ 104 页。

2. 整合优势环节构筑新的价值链

如前所述，在产能相对过剩的情况下，市场上会有很多具有一定优势的独立增值环节。对于企业来说，这些都是可以利用的社会资源，将这些零散的增值环节与企业设计的价值链有机地联系起来即可构筑新的价值链。

例如，香港利丰公司发现，在服装形成过程的各个方面，都存在生产成本低、产品质量高的制造企业。因此，香港利丰公司将服装生产过程分解为多个独立的环节，包括棉花生产、纺纱、织造、染色服装生产，并在各个环节寻找具有成本优势和质量优势的制造商，将其整合为一个新的增值供应链。这种供应链使利丰能够为客户提供在质量、价格、交货速度和个性化方面具有强大竞争优势的服装。

3. 变线性价值链为价值网络

由于传统供应链的诸多缺陷，企业开始将其分解，以客户为导向，通过灵活敏捷的集成协作，形成新的价值网络，为客户提供快速、可靠的服务，完整的解决方案和个性化的增值服务，以实现利润最大化并获得可持续的竞争优势。因此，通过对传统的线性价值链进行分解，构建价值网络是供应链重构的一种比较前沿的策略。图7-8展示了医药行业的价值链分解与外包网络。

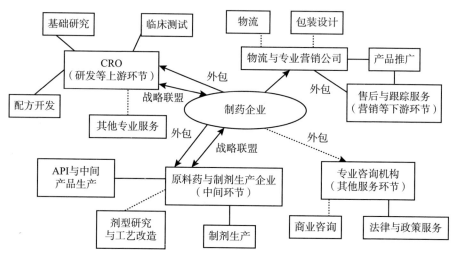

图7-8　医药行业的价值链分解与外包网络

最后需要指出的是，无论采用何种策略，供应链物流系统都是重构的，重构的结果必须有利于降低供应链物流成本或提高客户服务水平。此外，重构后的供应链物流系统成功地改变了原来供应链物流系统的层次结构，但是在这种新的层次结构下，物流节点的数量、物理空间的位置和物料的存储、各物流节点到客户的运输路线尚未完全确定。那么，重构后的供应链物流系统如何决定物流节点和运输路线的布局，新的物流系统与原有的物流系统相比，是否提高了成本和服务水平，这就需要建立相应的数学模型进行计算才能揭示。

本 章 小 结

一般来说，企业供应链物流系统是由点和线组成的。点是指物流节点，如供应商、原材料仓库、成品仓库、配送中心、工厂、分销商、零售商等；线路是指节点之间的一些运输路线。点对点的信息沟通、货物运输和资金交换活动构成了供应链物流系统中的商流、物流、信息流和资金流，点的数量、容量、位置、分布以及点之间的相互关系决定了这四个流的流向、流量和规模，进而影响整个供应链物流系统的效率和速度。供应链物流系统的重构就是改变供应链物流系统中的点和线，调整四流的流向和运动，以提高供应链物流系统的协调性，缩短对客户的响应时间，降低物流成本，最终支撑公司的物流战略和物流运作模式。

供应链物流系统重构方法有多种，本章主要介绍了四种：（1）基于物流和商流分离的重构；（2）基于缓冲存货点移动的重构；（3）扁平化重构；（4）基于价值链分解和整合的重构。

本章重要术语

物流系统重构　物流与商流　缓冲存货点　扁平化　价值链分解和整合

延 伸 阅 读

1. 胡奇英：《供应链管理与商业模式分析与设计》，清华大学出版社2016 年版。

2. 赵晓波、黄四民：《库存管理》，清华大学出版社 2008 年版。

3. 平海：《物流系统设计与分析》，清华大学出版社 2010 年版。

4. 蔡建湖、胡晓青、张玉洁等：《VMI 环境下的供应链管理》，经济科学出版社 2019 年版。

5. David Simchi – Levi、Philip Kaminsky 著，季建华等译：《供应链设计与管理》，中国人民大学出版社 2010 年版。

6. 熊恒庆、施和平：《延迟策略：对付不确定性风险的利器》，载《商业研究》2011 年第 648 期。

7. Euclides A. Coimbra：《物流与供应链改善》，机械工业出版社 2016 年版。

8. 刘章勇、王翅：《渠道管理》，北京理工大学出版社 2018 年版。

9. Sunil Chopra、Peter Meindl 著，陈荣秋译：《供应链管理》，中国人民大学出版社 2010 年版。

10. 周永亮：《价值链重构：突破企业成长的关口》，机械工业出版社 2016 年版。

复习与思考

一、简答题

1. 简述物流与商流分离的主要方法。

2. 探讨价值链分解与整合策略的类型。

3. 简要说明延迟策略的应用条件。

二、案例分析题

戴尔计算机公司于 1984 年由现任总裁兼首席执行官 Michael Dell 创立，他同时也是目前在计算机界任期最久的首席执行官。他的简单经营理念创造出戴尔企业独树一格的利基：依照不同需求，为客户量身定制计算机。与客户直接的沟通使戴尔更有效且明确地了解客户的需求，并迅速与客户的需求互动。这种革命性的业务模式，使戴尔成为目前全球领先的计算机系统直销商，同时也是电子商务基础建设的主要领导厂商。戴尔更是企业用户、政府部门、教育机构和消费者市场排名第一的个人计算机供货商。

戴尔在笔记型计算机以至工作站的个人计算机系统研发，从设计、开发、生产、销售、维修和支持等环节上，皆提供专业的服务。值得一提的是，每一套系统都是根据客户的个别要求而量身订制的。

戴尔透过首创的"直销模式"，直接与大型跨国企业、政府部门、教育机构、中小型企业以及个人消费者建立合作关系。同时，戴尔也是第一家为客户提供免费直拨电话技术支持，并可在隔天到门服务的计算机供货商。这些服务形式现在已成为业界争相模仿的模板。通过累积每日与无数客户的直接接触经验，戴尔在第一时间精准掌握了客户所需。戴尔为客户提供各项安装支持和系统管理，并且指导客户解决在技术转换方面的相关问题。透过Dell Ware计划，戴尔设计多项产品及服务，搭配多元化的计算机周边硬体和计算机软件等系列产品，为客户提供量身定做的解决方案。

作为高度定制化生产的供应链管理典范的公司，戴尔公司与M3公司合作时间长达五年多，涉及领域有现场改善、生产效率、供应链管理、人才培训等。以下是对戴尔的高度定制化供应链中三个典型改善模式的介绍。

一、在定制化模式下实现"零库存"的VMI供应链

"整个供应链最关键的地方在于对生产和制造过程的控制，包括物流。"戴尔供应链高度集成，上游或下游联系紧密，成为捆绑的联合体。不同于IBM（注意力横跨整个设计、制造、分销和市场的全过程），戴尔在装配和市场上做足了功夫。

IT行业有它的特殊性，"电脑配件放在仓库里一个月，价格就要下降1到2个百分点"。如果没有一个很好的供应链管理和生产控制，电脑的利润只会更低。戴尔的营运方式是直销，在业界号称"零库存高周转"。在直销模式下，公司接到订货单后将电脑部件组装成整机，而不是像很多企业那样，根据对市场预测制订生产计划，批量制造成品。真正按顾客需求定制生产需要在极短的时间内完成，速度和精度是考验戴尔的两大难题。

戴尔的做法是利用信息技术全面管理生产过程。通过互联网，戴尔公司和其上游配件制造商能迅速对客户订单做出反应：当订单传至戴尔的控制中心，控制中心把订单分解为子任务，并通过网络分派给各独立配件制造商进行排产。各制造商按戴尔的电子订单进行生产组装，并按戴尔控制中心的时

间表来供货。戴尔所需要做的只是在成品车间完成组装和系统测试，剩下的就是客户服务中心的事情了。"经过优化后，戴尔供应链每 20 秒钟汇集一次订单。"

通过各种途径获得的订单被汇总后，供应链系统软件会自动地分析出所需原材料，同时比较公司现有库存和供应商库存，创建一个供应商材料清单。而戴尔的供应商仅需要 90 分钟的时间用来准备所需要的原材料并将它们运送到戴尔的工厂，戴尔再花 30 分钟时间卸载货物，并严格按照制造订单的要求将原材料放到组装线上。由于戴尔仅需要准备手头订单所需要的原材料，因此工厂的库存时间仅有 7 个小时。这一切依托于戴尔的雄厚技术基础——装配线由计算机控制，条形码使工厂可以跟踪每一个部件和产品。在戴尔内部，信息流通过自己开发的信息系统和企业的运营过程及资金流同步，信息极为通畅。精密的直接结果是用户的体验，一位戴尔员工说："我们跟用户说的不是'机器可能周二或者周三到你们那里'，我们说的是'周二上午 9 点到'。"

戴尔公司的供应商经过严格的挑选，根据戴尔的订单需求提前预测将物料存放在 HUB 仓的地方，HUB 存放物料有零配件、包装材料等，所有供应商采取"补货"方式进行生产并调拨物料到 HUB 仓，戴尔公司根据订单情况每间隔 2 小时向 HUB 仓发出备料指令，供应商在 1~1.5 小时内将物料送到戴尔工厂的收货码头，戴尔收货并使用后才算真正意义上的"采购物料"，真正实现了零库存。

二、供应链价值流分析、精准计划、缩短物料配送时间

戴尔公司作为供应链管理的典范、业界供应链快速反应的标杆，其信息化集成程度相当高，从客户下订单到产品出库可以实现 20 小时内完成备料、生产出货。这对于其他公司来说是不可能的事，但是戴尔却做到了，不仅如此，自从戴尔与 M3 公司合作后，坚持消除等待浪费的理念，精益求精，在业界看来已经很好的基础上充分挖掘改善空间，努力将原来生产在制时间的 8 小时缩短到 5.5 小时。

三、实现物流管理智能化（WMS 系统），减少物料在库、在制时间，降低资金成本

在工厂收货码头从 HUB 仓收到物料后，直到打印生产订单、配料上线

前，这一段时间内的物料管理是出现"管理真空"的，如何将上线前的这些管理起来，减少期间的在制物料，减少呆滞料等是戴尔公司需要注意的问题。M3 与戴尔公司经过前期详细调研，规划物流区域布局、物流线路，以及梳理这一区域的出入种类并设置信息反馈看板，用信息化系统 WMS 实现了物料的有效管理。

总之，产品的定制化程度越高，客户对供应链服务的快速反应时间要求也就越高，从客户下订单到物料筹备、配送、上线生产、产品配送等环节，均需要精益求精。戴尔多年依赖的产品定制化模式，无论是从其信息化系统、供应链库存模式（如供应商 VMI 管理）、还是供应链生产模式（生产延迟模式）、生产计划物料配送时间点控制，以及物流管理等，经过与 M3 的合作后在快捷反应方面得到了一定的提升。

资料来源：搜狐网，https://www.sohu.com/a/273854592_170887，2018 年 11 月 7 日。

思考：

1. 根据所给材料，总结戴尔的供应链模式及其特点。
2. 谈谈戴尔的供应链模式对我国 IT 行业的发展有哪些借鉴作用。

第8章

供应链物流网络规划设计

学习目标

1. 理解网络设计在供应链中的作用。
2. 识别影响供应链网络设计决策的因素。
3. 制定网络规划设计的解决办法。

引导案例

京东物流东莞"亚洲一号"投用背后：超1亿人享受"24小时"

2019年还未过去，中国今年快递总数便已超过了600亿件。如此庞大的快件运输需求量，对相关企业的仓储、物流能力都提出了更为严苛的要求。

12月18日，亚洲目前最大的智能物流园区京东东莞"亚洲一号"全面投入使用。凭借多项自动化设计与智能管理系统，东莞"亚洲一号"每日可处理快件超过160万件，极大程度上加强了京东物流在仓储管理和物流运输方面的能力。事实上，同样类型的智能物流园区，京东在国内总共已布局25个，可满足全国范围内各地消费者的送货需求。

而随着东莞"亚洲一号"的投入使用，京东对"粤港澳大湾区"的布

174

局愈发完整。华南地区的"半日达"辐射范围将大大增加;"千县万镇24小时达"也将加速推进,超过 1 亿人口将享受"24 小时达"带来的便捷服务。

东莞"亚洲一号"位于东莞市麻涌镇,临近华阳湖国家湿地公园。很难想象,这里会诞生出一个建筑面积近 50 万平方米的智能物流园区。几年前,这里只是一个破旧不堪的小镇,河水发黑发臭,农田大片丢荒,人们称之为东莞的"龙须沟"。几年后,京东东莞"亚洲一号"在这里拔地而起,成功实现了环境保护和经济发展的双线并行。尽管面积相当于两个"鸟巢"体育场,但在偌大的园区内,真正在一线工作的员工却非常之少。时至今日,京东物流已经成功实现了在仓储、分拣、运输、配送等全供应链环节的无人化,在技术研发、场景应用、政策推动方面走在了世界前列。

据了解,货物在进入东莞"亚洲一号"之初,便伴随着机器人与智能化。与传统员工用扫码枪对商品条码逐一扫描不同,通过京东自主研发的视觉批量入库系统——秒收,京东可实现整托盘商品的入库,效率能够提升10 倍以上。在自动立体仓库中,78 台"身高"22 米的堆垛机在货架之间来回穿梭,准确地将不同货架上的货物按要求运送至传送带上。在分拣车间,一条大型交叉带分拣系统全长 22 千米,相当于港珠澳大桥跨海段桥梁的总长度。分拣机上的 800 多个分拣滑道,大大提升了货物分拣效率,仅需少量工作人员将货物所贴条码向上放置,货物便能在分拣机上自动进行分拣,准确率达到 99.99%。

不仅如此,高效设计想要正常运转,必须有一个可以掌控全局的"智能大脑"。由于近年来京东物流智能系统在分布式架构、数据库和关键服务等方面持续优化,在降级限流、全链路压测和监控等方面不断突破,其所使用的智能化程序运算能力已达国际领先水平。

在东莞"亚洲一号",其智能管理程序一分钟能够完成千亿次计算,0.2 秒就能为机器人算出 680 亿条路径,只需一个指令,"智能大脑"就能让成千上万的自动化设备流畅完成各个环节工作,让数以百万计的包裹井然有序地入仓出仓,直至来到消费者的身边。高效的设计加上智能化的程序,让东莞"亚洲一号"不仅大大减小了员工工作强度,同时也极大地提高了各环节的运转效率和质量。在这里，每日处理的包裹超过160万个，可同时存储超过2000万件中件商品，是名副其实的"亚洲之最"。

作为全国25个智能物流基地之一，东莞"亚洲一号"的设立自然有着其独有的战略意义。

在地理位置上，麻涌镇正好是"粤港澳大湾区"的中心。而京东在此落下重要一子，也正是希望强化在"粤港澳大湾区"的整体布局。

众所周知，在全国范围内，广东省的零售消费能力领先。其中，东莞更是中国大小家电、手机、笔记本、电脑、卫浴马桶等商品最大的制造基地之一。而随着"粤港澳大湾区"规划逐渐完善，该地区对高质量物流服务的需求也愈发强烈。

数据显示，2017年广东全省快递业务量为101.35亿件，同比增长32.09%，继续位居全国首位。广东邮政业业务总量、快递业务量占全国的比重超过1/4，快递业务收入占比超过1/5。可以看到，尽管已经全国领先，但广东地区的快递运输业务仍在以超过30%的速度高速增长。与此同时，近年来，粤港澳地区大力推进基础设施建设"互联互通"，持续提升综合运输服务水平，内联外通的海陆空交通运输网络逐步形成，港珠澳大桥、广深港高铁、粤澳新通道等交通基础设施重点项目进展顺利，客运、货运总量占全国比重均超过35%。随着"粤港澳大湾区"规划逐步落地，大湾区及其周边地区物流运输的需求量还将变得更加庞大。

面对此情况，京东在设立东莞"亚洲一号"时便进行了诸多颇具针对性的布局。据了解，东莞"亚洲一号"以处理中件、小件商品为主，其服务范围也主要面向广州、深圳、惠州等华南地区。随着东莞"亚洲一号"全面投入使用，京东物流的智能基础设施建设与区域经济融合变得更加紧密，通过全链条、集约化、智能化的供应链服务，为大湾区企业降本增效和创新发展提供助力。

事实上，对于大湾区的布局，京东此前很早便已开始。在东莞"亚洲一号"之前，京东在该地区已拥有九龙"亚洲一号"、黄埔"亚洲一号"、广州南沙保税仓、香港保税仓等多个物流基地。其中，九龙"亚洲一号"主要处理小件商品，而黄埔"亚洲一号"则以处理大件商品为主。二者与东莞"亚洲一号"联合组成智能仓群，每日处理大、中、小件单量可以达到近 250 万单。

目前，京东物流智能仓群、全供应链服务能力已经与当地的一小时交通网连成一体，铁路、公路等基础设施的相互协同配合，特别是港珠澳大桥的联通，让京东物流在大湾区的供应链基础设施实现了全面升级，使商品的备货和流通更加顺畅高效。

有人说，东莞"亚洲一号"不仅表示京东物流搭建高效协同的全球智能供应链基础网络（GSSC）取得了重要进展，同时也代表着京东物流在粤港澳大湾区范围内基础设施能力的进一步完善。京东物流自身行业领先的设施和技术能力的对外输出，将为其继续优化在粤港澳大湾区的布局和提高物流效率提供强有力支持，进一步助力大湾区内社会物流成本的降低，有效推动粤港澳大湾区的建设发展。

东莞"亚洲一号"不仅在区域经济增长中扮演重要角色，随着"粤港澳大湾区"的国际化发展，"一带一路"政策的不断深化，未来，还将发挥自身更大的作用，在推动大湾区内部物流智能化转型、配送时效升级的同时，也将实现一体化供应链能力和物流技术在东南亚地区的稳步输出，为京东物流走向全球提供强力支持。

资料来源：时代周报，http：//www.time-weekly.com/post/265054，2019 年 12 月 25 日。

8.1 供应链物流网络规划概述

8.1.1 供应链网络

物流网络由供应商、仓库、配送中心和零售店组成，原材料、在制品和成品库存在每个环节之间流动。当网络链结构中所谓的核心企业动态扩展为多个时，网络链结构就会动态地成为网络结构，形成供应链网络。通俗地说，供应链网络是供应链交错形成的网络结构模式，包括一系列相关活动，如一种或多种产品的采购、生产、销售和消费，涉及对商流、物流、资金流和信息流的控制。[①] 供应链网络结构示意图如图 8 - 1 所示。

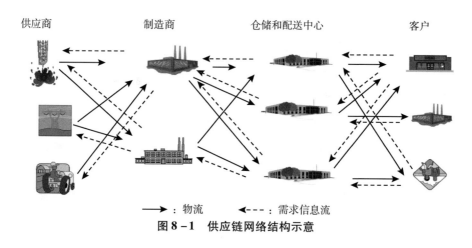

→ :物流   ◄--- :需求信息流

图 8 - 1   供应链网络结构示意

8.1.2   供应链网络设计

1. 影响网络设计的因素

网络设计的质量将直接影响供应链网络的效率。在供应链网络设计中，影响决策的因素主要包括设施的作用配置、制造、仓储或运输等相关设施布局的优化，以及各设施的能力配置和市场供应。比如相关设施应该建在哪里、应该配置多少生产能力、具体从事哪些业务、包括哪些流程或操作，甚至谁是相关设施的供应商、它们服务于哪些市场等，这些问题都对供应链网络的整体有效性起着主导作用。

应该说，供应链网络设计是公司的一项长远战略决策，是基于企业当前的内外环境做出的重要决策，决定了供应链的配置并且设置了约束条件。但应该注意到的是，网络设计决策往往会相互影响，因此需要综合考虑各种因素，取最大公约数，做出最优的决策。

2. 柔性的网络设计

从上述特斯拉超级工厂的实例可以看出，网络设计决策具有非常强的柔性，且设施选址决策对供应链绩效有着长期的影响，一个好的设施选址决策

---

① 周跃进、陈国华等：《物流网络规划（第 2 版）》，清华大学出版社 2015 年版，第 7 页。

能帮助供应链在保持低成本的同时具有极高的响应性。[①] 因此，供应链网络设计必须要明确设施的产能分配决策、供应源和市场的分配等。相对而言，产能分配比选址容易改变，但是产能决策却常常数年不变。如果给一个地点分配太多的产能会导致利用率偏低，而且成本会比较高；如果分配较少的产能，在需求满足不了的情况下，会导致供应链响应性比较差。如果设施的选址较远，则会产生较高的物流及运输成本。设施的供应源和市场的分配会对供应链网络绩效产生重要影响，因为他们会影响供应链为满足顾客需求所发生的生产、库存和运输成本。因此，设施的供应源和市场的分配应该定期进行重新审议，以便生产和运输成本、市场条件和工厂产能变化时可以调整该分配。当然，只有当设施有足够的柔性，并且能够服务于不同的市场以及接收不同来源的供应时，才能考虑改变市场和供应源的分配。

当企业面临的市场条件变化时，网络设计决策必须进行进一步的修订。应该说，随着需求的变化来增添设施选址，改变配送中心的数量、位置和市场分配可以使得企业保持较低的成本并提高响应力。例如，从 2005 年左右开始，随着中国经济飞速发展，人民收入快速增长，劳动力成本也在增加。本来冲着廉价劳动力才来中国生产的外国企业，陆续把供应链从中国搬到劳动力成本更低廉的越南、泰国、孟加拉国等新兴经济体，带来了供应链的出走潮，这波搬迁集中发生在服装、玩具、皮鞋等传统制造领域。

3. 网络设计中的重要物流节点

在供应链物流网络系统中，有两个非常重要的企业物流节点：物流中心和配送中心。广义的物流中心包括港湾、货运站、运输仓库、公共流通商品集散中心、企业自身拥有的物流设施等。配送中心是指汇集连锁门店的要货信息进行采购，从供应商手中接收大量多种商品，进行存贮保管、配货、分拣、流通加工、信息处理，把按各门店需求配齐的商品，以令人满意的服务，迅速、及时、准确、安全、低成本地进行配送的物流设施。[②]

例如，菜鸟网络在河南郑州建立其继天津、上海、广州、武汉之后第五个物流中心，建设投资额不低于 10 亿元。据《北京商报》报道，菜鸟网络

---

① 王成林：《柔性化配送中心构建模式研究》，中国财富出版社 2012 年版，第 56 页。
② 郑称德：《供应链物流管理》，南京大学出版社 2018 年版，第 145 页。

的新项目位于郑州综合保税区以及毗邻新郑国际机场的一处用地。据业内人士分析，从投资规模看，郑州在菜鸟网络中应属于二级物流网络节点。而郑州项目的建成将帮助菜鸟网络完成在华东、华南、华北和华中地区的"卡位"布局。菜鸟网络在北京、上海、广州三地率先推出专业生鲜仓储配送中心，来自全球各地的新鲜水果、水产海鲜及肉类等，通过冷链配送 24 小时内可送达消费者。截至 2020 年 5 月底，全国将有 18 个城市可享受此服务，随着仓储中心的数量和面积不断扩大，未来可覆盖更多城市乃至全国。菜鸟网络生鲜物流负责人萧湄表示，北京、上海、广州三个配送中心在投入使用后，可实现 18 个核心城市 24 小时送货必达，随着未来更多城市的生鲜仓储中心陆续投入运营，菜鸟计划 2020 年内覆盖 50 个城市。此外，考虑到消费者的多样化需求，菜鸟网络生鲜仓的产品还提供次日达、预约配送、夜间配送等服务。

■8.2 影响供应链物流网络设计的因素

供应链网络的设计目标是在满足客户需求和响应的同时，使企业的利润最大化。为了设计一个有效的网络，管理者必须在网络设计决策中考虑影响因素，本节主要介绍供应链物流网络设计决策过程中的关键因素。

8.2.1 战略因素

企业的竞争战略对供应链网络设计决策具有重要影响。专注于成本领先的公司倾向于寻求制造设施的最低成本，即使这样做会导致制造设施远离它们所服务的市场。[①] 例如改革开放初期，由于人力、物力等原材料成本较低，许多外国企业在中国内地设立了生产基地，富士康（Foxconn）和伟创力（Flextronics）等电子制造服务提供商将其公司设在中国等低成本国家，从而成功地获取了低成本的电子组装。近年来，越南、柬埔寨等东南亚国家

---

① David Simchi – Levi、Philip Kaminsky 著，季建华等译：《供应链设计与管理》，中国人民大学出版社 2010 年版，第 75 页。

已成为某些低附加值企业的主要中心，这种生产设施的搬迁就是由于公司注重成本而产生的。相反，注重响应能力的公司往往会在离市场更近的地方建立设施，如果这种选择能够使公司快速响应不断变化的市场需求，它们甚至会选择成本较高的地点。例如西班牙服装制造商萨拉（ZARA），其大部分生产能力源于葡萄牙和西班牙。虽然那里的成本相对较高，但当地的生产能力使公司能够迅速适应欧洲的变化，顺应潮流，这种响应能力使萨拉成为世界上生产速度最快的服装制造商之一。苹果在中国设立厂商，也是基于中国拥有成熟的电子产品供应链体系、高素质的劳动力和内地成熟的供应商，因此能够使其迅速适应市场的变化，提高苹果供应链的反应能力。

随着全球化的到来，全球供应链网络可以通过在不同国家发挥不同作用的设施来很好地支持公司的竞争战略。例如，微软在美洲、欧洲和亚洲设有研究中心，针对不同地区目标群体的特点进行专业化研究、定制化生产和深度加工。由于地区、种族、宗教、社会、文化等方面的差异，微软很难将一套产品完整地转移到另一个国家或地区，因此，差异化产品和服务能够有效应对不同的目标群体，提高供应链绩效和整体应对能力。

8.2.2　技术因素

技术因素在供应链网络设计中有着非常重要的影响。以目前最热的半导体芯片而言，其固定投入成本非常高，但是一旦量产，其单件产品的边际成本非常低。富士康、联发科、三星电子、中芯国际等芯片制造商的困境也基本在此，一旦技术上取得了突破，将会攫取非常高的市场份额以及利润。而芯片是国家建设 5G 必不可缺的核心部件，国家每年进口芯片的花费已经超过了石油。如何集中高科技人才，尽快突破技术壁垒，是芯片制造商最大的问题，因此必须集中全部力量，重点突破技术难题。

8.2.3　宏观经济因素

宏观经济因素主要包括关税、汇率和运费。随着全球贸易的发展，宏观经济因素对供应链网络的成败产生了重要影响。因此，企业在进行网络设计决策时有必要考虑这些因素。

企业的宏观经济因素包括以下几个方面。

（1）关税和税收优惠。关税是指产品或设备通过国家或城市边界时必须缴纳的税款。关税对供应链设施的选址决策有着非常重要的影响。如果一个国家的关税很高，企业要么放弃该国市场，要么在该国建立制造厂，以避免关税。高关税将导致供应链网络中有更多的生产地点，并且分配给每个地点的产能更低。随着世界贸易组织和区域协定（如北美自由贸易协定、欧盟和南美洲东南共同市场）关税的逐步降低，全球公司已经巩固了其全球生产和分销设施。

（2）汇率和需求风险。汇率波动经常发生，这种波动对服务于全球市场的任何供应链的盈利能力都有重要影响。

（3）运费和燃料费。运费和燃料成本的波动对任何全球化供应链的利润都有重大影响。

8.2.4 政治因素

考虑国家的政治稳定性在选址决策中也起着关键作用，公司更喜欢将设施设在政治稳定的国家，因为那里的商业活动和所有权的规则相对完整。尽管政治风险难以量化，但全球政治风险指数中仍有一些指数可供企业投资新兴市场。

8.2.5 基础设施因素

在网络设计中需要考虑的关键基础设施因素，包括场地和劳动力的可获性、是否临近运输站点、是否有铁路服务、是否临近机场和港口、是否临近高速公路入口、交通是否密集和当地的公共设施是否完备等。优良基础设施的可获性是在一个特定区域进行设施选址的重要先决条件，较差的设施选址会增加在一个特定区域从事商业活动的成本。20 世纪 90 年代，全球化企业将他们的工厂设在中国的上海、天津或者广州，即使这些地方的劳动力或土地成本不是最低的，但是这些地方有较好的基础设施条件。

8.2.6 竞争因素

在设计供应链网络时，企业必须考虑竞争对手的战略规模和布局，企业要做的一个重要决策是将其设施设在靠近还是远离竞争对手的地方。竞争的模式，以及诸如原材料和劳动力的可获性等因素都会影响这些决策。

　　综合考虑以上因素，可以将影响供应链物流网络设计的因素分为成本因素和非成本因素，具体如表 8 - 1 所示。

表 8 - 1　　　　　　　　　　设施选址时的成本因素和非成本因素

成本因素	非成本因素
原材料供应及成本	地方政府政策
动力、能源的供应及成本	政治环境
水资源及其供应	环境保护要求
人工成本	气候和地理环境
产品运至分销点成本	文化习俗
零配件从供应点运来成本	城市规划和社区情况
建筑和土地成本	市场和发展机会
税率、利率和保险	同一地区的竞争对手
资本市场和流动资金	地方的教育服务
各类服务及维修费用	供应、合作环境

8.3　物流网络设计问题的解决方法

8.3.1　供应链网络设计决策阶段

　　一般来说，供应链网络设计决策可以分为四个阶段，本书将在下面详细讨论每个阶段。

1. 明确供应链战略设计①

　　网络设计第一阶段的目标是明确企业的主要供应链设计，包括确定供应链的各个环节，以及每个供应链的功能是内部执行还是外包。具体来看，这

―――――――――

　　①　李毅学：《物流规划理论与案例分析》，中国物资出版社 2010 年版，第 52 ~ 56 页。

一阶段首先应明确界定公司的竞争战略旨在满足的客户需求组合。其次，必须明确供应链网络需要具备哪些能力来支持竞争战略。再次，管理者必须预测全球竞争的可能演变，考虑每个市场的竞争对手是本地企业还是全球企业，并且确定可用资金的制约因素，以及是否通过建立新设施或合作伙伴关系实现增长。

基于企业的竞争战略以及由此产生的供应链战略、竞争分析、任何规模或范围的经济效应和任何约束条件，管理者都必须为企业确定供应链的主体设计。

2. 明确区域设施配置

第二阶段将确定设施所在的目标区域，以及设施的潜在作用和大概的生产能力。这一阶段的具体内容包括：（1）预测国家或地区的需求，包括对需求规模的估计，以及对不同地区客户需求的同质性和多样性的判断。其中，同质化的需求有利于设置大规模的统一设施，而跨地区的不同要求则有利于设置灵活的设施或较小的本地化设施。（2）明确现有生产技术的规模或范围，以及经济效益能否对降低成本起到显著作用。如果规模或范围的经济效应是显著的，那么最好建造一些设施，服务于更多市场；如果规模经济或范围经济不显著，那么最好为每个市场建立自己的设施。（3）为了设计一个税后利润最大化的网络，管理者必须确定与区域市场相关的需求风险、汇率风险和政治风险。同时，他们必须确定地区关税、对当地生产的任何要求、税收优惠以及对每个市场的任何进出口限制。（4）管理者必须确定每个领域的竞争对手，并决定是在靠近还是远离竞争对手的地方增加设施。（5）除此之外，还要分析每个市场的理想响应时间和每个区域的总体物流成本。

基于所有这些信息，管理者将确定供应链网络的区域设施配置。这种区域配置定义了将要建造设施的区域，网络中设施的大致数量，以及一个设施是为特定市场生产产品，还是为网络中所有市场生产少数产品。

3. 潜在设施选址

该阶段的目标是在上一步确定的目标区域内选择一组理想的潜在设施位置。选址应建立在对基础设施进行有效性分析的前提下，包括对硬件基础设施和软件基础设施的分析。其中，对硬件基础设施的要求包括提供更多的供应商、运输服务、通信、公共设施和存储设施；软件基础设施的需求包括熟练劳动力的可用性、劳动力的流动性以及工商业的社会接受度。

4. 选址[①]

该阶段的目标是从潜在位置中为每个设施选择一个准确的位置，并在该位置分配容量。应注意的是，在选择设施位置和进行容量分配时，管理者的目标应是使网络的总收入最大化，同时为客户提供适当的响应能力。在这个过程中，管理者必须做出许多权衡。例如，通过建立许多服务于当地市场的设施，可以降低运输成本并提供快速的响应，但这会增加公司的设施成本和库存成本。管理者将在两种情况下使用网络设计模型。第一种情况是使用这些模型来决定在哪里建造设施以及为每个设施分配容量。当管理者做出这样的决定时，他们必须考虑一个时间范围，在这个时间范围内，地点和生产能力将不再发生变化。第二种情况是利用这些模型根据当前需求分配可用设施，并根据需求、价格、汇率和关税的变化确定产品运输路线。管理者必须至少每年做出一次决定。在这两种情况下，目标都是在满足客户需求的同时实现利润最大化。在进行设计决策时，应提供以下信息，包括供应源和市场的位置、潜在设施的位置、市场需求预测、每个位置的设施、劳动力和原材料成本、两个地点之间的运输成本、库存成本的每个位置及其与库存量的关系、不同地区的销售价格、理想的响应时间等服务要素。基于以上信息，可以采用特定的网络优化方法或引力方法来设计供应链网络。

8.3.2　供应链网络设计的基本要求

供应链设计是一项复杂而艰巨的任务，也是供应链管理的重要组成部分。它涉及供应链的组织机制、供应链成员的选择、供应链成员之间的关系、物流网络、管理流程和信息支持系统等众多方面。因此，供应链设计必须遵循一定的设计原则，运用科学合理的方法和程序以满足其具体要求。

供应链设计的基本要求如下。

---

① 平海：《物流系统设计与分析》，清华大学出版社 2010 年版，第 150～155 页。

1. 顾客至上

顾客是供应链中唯一真正的资金流入者，任何供应链都只有顾客的收入来源，因此供应链设计应考虑顾客至上的原则。顾客服务始于顾客，止于顾客，顾客最能感受到供应链中复杂和相互影响的全部效果。因此，供应链设计必须具有高度的灵活性和快速反应能力，才能满足客户的实际和潜在需求。

2. 供应链定位明确

供应链由原材料供应商、制造商、分销商、零售商以及消费者组成。无论企业在供应链中处于主导地位还是从属地位，都必须明确其在供应链中的定位和自身优势。[①] 立足自身优势，确定自己的定位，制定相应的发展战略，对自己的经营活动进行适当的调整和取舍，着力培育自己的经营优势，确保以自己的优势参与供应链。

3. 防范风险

由于自然因素和非自然因素的影响，供应链的运行实际上存在着许多不确定性，因此企业面临一定的风险。在供应链中，重点是度量和解释各种风险因素，了解各种不确定因素对系统的影响，并制定相应的防范措施。

4. 尽己所能

供应链的建立和运行是一项非常复杂的系统工程，要求企业具有较强的经济实力、较高的决策水平和较高的供应链运作技能。因此，企业应该根据自己的实际情况来选择合适的供应链，确定自己在其中的地位和作用，理性判断，量力而行，这样未来的供应链运作才能在掌控之下。

8.3.3　供应链网络设计的基本原则

在供应链设计过程中，为了贯彻供应链管理思想，保证供应链设计目标的实现，除了满足上述基本要求外，还必须遵循以下基本原则。

1. 自上而下与自下而上相结合的原则

系统建模设计方法有自上而下和自下而上两种设计方法。自上而下法是

---

① 丁小龙、王富忠、李化：《现代物流管理学》，北京大学出版社 2010 年版，第 148 页。

从全局到局部的方法，是系统分解的过程；自下而上法是从局部到全局的方法，是一个集成的过程。在设计供应链系统时，企业的高层主管往往会制定战略计划和决策，然后由下级部门来实施。在实施过程中，下级部门将发现的问题及时反馈给上级部门，在双方沟通中完善规划目标和设计细节。因此供应链的设计是自上而下和自下而上的综合。

2. 简约原则

为了使供应链具有灵活性和快速响应市场的能力，供应链的每个节点都应该是简单而动态的，并且能够实现业务流程的快速组合。因此，各节点企业在谨慎选择合作伙伴时，应尽量减少长期的战略合作伙伴关系，各业务流程应尽可能简单，避免无效操作，有效实施准时制生产和供应方式。

3. 集优原则（互补性原则）

供应链节点企业应遵循优势互补、强强联合的原则。每个公司都致力于其核心业务流程，就像一个独立的制造部门，具有自我组织、自我优化、目标导向、动态运行的特点，这些具有某一方面优势的独立公司的合作可以实现供应链业务的快速重组，使各公司的资源得到充分利用。

4. 协调原则

供应链合作伙伴之间的协调程度将直接影响供应链的绩效，因此，供应链的设计应当充分发挥系统和环境的主动性、创造性和整体协调性，以保证整个系统能够发挥出最好的作用。此外，在进行供应链网络设计时应考虑到供应链各节点机制的狭隘性和企业的整体流程，确保整个链条更加紧密，并始终保持协调。

5. 动态原则①

市场是不确定的，供应链必须根据市场环境的变化不断调整。只有这样，供应链才能有效运作。因此，在设计供应链时，应为成员企业的进入和退出以及工作流程安排预留一定的空间。同时，应加强成员公司之间的信息透明度，确保成员公司能够及时获得一些市场信息，并根据市场需要及时进行调整。只有这样，供应链才能动态地适应市场，确保供应链的整体活力。

---

① 董明：《供应链设计——过程建模、风险分析与绩效优化》，上海交通大学出版社 2010 年版，第 16 页。

6. 创新原则

供应链的产生本身就是一种创新。虽然供应链的设计有一定的模式，而且这些模式依赖于一定的客观基础，但是由于许多企业之间的关系存在着巨大的差异，因此进行供应链设计时不能完全照搬某一模式，而要根据具体情况进行创造性的设计。所以在设计供应链时，没有创新思维就没有创新的管理模式，也不可能达到令人满意的供应链设计效果。供应链创新设计是指在创新思维的指导下，敢于以新的视角、新的视野审视原有的管理模式和体系，跳出公司的范围和视野，从企业合作设计的角度大胆创新。① 实施供应链创新设计，必须注意以下几点：一是创新要与战略目标相一致；二是要从市场需求的角度，利用公司的能力和优势；三是要有创意，集思广益，并与其他公司合作，充分发挥供应链的整体优势；四是要建立科学的供应链和项目评价体系，在经济分析和可行性论证的基础上进行创新。

7. 战略方针

与合作伙伴建立供应链战略联盟是企业战略层面的问题，因此，供应链的设计应该从企业战略发展的角度来考虑，建立一个更强大的且适应企业长远发展的体系结构。供应链体系结构的发展应与公司发展战略规划保持一致，并在公司战略规划的指导下进行。

以菜鸟为例，其所构建的国家智能物流骨干网由两部分组成：一部分是在中国打造 24 小时必达的网络，另外一张是沿"一带一路"并在全球实现72 小时必达的网络。2018 年，阿里巴巴集团董事局主席马云宣布菜鸟将投入 1000 亿元建设国家智能物流骨干网，这张网必须依靠技术、数据，将全球连接起来。菜鸟总裁万霖在演讲中称，菜鸟将与合作伙伴一起，通过建设国家智能物流骨干网，为整个行业的效率提升提供基础设施。此外，菜鸟还启动了首批世界级枢纽布局，在杭州、吉隆坡、莫斯科、迪拜、列日五大城市建设核心枢纽，未来会有更多智慧物流枢纽加入，从而形成一张全球 72小时必达的物流网络，真正实现"全球买、全球卖"。

---

① 赵钢、杨冰、杨英宝：《供应链网络运行与控制》，科学出版社 2017 年版，第 33 页。

8.3.4　物流网络规划的相关问题

1. 两类物流网络规划问题

当前，在物流网络规划领域，相关内容和问题可以归纳为以下两类：一是供应链物流网络中物流节点的选址定位和各物流节点向哪些供应商订货的问题，即相关物流设施的数量、位置以及配置决策问题；二是相关的运输网络规划问题，也被称为"车辆运输路径问题"（vehicle routing problem，VRP）或者是"车辆调度问题"（vehicle scheduling problem，VSP）。

2. VRP 问题的类型[①]

一般来讲，VRP 问题在现实中遇到得比较多，且相对较难。下面列出了研究较多的 VRP 问题的几种类型。

（1）多供货点问题（multiple depot VRP，MDVRP）：多个供货点可以同时对客户进行供货，该类问题的研究涉及供货点如何选择。

（2）带有时间窗口的问题（VRP with time windows，VRPTW）：每个客户对车辆的最早到达时间（earliest time）、最迟到达时间（latest time）及服务时间（service time）均有一定的要求。

（3）随机问题（stochastic VRP，SVRP）：该类问题涉及的某类元素具有极大的随机性，比如需求的到达、服务时间等。也有研究者将该类问题定义为动态车辆路径问题（dynamic VRP，DVRP）。

（4）分批交货问题（split delivery VRP，SDVRP）：相当于满载问题，即单个客户的需求需要多个车辆来满足等。

目前，国内外对于 VRP 问题的研究已经扩展到了动态不确定性方面。

3. 物流网络规划问题的求解

一般而言，通过建立数学模型并使用相关方法求解，可以得到物流网络规划问题的解。相关求解方法包括精确式算法以及启发式算法，精确式算法能够保证得到网络规划问题的数学最优解，或者是精确的已知条件下的最优解，包括分支定界法、动态规划法、整数规划法和非线性规划等方法；在物

---

① 吴斌：《车辆路径问题及其智能优化算法》，经济管理出版社 2013 年版。

流网络规划领域使用的启发式算法主要有遗传算法、模拟退火法、禁忌搜索算法等。

本 章 小 结

通常来说，供应链物流系统经过重构后，供应链物流网络中的点和线就需要重新布局，即重新规划物流网络中的物流节点和运输路线。本章主要对供应链物流网络规划过程中的相关概念、影响因素以及问题的解决方法进行了讲述。

本 章 重 要 术 语

供应链物流 网络规划 物流系统 战略设计 运输路线 选址决策

延 伸 阅 读

1. 周跃进、陈国华等：《物流网络规划（第 2 版）》，清华大学出版社2015 年版。

2. 王成林：《柔性化配送中心构建模式研究》，中国财富出版社 2012年版。

3. 郑称德：《供应链物流管理》，南京大学出版社 2018 年版。

4. David Simchi – Levi、Philip Kaminsky 著，季建华等译：《供应链设计与管理》，中国人民大学出版社 2010 年版。

5. 李毅学：《物流规划理论与案例分析》，中国物资出版社 2010 年版。

6. 平海：《物流系统设计与分析》，清华大学出版社 2010 年版。

7. 丁小龙、王富忠、李化：《现代物流管理学》，北京大学出版社 2010年版。

8. 董明：《供应链设计——过程建模、风险分析和绩效优化》，上海交通大学出版社 2010 年版。

9. 赵钢、杨冰、杨英宝：《供应链网络运行与控制》，科学出版社 2017年版。

10. 吴斌：《车辆路径问题及其智能优化算法》，经济管理出版社 2013

年版。

复习与思考

一、简答题

1. 简述物流网络设计决策的主要阶段。
2. 探讨供应链网络设计的基本原则。

二、案例分析题

特斯拉上海超级工厂开工！再晤李强应勇，马斯克惊叹上海速度

今天（2019 年 1 月 7 日）下午，特斯拉上海超级工厂在临港产业区正式开工建设。上海市委书记李强会见美国特斯拉公司首席执行官埃隆·马斯克一行。上海市委副书记、市长应勇出席开工仪式，并和埃隆·马斯克等共同宣布项目开工。

李强代表市委、市政府对项目开工奠基表示祝贺。他说，上海作为中国最大的经济中心城市和改革开放的前沿阵地，当前正在深入学习贯彻习近平总书记考察上海重要讲话精神，全力以赴落实三项新的重大任务。我们开放的大门只会越开越大，也始终坚持在开放合作中实现共赢发展。上海是汽车工业的重镇，是新能源汽车发展的沃土，目前正加快建设智能网联汽车创新平台。我们支持特斯拉公司以项目开工为契机，进一步深化拓展合作，共同打造世界级汽车产业集群。上海将继续创造良好环境、提供优质服务，让中外企业在沪实现更好发展。

应勇表示，特斯拉超级工厂从签约到开工，只用了短短不到半年时间，这是双方团队紧密高效合作的结果，也体现了上海优化营商环境、全力服务企业发展的成效。希望项目开工建设顺利，尽早建成投产，发挥实效。上海将继续支持特斯拉加快建成国际一流工厂。

埃隆·马斯克说，特斯拉公司在与上海合作的过程中，充分感受到令人惊叹的上海速度。这得益于上海良好的营商环境，也体现了这座城市对外开放的决心和行动。上海临港的超级工厂作为升级版，将集成特斯拉最先进的技术。我们将努力把上海超级工厂打造成为创新、效率、科技、环保等各方

面领先的国际制造业典范。

市委常委、市委秘书长诸葛宇杰参加会见，副市长吴清在项目开工仪式上致辞。特斯拉公司全球副总裁任宇翔、朱晓彤等出席相关活动。

特斯拉上海超级工厂于 2018 年 7 月签约落户临港，集研发、制造、销售等功能于一体。此次开工建设的工厂一期年生产规模为 25 万辆纯电动整车，包括 Model 3 等系列车型。工厂全部建成投入运营后，年产量将逐步增加至 50 万辆纯电动整车。

近年来，上海加快推进重大产业项目建设，中芯国际、华力微电子、和辉光电、华大半导体、上汽大众 MEB 等一批百亿级重大产业项目相继开工建设。2019 年，上海将围绕集成电路、生物医药、人工智能、新能源汽车和智能网联汽车、新材料等领域，继续加大招商引资力度，推动一批重大产业项目早落地、早开工、早投产。

资料来源：澎湃新闻，https：//www.thepaper.cn/newsDetail_forward_2825322，2019 年 1 月 7 日。

思考：

1. 企业在进行设施选址时，要考虑哪些因素？
2. 特斯拉在上海建厂之后，如何进行供应链网络设计呢？

第9章

供应链计划管理

学习目标

1. 了解供应链计划管理的内容。

2. 掌握供应链环境下的销售计划与补货协调方法——CPFR（collaborative planning forecasting and replenishment）。

3. 掌握供应链综合计划的主要方法。

<u>引导案例</u>

揭秘 CPFR：菜鸟数智供应链"杀手级"应用

2019 年，菜鸟国内行业供应链总经理张特特在阿里巴巴 ONE 商业大会上，透露了菜鸟数智供应链的"杀手级"应用：CPFR（联合预测 + 智能补货）服务，在天猫"双 11"斩获骄人战绩。

在菜鸟 CPFR 的助力下，2019 年 7 ～ 9 月，雀巢库存周转天数下降40%，宝洁库存周转提速37%。8 月，菜鸟提前三个月给到了商家天猫"双11"的销量预测，为商家准备大促提供重要参考。天猫"双 11"，CPFR 帮助商家售罄率同比提高将近 10 个百分点。仅库存优化一项，预计就可以帮助率先尝鲜的 100 多个商家年节省物流仓储成本8800 万元，同时释放流动资金 3 亿元。CPFR 是菜鸟数智能力在供应链领域的"杀手级"应用，上线短短几个月，就在多个方面为商家带来了实实在在的好处。

统计显示，使用菜鸟 CPFR 服务的商家，销售率增长了 5%～30%，缺货率下降了 5%～10%，库存周转天数下降了 20%～60%，仓储成本整体降低了三分之一。众所周知，供应链是商家利润的重中之重。其中，库存周转对商家尤其有着致命吸引力。"周转提速就是提款机"，加快资金流动，这背后是真金白银的回报。备货多了，除了仓储成本高、滞销库存压力大外，更重要的是会占用商家过多的资金，产生巨大的成本。但是如果备货不足，前面的成本都降低了，却容易造成断货，错失商机。

更进一步，备货时如何知道全国哪里销量高、哪里销量低，如何把商品进行合理分仓，让商品离买家更近，降低跨区发货比例，从而降低物流配送成本、提升配送时效、优化消费者体验，这也是供应链的核心问题。

资料来源：罗戈网，http：//www. logclub. com/articleInfo/MTU0MjI＝，2019 年 12 月 21 日。

■9.1 供应链计划管理概述

9.1.1 供应链计划概述

1. 供应链计划的概念

供应链计划是供应链管理的重要组成部分，它直接影响到供应链运作的绩效。企业的供应链包括产品开发所需的所有功能，从购买制造所需的原材料、制造产品到最终将产品交付给客户。公司需要对这些功能进行规划，以快速响应客户需求。因此，供应链计划应涵盖整个供应链有效运作所需的所有活动。供应链规划需要客户和供应链成员的共同参与，各方共享一个统一的供应链协同计划平台，实现计划协调。

2. 供应链计划的分类

供应链计划可以从多个角度进行分类。例如，把供应链计划按计划周期分为长期供应链计划、中期供应链计划和短期供应链计划；按计划范围分为供应链全局计划和供应链局部计划；但最重要的是从决策空间的角度对其进行分类，把供应链计划分为供应链战略计划、供应链战术计划和供应链运作计划三个层次。

（1）供应链战略计划。供应链战略计划是对企业产生长期影响的计划。其目的是在组织的组织结构、资源配置和运作方式以及环境提供的各种机会之间实现动态平衡，实现企业的总体战略目标。[①] 制订供应链战略计划，要充分考虑外部环境和内部条件，分析供应链和竞争对手的优缺点，并确定适合公司的供应链计划，以满足客户不断变化的需求，提高客户满意度，使企业获得最大的经济效益。供应链战略规划发生在组织的最高层次，强调企业对未来几年才会出现的需求进行规划。它包括物流网络建设、库存控制、供应链集成、企业间战略联盟、产品开发设计、信息技术应用等方面的计划。

（2）供应链战术计划。供应链战术计划的时间跨度相对较短。它是采购、生产、库存、运输等方面的年度、季度或月度计划，受长期战略决策的制约。它的基础是预测需求，然后在供应链中寻找最佳资源来满足需求。其计划期通常为3~18个月，如果公司有很长的交货期，这个计划将持续更长时间。它包括综合计划、总需求计划、物资需求计划、分销需求计划、产能需求计划。

（3）供应链运作计划。供应链运作计划的时间跨度短则几个小时，长则几周。它是基于实际需求，制订每周制造、库存和运输计划，计划可以按天、小时等方式制定。由于计划时间相对较短，负责供应链运营计划的管理者通常没有或很少有调整公司能力水平的选择，为了尽可能多地完成工作，他们必须充分利用现有的能力。供应链运作计划包括采购计划、车间制造计划、出货计划。

在这三个层次的供应链计划中，战略计划的时间跨度最长，详细信息最少，毕竟是制订未来几年的计划，这使得负责战略规划的经理能够最大限度地改变生产能力。相反，运作计划包含了企业的日常甚至每小时的活动。相对较短的时间跨度使得负责计划的经理几乎没有或没有改变能力的选择，而战术计划介于两者之间。

---

① 万立军、闫秀荣等：《物流企业管理》，清华大学出版社2011年版，第59页。

9.1.2 供应链计划的基本组成

供应链计划是一个层次化的计划过程。供应链战略计划可以层层分解，直至制订出具体的供应链运作计划。① 图 9 - 1 显示了供应链计划的架构。

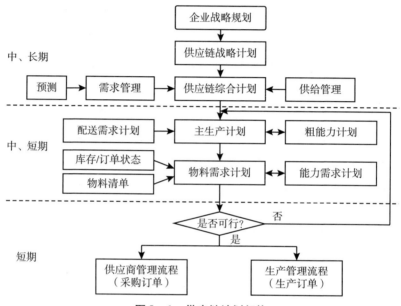

图 9 - 1 供应链计划架构

第一，供应链战略规划必须符合企业战略规划的总体要求，与企业战略规划相匹配，在供应链战略规划的基础上，形成一定时期的综合供应链计划。② 这是一个供应链战术计划。

第二，通过全面的供应链计划，决定企业在一定时期内三个层次理想的生产能力、生产、分包、库存水平、缺货甚至定价。

第三，主生产计划是对最终产品所提供服务的数量和时间的具体安排。它涉及生产或提供什么，何时生产或提供生产。主生产计划比综合计划更

---

① 张相斌、林萍、张冲：《供应链管理——设计、运作与改进》，人民邮电出版社 2015 年版，第 168 页。

② 陈志祥、马士华：《供应链中的企业合作关系》，载《南开管理评论》2001 年第 2 期。

详细。

第四，配送需求计划描述了仓库和配送中心在一定时期内的净需求量，即客户需求量减去库存量和在途数量。分销需求计划通过提供总时间段的净需求信息与主生产计划联系起来。

第五，粗略产能规划是一项中期产能规划。它将主生产计划从生产转换为产能需求，然后比较每个生产阶段的可用产能。

第六，物资需求计划是短期物资计划。它需要利用物料清单、预计库存量和主生产计划来确定物料需求量。它将主生产计划中的最终产品转化为一系列不同时期的零件需求。

第七，产能需求计划是短期产能计划，是核算物料需求计划所需产能的计划管理方法。具体来说，就是准确计算出每个生产阶段和每个工作中心所需的各种资源，得到劳动力负荷、设备负荷等资源的整合，做好能力和负荷的匹配。可以用来检验物资需求计划的可行性。

9.1.3　供应链计划的关键原则

任何供应链过程都有输入和输出部分。供应链计划的输入是关于需求、供应和供应链资源的信息。这些信息可以帮助企业做出更好的决策，并指导供应链的所有执行过程，如采购、生产、分销和退货相关的活动。每一个过程都需要计划，如需要采购计划提供公司所需的原材料、原材料的来源等信息；需要配送计划提供完成客户订单所需的信息；需要退货计划提供退货流程信息等。

为了保证供应链计划能够及时决策，并且易于理解、同意和执行。在制订供应链计划时，应遵循以下五个关键原则。

1. 使用及时准确的信息

从需求角度看，需要在考虑最终客户需求、下游库存水平、经济环境和市场敏感性等因素的基础上，提供实时的客户和市场需求信息。如果可能，尽量使用从主要客户那里获得的信息。从供给的角度来看，这需要了解满足需求所需的关键的内外部资源，包括劳动力、库存、生产能力、供应商和仓储水平等，并全面了解所需资源。由于需求和供给都是动态变化的，当前准确的信息未来可能不准确，因此特别强调信息的实时性。

2. 把资源集中在重点业务上

由于整个产业链中所有资源的优化配置相当困难，因此必须把重点放在关键资源或瓶颈资源上，确保决策支持优先的业务客户和细分市场，从而平衡供应链的内部目标（如库存、成本和资产利用率）和外部目标（如服务水平、数量灵活的响应时间）。

3. 要以简化为目标

在考虑不同的需求信息（国家、细分市场、产品和品牌等）、跨地理区域（内部多个分支机构、合作伙伴）、不同资源（包括材料、能力和劳动力等）的基础上，尽量简化供应链计划流程，使供应链计划具有现实性和可执行性。

4. 整合所有共同的需求

公司需要创建一个综合计划，以满足所有供应链资源和实施要求。这种供应链集成计划的范围必须从客户的客户到供应商的供应商，否则供应链就会失衡，增加供应链成本，积累供应点库存。例如，如果公司采购的原材料超过了产品生产的实际需求，就会出现原材料库存过剩。

5. 制订明确的活动和责任计划

确定一系列的活动既需要企业内部（包括经营、销售、营销等内部利益相关者）的认可，也需要外部关键供应商和顾客的认可。这一系列活动计划的执行情况必须对所有参与者可见，并能够对活动的绩效进行评估，以不断提高计划的质量。

为了实现企业的业务目标，必须确保企业中计划的其他业务得到整合。例如，将计划与市场营销和销售相结合，将有助于更好地了解客户需求，从客户和市场获得优先业务的输入信息，并评估促销活动的需求和影响；将计划与技术、产品和服务开发相结合，确保重点项目所需的资源，从而缩短新产品和服务的上市时间和形成大量需求的时间；将计划与财务相结合，可以保证财务信息的质量，公司的销售收入预测必须以最可靠的信息为基础，所有的供应链责任，无论是内部还是外部，都必须以符合公司和法规的方式实施和报告。

■ 9.2　供应链环境下的销售计划 与补货协调方法——CPFR

9.2.1　CPFR 概述

1. CPFR 概念

协同供应链库存管理（collaborative planning forecasting and replenishment，CPFR），也称为协同计划、预测和补货。CPFR 是一种新型的供应链合作伙伴战略与管理模式。它使用零售公司和制造公司共同预测和补充货物，并且每个公司的内部计划工作（如生产计划、库存计划、分销计划、销售计划等）是由供应链中的所有公司共同参与①，以提高零售商和供应商的预测精度，改进计划和补货的流程和质量，最终达到提高供应链效率、减少库存和提高消费者满意度的目的。其最大的优势在于能够准确预测各种促销措施或异常变化引起的销售高峰和波动，使销售商和供应商充分做好准备，赢得主动权。

2. CPFR 的产生与发展

CPFR 的形成始于沃尔玛倡导的 CFAR（collaborative forecast and replenishment）。它是通过零售企业与生产企业合作，利用互联网联合进行产品预测，并在此基础上实施持续补货的系统。后来在沃尔玛的推动下，基于信息共享的 CFAR 系统发展到 CPFR。该系统于 1995 年由沃尔玛和其四家供应商联合成立了一个工作组来进行 CPFR 的研究和探索。1998 年，美国召开了一次零售体系会议，并加以倡导。目前试点企业包括沃尔玛、凯马特和威克曼，旗下有宝洁、金佰利、惠普等 7 家生产企业。可以说，这是当前供应链管理中信息共享的最新发展。该系统的目的是使供应链成员能够利用它实现从零售商到制造企业的功能合作，显著提高预测精度，降低成本，降低总库

---

① 徐冠杰：《供应链合作新概念——协同运输管理（CTM）》，载《物流技术》2006 年第 2 期。

存和库存比例，充分发挥供应链的效率。

9.2.2　CPFR 协作

1. CPFR 的协作范围

CPFR 模型强调消费者是供应链的核心，制造商和零售商之间的合作目的是满足消费者的需求，因此模型的中心是消费者。在供应链中，卖方和买方可以在以下四个活动中的任何一个或全部进行协作。

（1）战略和规划合作伙伴确定合作范围，分配角色和责任，并明确检查点。然后，在协同商业计划中，他们共同确定影响供需的重大事件，如促销活动、新产品促销店的开设或关闭、库存策略的改变等。

（2）供需管理。协作销售预测基于销售点数据为合作伙伴提供对客户需求的最佳估计，然后根据销售预测库存状态和补货提前期，将协同销售预测转化为协同订单计划，确定未来订单和交货期的需求。

（3）实施。当预测得到确认后，它们就变成了实际订单。然后通过产品的生产、交货、收货和仓储等环节完成这些订单。

（4）分析。主要的分析任务是识别异常并评估用于衡量绩效或确定趋势的指标。成功协作的基本方面是识别和解决异常。例外是指双方的预测与其他一些绩效衡量指标之间的差异，这些指标已经或可能超出可接受的范围。这些衡量指标包括超过目标的库存或低于目标的产品供应。对于成功的协作计划预测和补给，建立一个允许双方解决异常的过程是很重要的。

2. CPFR 的应用场景

通用产品商业标准定义了零售商和制造商之间协作计划、预测和补货的四种最常见的应用场景。下面我们分别讨论每种情况。

（1）零售活动协作。在许多零售环境中，如超市促销和其他零售活动都会对需求产生重大影响。这些活动中的缺货、库存过剩和意外的物流成本会影响零售商和制造商的财务业绩。在这种情况下，零售商和供应商之间的协作计划、预测和补货将非常有效。

零售活动中的合作需要双方确定合作品牌和产品的最小库存单位。双方还必须共享详细的活动信息，如活动开始时间、活动持续时间、价格点、广告和展示策略。当情况发生变化时，零售商必须更新信息，然后对事件做出预测并共享这些信息，以便供应商调整计划订单和交货安排。

目前，宝洁公司和沃尔玛等许多其他合作伙伴已经在零售活动中完成了这种形式的合作。

（2）配送中心补货协作。配送中心补货协作可能是实践中最常见、最容易实现的协作形式。在这种情况下，交易双方合作来预测配送中心的发货量或配送中心对制造商的预期需求量。这些预测被转换成配送中心给制造商的订单，这些订单在一定时间内被承诺或锁定。此信息允许制造商将这些订单纳入未来的生产计划，并根据实际需要生成相应的订单。因此，制造商的生产成本降低了，零售商的库存和缺货量也减少了。

配送中心补货协作相对容易实现，因为它需要的是一个全面的预测协作，而不需要共享详细的销售点数据。所以这通常是合作的开始，随着时间的推移，这种合作形式可以扩展到供应链的所有存储点，从零售商货架到原材料仓库。

（3）商店补货协作。在门店补货协作方面，贸易伙伴根据门店级销售点数据预测进行协作。然后，这些预测将转化为一系列门店级订单，这些订单将在一定时间内得到承诺。这种协作为制造商提供了更详细的销售数据，提高了补货准确性、产品可用性，并减少了库存。但是商店补货协作比配送中心的补货协作更难实现，尤其是相比于较大的门店，在店面较小的情况下，更难以实施门店补货协作。

（4）协作分类计划。时装等季节性产品的需求符合季节性规律，因此此类产品的协同计划只有一个季度的计划周期，在季节交替时进行。由于需求的季节性，预测较少依赖历史数据，而更多地依赖于行业趋势、宏观因素和客户口味的协作计划。在这种合作形式下，贸易伙伴共同制订一个分类计划，其输出样式是按颜色大小的计划采购订单。在时装秀上，双方都会欣赏样品并做出最终的购买决定。这个计划中的订单在时装秀之前通过电子方式共享，共享订单帮助制造商购买提前期较长的原材料，并安排生产能力。当生产能力相当灵活，可以生产多种产品，并且原材料对于不同的最终产品有一些共同点时，这种合作是最有效的。

9.2.3 成功实施 CPFR 的组织和技术要求

成功实施协作计划预测和补充既需要改变组织结构，也需要适当的技术来进行升级。有效的协调需要制造商建立跨职能团队，包括针对特定客户的销售、需求规划和物流人员，尤其针对大客户。随着销售行业的整合，这种资源的集中是可行的。对于较小的客户，这样的团队可以集中地理位置或销售渠道，零售商也应该围绕供应商建立产品规划、采购和补货团队。[1] 由于合并后的零售商拥有大量的供应商，实施起来可能更困难。但他们可以根据产品类型来组织团队，每种类型的产品都包含多个供应商。对于库存量较大的零售商，如配送中心库存和零售店库存，合并两级补货团队非常重要。如果没有两级库存的协同管理，就会出现重复库存。

协作计划、预测和补充过程不依赖于技术，而是需要技术来升级。合作计划、预测和补充的相关技术已经开发出来，以帮助共享预测和历史信息。评估异常并实施修改。这些解决方案必须与记录所有供应链交易的企业系统集成。

例如，菜鸟供应链 CPFR 团队与商家展开深入合作，打通数字系统，给到大促的销量预测、智能分仓、仓间调拨、爆品预包、智能补货等系统性预测、诊断和建议。目前，菜鸟 CPFR 的预测精细度已经达到每一个仓的每一款商品的维度，能让商家清楚地知道要怎么备货才最合理、离消费者最近，这对商家来说无疑有巨大的帮助。预测是否精准，分仓是否合理，补货是否及时，都决定着商家的资金周转和带给消费者的终极体验。很多商家虽然也有供应链计划部门，但除自身的采购、销售等数字外，缺少整个行业的大数据，也缺少历年大促的同比数字，就连库存其实也并不完全掌握，尤其当体量规模越来越大、销售渠道越来越多、营销玩法越来越丰富的时候，商家很难通过一己之力，掌握各个渠道"进销存"的实时情况，获得清晰可见的供应链数字，从而及时做出决策。可以说，菜鸟为商家做的大促销量预测，精准度鲜有能及，因为这背后沉淀了天猫"双 11"十一年的历史数字和经验，联合了天猫的消费者洞察、行业趋势分析、全域营销信息，并获得阿里

---

① 郑称德：《供应链物流管理》，南京大学出版社 2018 年版，第 162 页。

巴巴强大的数字模型和算法能力支持。目前来看，这已经是国内供应链领域
CPFR 的顶尖水平。

菜鸟 CPFR 独占三大优势。能做到这样的精确度，和菜鸟供应链的三个
优势有关。[①]

第一是行业顶尖的数字技术，数字算法。这些其实是海量大数据"喂"
出来的。CPFR 要精准，需要各种类型的数字作为前提，需要丰富的经验提
取影响因子、形成算法模型，而无论是淘宝天猫平台，还是菜鸟作为数智供
应链平台，都有着得天独厚的资源，并具备全球顶尖的数字技术。"精准度
越高，运算能力要求就越高，其背后是计算资源的投入"，菜鸟供应链专家
表示，菜鸟 CPFR 拥有最前沿的算法模型，可以在众多复杂业务场景中，为
商家输出可靠的预测结果和业务建议。菜鸟的数字算法如图 9 - 2 所示。

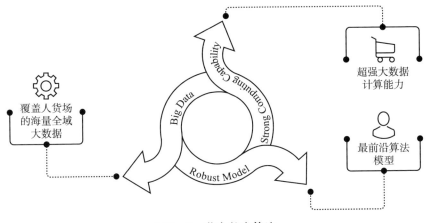

图 9 - 2　菜鸟数字算法

第二是敏锐的消费者洞察。阿里巴巴 ONE 商业大会的发布显示，企业
数字化转型的关键，是从以产品为中心走向以消费者数字化运营为中心。企
业供给侧改革建立在对消费者洞察的基础上。同样，这也是撬动数智供应链
的核心，只有敏锐的消费者洞察，才有敏捷的供应链决策。菜鸟 CPFR 通过

①　鱼摆号：《让宝洁、雀巢惊艳点赞的菜鸟 CPFR 是什么?》，http：//www.yubaibai.com.cn/
h/580009/。

阿里巴巴供应链中台,与前端紧密协同,快消品自不用说,即使像小家电这样的耐用品,也能从分析消费者喜爱的外观、颜色、功能等入手,做出销售预测,从而指导生产计划和补货计划。

第三是全域营销协同。做预测,除了要了解消费者外,也要了解卖货的渠道和方式。过去半年,品牌商家仅在天猫就收获了超9亿新增粉丝,其中仅淘宝直播就带来近1亿粉丝增量,天猫超市生态、本地生活等丰富的线下场景,支付宝轻店小程序等打通线上线下,不断为品牌注入新流量。而结合不同年龄段消费者的喜好,比如"90后""银发族"等,天猫"双11"的营销玩法也更加丰富多样。这些复杂营销场景的数字,不仅是销量预测的重要变量,也能为商家提供实用的建议,例如当商品库存偏高、周转下降时,CPFR可以产出诊断报告(见图9-3),并建议商家可以从哪些渠道来"出清"商品,提高周转。

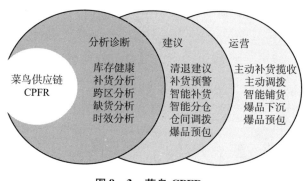

图9-3 菜鸟CPFR

9.2.4 实施协作计划、预测和补货的风险和障碍

成功实施协作计划、预测和补货存在风险和障碍。首先,协同计划、预测和补货伙伴之间存在合作关系,大规模的信息共享会存在信息滥用的风险。其次,如果一个合作伙伴改变其规模或技术,另一个合作伙伴也将被迫改变和适应。否则,合作关系就失去了。最后,实施合作计划、预测和补货以及解决其他情况需要双方密切沟通,但双方的文化可能存在很大差异,无法在合作伙伴组织内培养协作文化也会给协作计划、预测和补充的实施带来风险。

实施协作计划、预测和补充的最大障碍之一是合作伙伴试图实现门店级协作,这需要更多的组织和技术投资。最好从零售活动协作或分销中心协作开始①,这样更集中、更容易操作。成功的另一个障碍是经常与合作伙伴共享的需求信息,其通常不在组织内以综合的方式应用。为了最大限度地发挥与合作伙伴的协作计划、预测和补给的效益,必须在组织内整合需求、供应物流和公司计划。

9.2.5 CPFR 的实施

1. CPFR 的实施流程②

CPFR 的实施可划分为计划、预测和补给 3 个阶段,包括 9 个主要流程活动。第 1 个阶段为计划,包括第 1、2 步;第 2 个阶段为预测,包括第 3 ~ 8 步;第 3 个阶段为补给,包括第 9 步。如图 9 - 4 所示。

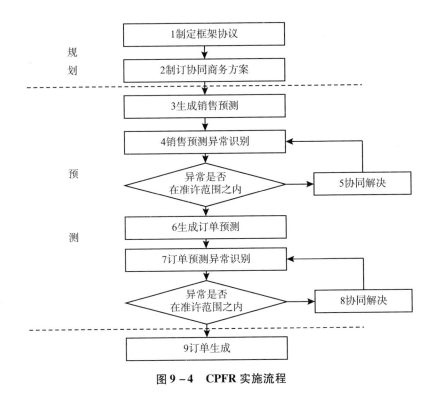

图 9 - 4 CPFR 实施流程

---

① 李健、侯书生:《协同与供应:企业的供应链管理》,四川大学出版社 2016 年版,第 73 页。

② 但斌、张旭梅:《面向供应链的合作计划、预测与补给》,载《工业工程》2000 年第 3 期。

第1步：供应链伙伴达成协议。这一步是供应链合作伙伴包括零售商、分销商和制造商等为合作关系建立指南和规则，以共同达成一个通用业务协议，包括合作的全面认识、合作目标、机密协议、资源授权、合作伙伴的任务和成绩的检测。

第2步：创建联合业务计划。供应链合作伙伴相互交换战略和业务计划信息，以发展联合业务计划。合作伙伴首先建立合作伙伴关系战略，然后定义分类任务、目标和策略，并建立合作项目的管理简况（如订单最小批量、交货期、订单间隔等）。

第3步：创建销售预测。利用零售商 POS 数据、因果关系信息、已计划事件信息创建一个支持共同业务计划的销售预测。

第4步：识别销售预测的例外情况。识别分布在销售预测约束之外的项目，每个项目的例外准则需在第1步中得到认同。

第5步：销售预测例外项目的解决/合作。通过查询共享数据、E-mail、电话、交谈、会议等解决销售预测例外情况，并将产生的变化提交给销售预测。

第6步：创建订单预测。合并 POS 数据、因果关系信息和库存策略，产生一个支持共享销售预测和共同业务计划的订单预测，提出分时间段的实际需求数量，并通过产品及接收地点反映库存目标。订单预测周期内的短期部分用于产生订单，在冻结预测周期外的长期部分用于计划。

第7步：识别订单预测的例外情况。识别分布在订单预测约束之外的项目，例外准则在第1步（供应链伙伴达成协议）已建立。

第8步：订单预测例外项目的解决/合作。通过查询共享数据、E-mail、电话、交谈、会议等调查研究订单预测例外情况，并将产生的变化提交给订单预测（第6步：创建订单预测）。

第9步：订单产生。将订单预测转换为已承诺的订单，订单产生可由制造厂或分销商根据能力、系统和资源来完成。

2. 实施 CPFR 的注意事项

在 CPFR 实施过程中，要特别注意以下关键因素。①

---

① 宋慧勇、汤少梁：《基于 CPFR 的供应链整合研究》，载《现代商贸工业》2007 年第 10 期。

（1）以"双赢"的态度看待合作伙伴和供应链相互作用；

（2）为供应链成功运作提供持续保证并共同承担责任；

（3）抵御产品转向；

（4）实现跨企业、面向团队的供应链；

（5）制定和维护行业标准。

9.3　供应链综合计划

9.3.1　供应链综合计划概述

1. 供应链综合计划的概念

供应链综合计划也称为总体计划或销售和运营计划。这是一个由高级管理层领导的过程，通常以一个月为基础，是在供需和相应的财务方面修订的分阶段项目。同时，它也是一个决策过程，保证供应链合作伙伴和企业各职能部门的战术计划不仅要相互协调，而且要支持整个供应链和企业计划。其目标是使各作业计划相互协调，通过人员、生产能力、物料、时间、资金等关键资源的配置，最有效地满足市场需求，实现利润最大化。因此，供应链综合计划是一种综合决策。

传统上，许多综合计划都集中在企业内部，很少被视为供应链管理的一部分。然而，全面计划是供应链的一个重要问题。综合计划的主要收益来源于预测，良好的预测需要与供应链合作伙伴一起进行，而综合计划的许多约束条件来自企业外部的供应链合作伙伴。没有这些上下游的参考因素，综合规划就不能充分发挥其创造价值的潜力。综合计划的输出对供应链的上下游也有一定的参考价值，会对供应链的绩效产生重大影响。

2. 供应链综合计划的目标参数

综合计划者的主要目标是确定特定时期内的下列运行参数：（1）生产率，即单位时间内完成的产品数量，如每月或每周；（2）劳动力，即生产所需的员工人数或生产能力；（3）加班金额，即计划加班的金额；（4）机器产能水平，即生产所需的机器产能单位数；（5）分包期间的计划生产能力；（6）延迟交货需求，即本期未满足的转为未来交货的需求；（7）现有库存，即计划期内每个期间的库存持有水平。

3. 供应链综合计划的作用

综合计划为生产运营提供蓝图，为制定短期生产和分销决策提供参数，并使供应链能够改变资源分配和供应合同。如前所述，整个供应链必须与计划过程相协调。如果一个制造商计划在给定的时间内增加产量，那么供应商、运输商和仓库管理者都必须意识到这一变化并做出相应的调整。在一个理想的情况下，供应链的所有部分都可以协作以达到最佳性能。如果各部分独立执行各自的计划，很容易造成计划之间的冲突，缺乏协调将导致供应链中的供应短缺或过剩。因此，在尽可能大的范围内实施一个全面的计划是非常重要的。

具体来说，综合计划的作用包括以下几个方面。

（1）综合计划揭示了公司如何利用其各种能力和资源来满足潜在客户的需求。这些能力资源包括劳动力、库存、机器能力和分包合同的有效性。

（2）一个全面的计划可以平衡供应链合作伙伴之间的各种需求和约束。例如，一个全面的计划不仅要考虑客户的需求，还要考虑所有供应商、生产设备和物流服务提供商的能力，这些供应商可以与之合作并提供产品或服务。因此，制订的方案不仅可行，而且能够在成本、运输质量和灵活性方面达到平衡。

（3）综合计划是供应链各合作伙伴之间的协调机制。在供应链运作过程的最后阶段，为了实现计划，公司各相关部门，以及重要供应商和运输服务提供商，将就各自的义务达成一致，对每个利益相关者应该做什么和不应该做什么做出明确的规定。

（4）综合计划可以用各方都能理解的术语解释商业计划。综合计划更侧重于与某一产品或某项服务有关的公司活动，最后的计划可以用一种所有合作伙伴都容易理解的形式来阐述，并且这种形式便于在各方的具体规划工作中应用。

4. 供应链综合计划的制订步骤

综合计划的质量对公司的盈利能力有很大的影响。如果综合计划不能满足可用库存和产能的要求，销售额和利润就会减少。综合规划也可能大大超出需求，增加成本。因此，综合计划是帮助供应链企业满足需求和实现利润最大化的重要工具。

为了编制全面的计划，首先，公司必须明确计划的计划期限。计划期是指综合计划产生结果的时间范围，通常为 3 ~ 12 个月。其次，公司还必须确定计划期内每个周期的持续时间（例如周、月或季度，通常是月或季度）。再次，公司要提出编制综合规划和决策的建议。一般来说，编制综合计划需要以下信息：（1）计划期内每一期的需求预测；（2）生产成本；（3）正常工时人工成本和加班人工成本；（4）分包生产成本；（5）产能变化成本，尤其是雇用或解雇工人以及增加或减少机器容量的成本；（6）每单位产品所需的工时/机器小时数；（7）库存水平；（8）缺货或延迟交货的成本；（9）限制条件，包括加班、解雇、可用资金、缺货、延迟交货，以及从供应商到公司的约束条件。利用这些信息，公司可以做出以下决定：（1）正常工作时间、加班时间和分包时间的生产量用于确定员工人数和供应商采购水平；（2）持有库存决定了仓库容量和营运资金的要求；（3）缺货或延迟交货的数量，用于确定客户服务水平；（4）处理可能发生劳动争议的雇用/解聘劳动者人数；（5）机器能力的增加或减少用来决定是否需要购买新的生产设备或闲置的设备。

9.3.2 供应链综合计划的策略

制订一个全面的计划必须平衡生产能力、库存和缺货成本。增加其中一项费用的综合计划通常会减少另外两项费用。从这个意义上说，成本决策是一种权衡。为了降低库存成本，必须增加生产能力和延迟交货的成本[①]。因此，在制订综合计划的过程中，需要考虑产能库存和延迟交货的成本，在两者之间进行权衡以获得最大的利润。随着需求的变化，这三种成本的相对水平使其中一种成本成为一种关键杠杆，可以用来实现利润最大化。如果产能转换成本较低，公司不需要建仓或延迟交货；如果产能转换成本较高，公司

---

① Sunil Chopra、Peter Meindl 著，陈荣秋译：《供应链管理》，中国人民大学出版社 2010 年版。

可以建立库存或将忘记的订单推迟到淡季交货。一般来说，公司会尽量利用这三种成本来最好地满足需求。因此，综合计划的编制需要生产能力（包括正常时间、加班时间和分包时间）以及库存和积压订单导致的延迟交货，或者失去销售订单而损失之间的基本权衡。通过对三种成本之间的权衡，通常可以得到三种不同的综合计划策略，即追逐策略、劳动力或产能的时间柔性策略和稳定策略。这些策略包括在资本投资、员工数量、工作时间、库存和延迟交货或销售损失之间进行权衡。实际使用的策略大多是这三者的结合，这就是所谓的量身定制策略。

1. 追逐策略——将产能作为杠杆

使用这种策略，生产力可以通过调整机器容量或雇用或解雇员工来满足需求。在实践中，很难在短时间内改变生产能力和劳动力，所以实现这种同步是非常困难的。而这一战略实施时，员工的成本也会相对较高，这对员工士气的影响也会相对较高。这种追逐策略会导致供应链库存水平的降低，以及生产能力和员工数量变化水平的增加。它适用于库存成本高，改变生产能力和机器水平的成本较低的情况。

2. 劳动力或产能的时间柔性策略——将利用率作为杠杆①

这种策略适用于机器过剩的情况（例如，机器不是一天 24 小时都在使用的，不是所有机器每周 7 天都在工作）。在这种情况下，员工人数是固定的，而工作时间随着时间的推移而变化，因此应使用不同的加班时间和灵活的工作时间来实现生产与需求保持一致。这种策略不要求员工数量的灵活性，避免了追逐策略中的一些相关问题，特别是员工数量的变化，但也使生产设备的平均利用率低于追逐策略。它适用于库存成本相对较高而改变生产能力的成本相对较低的情况。

3. 平稳策略——将库存作为杠杆

在这个策略中，机器和劳动力的生产能力保持不变，而产品的短缺和过剩会导致库存水平随时间而变化。在这种情况下，生产不是关于持续的需求，而是根据需求预测建立库存，或将旺季需求推迟到淡季交货，使从业人

---

① 陈志祥、汪云峰、马士华：《供应链运营机制研究——生产计划与控制模式》，载《工业工程与管理》2000 年第 2 期。

员享有稳定的工作环境。这种策略可以保持相对较低的生产能力水平，虽然改变生产能力的成本相对较低，但是会积累大量的库存，因此适合库存和延迟交货成本相对较低的情况。

9.3.3　供应链综合计划的主要方法

如图 9 – 5 所示，制订综合计划的主要方法有自上而下和自下而上两种。

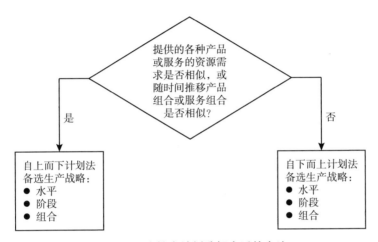

图 9 – 5　为综合计划选择合适的方法

1. 自上而下的计划方法

自上而下的计划方法是指一种综合规划方法，其中的单个整体销售预测驱动计划过程。为了使自上向下的规划方法有效，必须确保产品组合或服务组合在一段时间内基本一致，或者所提供的产品或服务必须具有类似的资源需求。自上而下规划的重要假设是，责任经理可以根据总体预测准确制订战术计划，然后在具体的规划控制阶段为每种产品或服务分配资源。

制订自上而下计划的过程包括以下三个步骤。

（1）确定总销售预测和计划值。自上而下的计划方法首先需要对销售进行整体预测。在以下两个步骤中，计划价值用于帮助管理层将销售预测转化为资源需求，并确定综合计划替代策略的可行性和成本。

（2）将销售预测转换为资源需求。第二步的目标是将分析的重点从销售数量转向战术计划所需的行动数量。这些资源包括一些独特的资源，例如工时、设备时间和材料成本。

（3）制订替代生产计划。在这一步，管理层决定了各种生产计划的可行性和成本。即利用上述三种总体策略编制综合计划：追赶策略、劳动力或能力的时间柔性策略、稳定策略，制订替代生产计划。

2. 自下而上的计划方法

自下而上的计划方法是指产品组合或服务组合不稳定、产品资源需求差异很大时所采用的综合规划方法。在这种情况下，责任经理需要分别评估每一系列产品或服务的资源需求，然后加总求和可以得到总体资源需求。因此，在规划者可以使用一系列价值观来评估资源需求和成本的情况下，在产品组合或服务组合随时间变化的情况下，自下而上的规划能够有效地工作。制订自下而上计划的步骤与自上而下的计划类似。两者的主要区别在于，自下而上的计划要求对每一个产品或服务的资源分别进行估计，然后再添加资源，得到资源需求总量。

应指出，无论采用自上而下的计划方法还是自下而上的计划方法，都是为了实现综合计划，满足需求，最大限度地实现利润最大化的目标。为了求得最大利润，需要采用数学规划模型，如线性规划来求解。

本 章 小 结

供应链计划管理可以优化生产顺序和设备使用，降低库存和运输成本，更好地利用原材料，提高整个供应链的供应服务水平，从而增加核心企业和供应链合作伙伴的利润。在供应链管理中处于核心地位是反映供应链效率和有效性的关键环节。供应链计划问题是一个多智能体、多变量、多约束的复杂优化决策问题。本章主要介绍了供应链计划管理的相关方法和策略。

本章重要术语

供应链计划　　CPFR　　供应链综合计划

延 伸 阅 读

1. 万立军、闫秀荣等：《物流企业管理》，清华大学出版社 2011 年版。

2. 张相斌、林萍、张冲：《供应链管理——设计、运作与改进》，人民邮电出版社 2015 年版。

3. 陈志祥、马士华：《供应链中的企业合作关系》，载《南开管理评论》2001 年第 2 期。

4. 徐冠杰：《供应链合作新概念——协同运输管理（CTM）》，载《物流技术》2006 年第 2 期。

5. 郑称德：《供应链物流管理》，南京大学出版社 2018 年版。

6. 李健、侯书生：《协同与供应：企业的供应链管理》，四川大学出版社 2016 年版。

7. 宋慧勇、汤少梁：《基于 CPFR 的供应链整合研究》，载《现代商贸工业》2007 年第 10 期。

8. Sunil Chopra、Peter Meindl 著，陈荣秋译：《供应链管理》，中国人民大学出版社 2010 年版。

9. 陈志祥、汪云峰、马士华：《供应链运营机制研究——生产计划与控制模式》，载《工业工程与管理》2000 年第 2 期。

10. 但斌、张旭梅：《面向供应链的合作计划、预测与补给》，载《工业工程》2000 年第 3 期。

复习与思考

一、简答题

1. 简述 CPFR 的实施过程。

2. 简述供应链综合计划的主要方法。

二、案例分析题

宝洁—沃尔玛模式

如果说，是两家公司才使得"供应链"这个词家喻户晓，那这两家公司就是沃尔玛和宝洁。20 世纪 80 年代，在这两家公司开始合作之前，美国零售商和制造商分享的信息很少，双方总是围绕着商品价格和货架位置争夺控制权，情形就像今日中国之零供关系。而随着宝洁与沃尔玛供应链协同管理模式的确立，美国零售商和供应商的目光开始转向如何加强供应链管理以降低综合运营成本，以及提高顾客的满意度，而不再仅仅盯住渠道控制权。

宝洁，全球最大的日用品制造企业；沃尔玛，全球最大的商业零售企业。它们之间的合作并非一帆风顺。曾几何时，有"自我扩张欲的家伙"之称的宝洁与沃尔玛经历过长时间的"冷战"。宝洁总是企图控制沃尔玛对其产品的销售价格和销售条件，而沃尔玛也不甘示弱、针锋相对，威胁要终止宝洁产品的销售，或把最差的货架留给它。

当然，双方很快认识到深度合作的好处。1987年，为了寻求更好的方式以保证沃尔玛分店里"帮宝适"婴儿纸尿裤的销售，宝洁负责客户服务的副总裁拉尔夫·德赖尔（Ralph Drayer）和沃尔玛的老板山姆·沃尔顿（Sam Walton）终于坐到了一起。那个时刻被认为是协同商业流程革命的开始。

"宝洁—沃尔玛模式"的形成其实并不复杂。最开始时，宝洁开发并给沃尔玛安装了一套"持续补货系统"，具体形式是：双方企业通过EDI（电子数据交换）和卫星通信实现联网，借助于这种信息系统，宝洁公司除了能迅速知晓沃尔玛物流中心内的纸尿裤库存情况外，还能及时了解纸尿裤在沃尔玛店铺的销售量、库存量、价格等数据，这样不仅能使宝洁公司及时制订出符合市场需求的生产和研发计划，同时也能对沃尔玛的库存进行单品管理，做到连续补货，防止出现商品结构性机会成本（即滞销商品库存过多，与此同时畅销商品断货）。

而沃尔玛则从原来繁重的物流作业中解放出来，专心于经营销售活动，同时在通过EDI从宝洁公司获得信息的基础上，及时决策商品的货架和进货数量，并由MMI（制造商管理库存）系统实行自动进货。沃尔玛将物流中心或者仓库的管理权交给宝洁公司代为实施，这样不仅沃尔玛不用从事具体的物流活动，而且由于双方企业之间不用就每笔交易的条件（如配送、价格问题）等进行谈判，从而大大缩短了商品从订货经过进货、保管、分拣到补货销售的整个业务流程的时间。

具体作业流程是：沃尔玛的各个店铺都制定了一个安全库存水平，现有库存一旦低于这个水平，设在沃尔玛的计算机通过通讯卫星就会自动向宝洁公司的纸尿裤工厂订货。宝洁公司在接到订货后，将订购商品配送到各店铺，并实施在库管理。与整个商品前置时间缩短相适应，两个企业之间的结算系统也采用了 EFT（电子基金转换）系统，通过这种系统企业之间的财务结算就不需要传统的支票等物质形式来进行，而是通过计算机以及 POS 终端等电子设备来完成。事情正如 Sam Walton 对 Ralph Drayer 所说的："我们的做事方式都太复杂了。事情应该是这样的——你自动给我送货，我按月寄给你账单，中间的谈判和讨价还价都应该去掉。"

宝洁公司与沃尔玛的合作，改变了两家企业的营运模式，实现了双赢。与此同时，它们合作的四个理念也演变成供应链管理的标准。这四个理念可以用四个字母代表，C（合作，collaboration）、P（规划，planning）、F（预测，forecasting）和 R（补充，replenishment）。

"C"——合作。不是两家企业普通买卖关系的合作，而是为同一目标创造双赢的合作。零售商店不存货，而把存货推给供货商，增加供货商的成本，这就不叫合作。如果零售商与供货商共同以零售店顾客的满意为最高目标来通力合作，就可让双方都成为赢家。这样的合作是长期的、开放的，而且要共享彼此信息，双方不但在策略上合作，在营运的执行上也要合作。双方先要协议对对方信息的保密，制定解决争端的机制，设定营运的监控方法以及利润分配的策略。双方的目标是：在让销售获得最大利润的同时，缩减成本与开销。

"P"——规划。供应链管理源于日用品的零售，当初并没有 P，以后因为有别的行业应用，才认为有把 P 纳入的必要。P 是规划，两家企业合作，要规划的事很多。在运营上有产品的类别、品牌、项目；在财务上有销售、价格策略、存货、安全存量、毛利等。双方在这些问题上的规划，可以维系共同目标的实现。另外，双方可以对产品促销、存货、新产品上架、旧产品下架等一些事情进行共同规划。

"F"——预测。对销售的预测，双方可以有不同的看法、不同的资料。供货商可能对某类商品预测得准确，而零售商店可以根据实际销售对某项商品预测得准确，但双方最后必须制定出大家都同意的预测方式。系统可依据原始信息，自动做出基础性的预测，但是季节性、时尚性的变化，以及促销活动、顾客的反应，都会使预测出现变化。双方预先要制定好规则来研讨并解决预测可能产生的差异。

"R"——补充。补充是供应链管理的重要程序。销售预测可以换算成为订单预测，而供货商的接单处理时间、待料时间、最小订货量等因素，都需要列入考虑范围之内。货物的运送，也由双方合作进行。零售商订货，应包括存货比率、预测的准确程度、安全存量、交货时间等因素，而且双方要经常评估这些因素。在补充程序上，双方要维持一种弹性空间，以共同应对危机事宜。成功的补充程序，是供货商经常以少量的货品供应零售商，用细水长流的方式降低双方存货的压力。

在持续补货的基础上，宝洁又和沃尔玛合力启动了 CPFR（协同计划、预测与补货，collaborative planning, forecasting and replenishment）流程。这是有 9 个步骤的流程，它从双方共同的商业计划开始，到市场推广、销售预测、订单预测，再到最后对市场活动的评估总结，构成了一个可持续提高的循环。流程实施的结果是双方的经营成本和库存水平都大大降低，沃尔玛分店中的宝洁产品利润增长了 48%，存货接近于 0。而宝洁在沃尔玛的销售收入和利润也大幅增长了 50% 以上。

基于以上成功的尝试，宝洁和沃尔玛接下来在信息管理系统、物流仓储体系、客户关系管理、供应链预测与合作体系、零售商联系平台以及人员培训等方面进行了全面、持续、深入而有效的合作，宝洁公司甚至设置了专门的客户业务发展部，以项目管理的方式保持与沃尔玛的密切关系，以求最大限度地降低成本、提高效率。

灵活高效的物流配送使得沃尔玛在激烈的零售业竞争中技高一筹。沃尔玛可以保证，商品从配送中心运到任何一家商店的时间不超过 48 小时，沃尔玛的分店货架平均一周可以补货两次，而其他同业商店平均两周才补一次货；通过维持尽量少的存货，沃尔玛既节省了存贮空间又降低了库存成本，最终使得沃尔玛的销售成本比行业平均标准低了近 3 个百分点。

而更大的利益其实是软性的。宝洁和沃尔玛的合作已经超越了单纯的物流层面，它们开始共享最终顾客的信息和会员卡上的资料。宝洁可以更好地了解沃尔玛和最终客户的产品需求，从而更有效地制造产品。例如当沃尔玛提出宝洁的产品容易失窃，便及时将玉兰油的包装盒改成蛤状，这样就更难打开；将佳洁士的美白牙贴也做大，并加上一层额外的塑料层。同时，宝洁还特意为沃尔玛设计一些产品，比如中档的咖啡威尼托（Veneto），因其与其他公司的产品显著不同，也取得了不错的效益。

总而言之，供应链协同管理模式大大降低了整条供应链的运营成本，提高了对顾客需求的反应速度，更好地保持了顾客的忠诚度，为双方带来了丰厚的回报。根据贝恩公司（Bain & Co）最近的一项研究，2004 年宝洁 514 亿美元的销售额中的 8% 来自沃尔玛。另外，沃尔玛 2560 亿美元的销售额，就有 3.5% 归功于宝洁。

宝洁与沃尔玛创造了制造商与零售商紧密合作的样板，越来越多的商家与厂商开始建立亲密接触。全美最大的仓储零售商好市多量贩店（Costco Wholesale）、塔吉特（Target Corp）还有法国的家乐福（Carrefour）都在朝这一模式努力。

资料来源：MBA 智库·百科，http：//wiki. mbalib. com/wiki/% E5% AE% 9D% E6% B4% 81% E2% 80% 94% E6% B2% 83% E5% B0% 94% E7% 8E% 9B% E6% A8% A1% E5% BC% 8F。

思考：

1. 宝洁公司和沃尔玛如何实施 CPFR？

2. 在实施 CPFR 过程中，宝洁公司和沃尔玛可能会遇到哪些难题？

第 10 章

面向供应链的采购管理

学习目标

1. 掌握采购的定义与采购策略。
2. 了解采购流程、供应商管理与采购风险管理。
3. 掌握供应链下的采购管理和传统采购管理的区别。

引导案例

中国石油企业海外项目采购管理探析

在近 30 年的海外项目发展过程中，中国石油企业在学习借鉴国际石油公司项目采购管理方法的基础上，针对不同国家、地区、合作对象和合同类型的项目，制定了不同的项目采购管理体系和方法。

由于海外项目合同类型多样，国别环境区别大，当前中国石油企业的海外项目运行管理以项目制为主。在项目制运行模式下，采购管理具有几个共同点：一是采购工作几乎全部由项目采购团队管理完成，得到的其他协助较少；二是采购程序基于项目合同规定及项目所在国家的法律法规要求专门定制；三是项目的采购审批程序一般要经资源国政府部门审批。项目制模式下的分散采购反应灵活，针对性强，项目管理层主导权较大，可以快速做出决定。但存在各自为政、信息无法共享、不能形成资源整合优势的问题，主要体现在以下几个方面。一是各项目独立运行、独立计划、独立采购，项目之间没有统一调配、共享资源，不能形成价格联盟和统一的采购策略，无法取得规模优势。尤其是在单一来源采购或者独家议标时，无法询价和比价，不易进行成本分析和价格论证，难以保证价格的合理性。二是不同项目的招标供应商管理及选择方式多样，有的项目按合作伙伴、资源国政府要求，每次招标选择供应商需要通过公示、资质预审；有的项目建立了供应商库，从供应商库中筛选供应商参与投标；有的项目则采用供应商库与公示结合的方法。由于没有统一的标准和管理方法，企业集团层面的供应商合规管理无法实施，不能确保优质的供应商参与投标。三是不利于企业集团搭建物资采购信息系统，业务信息资源缺乏开发和共享，境外单位之间相互沟通不够。

国际石油公司的采购管理也经历了从项目制到全球化战略采购布局的过程。项目所在国或资源国的经济发展状况各异，面对当地法律法规、不同语言文化的挑战，为更好地在全球范围内管理项目运行，形成规模集成优势，降低运行成本，国际石油公司的项目采购管理从传统的采购、招标、合同、供应商管理向全球性采购转变。国际石油公司对采购组织结构、采购人员职责、采购业务划分进行了调整，体现了效率、战略、全球化等原则：首先，自上而下改造集团公司以及项目公司的采办组织结构、人力资源配备，形成区域支持中心、扁平化管理层级，提高采购的及时性和灵活性，强调沟通协作、信息共享、采购一体化管理；其次，以供应为基点，实施高度组织化和全球化的管理，构建跨部门、跨地区的管理网络，并进行整合优化，充分利用全球不同国家和地区的资源、技术和能力优势；最后，打造与供应链合作伙伴的战略合作关系，提升企业内部及整个商业活动的信息共享程度，充分利用外部合作伙伴的专长和服务来优化业务运作。

埃克森美孚公司在全球设立多个采购中心，有的负责战略协议签署维护，有的负责全球信息技术合同及服务支持，有的负责全球化学剂材料采购及服务支持。埃克森美孚开发了全球采购平台系统，同时颁布全球统一采购手册，以作为指导全球各采购中心和项目采购管理的大纲和指导性手册。具体到各项目的采购管理，埃克森美孚开发适合项目所在国的采购流程，进行当地服务及材料采购的招标管理。若涉及国际采购业务，则交由各地采购中心完成。当项目需要采购信息共享或业务谈判需要协助时，采购中心的品类管理专家、战略合同中心的合同管理专家，可从全球范围资源中提供合同模板、工作范围、报价模式、价格、潜在供应商等信息。可以看出，埃克森美孚的全球采购中心扮演了非常重要的角色，为项目采购管理提供了重要的支持功能。

BP 公司的采购管理分为两部分。一部分采购管理工作下放到各业务板块，由各业务板块管理各自的采购业务，从上往下，直至各项目，业务板块采购组织在整个集团采办管理及项目采办管理中发挥着核心作用。各业务板块的采购负责人通过协调机制、开会交流、经验分享，避免重复工作。另一部分采购管理工作则由 BP 中央采购团队承担，主要负责与全球战略合作供应商签署框架协议，实施战略合同管理。具体到项目采办管理，项目采办经理依据业务板块采购组织的标准、流程、组织架构搭建采办团队，设置管理方式，并从业务板块采购组织获得品类管理、战略采购、全球供应商选择等方面的支持。

壳牌公司的采购管理主要通过三种方式运行。一是总部集中采购，集团采购部负责签订战略框架协议并监督执行，各项目采购部门使用框架协议。二是总部指导＋区域执行，总部确定总体战略，各区域负责具体执行。三是区域范围内的统一采购管理，各区域负责区内不同项目的采购管理，不同区域不进行集中采购，但各区域可分享采购资源和成功经验。

从国际石油公司采购管理理念的转变可以看到，在经济全球化的大环境下，企业要发展壮大，一定要有国际化、全球化的视野。传统意义上采购管理部门主要定位于职能服务部门，完成集团或项目的采购任务、节省成本是其主要任务。在新的形势下，采购管理应纳入企业战略管理的框架中，采购布局要着眼于全球，要有前瞻性，既要为企业实现战略目标提供支撑，又要为各区域、各项目提供服务支持。在这样的规划布局下，战略采购、集中采购中心、信息一体化建设已成为企业采购管理的发展趋势。为进一步提高和完善中国石油企业的海外项目采购管理体系，并向国际先进的采购管理体系看齐，建议中国石油企业提升海外项目采购管理的措施，包括（1）建立以全球采购中心为主、项目采购为辅的采购管理格局；（2）实施品类采购管理；（3）实施战略采购；（4）采购人才聘用全球化，全球区域采购中心专业化；（5）建立海外项目全球采购信息化管理平台；（6）制定海外项目采购管理全球指导手册。

资料来源：金钟、陈剑飞：《中国石油企业海外项目采购管理探析》，载《国际石油经济》2020 年第 9 期。

10.1　供应链环境下的采购管理概述①

10.1.1　采购的定义及地位

1. 采购的定义

有效的原材料（零部件）或服务的采购对企业竞争优势的形成具有非常重要的作用。采购过程把供应链上的供应商连接起来，以保证供应链能够正常运作。在许多行业中，原材料的采购成本占产品总成本的比例很大，投入到供应链中的原材料的质量还将影响产成品的质量，并由此影响顾客的满意度和企业的收益。由于采购对供应链的整体绩效水平起着决定性的作用，所以就不难理解采购越来越受供应链企业的重视。

采购是一个复杂的过程，根据企业运营特点和环境的不同，它可以有不同的定义。狭义地说，采购是企业购买货物和服务的行为；广义地说，采购是一个企业与供应商建立合作关系的纽带和通道。需要指出的是，采购过程并不仅仅是各种活动的机械叠加，它是对跨越组织边界的一系列活动的成功实施。因此，对采购可以做如下定义：用户为取得与自身需求相吻合的货物和服务而必须进行的所有活动。

如图 10-1 所示，采购是制造商连接供应商的纽带。

---

① 马士华：《供应链管理》（第 3 版），中国人民大学出版社 2017 年版，第 128~137 页。

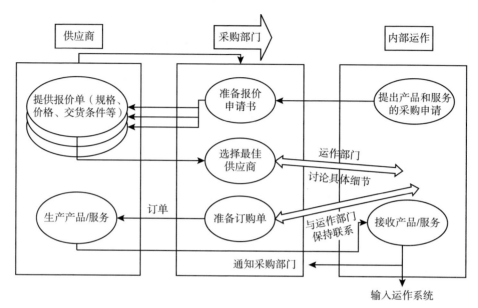

图 10 - 1　采购活动连接制造商和供应商

资料来源：马士华：《供应链管理》（第 3 版），中国人民大学出版社 2017 年版，第 128 页。

2. 采购在供应链中的重要地位

物料成本是企业成本控制中的主体和核心部分。对于典型的制造商企业来说，采购成本（包括原材料和零部件）要占据产品总成本的 60% 左右，例如汽车行业的采购成本约占一辆车成本的 80%。可见采购成本直接影响着企业最终产品的定价和企业的利润，合理良好的采购行为将直接增加企业的利润和价值，有利于企业在市场竞争中赢得优势。

同时，合理采购对提高企业竞争能力、降低经营风险也具有极其重要的作用。一方面，科学的采购不仅能降低产品生产成本，而且也是产品质量的保证；另一方面，合理采购能保证经营资金的合理使用和控制，从而利用有限的资金有效开展企业的经营活动。

随着经济全球化和信息网络技术的高速发展，全球经济运行方式和流通方式产生了巨大变化，企业采购模式也随之不断发展。供应链中各制造商通过外购、外包等采购方式从众多供应商中获取生产原料和生产信息，采购已经从单个企业的采购发展到了供应链上的采购。

在供应链中，采购使供应链各节点间的联系和依赖性进一步增强，对于降低供应链运作成本，提高供应链竞争力起着越来越重要的作用。

10.1.2　采购管理的定义和目标

1. 采购管理的定义

采购管理是为了保障企业物资供应而对整个企业采购活动进行计划、组织、协调和控制的管理活动，面向整个企业全体采购员，也面向企业其他人员（进行有关采购的协调配合工作），它着眼于企业内部、企业和其供应商之间持续改进采购的过程。图 10 – 2 为基于供应链的采购管理模型。

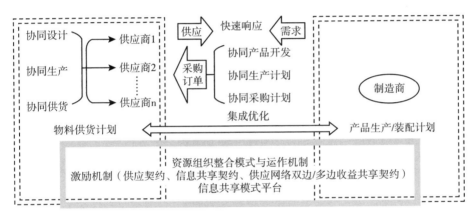

图 10 – 2　基于供应链的采购管理模型

资料来源：马士华：《供应链管理》（第 3 版），中国人民大学出版社 2017 年版，第 133 页。

2. 采购管理的目标

采购管理的目标是以尽可能低的成本满足内外部顾客的需要，可以归纳为以下几个方面。

（1）为企业提供所需的物料和服务，以使整个组织正常运行。原材料和零部件的缺货可能需要支付固定成本，从而导致运营成本提高，无法兑现客户的交货承诺，给企业造成极大的损失。例如，在缺少零件的情况下，企业不可能生产出整个产品。

（2）争取最低成本。采购部门的资金用量相对比较大，在确保质量、

223

配送和服务的前提下，采购部门还应尽量以最低的价格获得所需的原材料和服务。

（3）降低存货和损失。保证物料供应不间断的一个方式是保持适量的库存，保持库存必然占用资金，一般库存成本占库存商品价值的 20% ~ 50%，如果可以用 100 万元的库存（而不是原来的 200 万元）来保证企业的正常运作，那么库存减少的 100 万元不仅意味着节省流动资金，而且也节省存货费用。

（4）提高产品或服务的质量。为了保障产品生产或提供服务，任一物料的投入都要达到一定标准的质量要求，否则会影响最终产品或服务的质量。若想挽回低质量物料投入生产造成的损失，所花费的成本可能是巨大的。

在采购过程中要做到 7R（right），即在确保适当的质量水平下，能够以适当的价格，在适当的时期，从适当的供应商那里采购到适当数量的物资和服务。

10.1.3 供应链管理下采购管理模式的发展变化

1. 采购与供应商之间的关系从普通的买卖关系向长期战略合作关系改变

抛弃以往只想压低价格的采购模式，不再绞尽脑汁强迫供应商妥协，转而在市场上寻找更多的供应商，采取分散单独治理的方法。供应链理念产生并盛行后，采购与供应商之间建立战略合作关系，共同分享库存的数据信息，有效地降低库存积压成本，解决处理产品成本与质量等有关问题，同心协力降低采购成本。很多企业还与供应商建立了技术合作联盟，有效地缩减了新产品的开发成本。

2. 采购活动以适时生产（JIT）的订单驱动采购

在以往采购模式中，采购活动的目的是及时补充库存，防止库存缺货。而在供应链理念的管理环境下，采购活动的驱动力是以订单驱动的方式进行的，因此，企业订单的需求是在客户的需求订单出现后产生的。适时生产的订单驱动方式将使采购的原材料直接配送到制造部门，减少了采购部门的成本费用与库存积压，供应链管理系统及时对用户的需求做出响应，很大程度上降低了企业的库存成本。

3. 采购管理的重点转向外部资源管理

传统采购工作中最大的不足就是缺少与供应商之间的合作，缺少柔性管理以及对用户需求做出快速响应的能力。适时生产采购理念的产生发展对企业采购管理工作提出了新要求，企业必须改变过去"为库存而采购"的经营管理模式，提高采购人员柔性管理和市场反应能力，加强与供应商的信息沟通和彼此间的相互合作，开创新的共赢合作发展模式，通过供应商的信息反馈和对供应商培训的加强，改善供应商产品质量，努力参与到供应商的新产品设计开发和质量控制把关过程中，把事后把关转变为实时把控。

4. 供应链下的采购管理促进采购流程增值

传统的采购管理工作流程往往需要几个不同的职能部门共同完成，以达到降低采购风险的目的。但这种工作流程有以下不足：一是采购审批环节过多导致的采购管理工作效率的低下；二是不同部门间的本位主义、封闭型组织的特点，以及信息不能顺畅地流动导致内耗增加，从而导致内部经营成本的提高。在供应链管理的经营模式下，信息化技术日渐成熟，加快了管理审批流程的速度，从而有效地降低了企业的采购成本。借助于供应链管理的战略合作关系，下游企业可以利用信息技术帮助上游供应商改善成本结构，提高所供商品的质量，提高供货时效，降低供应商的生产成本，缩短新产品开发周期，提高商品质量，从而缩短交货期。

5. 库存管理的方式发生重大改变

在传统采购管理模式下，供求关系的效应使得供应商和采购方隔离开来，单独保持一定的库存来消除需求波动的影响，以确保企业能正常生产经营。随着市场竞争的白热化，高库存使企业在竞争中处于非常不利的被动地位。供应链理念下的库存管理，从单个企业到制造商、供应商、零售商和批发商组成的整个供应链的范围内，他们之间存在合作和博弈的关系，通过双方合作，降低缺货、积压造成的库存成本，从而实现双赢的目的。

10.2 面向供应链的采购策略

10.2.1 供应链采购流程与模式

1. 供应链采购流程①

采购过程是采购工作中的重要一环，从确定待购的产品或服务的要求、供货源的选择到确定价格和采购条件，以及对货物的接收、检验等一系列过程是采购流程需要注意的关键内容。采购管理的业务内容和模式大体如图 10-3 所示。采购管理主要包括以下五方面业务：采购计划管理、请购管理、采购订单管理、收退货管理、采购结账和结清。

（1）采购计划管理。制造业在自购原料、物料后，经过加工制造或经过组合装配成为产品，再通过销售过程获取利润。其中，如何获取足够数量的原料、物料，便是采购数量计划的重点所在。在某一特定时期内，估计应在何时购入何种材料的作业，这是采购计划的主要任务。采购计划管理主要实现采购计划的生成以及采购计划信息的维护等功能。

①生成采购计划：采购计划是采购管理作业的源头，以需求计划的处理为采购系统的业务起始点。根据 MRP 的物料需求计划及库存子系统生成的物料需求（订货点控制、订货周期控制等生成的请购计划）来生成采购计划（或采购建议订单），采购计划的信息包括物品名称、规格、型号、数量、需求日期等。为保证生成数据的合理性和采购可行性，计划员还可以修改其中的数量、日期等信息，并综合考虑物料的订货批量、采购提前期、库存量、运输方式以及计划外的物料申请，进行系统自动物料合并或人工干预和修改。对于采购提前期很长的原材料，采购计划应经过销售、财务与计划等部门的综合讨论与评估来确定所需的数量和时间，然后制订原材料的中期或长期采购计划。

---

① 张涛：《企业资源计划（ERP）原理与实践》（第 2 版），机械工业出版社 2015 年版，第 142～145 页。

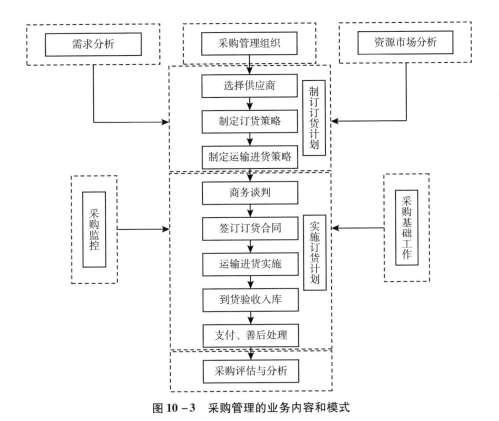

图 10 - 3　采购管理的业务内容和模式

资料来源：涂高发：《采购管理从入门到精通》，化学工业出版社 2019 年版，第 4 页。

②生成用款计划：完善的采购计划是生成用款计划的前提，生成采购计划后，根据采购原料的价格信息生成用款计划，并根据询价结果进行维护；然后提交财务部门，由其对用款计划进行确认，以判断用款计划是否合理，并由上级领导进行批示，再由财务部门将意见反馈给采购部门，若通过则形成正式的用款计划，并下达采购计划。

（2）请购管理。请购管理主要根据下达的采购计划，自动生成请购单或者手工输入请购单，填写限价信息，确定供应商及采购单价，最后经主管审核通过后，合并请购并下达，生成采购订单。在这一过程中，可将一项请购拆成不同供应商、交货日期及交货地点的多项请购。对于没有通过审批的请购单，可以将其置为待定状态，暂停生成订单。

（3）采购订单管理。根据通过审核的请购单生成采购订单，执行采购

227

工作，并跟踪采购订单执行的全过程。对于已经到期或即将到期的订单，生成催货单，并对过期订单记录催货次数。对于供应商送来的物资，生成到货单，下传到收退货管理业务。生成采购订单和订单跟踪管理是采购订单管理的两个主要内容。

①下达采购单：根据订货数量、采购提前期、库存量、运输方式、用款计划以及计划外的物料申请进行物料合并，生成采购订单，经过确认后即可进行订单输出，最后下达给供应商，也可以网上发布订单。对于临时追加的采购任务，可以通过与供应商协商直接下达采购单。

②采购单跟踪：所谓的订单跟踪管理主要是指跟踪、查询供应商加工进展情况，控制采购进度，从而保证订单按期、按质、按量交货。采购业务人员对下达的采购订单按计划进行跟踪，可以设置跟踪的时间周期，在跟踪的过程中，要了解供应商的生产进度及质量情况，并及时对供应商给予支持。

采购订单的生成过程如图 10 - 4 所示。

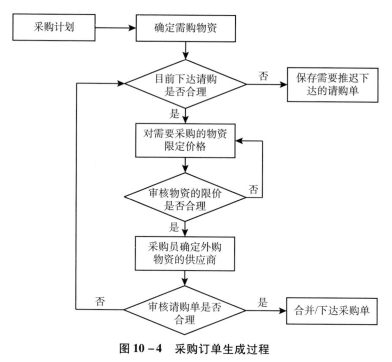

图 10 - 4 采购订单生成过程

资料来源：张涛：《企业资源计划（ERP）原理与实践》（第 2 版），机械工业出版社 2015 年版，第 144 页。

（4）收退货管理。收货、退货业务的处理用于记录有关收到产品的数量、单价、成本及标准成本的差异，建立收货单、退货单、装箱单、货运单等单据，并对这些单据进行处理。其组成部分如图 10-5 所示。

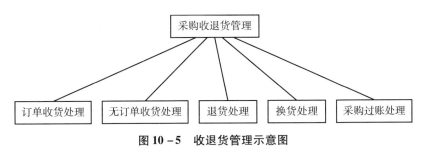

图 10-5　收退货管理示意图

资料来源：张涛：《企业资源计划（ERP）原理与实践》（第 2 版），机械工业出版社 2015 年版，第 145 页。

采购收退货管理最为主要的两项业务为收货检验作业和退货管理。

①采购检验：由专门的质检部门根据采购单编号直接查找未收完料的采购单，对货物进行质量检验。收货检验分为抽检和全检，检查合格则收货入库，否则便退货或换货。

②采购收退货：由采购人员对采购的货物按订单与发票进行验收，并录入收货单与发票。也可以根据企业的实际流程，直接由货物检验人员（或物料管理员）对来料按订单验收。对于有订单的到货，可按订单生成到货单；对于没有订单的到货，人工录入到货单与供应商相关的信息。经过质检部门验收货品后，在到货单中填写合格品数量，主管对到货产品的价格和质量进行审核，不合格品生成退货单经审核退货，并维护供应商管理中的供货情况记录。退货时先根据发票建立一个退货请求，待货物出库后再根据出库结果建立退货说明并相应修改收货、付款情况。

（5）采购结账和结清。

①结账与费用核算：结账付款工作应由采购部门配合财务部门来完成，并根据物料的采购结算单据对各种采购费用进行分摊，计算出物料的采购成本。

②采购单结清：在采购订单交货、收货、入库、付款和考核后，要及时

结清采购订单。一般按付款结清的方式处理，也可以进行强制结算。

2. 供应链采购模式①

企业的采购应该着眼于供应链的整体框架，考虑供应的速度、柔性、风险，优化采购模式，从单一的竞争性采购模式变为集中采购、全球化采购、准时化采购等多种模式及其优化组合以增强供应链竞争力。

（1）集中采购模式。集中采购是相对于分散采购而言的，即采购组织同时为多个企业实施采购，通过全面掌握多个企业的需求情况，与供应商签订合同，实现大批量订购，利用规模优势，提高议价能力，从而大大降低采购成本。

例如，2004 年我国武钢、唐钢等大型钢铁企业联手同全球最大的多种资源矿业公司达成合作意向，成立合营企业并通过该公司在 25 年内每年向这几家钢铁企业提供约 1200 万吨的铁矿砂。据估计，协议采购价格约为 25 美元/吨，到岸价约为 59 美元/吨，这同当时 120 美元/吨的澳矿到岸价相比，采购成本降低了五成以上，极大地降低了企业的生产成本。

（2）全球化采购模式。利用全球的资源，基于电子商务交易平台，整合互联网技术与传统工业资源，在全世界范围内寻找供应商和质量好、价格合理的产品。全球化采购在地理位置上更加拓展了采购的范围，这也是大型企业全球化战略的必然要求。

例如，戴尔公司全球化采购的实施是通过建立全球化采购中心、设立众多国际采购网点来实现的，可在全球范围内采购 5000 多种零部件。这种全球化采购模式充分发挥了现代物流、信息流的作用，使戴尔公司的采购成本降到了最低。

（3）准时化采购模式。准时化生产的基本思想是只在需要的时候，按需要的量生产所需的产品，是一种多品种、小批量混合生产条件下的高质量、低消耗的生产方式，其核心是追求无库存的生产系统或使库存最小化。所以，准时化采购模式建立在供需双方互利合作的战略伙伴关系的基础上，当需求商对原材料或半成品的需求产生时，有能力适时地从供应商处得到质

---

① 罗岚、姚琪、殷伟：《供应链管理》，华中科技大学出版社 2016 年版，149～150 页。

量可靠的所需物料。准时化采购模式对于降低原材料和外购件的采购价格、大幅度减少原材料和外购件的库存、提高生产率等具有重要作用。

例如，生产复印机的美国施乐（Xerox）公司通过实施准时化采购，使该公司采购物资的价格下降了40%～50%，库存降低了40%，劳动生产率提高了2%。

3. 优化采购模式的注意事项

优化采购模式，可以提高采购效率，降低采购成本，使采购的过程公开化，促进采购管理定量化、科学化，实现生产企业从"为库存而采购"到"为订单而采购"的转变，实现采购管理从内部资源管理向外部资源管理的转变。在采购模式的优化过程中还应注重与企业内外部的协同，加强与供应商合作关系的管理，实行合理的采购流程管理，健全采购绩效评估体系。具体表述如下。

（1）注重企业内外部的协同。企业要实现高效采购，就需要企业各业务部门协同配合，包括设计开发部门、生产部门、财务部门等。在采购模式的优化过程中要注重采购部门与其他相关部门（尤其是生产部门）的流程重组，逐渐从注重功能集合向注重流程重组转移，加强采购流程在企业内部的沟通和协调，充分发挥采购职能。采购作业不仅需要与企业内部协同，而且需要与外部供应商协同。这种协同不仅包括与供应商在库存、需求等方面通过信息的共享及时调整采购计划及其执行过程，而且包括与供应商的全程协同，即在产品研发过程中和供应商进行同步开发。此外，注重对采购价格的协同以保持最佳的价格竞争优势也是非常重要的。

（2）加强与供应商合作关系的管理。集中采购、全球化采购等现代采购模式，不仅促使供应商向专业化的方向发展，而且使生产商在更广的范围内挑选更为合适的供应商成为可能。在全球供应链的环境下，采购方和供应商协同合作的难度不断增加，任何一方的失误都会造成供应链效率和利润的低下。可见，切实加强与供应商合作关系的管理在采购模式的优化过程中尤为重要。要加强对供应商的选择与评估，建立并协调与供应商的战略合作关系，拟订产品共同开发计划，将采购作业与供应商的工作流程衔接起来，直接处理跨越双方的综合业务等。

（3）实行合理的采购流程管理。在流程管理方面，应注重企业采购流程管理，加强生产计划、物料需求计划和采购之间的协调运作。加强核心采购流程的设计，降低采购工作的随意性。以年度采购计划预算编制流程为例，如果没有明确的采购计划，缺乏对采购需求的分析和对供应商的培养，就会导致大量的常规采购变成突发性的临时采购，使生产成本大幅上升。

（4）健全采购绩效评估体系。企业通过健全采购绩效评估体系并持续进行评估，可以及时有效地发现采购作业中的问题，制订改善措施和解决方案，确保采购目标的实现和绩效的提升。对于绩效，可建立采购（计划完成及时率）、物料质量（来料合格率）、采购成本（价格差额比率）、采购周期、供应（供应准确率）、库存（库存周转率）、服务满意度等指标体系来进行评估。

10.2.2　准时化采购策略[①]

1. 准时化采购定义

准时采购也叫 JIT（just in time）采购法，是一种先进的采购模式，追求无库存或是趋向于无库存的生产系统。JIT 的思想核心可以归结为：在恰当的时间、地点，以恰当的数量和质量提供恰当的物品，消除一切无效的劳动与浪费，超过所需最小数量的任何东西都将被看成是浪费，因为在不需要的事物上投入的精力和原材料都不能在现在被使用。JIT 十分重视客户的个性化需求，重视人的作用，重视对物流的控制，主张在生产活动中有效降低采购、物流成本，要求全过程各阶段都要具有高水平的质量、良好的供应商关系以及对最终产品需求的准确预测。

供应链环境下的采购模式和传统的采购模式的不同之处在于其采用订单驱动的方式。订单驱动使供应与需求双方都围绕订单运作，也就实现了准时化、同步化运作。要实现同步化运作，采购方式就必须是并行的。当采购部门产生一个订单时，供应商即开始着手物品的准备工作。与此同时，采购部

---

① 罗岚、姚琪、殷伟：《供应链管理》，华中科技大学出版社 2016 年版，第 153～155 页。
张涛：《企业资源计划（ERP）原理与实践》（第 2 版），机械工业出版社 2015 年版，第 149～151 页。

门编制详细采购计划，制造部门也进行生产的准备过程，当采购部门把详细的采购单提供给供应商时，供应商就能很快地将物资在较短的时间内交给用户。当用户需求发生改变时，制造订单又驱动采购订单发生改变。这样一种快速的改变过程，如果没有准时的采购方法，供应链企业就很难适应这种多变的市场需求，因此，准时化采购增加了供应链的柔性和敏捷性。

JIT 采购模式与传统采购的区别见表 10－1。

表 10－1   JIT 采购与传统采购的区别

项目	JIT 采购	传统采购
采购批量	小批量，送货频率高	大批量，送货频率低
供应商选择	长期合作，单源供应	短期合作，多源供应
供应商评价	质量、交货期、价格	质量、价格、交货期
检查工作	逐渐减少，最后消除	收货、验货、质量验收
协商内容	长期合作关系，质量和合理价格	获得最低价格
运输	准时送货，买方负责安排	较低成本，卖方安排
文书工作	工作量少	工作量大
产品说明	供应商革新，强调性能宽松要求	买方关心设计，供应商没有创新
包装	小包装，标准化容器包装	普通包装
信息交流	快速可靠	一般要求

资料来源：张涛：《企业资源计划（ERP）原理与实践》（第 2 版），机械工业出版社 2015 年版，第 150 页。

2. 准时化采购的特点

（1）采用较少的供应商，甚至单源供应。传统的采购模式一般是多头采购，供应商的数量相对较多。从理论上讲，采用单供应商比多供应商好，一方面，供应商管理比较方便，也有利于降低采购成本；另一方面，有利于供需之间建立长期稳定的合作关系，质量较有保证。但是采用单一的供应源也存在风险，比如供应商由于意外原因中断交货，以及供应商缺乏竞争意识等。

在实际工作中，许多企业并不愿意成为单一供应商。原因很简单，一方面，供应商是具有较强独立性的商业竞争者，不愿意把自己的成本数据披露给用户；另一方面，供应商不愿意成为用户的一个产品库存点。实施准时化采购，需要减少库存，但库存成本原先是在用户一方，现在被转移到供应商，因此用户必须意识到供应商的这种忧虑。

（2）对供应商的选择标准不同。在传统的采购模式中，供应商是通过价格竞争做出选择的，供应商与用户的关系是短期的合作关系，当发现供应商不合适时，可以通过市场竞标的方式重新选择供应商。但在准时化采购模式中，由于供应商和用户是长期的合作关系，供应商的合作能力将影响企业的长期经济利益，因此对供应商的要求就比较高。在选择供应商时，需要对供应商进行综合评估。在评价供应商时，价格不再是主要因素，质量才是最重要的标准，这种质量不仅指产品的质量，还包括工作质量、交货质量、技术质量等多方面内容。高质量的供应商有利于建立长期战略合作关系。

（3）对交货准时性的要求不同。准时化采购的一个重要特点是要求交货准时，这是实施精细生产的前提条件。交货准时取决于供应商的生产与运输条件。作为供应商，要使交货准时，可以从以下两个方面着手：一方面要不断改进企业的生产条件，提高生产的可靠性和稳定性，减少由于生产过程的不稳定导致的延迟交货或者误点现象。作为准时化供应链管理的一部分，供应商同样应该采用准时化的生产管理模式，以提高生产过程的准时性。另一方面，为了提高交货准时性，运输问题不可忽视。在物流管理中，运输是一个很重要的问题，它决定了准时交货的可能性。特别是在全球的供应链系统中，由于运输过程长，而且可能要先后经过不同的运输工具，需要中转运输等，所以要进行有效的运输计划与管理，使运输过程准确无误。

（4）对信息交流的需求不同。准时化采购要求供应与需求双方信息高度共享，保证供应与需求信息的准确性和实时性。由于双方的战略合作伙伴关系，企业在生产计划、库存、质量等各个方面的信息都可以及时进行交流，以便出现问题时能够及时处理。

（5）制定采购批量的策略不同。小批量采购是准时化采购的一个基本特征。准时化采购与传统采购模式的一个重要区别在于，准时化生产需要减少生产批量，直至实现"一个流生产"，因此采购的物资也应采用小批量方法。当然，小批量采购增加了运输次数和成本，对供应商来说，这比较困难，特别是供应商在国外等远距离的情形下，实施准时化采购的难度就更大。对此，可以考虑采用混合运输、代理运输等方式，或尽量使供应商靠近用户等方法来解决问题。

图 10-6 表明了准时化采购中供需合作关系的作用和意义。

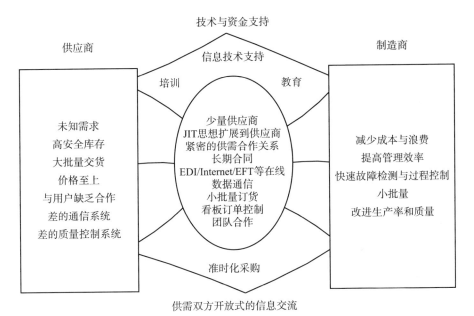

图 10-6　准时化采购环境下的供需合作关系

资料来源：马士华：《供应链管理》（第 3 版），中国人民大学出版社 2017 年版，第 147 页。

3. 准时化采购策略的实施

有效地实施准时化采购可以从以下几个方面着手。

（1）创建准时化采购班组。世界一流企业的专业采购人员有三项责任，即寻找货源、商定价格、发展并不断改进与供应商的协作关系。因此专业化的高素质采购队伍对于实施准时化采购至关重要。为此，首先应成立两个班组：一个是专门处理供应商事务的班组，该班组的任务是认定和评估供应商的信誉、能力，与供应商谈判签订准时化订货合同，向供应商发放免检签证等，同时要负责供应商的培训与教育；另一个是专门从事消除采购过程中浪费的班组，这些班组人员对准时化采购的方法应有充分的了解和认识，必要时要进行培训，如果这些人员本身对准时化采购的认识和了解都不彻底，就不可能指望与供应商合作了。

（2）制定并确保准时化采购策略有计划、有步骤地实施。这个过程包括制定采购策略，改进当前的采购方式，减少供应商的数量，正确评价供应商，向供应商发放签证等内容。在这个过程中，要与供应商一起商定准时化采购的目标和有关措施，保持经常性的信息沟通。

（3）精选少数供应商，建立伙伴关系。选择供应商应从产品质量、供货情况、应变能力、地理位置、企业规模、财务状况、技术能力、产品价格，以及与其他供应商的可替代性等方面进行考虑。

（4）进行试点工作。先从某种产品或某条生产线开始，进行零部件或原材料的准时化供应试点。在试点过程中，取得企业各个部门的支持是很重要的，特别是生产部门的支持。通过试点，总结经验，为正式实施准时化采购打下基础。

（5）搞好供应商的培训，确定共同目标。准时化采购是供需双方共同的业务活动，单靠采购部门的努力是不够的，还需要供应商的配合。只有使供应商也对准时化采购的策略和运作方法有了认识和了解，才能获得供应商的支持和配合，因此需要对供应商进行教育培训。通过培训，供需双方取得一致的目标，相互之间就能够很好地协调，做好采购的准时化工作。

（6）向供应商颁发产品免检合格证书。准时化采购和传统采购的不同之处在于买方不需要对采购产品进行比较多的检验手续。要做到这一点，就需要供应商做到提供百分之百的合格产品，当供应商达到这一要求时，即可向其颁发免检手续的免检证书。

（7）实现配合准时化生产的交货方式。准时化采购的最终目标是实现企业的准时化生产，为此，要实现从预测的交货方式向准时化适时交货方式的转变。

（8）继续改进，扩大成果。准时化采购是一个不断完善和改进的过程，需要在实施过程中不断总结经验教训，从降低运输成本、提高交货的准确性和产品的质量、降低供应商库存等各个方面进行改进，不断提高准时化采购的运作绩效。

10.2.3　电子化采购策略[①]

1. 电子化采购定义

电子化采购是由采购方发起的一种采购行为，是一种不见面的网上交易，如网上招标、网上竞标、网上谈判等。人们把企业之间在网络上进行的这种招标、竞价、谈判等活动定义为 B2B（business - to - business）电子商务，事实上，这也只是电子化采购的一个组成部分。与一般的电子商务和一般的采购相比，电子化采购在本质上有了更多的概念延伸，它不仅完成了采购行为，而且还利用信息和网络技术对采购全程的各个环节进行管理，有效地整合了企业的资源，帮助供求双方降低了成本，提高了企业的核心竞争力。可以说，企业采购电子化是企业运营信息化不可或缺的重要组成部分。电子化采购使企业不再采用人工办法购买和销售它们的产品，在这一全新的商业模式下，随着买主和卖主通过电子网络而联结，商业交易开始变得具有无缝性，其自身的优势是十分显著的。

电子化采购兴起于美国，它的最初形式是"一对一"的电子数据交换系统，即 EDI（electronic data interchange）系统，该电子商务系统大幅度地提高了采购效率，但价格昂贵、耗费庞大，且由于其封闭性仅能为一个买家服务，尤令中小型供应商和买家望而却步。为此，联合国制定了商业 EDI标准，但在具体实施过程中，关于标准问题在行业内及行业间的协调工作举步维艰，因此，真正商业伙伴间的 EDI 并未广泛开展。20 世纪 90 年代中期，电子化采购目录开始兴起，供应商通过将其产品信息上传网络来提高供应商的信息透明度、市场涵盖面。近年来，全方位综合电子化采购平台开始出现，并通过广泛连接买卖双方来进行电子化采购服务。

电子化采购是一种在 Internet 上创建专业供应商网络的基于 Web 的采购方式。实施电子化采购，不仅方便、快捷，而且交易成本低、信息公开透

---

① 罗岚、姚琪、殷伟：《供应链管理》，华中科技大学出版社 2016 年版，第 155 ~ 158 页。

明，所以电子化采购的确是一种很有发展前途的采购方式。电子化采购根据其实现方式可分为两种，即使用 EDI 的电子化采购和使用 Internet 的电子化采购。电子化采购门户站点对于购买简单商品最为有效，它可以让供应商创建和维护其产品的在线目录，其他公司可以从这些目录中搜索商品，下订单并当场确定付款和装运方式。在试图购买那些必须定制的产品时，常常需要人力判断及人与人之间的协商。首先，要整理 RFP（建议请求）的信息包，其中包括某一商品的技术规格和供应要求。其次，必须找到能够满足该请求的供应商。为了节省时间和资金，只需要与有资格的供应商联络，这样花费的精力最少。使这一过程自动化的一种方式就是使用 EDI 网络，它能够让供应商和买主交换采购信息。只要交纳一点事务处理费，就能通过 EDI 网络提交信息包，并通过同一网络收到答复。

2. 电子化采购的特点

电子化采购使企业可以通过网络寻找合适的供应商和物品，随时了解市场行情和库存情况，编制销售计划，在线采购所需的物品，并对采购订单和采购物品进行在途管理、台账管理和库存管理，实现采购的自动统计分析。电子化采购使采购流程得以优化，并在降低采购成本、提高采购效率、增加采购透明度等方面使采购企业和供应商双方受益，实现双赢。

（1）电子化采购可使企业掌握采购主动权。首先，企业根据自己的实际需求，通过网络公布采购的物品及其采购的要求，要求供应商按需求提供采购物资，从而减少了采购的盲目性；其次，企业利用网络发布所需的物品，供应商展开网上价格和质量竞争，中标者将质优价廉的商品配送到指定地点；最后，企业可以通过网络随时和供应商进行沟通，以便及时获取售后服务。

（2）电子化采购可使企业降低采购成本。电子化采购扩大了供应商范围，从中选择报价和服务最优的供应商，突破了传统采购供应商数量的局限性，实现了本地化采购向全球化采购的转变。同时，电子化采购可节省差旅费开支，通过共享网站信息，实现无纸化办公。

（3）电子化采购可使企业提高采购的透明度。电子化采购通过在网站公开采购信息和采购流程，避免了交易双方有关人员的私下接触，由计算机根据设定标准自动完成供应商的选择工作，有利于实现实时监控，避免"暗箱操作"，提高了采购商品和采购价格的透明度。

（4）电子化采购可使企业提高采购效率。首先，企业利用互联网可快速获取信息和传递信息，节约了寻找所需物品的时间，企业也可根据自己的要求自由设定交易时间和交易方式，缩短了采购周期；其次，电子化采购实现了采购信息的数字化、电子化，提高了采购的准确性；最后，采购流程的自动化有效地提高了采购的管理效率。

（5）电子化采购可使企业优化采购管理过程。电子化采购是在对业务流程进行优化的基础上按软件规定的标准流程进行的，可以规范采购行为和采购市场，有利于建立一种比较良好的经济环境和社会环境，减少采购过程的随意性。同时，电子化采购实现了企业采购行为的集中统一，既能降低采购价格，又能使采购活动统一决策，协调运作。另外，电子化采购是一种"及时性"采购，使企业由"为库存而采购"转变为"为订单而采购"，提高了物流速度和库存周转率，实现了采购管理向供应链管理的转变，达到了逐步由高库存生产向低库存生产转变的目的。

（6）电子化采购有利于强化供需双方的业务联系。电子化采购把大量的买方和卖方聚集在一起，商定公平的市场交易价，供需双方在公平价格的基础上建立起长期的、互利的、信息共享的合作关系，以保证双方共同获益，达到双赢的目的。

（7）电子化采购有利于提高企业的价值创造力。电子化采购的价值创造力表现为现代企业在网络环境下的企业竞争力、生存能力和发展能力。具体可以表述为企业充分利用网络的搜索能力、交易能力，通过对企业内部和外部的各种有形资源无形资源进行整合，来降低采购成本，提高企业管理效率，增强企业的竞争力。

3. 电子化采购的实施

电子化采购不仅影响着企业的采购流程，还将从根本上改变企业的运营方式。企业只有内外结合、"软硬兼施"，建立一套运行良好的电子化采购体系，才能充分发挥电子化采购的优势。

（1）实现企业内部的信息化。电子化采购必须有内部信息系统的支持，企业只有建设内联网，应用 ERP 管理系统，把企业进货、销货、存货、生产及财务、计划等各个环节通过网络连接起来，再把内联网延伸到企业外部，与电子化采购系统对接，才能有效发挥电子化采购的优势。

（2）采用适宜的电子化采购软件。实施电子化采购要求将填写订购单、审核订货单、联系供应商、选择供应商和采购结算等整个电子化采购流程通过网络并借助于计算机软件来实现。因此，电子化采购必须建立在 Internet 的基础上，包括 CA 认证、支付功能、定价服务、集成功能等，并能和 ERP 系统及办公自动化系统等集成。同时，采购软件要简单明了，易于操作。

（3）坚定不移地推进电子化采购和强化人员培训。企业领导要认清电子化采购是企业采购的发展趋势，充分认识到电子化采购的优势，特别是其在提高企业竞争力方面的重要作用，从而有计划地推动企业电子化采购的实施。

（4）尝试现代企业电子化采购新方式。现代企业电子化采购新方式有以下几种。

①使用电子化采购卡。采购卡的使用明显减少了当地采购的费用，其费用节约主要体现为减少了书面工作、缩短了供应商确认和处理订单的时间，减少了采购工作量。

②建立网上采购中心。建立网上采购中心是电子化采购的又一大创新，它将拥有相同产品种类、不同供应商的产品目录在线整合在一起，进行联合在线采购，从而获得价格优惠，增强了自身的采购能力。

③集成采购/支付系统。集成采购/支付系统可以提供不同的分析程序，控制购买和支付决策。通过单一文件维护所有相关的供应商数据，并与支票支付系统衔接。

（5）电子化采购的实施步骤。电子化采购是通过相关的应用软件来实现的，不同的管理软件提供的解决方案不同，但其基本步骤都是一致的，主要包括以下几个方面。

①要进行采购分析与策划，对现有采购流程进行优化，制定出适宜网上交易的标准采购流程。

②建立网站。可以通过虚拟主机、主机托管、自建主机等方式来建立网站，特别是加入一些有实力的采购网站，通过它们的专业服务，可以享受到

非常丰富的供需信息，达到事半功倍的效果。

③采购单位通过互联网发布招标采购信息来详细说明对物料的要求，包括质量、数量、时间、地点，以及对供应商的资质要求等。

④供应商登录采购单位网站，进行网上资料填写和报价。

⑤对供应商进行初步筛选，收集投标书或进行贸易洽谈。

⑥网上评标。按设定的标准由程序自动选择或由评标小组进行分析评比选择。

⑦在网上公布中标单位和价格。如有必要，对供应商进行实地考察后签订采购合同。

⑧采购实施。中标单位按采购订单通过运输交付货物，采购单位支付货款，并处理有关善后事宜。按照供应链管理思想，供需双方需要进行战略合作，实现信息共享。

10.2.4　供应链采购策略[①]

1. 供应链采购与传统采购的区别

供应链采购是指供应链内部企业之间的采购，供应链内部的需求企业向供应商企业采购订货，供应商企业将货物供应给需求企业。由于供应链各个企业之间的战略合作伙伴关系，采购观念和采购的操作都发生了很大变化，如表 10 – 2 所示。

表 10 – 2　　　　　　　　　　供应链采购与传统采购的区别

项目	供应链采购	传统采购
基本性质	基于需求的采购	基于库存的采购
	供应方主动型，需求方无采购操作	需求方主动型，需求方有采购操作
	合作型采购	对抗型采购

---

① 李圣状、乔良、戚光远：《采购管理》，机械工业出版社 2019 年版，第 196～198 页。
张涛：《企业资源计划（ERP）原理与实践》（第 2 版），机械工业出版社 2015 年版，第 151 页。

续表

项目	供应链采购	传统采购
采购环境	友好合作环境	对抗竞争环境
信息关系	信息传输，信息共享	信息不通，信息保密
库存关系	供应商掌握库存	需求方掌握库存
	需求方可以不设仓库，零库存	需求方设立仓库，高库存
送货方式	供应商小批量多频次连续补充货物	大批量少频次进货
双方关系	友好，责任共担，利益共享，协调性配合	敌对，责任自负，利益独享，互斥性竞争
货检工作	免检	严格检查

资料来源：张涛：《企业资源计划（ERP）原理与实践》（第 2 版），机械工业出版社 2015 年版，第 15 页。

供应链采购是基于需求的采购，需求多少就采购多少，什么时候需要就什么时候采购，在这点上，供应链采购与 JIT 采购相同，而传统采购的货物是直接进入库存的。

供应链采购是供应商主动型采购，由于供应链中需求者的需求信息随时传给供应商，供应商能够随时掌握用户需求信息，所以可以根据需求状况、变化趋势，及时调整生产计划、补充货物，主动跟踪用户需求，适时适量地满足用户需求。此外，供应双方是友好合作的利益共同体，供应商也会主动关心产品质量，保证需求方的产品质量（见表 10-2）。

2. 供应链采购策略的实施

（1）供应链采购流程。在供应链管理下，需要对原有的采购流程进行根本性的变革。供应链采购流程需要以供应链的整体效益为着眼点，避免部门间本位主义；由过去强调职能管理向强调过程管理转变；加强信息技术在采购流程中的作用。

在供应链管理下，采购流程可以就以下几个方面进行根本改变。

①通过与供应商建立战略合作伙伴关系（供应链关系），双方基于签订的长期协议进行订单的下达和跟踪，不需要再次询价或者报价，有效降低采购流程的运作成本。

②在电子商务、EDI 等信息技术的支持和协调下，双方的制造计划、采购计划、供应计划能够同步进行，形成需求方和供给方的外部协同，提高供给方的应变能力。

③实现客户需求订单——制造订单——采购订单——供应商的准时化的订单驱动模式，采购物料直接进入需求方的生产部门，能够减少需求方采购部门的库存占用和相关费用。

（2）供应链下的采购决策。

①供应链采购决策。所谓采购决策，是指企业的决策者根据对市场的需求预测以及某些客户的特殊要求，在对企业的内外部环境尤其是竞争环境和供应源进行分析的基础上，制订多个可行的方案并选择一个较满意的方案，进而制订相应的采购计划，向供应商购买符合市场需求和客户要求的产品，实现销售利润等一系列目标的过程。

传统的采购决策主要是时间和数量决策，时间决策要解决的问题是针对某项物品决定什么时候采购，不同物品会有不同的决定方法。比如，对于昂贵物品会时刻关注其库存量，当库存量低于某个数量时开始采购，而一些价值低的物品则会采取固定采购周期的方法来进行。数量决策则是决定每次的采购量，对不同物品来说，不同的经营策略会影响每次的采购量。传统的采购决策还包括采购地点、供应商策略等方面。

相对于传统采购，供应链下采购的最大特点是供需双方是合作伙伴，工作原则是双赢，采购决策同样是时间和数量，但在供应链环境下需要考虑的是，在加快库存周转速度的原则下，沟通并协商决定使用哪种库存策略更好。价格决策变为双方怎样共同努力降低成本，怎样使供需双方的关系更加稳定，双方趋向于建立长期的战略伙伴关系，考虑的是如何才能使双方共同发展。

②供应链采购策略的影响因素。在传统物流的采购模式下，采购活动主要围绕价格而展开。价格因素是采购活动考虑的最为重要的因素之一，甚至很长一段时间以来，是采购考虑的唯一因素。企业为了取得价格上的优势，采取多货源采购策略，通过增加供应商的数量来降低采购的价格。

在供应链管理下，采购考虑的因素发生了明显变化。考虑的主要因素除了价格以外，还包括质量、交货及时性和交货提前期等。在竞争日趋激烈、市场环境越来越复杂的情况下，越来越多的企业意识到物品的初始采购价格只是总成本的冰山一角，采购品的质量对总成本也有相当的影响。高质量的原材料或零部件将有更长的生命周期，从而导致了较低的总生产成本或较高的产成品价格和质量。而且在当前买方市场下，产品的高价格或者低质量都将极大地影响产品在市场中的竞争力。交货及时性和交货提前期也是制定采购策略所需要考虑的重要因素，企业面对激烈的竞争，需要快速应对客户需求，此时交货及时性和交货提前期就显得尤为重要。因此，在供应链管理模式下选择和评价供应商时，交货及时性和交货提前期被看作是重要的指标，如果这两者得不到保证，那么供应链的整体优势将得不到体现。

以上分析反映了企业制定采购策略时具有重大影响的三个方面，即价格、质量、交货情况。而其他因素都与这三个因素有紧密联系，或可由这三个方面间接地反映出来。在策略制定时，可以根据以上三个方面对企业采购品进行分类，通常分为战略物资、重要物资、一般物资、"瓶颈"物资四个大类。对于提供这些商品的供应商将采取不同的策略，如对于战略物资，应该与供应商建立一体化的战略联盟关系；对于重要物资，必须与供应商建立长期合作伙伴关系；对于一般物资，应该采用成本最低化策略，使得采购成本和库存成本最低；而对于"瓶颈"物资，则应该力求供货稳定，并寻求替代品。其中，战略物资和重要物资是采购管理的重点。

（3）供应链下的合作采购模式。

①建立长期的合作伙伴关系。供应商与制造商要在供应链环境下建立长期稳定的合作关系，进行双向的信息交流，并且做到相互信任。制造商以员工培训、专门小组的技术指导等方式有体系地向供应商提供生产技术、管理技术的支持；供应商则以及时供货、技术改进反馈、增加对共同事业投入等方式向制造商提供支持；供应商参与零部件设计和制造商的新产品开发过程，成为制造商在产品制造、设计、新产品开发等各层面上信息共享、风险共担、共同获利的合作伙伴。

②JIT的订单驱动模式。采购活动是以订单驱动方式进行的，制造订单

的需求是在客户需求订单的驱动下产生的。JIT 的订单驱动方式使得采购物料直接进入制造部门，减少了采购部门的库存占用和相关费用，使得供应链系统得以及时响应客户的需求，降低了库存成本，加强了和供应商的信息联系以及相互之间的合作。

　　③采购管理实施的策略。确定产品供应商与采购模式后，执行采购计划应根据采购物资的具体条件来决策。如图 10 - 7 所示，企业内部在做具体采购决策时，可以从以下四个方面进行考虑：一般情况下，有能力的供应商并不多，而对于买家而言，当采购的供应商也不是很重要时，应选择直接购买策略，通过市场了解行情，评估供应商即可做出决定。然而，当有能力的供应商较多时，由于采购的产品在科技标准上比较容易界定，所以采购会使用倍数策略，注重价格分析，采用公开招标的方式，其目的自然是减少价格成本。选用杠杆性策略的条件是，有能力的供应商较多，而这些供应商对买家而言价值较高，所采购的物料可能贯穿整个企业生产，影响产品品质，因此采用谈判等手段以达到降低成本、巩固供应商合作的目的。当有能力的供应商较少，对公司的价值又较重要时，应该采用策略性的办法，这时采购的物料可能是独特的、定做的、高额的产品。采购的成功对企业尤为重要，而价格与成本可能就较为次要了。

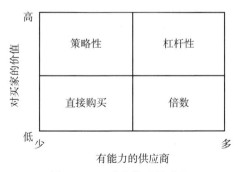

图 10 - 7　采购策略的确定

资料来源：李圣状、乔良、戚光远：《采购管理》，机械工业出版社 2019 年版，第 198 页。

■ 10.3　供应商管理①

供应商管理是采购管理中一个非常重要的问题，因为采购工作的好坏从根本上来说取决于供应商提供的产品质量、价格、性能等。它在实现准时化采购中有很重要的作用，因此在本节单独介绍。在采购管理中，企业与供应商的关系是一种战略性合作关系，提倡一种双赢机制。从传统的非合作性竞争走向合作性竞争，合作和竞争并存是当今企业关系发展的一个趋势。

10.3.1　供应商细分

供应商细分是供应商管理的先行环节，只有在供应商细分的基础上，采购方才有可能根据细分供应商的不同情况实行不同的供应商关系策略。

从不同的角度出发，可以将供应商细分为以下几种类型。

（1）根据供应商与企业关系可分为公开竞价型、供应商网络型、供应商管理型；

（2）根据供应商对企业的重要程度可分为战略供应商和普通供应商；

（3）根据供应商与企业合作时间的期望可分为短期目标型、长期目标型、渗透型、联盟型、纵向集成型；

（4）根据供应商在企业内部所处的地位可分为商业型、重点商业型、优先型、伙伴型。

在对供应商细分时，常使用定性分析的方法，通过对各个公司的调查并根据历史采购数据，可以完成供应商的细分工作。

10.3.2　供应商评估

1. 供应商评估概述

在对不同的供应商类型进行细分以后，我们需要对其进行一定的评价，

① 张涛：《企业资源计划（ERP）原理与实践》（第 2 版），机械工业出版社 2015 年版，第145～149 页。

以确定我们需要选择的供应商。通常情况下，对供应商评估选择是一个多指标的综合评价问题，有关此类问题的决策已经建立起了多种数学模型，它们的基本思路是相似的：先对各个评估指标确定权重，权重可以用数字 1～10 之间的数值表示；然后对每个指标进行评分，再用所得的分数乘以该项指标的权重，进行综合处理后得到一个总分；最后根据每个供应商总得分进行排序、比较和选择。

供应商分析评估的主要内容如下。

（1）产品的品种、规格和质量水平是否符合企业需要，价格水平如何；

（2）企业的实力、规模如何，产品的生产能力如何，技术水平如何，管理水平如何；

（3）企业的信用度如何，在产品的质量保证、按时交货、往来账目处理等方面能否做到以诚相待、一丝不苟地履行自己的责任和义务；

（4）产品是竞争性商品还是垄断性商品，如果是竞争性商品，则调查供应商的竞争态势如何，产品的销售情况如何，市场份额如何；

（5）供应商相对于本企业的地理交通如何，运输方式、运输时间、运输费用，运输成本是否合适。

2. 供应商的绩效考核

供应商的绩效考核，是对已经通过认证的、正在为企业提供服务的供应商进行的。其目的是了解供应商的表现，促进供应商提升供应水平，并为供应商奖惩提出依据，确保供应商供应的质量。同时在供应商之间继续同优秀的供应商进行合作，而淘汰绩效差的供应商。在对供应商进行绩效考核的同时，也能够了解供应商存在的不足之处并给予反馈，可以促进供应商改善其业绩，为日后更好地完成供应活动打下良好的基础。供应商的绩效考核是一个十分烦琐而又必须公正、完备的事情，如果考核不公正就会引发供应商的不满，其结果将适得其反。因此，要实施供应商绩效考核就必须制定一整套严格完整的供应商考核工作程序，有关部门或人员严格按照文件实施，实施过程中要对供应商的表现如质量、交货、服务等进行监测登记，为考核提供量化的依据。

为了科学、客观地反映供应商供应活动的情况，应该建立与之相适应的供应商绩效考核指标体系。在制定考核指标体系时，应该突出重点，对关键指标进行重点分析，尽可能地采用实时分析与考核的方法，将绩效度量范围扩大到能反映供应活动过程中的信息，这比做事后分析更有价值。评估供应商绩效的因素主要有质量、交货时间、价格、服务水平等，如表 10 – 3 所示。

表 10 – 3   供应商的绩效考核指标

指标范畴	内容
质量指标	供应商质量指标是供应商考评的最基本指标，包括来料批次合格率、来料抽检缺陷率、来料在线报废率、供应商来料免检率等
供应指标	供应指标又称企业指标，是同供应商的交货表现以及供应商企划管理水平相关的考核因素，其中最主要的是准时交货率、交货周期、订单变化接受率等
经济指标	供应商考核的经济指标总是与采购价格和成本相联系。与质量及供应指标不同的是，质量与供应考核通常每月进行一次，而经济指标则相对稳定，多数企业是每季度考核一次，此外经济指标往往都是定性的，难以量化
支持、配合与服务指标	同经济类指标一样，考核供应商在支持、配合与服务方面的表现，通常也是定性的考核，每季度一次。相关的指标有反应与沟通、表现合作态度、参与本公司的改进与开发项目、售后服务等

资料来源：张涛：《企业资源计划（ERP）原理与实践》（第 2 版），机械工业出版社 2015 年版。

（1）产品质量。产品质量是最重要的因素，对产品质量进行的检查可分为两种：一种是全检，另一种是抽检。全检工作量太大，一般采用抽检的方法。质量的好坏可以用质量合格率来描述。如果在一次交货中一共抽检了 n 件，其中有 M 件是合格的，则质量合格率为 P，其公式为：

$$P = \frac{M}{n} \times 100\%$$

显然，质量合格率 P 越高越好。

如果在 N 次的交货中，每次的产品合格率 P 不同，则可由用平均合格率 $\overline{P}$ 来描述，即

$$\overline{P} = \frac{\sum\limits_{i=1}^{N} P_i}{N}$$

有些情况下，企业采取对不合格产品退货的措施，这时质量合格率也可以用退货率来描述。所谓退货率，是指退货量占采购进货量的比率。如果采购进货 n 件，其中退货 r 件，则退货率可以用公式表示为：

$$退货率 = \frac{r}{n} \times 100\%$$

显然，退货率越高，表明其产品质量越差。

（2）交货期。交货期也是一个很重要的考核指标。考察交货期主要是考察供应商的准时交货率。准时交货率可以用准时交货次数与总交货次数之比来衡量，即

$$准时交货率 = \frac{准时交货次数}{总交货次数} \times 100\%$$

（3）交货量。考察交货量主要是考察按时交货数量。按时交货数量可以用按时交货量率来评价。按时交货量率是指给定交货期内的实际交货量与期内应当完成交货量的比率。可用公式表示为：

$$按时交货量率 = \frac{期内实际完成交货量}{期内应完成交货量} \times 100\%$$

也可以用未按时交货量率来描述，即

$$未按时交货量率 = \frac{期内实际未完成交货量}{期内应完成交货量} \times 100\%$$

如果每期的交货量率不同，则可以求出 N 个交货期的平均按时交货量率，即

$$平均按时交货量率 = \frac{\sum 按时交货量率}{N}$$

（4）工作质量。考核工作质量，可以用交货差错率和交货破损率来描述，即

$$交货差错率 = \frac{期内交货差错量}{期内应完成交货量} \times 100\%$$

$$交货破损率 = \frac{期内交货破损量}{期内应完成交货量} \times 100\%$$

（5）价格。价格就是指供货的价格水平。考核供应商的价格水平，可以和市场同档次产品的平均价和最低价进行比较，分别用市场平均价格比率和市场最低价格比率来表示，即

$$平均价格比率 = \frac{期内供应商的供货价格 - 市场平均价格}{市场平均价格} \times 100\%$$

$$最低价格比率 = \frac{期内供应商的供货价格 - 市场最低价格}{市场最低价格} \times 100\%$$

（6）进货费用水平。考核供应商的进货费用水平，可以用进货费用节约率来考核，即

$$进货费用节约率 = \frac{本期进货费用 - 上期进货费用}{市场平均价格} \times 100\%$$

（7）信用度。信用度主要考核供应商履行自己的承诺、以诚待人、不故意拖账的程度。信用度可以用公式来描述：

$$信用度 = \frac{期内失信的次数}{期内交易总次数} \times 100\%$$

（8）配合度。配合度主要考核供应商的协调精神。在和供应商合作过程中，可能会由于某种客观情况的变化进行调整变更，这样会导致供应商工作上的变更，有时可能影响相互的利益，因此在这样的过程中可以考察供应商积极配合的程度。配合度主要根据人的主观判断来评分。

不同企业生产范围不同，供应商供应的商品也不同，因此针对供应商表现的考核要求不相同，考核指标设置也不一样。一般来说，最简单的方法就是衡量供应商的交货质量和及时性。较先进的供应商考核系统，则要进一步扩展到供应商的支持服务、供应商参与本公司产品开发的表现等，也就是将考核订单、交单实现过程延伸到产品研发过程。

10.3.3 供应商关系模式

在供应商与制造商关系中，存在两种典型的关系模式：传统的竞争关系和合作性关系，或者叫双赢关系。两种关系模式的采购特征有所不同。

1. 竞争关系模式

竞争关系模式是由价格驱动的，这种关系的采购策略表现为以下几个方面。

（1）买方同时向若干供应商购货，通过供应商之间的竞争获得价格好处，同时也可保证供应的连续性；

（2）买方通过在供应商之间分配采购数量对供应商加以控制；

（3）买方与供应商保持一种短期合同关系。

2. 双赢关系模式

双赢关系模式是一种合作的关系，这种供需关系最先在日本企业中采用。它强调在合作的供应商和生产商之间共享信息，通过合作和协商协调相互的行为。这种关系的采购策略表现为以下几个方面。

（1）制造商对供应商给予协助，帮助供应商降低成本、改进质量、加快产品开发进度；

（2）通过建立相互信任的关系提高效率，减少交易/管理成本；

（3）通过长期的信任合作取代短期的合同；

（4）进行更加充分的信息交流，实现信息共享。

■ 10.4　采购风险控制[①]

美国著名风险管理专家克莱蒙认为，风险管理的目标是保存组织生存的能力，并对客户提供产品和服务，以保护公司的人力和物力，保障企业的综合赢利能力。海灵顿认为，风险管理的目标是通过风险成本最小化实现企业价值最大化。在采购过程中，通过风险的识别控制也能带来成本的下降。

在战略性采购与供应链管理中，既要关注日常工作所涉及的各种风险，又要留心本企业所处的宏观经济风险；同时，采取必要的措施加以排除，减少损失，通过不断的沟通协调来预防各种风险的发生。采购供应链风险管控的流程，见图 10-8。

---

① 罗宇毅：《从零开始学采购》，电子工业出版社 2018 年版，第 150~165 页。

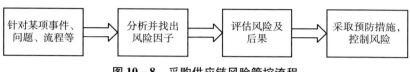

图 10 - 8　采购供应链风险管控流程

10.4.1　采购风险识别

采购风险识别是供应链风险识别的一部分，以供应链全面风险管理为基础，目的是找出采购供应链中的可能风险点，并从战略和战术上采取必要的预防措施和应急措施来杜绝或规避各种风险。它涉及各职能业务部门、程序与流程、客户关系管理、市场供求关系的不确定性和宏观经济与法律法规等方面，比如人才配置缺失风险、采购或供应链流程缺陷风险、供应商质量风险、不同层面合作信任风险、原油涨价风险、原材料短缺风险、环境保护法要求节能减排风险、人民币升值风险等。

1. 采购风险种类

一般来说，企业的采购风险分为外因型风险和内因型风险。

（1）外因型风险。

①政策风险。是指由于国家、地方的新的经济、环保等政策的实施，给企业采购造成的风险。

②市场风险。一是由于市场发生突变而给企业采购造成的风险，比如价格的突然上涨使企业采购成本突然增加；二是当企业采购认为价格合理的情况下进行批量采购，但该种物资可能出现跌价的情况而引起采购风险。

③意外风险。在采购过程中发生的非主观意愿的不可测风险，包括合作一方因战争、自然灾害、其他双方共同认可的不可抗力原因影响采购执行的风险。这些风险一般被写入合同的不可抗因素条款中。

④质量风险。一方面，由于供应商提供的物资质量不符合要求而导致加工产品未达到质量标准，或给用户造成经济、技术、人身安全、企业声誉等方面的损害；另一方面，因采购的原材料的质量有问题而直接影响到企业产品的整体质量、制造加工与交货期，从而降低企业信誉和产品竞争力。

⑤履约风险。一是供货方根本没有履约能力，签订空头合同，使企业所需的物资无法保证；二是供应商无故中止合同，违反合同规定造成损失；三是采用预付款形式采购时，供应方由于主观和客观原因，既不能供货又不能还款造成的损失。

（2）内因型风险。

①计划风险。是指采购部门或人员制订的采购计划不到位或不科学，以致与目标发生较大偏离而导致盲目采购造成的风险。

②合同风险。一是合同条款模糊不清，盲目签约；二是合同行为不正当，卖方采取一些不正当手段，如对采购人员行贿、套取企业采购标底；三是合同日常管理混乱。

③验收风险。在数量上缺斤少两；在质量上鱼目混珠，以次充好；在品种规格上货不对路、不合规定要求等。

④库存风险。一是采购量不能及时供应生产之需要，生产中断造成缺货损失而引发的风险；二是物资过多，造成大量资金积压，失去了资金的机会利润，形成存储损耗风险；三是物资采购时对市场行情估计不准，盲目进货，造成跌价减值风险。

⑤内部人员责任心风险。是指采购过程中由于工作人员责任心不强未能把好关而造成的各种损失风险。

2. 采购风险的识别步骤

无论是外因型风险，还是内因型风险，对于采购员来说，其识别除从日常项目、工作中汲取经验之外，一般遵循风险识别三个步骤。

（1）风险判定：通过损失的程度来衡量，与成本和生产周期挂钩；

（2）风险评估：基于对供应链的过往业绩与相关类似事件进行评估；

（3）风险处理：因为风险不能消除，因此必须对风险制定短期与长期的预防对策。

某公司利用风险自查表的形式进行风险的判定和评估，自查表的形式与内容如表 10 - 4 所示。

表 10 – 4　　　　　　　　　　　　　采购风险判定与评估自查表

问题/风险描述	风险影响程度/风险发生频率 0：无影响/不会发生 1：有些影响/1年内可能发生 2：较大影响/1年内发生数次	自检发现的问题/风险主要表现	改善对策
在选择供应商的比价中，供应商只是通过邮件或传真发送了简易的报价单，却未在报价单上加盖公章	1	不认可无公章的供应商报价	向供应商索要报价单时，须明确回收已经盖了公章且公章清晰可见的报价单，并进行归档
在合同续签中，出现了一年通过招投标引入的供应商，本年因无业务合作并未签订合同，而来年有业务需求需要重新进行合同续签，被认为是重新引入的供应商，需要重复招投标	1	因业务不连续的客观因素，同样的业务隔年重新开展被认为需要重新招投标	连续续签此类业务合同
供应商评价结果未反馈至供应商，需考核的项目未落实考核	1	供应商评价结果未予以反馈	1. 将供应商评价结果定月反馈给供应商；2. 将供应商整改通知单下发给供应商，并验证其整改结果
供应商确定后，普遍存在合同签订日期晚于供应商针对该项目的启动日期的情况	2	双方未签订合同，为争取货期，供应商拿到中标通知后已经进行备货生产	1. 到货日期要在签呈中体现；2. 合同签订前，不通知供应商备货
存在未按照合同约定进行付款的情况	2	存在部分合同未按合同约定日期付款的情况	1. 提高付款单据的准确性；2. 在管控表中增加验收时间

资料来源：罗宇毅：《从零开始学采购》，电子工业出版社 2018 年版，第 153～154 页。

【案例】

某公司采购员在 2015 年 3 月 20 日接到部门的信息系统采购项目，需求信息为：信息系统 1 套（ERP 管理系统下的模块需求），预算总额 100 万元（一阶段项目预算，不包含二阶段），项目分为两个阶段，分期完成，期望实施时间为 2015 年 6 月 1 日。项目二阶段无预算通知且需求不明确，该公司对于预算需求单次采购行为金额超过 50 万元部分需要进行招标，招标标准周期为 90 个工作日。而该信息系统模块为公司 ERP 管理系统的二期开发对象，使用原供应商进行开发的话，系统的流程配合度与系统完整性最高。

该公司的采购招标流程分为三个阶段：第一阶段，采购员对需求清单进行确认，包括确认预算金额是否超支、审批签名是否完整、采购编号是否有计划管理，同时和需求人员对清单的内容合理性进行明确，包括常见的 RFI/RFQ 供应商调查也共同展开；第二阶段，采购员会对该需求的采购方式进行论证，根据制度条款执行公开招标或者询价比价采购，此过程一般会对寻源的供应商进行技术和商务上的考察，对考察结果举行标前说明会及供需双方见面打合会议；第三阶段，采购人员会按照招标流程或者询价比价流程进行开标，确认技术条款与商务条款合格的前提下，进行供应商选定。

在这个案例中，根据该公司的采购信息与采购流程，我们如何发现其中的潜在风险？下面我们按照采购风险识别步骤进行风险分析。

在风险判定环节中，我们从采购流程中提取关键信息。该公司的招标标准周期为 90 个工作日，而从采购员接到需求信息到实施要求只有约 70 天的时间，这说明采购标准环节周期并没有得到相关单位的重视和遵守；该项目只有一期需求的信息，没有整体项目一期和二期的大日程规划，后续涉及二期是否选择相同供应商进行开发、是否有充足的预算开展采购工作、是否需要关注相关维保服务功能等，均没有进行明确，可能会发生整体项目中断的风险；该项目为前期 ERP 系统的某一需求，而 ERP 系统一般建议使用相同品牌的系统供应商，这除了可以维持系统的流程连贯性外，还可以减少不同系统接口开发的费用。

除了上面所提的风险外，整个采购招标流程阶段，还因为需求的紧急而压缩标准周期，可以预见每个阶段的工作并不能得到充分的听证。在风险评估中，是否要求需求单位提供整体系统开发的大日程是最重要的，而采购对象是否延续 ERP 系统供应商也相对重要，如果能进行供应商延续，还可以考虑是否需要开展招投标工作，是否选择其他供应商。而其他风险也应该一并进行评估，列出风险评估细则。

风险评估细则应该由采购部门向相关需求、技术、审计部门进行项目开展前的通告，以避免项目开展后造成日程延误和金额损失。在采购过程中，如果需求部门提供的需求清单是不明确的、单据审批没有总监级别以上人员签字、技术协议没有确定归口部门，则不符合审批要求，采购员应该进行退单。采购员应该要求需求部门提交需求整体计划，否则如果后续项目延误，是否是采购延误造成的，将无法向公司所有人说清楚。在通过各种途径寻找供应商的过程中，要调查供应商的规模，并与其进行初步洽谈，了解意向，在洽谈过程需要引导供应商积极参与该项目，并发放意向调查表给供应商填写并回收。如果供应商之间的报价差距巨大，尤其国内与国外供应商，差距一般能达到 2 倍以上，而且信息系统项目技术性较强，建议咨询技术部门，同时考虑供应商之间的差距，以避免多个供应商无法满足采购要求的情况。采购员应该根据终版的技术需求编制商务文件，须注意报价单格式，根据项目情况要求供应商提报人天价格、人天数（实施价格）、维护、软件价格等，同时对标书中合同模板中的付款条件、违约责任要一一明确，商务文件中与技术部分重合的点需要相互对应。

资料来源：罗宇毅：《从零开始学采购》，电子工业出版社 2018 年版。

10.4.2　采购合同风险管理

任何事物都有风险，采购风险归根结底也是可以通过一定手段和有效措施加以防范和规避的。主要的手段有：做好年度采购预算及策略规划；慎重选择供应商，重视供应商的筛选和评级；严格审查订货合同，尽量完善合同条款；拓宽信息渠道，保持信息流畅；完善风险控制体系，充分运用供应链管理优化供应和需求；加强过程跟踪和控制，发现问题及时采取措施处理，以减低采购风险。

无论采购过程中的风险控制手段多么细致，深究到底，这只是公司内部控制手段，而在商务合作中，对供应商起到约束作用的主体仍然是采购合同。所以，采购合同风险的管理是我们风险管理中的重点。在企业内部，相关部门建立合同管理制度，对合同的订立、履行、变更、解除、审查等进行规范，才能有效规避大部分的商务合作违约风险。在合同签约的前、中、后阶段，都有一定的风险管控手段。

1. 合同签订前的风险管理

在采购员完成供应商的选定后，有可能根据实际情况，需要和供应商签订框架合同主体，或者先进行最终定价的谈判，再签订闭口或者开口合同。无论采用怎样的操作过程，对于采购员来说，签约前从法律风险角度再一次核对签约方主体的资质文件是十分有必要的工作（当然这个过程一般在供应商准入评价中就应该开展）。

第一，检验供应商的资质文件是否齐全，包括企业的主体资格证明、经营范围内容、企业法人授权等。例如，对于物流运输类的采购项目，经营范围一栏应该尽量包含普通的货运、联运、配载、运输信息咨询内容，如果要求物流的供应商提供仓储服务，那就需要注意经营范围中是否包含仓储类型的说明条款。普通的仓储服务很容易在市场上找到相应资质的供应商，但是如果需要危化品的仓储服务，那么供应商就必须有危化品存储的资质，同时也应该向供应商要求提供相关部门开具的可运作的文件证明。

从事部分特殊业务，必须取得相应的经营许可证。根据《最高人民法院关于适用〈中华人民共和国合同法〉若干问题的解释（一）》第十条规定，当事人超越经营范围订立合同，人民法院不因此认定合同无效。但国家限制经营、特许经营，以及法律及行政法规禁止经营规定的除外。因此，如果公司与交易对方拟交易的内容涉及国家限制经营、特许经营的项目，则务必确认对方有相应经营范围的许可证明。

第二，需要明确供应商提供的资质证明是否真实有效。如果供应商提供的文件是复印件，那么可以通过证照上供应商企业注册号的内容，到相关工商、主管部门进行落实确认。现在，通过国家企业信用信息公示系统，就能够快速地通过企业的名称、注册号或者统一社会信用代码查询相关企业的信用信息、经营异常和严重违法记录。而在重大采购项目中还可以委托专业的机构对供应商进行调查，例如，委托律师事务所对供应商的财务情况、信用情况出具报告，进行风险识别。

第三，还需要明确供应商的经营许可是否在有效期之内，以及法人授权情况。当然，在前期与供应商的交流洽谈过程中，我们也应尽量确认，供应商合同签约的主体是否为法定代表人（与营业执照登记人员相同）。一般情况下，如果属于非法定代表人签约，则要回收法定代表人授权书的文件内容。

【案例】

供应商潜在风险调查如表 10-5 所示。

表 10-5　　　　　　　　　　供应商潜在风险调查表

序号		1	2	3	4	5
供应商名称		A	B	C	D	E
股份构成		民营	外资	外资	独资	国企
部品名称		窗帘	密封条	保险杠	仪表台	安全带
所占市场份额		30%	15%	40%	40%	50%
过往合作实绩	交货情况	良好	一般	一般	良好	良好
	品质状况	日均不良0.02件	日均不良0.41件	日均不良2.09件	日均不良2.97件	日均不良0.88件
	成本波动状况	良好	良好	一般	良好	良好
是否曾经提出过不供货		有	无	无	无	无
供应商高层的态度		不理会	不理会	有改善意愿	积极	重视
潜在风险程度		20%	20%	40%	20%	20%

潜在风险程度的定义如表 10-6 所示。

表 10 - 6　　　　　　　　　　　　潜在风险程度判定表

0	正常供货，品质达到要求
20%	Q、C、D 中有一项经常达不到要求，但供应商高层合作意愿强烈
40%	Q、C、D 中有两项经常达不到要求，但供应商高层有改善意愿
60%	Q、C、D 三项经常达不到要求，供应商高层改善要求不明显，合作前景不明朗
80%	该供应商国内竞争对手所占股份占比为第一，甚至超过 15%，因而高层合作态度较差

资料来源：罗宇毅：《从零开始学采购》，电子工业出版社 2018 年版，第 158 页。

2. 合同签订中的风险管理

如何签订一份合适的合同？采购员除了要具有丰富的采购行业知识外，还要对相关的法律知识有一定的了解，签订合同时，最好请法务部门或者律师顾问进行协助。一般采购合同的条款决定在不同的公司有不同的情况，有些公司由采购部门负责，有些公司由法务部门负责，或者由双方共同负责。由于一份采购合同总是涉及法律问题，因此，较好的处理方式是由采购部门进行商务条款的决议，而法务部门进行法律条款的决议。

但是执行的情况总会因实际需求变化而变化。当与供应商进行正式签约时，必然要经过一个合同文本条款来回打合的漫长阶段。对于采购员来说，应该事前有一份或者多份经过公司法务专员或律师意见判定的基础模板合同。模板合同的作用是，基本上在事前对绝大部分不利于公司的条款进行了筛选删除，同时能有效地明确合同条款打合过程中对应的修改部分，以便尽快落实合同的签订；同时，这也是一份标准化的合同，容易审核，可以有效保护公司的权益落实。但是，模板合同可能无法适应所有的物料采购，遇到强势的供应商时，会产生较多的修订打合事项。

有时候，采购员也可以因具体情况，使用供应商提供的合同。这时，需要小心审核合同条款，并且送到法务部门做终审。

3. 合同签订后的风险管理

合同签订之后，对合同的风险管理重点就转移到了对合同的遵守、合同的补充、合同的履行的管理中。

（1）合同的遵守。有很多的顾客，在完成收货后拖延账款，超过合同约定期限，这些行为是会对公司声誉造成严重损害的。遵守合同要求合同各方的相关人员和管理者，不但要对合同内容十分了解，同时也应了解双方或者多方在业务流程上的政策和困难。

采购人员需要明确以下问题。

①供应商是否已明确并愿意遵守合同内容（主要指使用甲方合同版本）？

②最终的到货物料是否达到合同约定的水准？

③若合同有批量降价的条件成本约定，供应商是否在支付上配合？

④公司内部是否能按照付款条件进行规范支付？

⑤供应商是否按照约定的时间、地点、品质（订单内容）进行送货？

另外，可以的话，建议采购员使用现代的合同管理软件，进行合同的电子化管理，通过信息系统协助合同的监督与执行。

（2）合同的补充。对于大部分的合同，都有其主体合同要求及补充附件的内容要求。合同附件可以包括订单、发票、技术式样、工作计划、押金证明、纳税证明、保险证明等文书。合同的文件补充过程，可以是签订正式的书面补充协议，也可以是合同文本的后续追加或者手写和口头协议。总之，合同补充管理的关键是，必须将所有的合同相关文件进行统一的补充和保存，并且所有的内容都要经过双方审核确认。

（3）合同的履行。在合同的履行方面，采购员可能会遇到的采购风险包括品质、交付、运输、终止合同、付款、违约等问题，这些风险只能尽量减少，尽量规避。

例如，供应商最常见的问题就是品质风险，特别是在签订合同后的履行环节中。造成品质问题的因素有很多，如对于约定规则的误解、试制产品的加工环境变动、不合格产品的处理规则不一致等。当有品质问题发生时，采购员的第一职责就是确认不合格问题的原因，以求对品质风险进行全局管控，而并非简单地换掉不合格品，这样并不能阻止后续类似问题的发生。在合同中，不但要规定品质的标准，还要明确验证品质的测试方法。通过 PD-CA 管理循环和 QC 改善，可以有效衡量和改善品质问题。

服务性的采购中，品质内容的约定更需要留意。因为服务的品质是无形的，而且往往取决于决策者的主观判断。在服务合同条款中，用审核条目明细来进行品质标准化，这有助于服务性采购的品质风险评估。对于交期的评价亦然。交期是服务性指标，交期的风险问题包括运输途中遗失、交货物品不完整、交货过程违背标准、交货数量多于或少于约定要求等。对于服务性的采购项目，交货的风险管理尤为重要。对于品质、交付的风险识别，采购员可以参考以下控制表（见表 10 - 7）。

表 10 - 7　　　　　　　　　　　　品质控制内容

品质控制（Q）	品质工程师：
所交产品是否满足现场使用需求	对于服务性商品的采购，双方需要附加约定进行明确
所交产品外观是否满足需求	
所交产品焊接质量是否满足技术要求	
所交产品的结构尺寸是否遵循技术协议要求	
所交产品使用的材料是否满足技术协议要求	
交期控制（D）	实施工程师：
是否制订了满足我方需求的交货计划	对于交付不合格的惩处措施与改善限期可以提前明确
是否严格按照计划交货	
是否延期交货	
是否制定了延期交货的补救方案	
补救方案是否满足我方需求	

资料来源：罗宇毅：《从零开始学采购》，电子工业出版社 2018 年版，第 164 页。

4. 合同违背的处理方法

在合同履行过程中，一旦发生供应商无法按期交货的情况，或者其他严重违背合同条款的行为，采购员除了寻找适当的解决方法减少风险损失外，也应该对因供应商违约产生的损失提出要求赔偿的主张，以保证公司的合法权益。

这时，需要特别注意以下几点：第一，将事件提供给法务部门或者律师事务所进行利弊分析，预测可能发生的风险损失，决定下一步的应对行动；第二，如果供需双方对于合同履行过程中的事实有争执，应该尽快收集证据，保存相应的文书内容；第三，对于认定是供应商违约的事实，按照合同约定内容，应该尽快进行跟催、通知，因为有些行为在合同中存在限期的规定，超过限期可能会发生不利结果；第四，若按照合同约定或者双方协商，确认终止合同或者取消合同的话，应以公司的名义发出终止合同或者取消合同的公函通知，切勿只进行口头约定。

【案例】

某施工单位根据领取的某 200 平方米两层厂房工程项目招标文件和全套施工图纸，采用低报价策略编制了投标文件并中标。该施工单位（乙方）于某年某月某日与建设单位（甲方）签订了该工程项目的固定价格施工合同。合同工期为 8 个月。甲方在乙方进入施工现场后，因资金紧缺，无法如期支付工程款，口头要求乙方暂停施工一个月。乙方亦口头答应。

工程按合同规定期限验收时，甲方发现工程质量有问题，要求返工。两个月后，返工完毕。结算时甲方认为乙方迟延交付工程，应按合同约定偿付逾期违约金。乙方认为临时停工是甲方要求的，乙方为抢工期、加快施工进度才出现了质量问题，因此迟延交付的责任不在乙方。甲方则认为临时停工和不顺延工期是当时乙方答应的，乙方应履行承诺，承担违约责任。

根据《中华人民共和国合同法》和《建设工程施工合同（示范文本）》的有关规定，建设工程合同应当采取书面形式，合同变更也应当采取书面形式。若在应急情况下，可采取口头形式，但事后应以书面形式确认。否则，在合同双方对合同变更内容有争议时，往往因口头形式协议很难举证，而不得不以书面协议约定的内容为准。本案例中甲方要求临时停工，乙方也答应，是甲、乙双方的口头协议，且事后并未以书面的形式确认，所以该合同变更形式不妥。在竣工结算时双方发生了争议，对此只能以原书面合同规定为准。

在施工期间，甲方因资金紧缺要求乙方停工一个月，此时乙方应享有索赔权。乙方虽然未按规定程序及时提出索赔，丧失了索赔权，但是根据《民法通则》之规定，在民事诉讼时效期内，乙方仍享有通过诉讼要求甲方承担违约责任的权利。甲方未能及时支付工程款，应对停工承担责任，故应当赔偿乙方停工一个月的实际经济损失，工期顺延一个月。工程因质量问题返工，造成逾期交付，责任在乙方，故乙方应当支付逾期交工一个月的违约金，因质量问题引起的返工费用由乙方承担。

资料来源：罗宇毅：《从零开始学采购》，电子工业出版社 2018 年版。

合同履行中最坏的情况是进行法律诉讼。一旦需要对簿公堂，那么事件的妥善处理就并非采购员能力所能及了。因此对于采购员来说，应该避免发生诉讼的情况。

本 章 小 结

本章主要讲述了面向供应链的采购管理，首先介绍了采购及采购管理的概念与意义，让大家从宏观上对采购有了一定了解和认识；其次对供应链下不同类型的采购策略进行了详细介绍，分别有准时化采购策略、电子化采购策略和供应链采购策略，并将它们与传统采购策略做了比较，让同学们体会了不同采购策略的特点和相比于传统采购的优化；继而向大家介绍了供应商管理，对供应商进行了细分和评估；最后让同学们了解了采购风险和风险的识别与管控，以减少损失加以预防。

本章重要术语

采购　采购管理　准时化采购策略　电子化采购策略　供应链采购策略
供应商管理　采购风控

延 伸 阅 读

1. 刘敏：《采购与供应管理》，山东人民出版社 2017 年版。

2. 马士华：《供应链管理》（第 3 版），中国人民大学出版社 2017 年版。

3. 张涛、邵志芳、吴继兰：《企业资源计划（ERP）原理与实践》，机械工业出版社 2015 年版。

4. 罗宇毅：《从零开始学采购》，电子工业出版社 2018 年版。

5. 罗岚、姚琪、殷伟：《供应链管理》，华中科技大学出版社 2016

年版。

6. 李圣状、乔良、戚光远：《采购管理》，机械工业出版社 2019 年版。

复习与思考

一、简答题

1. 如何界定采购的定义？举例描述采购的过程。

2. 基于供应链的采购管理模式与传统的采购管理模式之间存在哪些不同？

3. 准时化采购的意义和特点是什么？

4. 供应商的分类有哪些？

5. 采购风险有哪些？

二、论述题

1. 论述供应链管理中的竞争关系模式和双赢关系模式之间的异同。

2. 论述三种采购策略。

三、案例分析题

从通用物料着手，阿美特克借电子采购平台提升供应链管理水平

10 多年前，当沃尔特·布兰克利（Water Blankley）出任阿美特克公司（Ametek）主席时，制定了包括新产品开发、卓越经营、全球化发展、战略兼并和结盟在内的四部分增长计划。在这些增长计划的推动下，这家以制造电子仪器和电动机起家的公司发展成为了市值 10 亿美元的公司，拥有 8000 名员工、15 个事业部和全球 57 家工厂。但随着公司规模不断扩大，阿美特克认识到自身存在一些严重的不足，尤其是在供应链管理方面。由于未能有效利用供应商的力量，阿美特克在 2000 年丧失了节约成本的机会。该公司副总裁兼首席信息官威廉·劳森（William Lawson）认为，问题的症结在于：尽管公司每年的采购规模高达 5 亿美元，但从来没有制定过一套集中采购战略来指导采购活动。

竞争的压力迫使阿美特克开始寻找降低成本的方式，管理者不能再忽略集中采购功能可能带来的节约。于是，阿美特克针对每一个产品领域进行组

织结构和采购管理流程的改造，并开始考虑采用电子采购方式来进行物料的
采购。

和大多数第一次采用电子采购的公司一样，阿美特克决定先从办公物品
等易于采购和在整个经营环节中通用的物料着手。阿美特克敏锐地发现，这
些物料并不是终端产品的关键元器件。这意味着即使这部分物料出现问题，
风险也不是很大。但最先面临的挑战是：为了从更少的供应商那里获得更有
利的价格和服务，阿美特克需要制订集中采购方案，但又需要尽可能保持各
事业部的自主运营。阿美特克向技术方案提供商甲骨文公司求助，由甲骨文
公司提供一套价值评估系统。同时，阿美特克的业务伙伴 IBM 担任顾问的
角色，帮助阿美特克分析需求和选择最优软件包。在评估结果的基础上，阿
美特克选择了甲骨文公司的高级采购平台，该平台包括互联网采购和智能采
购两部分。

通过采用甲骨文的互联网采购桌面询价工具，阿美特克能使用户自主访
问已经过谈判的间接物料目录。除实施甲骨文的电子采购平台之外，阿美特
克还采用了甲骨文的“共享”模式，该模式使阿美特克能够将一些不产生
收入的业务集成到共享服务中心，如工资、应付账款、采购和库存管理。
2007 年初，阿美特克任命该公司前任财务信息主管伊莱恩·戈尔曼（Elaine
Gorman）担任新建的共享服务部副总裁。

一、整合供应商资源

选择了技术平台之后，阿美特克又通过其世界各地的事业部组织庞大的
供应商和产品信息。由于阿美特克既没有企业级 ERP 系统，也没有标准化
的财务程序和通用的认可供应商名单，该工作显得过于杂乱繁重。不过，阿
美特克获得了邓白氏咨询公司（Dun & Bradstreet，D&B）的帮助。邓白氏
公司为其汇总各经营事业部的供应商列表和支出资料。结果发现，通过对供
应商的整合，阿美特克能将直接物料和间接物料的供应商从 40000 家减少至
14000 家。

收到邓白氏公司的分析结果后不久，阿美特克就收到一个运输承运伙伴
要提高运费费率的警告，由于手头有新的数据，阿美特克向该承运伙伴展示
了每一事业部与它合作的业务。最终，阿美特克不但避免了费率上涨，还通

过谈判降低了费率。劳森说，这项整合所带来的节约相当于阿美特克电子采购实施成本的一半。

二、借助第三方目录服务提供商

在理顺供应商资科的基础上，阿美特克面临的问题是如何管理其分类目录。最初，阿美特克计划与一家本地的网上分类目录内容管理公司合作，在它的帮助下建立初始化目录，然后使用自己的系统进行管理。但是，这项计划并不可行。"供应商和采购管理的问题非常广泛。"劳森说，"由于第三方目录提供商要求供应商为整理内容的工作付费，我们在要求供应商转到这套目录内容系统时遇到了问题。"此外，公司的使用者还发现目录很不完整，并且难以查找。阿美特克认识到，必须进行战略上的调整。于是，它开始寻找能够处理和托管商品目录的大型服务提供商。

阿美特克选择了 ICG Commerce（ICGC）公司。这是一家提供战略采购、实施、交易和目录管理的采购服务提供商。"我们拥有成为供应商大客户的采购力量，能将40余种间接采购目录整合在一起进行集中采购，以提高谈判的能力和供应商的服务水平。"ICGC 公司的副总裁兼总经理鲍勃·科萨里（Bob Kothari）说。

科萨里说："由于大多数 OEM 公司采用精益化经营，由它们来管理所有的供应商目录几乎不可能。如果能够通过一个采购服务提供商来管理所有目录，它们将有机会把精力集中在战略供应商身上。"目前，ICGC 公司为阿美特克管理7项产品目录：电子、工业、管理、实验室、办公、安全、动力传输及轴承。阿美特克能够向 ICGC 公司申请300万单位的这类产品。

三、精简采购人员，加强培训

拥有甲骨文的自动询价服务工具和 ICGC 的预先协定供应商目录，阿美特克能将很大一部分间接物料的采购转移至实际使用端。"例如，在我们的一些工厂里，维修人员能够上网直接订购产品。"戈尔曼说，"由于不再需要间接物料的采购人员，我们实现了人员的精简。"尽管戈尔曼没有透露具体减少了多少个间接物料采购职位，但阿美特克称，此举已经达到了节约管理成本80万美元的预定目标。包括软件和顾问费在内，阿美特克在新的电子采购业务上已投资100万美元。

目前的挑战在于如何使员工有效利用这一系统。"阿美特克一次性做了很多工作。它不仅更换了系统，还改变了整个流程。"ICGC 的科萨里说。以前，如果一个工人需要物料，他必须填写申请单交给采购人员，采购人员通过电话或传真通知供应商。"现在，你只需在车间配备人员负责下订单，而不再需要专门的办公室。这一改变是巨大的。"科萨里说。

但是，对新流程的理解遭遇了抵触，尤其是裁员行动更是导致了抵触的加深。阿美特克建立了积极的管理改革项目，包括针对所有机构的网上培训、建立新的用户组、访问打印版和在线用户手册，以及定期发布关于新系统的信息交流。此外，该公司还建立了激励机制，奖励使用系统频率最高的员工掌上电脑等小纪念品。采用新的电子采购系统的最后动力是由公司首席执行官弗兰克·赫尔曼斯（Frank Hermance）致信全体员工，要求员工完全遵循新系统的要求。

尽管出现了一些错误，但该计划行之有效。实施两年后，阿美特克宣称，节约已经达到了目标水平，公司的间接物料支出节约了 10%。此外，戈尔曼说，间接物料采购对目录的使用率达到近 70% 的水平。尽管劳森对迄今为止取得的成果表示高兴，但他承认，取得这些成果所花费的时间还是比预计的要长。"经济不景气、采购量下降和库存减少使目标实现的挑战更大。"他说。

四、直接物料采购电子化

尽管阿美特克在发展电子采购流程方面取得了不少实效，但这并不意味着电子采购工作已经完成。尽管该公司在间接物料方面的采购大刀阔斧，取得了卓越成绩，但事实上，直接物料的采购才是更富有挑战的领域。劳森说："问题在于直接物料影响将产品递交给客户，我们需要特别谨慎。"

阿美特克开始对电子元器件等直接物料的采购电子化进行调查与研究，劳森很清楚，他们不能将对间接物料的采购经验照搬到直接物料的采购上来。"间接物料在交易方面的问题不多，它的关键主要是促使员工采购正确的物料。但对于直接物料的采购，关键却是如何方便采购谈判，以及与供应商在预测和交货方面进行协作。"

劳森补充说，由于不同事业部对电子元器件等直接物料的采购具有很强的针对性，因此，将这一业务放到 ICGC 之类的系统上进行管理变得非常困难。他说："我们不能让所有的人采购相同的电容器，因为他们大多数时候需要不同的电容。"

像间接物料的采购一样，劳森认为，将直接物料的采购转移到电子采购系统上的第一步应是整合支出。"对于一些通用器件，我们试图将采购需求集中起来，这样可以给采购人员提供关于直接物料的采购分析。"他表示，阿美特克正着手做一些反向拍卖的工作，并建立更多跨事业部的业务协作合同。

五、影响采购人员在价值链中的分配

随着阿美特克不断消化电子采购这一概念，一个对采购专业人员具有广泛影响的变化已悄然出现。"这一转变将影响采购人员在价值链中的角色分配。"甲骨文公司采购应用开发部副总裁戴夫·斯蒂芬斯（Dave Stephens）说："传统上，75% 的采购人员从事低附加值工作，而供应商分析、支出分析和合同谈判人员等战略性员工则占很小部分。但在电子采购系统实施后，采购人员在价值链上得到了提升，90% 的员工将从事战略性的工作，从事低附加值的员工只占 10%。由于这些新的、更富战略性的责任，如今的采购人员需要更新的技能，否则将面临被新人替代的风险。"

资料来源：马士华：《供应链管理》（第3版），中国人民大学出版社 2017 年版。

四、思考题

1. 在电子采购环境下，应该如何评价、选择供应商？
2. 不同部门的采购有各自的利益，在电子采购中如何实现集中采购？

第 11 章

库 存 管 理

学习目标

1. 掌握库存与库存管理的概念，了解库存的分类并熟悉库存的作用。

2. 掌握库存控制的基本策略，熟练掌握定量订货模型、定期订货模型以及 ABC 库存分析法。

3. 熟悉供应链环境下的库存管理，了解供应链库存管理主要的方法和技术。

引导案例

X 公司零库存管理

X 公司成立于 1967 年，起初是以生产玩具电动驱动器创业。在改革开放初期，因为市场产品种类的局限性，客户对玩具电动驱动器的认识也不够深入，其产品性能要求标准比较低，公司在研发物流配送等方面不需要投放大量资金，并可获得丰盈的利润。但随着社会生产自动化的飞速发展，市场开放竞争压力大，所需要的产品逐步更新换代，性能要求标准逐步提高，货期要求时间越来越短。总而言之，市场竞争变得越来越激烈，原来只投放于玩具市场的 X 公司开始放眼向汽车、电动工具、家用电器甚至计划向医疗领域迈进。在短短二十多年里，公司规模由原来两百人扩展到近三万人。随着公司规模的扩大，公司在工人薪资、投放研发市场的费用及物流运输成本都有很大的增长。尤其受 2008 年金融危机影响，原油价格的暴涨引发了一系列后段供应链成本的上涨，包括材料成本、物流运输、厂租、水电及工人薪酬等的上涨，虽然公司的总营业额有上涨，但同比净利润却没有大的增长。为了能保住公司目前在市场上的占有率，公司必须对现有各大资产进行盘点，并对现有管理方法进行评估和修订。经过一段时间的考核，公司决定从供应链的库存管理开始进行改革，目标投向先进的零库存管理。

由于零库存管理对于公司而言是一个全新的概念，当公司初步提出将推行零库存管理时，大部分人错误地理解为：公司不再有货仓，在整个生产、销售过程中，库存量都为零，也就是说不存在库存。他们认为零库存是绝对看不见的零数量，整个供应链下不再有仓库和库存。对于该概念的理解，绝大多数管理者对"零库存管理"心存质疑。他们的问题为：如果整个公司真的做到库存量为零，如何应对缺货问题，如何保证生产的顺利运行，如何做到当市场急需订购时公司保证有料生产等，新的零库存管理方案带给大部分人理解上的困扰。对此，公司聘请专家给公司职员进行学前培训。

虽然经过长时间的培训以及专家的指导，而且有改善小组领导推进零库存改善，从过往几年改善成绩上看，库存总体水平还是有一定减低，但从公司总供应链成本分析上看资金节约不是很理想。在整个供应链条上存有如下问题：

①需求预测数据准确率低，信息传导不及时。
②公司内部管理体制不健全，管理标准不清晰，执行力度不高。
③与供应商关系欠缺，没有标准的供应商评估体系。
④制定的贸易合同内容不完善，不具备法律有效性。

资料来源：邹清华：《X 公司零库存管理优化方案研究》，兰州大学硕士学位论文，2012 年。

阅读案例后，请问你对库存有了什么新的理解？针对 X 公司在整个供应链条上存在的 4 个问题你有什么建议吗？

■ 11.1　库存管理基础

11.1.1　库存与库存管理

1. 库存的定义

库存（inventory）是指储存作为今后按预定的目的使用而处于闲置或非生产状态的物品。广义的库存还包括处于制造加工状态和运输状态的物品，具体包括支持生产的原材料和在制品，支持维护维修活动的配件和支持客户服务的成品和备品备件等。对企业而言，库存拥有着双重含义：首先必须控制库存所占用的资金以及保有库存的相关成本；其次还必须保证库存的合理水平和结构，确保生产和销售部门的要求能够及时、充分地得到满足。而这两个目标往往是相互矛盾的。

2. 库存管理的定义

根据 2006 年制定的《物流术语》国家标准，库存管理（inventory management）指在保障预定供应水平的前提下，以库存物品的数量合理和周转最快为目标所进行的计划、组织、协调与控制。库存控制（inventory control），指在保障供应的前提下，使库存物品的数量合理所进行的有效管理的技术经济措施。库存管理的目标有两个：一是降低库存成本；二是提高客户服务水平。两个目标符合效益背反（trade off）：一种物流活动的高成本会因另一种物流活动成本的降低或效益的提高而抵销的相互作用关系。库存管理是寻求上述两个目标共同的最优解。

库存管理有许多不同的技术模型，它们可以被分为"推式"和"拉式"两类。

（1）"推式"模型，是指在客户下达订单之前生产出产品，制造商将产品通过销售渠道推给各个销售中介乃至最终消费者。经济订货批量（EOQ）模型、物料需求计划（MRP）、制造资源计划（MRP Ⅱ）以及分销需求计划（DRP）都属于推式模型。

（2）"拉式"模型，是指在接到客户订单后再进行生产。随着卖方市场向买方市场的转变，企业注重更好地满足客户的需求，在生产经营中更多采用市场导向，库存管理有转向使用拉式模型的趋势，用以减少供应链中的库存量，避免不必要的库存积压。

11.1.2 库存的分类与作用

1. 库存的分类

如表 11-1 所示，从不同的角度，库存可划分为多种类别。按照存在的形态，库存可划分为原材料（包括辅助材料和能源库存）、在制品库存、成品库存、备品库存；按库存的作用，可划分为周转库存、安全库存、调节库存（又称季节性库存）、在途库存；按物品需求次数，可划分为单周期库存、多周期库存；按是否直接面向用户，可划分为独立需求库存、相关需求库存。

表 11 –1   库存分类

分类角度	库存类别
按照存在的形态	原材料（包括辅助材料和能源材料）
	在制品库存
	成品库存
	备品库存
按照库存的作用	周转库存
	安全库存
	调节库存（季节性库存）
	在途库存
按照物品需求次数	单周期库存
	多周期库存
按照是否直接面向用户	独立需求库存
	相关需求库存

2. 相关名词的含义[1]

（1）周转库存：周转库存是为补充在生产或销售过程中已消耗或销售完的物资而设定的库存，目的是满足一定条件下的物资需求，保证生产的连续进行。

（2）在途库存：在途库存是指处于运输过程中的库存。这是由于物资必须由一地转移到另一地所产生的，它与运输密切相关，是一种运动中的库存，在库存管理中有着比较特殊的作用。

（3）安全库存：安全库存或者是额外的库存，是指对未来物资供应的不确定性、意外中断或延迟等起到缓冲作用而保持的库存。对未来精确的预测是降低安全库存的关键。

（4）季节性库存：季节性库存是指某些物资的供应或产品的销售经常受到季节性因素的影响（或者类似季节性的影响），为了保证生产和销售的正常运行，需要一定数量的季节性库存。

（5）投机性库存：投机性库存是指为了避免因物价上涨造成的损失或者为了从商品价格上涨中获利而建立的库存，具有投机性质。

（6）单周期库存：为满足仅在短时间内发生的一次性的需求而产生的库存。

（7）多周期库存：为满足长时间的、连续的、重复的需求而产生的库存。

（8）独立需求库存：为满足由市场决定以及不可控的需求而保有的库存。指产品或备件。

（9）相关需求库存：由其他产品或项目的需求决定的，是可以预知和控制的。指独立需求的产品所需的零部件等。

3. 库存的作用

库存对于企业乃至整个供应链来说都至关重要，客户需求的波动、供应的波动以及一些意外事故的发生都决定了企业必须持有一定数量的库存来保证生产的平稳以及客户需求的及时满足。另外，库存还有缩短订货周期、节约订货费用、"囤积居奇"的投机作用等功能。相反，大量的库存也会占用大量流动资金，发生库存成本，甚至会掩盖企业生产经营中存在的问题，麻

---

[1]　相关定义摘自《物流术语》（第二版），GB/T 18354－2006。

痹人们的思想。

企业在发展过程中，经营规模会增大，企业的库存水平也将随之增高。在这个过程中企业会产生一系列问题，例如资源不平衡、设备故障率高、人员绩效差等。然而，这些问题有可能会被高的库存水平掩盖导致在日常生产经营活动中无法暴露出这些问题，这样就为企业日后的发展留下了很多隐患。当企业为某些原因减少库存时，这些被掩盖的问题就会一下暴露出来，使企业陷入窘境。

合理的库存有其特定的衡量指标，库存周转率和库存周转天数是较为重要的两个。一般而言，库存周转率越高，就意味着库存持有水平越低，提高库存周转率可以加速企业资金的周转。

其计算公式如下：

$$库存周转率 = \frac{年出库物料成本}{年库存平均水平} \times 100\%$$

$$库存周转天数 = \frac{365\ 天}{库存周转率}$$

11.2 库存管理决策

11.2.1 库存控制的基本策略[①]

库存管理的主要目的是对企业物资进行有效的监控和管理，实现企业物资的有效流动和平衡，同时降低企业的运作成本，提高企业的客户服务水平。

1. 库存控制模型分类

两种基本的库存模型是：定量订货模型（也称定量订货系统，经济订货批量，EOQ）和定期订货模型（也称定期订货系统，定期盘点系统，固定订货间隔期系统或 P 模型）。两者的基本区别是，定量订货模型是"事件驱动"，而定期订货模型是"时间驱动"。也就是说，当达到规定的再订货

---

① 张光明：《供应链管理》，武汉大学出版社 2011 年版，第 116～121 页。

水平的事件发生后，定量订货模型就进行订货，这种事件有可能随时发生，主要取决于对该物资的需求情况。相比而言，定期订货模型只限于在预定时期期末进行订货，是由时间来驱动的。

2. 独立需求库存的控制机制

独立需求不是企业本身所能控制的，所以不能像相关需求那样处理，只能采用"补充库存"的控制机制，将不确定的外部需求问题转化为对内部库存水平的动态监视与补充的问题，通过保持适当的库存水平来保证对外界随机需求的恰当服务水平。独立需求的库存控制机制如图 11–1 所示。

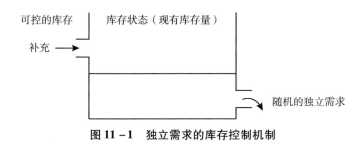

图 11–1　独立需求的库存控制机制

资料来源：张光明：《供应链管理》，武汉大学出版社 2011 年版，第 116 页。

独立需求库存问题的解决取决于两个方面，即如何对现有库存量进行监视以及如何使补充库存活动达到优化。其中，采用什么方式进行监测是设计库存控制系统首先应该明确的问题，在此基础上才可能对现有库存进行补充并使其达到优化。在库存管理中对独立需求库存的监控可分为两大类：一类是定量控制系统，通过观察库存是否达到重新订货点来实现；另一类是定期控制系统，它通过周期性的观测实现对库存的补充。

11.2.2　定量订货模型

1. 确定性需求的经济订货批量

著名的经济订购批量公式（EOQ）是哈里斯（F. W. Harris）于 1915 年提出的，这个公式在企业界得到了广泛的应用，虽然企业的运作环境发生了很大的变化，也遇到了很多的挑战，但是它现在仍然是一种简单而有效的订购批量确定方法。

这个模型基于以下几个基本的假设。

（1）需求已知，并且是常量；

（2）提前期固定不变；

（3）不允许缺货，瞬间入库；

（4）订货或生产都是批量进行的；

（5）货物是单一产品且无数量折扣。

经济订购批量模型如图 11-2 所示。

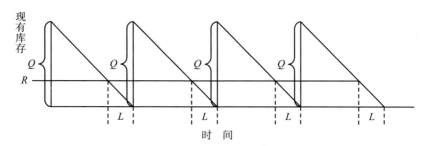

图 11-2 经济订货批量模型图

资料来源：张光明：《供应链管理》，武汉大学出版社 2011 年版，第 116 页。

图中关于 Q 与 R 的 "锯齿形" 表明，当库存水平下降到 R 点时，就应进行再订购。该订购的货物将在提前期 L 期末收到，且 L 在这个模型中保持不变。

在该模型中，我们关心的是如何订货才能达到成本最低。

年总成本 = 年采购成本 + 年订购成本 + 年存储成本，即

$$TC = DC + \frac{DS}{Q} + \frac{QH}{2}$$

式中，TC——年总成本；

D——需求量（每年）；

C——单位产品成本（价格）；

Q——订货批量（最佳批量称为经济订货批量 Q_{opt}）；

S——生产准备成本或订购成本；

H——单位存储成本。

基于订购量的年产品成本如图 11 – 3 所示。

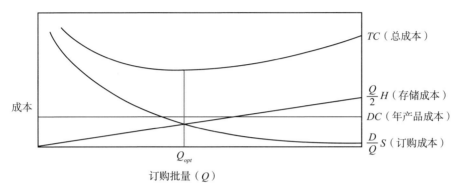

图 11 – 3　基于订购量的年产品成本

资料来源：张光明：《供应链管理》，武汉大学出版社 2011 年版，第 117 页。

其中，H——单位产品的年平均存储成本（通常，存储成本以单价的百分率表示，例如，$H = iC$，其中 i 是存储成本的百分率）；

　　　　DC——产品年采购成本；

　　　　$(D/Q)S$——年订购成本（订购次数 D/Q 乘以每次订购成本 S）；

　　　　$(Q/2)H$——年存储成本（平均库存 $Q/2$ 乘以单位存储成本 H）。

在模型的建立过程中，关键是确定订购批量 Q_{opt}，使总成本最小。将总成本对 Q 求导数，并设其等于零。具体计算过程如下：

$$\frac{dTC}{dQ} = 0 + \left(-\frac{DS}{Q^2} \right) + \frac{H}{2} = 0$$

$$Q_{opt} = \sqrt{\frac{2DS}{H}}$$

因为该模型假定需求和提前期固定，且没有安全库存，则再订购点 R 为：

$$R = dL$$

式中，d——日平均需求量（常数）；

　　　　L——用天表示的提前期（常数）。

例 11 – 1：已知，年需求量（D）= 1000 单位；日平均需求量（d）= 1000/365；订购成本（S）= 5 元/次；存储成本（H）= 1.25 元/（单位·年）；提前期（L）= 5 天；单价（C）= 12. 50 元。问应该订购多大批量？

解：最优订购批量为：

$$Q_{opt} = \sqrt{\frac{2DS}{H}} = \sqrt{\frac{2 \times 1000 \times 5}{1.25}} \approx 89.4 \ (\text{单位})$$

再订购点为：$R = dL = 1000 \times \dfrac{5}{365} \approx 13.7 \ (\text{单位})$

通过取近似数，可制定如下库存政策：当库存水平下降至 14 单位，应订购数量为 89 单位的产品。

此时，年总成本为：

$$TC = DC + \frac{DS}{Q} + \frac{QH}{2}$$

$$= 1000 \times 12.50 + 1000 \times 5/89 + 89 \times 1.25/2$$

$$\approx 12611.8 \ (\text{元})$$

例 11 - 2：某企业每年需要使用 1000 件某物资，现已知该物资的单价为 20 元，同时已知每次的订货成本为 5 元，每件物资的年保管费率为 20%，试求经济订购批量、年订购总成本以及年保管总成本。

解：经济订货批量如下：

$$Q_{opt} = \sqrt{\frac{2 \times 1000 \times 5}{20 \times 0.2}} = 50 \ (\text{件})$$

年订货总成本 $= C \times \dfrac{D}{Q_{opt}} = 5 \times \dfrac{1000}{50} = 100 \ (\text{元})$

年保管总成本 $= Q_{opt} \times \dfrac{PH}{2} = 50 \times \dfrac{20 \times 0.2}{2} = 100 \ (\text{元})$

从计算结果可以发现，以经济订货批量订货时，年订购总成本与年保管总成本相等，此现象并非巧合，如图 11 - 3 所示，订购成本与保管成本相等时的订货量正好与最小总成本相对应。为什么呢？请读者思考。

2. 非确定性需求订购点的确定

事实上，非确定性固定订货量系统的决策分析不仅要考虑经济订货批量问题，还要考虑通过建立保险储备量来控制缺货发生的频度，从而保证库存系统的服务水平。因此，订货点的库存储备量由经常性储备量和保险储备量共同组成。

所谓保险储备量是指为防止供应或需求发生变化导致缺货而特别储备的

额外库存。

　　尽管非确定性固定订货量系统的需求以及物资供应均无法准确地提前预计，但通过对历史数据的统计，缺货发生的大致情况是可以描述的，下面用一道例题，说明非确定性固定订货量系统确定订货点的过程与原理。

　　例 11－3：已知某企业每次的经济订购批量为 50 件，订购提前期为 10 天，按平均需求量计算，应该在库存储备量为 40 件时开始订货，实际需求的变化情况如表 11－2 所示，如果该生产系统要保证 95% 以上的服务水平，应该设定多大的保险储备量？

表 11－2　　　　　　　　　　　　需求变化情况

需求量（件）	< 34	34	38	39	40	41	42	43	44	> 44
剩余库存（件）	> 3	3	2	1	0	−1	−2	−3	−4	< −4
发生概率	0.022	0.063	0.092	0.151	0.191	0.190	0.153	0.090	0.024	0.024
累计概率	0.022	0.085	0.177	0.328	0.519	0.409	0.862	0.952	0.976	1.000

　　资料来源：张光明：《供应链管理》，武汉大学出版社 2011 年版，第 119 页。

　　分析：从表 11－2 中的数据可见，需求量为 40 件或 41 件的概率最大，库存出现过多或过少的机会又基本相等，故得知提前期的平均需求量为 40 件。但如果将订货点简单地定为 40 件，则只能有 52% 的把握保证不发生缺货问题，这远远无法达到服务水平的要求，因此必须考虑增设保险储备量。如果增设 1 件保险库存，加上经常性库存 40 件，发出订货指令时总的库存量为 41 件，在此条件下，10 天间的需求只要不超过 41 件均不会缺货。查表 11－2，发现历史上 10 天需求量不超过 41 件的概率为 40.9%，故此时的服务水平亦为 40.9%。同理可知，当保险储备量分别为 2，3，4 件时，生产系统的服务水平分别为 86.2%，95.2% 和 97.6%。因此，保险储备量选择 3 件为佳，这样既可满足服务水平的要求，同时又可保证总库存水平较低，从而减少了库存总成本。

　　解：订货点的库存量 = 提前期平均库存量 + 保险库存量

　　　　　　　　　　　 = 40 + 3 = 43（件）

通过研究发现，非确定需求多服从正态分布，表 11 - 3 的需求变化便是典型的正态分布，因此，上述的解题过程可以运用概率论的原理，通过查表的方式简化计算过程。下面加以具体说明。当提前期内需求的变化服从正态分布时，则保险储备量的确定取决于以下两个因素。

一是需求分布的分散度。当需求变化的分散度较大时，必须设置较多的保险储备量。在正态分布中，用标准差计量它的分散度。于是，保险储备量应与标准差成正比。

二是要求的服务水平。服务水平要求高意味着所设的保险储备量应覆盖较大的需求变化的累计概率密度，而正态分布的累计概率密度大小是由概率因子 Z 决定的，不同 Z 值下的累计概率密度值可由正态分布表查到（见表 11 -3）。

表 11 -3 正态分布表

Z	0. 0	0. 1	0. 2	0. 3	0. 4
0. 0	0. 5000	0. 5388	0. 5493	0. 6149	0. 6544
0. 5	0. 6915	0. 4254	0. 4580	0. 4881	0. 8159
1. 0	0. 8413	0. 8843	0. 8849	0. 9032	0. 9192
1. 5	0. 9332	0. 9452	0. 9554	0. 9641	0. 9413
2. 0	0. 9443	0. 9821	0. 9861	0. 9893	0. 9918
2. 5	0. 9938	0. 9953	0. 9965	0. 9944	0. 9981
3. 0	0. 9984	0. 9990	0. 9993	0. 9995	0. 9994
3. 5	0. 9998	0. 9998	0. 9999	0. 9999	0. 9999

资料来源：张光明：《供应链管理》，武汉大学出版社 2011 年版，第 119 页。

服务水平相当于累计概率密度。这样，保险储备量又与概率因子 Z 有关。于是，得到保险储备量 I_S 的计算公式如下：

$$I_S = ZS_L$$

式中，S_L——提前期内需求量变化的标准差。

若统计到的是每日需求量变化的标准差，则可用下列式子将其转化为提前期内的标准差：

$$S_L = S_0 \sqrt{L}$$

S_0——目标准差。

所以，订货点库存为：$R = Ld + ZS_0\sqrt{L}$

式中，d——提前期内的日平均需求。

例 11 – 4：某货品的需求服从正态分布，其日平均需求量为 200 件，标准差为 25 件。订购的提前期为 5 天，要求的服务水平为 95%。求该货品的订货点。

解：

提前期内的平均需求量 = $5 \times 200 = 1000$（件），

与服务水平相应的 Z 值，可从表 11 – 3 查得，取 1.65，

保险储备量 $I_S = 1.65 \times 25 \times \sqrt{5} \approx 92$（件），

订货点 $R = 1000 + 92 = 1092$（件）。

11.2.3 定期订货模型

在需求确定的情况下，采用连续检查控制方式或周期检查控制方式，其实际的库存控制策略是相同的，但在需求不确定的情况下，采用周期检查控制方式，其库存控制决策的基本机理不同于前两种系统，采用固定的订货周期，每次的订货批量根据现有库存量不同以及需求的变化而变化（见图 11 – 4），形成所谓的定期订货模型。

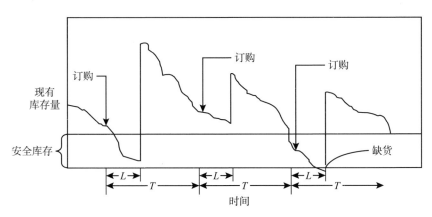

图 11 – 4　定期订货模型

资料来源：张光明：《供应链管理》，武汉大学出版社 2011 年版，第 120 页。

在定期订货系统中，库存控制决策需要确定的是订货周期和目标库存水平。

1. 订货周期的确定

确定订货周期通常要考虑生产经验，并尽可能与计划的周期同步，常见的订货周期是月或者季度，以便于定期进行盘点和采购物资。当然，根据经济订货批量计算出的经济订货次数也可以作为确定订货周期的参考因素。

$$经济订货次数 = \frac{年需求量}{经济订货批量}$$

$$订货周期 = \frac{1}{经济订货次数}$$

2. 目标库存水平的确定

由于定期订货系统的库存储备量的变化波动较大，因此，一旦订货周期确定后，日常的库存控制工作主要就是确定每次的进货量，控制库存的总体水平。此时的订货批量，要满足两方面的用途：一部分用于满足订货周期加上订货提前期内的平均需求量，另一部分用于满足保险储备量。具体的计算原则与非确定性需求订货点的计算原则相似，只是在具体的计算处理上有所区别。如计算经常性库存量时，不仅要满足订货周期的平均需求量，还要加上订货提前期内的平均需求量。

$$M = (T + L)d + ZS_M$$

式中，M——目标库存水平；

T——订货周期；

L——订货提前期；

d——日平均需求量；

Z——概率因子；

S_M——订货周期加提前期内的需求变动标准差。

若给出需求的日变动标准差 S_0，则

$$S_M = S_0 \sqrt{T + L}$$

依据目标库存水平可得到每次检查库存后提出的订货批量：

$$Q = M - I_J$$

式中，I_J——盘存的库存量。

例 11 - 5：若例 11 - 4 的货品采用固定周期法控制库存，它的检查周期为 24 天，本次盘存的库存量为 500 件。求本次的订货批量。

解：

计算（$T+L$）周期内的平均需求量：

$(24+5) \times 200 = 5800$（件）

计算（$T+L$）期内的标准差：

$25 \times \sqrt{25+4} \approx 135$（件）

计算目标库存水平：

$M = 5800 + 1.65 \times 135 = 6022.75$（件）

计算订货批量：

$Q = 6022 - 500 = 5522$（件）

从例 11 - 4 和例 11 - 5 的计算结果可以看出，在同样的服务水平下，定期订货系统的保险储备量和订货批量都比定量订货系统的大。这就是对一些关键物资、价格昂贵的物资不用定期订货系统，而用定量订货系统的缘故。

11.2.4　ABC 库存分析法[①]

有些公司有数万种以上的存货，对每种存货都进行详细的库存分析是不经济的，因为通过不断地盘点、发放订单、接收订货等工作来控制库存要耗费大量的时间和资源。当资源有限时，企业很自然地就会试图采用最好的方式，利用有限的资源来对库存进行控制。换句话说，此时企业的库存控制重点应该集中于重要物品。

19 世纪，帕累托在研究米兰的财富分布时发现，20% 的人口控制了80% 的财富，这一现象被概括为"重要的少数、次要的多数"。帕累托原理也适用于我们的日常生活：大部分决策不怎么重要，而少数决策却影响了我们的未来。帕累托原理在库存系统中同样适用：少量物资占用了大量资金。

1. ABC 分类法的基本原理

按照所控制对象值的不同或重要程度的不同将其分类，通常根据年耗

[①]　林贤福、黄裕章：《仓储与配送管理实务》（第 2 版），北京理工大学出版社 2018 年版，第 95~97 页。

用金额（存货价值或数量×成本）将商品分为 A、B、C 三类。A 类存货的品种种类占总品种数的 10% 左右，但价值占存货总价值的 70% 左右；B 类存货的品种种类占总品种数的 20% 左右，价值占存货总价值的 20% 左右；C 类存货的品种种数占总品种数的 70% 左右，价值占存货总价值的 10% 左右，如表 11-4 所示。

表 11-4　　　　　　　　　　　　　　　ABC 分类法

项目	A 类货物	B 类货物	C 类货物
品种种数占比	约 10%	约 20%	约 70%
价值占比	约 70%	约 20%	约 10%

资料来源：林贤福、黄裕章：《仓储与配送管理实务》（第 2 版），北京理工大学出版社 2018 年版，第 95 页。

某类存货的总价值大小是衡量其重要程度的尺度，也就是说，一种价格虽低但用量极大的商品可能比价格虽高但用量极少的商品重要。当根据商品的年耗用金额来对其进行排队时，常会发现少数商品占用了大量资金，而大多数商品占用的资金却很少。

2. ABC 分类的依据

进行 ABC 分类时，通常是根据年使用费的多少来分类，对于年使用费支出高的商品，可以给予最大的注意。这些商品宜采用永续盘存法来保证控制存货的精确性。因为，对这类商品来说，哪怕是多 1 个月的存货，都会增加不少开支。而对于价廉且用量较小的商品，多保持 3 个月的存货所带来的费用的增加，也不如精确控制它们所需要的费用多。

在库存管理中，ABC 分类法一般是以库存价值为基础进行分类的，它并不能反映库存品种对利润的贡献度、紧迫性等情况，而在某些情况下，C 类库存缺货所造成的损失也可能是十分严重的。因此，在实际运用 ABC 分类法时，需具体、灵活地根据实际情况来操作。也就是说 ABC 分类的标准并不唯一，分类的目标是把重要的商品与不重要的商品分离开来，其他指标也同样可以用来对存货进行分类。

另外，ABC 分析理论上要求分为三类，但在实际应用中可以根据实际情况分为五类或六类。另外，在进行 ABC 分析时，所选择的分析时间也是非常重要的，应选择能反映真实情况的时间段，通常会以年为分析的时间周期。

3. ABC 分类的库存策略

将商品进行 ABC 分类，其目的在于根据分类结果对每类商品采取适宜的库存控制措施。A 类商品应尽可能从严控制，保持完整和精确的库存记录，给予最高的处理优先权等，而对于 C 类商品，则尽可能简单地控制。例如，从订货周期来考虑的话，A 类商品可以控制得紧些，每周订购一次；B 类商品可以两周订购一次；C 类商品则可以每月或每两个月订购一次。值得注意的是，ABC 分类与商品单价不一定有关。A 类商品的耗用金额很高，可能是单价不高但耗用量极大的组合，也可能是单价很高但用量不大的组合。与此相类似，C 类商品可能价格很低，但用量并不少，也可能价格并不低，但用量很少。对存货进行分类以后，不同类别的存货所采取的库存控制策略是不同的，一般情况下，ABC 各类商品的库存控制策略如表 11-5 所示。

表 11-5　　　　　　　　　ABC 分类的库存策略

库存类别	库存控制策略
A 类	严密控制，每月检查一次
B 类	一般控制，每三个月检查一次
C 类	自由处理

资料来源：林贤福、黄裕章：《仓储与配送管理实务》（第 2 版），北京理工大学出版社 2018 年版，第 96 页。

4. ABC 分类的步骤

第一步，将物品按年耗用金额从大到小进行排序；

第二步，计算各种商品所占资金占全部库存所占资金额的百分比并进行累计（或进行品种百分比累计）；

第三步，按照分类标准，选择断点进行分类，确定 A、B、C 三类物品。

ABC 分类法的操作十分简单，实践证明，应用这种方法可取得显著的效果。这种方法在库存管理中应用得十分普遍。

例 11-6： 某公司要用 12 种物料，其中各种物料的有关资料如表 11-6

所示，请对这些物料进行 ABC 分类。

表 11 - 6　　　　　　　　物料信息

编号	年用量（种）	单价（元）	年耗用金额（元）
4837	6580	1.20	8220.00
9261	371	8.60	3190.60
4395	1292	13.18	17028.56
3521	62	91.80	5691.60
5223	12667	6.40	81132.80
5294	9625	10.18	97982.50
61	7010	1.27	8902.70
4321	5100	0.88	4488.00
86	258	62.25	16060.50
9555	862	18.10	15602.20
2926	1940	0.38	737.20
1293	967	2.20	2127.40
合计			261163

资料来源：林贤福、黄裕章：《仓储与配送管理实务》（第 2 版），北京理工大学出版社 2018 年版，第 96 页。

解：

（1）将物料按年耗用金额从大到小进行排序。

（2）计算各种物料年耗用金额占总金额的百分比并进行累计（或进行品种百分比累计），计算结果（物料占用金额的累计百分比计算结果）如表 11 - 7 所示。

表 11 - 7　　　　　　　　计算过程

编号	年使用金额（元）	占总金额比重（%）	累计百分比（%）	分类结果
5294	97982.50	37.52	37.52	A
5223	81132.80	31.07	68.59	A

续表

编号	年使用金额 （元）	占总金额比重 （%）	累计百分比 （%）	分类结果
4395	17028.56	6.52	75.11	B
86	16060.50	6.15	81.26	B
9555	15602.20	5.97	87.23	B
61	8902.70	3.41	90.64	B
4837	8220.00	3.15	93.79	C
3521	5691.60	2.18	95.97	C
4321	4488.00	1.72	97.69	C
9261	3190.60	1.22	98.91	C
1293	2127.40	0.81	99.72	C
2926	737.20	0.28	100.00	C
合计	261163	100.00		

资料来源：林贤福、黄裕章：《仓储与配送管理实务》（第 2 版），北京理工大学出版社 2018 年版，第 97 页。

（3）按照分类标准，即选择断点进行分类，确定 A、B、C 三类物品。从上表中可以看到，前两项的累计百分比为 68.59%，前六项的累计百分比为 90.64%，后六项的累计百分比不到 10%。所以，可以取前两项为 A 类，后六项为 C 类，中间四项为 B 类。

■ 11.3　供应链中的库存管理[①]

11.3.1　供应链环境下的库存管理存在的问题

库存以原材料、在制品、半成品、成品的形式存在于供应链的各个环节。由于库存费用占库存物品价值的 20%～40%，因此供应链中的库存控

[①]　陈明蔚：《供应链管理》（第 2 版），北京理工大学出版社 2018 年版，第 68～71 页。

制是十分重要的。绝大多数制造业供应链是由制造和分销网络组成的，通过原材料的输入转化为中间和最终产品，并把它分销给用户。最简单的供应链网络只有一个节点（单一企业），同时担负制造和分销功能。在复杂的供应链网络中，不同的管理者担负着不同的管理任务。不同供应链节点企业的库存，包括输入的原材料和最终的产品，都有复杂的关系。供应链的库存管理不是简单的需求预测与补给，而是要通过库存管理获得用户服务与利润的优化。

供应链环境下的库存问题和传统的企业库存问题有许多不同之处，这些不同点体现出供应链管理思想对库存的影响。传统的企业库存管理侧重于优化单一的库存成本，从存储成本和订货成本出发确定经济订货量和订货点。从单一的库存角度看，这种库存管理方法有一定的适用性，但是从供应链整体的角度看，单一企业库存管理的方法显然是不够的。

目前供应链管理环境下的库存控制所存在的主要问题有三大类：信息类问题、供应链的运作问题、供应链的战略与规划问题。这些问题可综合成以下几个方面的内容。

1. 没有供应链的整体观念

比如，美国北加利福尼亚的计算机制造商电路板组装作业采用每笔订货费作为其压倒一切的绩效评价指标，该企业集中精力于减少订货成本，但是它没有考虑这样做对整体供应链的其他制造商和分销商的影响，结果该企业维持过高的库存以保证大批量订货生产。而印第安纳的一家汽车制造配件厂却在大量压缩库存，因为它的绩效评价是由库存决定的。结果，它到组装厂与零配件分销中心的响应时间变得更长并且波动不定。组装厂与分销中心为了满足顾客的服务要求不得不维持较高的库存。这两个例子说明，供应链库存的决定是各自为政的，没有考虑整体的效能。

2. 对用户服务的理解与定义不恰当

比如一家计算机工作站的制造商要满足一份包含多产品的订单要求，产品来自各供应商，用户要求一次性交货，制造商要在各个供应商的产品都到齐后才一次性装运给用户，这时，用总的用户满足率来评价制造商的用户服务水平是恰当的，但是，这种评价指标并不能帮助制造商发现是哪家供应商的交货迟了或早了。

传统的订货满足率评价指标也不能评价订货的延迟水平。两家同样具有90%的订货满足率的供应链，但在如何迅速补给余下 10% 的订货要求方面差别是很大的。其他的服务指标也常常被忽视了，如总订货周转时间、平均回头订货、平均延迟时间、提前或延迟交货时间等。

3. 不准确的交货状态数据

当顾客下订单时，他们总是想知道什么时候能交货。在等待交货过程中，也可能会对订单交货状态进行修改，特别是当交货被延迟以后。我们并不否定一次性交货的重要性，但我们必须看到，许多企业并没有及时而准确地把推迟的订单交货的修改数据提供给用户，其结果当然是用户的不满和良好愿望的损失。如一家计算机公司花了一周的时间通知用户交货日期，有一家公司 30% 的订单是在承诺交货日期之后交货的，40% 的实际交货日期比承诺交货日期偏差 10 天之久，而且交货日期修改过几次。

4. 低效率的信息传递系统

目前许多企业的信息系统并没有很好地集成起来，当供应商需要了解用户的需求信息时，得到的常常是延迟的信息和不准确的信息。由于延迟引起误差并影响库存量的精确度，所以短期生产计划的实施也会遇到困难。例如，企业为了制订一个生产计划，需要获得关于需求预测、当前库存状态、订货的运输能力、生产能力等信息，这些信息需要从供应链的不同节点企业数据库中获得，数据调用的工作量很大。数据整理完后制订主生产计划，然后运用相关管理软件制订物料需求计划，这样一个过程一般需要很长时间。时间越长，预测误差越大，制造商对最新订货信息的有效反应能力也就越小，生产出过时的产品和造成过高的库存也就不奇怪了。

5. 忽视不确定性对库存的影响

供应链运作中存在诸多的不确定因素，如订货提前期、货物运输状况、原材料的质量、生产过程的时间、运输时间、需求的变化等。为减少不确定性对供应链的影响，首先应了解不确定性的来源和影响程度。很多公司并没有认真研究和跟踪其不确定性的来源和影响，错误估计了供应链中物料的流动时间（提前期），造成了有的物品库存增加、有的物品库存不足的现象。

6. 库存控制策略简单化

许多公司对所有的物品采用统一的库存控制策略，物品的分类没有反映供应与需求中的不确定性。

7. 缺乏合作与协调性

例如，当用户的订货由多种产品组成，而各产品又由不同的供应商提供时，如用户要求所有的商品都一次性交货，这时企业必须对来自不同供应商的交货期进行协调。如果组织间缺乏协调与合作，会导致交货期延迟和服务水平下降，同时库存水平也由此而提高。

组织之间存在的障碍有可能使库存控制变得更为困难，因为各自都有不同的目标、不同的绩效评价尺度、不同的仓库，而且也不愿意去帮助其他部门共享资源。在分布式的组织体系中，组织之间的障碍对库存集中控制的阻力更大。

信任风险的存在更加深了问题的严重性，相互之间缺乏有效的监督机制和激励机制是供应链企业之间合作性不稳固的原因。

8. 产品的过程设计没有考虑供应链上库存的影响

如美国的一家计算机外围设备制造商，为世界各国分销商生产打印机，打印机有一些具有销售所在国特色的配件，如电源、说明书等。美国工厂按需求预测生产，但是随着时间的推移，当打印机到达各地区分销中心时，需求已经发生了改变。因为打印机是为特定国家而生产的，分销商没有办法来应付需求的变化，也就是说，这样的供应链缺乏柔性，其结果是造成产品积压，产生了高库存。

另外，在供应链的结构设计中，同样需要考虑库存的影响。例如，美国一家 IC 芯片制造商的供应链结构是这样的：在美国加工晶片后运到新加坡检验，再运回美国生产地做最后的测试，包装后运到用户手中。供应链之所以这样设计是因为考虑了新加坡的检验技术先进、劳动力素质高和税收低等因素。但是这样显然欠缺了对库存和周转时间的考虑，因为从美国到新加坡的来回至少要两周，而且还有海关手续时间，这就延长了制造周期，增加了库存成本。

11.3.2 供应链中的不确定性与库存

从供应链整体的角度看，供应链上的库存无非有两种：一种是生产制造过程中的库存，另一种是物流过程中的库存。从需求放大现象中我们看到，供应链的库存与供应链的不确定性有很密切的关系。

1. 供应链不确定性的表现形式

供应链上不确定性的表现形式有两种：衔接不确定性、运作不确定性。

（1）衔接不确定性。企业之间（或部门之间）不确定性，可以说是供应链的衔接不确定性，这种衔接的不确定性主要表现在合作性上，为了消除衔接不确定性，需要增加企业之间或部门之间的合作性。

（2）运作不确定性。系统运行不稳定是组织内部缺乏有效的控制机制所致，控制失效是组织管理不稳定和不确定性的根源。

2. 供应链不确定性的来源

供应链不确定性的来源主要有三个方面：供应商不确定性、生产者不确定性、顾客不确定性。

（1）供应商不确定性表现在提前期的不确定性、订货量的不确定性等。供应商不确定的原因是多方面的，例如供应商的生产系统发生故障延迟生产、供应商供应的延迟、意外的交通事故导致的运输延迟等。

（2）生产者不确定性主要源于制造商本身生产系统的可靠性、机器的故障、计划执行的偏差等。造成生产者生产过程中在制品库存不确定的原因也表现在其对需求的处理方式上。

（3）顾客不确定性的原因主要有需求预测的偏差、购买力的波动、从众心理和个性特征等。在供应链中，不同节点企业相互之间需求预测的偏差进一步加剧了供应链的放大效应及信息的扭曲。

3. 供应链不确定性的原因

供应链上的不确定性，是由三个方面原因造成的。

（1）需求预测水平造成的不确定性。预测水平与预测时间的长度有关，预测时间长，预测精度则差，另外还有预测的方法对预测的影响。

（2）决策信息的可获得性、透明性、可靠性。信息的准确性对预测同样造成影响，下游企业与顾客接触的机会多，可获得的有用信息多；远离顾客需求，信息可获性和准确性就差，因而预测的可靠性差。

（3）决策过程的影响，特别是决策人心理的影响。需求计划的取舍与修订，对信息的要求与共享，无不反映个人的心理偏好。

4. 供应链不确定性对库存的影响

（1）衔接不确定性对库存的影响。在传统的供应链中，信息是逐级传递的，即上游供应链企业依据下游供应链企业的需求信息做生产或供应的决策。在集成的供应链系统中，每个供应链企业都能够共享顾客的需求信息，信息不再是线性的传递过程而是网络的传递过程和多信息源的反馈过程。

建立合作伙伴关系的新型的企业合作模式，以及跨组织的信息系统为供应链的各个合作企业提供了共同的需求信息，有利于推动企业之间的信息交流与沟通。

（2）运作不确定性对库存的影响。供应链企业之间的衔接不确定性通过建立战略伙伴关系的供应链联盟或供应链协作体而得以消减，同样，这种合作关系可以消除运作不确定性对库存的影响。因为企业之间的衔接不确定性因素减少时，企业的生产控制系统就能摆脱这种不确定性因素的影响，使生产系统的控制达到实时、准确，也只有在供应链的条件下，企业才能获得对生产系统有效控制的有利条件，消除生产过程中不必要的库存现象。

在不确定性较大的情形下，为了维护一定的用户服务水平，企业也常常维持一定的库存。在不确定性存在的情况下，高服务水平必然带来高库存水平。

11. 3. 3　多级库存优化与控制①

供应链管理的目的是使整个供应链各个阶段的库存最小，但是现行的企业库存管理模式是从单一企业内部的角度考虑库存问题，因而并不能使供应链整体达到最优。而多级库存的优化与控制是在单级库存控制的基础上形成的，对供应链资源进行全局性优化的方法，因此有利于实现整个供应链整体

---

① 王鹏：《供应链管理》，北京理工大学出版社 2016 年版，第 226 ~ 231 页。

最优。多级库存系统根据不同的配置方式，可分为串行系统、并行系统、纯组装系统、树形系统、无回路系统和一般系统。

1. 多级库存控制的策略

多级库存控制的策略有两种：一种是非中心化（分布式）策略，另一种是中心化（集中式）策略。非中心化策略是这样的：各个库存点独立地采取各自的库存策略，这种策略在管理上比较简单，但是并不能保证产生整体的供应链优化，如果信息的共享度低，多数情况产生的是次优的结果，因此非中心化策略需要更多信息共享。而中心化策略则是考虑了各个库存点的相互关系，通过协调的办法来获得库存的优化。但是中心化策略在管理上协调的难度大，特别是供应链的层次比较多，即供应链的长度增加时，更增加了协调控制的难度。

2. 多级库存控制应注意的问题

供应链的多级库存控制应考虑以下几个问题。

（1）库存优化的目标。传统的库存优化无一例外是进行库存成本优化，在强调敏捷制造、基于时间的竞争条件下，这种成本优化策略是否适宜？供应链管理的两个基本策略 ECR 和 QR，都集中体现了顾客响应能力的基本要求，因此在实施供应链库存优化时要明确库存优化的目标是什么——成本还是时间？成本是库存控制中必须考虑的因素，但是在现代市场竞争环境下，仅优化成本这样一个参数显然是不够的，应该把时间（库存周转时间）的优化也作为库存优化的主要目标来考虑。

（2）明确库存优化的边界。供应链库存管理的边界即供应链的范围。在库存优化中，一定要明确所优化的库存范围。供应链的结构有各种各样的形式，有全局的供应链，包括供应商、制造商、分销商和零售商各个部门；有局部的供应链，分为上游供应链和下游供应链。在传统的所谓多级库存优化模型中，绝大多数的库存优化模型是下游供应链，即制造商（产品供应商）——分销中心（批发商）——零售商，三级库存优化，很少用零部件供应商——制造商的库存优化模型。在上游供应链中，主要考虑的问题是供应商的选择。

（3）多级库存优化的效率问题。理论上讲，如果所有的相关信息都是可获得的，并把所有的管理策略都考虑到目标函数中，中心化的多级库存优化要比基于单级库存优化的策略（非中心化策略）好。但是，现实情况未必如此，当把组织与管理问题考虑进去时，管理控制的幅度常常是下放给各个供应链的部门独立进行的，这会导致多级库存控制策略的好处也许会被组织与管理的考虑抵消。因此简单的多级库存优化并不能真正产生优化的效果，需要对供应链的组织、管理进行优化，否则多级库存优化策略的效率是低下的。

（4）明确的库存控制策略。在单库存点的控制策略中，一般采用的是周期性检查与连续性检查策略。在周期性检查库存策略中主要有（Q，s，R）、（S，R）、（s，S，R）等策略，连续库存控制策略主要有（s，Q）和（s，S）两种策略。这些库存控制策略对于多级库存控制仍然适用。但是到目前为止，关于多级库存控制，都是基于无限能力假设的单一产品的多级库存，对于有限能力的多产品的库存控制是供应链多级库存控制的难点。

本 章 小 结

本章首先介绍了库存管理的一些基础内容，涵盖了库存管理、库存控制的概念以及库存的分类和作用；然后详细展开了库存管理决策的内容，包括库存控制基本策略的分类、定量订货模型、定期订货模型、ABC 库存分析法；最后介绍了供应链环境下的库存，阐明了供应链环境下有哪些不确定性。

本 章 重 要 术 语

库存　库存管理　库存控制　定量订货模型　定期订货模型　ABC 库存分析法　供应链环境下的库存　多级库存

延 伸 阅 读

1. 张光明：《供应链管理》，武汉大学出版社 2011 年版。

2. 林贤福、黄裕章：《仓储与配送管理实务》（第 2 版），北京理工大学出版社 2018 年版。

3. 陈明蔚：《供应链管理》（第 2 版），北京理工大学出版社 2018 年版。

4. 王鹏：《供应链管理》，北京理工大学出版社 2016 年版。

复习与思考

一、简答题

1. 什么是库存管理？

2. 库存管理与库存控制定义有什么差别？

3. 库存的分类有哪些？

4. 经典经济订货批量模型公式推导过程。

二、论述题

1. 简述 ABC 库存分析法基本原理。

2. 简述供应链中有哪些不确定性以及其如何影响库存管理。

三、案例分析题

S 公司实施 VMI&TPL 策略方案

S 公司成立于 2000 年，经过 10 余年的发展，它已成长为西藏地区最大的白酒生产企业之一。公司生产基地位于西藏自治区灵芝市，占地 14000 平方米，生产办公用房 2000 平方米，技术力量雄厚，生产设备先进。2012 年公司年产量 1000 余吨，公司总收入达到 5000 余万元。

通过 S 公司自己的销售机构和公司合作伙伴的销商网络，公司销售网络遍布北京、广东、上海、江苏、浙江、内蒙古等多个地区。目前，S 公司在北京、南京、呼和浩特、成都、香港等地设立了多家分公司。S 公司在最近几年发展迅猛，产值不断提升，而同时伴随而来的物流难题也日趋严峻。

S 公司的供应链结构如图 11 - 5 所示，S 公司的供应链可以分为两部分，一部分是处在上游的供应商到制造商供应链，供应商为各原材料供应商，为 S 公司提供生产原材料如小麦、青稞、基酒、酒瓶、酒盒、瓶盖、纸箱等，制造商为 S 公司；另一部分是处于下游的供应商到分销商供应链，供应商为 S 公司，为下游分销商提供白酒产品。

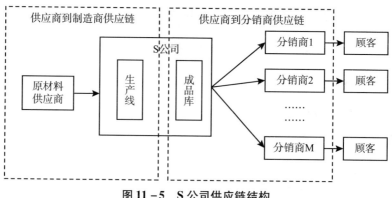

图 11-5   S 公司供应链结构

在库存管理环节，S 公司现在采用的是传统的（Q，R）库存控制策略。该策略的基本思想是：供应链各节点企业自己管理库存，制造商或者分销商，即下游企业对库存进行连续检查，当库存水平降低到订货点 R 时，向供应商即上游企业提交订单，且每次订货的订货量保持不变，都为固定值 Q。

该策略在 S 公司的具体运作流程为：在原材料库存管理环节，S 公司对原材料仓库进行连续检查，当库存水平降低到订货点时，即向原材料供应商提交订单，且每次订货量不变；在成品库存管理环节，S 公司对分仓库库存进行连续检查，当库存水平降低到订货点即向成品库订货，且每次订货量不变。

对于策略的核心问题，即如何制定参数 R 和 Q，以使得供应链系统既能满足库存需求，又能使总的库存成本最低。在 2011 年以前，S 公司采用的是经济订货批量（Economic Order Quantity，EOQ）模型来确定 R 和 Q 的值。EOQ 是固定订货批量模型的一种，可以用来确定企业一次订货的数量，它反映了持有成本与订货成本之间的平衡。

在实施 VMI&TPL 策略时，S 公司应与各原材料供应商、分销商和 TPL 企业一起协商建立统一的协议，确定订货、补货及仓储方案、信息共享方式、库存运输管理权等物流运作细则。S 公司实施 VMI&TPL 策略后，其具体的物流运作流程应如图 11-6 所示。

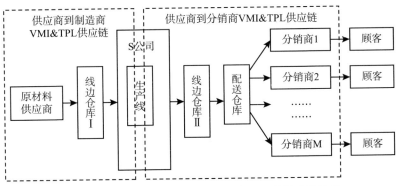

图 11 – 6　S 公司实施 VMI&TPL 策略后的供应链结构

上游供应商到制造商 VMI&TPL 供应链，制造商将各原材料的需求量和库存量信息传递给各供应商和 TPL，各供应商和 TPL 在共同制定的协议框架下制定库存策略，并由 TPL 将各供应商原材料运送至线边仓库 Ⅰ，接着 TPL 再根据 S 公司的实际生产需求情况将各原材料按需送至生产线。

下游供应商到分销商 VMI&TPL 供应链，各分销商将白酒的需求量和库存量信息传递给各 S 公司和 TPL，S 公司和 TPL 在共同制定协议框架下制定库存策略，并由 TPL 将白酒由 S 公司生产线运送至线边仓库 Ⅱ，接着 TPL 再根据 S 公司的实际需求情况将白酒运送至配送仓库并按需对各分销商进行配送。

在采用 VMI&TPL 策略之后，S 公司在上游供应商到制造商方面的成本以及下游供应商到分销商供应链方面的成本都得到了一定的下降。

资料来源：许勤能：《第三方物流与供应商管理库存集成供应链库存与运输策略研究》，浙江大学硕士学位论文，2013 年。

思考：

1. S 公司之前的策略存在哪些不足？

2. 针对该公司库存管理策略的不足之处，你有什么建议？

第 12 章

供应链环境下的库存控制

学习目标

1. 了解牛鞭效应的产生原因及应对方法。
2. 掌握供应商管理库存和联合库存管理的概念。
3. 熟悉供应商管理库存的实施步骤。
4. 理解供应商管理库存的三种运作模式。
5. 理解供应商管理库存和联合库存管理的区别。
6. 熟悉实施联合库存管理的主要方法。

<u>引导案例</u>

供应商管理库存成就美的零库存

在价格大战、库存灾难、产能过剩、利润滑坡——过度竞争压力下，除了进行产品和市场创新外，挤压成本成为众多空调厂商的生存之道。美的也不例外。

虽然美的多年名列空调产业的前三名，但是也有担忧。近年来，在降低市场费用、裁员、压低采购价格等方面，美的频繁变招，始终围绕成本和效率做文章。在供应链这条维系空调企业的生死线上，美的更是动作不断。据业内统计数据，全国的厂商估计有700万台空调库存。长期以来，虽然美的空调一直认为自身的成绩不错，但是依然有最少5~7天的零部件库存和几十万台的成品库存。

在强手如云的市场中，这一数字仍然使美的不能熟寐。相对优秀的跨国企业，美的的成绩仍然很差。例如，戴尔等跨国公司的供应链管理让美的大为心仪。在厦门设厂的戴尔，自身并没有零部件仓库和成品仓库，其零部件实施供应商库存管理；成品完全是订单式的，用户下单，戴尔组织送货。戴尔的供应链管理和物流管理是世界一流的，美的空调的流程总监匡光政不由得为之叹服。

实施供应商管理库存（VMI），并不仅限于戴尔等国际厂商和中国台湾的 IT 企业，海尔等家电公司也开始有了动作。有了戴尔的标杆和海尔的压力，美的在 2002 年度开始，导入了供应商管理库存。

对美的来说，较为稳定的供应商有 300 多家，零配件加起来共有 3 万多种。由于 60% 的供货商是在美的总部顺德周围，还有部分供应商是在车程 3 天以内的地方，如广东清远一带，因此，只有 15% 的供应商距离美的较远。在现有的供应链上，美的实施 VMI 的难度并不大。

对于这 15% 的远程供应商，美的在顺德总部（美的出口机型在顺德生产）建立了很多仓库，然后把仓库分成了很多片区。运输距离长（运货时间为 3～5 天）的外地供应商一般都会在美的的仓库里租赁一个片区（仓库的所有权归美的），并把零配件放到片区里储备。

在美的需要用这些零配件的时候，就会通知供应商，然后进行资金划拨、取货等工作。这时，零配件的产权由供应商转移到美的，此前，所有的库存成本都由供应商承担。

此外，美的通过甲骨文（Oracle）的 ERP 与供应商建立了直接的信息平台。供应商在自己的办公地点，能看到美的的订单内容（如品种、型号、数量和交货时间等）。供应商不用安装一套甲骨文的系统，而是通过互联网的方式，登录到美的公司的页面上。

原来，供应商与美的的每次采购交易要签订非常多的协议。现在大为简化，美的在年初确定供货商，并签下一揽子总协议。当价格确定下来后，美的在网上发布每次的采购信息，然后由供应商确认信息，一张采购订单就已经合法化。实施 VMI 后，供应商不需要像以前一样疲于应付美的的订单，而是仅保持适当的库存即可。美的有比较强的 ERP 系统，可以提前预告供货情况，告诉供应商需要的品种数量。供应商不用备很多的货，一般满足 3 天所需即可。

在实施 VMI 后，美的零部件库存周转率在 2002 年上升到 70～80 次每年。零部件的库存周转水平也由原来平均的 5～7 天大幅降低为 3 天左右，而且这 3 天的库存也是由供应商管理并承担相应的成本。在库存周转率提高后，一系列相关的风向标也随之阴转晴，资金利用率提高，资金风险相对下降，库存成本下降，这让美的欣喜不已。

资料来源：冯耕中、刘伟华：《物流与供应链管理》，中国人民大学出版社 2010 年版。

■ 12.1 牛 鞭 效 应

12.1.1 "牛鞭效应"的概念

在供应链环境下，各企业传统的库存订货方式是：零售商根据自己对顾客需求的预测向批发商订货，由于存在订货提前期，零售商在考虑顾客平均需求的基础上，增加了安全库存，这样使得零售商订单的变动性比顾客需求的变动性要大；批发商接受零售商订单再向分销商订货时，如果批发商不能获知顾客需求的实际数据，就只能利用零售商已发出的订单进行预测，这样批发商在零售商平均订货量的基础上，又增加了一个安全库存，并且因为零售商订货量的变动性明显大于顾客需求的变动性，为了满足与零售商同样的服务水平，批发商持有比零售商更多的安全库存，因此其订单的变动性进一步增大；以此类推，分销商和制造商的订单波动幅度会越来越大。

可见，供应链中各节点企业一般都只根据相邻下游企业的订单即需求信息进行生产或供应决策，由于每个节点对需求的估计不同，这就产生了需求信息的失真和逐级放大现象，当到达制造商时，其预测的需求信息与消费市场中顾客的实际需求信息就有了很大的偏差。这种随着往供应链上游前进需求信息不断被扭曲放大的现象即为牛鞭效应（Bullwhip Effect）。形象地讲，即供应链最下游的客户端相当于鞭子的根部，最上游的供应商端相当于鞭子的梢部，在鞭子根部的一个轻微抖动，传递到鞭梢时就会出现大幅度的摆动。牛鞭效应的示意图如图 12 - 1 所示。

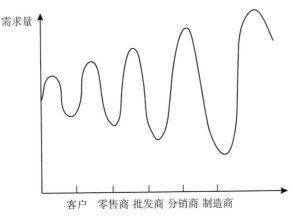

图 12 - 1 牛鞭效应示意图

12.1.2 牛鞭效应的危害[①]

如果供应链的每一个节点企业都只是追求各自目标的最优化，而未考虑对整个供应链的影响，就会导致供应链失调，从而使供应链总利润低于协调时可以达到的水平。具体来说，供应链中牛鞭效应的危害主要体现在以下几个方面：

1. 牛鞭效应的直接后果是库存积压

虽然最终产品的顾客需求比较稳定，但是零售商、批发商、分销商、制造商的订货量变动性却越来越大，为了维持一个给定的服务水平，供应链各节点企业都增加了自己的安全库存，而且受需求放大效应的影响，上游供应商往往比下游供应商持有更高的库存水平。牛鞭效应引起的过量的库存，一方面导致了过高的库存费用和大量的资金积压，另一方面又可能随着顾客需求的变化而面临着库存陈旧的风险。

---

① 王刚：《供应链管理中的牛鞭效应研究》，武汉理工大学硕士学位论文，第 21 ~ 23 页。

2. 牛鞭效应会使企业生产计划变化加剧，导致额外成本支出增加

过度的生产预测大大增加了计划的不确定性，各节点企业不得不频繁地修改生产计划，使得制造商投入的生产能力大于实际的需求。在需求保持不变的情况下，需求波动程度的大小直接影响着所需生产能力的大小。牛鞭效应歪曲了需求信息，使需求的波动程度加大，从而使制造商盲目扩大生产能力，结果是生产能力利用率不高。预期之外的短期产品需求导致了额外的成本，如加班费用、加快运输的费用等，进而导致企业成本上升。

3. 牛鞭效应会降低顾客满意度

如今的市场是客户驱动的市场，企业必须最大程度地提高顾客价值和顾客满意度，建立良好的顾客关系，才能在留住老顾客的同时吸引新顾客。然而信息的扭曲失真使各节点企业很难对市场需求做出准确的预测和正确的决策。一些产品的需求被过分放大，而另一些市场真正需要的产品却得不到重视，造成制造商生产能力的闲置或过度使用，从而产生短缺与过剩交替，无法充分满足客户需求。在需求不确定的情况下，各节点企业不得不要求一定的订货提前期，然而对于最终用户来说，他们总是希望在尽可能少的时间内获得产品和服务，这又在一定程度上削弱了顾客的满意程度。

4. 牛鞭效应会增加企业管理难度

这些难度主要表现在需求扩大而引起的企业有限资源的分配问题，如原材料的采购、产品生产能力的安排、生产计划的制订和库存的控制等，这些问题直接影响着企业在市场中的生存和发展。不难想象，如果企业拖着沉重的资金成本、人员成本，那必然会影响企业的管理水平，加大企业的经营风险，不利于企业长期战略目标的实现。

5. 牛鞭效应会对供应链上企业之间的合作关系带来负面影响

通常，供应链上的各个企业会认为自己的计划、决策是正确的，一旦出现订单的波动、需求的不确定，总是将责任归咎于供应链上的其他企业，这就会损害供应链上各企业间的关系，引起彼此之间的不信任，增加了供应链协调的难度。

12.1.3 "牛鞭效应"的成因①

产生"牛鞭效应"的原因主要来自以下七个方面。

1. 预测的不准确性

由于供应链各节点企业采用与其直接相邻的下游企业的订货数据作为市场需求信息和订货依据,为了避免市场环境和顾客需求的不确定性,各企业在根据客户订单进行需求预测时,常常会在预测值的基础上再加一个修正增量作为向上游供应商的订货数量,这样一层一层地增加订货数量,就产生了需求的虚增,最终导致生产量远远偏离实际需求量。

2. 订货提前期

订货提前期是指从发出订单到收到货物所需的时间,它的存在进一步强化了牛鞭效应。由于订货提前期的存在,所以企业要维持安全库存,并且在此基础上决定订货数量。订货提前期越长,意味着需求的变动对企业库存水平的影响越大,从而订货量的变化也就越大,这当然导致需求变动性的增大。此外,订货提前期还具有变化性,从而使得订货量的变动呈现出一种不平衡性。

3. 批量订货

批量订货策略在企业中是普遍存在的,因为处理单一订单的成本是相当大的,而采用批量订货方式可以获得规模经济效应。于是许多企业会将一段时间内的订单汇总到一定数量后向其供应商整批订货,那么供应商就会在某一时间收到大订单,接着一段时间没有订单,接着又是一个大订单等。这样供应商看到的就是一个扭曲的、高度变动的、不真实的需求量。

4. 价格波动

当供应商提供很优惠的价格折扣或进行促销时,客户往往会加大自己的订货量,也就是提前购买,这样就导致订货量远远大于实际的需求量,但是一旦打折或促销活动结束以后,客户就会减少订货量,所以价格折扣与促销等措施也加剧了牛鞭效应。

---

① 朱静:《牛鞭效应的成因及对策分析》,载《现代营销》(经营版)2020 年第 6 期,第 80 页。

5. 短缺博弈

当某种货物的供应小于需求时，供应商的货物供应量只能满足所有客户订货量的一定比例，例如，当供应量只有总订货量的 50% 时，供应商只能给每个客户提供 50% 的供应量。此时，客户为了获得更大份额的供应量，就会扩大其订货量。但当短缺期一过，客户又恢复到原来的正常订单。这种由于短缺博弈导致的需求信息的扭曲和变动也会加剧牛鞭效应。

6. 供应链的层次结构

当消费者的需求沿着供应链一层一层向上传递时，消费者需求信息被层层加工，导致上游供应商的需求信息远远偏离了消费者的真实需求。因此，供应链的结构越长，就意味着传递需求信息时经历的中间环节越多，那么信息失真现象就越严重，牛鞭效应就越明显。

7. 缺少沟通与协作

供应链中的各节点企业为了自己的利益，都不愿意共享一些相当有意义的信息，由于缺少信息交流和共享，企业无法掌握下游的真实需求和上游的供货能力，同时企业间也无法实现货物的互通有无和转运调拨，只能各自持有高额库存，这也会导致牛鞭效应。[1]

12.1.4　应对"牛鞭效应"的方法[2]

由于牛鞭效应会危害整个供应链的运作，导致总库存增加、资源浪费、利润下降等一系列问题，基于上述对牛鞭效应形成原因的分析，我们给出了减少或消除牛鞭效应的方法，具体如下。

1. 共享信息

共享信息是减小牛鞭效应最有效的措施之一，其关键是信息技术的应用。供应链各节点企业可以通过 EDI、Extranet、电子商务等信息技术来实现实时交流和信息共享，这样市场需求、产品生产、配送、销售和库存等信息都可以在供应链各节点企业之间共享，然后，各企业就可以从整体上分析、计划，平衡自己的各种活动，实现信息的集成，从而减少整个供应链的

① 郑称德：《供应链物流管理》，南京大学出版社 2018 年版，第 189 页。
② 刘伯莹、徐瑾：《牛鞭效应的危害及其对策》，载《物流技术》2003 年第 1 期，第 40~41 页。

不确定性，提高供应链的一致性和协调性，减少了牛鞭效应。

2. 缩短订货提前期

一般来说，订货提前期越短，订货量越接近实际需求。为缩短订货提前期，一方面，要利用电子数据交换（EDI）等信息技术，使供应链系统中上下游企业之间的信息传递彻底摆脱纸张的束缚，从而大大减少订单的生成、传递和处理的时间，以及避免由于复杂、重复工作中的人为失误而导致的时间浪费；另一方面，可以采用直接运输战略或直接转运战略来缩短订货的到达时间。其中，直接运输战略指产品从供应商直接运送到零售商，而不经过任何中间环节。直接转运战略指产品不断地从供应商经过仓库运送到零售商，但仓库保存产品的时间不超过 10～15 个小时。

3. 打破批量订货模式

第一，企业要调整库存补充策略，避免因采用定期库存控制和定量库存控制策略而导致批量订货现象的出现，可以采用实时库存补充策略以实现小批量订货，从而降低安全库存水平，减少库存成本；第二，利用信息技术，改变原先通过电话或传真进行订货的方式，实现网上订货，使信息传递的成本降低，这样企业就不必通过批量订货的方式来降低订单发送成本；第三，企业可以每次订购多种不同的产品，这样每种产品的订购频率增加了，但总体的订货量不变，企业仍可以获得批量运输的规模经济性。

4. 稳定价格

企业采取价格优惠策略可以在短时间内增加销售量，但从长远来看，这种做法得不偿失。因此，企业应该尽量减少价格优惠，通过制定稳定的价格策略减少对提前购买的激励。当产品价格比较稳定时，其下游客户才会在真正需要时进行订货和购买，这样企业面临的客户需求才会更加稳定，变动性才会更小，进而有利于企业安排生产和控制库存。

5. 消除博弈行为

当产品供应不足时，供应商一方面可以适当增加生产能力以尽可能地满足客户需求，另一方面当产品确实无法满足客户需求时，可以根据下游客户以往的销售量占总销售量的比例以及以往的退货量占订货量的比例进行限额供应。另外，由于供应商给下游客户的退货政策在一定程度上鼓励了博弈行为，所以为了防止下游客户恶意退货，可以对退货行为采取一定的惩罚措施。

6. 建立战略性合作伙伴关系

通过建立供应链战略性合作伙伴关系，供需双方在战略联盟中相互信任，公开业务数据，共享信息和业务集成，从而可能会消除牛鞭效应的影响。在若干种战略性合作伙伴关系中，供应商管理库存和联合库存管理比较有代表性，因此在下面两节将对其进行详细介绍。

12.2 供应商管理库存——VMI

12.2.1 VMI 的基本思想

在传统的库存管理模式中，供应链各节点企业在制定库存控制策略时是相互独立、各自为政的，这就不可避免地产生了供应链上需求不同步的现象，从而导致牛鞭效应。为了突破传统的系统条块分割的库存管理模式，以系统的、集成的管理思想进行库存管理，使供应链系统做到同步化的运作，20 世纪末期出现了一种新的供应链库存管理方法——供应商管理库存，即VMI。

供应商管理库存（vendor managed inventory，VMI）是一种以用户和供应商双方都获得最低成本为目的，在一个共同的协议下由供应商管理库存，并不断监督协议执行情况和修正协议内容，使库存管理得到持续改进的合作性策略。

供应商管理模式是指将某种存货的管理委托给其供应商负责，并将公司内部该存货的库存、销售、生产等信息与供应商共享，由供应商协助公司更好地降低存货的成本，进而提高公司的利润。VMI 模式假定供应商比公司更熟悉该存货的各种特性及管理、营销方式，并且供应商具有良好的商业道德。通过 VMI 的供应战略来进行企业之间的联盟可以保证企业在市场营销方面的核心竞争力和企业间合作程度的加强，降低成本，抑制"牛鞭效应",重新整合企业资源。VMI 的流程如图 12 - 2 所示。

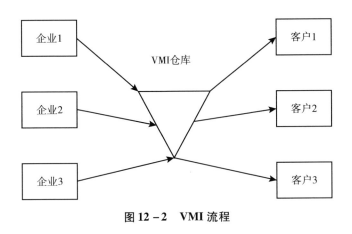

图 12 - 2　VMI 流程

12.2.2　实施 VMI 的意义[①]

1. 降低成本

在传统的库存管理模式中,少有的大订单会迫使制造商持有超额的生产能力或剩余的库存量以保证满足客户订货需求,在这种情况下,制造商的成本很高。而实施 VMI 后,制造商可以直接接触下游企业真正的需求信息,补货频率由每月提高到每周甚至每天,制造商可以看到更为平滑的需求信号,平衡产品生产的高峰和低谷,保持小规模的生产能力和库存水平,从而削减生产和库存成本。

VMI 也能降低运输成本。因为供应商可以自主地协调补货过程,而不是被动地响应客户的订单,这样通过合理的管理,供应商可以提高货车满载率,减少零担运输,并且通过实施更有效的路径规划,实现运输线路的优化,降低运输成本。

2. 改善服务

通过实施 VMI,客户可以省去传统订货模式中多余的订货和控制步骤,将精力转向核心业务,从而提高服务水平;供应商拥有库存控制权,可以通

[①]　施先亮、王耀球:《供应链管理》(第 3 版),机械工业出版社 2018 年版,第 202 页。

过有效的库存管理，协调对多个客户的供应和配送。例如，相对于小额订单，可以先完成大额补货订单。类似地，相对于非重要订单，重要订单要保证及时送达。由于供应商能协调所有成员的需求，有效地安排客户需求的优先顺序，因此能够提高整个系统的绩效。

VMI 为解决现有问题提供了更多的方法，从而进一步提高服务水平。在 VMI 中，供应商可以掌握整体库存的配置（分布），这样在一个客户的配送中心之间或多个客户的配送中心之间平衡库存就成为可能。例如，当客户将货物返还给供应商时，供应商可以将其提供给另一位客户，这时就实现了库存平衡。这种方法最坏的结果也就是多了一次运输成本而已。

12.2.3 VMI 的实施

1. 影响 VMI 实施的因素①

（1）需求可变性。需求可变性因素是影响 VMI 实施的重要因素之一。许多学者的研究调查结果表明，VMI 在产品需求稳定的企业之间实施比较容易且有效。

（2）再订货间隔期。由于实现 VMI 服务水平的安全库存数量与再订货间隔周期和需求的可变性之间是成正比的，因此，再订货间隔周期的长度也就是可变性需求的一个周期时间，是一个需要考虑的关键因素，可以通过缩短再订货间隔周期的时间来降低供应商和零售商的库存水平。

（3）下游客户的数量。随着越来越多的企业对 VMI 产生了兴趣，越来越多的企业要求供应商实施 VMI，这对于供应商的生产能力与信息网络都有了更高的要求，如何分配资源对于供应商来说是一种挑战。

（4）信息的有效性。信息的长期有效性在相当大的程度上影响了 VMI 的实施效果。当终端的需求变化很大或订单数量很多或很少时，信息的价值是很低的。同样，如果制造商的生产能力很低，无法调整生产完成信息中所提供的需求波动量，信息同样没有什么价值。当终端的需求变化和订单大小比较适中时，此时的信息是最有价值的。

---

① 宋华、于亢亢：《物流与供应链管理》（第3版），中国人民大学出版社2017年版，第119页。

（5）供应商产量和产品的灵活性。供应商的灵活性是实现供应链绩效的一个关键因素，也是实现 VMI 合作关系的重要因素。供应商灵活性的衡量指标主要有两方面，一个是对需求量变化的反应能力；另一个是对产品品种变化的反应能力。唯有具备这两种反应能力，才能对需求的变化做出迅速的响应，满足客户的需要，使 VMI 系统真正地发挥作用。

2. VMI 实施的前提

VMI 中，库存控制的决策权交给了供应商，这对供需双方来说都存在挑战。为保证 VMI 策略的成功实施，必须做好两个前提。

一方面，VMI 要求供应链上下游供需双方建立信任的战略伙伴关系，即：下游客户要向供应商提供足够透明的库存状态信息，以便供应商能随时跟踪和检查到下游客户的库存状态，从而及时、准确地做出补充库存的决定，以快速响应市场的需求变化。公开库存信息是一个非常困难的问题。下游客户和供应商必须建立起相互信任的战略伙伴关系以解决上述问题，这也是实施 VMI 的基础。没有这个基础，VMI 不可能成功实施。[①]

另一方面，实施 VMI 策略必须依靠先进的信息技术，建立起先进的VMI 运行平台来支持库存信息管理。VMI 的支持技术包括：EDI、ID 代码/条码或者二维码、连续补给程序等。电子数据交换（EDI）技术可以提高供应链商品数据交换的安全性和可靠性，降低数据传输成本；商品的 ID 代码与供应商的产品数据库相连，有助于供应商正确识别客户商品，从而有效地管理客户的库存；持续补货程序将客户向供应商发出订单的传统库存补货方式，转变为供应商根据客户的库存和销售信息决定商品的补货数量，这样供应商就可以降低库存量，提高库存周转率。

3. VMI 的具体实施步骤[②]

实施 VMI 的运作策略，需要做到以下几点。

第一，建立顾客信息系统。供应商要有效地管理销售库存，就必须能够获得顾客的有关信息。通过建立顾客的数据库，供应商能够掌握顾客需求变化的有关情况，把由下游客户进行的需求预测与分析功能集成到供应商的系

[①]　冯耕中、刘伟华：《物流与供应链管理》，中国人民大学出版社 2010 年版，第 246 页。
[②]　宋华、于亢亢：《物流与供应链管理》（第 3 版），中国人民大学出版社 2017 年版，第 118 页。

统中。

第二，建立物流网络管理系统。供应商要很好地管理库存，就必须建立起完善的物流网络管理系统，保证自己的产品需求信息和物流畅通。目前已经有很多企业开始采用 MRPII 或 ERP，这些系统都集成了物流管理功能，通过对这些功能的扩展，就可以建立完善的物流网络管理系统。

第三，建立供应商与下游客户的合作框架协议。供应商和下游客户一起通过协商，确定订单处理的业务流程以及供应商运作的一系列标准，如订单处理时间、库存信息的传递方式、补货点、最低库存水平等。除此之外，还要设定一系列的条款来规范双方企业的行为，如拟订罚款条约，包括供应商如果在运输配送中出现差错，将如何对其实施罚款；买方企业如果传送错误的产品销售信息将如何对其实施罚款等。

第四，组织结构的变革。对于供应商来说，VMI 改变了供应商的组织模式，在订货部门产生了一个新的职能负责控制下游客户的库存，实现库存补给和高服务水平；对于其下游客户来说，企业中的库存和仓储人员可能认为 VMI 对他们在企业中的地位是一种威胁，因此要对他们的工作做出适当的安排和调整，以保证有效地实施 VMI。

4. VMI 实施过程中要注意的问题[①]

（1）双方企业合作模式的发展方向。供应商管理库存（VMI）模式由快速反应（QR）、有效客户反应（ECR）等供应链管理策略发展而来，由于下游客户是其供应商产品的需求方，所以在整个 VMI 策略实施过程中，下游客户占主导地位。但随着双方企业合作越来越紧密，两者谁也离不开谁，他们之间的地位也会趋于均衡，因而 VMI 策略也要做出适当调整，逐步朝着合作计划、预测和补货（CPFR）方向发展。CPFR 相对于 VMI 而言，它所涉及的双方企业的业务涵盖面更加宽广，应该是下游客户和供应商实施供应链策略的长期选择方向。

（2）利益分配的互惠原则。实施 VMI 后，供应链的整体利润会增加，下游客户企业的利润会增加，但其供应商的利润可能会减少。这是因为在

---

① 郑称德：《供应链物流管理》，南京大学出版社 2018 年版，第 196 页。

310

VMI 中，下游客户企业的库存费用、运输费用和缺货风险都由其供应商承担，这无疑加大了供应商的成本与风险。为了保证 VMI 的有效实施，特别是提高供应商的参与积极性，双方企业应该在责权对等的基础上分配总利润。例如通过签署协议规定下游客户企业支付给其供应商更有利的产品价格或者直接支付一定比例的利润给供应商。

（3）实际工作的不断改进。VMI 的实施是一个长期过程，双方企业的实际工作应该不断地调整来保证 VMI 的有效实施，这主要包括以下几点。

①产品管理应该向标准化、一致化方向发展，这样不但可以减少双方企业之间的误会，同时对产品的售后也有据可依。

②加强员工交流和培训，双方企业可以定期互派员工到对方企业进行参观和学习，进一步熟悉自己的合作伙伴，并且通过员工之间的联谊来交流企业文化，以便更好地增加双方企业之间的信任感。

③进一步融合库存系统，根据双方企业信息系统提供的信息不断调整库存管理，真正实现 JIT 化的库存管理。

12.2.4　VMI 的运作模式①

1. "供应商—制造商" VMI 模式

这种模式是指制造商作为 VMI 的主导者，要求其零部件供应商自行管理本企业所需各种零部件的库存。在此过程中，制造商会根据自己的生产需要，对零部件库存量设定一个上限和下限，零部件供应商管理库存时，库存量不得超越上限，也不得低于下限。

"供应商—制造商" VMI 模式应用的前提条件是：制造商生产规模较大；生产比较稳定，即每天对零部件的需求量变化不是很大；要求供应商每次供货数量要小、供货频率要高、服务水平要高，一般不允许发生缺货现象。

供应商为了满足制造商的条件，往往不得不在制造商的周边建立自己的仓库，如图 12 - 3 所示。但由于这种模式的制造商一般拥有几十甚至上百家零部件供应商，如果每个供应商都建立仓库的话，显然是不经济的，会造成

---

① 郑称德：《供应链物流管理》，南京大学出版社 2018 年版，第 192 ~ 193 页。

库存资源的重复配置。而且如果这些供应商各自供应的话，可能会造成制造商生产环节的不匹配，导致生产线中断。

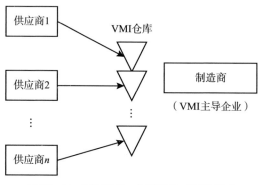

图 12-3 "供应商—制造商" VMI 模式

资料来源：马士华、林勇等：《供应链管理》（第 5 版），机械工业出版社 2016 年版，第 182 页。

所以，目前的一种常用做法是，在制造商附近建立一个 VMI HUB（VMI 专用仓库）。这个仓库可以是制造商自建仓库，也可以是第三方物流公司提供的公共仓库。其运作流程如图 12-4 所示。

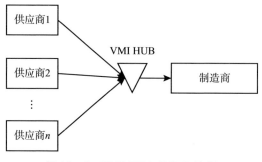

图 12-4 VMI HUB 的运作流程

资料来源：马士华、林勇等：《供应链管理》（第 5 版），机械工业出版社 2016 年版，第 182 页。

采用 VMI HUB 可以带来以下效果：（1）缓冲作用。如果没有 VMI HUB，由于一个制造商面临多个供应商，并且制造商对供货频率要求较高，那么可能会出现多个供应商同时将零部件送达的情况，就会出现拥挤、混乱的卸货场面，给企业的正常工作带来不便。有了 VMI HUB 后，VMI HUB 管理者会进行统筹安排，以合理的配送方式避免以上现象。（2）增加深层次的服务。各供应商把零部件送到 VMI HUB 后，VMI HUB 会对这些零部件进行拣货和配货，即按照制造商的要求把零部件按照成品的比例配置好，然后再发送给制造商，这样就提高了制造商的生产效率。

2. "制造商—零售商" VMI 模式

这种模式是指制造商作为 VMI 的主导者，为了掌握顾客的实际需求信息，将零售商的库存纳入自己的管理范围，负责对零售商的库存系统进行检查和补充，并以此为依据，安排自己的生产及订货活动。"制造商—零售商" VMI 模式如图 12-5 所示。

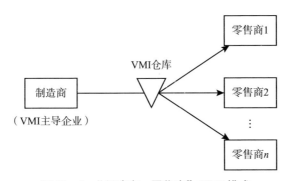

图 12-5 "制造商—零售商" VMI 模式

资料来源：马士华、林勇等：《供应链管理》（第 5 版），机械工业出版社 2016 年版，第 182 页。

采用"制造商—零售商" VMI 模式后，制造商能够迅速知晓零售商的销售量、库存量等信息，这样制造商不仅可以及时制订出符合市场需求的生产和研发计划，同时也能对零售商的库存进行单品管理，做到连续补货，防止出现商品结构性机会成本（即滞销商品库存过多，与此同时畅销商品断货）。而零售商可以从原来繁重的物流作业中解放出来，专心经营销售活动，而且由于双方企业之间不用就每笔交易的条件（如配送、价格问题等）进行谈判，大大缩短了补货时间。

"制造商—零售商" VMI 模式多出现在制造商是一个比较大的产品制造者的情况下，制造商具有庞大的规模和雄厚的实力，完全能够承担起管理

VMI 的责任。与"供应商—制造商"VMI 模式相比，这种模式一般不需要建造 VMI HUB 这个中枢环节。因为对零售商来说，不同的供应商所提供的产品一般是相互独立的，不会同时被需要，所以协调不同供应商的产品不是这种模式的重点内容，而"供应商—制造商"VMI 模式中各供应商提供的不同零部件需要同时获得、搭配使用以生产最终产品。

3. "核心企业—分销商"VMI 模式

这种模式是指由核心企业充当 VMI 中的供应商角色，由核心企业收集各个分销商的销售信息并进行预测，然后按照预测结果对分销商的库存统一管理与配送。由于这种情形下的供应商只有一个，所以不存在要在分销商附近建立仓库的问题。核心企业可以根据与各个分销商之间的实际情况，统一安排对各个分销商的配送问题，并且可以保证每批次都是以经济批量的方式发货，每次配送的路线都可以调整为最佳配送路线。

12.3 联合库存管理——JMI

12.3.1 联合库存管理概述

1. 联合库存管理的概念

联合库存管理（jointly managed inventory，JMI）的思想可以从分销中心的联合库存功能谈起。传统的分销模式是分销商根据市场需求直接向工厂订货，比如汽车分销商（或批发商），根据用户在车型、款式、颜色、价格等方面的不同需求向汽车制造厂订货，需要经过一段较长的时间才能到货。因为顾客不想等待这么久的时间，所以各个分销商不得不进行库存备货，这样大量的库存使分销商难以承受，就会导致破产。而在销售商和制造商之间建立一个地区分销中心后，就可以大大减轻库存浪费的问题。因为采用分销中心后，各个分销商只需要持有少量的库存，大量的库存由地区分销中心储备，也就是各个分销商把其库存的一部分交给地区分销中心负责，从而减轻了各个分销商的库存压力。在这里，分销中心既是产品的联合库存中心，同时也是需求信息的交流与传递枢纽，起到了联合库存管理的功能。

通过从分销中心的功能得到启发，对现有的供应链库存管理模式进行了新的拓展和重构，提出了基于协调中心的联合库存管理模式。图 12-6 为联合库存管理的基本模型。从中可以看出，JMI 把供应链系统管理集成为上游和下游两个协调管理中心，比如图中的原材料联合库存、半成品库存和产销联合库存。通过协调管理中心，供需双方从供应链整体的角度出发，共享信息、同时参与、共同制订库存计划，实现供应链的同步化运作，并建立合理的库存管理风险的预防和分担机制、合理的库存成本和运输成本分担机制、与风险成本相对应的利益分配机制和有效的激励机制，避免节点企业的短视行为和局部利益观，从而可提高供应链运作的稳定性、改善供应链运作绩效。

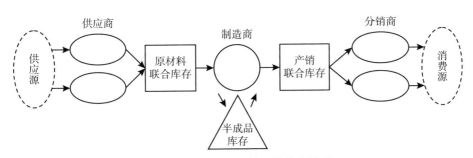

图 12-6　联合库存管理的基本模型

2. 联合库存管理的优势

基于协调中心的联合库存管理模式和传统的库存管理模式相比，有以下几个方面的优点。

（1）为实现供应链的同步化运作提供了条件和保证；

（2）减少了供应链中的需求扭曲现象，降低了库存的不确定性，提高了供应链的稳定性；

（3）库存作为供需双方信息交流和协调的纽带，可以暴露出供应链管理中存在的缺陷，为改进供应链管理水平提供依据；

（4）为实现"零库存"管理、准时化采购以及精益化供应链管理创造了条件；

（5）进一步体现了供应链管理的资源共享和风险分担的原则。

3. JMI 与 VMI 的区别

从 JMI 与 VMI 的概念可知，VMI 是把下游客户的库存决策权代理给其供应商，由供应商代理下游客户行使库存决策的权力，它是一种供应链集成化运作的决策代理模式；而 JMI 是指供应链上的成员（供应商、制造商、分销商、批发商、零售商）通过对消费需求的认识和预测的协调一致，共同进行库存的计划、管理、协调和控制，是一种利益共享、风险共担的库存管理模式。

JMI 和 VMI 都是解决由于供应链各节点企业相互独立进行库存运作而导致的需求变异放大现象，是提高供应链同步化程度的有效方法。但 JMI 强调双方共同参与，一起制订库存计划，使得任何相邻节点需求的确定都是供需双方协调的结果，从而消除需求变异放大现象。因此在供应链企业之间的合作关系中，JMI 更强调供应链企业之间的互利合作关系，更集中地体现了战略供应商联盟的新型企业合作思想。

此外，VMI 方法虽然有诸多优点，但让供应商管理下游客户的库存，可能会使得下游客户对供应商的依赖度升高，并且增大了下游客户企业机密信息泄露的风险。JMI 可以看作 VMI 进一步的发展与深化，通过共享库存信息联合制订统一的计划，加强相互间的信息交换与协调，有利于改善供应链的运作效率，增强企业间的合作关系。

12.3.2　实施 JMI 的意义[①]

1. 降低库存成本

JMI 是为了解决牛鞭效应而提出的，它把供应链系统管理进一步集成为上游和下游两个协调管理中心，从而部分消除了由于供应链环节之间的不确定性和需求信息扭曲现象而导致的库存波动。通过协调管理中心，供需双方共享需求信息，因而提高了供应链的稳定性。从供应链整体来看，联合库存管理减少了库存点和相应的库存设立费及仓储作业费，从而降低了供应链系

---

① 郑称德：《供应链物流管理》，南京大学出版社 2018 年版，第 199 页。

统总的库存费用。

2. 增强供应链的整体效率

由于联合库存管理将传统的多级别、多库存点的库存管理模式转化成对核心企业的库存管理，核心企业通过对各种原材料和产成品实施有效控制，就能达到对整个供应链库存的优化管理，简化了供应链库存管理运作程序，提高了供应链的整体工作效率。

3. 缩短和优化运输路线

JMI 可简化供应链库存层次并优化运输路线。在传统的库存管理模式下，供应链上各企业都设立自己的库存，随着核心企业的分厂数目的增加，库存物资的运输路线将呈几何级数增加，而且重复交错，这显然会使物资的运输距离和在途车辆数目增加，其运输成本也会大大增加。

12.3.3　实施联合库存管理的主要方法[①]

1. 建立供需协调管理机制

为了发挥联合库存管理的作用，供需双方应从合作的精神出发，建立供需协调管理的机制，通过相互的协调作用，明确各自的目标和责任，建立合作沟通的渠道，为供应链的联合库存管理提供有效的机制。没有一个协调的管理机制，就不可能进行有效的联合库存管理。建立供需协调管理机制，要从以下几个方面着手。

（1）建立共同合作目标。要建立联合库存管理模式，供需双方必须本着互惠互利的原则，建立共同的合作目标。为此，要理解供需双方在市场目标中的共同之处和冲突点，通过协商形成共同的目标，如客户满意度、利润的共同增长和风险的减少等。

（2）建立联合库存的协调控制方法。联合库存管理中心担当着协调供需双方利益的角色，起着协调控制器的作用。因此需要明确库存优化的方法，这些方法主要用于解决如何在多个需求方之间调节与分配库存、如何确定最高库存水平和最低库存水平、如何设定安全库存、怎样进行需求预

---

① 施先亮、王耀球：《供应链管理》（第 3 版），机械工业出版社 2018 年版，第 207 页。

测等问题。

（3）建立一个信息沟通与共享系统。信息共享是供应链管理的特色之一，为了提高整个供应链需求信息的一致性和稳定性，减少由于多重预测导致的需求信息扭曲，应增加供应链各节点企业获得需求信息的及时性和透明性。为此应建立一种信息沟通的渠道或系统，以保证需求信息在供应链的畅通和准确性，要将条码技术、射频识别技术、扫描技术、销售时点信息系统和电子数据交换系统集成起来，并且要充分利用互联网的优势，在供需双方之间建立一个畅通的信息沟通桥梁和联系纽带。

（4）建立利益的分配和激励机制。为了有效进行基于协调中心的联合库存管理，还必须建立一种公平的利益分配制度，以对参与协调库存管理中心的各个企业（供应商、制造商、分销商、批发商、零售商）进行有效的激励，防止机会主义行为，增加其合作性和协调性。

2. 发挥不同资源计划系统的作用

为了发挥联合库存管理的作用，在供应链库存管理中应充分利用目前比较成熟的两种资源管理系统：制造资源计划（manufacturing resources planning，MRPⅡ）系统和分销资源计划（distribution resources planning，DRP）系统。原材料库存协调管理中心应采用 MRPⅡ系统，而产品联合库存协调管理中心应采用 DRP 系统，这样就能把两种资源计划系统很好地结合起来。

3. 做到快速响应

国家标准《物流术语》（GB/T 18354 – 2006）认为，快速响应（quick response，QR）是指供应链成员企业之间建立战略合作伙伴关系，利用电子数据交换等信息技术进行信息交换与共享，用高频率、小批量配送方式补货，以实现缩短交货周期、减少库存、提高顾客服务水平和企业竞争力等目的的一种供应链管理策略。

快速响应系统是 20 世纪 80 年代末在美国服装业发展起来的一种供应链管理策略，其目的在于减少供应链从原材料到用户这一过程的时间和库存，最大限度地提高供应的运作效率。快速响应系统目前已经经历了三个发展阶段：第一阶段为商品条码化，通过商品的标准化加快订单的传输速度；第二阶段是内部业务处理的自动化，应用自动补货与电子数据交换系统提高业务自动化水平；第三阶段是采用更有效的企业间合作，消除供应链组织间的障碍，提高供应链的整体效率。例如，通过供需双方合作确定库存水平和销售策略等。

4. 依靠第三方物流企业的帮助

第三方物流企业也被称为物流服务提供商（logistics service provider, LSP），它为客户提供各种物流方面的增值服务，如产品运输、订单选择、库存管理等。

第三方物流企业在 JMI 中的作用如图 12 - 7 所示。把企业库存管理的部分功能代理给第三方物流企业管理，可以为企业带来诸多好处：使企业集中于自己的核心业务，有利于企业改善客户服务质量，提高市场竞争力和市场份额；帮助企业削减物流开支，降低企业成本；为企业提供一流的物流咨询服务，帮助企业获得更多的市场信息等。同时，面向协调中心的第三方物流企业使供应与需求双方都取消了各自独立的库存，增强了供应链的敏捷性和协调性，能够大大改善供应链的客户服务水平和运作效率。

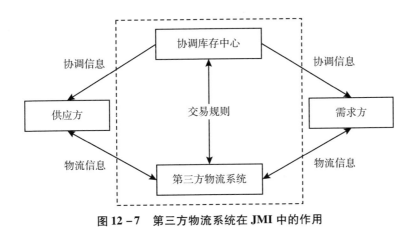

图 12 - 7　第三方物流系统在 JMI 中的作用

资料来源：施先亮、王耀球：《供应链管理》（第 3 版），机械工业出版社 2018 年版，第 208 页。

本 章 小 结

本章第一节从影响供应链有效运作的牛鞭效应入手，介绍了牛鞭效应的概念、危害、产生原因及应对方法。接着，第二节和第三节分别详细介绍了减小或消除牛鞭效应的两种方法——供应商管理库存（VMI）和联合库存管理（JMI）。其中，第二节的主要内容包括 VMI 的概念、实施 VMI 的意义、VMI 实施过程以及三种 VMI 运作模式。第三节的主要内容有 JMI 的概念、优势、JMI 与 VMI 的区别，实施 JMI 的意义以及有效实施 JMI 策略的方法。

本章重要术语

牛鞭效应　供应商管理库存（VMI）　联合库存管理（JMI）

延 伸 阅 读

1. 赵旭、刘进平：《物流战略管理》（第二版），中国人民大学出版社 2015 年版。

2. 大卫·辛奇－利维等：《供应链设计与管理》（第 3 版），中国人民大学出版社 2010 年版。

3. 郑称德：《供应链物流管理》，南京大学出版社 2018 年版。

复习与思考

1. 牛鞭效应的成因有哪些，应该如何应对？
2. 供应商管理库存的基本思想是什么？
3. 实施供应商管理库存策略有哪些基本步骤？
4. 供应商管理库存有哪几种运作模式？
5. 联合库存管理与供应商管理库存的区别是什么？
6. 实施联合库存管理的主要方法有哪些？

面向供应链物流系统的仓储管理

学习目标

1. 了解仓储及仓储管理的基本概念。
2. 掌握仓储方式、仓储管理包含的业务、仓储的指标体系。
3. 熟悉仓储平面布局的设计、仓储运作管理内容。
4. 了解面向供应链物流系统增值的仓储服务。

引导案例

美国某药品和杂货零售商的混合仓储管理模式

美国某药品和杂货零售商在成功实现其并购计划之后，销售额急剧上升，因此需要扩大分拨系统以满足需要。一种设计是利用 6 个仓库供应全美约 1000 家分店。公司以往的物流战略是全部使用自有仓库和车辆为各分店提供高水平的服务，因而此次公司计划投入 700 万美元新建一个仓库，用来缓解仓储不足的问题。新仓库主要供应匹兹堡附近的市场，通过配置最先进的搬运、存储设备，以及进行流程控制来降低成本。管理层已经同意了这一战略，且已经开始寻找修建新仓库的地点。然而，公司同时进行的一项网络设计研究表明，新仓库并没有完全解决仓储能力不足的问题。这时，有人建议用混合战略——除使用自建仓库外，部分利用营业型租赁仓库，这样做的总成本比全部使用自建仓库的总成本要低。于是企业将部分产品转移至营业型仓库，然后安装新设备，腾出足够的自有空间以满足可预见的需求。新设备的成本为 20 万美元。这样，企业成功通过混合战略，避免了单一仓储模式下可能导致的 700 万美元的巨额投资。

资料来源：何庆斌：《仓储与配送管理》，复旦大学出版社 2011 年版。

■ 13.1　仓储与仓储管理概述

13.1.1　仓储概述

1. 仓储的概念

仓储的概念有狭义和广义之分。狭义的仓储是指商品离开生产领域但在进入消费领域之前，处于流通领域时所形成的"停滞"；广义的仓储不仅存在于从生产进入消费的过程中，而且也存在于生产过程中以及消费流通过程中。概括地说，仓储是指利用仓库存放暂未使用的物品的行为，是物品在供需之间转移中存在的一种暂时滞留。这种供需之间转移可以是生产过程中的上下游工序之间的转移，可以是流通各环节之间的转移，当然也可以是生产进入流通过程中商品的转移。

随着现代科学技术和生产力的进一步发展，仓库已由过去单纯地作为"储存、保管商品的场所"，逐步向"配送中心""物流中心"发展。仓库不但在建筑场所的外貌上焕然一新，而且内部的空间、设施和货物都发生了根本的变化，更有功能和管理方面的进化。现代仓储和物流中心已经形成了围绕货物并由存储空间、储存设施设备、人员和作业及管理系统组成的仓储系统，功能也延伸到包括运输、仓储、包装、配送、流通加工和信息等一整套的物流环节。总之，为了满足现代社会市场的需求，仓储的概念发生了根本性的变化。[①]

2. 仓储的功能

从物流的角度来看，仓储的功能可以分为基本功能和延伸功能。

（1）基本功能：物流的基本功能主要有货品存储、流通调控、数量管理与质量维护。

①货品存储。存储是指在特定的场所，将货品收存并进行妥善的保管，确保被存储的货品不受损害。存储是仓储的最基本任务，是仓储产生的根本原因。存储的对象必须是有价值的产品，存储要在特定的场地进行，存储需将存储物转移到存储地进行；存储的目的是确保存储物的价值不受损害，保管人有绝对的义务妥善保管好存储物；存储物始终属于存货人所有，存货人有权控制存储物。[②]

②流通调控。仓储在物流中起着"蓄水池""火车站"的作用。一方面，仓储可以调节生产和消费的平衡，使它们在时间和空间上得到协调，保证社会再生产的顺利进行；另一方面，由于不同的运输方式在运向、运程、运力和运输时间上存在着差异，一种运输方式一般不能直接将货物运达目的地，需要在中途改变运输方式、运输路线、运输规模、运输工具，而且为了协调运输时间及完成物品倒装、转运、分装、集装等物流作业，还需要在物品运输的中途停留。仓储的调节作用，实现了物品从生产地向销售地的快速转移。并且当交易不利时，对物品先进行存储会方便等待有利的交易机会。流通调控的任务就是对物品的仓储和流转做出安排，确定存储时间和存储地点。

③数量管理。仓储的数量管理包括两个方面。一方面，存货人交付保管的仓储物数量与提取仓储物的数量必须一致；另一方面，保管人可以按照存货人的要求分批收货和分批发货，对储存的货品进行数量控制，配合物流管理的有效实施，同时向存货人提供存货数量的信息服务，以便客户控制存货。

④质量维护。将仓储物完好无损地交还给存货人是保管人的基本义务。

---

① 何庆斌：《仓储与配送管理》，复旦大学出版社 2011 年版，第 2 页。
② 李亦亮：《现代物流仓储管理》，安徽大学出版社 2009 年版，第 4 页。

为了保证仓储物的质量不发生变化，保管人需要采用先进的技术、合理的保管措施，妥善地保管仓储物。当仓储物发生危险时，保管人不仅要及时通知存货人，还需要及时采取有效的措施减少损失。

（2）延伸功能：仓储的延伸功能是仓储的一种增值服务功能，是指利用物品在仓库的存储时间，开发和开展多种服务来提高仓储附加值、促进物品流通、提高社会效益的功能。其主要包括流通加工、配送、集散等功能。

①流通加工。仓储期间可以通过简单的制造、加工活动来延期或延迟生产，提高物品附加值。加工本是生产环节的任务，但随着消费的个性化、多元化发展，许多企业将产品的定型、分装、组配、贴商标等工序留到仓储环节进行。通过流通加工，可以缩短生产时间、节约材料、提高成品率，保证供货质量，以及更好地为消费者服务，实现产品从生产到消费之间的增值。

②配送。随着现代科技的发展，商家、消费者可以通过网络等途径订货，但产品必须经过物流环节才能从生产者到消费者手中。通过仓储配送可以缩短物流渠道，减少物流环节，提高物流效益，促进物流的合理化，实现物品的小批量送达。因此，配送是商流与物流的结合体，是拣选、包装、加工、组配等各种活动的有机组合，一般配送点设置在生产和消费集中的地区。仓储配送业务的发展有利于生产企业降低存货，减少固定资金的投入；有利于商业企业减少存货，降低流动资金使用量，并保证销售的正常进行。

③集散。仓储把制造企业的产品汇聚起来形成规模，然后根据需要分散到消费地去。配载和拼装是对使用相同运输工具和运输线路的货物进行合理安排，使少量的货物实现整车运输，是仓储活动的一个重要内容。通过配载和拼装，可以实现产品集散，衔接产需，均衡运输，提高物流速度。

3. 仓储的分类

仓储的本质皆为物资的储存与保管，但由于仓储物的特征、仓储物的处理方式、经营主体、主要功能等方面的差异，不同的仓储活动具有不同的特性。如表 13 - 1 所示，根据不同的角度，可将仓储划分为不同的类型。

表 13 - 1   仓储的分类

仓储分类	按仓储物的特征划分	普通物品仓储
		特殊物品仓储
	按仓储物的处理方式划分	保管式仓储
		加工式仓储
		消费式仓储
	按仓储经营主体划分	企业自营仓储
		商业经营仓储
		公共仓储
		战略储备仓储
	按仓储的主要功能划分	储存仓储
		物流中心仓储
		配送仓储
		运输转换仓储
		保税仓储

（1）按照仓储物的特征划分。

①普通物品仓储。普通物品仓储不需要特殊保管条件的物品仓储。一般的生产物质、普通生活用品、普通工具等杂货类物品，不需要针对货物设置特殊的保管条件，采取无特殊装备的通用仓库或货场存放。

②特殊物品仓储。特殊物品仓储在保管中具有特殊要求和需要满足特殊条件的物品仓储。如危险品仓储（需用监控、条纹、防爆、防毒、泄压等装置）、冷库仓储、粮食仓储等。特殊物品仓储一般为专用仓储，需要按照物品的物理、化学、生物特性以及法律规定进行仓库建设和实施管理。

（2）按照仓储物的处理方式划分。

①保管式仓储。保管式仓储是以保管物原样保持不变的方式所进行的仓储。保管式仓储也称为纯仓储，存货人将特定的物品交由保管人进行保管，到期保管人将原物交还存货人。保管物除了所发生的自然损耗和自然减量以外，数量、质量等不发生变化。保管式仓储又分为仓储物独立式仓储和将同类仓储物混合在一起的混藏式仓储。

325

②加工式仓储。加工式仓储是指保管人在仓储期间根据存货人的要求对保管物进行一定加工的仓储方式。在保管物保管期间，保管人根据委托人的要求对保管物进行外观、形状、成分构成、尺度等的加工，使仓储物发生委托人所希望发生的变化。例如，木材的加工仓储：保管人可以针对造纸厂的需要将木材磨成木屑，进行压缩装载；针对家具厂的需要将木材加工成板材或剪切成不同形状的材料；针对木板厂的需要将树枝、树杈、碎木屑以及其他材料制成复合木板。

③消费式仓储。消费式仓储是保管人在接受保管物时，同时接受保管物的所有权（保管人在仓储期间有权对仓储物行使所有权），并在仓储期满时将相同种类、品种和等量的替代物交还给委托人所进行的仓储。消费式仓储特别适合于保管期较短的物资（如农产品）和市场供应价格变化较大的商品的长期存放，具有一定的商品保值和增值功能，是仓储经营人利用仓储物开展经营活动的增值活动，已经成为仓储经营的重要发展方向。

（3）按照仓储经营主体划分。

①企业自营仓储。企业自营仓储包括生产企业和流通企业的自营仓储。生产企业自营仓储是生产企业使用自有的仓库设施对生产使用的原材料、生产的中间产品、最终产品实施储存保管的行为，其存储的对象较为单一，以满足生产为原则。流通企业自营仓储则是流通企业以其拥有的仓储设施对其经营的商品进行仓储保管的行为，仓储对象种类较多，其目的是支持销售。

②商业经营仓储。仓储经营者以其拥有的仓储设备，向社会提供商业性仓储服务的仓储行为。仓储经营人与存货人通过订立仓储合同的方式建立仓储关系，并且依据合同约定提供服务和收取仓储费。商业经营仓储的目的是在仓储活动中获得经济回报，实现经营利润最大化。

③公共仓储。公共仓储是公用事业的配套服务设施，为车站、码头提供仓储配套服务。其运作的主要目的是保证车站、码头的货物作业良好运行，具有内部服务的性质，处于从属地位。但对于存货人而言，公共仓储也适用于商业仓储的关系，只是不订立仓储合同，而是将仓储关系列在作业合同中。

④战略储备仓储。国家根据国防安全、社会稳定的需要，对战略物资实

行储备而产生的仓储。战略储备由国家进行控制，通过立法、行政命令的方式进行，特别重视储备品的安全性。战略储备物资主要有粮食、油料、能源、有色金属、淡水等。

（4）按照仓储的主要功能划分。

①储存仓储。储存仓储是物资较长时间存放的仓储。由于物资存放时间长，储存费用低廉就很有必要。储存仓储一般在较为偏远的地区进行，存储的物质品种少，但存量较大、存期长，因而需要特别注意对物资的质量保管。

②物流中心仓储。物流中心仓储是以物流管理为目的的仓储活动，是为了实现有效的物流管理，对物流的过程、数量、方向进行控制的环节，也是实现物流时间价值的环节。物流中心存储一般在一定经济区域的中心，以及交通较为便利、存储成本较低处进行，物品以少品种、大批量方式进库，以一定批量分批出库，整体上吞吐能力强。

③配送仓储。配送仓储也称配送中心仓储，是商品在配送交付消费者之前进行的短期仓储，是商品在销售或供生产使用前的最后储存，并在该环节进行销售或使用的前期处理。配送仓储一般在商品的消费经济区间内进行，能迅速地送达以供消费和销售。

④运输转换仓储。运输转换仓储用来衔接不同运输方式，保证不同运输方式的高效衔接，减少运输工具的装卸和停留时间。运输转换仓储在不同运输方式的相接处进行，如港口、车站场所等，具有大进大出的特性，货物存期短，注重货物的周转率。

⑤保税仓储。保税仓储是指使用海关核准的保税仓库存放保税货物的仓储行为。[①]

13.1.2　仓储管理概述

1. 仓储管理的概念

仓储管理就是对仓库及仓库内的物资所进行的管理，涵盖了仓储机构为

---

① 王长青：《仓储与配送管理实务》，北京理工大学出版社 2018 年版，第 2 页。

了充分利用其具有的仓储资源来提供高效的仓储服务而进行的计划、组织、控制与协调等过程。具体来说，仓储管理包括以下几个方面。

（1）仓库的选址与建筑问题。例如仓库的选址原则，仓库建筑面积的确定，库内运输道路与作业的布置等。

（2）仓库机械作业的选择与配置问题。例如，如何根据仓库作业特点和所储存物资的种类特性选择机械装备以及应配备的数量，如何对这些机械进行管理等。

（3）仓库的业务管理问题。例如，如何组织物资入库前的验收，如何存放入库物资，如何对在库物资进行保管保养、发放出库等。

（4）仓库的库存管理问题。例如，如何根据企业生产需求状况储存合理数量的物资，既不致因为储存过少引起生产中断造成损失，又不致因为储存过多占用过多的流动资金等。

此外，仓库业务考核问题，新技术、新方法在仓库管理中的运用问题，仓库安全与消防问题等，都是仓储管理所涉及的内容。[①]

2. 仓储管理的原则

（1）效率原则：效率以劳动要素投入量一定时的产品产出量来衡量，较小的劳动要素投入获得较高的产品产出时才能实现高效率。高效率是现代仓储的基本要求，仓储效率的衡量指标包括仓容利用率、货物周转率、进出库时间、装卸车时间等，仓储管理的目标是要实现"快进、快出、多储存、保管好、费用低"的高效率仓储。

（2）经济效益原则：厂商生产经营的目的是追求最大化利润，这是经济学的基本假设条件，也是社会现实的反映。利润是经济效益的表现，实现利润最大化需要做到经营收入最大化和经营成本最小化。社会主义企业经营也不能排除追求利润最大化的动机，作为参与市场经济活动主体之一的仓储业，也应围绕着获得最大经济效益的目的进行组织和经营。但同时也必须要承担一定的社会责任，履行环境保护、维护社会安定的义务、满足社会物质文明不断增长的需要等社会义务，实现生产经营的社会效益。

---

① 曹为国：《现代物流信息管理》，浙江科学技术出版社 2006 年版，第 185 页。

（3）服务原则：仓储活动本身就是向社会提供服务产品。服务是贯穿在仓储中的一条主线，仓储的定位、仓储的具体操作、对储存货物的控制等活动都围绕着服务进行。仓储管理需要紧紧围绕着服务定位来展开管理活动，通过直接的服务管理和以服务为原则的生产管理来改善服务、提升服务。仓储的服务水平与仓储经营成本密切相关，一般情况下，服务好，成本高，收费也高，仓储服务管理需要在降低成本与提高或保持服务水平之间保持一定的平衡。[1][2]

3. 仓储管理的目标

仓储管理的最终目标就是实现仓储的优化和合理化，从而达到更好为企业提供服务的目的。仓储合理化的含义是指用最经济的办法实现储存的功能。合理储存的实质是在保证储存功能实现的前提下尽可能少地投入，是一个投入产出的关系问题。仓储合理化的主要标志有以下几点。

（1）质量标志：保证被仓储物的质量是完成储存功能的根本要求，只有这样，物品的使用价值才能通过物流之后最终得以实现。在储存中增加了多少时间价值或是得到了多少利润，都是以保证质量为前提的。所以，在储存合理化的主要标志中，质量是排第一位的。

现代物流系统已经拥有很有效的维护物资质量、保证物资价值的技术手段和管理手段，也正在探索物流系统的全面质量管理问题，即通过物流过程和工作质量的控制来保证仓储物的质量。

（2）数量标志：在保证功能实现的前提下，有一个合理的数量范围。目前管理科学的方法已能在各种约束条件下对合理数量范围做出决策，但是较为实用的还是在消耗稳定、资源及运输可控的约束条件下所形成的储存数量控制方法。

（3）时间标志：在保证功能实现的前提下，寻求一个合理的储存时间，这是和数量有关的问题。储存量越大消耗速率越慢，则储存的时间必然长，相反则短。在具体衡量时往往用周转速度指标来反映时间标志，如周转天数、周转次数等。

---

① 何庆斌：《仓储与配送管理》，复旦大学出版社 2011 年版，第 18 页。
② 王长青：《仓储与配送管理实务》，北京理工大学出版社 2018 年版，第 4 页。

在总时间一定的前提下，个别仓储物的储存时间也能反映合理程度。如果少量仓储物长期储存，成了呆滞物，虽反映不到宏观周转指标中去，但也标志着储存不合理。

（4）结构标志：结构标志是从仓储物不同品种、规格、花色的储存数量的比例关系上对储存合理性的判断。尤其是相关性很强的各种物资之间的比例关系更能反映储存合理与否。由于这些物资之间相关性很强，只要有一种物资出现耗尽，即使其他物资仍有一定数量，也会无法投入使用。所以，不合理的结构不仅会影响某一种物资，而且会影响其扩展性的、关联性的物资。

（5）分布标志：分布标志是指不同地区储存的数量比例关系。

（6）费用标志：费用标志包括仓租费、维护费、保管费、损失费以及资金占用、利息支出等，通过对这些费用标志的实际支出进行分析，也可以判断出储存的合理与否。①

13.2 仓 储 战 略

13.2.1 仓储方式选择

仓储活动的决策与企业经营成本和顾客服务质量有着长期而密切的联系，企业需要将仓储摆在成本管理与服务优化的战略位置上，选择恰当的仓储方式以实现企业的经营战略目标。常见的仓储方式主要有自营式仓储、公共式仓储和契约式仓储。

1. 自营式仓储

自营式仓储是企业自建仓库，自行管理库存的仓储运作方式。自营式仓储最大的优势是能够根据企业需要量身定制仓储设施，同时仓储设施的所有权使企业能够全面管理仓储的各项职能，有效地整合物流系统。自营式仓储

---

① 杨思东、黄静：《仓储管理实务》，中国经济出版社 2010 年版，第 12 页。

方式具有上述突出的优势，但也伴随着不可忽视的弊端和风险。其一，仓库的投资建设与运行的成本很高；其二，企业自营式仓储风险远高于使用公共仓储设施。如果需求上升或下降，仓储设施就需要相应地进行扩大或减少，一旦失去了整个市场份额，企业所拥有的仓储设施既无法使用，又因为它是为本企业特有的产品定制化设计的产物而难以出售。

2. 公共式仓储

公共式仓储是由第三方经营，并为多元托运商或商品所有者提供服务的仓储方式。公共式仓储有以下优势：第一，仓库租用者可以根据自身需求使用仓库中的部分空间并为此付费，能够根据存储需求的变化随时调整租用场地的大小；第二，仓储设备的维护是仓库拥有者的责任，无须租用者承担，节约了租用者的仓储设备维护成本。使用公共式仓储的不利之处有：将仓储经营的控制权交给了服务提供商，如果承租空间过小，可能会降低租用企业的经营永久性，另外，运营成本的稳定性降低，企业的经营风险提高。

3. 契约式仓储

契约式仓储是由第三方物流经营，将仓储资源有偿提供给企业的仓储方式。契约式仓储在形式上与公共仓储类似，但服务提供商会根据客户的需求和仓储物的特点提供特定的服务。例如，为特定产品提供特殊装备，根据客户的要求提供包装、贴标签、开发票等服务。契约式仓储的优势在于能够为企业提供类似于自营式仓储的仓储效果，而企业需要投入的成本却大大降低，但同时也存在着客户机密信息泄露等风险。

利用自营式、公共式、契约式仓储或者将三者组合的管理决策是将成本与收益进行比较而得出的结果。企业在决定仓储业务是自营还是外包时，需要综合考虑成本、满足顾客需求的能力、环保意识、保密、市场条件和供给保证等因素。若企业决定采用外包仓储业务，还需要在契约式仓储和公共式仓储之间做出选择，选择时主要考虑成本、控制力、附加物流服务和持续时间等因素。[①]

---

① 施李华：《物流战略》，对外经济贸易大学出版社 2004 年版，第 107 页。

13.2.2 仓储管理业务

仓储管理业务是指以库内保管活动为中心，从仓库接收货物开始，直到把货物发送出去的全过程。仓储管理业务主要由入库管理业务、在库管理业务和出库管理业务组成。

1. 物资入库管理业务

入库管理是根据入库凭证完成货物入库所进行的卸货、查点、验收、办理入库手续等各项业务活动。入库管理由入库前准备、接运、验收和入库四个环节构成。

（1）入库前准备：仓库应根据仓储合同、入库单或入库计划，及时进行入库前准备，以便货物能按时入库，保证入库过程顺利进行。入库前准备需要由仓库业务部门、仓库管理部门、设备作业部门分工合作，共同做好以下几方面的工作：根据入库货物基本情况及仓库中库场的使用情况，制订仓储计划，安排货位，准备货位、作业用具及验收工具，设定装卸搬运工艺，准备单证。

（2）接运：仓库入库货物中，除小部分是由供货单位直接送到仓库进行交货外，其余大部分货物需经铁路、公路、航空等运输方式转运。凡经过转运的货物，在入库验收之前，都必须经过接运。接运的主要任务是及时从转运部门提取货物，为验收入库创造有利条件。接运是入库和保管的前提，接运工作完成的质量直接影响入库验收和在库保养维护。

（3）验收：凡需进入仓库储存的货物，都必须经过验收，只有验收合格的货物，方可入库保管。验收包括验收准备、核对凭证和实物检验三个环节。

①验收准备是仓库接到到货通知后，根据货物的性质和批量，提前做好验收的各项准备工作。

②核对凭证，主要是核对入库货物是否具备货主提供的入库通知单和订货合同副本；是否具备供货单位提供的验收凭证，如材质证明书、装箱单、磅码单、发货明细表、说明书、保修卡及合格证等；是否具备承运单位提供的运输单证，如提货通知单和登记货物残损情况的货运记录、普通记录以及

公路运输交接单等。

③实物检验是根据入库单和有关技术资料对实物进行数量、外观质量和包装三方面的检验，即复核货物数量是否与入库凭证相符，货物质量是否符合要求，货物包装能否保证货物在后续储存和运输过程中的安全。

（4）入库：货物经过验收之后，可以安排卸货、入库堆码，从而完成入库。入库包括安排货位、搬运堆码及办理入库手续等环节。同时，仓库管理员需要与送货人办理交接手续，并建立仓库台账。

2. 物资在库管理业务

在库管理主要包括保养维护、盘点和在库检查环节。

（1）保养维护：仓储管理中，保养维护的主要工作是采取相应的组织管理措施和技术管理措施，有效抑制外界因素对库存货物的影响，为库存货物创造适宜的储存保管环境，最大限度地减缓和控制货物发生各种变化的速度和程度，保持库存货物的使用价值。保养维护涉及控制仓库温度、湿度，防止货物发生霉腐和锈蚀等方面。

（2）盘点：各种仓储作业过程中都有可能产生误差以及部分货物因存放时间太长或保管不当而导致数量或质量发生变化，这些情况往往会造成库存货物的账面与实际不相符。为了对库存货物的实际数量进行有效控制，并查清质量状况，必须定期或不定期地对各储存场所的全部或部分货物进行清点、核查，这一过程称为盘点。盘点的内容有数量、质量、保管条件和安全。查数量，即通过数点查明在库货物的实际数量，核对库存账面资料与实际库存数量是否一致。查质量，即检查在库货物质量有无变化，有无超过有效期或保质期，有无长期积压等现象，必要时还需对其进行技术检验。查保管条件，即检查保管条件是否与各种货物的保管要求相符，如堆码是否合理、稳固，库内温度、湿度是否符合要求，各类计量器具是否准确等。查安全，即检查各种安全措施，检查消防设备、器材是否符合安全要求以及建筑物和设备是否处于安全状态。盘点的结果经常会出现盘盈或盘亏。因此，需要对导致盘盈或盘亏的原因进行分析，查出作业过程和仓储管理中存在的问题。通过解决问题，减少作业中的误差，提高管理水平。

（3）在库检查：检查在库货物，主要是为了及时了解和掌握货物在保管过程中的质量变化情况，发现存在的问题，以便于及时采取相应措施，对可能发生的变化进行有效防治或对已经发生的变化进行有效处理。如果不能及时发现并采取措施预防和控制变化的发生，往往会造成损失的发生或损失的进一步扩大。因此，对在库货物的质量情况应进行定期或不定期的检查，检查时应特别注意货物的温度、水分、气味，以及包装物外观、货垛状况。在检查时如果发现问题，要进行彻底的调查，深入分析原因，并迅速采取措施进行有效的防治和处理。

3. 物资出库管理业务

出库管理是指按照货主的调拨出库凭证或发货凭证（如提货单、调拨单）所注明的货物名称、型号、规格、数量、收货单位、接货方式等，进行凭证核对、备货、复核、点交等一系列活动。如图 13 - 1 所示，出库管理主要包括出库前准备、核对出库凭证、备货、理货、全面复查核对、登账和交接环节。

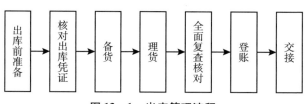

图 13 - 1　出库管理流程

（1）出库前准备：出库前准备主要有两方面的工作：一是计划，即根据货主提出的出库计划或出库请求，预先做好货物出库的各项安排，包括货位、机械设备、工具和工作人员的安排；二是做好出库货物的包装和标志标记，如发往异地的货物，若需经过长途运输，包装必须符合运输部门的规定；成套机械、器材发往异地时，必须事先做好货物的清理、装箱和编号工作；包装上必须书写编号和发运标记，同时挂签，避免错发或漏发。

（2）核对出库凭证：仓库接到出库凭证后，由业务部门审核凭证上的印签是否齐全相符，有无涂改。审核无误后，再按照出库凭证上所列的货物名称、规格、数量与仓库料账上记录的资料做全面核对。核对无误后，在料账上填写预拨数，并将出库凭证移交给仓库保管员。保管员复核无误后，即可做货物出库的其他准备工作，包括准备随同货物出库的合格证、使用说明书、质量检验证书等。

（3）备货：保管员复核出库凭证无误后，按出库凭证所列项目内容核对相应货位上的货物，核对无误后进行备货。

（4）理货：理货是针对实行送货制的出库货物，指将货物按地区代号搬运到备货区，再进行核对与复核等工作。

（5）全面复查核对：为了防止备货过程中可能出现的差错，工作人员应按照出库凭证上所列的内容进行逐项复查核对。复查核对工作可由保管员自行完成，也可由保管员互相交叉完成，还可设置专职出库货物复核员完成或由其他人员完成。

（6）登账：仓库出库业务中，有先登账后付货和先付货后登账两种做法。先登账后付货的仓库，核单和登账的环节连在一起，由账务员一次连续完成。这种登账方法，可以配合后续保管员的付货工作，起到预先把关的作用。先付货后登账的仓库，在保管员付货后，经过复核放行才能登账。

（7）交接：出库货物经过全面复核查对无误后，即可办理清点交接手续。出库方式不同，交接过程也不同。若是以客户自提方式出库，应将货物和证件向提货人当面点清，办理交接手续；若是以代运方式出库，则应办理内部交接手续，即由货物保管员向运输员或包装员点清交接，由接收人签章，以划清责任；若是以专用线装车方式出库，运输人员应于装车后检查装车质量，并与车站相关人员办理交接手续。[①]

13.2.3　仓库指标体系

仓库是企业的一部分，拥有各方面的人员，有固定资产、流动资金，有自己的生产活动和经济活动。为了全面、准确地检查和评价仓库的经营管理水平，以及具体、有效地考核与分析仓库各方面工作和各作业环节的工作实绩，必须建立完整的仓库指标体系。

每一项指标都反映某部分工作或全部工作的一个侧面。通过对指标的分

---

① 张旭梅：《物流信息管理》，重庆大学出版社 2008 年版，第 112 页。

析能发现工作中存在的问题，特别是通过对某几个指标的综合分析，能发现彼此之间的联系，找出问题的关键所在，以便采取一些相应的措施。通过对各项指标的分析，还能发现些规律性的东西，为决策提供依据。

1. 指标体系构成

仓库指标体系主要由技术指标、经济指标、安全指标三部分构成。

（1）技术指标：仓库的技术指标主要包括仓库利用率、设备利用率和劳动生产率等，它反映仓库各方面效率的高低。

①仓库利用率。它表明仓库在一个计划期内被有效利用的程度。一般通过仓库面积利用率、仓库高度利用率、仓库空间利用率、仓库地载利用率和仓库存储利用率等具体指标来表示。

②仓库设备利用率。它表明仓库各种设备被有效利用的程度。一般可通过工时利用率、工作日利用率、起重量或载重量利用率等具体指标来表示。

③仓库劳动生产率。它是指在计划期内，仓库全体人员或直接作业人员平均每人所完成的供应量任务，以表明仓库人员的劳动效率。

（2）经济指标：仓库的经济指标反映了仓库的经济效益，主要有以下几个测量标准。

①固定资产投资系数。它表明仓库平均完成单位供应量所需要固定资产的投资额。

②流动资金占用系数。它表明每一元的供应或销售收入所占用的流动资金。

③资金利润率。计划期内，仓库收支相抵后的盈余部分即仓库的利润。仓库资金利润率是指仓库所得利润与全部资金占用之比。

（3）安全指标：除了上述经济和技术指标之外，考核仓库的安全指标也是很重要的。物资仓库的安全指数反映仓库作业的安全程度，主要用发生各种事故的大小和次数表示。如人员伤亡事故，仓库失火、爆炸、雷击、被盗等事故，机械损坏事故等。这一类指标一般不需要计算，只是根据损失的大小划分不同的等级，以便于考核。

2. 指标分析方法

（1）对比分析法：对比分析法是指标分析方法中使用最普遍、最简单和最有效的方法。运用对比分析法对指标进行分析时，一般都应首先选定对比标志。根据分析问题的需要，主要有以下几种对比方式。

①实际完成与计划指标相比；

②部分指标与总体指标相比；

③本企业指标完成情况与同行业企业相比；

④本年度指标完成情况与历年完成情况相比。

（2）结构分析法：结构分析法又称百分比法，它是研究构成总体的各组成部分在总体中所占有的比重的方法。因为一些技术经济指标往往是由若干项目组成，而每个项目在总体指标中所占的比重不同，对总体所起的作用和影响也不同。利用结构分析法，可以分清主次，找出关键因素。

（3）单因素变化分析法：它是用来分析影响指标变化的各项因素对指标的影响程度。其基本做法是，假定影响指标变化的诸因素之中，某一项因素单独变化，而其他因素不变，来分析每项因素对指标的影响程度。[①]

▇ 13.3　仓储平面布局

13.3.1　仓库布局概述

1. 仓库布局的目标

（1）保护目标。实现保护目标有以下几点通用的指导方针：第一，将危险物品，如易爆、易燃、易氧化的物品与其他物品分开，以减小损坏的可能性；第二，保护需要特殊安全设施的产品，以防被盗；第三，对需要温控的设备如冰箱或加热器等物品进行妥善安置；第四，避免将需要轻放和易碎的物品与其他物品叠放，以防损坏。

（2）效率目标。实现效率目标需要注意以下两点：一是充分利用仓库空间，提高上层空间利用率，同时减少过道空间；二是仓库台架布局要合

---

① 施李华：《物流战略》，对外经济贸易大学出版社 2004 年版，第 115 页。

理，尽可能减少人工成本、搬运成本。

（3）适度机械化。机械化系统的使用大大提高了仓储效率。机械化通常在下列情况下最为有效：物品的形状规则、容易搬运时；订单选择活动较为频繁时；产品数量波动很小且大批量移动时。在投资机械化、自动化设备时，需要充分考虑相关风险，包括设备磨损等带来的设备贬值、大规模投资的回报问题等。

2. 仓库布局的要求

（1）有利于企业仓储流程的正常进行。

①单一的物流方向。仓库内货品的卸车、验收、存放地点之间的安排，必须适应仓储的生产流程，按一个方向流动；

②最短的运距。应尽量减少迂回运输，专用线的布置应在库区中部，并根据作业方式、仓储货品品种、地理条件等，合理安排库房、专用线与主干道的相对性；

③最少的装卸环节。减少在库货品的装卸搬运次数和环节，货品的卸车、验收、堆码作业最好一次完成；

④最大的可利用空间。仓库总平面的布置是立体设计，应有利于货品的合理存储并充分利用库容。

（2）有利于提高仓储经济效益。

①要因地制宜，充分考虑地形、地质条件，满足货品运输和存放的要求，并能保证仓库的充分利用；

②布置应与竖向布置相适应。所谓竖向布置，是指建立场地平面布局中每个因素如库房、货场、转运线、道路、排水、供电、站台等，在地面标高线上的相应位置；

③总平面布置应能充分、合理地使用机械化设备。合理配置设备的数量和位置，并注意各种设备之间的配套使用，便于开展机械化作业。

（3）有利于保证安全生产和文明生产。

①库内各区域间、各建筑间应根据《建筑设计防火规范》的有关规定，留有一定的防火间距，并有防火、防盗等安全设施；

②总平面布置应符合卫生和环境要求，既满足库房的通风、日照等要

求，同时还要考虑环境绿化、文明生产等问题，确保职工的身体健康。

3. 仓库布局的模式

（1）辐射型仓库：辐射型仓库位于许多用户的一个居中位置，产品由此中心向各个方向用户运送，形如辐射状。它适用于用户相对集中的经济区域，或者适用于仓库是主干运输线路中的一个转运站时的情况。

（2）吸收型仓库：吸收型仓库位于许多货主的某一居中位置，货物从各个生产指定点向此中心运送，形成吸收。这种仓库大多属于集货中心，与各货主的位置距离较近。

（3）聚集型仓库：聚集型仓库类似于吸收型仓库，但处于中心位置的不是仓库，而是一个生产企业聚集的经济区域，四周分散的是仓库，而不是货主和客户。此类型仓库布局适用于经济区域中生产企业比较密集，且不可能设置若干仓库的情况。

（4）扇形仓库：扇形仓库指产品从仓库向一个方向运送，形成一个辐射形状，辐射方向与干线上的运输方向一致。这种仓库布局适用于运输主干线上仓库距离较近，下一个仓库的上方向区域恰好位于上一仓库合理运送区域的情况。

13.3.2　仓库平面布局的设计

1. 仓库平面布局的影响因素

（1）仓库的专业化程度：仓库专业化程度主要与库存物品的种类有关，库存物品种类越多，仓库的专业化程度就越低，仓库平面布局的难度就越大；反之难度越小。不同的库存物品种类具有不同的理化性质，所要求的储存保管保养方法及装卸搬运方法也将有所不同，因而在进行平面布局时必须兼顾不同的作业要求。

（2）仓库的规模和功能：仓储的规模越大、功能越多，需要的设施设备就越多，设施设备之间的配套衔接成为平面布局中的重要问题，增加了布局的难度。

2. 仓库平面布局的设计流程

（1）确定仓库结构类型。仓库结构类型需要根据仓库的功能和任务来选择，主要考虑以下因素。

①仓库的主要功能，是单纯储存还是兼有分拣、流通加工、配送等功能；

②储存的对象，储存货物的性质、类型、数量、外形和尺寸；

③仓库内外环境要求，主要指温度、湿度的限制以及消防、安全等要求；

④经济能力，投资额的大小，对经营成本的要求等。

（2）确定仓库设施、设备的配置。根据仓库的功能、存储对象、环境要求等确定主要设施、设备的配置。

（3）确定仓储面积。仓储面积是影响仓库规模和仓储能力的重要因素，包括库区总面积和仓库建筑面积。确定仓库面积时所要考虑的主要因素如下。

①物资储备量，主要决定所需仓库的规模；

②平均库存量，影响所需仓库的面积；

③仓库吞吐量，反映了仓库实际出入库的货物量，与仓库面积成正比关系；

④货物品种数，在货物总量一定的情况下，货物品种数越多，所占货位越多，收发区越大，所需仓库面积越大；

⑤仓库作业方式，机械化作业必须有相应的作业空间；

⑥仓库经营方式，如实行配送制需要有配货区，进行流通加工需要有作业区等；

⑦其他技术参数，包括库房高度利用率、仓库有效容积、仓库周转次数等。

（4）确定仓库主体构造。仓库主体构造包括基础、地坪、框架构成、立柱、墙体、屋盖、楼板、地面、窗、出入口、房檐、通风装置等。

（5）确定仓库附属设施、设备。仓库附属设施、设备主要包括保管设备、分拣装置、装卸搬运设备等。

①保管设备。在库内堆放要保管的货物时，通常采用的方法有地面散堆法、平托盘分层堆码法、框架托盘分层堆放法、货架散放法、托盘在货架放置法等。不同的保管货物的方法需有不同的保管设备。

②分拣装置、装卸搬运设备。在许多仓库中有机械化、电子化的货物分

拣设置，以及进行机械化作业的各种叉车、专用设备和工具。因此，仓库设计、布置要与分拣装置、装卸搬运设备的配置、安装与作业方法及所需面积等相互协调。

13.4　仓储运作管理

仓储运作管理是指在仓库管理活动中，运用先进的管理原理和科学的方法，对仓储经营活动进行的计划、组织、指挥、协调、控制和监督，以降低仓储成本、提高仓储经营效益的活动过程。仓储运作管理可以为仓储作业提供支持、服务，主要包括仓储商务管理、业务管理、绩效评价、信息管理等内容。

13.4.1　仓储商务管理

1. 仓储商务管理的概念

仓储商务是指仓储经营人利用所具有的仓储保管能力向社会或企业提供仓储保管产品和获得经济收益所进行的交换行为。仓储商务是仓储企业对外基于仓储经营而进行的经济交换活动，是一种商业性的行为。因而，仓储商务发生在公共仓储和商业仓储之中，企业自营仓储则不发生仓储商务。

2. 仓储商务管理的目的

仓储商务管理是仓储经营人对仓储商务进行计划、组织、指挥和控制的过程，是独立经营的仓储企业对外商务行为的内部管理，属于企业管理的一个方面。仓储商务管理的目的是使仓储企业充分利用仓储资源，最大限度地获得经济收入和提高经济效益。仓储商务管理涉及企业的经营目标、经营收益，因而更为重视管理的经济性、效益性。相对于其他企业项目管理，商务管理具有外向性，围绕着仓储企业与外部发生的经济活动的管理；商务管理又有整体性的特征，商务工作不仅是商务职能部门的工作，还涉及仓储企业整体的经营和效益，也是其他部门能否获得充足工作量的保证。

3. 仓储商务管理的内容

仓储商务管理是仓储企业管理的一部分，包括对参与商务工作的人、财、物等资源的管理，其目的在于创造最大的经济效益。具体而言，仓储商务管理包括以下一些内容。

（1）市场管理：仓储企业要广泛开展市场调查和研究，对市场环境因素及仓储服务的消费者行为进行分析，细分市场和选择目标市场；加强市场监督和管理，广泛开展市场宣传，同时制定合理的营销策略，使仓储服务能切合市场需求。

（2）资源管理：仓储企业需要充分利用仓储资源，为企业创造并实现更多的商业机会，从而为企业带来更多的收益。因此，要合理利用仓储资源，做到人尽其才、物尽其用。

（3）制度管理：规范、合理的管理制度是高效的商务管理的基础。仓储企业应该在资源配置、市场管理、合同管理等方面建立和健全规范的管理制度，做到权利、职责明确，从而提高仓储商务管理的效率。

（4）成本管理：企业要想获得较高的利润，就势必要控制各项成本和支出。一方面，企业应该准确进行成本核算，确定合适价格，提高产品的竞争力；另一方面，企业应该通过科学合理的组织、充分利用先进的技术降低交易成本。

（5）合同管理：仓储企业应该加强商务谈判和合同履行的管理，做到诚实守信、依约办事，创造良好的商业信誉。

（6）风险管理：仓储商务管理同样面临着各种各样的风险。仓储企业可以通过细致的市场调研和分析、严格的合同管理、规范的商务责任制度，妥善处理商务纠纷和冲突，防范和减少商务风险。

（7）人员管理：商务人员的业务素质和服务态度在很大程度上影响着企业的整体形象，因此，商务管理应该包含对商务人员的管理。仓储企业应该以人为本，重视商务人员的培训和提高，通过合理的激励机制调动商务人员的积极性和主动性，同时还要加强对商务人员的监督管理，努力创建一支高效、负责的商务队伍。[①]

---

① 张向春：《仓储管理实务》，北京理工大学出版社 2012 年版，第 229 页。

13.4.2　仓储业务管理

1. 仓储业务管理的概念

仓储业务管理是指对仓库和仓库中储存的物资进行管理。这种业务管理是仓储运作管理的基础，是各种公共仓储、商业仓储和自营仓储都必须进行的管理活动。这种对仓库和仓库中储存的物资的管理工作，是随着储存物资的品种多样化和仓库设计结构、技术设备的科学化而不断变化发展的。

2. 仓储业务管理的目的

仓储业务管理以保管商品为基础，准确、及时地为生产和销售等环节提供商品供给等储存活动。仓储业务管理的目的是通过对仓库及仓库内物资的管理，合理储备商品，确保生产和销售的正常进行，同时减少商品损耗，降低商品储存成本，进而确保企业的生产经营成果，提高企业的经济效益。

3. 仓储业务管理的内容

（1）仓库的选址与决策管理：企业在建立仓库选址时要依据企业生产经营的运行和发展来考虑，应保证所建仓库各种设备的有效利用，不断提高仓库的经济效益；要能保证仓库运营的安全，这要求一方面保证储存物资不受各种可能的自然灾害或人为破坏，另一方面保证储存物资对企业及周围环境的安全。

（2）仓库机械作业的选择与配置：企业根据实际需要以及自身的实力决定是否采用机械化、智能化设备，若要使用，就要对智能化的程度、投资规模、设备选择、安装、调试与运行维护等进行管理。

（3）仓库的日常业务管理：日常业务管理主要包含如何组织物资入库前的验收，如何存放入库物资，如何对物资进行有效的保养，如何出库等。

（4）仓库的库存管理：库存管理包括对库存物资的分类、库存量、进货量、进货周期等的确定。

（5）仓库安全管理：仓库安全管理是其他一切管理工作的基础和前提，包括仓库的警卫和保卫管理、仓库的消防管理、仓库的安全作业管理等内容。

13.4.3 仓储绩效评价

1. 仓储绩效评价的概念

仓储绩效评价是指在一定的经营期间内，仓储企业利用指标对经营效益和经营业绩以及服务水平进行考核，以加强仓储管理工作，提高仓储经营的业务和技术水平，更好地为客户服务。

2. 仓储绩效评价的意义

仓储活动承担着货主企业生产所需的各种物资的收发、储存、保管养护、控制、监督等任务，直接影响着货主企业生产计划的顺利进行、仓储成本与物流总成本的控制。因此，对仓储绩效进行科学的评价是衡量仓储管理水平等级的有效措施。

对仓储活动开展绩效评价的意义主要表现在以下几个方面。

（1）开展仓储绩效评价对内有助于加强仓储管理、降低仓储成本。

①有利于提高仓储的经营管理水平。仓储绩效评价中每一项评价指标均科学地反映了仓储作业环节某部分或全部工作的效率及质量，通过评价分析，能及时发现工作中出现的偏差，从而为后续计划的制订、作业的进行及仓储生产过程的控制提供依据。

②有利于加强仓储设施设备的改善。足够数量的先进仓储设施设备的使用，是提高仓储效率、降低仓储成本的必要条件。通过结合仓储企业实际业务量，对不同仓储设施设备的技术指标及作业效率进行比较，可以及时发现仓储作业中设施设备方面存在的问题，为仓储设施设备的更新与改造提供科学依据。

③有利于仓储人力资源的合理设置。仓储人力资源是仓储企业构成的必要因素，通过仓储绩效评价，可以科学地衡量人力资源分配的合理与否，可以发现现有仓储员工素质方面存在的问题，从而加强员工素质与提高员工能力，合理设置工作岗位及岗位责任制，最大限度地发挥人力资源的优势。

（2）开展仓储绩效评价对外有助于开发市场，有效沟通客户。

①有利于仓储市场开发。有效的仓储绩效评价，可以为货主企业在仓储市场上寻找、选择供应商提供有力的数据资料，使得货主企业既能了解仓储

企业的成本即仓储费用，又能了解仓储企业的服务质量，从而为成功与货主企业建立合作伙伴关系奠定基础。

②有利于稳定客户关系。有效的仓储绩效评价有利于仓储企业改进服务质量、降低仓储成本，方便已建立关系的货主企业对仓储企业进行评价，从而保持继续合作。

3. 仓储绩效评价的要素

仓储绩效评价的要素包括仓储设施、设备、员工、作业时间、作业规划与管理水平等。

（1）设施：设施是指人员和设备以外的一切硬件，包括办公室、休息室、储货区、拣货区、发货区、消防设施等。在土地资源日益紧张的情况下，对设施的绩效评价可以科学、合理、有效地提高土地面积的利用率。

（2）设备：仓储设备是指与仓储有关的除加工设备之外的保管、装卸、搬运等设备。通过对设备开动率、产出量、产出金额、作业单元数、操作速度、故障率等进行评价，可以做到仓储设备的合理选用，发挥设备的最大效率。

（3）员工：构成企业最主要的因素是人，企业员工素质的高低，既影响仓储企业的形象，又影响仓储企业的效益。对员工的业务素质、岗位责任制、待遇、作业效率等进行评价，有利于员工作业能力的提高与发挥，提高仓储效益。

（4）作业时间：评价作业时间可以掌握单位时间内投入与产出量、作业单元数及各作业时间的比率，从而可以通过缩短作业时间来提高仓储作业效率，发挥仓储设施设备的能力。

（5）作业规划与管理水平：绩效评价有利于仓储企业合理设计作业流程与作业方式，确定作业中的最佳资源组合，从而提高仓储经营效益。

4. 仓储绩效评价的标准

仓储绩效评价标准是指以一定的标尺作为对仓储作业的各项活动进行评价的准绳。根据用途的不同，评价标准分为计划标准、历史标准、客观标准和客户标准四类。

（1）计划标准：又称为预算标准，是仓储绩效评价的基本标准，是指以事先制订的计划、预算和预期目的为评价标准，将仓储绩效实际达到的水平与其进行对比。该标准反映了仓储绩效计划的完成情况，并在一定程度上代表了现代企业经营管理水平。但该标准的人为因素较强，主观性较大，要科学合理地制定才能取得较好的激励效果。

（2）历史标准：随着仓储企业设施设备的改造、人员素质和管理水平的提高，仓储效益逐渐提高。仓储绩效评价历史标准指以以往仓储企业同期水平或历史最好水平为衡量标准，将仓储绩效实际达到的水平与自身历史水平进行纵向比较。通过对历史标准的分析，可以反映仓储绩效指标的发展动态与方向，为进一步提升仓储绩效提供决策依据。[①]

（3）客观标准：客观标准是与同行的评价标准进行横向比较，采用这一评价标准使得评价结果较为真实且具有横向可比性，便于仓储企业了解同行发展及自身存在的问题，有助于企业制定发展战略。

（4）客户标准：客户标准是指客户依据自身的需求，对仓储企业的业务和服务质量方面所进行评价的内容。客户标准以取得客户最大满意为宗旨，是稳定客户关系的重要保证。

13.4.4 仓储信息管理

1. 仓储信息管理的内容

仓储信息是仓储活动产生的信息，这些信息伴随货物入库、在库和出库活动的发生而发生。仓储信息管理的具体内容包括仓储资源信息管理、仓储作业信息管理和仓储业务信息管理。

（1）仓储资源信息管理：仓储资源指自身所拥有的或可控制的、用于仓储活动的各种资源，包括仓储设施、仓储设备和仓储人员。仓储资源信息管理主要包括：仓储设施规划与设备优化配置过程中信息的搜集、整理、加工与利用，仓储资源基本信息的记录与维护，仓储资源使用情况的记录与统计。

（2）仓储作业信息管理：仓储作业包括入库、在库及出库。仓储作业

---

① 赵玉国：《仓储管理》，冶金工业出版社 2008 年版，第 198 页。

信息管理包括仓储作业所需信息的搜集、仓储作业过程中产生信息的记录以及对以上信息的加工处理和利用。其中，入库信息管理主要包括入库前准备信息管理、接运信息管理、验收信息管理和入库交接信息管理；在库信息管理包括保养维护信息管理、盘点信息管理、在库检查信息管理；出库信息管理主要包括出库前准备信息管理、核对出库凭证信息管理、备货信息管理、理货信息管理、登账信息管理和交接信息管理。

（3）仓储业务信息管理：仓储业务信息管理主要包括客户信息管理和业务信息管理。

①客户信息管理主要包括客户的基本信息以及客户在业务合作方面表现信息的管理与维护。其中，客户的基本信息有客户的名称、地址、联系电话或传真、开户行、银行账号等；客户在业务合作方面表现的信息主要是对客户在业务合作方面一些特殊情况的记录信息。

②业务信息管理主要包括业务基本信息以及业务履行情况信息的管理与维护。其中，业务基本信息主要指业务合同所记载的信息，如业务合作方的名称、具体业务客户要求等；业务履行情况信息主要包括正常履行记录、履行过程中的特殊情况及其处理意见，以及履行业务的数据统计，如统计业务赔偿费率、缺货率等。

2. 仓储信息管理的特点

（1）内容更丰富、动态性更强、来源更广泛。传统仓储业务仅仅提供货物储存保管，相对而言，其功能比较单一，不能适应客户个性化、多样化需求。因此，现代仓储除了储存保管功能外，还根据客户需要提供货物分类拣选、分类、加工、包装、仓单质押等增值服务功能。仓储功能的增多，使得仓储信息管理的内容更为丰富；另外，仓储增值服务的开展，通常是以客户需求为依据，当客户需求发生变化时，开展的增值服务必须随之发生改变，与此相关的信息将随之动态改变；随着仓储增值服务的开展，如仓单质押服务，必将涉及与银行、保险公司等相关主体之间的信息交流，仓储信息管理中信息的来源更广泛。

（2）需要综合应用多种信息技术。现代仓储企业需要与银行、客户或运输企业、配送中心等不同主体频繁地进行大量信息的传递与共享，传统的电话、传真、邮寄等信息传递与共享方式基本不能适应，需要综合应用网络技术、计算机技术、通信技术以及数据交换技术等多种信息技术。目前，大部分仓储企业采用条形码技术进行仓储内部信息管理。虽然其智能化程度比以前的人工操作大大提高，但在仓储业务信息管理中仍需要耗费大量的人力、物力。为有效解决这一问题，需综合使用 IC 卡、射频技术、条形码、仓储信息管理系统等与信息技术相结合的信息管理方式。

（3）需要深入应用预测与决策方法。现代仓储以满足客户需求为目标，因此，需要深入应用预测与决策方法进行仓储设施的规划与建设以及日常库存控制，从而使库存能够更好地适应市场需求变化。在仓储设施的规划与建设方面，仓储设施选址应结合目前客户在空间上的分布（尤其是主要客户的空间位置）以及城市建设的发展方向和功能定位等，有效预测未来客户的空间分布；在日常库存控制方面，如确定库存货物种类、规格和数量以及各种货物的安全库存时，需结合客户及市场需求的历史数据、当前数据，采用科学的方法预测客户及市场未来的需求，并采用科学的决策方法完成相应的决策。①

■ 13.5 面向供应链物流系统增值的仓储服务

13.5.1 面向供应链物流系统增值的仓储服务概述

1. 仓储服务概述

仓储服务是指保管人储存存货人交付的仓储物，收取存货人支付的仓储费的一种服务形式。仓储服务的范围应当包括各种类型的仓储服务，如冷冻仓储、鲜活仓储等，但是保税仓储需要由海关批准。

供应链物流系统中的仓储服务是指将仓储服务作为供应链环节中的一部分，一方面，为供应链物流的各项业务提供仓储服务，从而保证产品或货物

---

① 张旭梅：《物流信息管理》，重庆大学出版社 2008 年版，第 113 ~ 120 页。

在供应链中的运输和储存能够有效衔接；另一方面，利用仓储的一些增值业务来提高供应链物流的整体效益，降低供应链物流成本。

2. 开展面向供应链物流系统增值的仓储服务的必要性

随着物流与供应链的发展，单一的物流服务无法为企业带来更强的竞争力。物流增值服务是社会经济发展的必然要求，也是物流企业对抗竞争的有力武器。物流增值服务是应客户的需求而提供的各种延伸物流服务，是在基本物流服务的基础上延伸出来的具有独特性和创新性的服务。

仓储服务作为供应链物流中关键的环节，其拓展与延伸能够有效促进供应链物流系统增值。仓储增值服务一般是指在仓储常规服务的基础上延伸出来的相关服务，如原料质检、自动补货、流通加工等。提供这些增值服务需要有协调供应链上各企业的能力，以确保供应链上各企业所承担的货物交付任务能够以最合理的方式、尽可能低的成本来完成，以最终满足客户的需要。

13.5.2　仓储服务的基本内容

1. 现场储备

在实物配送中经常使用现场储备，尤其是那些产品品种有限或产品具有高度季节性的制造商偏好这种服务。一般不是按照年度计划在仓库设施中安排各种存货，而是直接从制造工厂进行装运，并通过在战略市场中获得提前存货的承诺，大大减少交货时间。于是，就产生了这样的做法——将某个厂商一定数量的产品堆放在仓库里或在仓库里进行"现场储备"，以满足顾客在至关重要的营销期内的订货。利用仓库设施进行现场储备，可以在季节销售的最旺期即将到来之前，把各种存货堆放到最接近关键顾客的各种市场中去。

2. 配送分类

提供配送分类服务的仓库可以为制造商、批发商或零售商所利用，按照对顾客提货的预期，对产品进行组合储备。这种配送分类可以将来自不同制造商的多种产品进行分类，也可以按照顾客指示进行分类。现场储备与完整的产品分类之间的区别在于仓库利用的程度和持续时间的不同。追随现场储备战略的厂商通常会在仓库里临时堆放品种分类较狭窄的产品，并在大量的小仓库进行堆放储备，在有限的时间内指定具体的市场；而提供配送分类服务的仓库通常具有广泛的产品品种，局限于一些战略地点，并且全年发挥作用。配送分类仓库可以使顾客减少其必须打交道的供应商数目，并因此改善了仓储服务。此外，配送分类仓库还可以对产品进行组合，从而能够形成更大的装运批量，并因此而降低运输成本。

3. 仓库组合

当制造地在地理上被分割，通过长途运输组合，有可能降低运费和仓库需要量。在典型的组合运输条件下，从制造工厂装运整卡车的产品到批发商处，大批量的装运每次可以享受尽可能低的运输费率，一旦产品到达了组合仓库，在卸下从制造工厂装运来的货物后，就可以按照每一个顾客的要求或市场需求，选择每一种产品的运输组合。通过运输组合进行转运，在经济上通常可以得到特别运输费率的支持，即给予各种转运优惠。在组合仓库概念下，内向的产品也可以与定期储存在仓库里的产品结合在一起。提供转运组合服务的仓库所能获得的净效果，就是降低整个物流系统中的产品储存量。

4. 生产支持

提供生产支持的仓库可以向装配工厂提供稳定的零部件和材料供给，从而为高效生产提供保障，缩短生产时长。较低的前置时间或使用过程中的重大变化，使得对向外界采购的项目进行安全储备是完全必要的。对此，大多数总成本解决方案都建议经营一个生产支持仓库，以经济而又适时的方式，向装配厂供应或提供加工材料、零部件和装配件。

5. 市场形象

尽管市场形象利益也许不像其他服务利益那样明显，但是它常常被销售经理看作是地方仓库的一个主要优点。市场形象因素基于这样的见解和观点，即地方仓库比起距离更远的仓库来说，对顾客的需求反应更敏感，提供的递送服务也更快，所以认为地方仓库将会提高市场份额，并有可能增加利润。[①]

---

① 杨海荣：《现代物流系统与管理》，北京邮电大学出版社 2003 年版，第 357 ~ 359 页。

13.5.3　仓储服务为供应链物流系统增值的方法

1. 优化仓储信息管理

仓储是物流环节中重要的一环，采购、订货、库存产品及库存控制等供应链环节均与仓储息息相关。因此，优化仓储信息管理是供应链物流发展的必然要求。一般来说，货物的供应与需求往往是不同步的，企业为了促进销售，降低缺货成本，一般要储存一定量的存货。但是如果为了保障供应而持有大量存货，则会造成资金积压，存货持有成本上升，甚至会造成物品损坏或变质；如果存货量过低，则会增加缺货成本，降低顾客满意度。因此，寻求合理的库存量是企业物流增值的重要指标。

这就要求企业建立健全仓储信息系统，对库存商品的各项信息进行有效管理，实时监测货物的种类、数量、市场需求变化等信息，既不能使库存过低导致缺货的发生，也不能使库存过高而产生更多的保管费用。通过优化仓储信息管理，用信息化手段管理仓储业务，可以有效降低仓储成本、提高仓储服务水平，从而为客户提供优质的仓储服务，更重要的是，有利于实现供应链物流系统的增值。

2. 提供流通加工与配送业务

若供应链中的仓储物流企业拥有大型仓储设施，则可以考虑提供流通加工与配送的增值服务。例如，材料及零部件的到货检验，配合客户营销计划进行制成品的重新包装和组合，商品的目的地分拣服务等。

另外，相当部分仓储企业的一个优势是拥有大量靠近市区的仓库基地，有的还拥有铁路专用线和专用码头，以及有一定规模的运输车队。这类企业可集中强化已有的服务项目，稳定现有的物流业务，再积极探索发展配送业务、增值服务与供应链服务。

提供流通加工与配送业务，一方面能够实现仓储企业自身的业务拓展，降低仓储运作成本；另一方面能够为供应链上的各企业提供更加全面的仓储服务，同时提高供应链物流系统的整体效益，促进供应链物流系统的发展。

3. 开展仓储金融服务

仓储金融服务是金融机构与物流仓储企业等通过合作创新，主要以仓储物资或仓单等担保品为依托，针对仓储运营过程中的客户尤其是中小企业提供的融资及配套的结算、保险等服务的业务。

开展仓储金融业务，能够更好地实现供应链物流系统的增值。一方面，仓储金融服务能够更加贴近客户需求。仓储金融服务发展至今，已经开始与其他物流金融方式例如应收账款融资等相结合，与其他环节例如仓储运输、结算、保险等相结合，从而为客户提供整体解决方案。另一方面，仓储金融服务能够为供应链物流系统带来更多的经济效益。仓储金融服务所提供的仓单质押等业务能够获取一定的经济收益，同时拓宽了仓储的业务范围，为供应链系统中的仓储服务提供了更加广阔的发展空间。

本 章 小 结

本章介绍了仓储及仓储管理的基本概念，阐述了仓储战略包含的要素，展示了仓储的平面布局该如何设计，描述了仓储运作管理内容，最后简述了在面向供应链物流系统增值的仓储服务。

本章重要术语

仓储　仓储管理　仓储战略　仓储平面布局　仓储运作管理

延 伸 阅 读

1. 何庆斌：《仓储与配送管理》，复旦大学出版社 2011 年版。

2. 李亦亮：《现代物流仓储管理》，安徽大学出版社 2009 年版。

3. 王长青：《仓储与配送管理实务》，北京理工大学出版社 2018 年版。

4. 曹为国：《现代物流信息管理》，浙江科学技术出版社 2006 年版。

5. 杨思东、黄静：《仓储管理实务》，中国经济出版社 2010 年版。

6. 施李华：《物流战略》，对外经济贸易大学出版社 2004 年版。

7. 孙朝苑：《企业物流规划与管理》，西南交通大学出版社 2008 年版。

8. 张向春：《仓储管理实务》，北京理工大学出版社 2012 年版。

9. 赵玉国：《仓储管理》，冶金工业出版社 2008 年版。

10. 张旭梅：《物流信息管理》，重庆大学出版社 2008 年版。

第 13 章　面向供应链物流系统的仓储管理 ◄◄

11. 杨海荣：《现代物流系统与管理》，北京邮电大学出版社 2003 年版。

复习与思考

一、简答题

1. 简述仓储的功能。

2. 简述仓储管理的原则和目标有哪些。

3. 简述几种不同仓储方式的区别。

4. 简述仓储管理的指标有哪些。

5. 简述仓储布局的几种模式。

二、论述题

1. 论述仓储商务管理的内容。

2. 谈谈仓储信息管理的特点。

3. 仓储服务的基本内容有哪些？

第 14 章

运输与配送管理

学习目标

1. 了解运输和配送的基本概念和作用。
2. 掌握运输和配送的主要区别。
3. 熟悉五种基本的运输方式以及每种运输方式的优缺点和适用场景。
4. 了解运输和配送不合理的表现形式以及实现合理运输、合理配送的主要措施。
5. 熟悉物流配送中心的类型和作业流程。

引导案例

蒙牛的物流运输

众所周知，物流运输是乳品企业必须面对的重大挑战之一。由于乳制品的特殊性，在运输过程中要注意控制温度和堆码层数，并尽量缩短运输距离和时间，防止牛奶出现损坏、变质等问题。乳品保存有期限，还要注意保鲜和食品安全，这就要求众多的乳品企业面对广大的市场，必须确保产品要顺畅、快速、安全运到销售终端。

当蒙牛的创业神话还在为人们所津津乐道的时候，它的触角已经伸向全国各个角落。目前，蒙牛的生产规模不断扩大，开发的产品有液态奶、冰淇淋、奶粉等系列 100 多个品种。

据蒙牛乳业集团常温液态奶物流运输部的部长郭满仓介绍，目前，蒙牛集团总部设在乳都核心区呼和浩特和林格尔，总部由 6 个生产厂组成，日产能 4000 吨左右。蒙牛集团在全国各地有 21 个事业部，分别在内蒙古的包头、巴盟、通辽、乌兰浩特，河北的唐山、滦南、察北、保定、塞北，山西的太原、山阴、雁门，河南的焦作，山东的泰安，湖北的武汉，安徽的马鞍山，东北的沈阳、尚志、大庆，陕西的宝鸡以及北京的通州。

　　面对巨大的生产量，合理的运输配送成为蒙牛物流成功的关键。蒙牛物流运输体现出的特色就可以概括为"顺""快""准"三个字。

　　1. "顺"：因地制宜借势而起

　　蒙牛运输的"顺"体现在集团的本部及 21 个事业部，虽然在布局上看似集中，但却按照不同的地区特点分担了发送方向，足以覆盖全国市场。比如，和林总部主要供货给华东、华南及周边地区；包头事业部主要供货给华东、西南及周边地区；巴盟事业部主要供货给西南、西北及周边地区；东北的几个事业部、加工地在主要满足东北、蒙东地区的同时，优先供货给华南地区；而唐山、滦南的事业部则依托渤海湾的海运优势满足周边地区及华南地区；此外，常温物流系统还设有杭州、广州、厦门、南昌、南京、成都、长沙、昆明、贵州、重庆、湖北 11 个分仓库，用来满足周边地区的客户小批量要货的及时供给。"我们基本上是按照当地的地理位置和实际特点来安排发运方向的，比如唐山毗邻天津、沈阳周边有大连，这两个城市都有很大的港口。天津港—广州的线路是中海集装箱运输公司的精品船线，那我们就因地制宜利用这些当地适合海运的优势。"

　　据介绍，目前，蒙牛的运输方式主要以公路运输和铁路运输为主，海运为辅，其中公路运输占到 60%，铁路运输占到 30%，海运只有 10%。

　　蒙牛的铁路运输是以班列运输为主，以整车运输为辅。班列运输主要是通过上海班列辐射大部分华东地区，广州班列辐射大部分华南地区，成都班列辐射西南地区，华中地区主要通过整车发运。对于班列运输的好处，郭部长感触颇深，他说："班列运输是我国目前最先进的铁路运输方式，也是牛奶等保鲜食品最理想的运输方式。"铁道部自 2003 年起从内蒙古自治区开行牛奶集装箱班列，截至 2008 年底，共计开行 930 列，发送液态奶 186 万吨，发送集装箱 4.65 万车。目前，牛奶集装箱班列已成为铁道部品牌班列，蒙牛集团所开启的班列为呼和站到上海站、呼和站到广州站、包头站到上海站和碛口站到成都站。2007年2月3日，中铁集装箱公司与蒙牛签订战略合作协议，此次战略合作伙伴关系确立后，中铁集装箱公司将为蒙牛提供量身定做的专业服务，为其拓展市场、实现草原牛奶销往全国提供有力的运力保证。

2. "快"：一切为了新鲜

公路运输是几种运输方式中发运量最大的一种形式。据郭部长介绍，和林总部及全国各生产厂的日发运总量为7000吨左右，其中和林总部的日公路发运已经达到了2000吨。

"虽然相比铁路和海运，公路运输的成本较为高昂，但是为了保证产品能够快速地送达消费者手中，保证产品的质量，我们还是以这种运输方式为主，比如北京销往广州等地的低温产品全部走汽运，虽然成本较铁运高出很多，但在时间上能有保证。"郭满仓说。

郭部长告诉记者，随着班列运输自身形式的进步和合作关系的进一步稳固，蒙牛与中铁集装箱运输公司开创了牛奶集装箱的"五定"班列这一铁路运输的新模式。"五定"即"定点、定线、定时间、定价格、定编组"。"五定"班列定时、定点，一站直达有效地保证了牛奶运输的及时、准确和安全。现在，通过"五定"列车，上海消费者在5天内就能喝上草原鲜奶。

3. "准"：科技运输的标准

蒙牛常温液态奶事业部所有的物流操作已经全部实现了ERP系统管理，客户要货、销售调度根据库存生成订单，物流运输调度生成派车单，仓库装车整个流程全部由计算机完成，唯一由人来完成的就是产品上车后的码垛装车。

为了保障产品的新鲜度，同时满足市场的要货需求，蒙牛根据运输工具的不同制定了到货周期。其中，从销售调度在ERP系统审核订单的时间算起，所有订单在24小时内必须发出；而公路运输按照每天600公里的时速行驶，计算到货时限；铁路运输的班列运输为10天到货，整车运输的时限为18天；海运运输的到货时限是20天。

据介绍，为了更好地了解汽车运行的状况，在2007年的夏天，蒙牛常温液态奶物流运输部还为一部分运输车辆安装了卫星定位系统——GPS 系统，以跟踪了解车辆的一切在途情况，如是否正常行驶、所处位置、车速、车厢内温度等，蒙牛管理人员在网站上可以查看所有安装此系统的车辆信息。GPS 系统的安装给物流以及相关人员包括客户带来了方便，避免了有些司机在途中因长时间停车而影响货物及时送达或者产品途中变质等情况的发生。

郭部长表示，蒙牛在到货交付阶段及货损理赔方面的经验也值得借鉴。首先，客户可以随时在 ERP 系统查询订单处理情况直到产品装车，并可以看到司机的相关信息；其次，物流公司设有专职追踪人员负责产品在途及到货后的问题处理，出现货损采取物流公司先行赔付制度，并全部由我们和保险公司签订统一的保险合同，针对运输过程中的湿、冻、丢、烂、翻等所有损失进行理赔；最后，到货交付后，从客户 ERP 系统中确认到货，物流运输部门设有专职人员进行统计未按时到货报表及客户的其他反馈，并由责任人在 24 小时内给予处理。

经过郭部长的介绍，记者发现，蒙牛运输各环节的设计都是合理并且有效的，针对不同的问题有不同的解决方案，这就是蒙牛的物流特色。

资料来源：蒋长兵等：《运输与配送管理：实验与案例》（第 2 版），中国物资出版社 2016年版。

14.1　供应链物流系统的运输与配送概述

14.1.1　供应链物流运输概述

1. 运输的基本概念

运输是指利用运输工具和运输设施，实现物资长距离空间位置转移的活动。这里，运输工具主要是指"车"，如汽车、火车、轮船、飞机等；运输设施主要是指"路"，如公路、铁路、水路、航空路线等。"车""路""长距离""空间位置转移"是运输定义的四个关键词。

运输是物流活动中的一个重要组成部分，是物流活动最为基础且最为繁多的服务活动，因为大量的物流都必须依托交通运输设施和运输服务来完成。因此在市场经济条件下，发达的交通运输设施和良好、高效的运输服务是物流活动开展以及物流效率不断提高的基础和前提条件。

2. 运输的功能

运输作为现代社会经济活动往来的链接枢纽，在实体经济中的重要地位不可动摇。物流早期被视为运输的雏形，随着物流功能的不断完善，形成了包含运输、储存、包装、装卸搬运等功能的完整体系。运输在整个物流链条中一直居于核心的地位。

（1）运输最基本的功能就是通过运输手段将货物从供应地转移到需求地，实现物资的空间位置转移，从而满足需求地用户对物资的需求，创造物资的"空间效用"，保障需求地用户的生产或生活正常进行。从社会经济的角度讲，运输功能的发挥，缩小了物质交流的空间，扩大了社会经济活动的范围并实现在此范围内价值的合理化。

（2）运输还有一个辅助功能，就是对运输物资实现短时间位置转移、创造物资"时间效用"的功能。因为运输货物需要时间，特别是长途运输需要更长的时间，在这个过程中，运输工具就是货物的储存保管室，能够避免物品被损害或丢失，这实际上创造了物品的"时间效用"。在采购运输中，采购员往往利用这个时间效用精心计算购进时间，使得购进到达时间正好是物品的需用时间，这样运到的物品直接上需求点，从而避免了仓库占用和货物保管。

3. 运输的作用

运输作为传统物流的核心，承担了物品在空间各个环节的位置转移，解决了供给者和需求者之间场所的分离。其重要作用表现在以下两个方面。

第一，货物运输是物流业务的中心活动，是物流系统的中心环节。在现代经济社会中，一切实物产品的移动都离不开运输环节，运输合理化在很大程度上影响着物流效率的高低。在国外，尤其是经济发达国家，运输业和物流业常常是联合经营的。在我国，铁路、航空、水路运输业和物流业基本上分而设之，大量运输任务还是要由运输部门来完成。

第二，运输活动是"第三个利润源"的主要源泉。运输是生产过程的继续，它连接着生产和再生产、生产与消费的各个环节，承担着大跨度空间转移物资的需要，要靠大量的动力消耗才能实现这一活动，消耗的绝对数量大，其节约的潜力也就大。从运费来看，运费在全部物流费中占最高的比例，一般综合分析计算社会物流费用，运输费用在其中占比接近 50%，有些产品运费高于产品的生产费。大量节约运输成本，可显著提升微观个体企业和宏观经济的效益。

运输费用在整个物流费用中占有较大的比重，它的大小在很大程度上决定了整个物流系统的竞争能力，直接影响企业利润的高低。在供应链实施和运行过程中，仓储及库存管理、运输与配送、信息交换和设施配置是物流运作的四个关键要素。而对大多数企业而言，运输成本在整个物流成本中所占的比重是最大的，综合分析表明，从供应源到最终消费端的物流过程中，运输费用占全部物流费用的 50% 左右，一些企业甚至达到 60%。表 14 - 1 列出了 2019 年我国社会物流总费用结构，可以看出运输在整个国家经济运行中的地位，也从侧面反映了降低整个物流费用的关键所在。

表 14 - 1　　　　　　　　2019 年我国社会物流总费用结构分析

项目	物流费用/万亿元	同比增长/%	比重/%
社会物流总费用	14.6	7.3	100
运输费用	7.7	7.2	52.7
保管费用	5.0	7.4	34.3
管理费用	1.9	7.0	13.0

资料来源：国家发展改革委、中国物流与采购联合会：《2019 年全国物流运行情况通报》。

14.1.2　供应链物流配送概述

1. 配送的基本概念

国家质量技术监督局颁布的国家标准《物流术语》（GB/T 18354 - 2006）将"配送"定义为：在经济合理区域范围内，根据客户的要求对物品进行分拣、加工、包装、分割、组配等作业，并按时送达指定地点的物流活动。配送的定义反映了如下信息。

（1）配送是短距离运输，是小范围内的物流系统；

（2）配送的实质是服务要求高的送货；

（3）配送是一种"中转"形式；

（4）配送是"配"和"送"的有机结合，配送是成规模、加工过程的送货；

（5）配送以客户要求为出发点，坚持"客户第一"和"质量第一"；

（6）根据客户需求调整配送策略。

2. 配送的作用

（1）完善了运输和整个物流系统。配送环节处于支线运输，灵活性、适应性、服务性都比较强，能将支线运输与小搬运统一起来，使运输过程得以优化和完善。

（2）提高了末端物流的效益。采取配送方式，通过增大经济批量来达到经济的进货。它采取将各种商品配齐，集中起来向用户发货和将多个用户小批量商品集中在一起进行发货等方式，以提高末端物流的经济效益。

（3）通过集中库存使企业实现低库存或零库存。采取准时制配送方式之后，生产企业可以完全依靠配送中心的准时制配送而不需要保持自己的库存，或者只需保持少量保险储备而不必留有经常储备。

（4）简化事务，方便用户。用户只需要从配送中心一处订购就能达到向多处采购的目的，只需组织对一个配送单位的接货便可替代现有的高频率接货，因而大大减轻了用户工作量和负担，也节省了订货、接货等的一系列费用开支。

（5）提高供应保证程度。采取配送方式，配送中心可以比任何企业的储备量更大，因而对每个企业而言，中断供应、影响生产的风险便相对缩小，使用户免去短缺之忧。

（6）为电子商务的发展提供了基础和支持。电子商务的交易完成必须要有高质量、快捷的配送作业相配合，才能够完成实物交易。

14.1.3　运输与配送的区别

配送与运输的比较如表 14 - 2 所示，两者关系如下。

表 14 – 2 运输和配送的比较

内容	运输	配送
运输性质	干线运输	支线运输、区域运输、末端运输
货物性质	少品种、大批量	多品种、小批量
运输工具	卡车、航空、水运等	主要小型货车
管理重点	效率优先	服务优先
附加功能	装卸、捆包	装卸、保管、包装、分拣、加工等

（1）配送和运输的共同特点：都是线路活动；

（2）配送与运输的区别：活动范围不同，功能不同。

14.2 现代运输系统

14.2.1 五种基本的运输方式

基本的运输方式有铁路、公路、水路、航空、管道五种。不同的运输方式适合于不同的运输情况，合理地选择运输方式不仅能提高运输效率、降低运输成本，还会对整个物流系统的合理化产生很大的影响。以下将简要介绍这五种基本运输方式，并对其进行比较。

1. 公路运输

公路运输是一种以公路为运输线、以汽车为运输工具完成货物位移的运输方式。它既是独立的运输体系，也是车站、港口和机场物资集散的重要手段。

公路运输的优点：

（1）机动灵活，适应性强。公路运输网一般比铁路、水路网的密度要大十几倍，分布面也广，并且其在时间方面的机动性也比较大，车辆可随时调度、装运，各环节之间的衔接时间较短。

（2）可实现"门到门"的直达运输。由于汽车体积较小，除了可沿分布较广的路网运行外，还可离开路网深入工厂企业、农村田间、城市居民住宅等地，即可以把货物从始发地门口直接运送到目的地门口，实现"门到门"直达运输。

（3）掌握车辆驾驶技术较易。与火车司机或飞机驾驶员的培训要求相比，汽车驾驶技术比较容易掌握，对驾驶员的各方面素质要求相对也比较低。

公路运输的缺点：

（1）运量较小，运输成本较高。

（2）运行持续性较差，在各种现代运输方式中，公路的平均运距是最短的。

（3）安全性较低，污染环境较大。

2. 铁路运输

铁路运输是使用铁路列车运送货物的一种运输方式。它主要承担长距离、大数量的货运任务，在干线运输中起主力运输作用。铁路货物运输分为整车、零担、集装箱三种。

铁路运输的优点：

（1）承运能力大，适合大批量、低值物品的长距离运输，单位运输成本较低。

（2）铁路运输不大受气候和自然条件影响，在运输的准时性方面有优势。

铁路运输的缺点：

（1）固定成本高，项目投资大，建设周期较长。

（2）运输时间较长，在运输过程中需要有列车编组、解体和中转改编等作业环节，占用时间较长，因而增加了货物的运输时间。

（3）铁路运输中的货损率比较高，由于装卸次数较多，货物毁损或丢失事故通常比其他运输方式多。

（4）不能实现"门到门"运输，如果托运人和收货人都有铁路专用线，就可以提供"门到门"服务，但如果没有铁路专用线，则货物运送必须用其他方式来协助完成。

3. 水路运输

水路运输是利用船舶和其他浮运工具，在海洋、江河、湖泊、水库及人工水道上运送货物的一种运输方式。

水路运输的优点：

（1）运输能力大。水运速度比航空、铁路要慢，但船舶的载运量却远大于飞机和火车。在海洋运输的船舶中，"万吨船"是最基本的运载量，尤其在国际大宗物资运输中，货物规模的巨大决定了必须使用海洋运输方式。

（2）占地较小、建设投资少。水路运输利用海洋和天然河流，不占用或很少占用耕地，除必须投资船舶、建设港口之外，沿海航道几乎不需要投资。

（3）节省能源。由于水路运输的运输能力较大，所以单位货物所消耗的能源相比其他运输方式较低。

（4）单位运费低。运输成本包括固定成本和变动成本，固定成本主要指初始建设的投资成本，如购置船舶和缴纳各种港口费用，变动成本主要是指船舶在运营时产生的费用，如燃料费和人工薪水。由于水路运输初始投资成本较低，运输能力又大，那么折合之后的单位运输成本就相对较低。

水路运输的缺点：

（1）速度慢，船舶平均航速较低，不能快速将货物运达目的地。

（2）受自然条件影响大，特别是受气候条件影响较大，比如断流、台风等影响，因而呈现较大的波动性。

4. 航空运输

航空运输是使用飞机及其他航空器运送人员、货物、邮件的一种运输方式，具有快速、机动的特点，是现代旅客运输尤其是远程旅客运输的重要方式，也为国际贸易中的贵重物品、鲜活货物和精密仪器提供运输。

航空运输的优点：

（1）速度快、高速直达。距离越长，航空运输所能节约的时间越多，速度优势越明显。

（2）机动性大。航空运输受航线条件限制的程度比汽车、火车、轮船小得多，它可将地面上任何距离的两点连接起来，可以定期或不定期飞行。

航空运输的主要缺点是运载能力较小，运载成本高，对所运货物有限制，受气象条件影响大，优势在短途运输中难以发挥。

5. 管道运输

管道运输是用管道作为运输工具的一种长距离输送液体和气体物资的运输方式,是一种专门由生产地向市场输送石油、煤和化学产品的运输方式。

管道运输的优点:

(1)运量大,占地少。

(2)管道提供的是地下的、全封闭的服务,因此货损、货差率低。

(3)管道运输建设周期短、费用低,大直径、全负荷管道运输效率很高。

(4)管道运输安全可靠、连续性强。管道运输基本上不受天气影响,很少有机械故障。虽然运输时间长,但能准确估计交货时间,减少了安全库存的需要。

(5)管道运输耗能少、成本低、效益好。

管道运输的缺点:

(1)管道线路是相对固定的,因此有地域灵活性或可达性的限制。

(2)管道运输的产品有局限性,并且只能提供单向服务。

(3)灵活性差。管道运输不如其他运输方式(如汽车运输)灵活,除承运的货物比较单一外,它也不可随便扩展管线,实现"门到门"的运输服务。

6. 五种基本运输方式的比较

通过了解五种基本运输方式,可以发现:铁路运输最适合承担中长距离,且运量大的货运任务;公路运输最适合承担短距离,且运量不大的货运任务;水路运输最适合承担运量大、距离长,对时间要求不太紧,运费负担能力相对较低的任务;航空最适合承担运量较少,距离大,对时间要求紧,运费负担能力较高的任务;而管道运输作为一种专用的运输方式,较适合石油、天然气等特殊资源的空间调度。各运输方式的比较如表 14-3 所示。

表 14-3　　　　　　　各运输方式技术经济指标比较

运输方式	送达速度	运输能力	运输成本	经济里程
铁路运输	较快	较大	较低	适合长途
公路运输	较快	最小	一般	适合短途

续表

运输方式	送达速度	运输能力	运输成本	经济里程
水路运输	慢	最大	低	远距
航空运输	最快	较小	最高	远距
管道运输	较快	与管径及泵速有关	最低	中长距

14.2.2　集装箱运输

1. 集装箱运输的概念

集装箱运输（container freight transport），是指以集装箱这种大型容器为载体，将货物集合组装成集装单元，以便在现代流通领域内运用大型装卸机械和大型载运车辆进行装卸、搬运和运输作业，从而更好地实现货物"门到门"运输的一种新型、高效率和高效益的运输方式。

2. 集装箱运输的特点

（1）高效益。

①简化包装，大量节约包装费用。为避免货物在运输途中受到损坏，必须有坚固的包装，而集装箱具有坚固、密封的特点，其本身就是一种极好的包装。使用集装箱可以简化包装，有的甚至不需要包装，实现件杂货无包装运输，可大大节约包装费用。

②减少货损、货差，提高货运质量。由于集装箱是一个坚固密封的箱体，而且其本身就是一个坚固的包装，因此在货物装箱并铅封后，途中无须拆箱倒载，而是一票到底，即使经过长途运输或多次换装，也不易损坏箱内货物。集装箱运输可减少被盗、潮湿、污损等引起的货损和货差，并且由于货损、货差率的降低，减少了社会财富的浪费，具有很大的社会效益。

③减少营运费用，降低运输成本。由于集装箱的装卸基本上不受恶劣气候的影响，船舶非生产性停泊时间缩短，再加上装卸效率高、装卸时间缩短，因此对船舶公司而言，集装箱运输可提高航行率，降低船舶运输成本；对港口而言，可以提高泊位通过能力，从而提高吞吐量，增加收入。

（2）高效率。传统的运输方式具有装卸环节多、劳动强度大、装卸效率低、船舶周转慢等缺点，而集装箱运输完全改变了这种状况。

①装卸效率大幅度提高。普通货船装卸，一般每小时为 35 吨左右，而集装箱装卸，每小时可达 400 吨左右。同时，由于集装箱装卸机械化程度很高，因而每班组所需装卸工人数很少，平均每个工人的劳动生产率大大提高。

②船舶周转加快。由于集装箱装卸效率很高，受气候影响小，船舶在港停留时间大大缩短，因此船舶航次时间缩短，船舶周转加快，航行率大大提高，船舶生产效率随之提高，从而提升了船舶运输能力，在不增加船舶艘数的情况下，可完成更多的运量。

（3）高协作。集装箱运输涉及面广、环节多、影响大，是一个复杂的运输系统工程。集装箱运输系统包括海运、陆运、空运、港口、货运站以及与集装箱运输有关的海关、商检、船舶代理公司、货运代理公司等单位和部门。如果各部门互相配合不当，就会影响整个运输系统功能的发挥，如果某一环节失误，必将影响全局，甚至导致运输生产停顿和中断。因此，这就要求整个运输系统各环节、各部门之间进行高度协作。

14.2.3　国际多式联运

1. 国际多式联运的概念

国际多式联运是在集装箱运输的基础上发展起来的新型运输方式。国际多式联运一般以集装箱为媒介，把海上运输、铁路运输、公路运输、航空运输和内河运输等传统的单一运输方式有机地结合起来，并加以有效地综合利用，构成一种连贯的过程来完成国际间的运输。

《联合国国际货物多式联运公约》（以下简称《公约》）总则部分的第一条对国际多式联运做了如下的定义，即"国际多式联运是按照多式联运合同，以至少两种不同的运输方式，由多式联运经营人将货物从一国境内接收货物的地点运至另一国境内指定交付货物的地点"。

2. 国际多式联运的特点

（1）必须要有一个多式联运合同，用以明确规定多式联运经营人（承运人）和托运人之间的权利、义务、责任、豁免的合同关系和多式联运的性质。多式联运经营人根据合同规定，负责完成或组织完成货物的全程运输并一次收取全程运费。因此，多式联运合同是确定多式联运性质的根本依据，也是区别多式联运和一般传统联运的主要依据。

（2）必须使用一份全程多式联运单据。全程多式联运单据是指证明多式联运合同以及证明多式联运经营人已接受货物并负责按照合同条款交付货物所签发的单据。

（3）必须是至少两种不同运输方式的连贯运输。多式联运不仅需要通过两种运输方式而且是两种不同运输方式的组合，如"海—海""铁—铁""空—空"等，虽经两种运输工具，但由于是同一种运输方式，所以不属于多式联运的范畴；而"海—陆""海—空""陆—空""铁—公"等，尽管也是简单的组合形态，却都符合多式联运基本组合形态的要求。因此，确定一票货运是否属于多式联运方式，至少两种不同运输方式的组合是一个重要因素。为了履行单一方式运输合同而进行的该合同所规定的货物接送业务，则不应视为多式联运，如航空运输长期以来普遍盛行汽车接送货物运输业务，从形式上看已构成"航空—汽车"组合形态，但这种汽车接送在习惯上视同为航空业务的一个组成部分，以作为航空运输的延伸，故《公约》规定，把这种接送业务排除在多式联运之外。

（4）必须是国际间的货物运输。这是区别于国内运输和是否适合国际法规的限制条件。也就是说，在国际多式联运方式下，货物运输必须是跨越国境的一种国际间运输。

（5）必须由一位多式联营经营人对全程运输负总责任，这是多式联运的一个重要特征。多式联运经营人也就是与托运人签订多式联运合同的当事人，同样也是签发联运单据的人，它在联运业务中作为总承运人，对货主负有履行合同的责任，并承担自接管货物起至交付货物止的全程运输责任，以及对货物在运输途中因灭失损坏或延迟交付所造成的损失负赔偿责任。多式联运经营人为了履行多式联运合同规定的运输责任，可以自己办理全程中的一部分实际运输，把其他部分运输以自己的名义委托给有关区段的运输承运人（俗称分承运人）办理，也可以自己不办理任何部分的实际运输，而把全程各段运输分别委托给有关区段分承运人办理，分承运人与原发货人不发生任何关系，只与多式联运经营人发生联系，他们之间的关系是承托关系。

（6）必须是全程单一运费费率。多式联运经营人在对货主负全程运输责任的基础上，需制定一个由货物发运地至目的地的全程单一费率并以包干形式一次向货主收取。这种全程单一费率一般包括运输成本（全程各段运输费用的总和）、经营管理费用（如通信、制单以及劳务手续费等）和合理利润。

■ 14.3 供应链物流运输合理化

运输合理化是指从物流系统的总体目标出发，按照货物流通规律，运用系统理论和系统工程原理和方法，选择合理的运输路线和运输工具，以最短的路径、最少的环节、最快的速度和最少的劳动消耗，组织好货物的运输与配送，以获取最大的经济效益。

14.3.1 运输规划问题

1. 数学模型

在物流调运问题中，如何根据已有的交通网制订调运方案，将货物运到各需求地，而使总运费最小，是很关键的问题。这类问题可用如下数学语言描述。

已知有 m 个生产地点 $A_i(i=1,2,\cdots,m)$ 可供应某种物资，其供应量为 $a_i(i=1,2,\cdots,m)$，有 n 个销地（需求地）$B_j(j=1,2,\cdots,n)$，其需求量为 $b_j(j=1,2,\cdots,n)$，从 A_i 到 B_j 运输单位物资的运价为 C_{ij}。这些数据可汇总于产销平衡表和单位运价表中，如表 14-4 和表 14-5 所示。

表 14-4 产销平衡表

产地＼销地	1	2	…	n	产量
1					a_1
2					a_2
…					…
m					a_m
销量	b_1	b_2	…	b_n	

表 14 – 5　　　　　　　　　　　　　单位运价表

产地＼销地	1	2	…	n
1	C_{11}	C_{12}	…	C_{1n}
2	C_{21}	C_{22}	…	C_{2n}
…	…	…	…	…
m	C_{m1}	C_{m2}	…	C_{mn}

为了制订使总运费最小的调运方案，我们可以建立数学模型。如果设 X_{ij} 表示由产地 A_i 供应给销地 B_j 的运量，那么运输问题的线性规划模型可分为如下三种情况。

（1）产销平衡，即在 $\sum_{i=1}^{m} a_i = \sum_{j=1}^{n} b_j$ 的情况下，求 $\min z = \sum_{i=1}^{m} \sum_{j=1}^{n} c_{ij} x_{ij}$（总费用最少）。满足约束条件：

$$\begin{cases} \sum_{i=1}^{m} x_{ij} = b_j (j = 1, 2, \cdots, n)（满足各销地的需求量）\\ \sum_{j=1}^{n} x_{ij} = a_i (i = 1, 2, \cdots, m)（各产地的发出量等于各产地产量）\\ x_{ij} \geqslant 0 (i = 1, 2, \cdots, m; j = 1, 2, \cdots, n)（调出量不能为负数）\end{cases}$$

（2）产大于销，即在 $\sum_{i=1}^{m} a_i > \sum_{j=1}^{n} b_j$ 的情况下，求 $\min z = \sum_{i=1}^{m} \sum_{j=1}^{n} c_{ij} x_{ij}$（总费用最少）。满足约束条件：

$$\begin{cases} \sum_{i=1}^{m} x_{ij} = b_j (j = 1, 2, \cdots, n)\\ \sum_{j=1}^{n} x_{ij} \leqslant a_i (i = 1, 2, \cdots, m)\\ x_{ij} \geqslant 0 (i = 1, 2, \cdots, m; j = 1, 2, \cdots, n)\end{cases}$$

（3）销大于产，即在 $\sum_{i=1}^{m} a_i < \sum_{j=1}^{n} b_j$ 的情况下，求 $\min z = \sum_{i=1}^{m} \sum_{j=1}^{n} c_{ij} x_{ij}$（总费用最少）。满足约束条件：

$$
\begin{cases}
\displaystyle\sum_{i=1}^{m} x_{ij} \leqslant b_j (j = 1, 2, \cdots, n) \\
\displaystyle\sum_{j=1}^{n} x_{ij} = a_i (i = 1, 2, \cdots, m) \\
x_{ij} \geqslant 0 (i = 1, 2, \cdots, m; j = 1, 2, \cdots, n)
\end{cases}
$$

物资调运问题可采用图上作业法或表上作业法求其最佳的调运方案。

2. 物资调运问题的表上作业法

物资调运的表上作业法，是指在物资调运平衡表上确定物资调运最优方案的一种调运方法。利用表上作业法，寻求运费最少的运输方案，其步骤可归纳如下：（1）列出运输物资平衡表及运价表；（2）在表上做出初始方案；（3）检查初始方案是否为最优方案；（4）调整初始方案得到最优解。

一般来说，每调整一次得到一个新的方案，而这个新方案的运费比前一个方案要少一些，如此经过几次调整，最后可以得到最优方案。下面举例说明。

某公司有三个储存某种物资的仓库，以供应四个工地的需要。三个仓库的供应量和四个工地的需求量以及由各仓库到各工地调运单位物资的运价（元/吨），如表 14 – 6 所示，试求运输费用最少的合理运输方案。

表 14 – 6　　　　　　　　　　供需情况和单位运价表

运价（元/吨） 仓库 ＼ 工地	B_1	B_2	B_3	B_4	供应量（吨）
A_1	3	11	3	10	700
A_2	1	9	2	8	400
A_3	7	4	10	5	900
需求量（吨）	300	600	500	600	2000

求解步骤如下：

（1）列出调运物资平衡表（见表 14 – 7）和运价表（见表 14 – 8）。

表 14 - 7　　　　　　　　　　物资平衡表

仓库＼工地	B_1	B_2	B_3	B_4	供应量（吨）
A_1					700
A_2					400
A_3					900
需求量（吨）	300	600	500	600	2000

表 14 - 8　　　　　　　　　　运价表

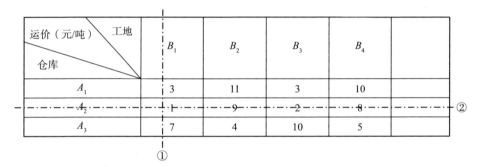

运价（元/吨）＼工地／仓库	B_1	B_2	B_3	B_4	
A_1	3	11	3	10	
A_2		9	2	8	②
A_3	7	4	10	5	

①

平衡表和运价表是表上作业法的基本资料和运算的依据。表上作业法的实质就是利用运价表在平衡表上进行求解。

为了叙述和考虑问题的方便，通常把上面的平衡表看作矩阵，并把表中的方格根据其所在行、列记为数对（i，j）的形式。如（2，3）表示第二行第三列的方格；（1，4）表示第一行第四列的方格等。此外，在求解过程中，如果平衡表的（2，1）方格中写的是 300，即表示仓库调运 300 吨物资到工地。

（2）编制初始调运方案。一般最优方案是由初始方案经过反复调整得到的。因此，编制出较好的初始调运方案非常重要。确定初始方案通常有两种方法：一是西北角法，二是最小元素法。

①西北角法。从供需平衡表的西北角第一格开始，按集中供应的原则，依次安排调运量。因为集中供应，所以未填数值的方格的 X_{ij} 均为 0，从而得到一个可行方案。按西北角法，本例的初始方案如表 14 - 9 所示。

表 14-9   初始方案

仓库＼工地	B_1	B_2	B_3	B_4	供应量（吨）
A_1	300	400			700
A_2		200	200		400
A_3			300	600	900
需求量（吨）	300	600	500	600	2000

由 $A_1 \to B_1$ 300 余 400；$A_1 \to B_2$ 400 缺 200；$A_2 \to B_2$ 200 余 200；$A_2 \to B_3$ 200 缺 300；$A_3 \to B_3$ 300 余 600；$A_3 \to B_4$ 600 余 0。此时运输总成本为：

$$S = 300 \times 3 + 400 \times 11 + 200 \times 9 + 200 \times 2 + 300 \times 10 + 600 \times 5 = 13500（元）$$

②最小元素法。所谓最小元素法，就是按运价表依次挑选运费少的供需点以尽量优先安排供应的运输方法。首先针对具有最小运输成本的路径，并且最大限度地予以满足；然后按"最低运输成本优先集中供应"的原则来依次安排其他路径的运输量。仍以该公司为例，具体做法是在表 14-8 上找出最小的数值（当此数值不止一个时，可任意选择一个），方格（2，1）数值是 1，最小。这样，仓库 A_2 尽可能满足工地 B_1 的需求，于是在平衡表中由（2，1）＝300，即在空格（2，1）中填入数字 300，此时由于工地 B_1 已经全部得到满足，不再需求 A_1 和仓库 A_3 的供应，运价表中的第一列数字已不起作用，因此将原运价表 14-8 的第一列划去，并标注①（如表 14-8 所示）。

最后，在运价表中未划去的行、列中再选取一个最小的数值，即（2，3）＝2，让仓库 A_2 尽量满足工地 B_3 的需求。由于 A_2 仓储量 400 吨已供给 B_1 工地 300 吨，所以最多只能供应 B_3 工地 100 吨。于是在平衡表（2，3）左格填入 100。相应地，由于仓库 A_2 所储物资已全部供应完毕，因此在运价表中与 A_2 同行的运价也已不再起作用，所以也将它们划去，并标注②，仿照上面的方法，一直做下去，得到表 14-10。

表 14 - 10　　　　　　　　　　　供需量的分配

仓库＼工地	B_1	B_2	B_3	B_4	供应量（吨）
A_1			400		700
A_2	300		100		400
A_3		600		300	900
需求量（吨）	300	600	500	600	2000

此时，在运价表中只有方格（1，4）处的运价表没有划掉，而 B_4 尚有 300 吨的需求，为了满足供需平衡，所以最后在平衡表上应有（1，4）= 300，这样就得到表 14 - 11 的初始调运方案。

表 14 - 11　　　　　　　　　　　初始调运方案

仓库＼工地	B_1	B_2	B_3	B_4	供应量（吨）
A_1			400 ┐3	300 ┐10	700
A_2	300 ┐1		100 ┐2		400
A_3		600 ┐4		300 ┐5	900
需求量（吨）	300	600	500	600	2000

表 14 - 11 中填有数字的方格右上角是其相应的运价（元/吨）。根据得到的初始调运方案，可以计算其运输费用。

$S = 1 \times 300 + 4 \times 600 + 3 \times 400 + 2 \times 100 + 10 \times 300 + 5 \times 300 = 8600$（元）

对于应用最小元素法编制初始方案需说明以下几点：

①应用最小元素法编制初始调运方案，这里的"最小"是指局部而言，而整体考虑的运费不见得一定是最小的。

②特别需要指出，并不是任意一个调运方案都可以作为表上作业法的初

始方案。可以作为初始方案的调运方案需满足：其填有数字的方格将恰好是
"行数 m + 列数 $n-1$" 个。在本例中为（$3+4-1=6$），因此可以作为初始
调运方案提出。但是，有时在制定初始方案时，会碰到按最小元素所确定的
方格中，其相应的供应点再无物资可供应或需求点已全部得到满足的情况，
此时平衡表上填有数字的方格数小于（$m+n-1$）。我们规定，在未填有数
字的方格中必须填上一个，并将这和其他发生供需关系的格子同样看待，
而不能作为空格，其目的是保证使填有数字的方格数等于（$m+n-1$）的
要求。

下面用一个例子来说明上述情况的处理。

表 14 – 12 和表 14 – 13 给出了一个物资调运问题，运用最小元素经过三
次运算后，得到表 14 – 14 和表 14 – 15。

表 14 –12　　　　　　　　　　　供需平衡表

产地＼销地	B₁	B₂	B₃	供应量（吨）
A₁				10
A₂				20
A₃				40
需求量（吨）	10	20	40	70

表 14 –13　　　　　　　　　　　运价表

运价（元/吨）仓库＼工地	B₁	B₂	B₃
A₁	1	2	2
A₂	3	1	3
A₃	2	3	1

表 14－14　　　　　　　　　　　运价表

运价（元/吨） 仓库 　　　　工地	B_1	B_2	B_3
A_1	1	2	2
A_2	3	1	3
A_3	2	3	1

表 14－15　　　　　　　　　　　供需平衡表

产地 　　　　销地	B_1	B_2	B_3	供应量（吨）
A_1	10			10
A_2		20		20
A_3			40	40
需求量（吨）	10	20	40	70

可以看出，表 14－16 虽然构成了一个调运方案。但在运价表中，（1，3）及（2，3）方格尚未被划去，所以在平衡表 14－15 中，方格（1，3）及（2，3）处在各填上一个"0"后得到表 14－16，表 14－16 填有数字（包括 0）的方格数恰是 3＋3－1＝5，如此才可以构成调运问题的初始方案。

表 14－16　　　　　　　　　　　初始调运方案

产地 　　　　销地	B_1	B_2	B_3	供应量（吨）
A_1	10		0	10
A_2		20	0	20
A_3			40	40
需求量（吨）	10	20	40	70

（3）初始方案的检验。在制订了初始调运方案之后，需要对它进行检验。如果制订的初始调运方案不是最优方案，则需要对其进行调整直到获得最优调运方案。运输问题表上作业法，判断调运方案是否为最优解，有两种方法：一种是闭合回路法，另一种是位势法。

①闭合回路法。对于表上作业法的初始方案来说，从调运方案上的一个空格出发，存在一条且仅一条以某空格（用 x_{ij} 表示）为起点，以其他填有数字的点为其他顶点的闭合回路，简称闭回路。这个闭回路具有以下性质：

第1，每个顶点都是转角点。

第2，闭合回路是一条封闭折线，每一条边都是水平的或垂直的。

第3，每一行（列）若有闭合回路的顶点，则必有两个。

只有从空格出发，其余各转角点所对应的方格内均填有数字时，所构成的闭合回路才是我们所说的闭回路；另外，过任一空格的闭合回路不仅是存在的，而且是唯一的。

下面以表14-11给定的初始调运方案为例，说明闭回路的性质，表14-17给出了空格，（1，1）和（3，1）所形成的闭回路：

（1，1）-（1，3）-（2，3）-（2，1）-（1，1）

（3，1）-（2，1）-（2，3）-（1，3）-（1，4）-（3，4）-（3，1）

表14-17　　　　　　　　　　初始调运方案

供＼需	B_1	B_2	B_3	B_4	供应量（吨）
A_1			400	300	700
A_2	300		100		400
A_3		600		300	900
需求量（吨）	300	600	500	600	2000

其他空格的闭回路与此同理。

在调运方案内的每个空格所形成的闭回路上，做单位物资的运量调整，可以计算出相应的运费是增加还是减少。我们把计算出来的每条闭回路上因调整单位运量而使运输费用发生变化的增减值，称为检验数。检验数的求法，就是在闭回路上，从空格出发，沿闭回路，将各顶点的运输成本依次设置"＋""－"，交替正负符号，然后求其代数和。这个代数和数值称为检验数，用 λ_{ij} 表示。例如，上述表格上的检验数 $\lambda_{ij} = 3 - 11 + 9 - 1 = 0$。用同样的方法可以求出其他空格的检验数，见表 14 – 18。如果检验数小于 0，则表示在该空格的闭合回路上调整运量使总费用减少；相反，如果检验数大于 0，则会使运费增加。因此调运方案是否是最优方案的判定标准就是：如果初始调运方案所有的检验数都是非负的，那么这个初始调运方案一定最优。否则，这个调运方案不一定是最优的。

表 14 – 18　　　　　　　　　　检验数计算

工地 仓库	B₁		B₂		B₃		B₄		供应量（吨）
A₁	0	3	+2	11	400	3	300	10	700
A₂	300	1	+1	9	00	2	－1	8	400
A₃	+10	7	600	4	+5	10	300	5	900
需求量（吨）	300		600		500		600		2000

②位势法。用该调运问题的相对运价减去准检验数，那么对初始方案中每个填有运量数值的 v 方格来说，都会满足

$$C_{ij} = u_i + V_j \qquad\qquad (14 - 1)$$

而对每个空格来说，相应得到的数值就是该空格的检验数，即

$$\lambda_{ij} = C_{ij} - u_i - V_j \qquad\qquad (14 - 2)$$

式（14 – 2）就是用位势法来求检验数的公式。本例中，设 $C_{ij}(i = 1, 2, 3; j = 1, 2, 3, 4)$ 表示变量相应的运价，将初始调运方案中填有数字方格的 C_{ij} 分解成两部分：

其中 u_i 和 V_j 分别称为该方格对应 i 行和 j 列的位势量，因为 i 有 $m = 3$

行，j 有 $n=4$ 列，故位势的个数有 $m+n=3+4=7$ 个。但填有运量数的单元只有 $m+n-1=6$ 个，这样，6 个 C_{ij} 的方程要解出 $m+n=7$ 个未知的位势量，u_i 和 V_j 可以有很多解。所以，可以先任意给定一个未知数的位势量，如表 14 - 19 所示。

表 14 - 19　　　　　　　　　　　位势计算表

供点＼需点	I	II	III	IV	u_i
A			3	10	$u_1=2$
B	1		2		$u_2=1$
C		4		5	$u_3=-3$
V_j	$V_1=0$	$V_2=7$	$V_3=1$	$V_4=8$	

$V_1=0$，则由 $C_{21}=V_2+V_1=1$，可以得到 $u_2=1$，再由 $C_{23}=2$，又得到 $V_3=1$；由 $C_{13}=3$，可得到 $u_1=2$，依次可以得到 $V_4=8$，$u_3=-3$，$V_2=7$ 等。

由上面所求出的行位势量 u_i 与列位势量 V_j 对应相加，得到准检验数，如表 14 - 20 所示。表中带有［ ］者为初始调运方案表里的空格。按照位势法计算本例初始调运方案的检验数，计算结果如表 14 - 21 所示。在本例中，由于检验数出现负值，依照最优方案判定准则，可知初始调运方案不一定是最优的，需要进行调整。

表 14 - 20　　　　　　　　　　　准检验数

供点＼需点	I	II	III	IV	u_i
A	［2］	［9］	3	10	$u_1=2$
B	1	［8］	2	［9］	$u_2=1$
C	［-3］	4	［-2］	5	$u_3=-3$
V_j	$V_1=0$	$V_2=7$	$V_3=1$	$V_4=8$	

表 14 – 21　　　　　　　　　　　　检验数表

供点 ＼ 需点	I	II	III	IV
A	1	2		
B		1		– 1
C	10		12	

（4）初始方案的调整。当判定一个初始调运方案不是最优调运方案时，就要在检验出现负值的空格内进行调整。如果检验数是负值的空格不止一个时，一般选择负检验数绝对值大的空格作为具体调整对象。具体调整的方法仍用前例加以说明。

由于从初始调运方案的检验数表 14 – 21 中发现，方格 x_{24} 的检验数是负数，因此对其进行调整，具体过程如表 14 – 22 所示。

表 14 – 22　　　　　　　　　　　　调运方案调整表

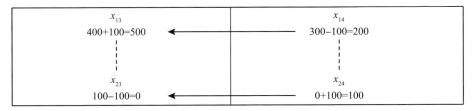

从方格 x_{24} 开始，沿闭回路在各奇数次转角点中挑选运量的最小值作为调整量。本例是将方格 x_{23} 的 100 作为调整量，将这个数值填入空格 x_{24} 内，同时调整该闭合回路中其他转角点上的运量，使各行、列保持原来的供需平衡，这样便得到一个新的调整方案，如表 14 – 23 所示。

按新方案计算调运物资的运输费用为：

$$S = 3 \times 500 + 10 \times 200 + 8 \times 100 + 1 \times 300 + 4 \times 600 + 5 \times 300 = 8500 \text{（元）}$$

表 14 –23　　　　　　　　　　　　调整后的方案

供点 \ 需点	B₁	B₂	B₃	B₄	供应量（吨）
A₁	3	11	500 ⌐3	200 ⌐10	700
A₂	300 ⌐1	9	2	100 ⌐8	400
A₃	7	600 ⌐4	10	300 ⌐5	900
需求量（吨）	300	600	500	600	2000

新方案是否是最优方案，还要对它再进行检验。经计算，该新方案的所有检验数都是非负的，说明这个方案已是最优调运方案了。

综上所述，采用表上作业法求解平衡运输问题的物资调运最优方案的步骤如图 14 –1 所示。

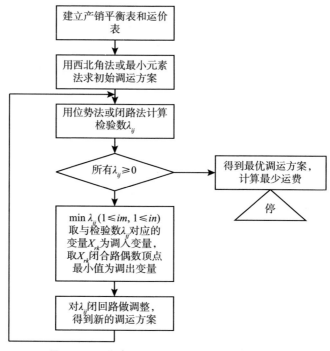

图 14 –1　物资调运问题表上作业法计算程序

资料来源：王效俐、沈四林：《物流运输与配送管理》，清华大学出版社 2012 年版，第 175 页。

14.3.2　不合理运输的类型

不合理运输是因在现有条件下可以达到的运输水平而未达到，而造成运力浪费、运输时间增加、运费超支等问题的运输形式。不合理运输形式主要有以下几种类型。

1. 返程或起程空驶

空车无货载行驶，可以说是不合理运输的最严重形式。在实际运输组织中，有时候必须调运空车，从管理上不能将其看成不合理运输。造成空驶的不合理运输主要有以下几种原因。

（1）能利用社会化的运输体系而不利用，却依靠自备车送货提货，这往往出现单程空车、单程空驶的不合理运输。

（2）由于工作失误或计划不周，造成货源不实，车辆空去空回，形成双程空驶。

（3）由于车辆过分专用，无法搭运回程货，只能单程实车，单程回空周转。

2. 对流运输

对流运输也称"相向运输""交错运输"，指同一种货物，或彼此间可以互相代用而又不影响管理、技术及效益的货物，在同一线路上或平行线路上做相对方向的运送，而与对方运程的全部或一部分发生重叠交错的运输形式。已经制定了合理流向图的产品，一般必须按合理流向的方向运输，如果与合理流向图指定的方向相反，也属对流运输。

3. 迂回运输

迂回运输是舍近取远的一种运输方式，即可以选取短距离进行运输而不选，却选择路程较长路线进行运输的一种不合理形式。迂回运输有一定复杂性，不能简单处之，只有因计划不周、地理不熟、组织不当而发生的迂回，才属于不合理运输。如果最短距离因交通阻塞、道路情况不好或有对噪声、排气等特殊限制而不能使用时发生的迂回，不能称不合理运输。

4. 重复运输

本来可以直接将货物运到目的地，但是在未达目的地之处，或在目的地之外的其他场所将货卸下，再重复装运送达目的地，是重复运输的一种形式。另一种形式是，同品种货物在同一地点一面运进，同时又向外运出。重复运输的最大缺陷是增加了非必要的中间环节，这就延缓了流通速度，增加了费用，增大了货损。

5. 倒流运输

倒流运输是指货物从销地或中转地向产地或起运地回流的一种运输现象。其不合理程度要甚于对流运输，原因在于往返两程的运输都是不必要的，形成了双程的浪费。倒流运输也可以看成是隐蔽对流的一种特殊形式。

6. 过远运输

过远运输是指调运物资舍近求远，近处有资源不调而从远处调，这就造成可采取近程运输而未采取，从而拉长了货物运距的浪费现象。过远运输占用运力时间长，占压资金时间久，运输工具周转慢，远距离自然条件相差大又易出现货损，从而增加费用支出。

7. 运力选择不当

运力选择不当是指未利用各种运输工具优势而不正确地选择运输工具造成的不合理现象，常见以下若干形式。

（1）弃水走陆。在同时可以利用水运及陆运时，不利用成本较低的水运或水陆联运，而选择成本较高的铁路运输或汽车运输，使水运优势不能发挥。

（2）铁路、大型船舶的过近运输。不是铁路及大型船舶的经济运行里程却利用这些运力进行运输的不合理做法。主要不合理之处在于火车及大型船舶起运及到达目的地的准备、装卸时间长，且机动灵活性不足，在过近距离中利用，发挥不了运速快的优势。相反，由于装卸时间长，反而会延长运输时间。另外，和小型运输设备比较，火车及大型船舶装卸难度大，费用也较高。

（3）运输工具承载能力选择不当。不根据承运货物数量及重量选择，而盲目决定运输工具，容易造成过分超载、损坏车辆及货物不满载、浪费运力的现象。尤其是"大马拉小车"现象发生较多。由于装货量小，单位货物运输成本必然增加。

8. 托运方式选择不当

对于货主而言，在可以选择最好托运方式时而未选择，造成运力浪费及费用支出加大的一种不合理运输。例如，应选择整车未选择反而采取零担托运，应当直达而选择了中转运输，应当中转运输而选择了直达运输等都属于这一类型的不合理运输。

上述的各种不合理运输形式都是在特定条件下表现出来的，在进行判断时必须注意其不合理的前提条件，否则就容易出现判断的失误。例如，如果同一种产品，商标不同、价格不同，所发生的对流就不能绝对看成不合理，因为其中存在着市场机制引导的竞争，优胜劣汰，如果强调因为表面的对流而不允许运输，就会起到保护落后、阻碍竞争甚至助长地区封锁的作用。以上对不合理运输的描述主要就形式本身而言，是主要从微观观察得出的结论。在实践中，必须将其放在物流系统中做综合判断，如果不做系统分析和综合判断就很可能出现"效益悖反"现象。单从一种情况来看，避免了不合理，做到了合理，但它的合理却使其他部分出现不合理。只有从系统角度综合进行判断才能有效避免"效益背反"现象，从而优化全系统。

14.3.3 运输合理化的有效措施

1. 提高运输工具实载率

实载率有两个含义：一是单车实际载重与运距之乘积和标定载重与行驶里程之乘积的比率，这在安排单车、单船运输时，是作为判断装载合理与否的重要指标；二是车船的统计指标，即一定时期内车船实际完成的货物周转量（以吨公里计）占车船载重吨位与行驶公里之乘积的百分比。在计算时，车船行驶的公里数，不但包括载货行驶，也包括空驶。

提高实载率的意义在于充分利用运输工具的额定能力，减少车船空驶和不满载行驶的时间，减少浪费，从而求得运输的合理化。

2. 发展社会化的运输体系

运输社会化的含义是发展运输的大生产优势，按实际专业分工，打破一家一户自成运输体系的状况。由于一家一户的运输具有小生产、车辆自有、自我服务、不能形成规模的特点，且一家一户运量需求有限、难于自我调剂，因而经常容易出现空驶、运力选择不当（因为运输工具有限，选择范围太窄）、不能满载等浪费现象，且配套的接、发货设施和装卸搬运设施也很难有效地运行，所以浪费颇大。实行运输社会化，可以统一安排运输工具，避免对流、倒流、空驶、运力不当等多种不合理形式，不但可以追求组织效益，而且可以追求规模效益，所以发展社会化的运输体系是运输合理化非常重要的措施。

3. 开展中短距离铁路公路分流，"以公代铁"的运输

这一措施的要点，是在公路运输经济里程范围内，或者经过论证，超出通常平均经济里程范围，也尽量利用公路。这种运输合理化的表现主要有两点：一是对于比较紧张的铁路运输，在用公路分流后，可以得到一定程度的缓解，从而加大这一区段的运输通过能力；二是充分利用公路从门到门和在中途运输中速度快且灵活机动的优势，实现铁路运输服务难以达到的水平。

4. 尽量发展直达运输

直达运输是追求运输合理化的重要形式，其对合理化的追求要点是通过减少中转、过载、换载，从而提高运输速度、省却装卸费用、降低中转货损。直达的优势，尤其是在一次运输批量和用户一次需求量达到了一整车时表现最为突出。此外，在生产资料、生活资料运输中，通过直达，有利于建立稳定的产销关系和运输系统，也有利于提高运输的计划水平，考虑用最有效的技术来实现这种稳定运输，从而大大提高运输效率。

特别需要一提的是，如同其他合理化措施一样，直达运输的合理性也是在一定条件下才会有所表现，不能绝对认为直达一定优于中转，这要根据用户的要求，从物流总体出发做综合判断。如果从用户需要量看，批量大到一定程度，直达是合理的，批量较小时中转是合理的。

5. 配载运输

配载运输是充分利用运输工具载重量和容积，合理安排装载的货物及载运方法以求得合理化的一种运输方式。它往往是通过轻重商品的混合配载，在以重质货物运输为主的情况下，同时搭载一些轻泡货物，如海运矿石、黄沙等重质货物，在仓面捎运木材、毛竹等，在铁路运矿石、钢材等重物上面搭运轻泡农、副产品等，在基本不增加运力投入和不减少重质货物运输情况下，解决了轻泡货的搭运，因而效果显著。

6. 发展特殊运输技术和运输工具

依靠科技进步是运输合理化的重要途径。例如，专用散装及罐车，解决了粉状、液状物运输损耗大、安全性差等问题；袋鼠式车皮及大型半挂车解决了大型设备整体运输问题；"滚装船"解决了车载货的运输问题；集装箱船比一般船能容纳更多的箱体；集装箱高速直达车船加快了运输速度等，都是通过采用先进的科学技术实现合理化。

7. 通过流通加工，使运输合理化

有不少产品，由于产品本身形态及特性问题，很难实现运输的合理化，如果进行适当加工，就能够有效解决合理运输问题。例如，将造纸材在产地预先加工成干纸浆，然后压缩体积运输，就能解决造纸材运输不满载的问题；轻泡产品预先捆紧包装成规定尺寸，装车就容易提高装载量；水产品及肉类预先冷冻，就可提高车辆装载率并降低运输损耗。

■ 14.4　供应链物流配送合理化

14.4.1　配送计划

1. 配送计划概述

配送首先要做配送计划。因为配送往往涉及品种多、用户多、车辆多、各种车的载重量不同等多种因素，因此需要认真制订配送计划，实现科学组织，合理调配资源，达到既满足用户要求又使总费用最省、车辆充分利用、效益最好的目的。

配送计划方法有很多种，例如节约法、0－1 规划法、报童模型等，这里以节约法为例进行介绍。

2. 节约法的原理

节约法的原理如图 14－2 所示。如果从配送中心 A 到用户 P_1、P_2 的运输距离分别是 C_{01} 和 C_{02}，P_1 和 P_2 之间的运输距离是 C_{12}，如果不配送，则

对每个用户需派一辆车来回送货，总运输距离为 $C = 2C_{01} + 2C_{02}$。而如果配送，则可以只派一辆车一次给两个用户顺序送货，总运输距离为 $C' = C_{01} + C_{02} + C_{12}$。

二者之间的节约量为 $\Delta C = C - C' = (2C_{01} + 2C_{02}) - (C_{01} + C_{02} + C_{12}) = C_{01} + C_{02} - C_{12}$。

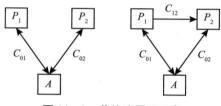

图 14-2　节约法原理示意

如果把多个用户连在一起，则节约量更大。如果多个用户满足假定条件：

（1）$\sum_{j=1}^{n} b_j \leq Q_k$；

（2）$C_{01} + C_{02} > C_{12}$，使得节约量大于 0。

则可以按节约量从大到小的顺序依次把用户连成一条回路，直到整个回路各个用户的需求量之和不超过这辆载重车的载重量，这样就组成了一条节约量最大的配送回路。然后再在剩下的用户中同样按节约量从大到小的顺序继续组织配送回路，派出车辆，这样下去一直到所有的用户都组织完毕为止，就做完了一个完整的配送计划。

14.4.2　不合理配送的表现形式

对于配送的决策优劣，很难有一个绝对的标准。比如，企业效益是配送的重要衡量标志，但在综合考虑企业业务发展时，有可能无法顾及成本效益问题。所以配送决策也要纳入企业综合决策之中。在决策时要避免由于不合理配送的出现而造成的损失，但有时有些不合理现象是伴生的，要追求大的合理，就要派生小的不合理，所以配送合理化不能绝对。其具体形式有资源筹措的不合理、库存决策的不合理、价格的不合理、配送与直达的决策不合理、配送中运输规划的不合理、经营观念的不合理等。

1. 资源筹措的不合理

配送是利用较大批量的筹措资源，通过筹措资源达到规模效益来降低资源筹措成本，使配送资源筹措成本低于用户自己筹措资源成本，从而取得优势。如果不是集中多个用户进行批量筹措资源，而仅仅是为某一、两户代购代筹，对用户来讲，就不仅不能降低资源筹措费，反而要多支付一笔配送企业的代筹代办费，因而是不合理的。资源筹措不合理还有其他表现形式，如配送量计划不准，资源筹措过多或过少，在资源筹措时不考虑建立与资源供应者之间长期稳定的供需关系等。

2. 库存决策不合理

配送应满足充分利用集中库存总量低于各用户分散库存总量的条件，从而大大节约社会财富，同时降低用户实际平均分摊库存负担。因此，配送企业必须依靠科学管理来实现一个低总量的库存，否则就会出现仅仅库存转移，而未取得库存总量降低的效果。配送企业库存决策不合理还表现在储存量不足，不能保证随机需求，失去了应有的市场。

3. 价格不合理

总的来讲，配送的价格应低于在不实行配送时，用户自己进货时的产品购买价格加上自己提货、运输、进货之成本总和，这样才会使用户有利可图。有时候，由于配送有较高服务水平，价格稍高，用户也是可以接受的，但这不是普遍的原则。如果配送价格普遍高于用户自己的进货价格，就损伤了用户利益，是一种不合理表现。反之，价格过低，使配送企业处于无利或亏损状态下运行，会损伤销售者，也是不合理的。

4. 配送与直达的决策不合理

一般的配送总是增加了环节，但是这个环节的增加，可降低用户平均库存水平，因此不但抵消了增加环节的支出，而且还能取得剩余效益。但是如果用户使用批量大，可以直接通过社会物流系统均衡批量进货，这和通过配送中转送货相比则可能更节约费用，在这种情况下，不直接进货而通过配送，就属于不合理范畴。

5. 送货中不合理运输

配送与用户自提比较，尤其对于多个小用户来讲，可以集中配装一车送几家，这与一家一户自提相比可大大节省运力和运费。如果不能利用这一优势，仍然是一户一送，而车辆达不到满载（即时配送过多、过频时会出现这种情况），就属于不合理运输。

6. 经营观念的不合理

在配送实施中，有许多是经营观念不合理使配送优势无从发挥，这是开展配送时尤其需要注意克服的不合理现象。例如，配送企业利用配送手段，向用户转嫁资金、库存困难；在库存过大时，强迫用户接货，以缓解自己库存压力；在资金紧张时，长期占用用户资金；在资源紧张时，将用户委托资源挪做他用而获利等。

14.4.3 配送合理化的主要措施

1. 推行一定综合程度的专业化配送

通过采用专业设备、设施及操作程序，可以取得较好的配送效果并降低配送过分综合化的复杂程度及难度，从而追求配送合理化。

2. 推行加工配送

通过加工和配送结合，充分利用本来应有的这次中转，而不增加新的中转求得配送合理化。同时，加工借助于配送使加工目的更明确、用户联系更紧密，可以有效避免盲目性。

3. 推行共同配送

通过共同配送可以以最近的路程、最低的配送成本完成配送，从而追求合理化。

4. 实行送取结合

配送企业与用户建立稳定、密切的协作关系，配送企业不仅成了用户的供应代理人，而且承担了用户储存据点的责任，甚至成为产品代销人。在配送时，将用户所需的物资送到，再将该用户生产的产品用同一车运回，这种产品也成了配送中心的配送产品之一，或者作为代存代储，免去了生产企业库存包袱。这种送取结合，使运力充分利用，也使配送企业的功能有更大的发挥，从而有利于追求合理化。

5. 推行准时配送系统

准时配送是配送合理化的重要内容。配送做到了准时，用户才有资源把握，才可以放心地实施低库存或零库存，有效地安排接货的人力、物力，以追求最高效率的工作。另外，保证供应能力也取决于准时供应。

6. 推行即时配送

作为计划配送的应急手段，即时配送是最终解决用户企业担心断供之忧、大幅度提高供应保证能力的重要手段。即时配送是配送企业快速反应能力的具体化，是配送企业能力的体现。

14.5　供应链物流配送中心

14.5.1　供应链物流配送中心概述

我国于 2006 年发布实施的国家标准《物流术语》（GB/T 18354 – 2006）对配送中心的表述为：配送中心指从事配送业务的物流场所或组织。根据该定义，配送中心应基本符合这些要求：主要为特定的用户服务；配送功能齐全；辐射范围小；多品种、小批量、多批次、短周期；主要为末端顾客提供配送服务。

配送中心是物流领域中社会分工、专业分工进一步细化的产物。现代配送中心与普通的仓库和传统的批发、储运企业相比，已经存在质的不同。传统仓库仅仅是储存商品，而配送中心绝不是被动地接受委托存放商品，它还起到集配作用，具有多样化的功能。和传统的批发、储运企业相比，配送中心在服务内容上由物流、商流的分离已经发展到物流、商流、信息流的有机结合。

14.5.2　供应链物流配送中心的功能

配送中心是专门从事货物配送活动的经济组织，也是集加工、理货和送货等诸多功能于一体的物流据点。综合目前各类商品配送中心的基本职能和业务范围来看，配送中心主要有以下五大功能。

1. 集散功能

配送中心凭借在物流网络中的枢纽地位和拥有的各种先进设施设备，将各地生产厂商的产品集中到一起，经过分拣、配装后向众多用户发送。与此同时，配送中心也可以把各个用户所需的多种货物进行有效的组合、配装，形成经济合理的货运批量。

2. 运输功能

配送中心拥有一定规模的运输工具。具有竞争优势的配送中心不只是一个点，还是一个覆盖全国的网络。因此，配送中心首先应该为客户选择满足客户需求的运输方式，然后具体组织网络内部的运输作业，在规定的时间内将客户的货物送达目的地。除了在交货点交货时需要客户配合外，整个运输过程，包括最后的市内配送都应由配送中心负责组织，以尽可能地方便客户。

3. 流通加工功能

为了扩大经营范围和提高配送水平，许多配送中心都配备了各种加工设备，由此形成了一定的加工功能。按照用户的要求和合理配送的原则，将组织进来的货物加工成一定规模、尺寸和形状，这样既大大方便了用户，省却了不少烦琐的劳动，也有利于提高资源利用率和配送效率。

4. 物流信息处理功能

配送中心利用计算机将各个物流环节中各种物流作业的信息进行采集、分析、传递，并向货主提供各种作业的明细信息及咨询信息。

5. 储存功能

为了顺利而有序地完成向用户配送货物的任务，配送中心要兴建现代化的仓库并配置一定数量的仓储设备，以用于储存一定数量的货物。但用户需要的不是在配送中心储存货物，而是要通过仓储来保证市场销售活动的开展，同时尽可能降低库存积压资金，减少储存成本。

14.5.3 供应链物流配送中心的类型

随着市场经济的不断发展和商品流动规模的日益扩大，配送中心的数量也在不断增加，其各自的服务对象、组织形式和服务功能不尽相同，划分所依据的标准可以有多种，从理论上可以把配送中心分为若干种类。

1. 按照配送中心的内部特性分类

（1）储存型配送中心。有很强储存功能的配送中心，一般来讲，在买方市场下，企业成品销售需要有较大库存支持，其配送中心可能有较强储存功能；在卖方市场下，企业原材料、零部件供应需要有较大库存支持，这种供应配送中心也有较强的储存功能。大范围配送的配送中心需要有较大库存，也可能是储存型配送中心。

（2）流通型配送中心。流通型配送中心是指基本上没有长期储存功能，仅以暂存或随进随出方式进行配货、送货的配送中心。这种配送中心的典型方式是，大量货物整进并按一定批量零出，采用大型分货机，进货时直接进入分货机传送带，分送到各用户货位或直接分送到配送汽车上，货物在配送中心里仅做少许停滞。

（3）加工配送中心。加工配送中心是指配送中心具有加工职能，根据用户的需要或者市场竞争的需要，对配送物进行加工之后进行配送的配送中心。在这种配送中心内，有分装、包装、初级加工、集中下料、组装产品等加工活动。

2. 按照配送中心承担的流通职能分类

（1）供应配送中心。供应配送中心是指配送中心执行供应的职能，专门为某个或某些用户（例如连锁店、联合公司）组织供应的配送中心。例如，为大型连锁超级市场组织供应的配送中心、代替零件加工厂送货的零件配送中心等。供应型配送中心的主要特点是，配送的用户有限并且稳定，用户的配送要求范围也比较确定，属于企业型用户。因此，配送中心集中库存的品种比较固定，配送中心的进货渠道也比较稳固。

（2）销售配送中心。销售配送中心是指配送中心执行销售的职能，以销售经营为目的，以配送为手段的配送中心。销售配送中心大体有两种类型：一种是生产企业为本身产品直接销售给消费者的配送中心；另一种是流通企业作为本身经营的一种方式，建立配送中心以扩大销售。

销售型配送中心的用户一般是不确定的，而且用户的数量很大，每一个用户购买的数量又较少。因此，这种配送中心很难像供应型配送中心一样，实行计划配送，计划性较差。

3. 按配送区域的范围分类

（1）城市配送中心。城市配送中心是以城市范围为配送范围的配送中心，由于城市范围一般处于汽车运输的经济里程，这种配送中心可直接配送到最终用户，且采用汽车进行配送。所以，这种配送中心往往和零售经营相结合，由于运距短、反应能力强，因而从事多品种、少批量、多用户的配送较有优势。

（2）区域配送中心。区域配送中心是以较强的辐射能力和库存准备，向省（州）际、全国乃至国际范围的用户配送的配送中心。这种配送中心配送规模较大，一般而言，用户也较大，配送批量也较大，而且往往是配送给下一级的城市配送中心，也配送给营业所、商店、批发商和企业用户，虽然也从事零星的配送，但不是主体形式。

4. 按配送货物种类分类

根据配送货物的属性，可以分为食品配送中心、日用品配送中心、医药品配送中心、化妆品配送中心、家用电器配送中心、电子（3C）产品配送中心、书籍产品配送中心、服饰产品配送中心、汽车零件配送中心以及生鲜处理中心等。

14.5.4 供应链物流配送中心的作业流程

一般来说，一个综合型的配送中心，其基本作业流程是接受订单、从供应商进货、接货、验收入库、分拣、存储、加工、包装、装盘、配装、送货，如图 14 - 3 所示。在配送中心的运转中，如果没有正确有效的作业方法，无论其设备多么先进，都不容易取得良好的经济效益。以下将对配送中心涉及的具体作业进行介绍。

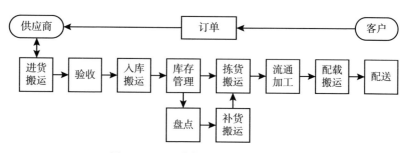

图 14 - 3　配送中心的基本作业流程

资料来源：刘丽艳等：《物流与供应链管理》，电子工业出版社 2019 年版，第 149 页。

1. 订单处理作业

订单处理是调度、组织配送活动的前提和依据，是其他各项作业的基础。当收到用户订单后，先将订单按其性质进行订单处理。一般的订单处理过程主要包括五个部分：订单准备、订单传递、订单登录、按订单供货和订单处理。改善订单处理过程，缩短订单处理周期，提高订单满足率和供货的准确率，提供订单处理全程跟踪信息，可以大大提高顾客服务水平与顾客满意度，同时也能够降低库存水平。

2. 进货作业

进货作业是实现商品配送的前置工作。进货作业就是配送中心根据客户的需要，为配送业务的顺利实施而从事的组织商品货源和进行商品存储的一系列活动。进货是配送的准备工作和基础性工作，首先由采购中心根据门店的销售和要货计划，以制定采购计划并生成采购订单；然后将订单发给供应商，供应商根据订单信息填写送货单，将订单上的物品送到配送中心；最后由配送中心的工作人员根据具体的收货操作程序和要求对物品进行验收入库操作。

3. 搬运作业

在所有作业进行时，只要涉及货物的流动作业，就一定包括搬运作业。搬运是指在同一场所内，对物品进行以水平移动为主的物流作业。搬运作业贯穿整个作业流程的始终，也是配送中心发生率最高的作业，所以改善搬运作业的方式并对其进行合理的规划是提高作业效率的手段之一，但通常搬运又是很容易被忽视的一个环节。

4. 盘点作业

为了有效地控制货物数量，需要定期或不定期地进行盘点作业。它是衡量配送中心经营管理状况好坏的标准尺度，因为盘点作业不仅是对现有库存商品的清点，还可以针对过去的商品管理状态进行分析，从而进一步为将来商品管理的改进提供参考。

5. 储存作业

从供应货车到达配送中心确定货物进货作业开始，便依次经过验收、入库和存放等作业将货物储存入库。储存作业的主要任务在于妥善保存货物，并对在库品进行核验，合理利用空间，对存货进行科学管理。

6. 拣货作业

拣货作业是配送中心根据客户订货单所规定的商品品名、数量和储存仓位地址，将商品从货垛或货架上取出，搬运到理货场所的作业。商品拣货作业一般有两种基本的拣货方法。

（1）摘果法：也称要货订单分拣，让拣货与搬运巡回于储存场所，按要货单位的订单拣选出每一种商品，巡回完毕也就完成了一次配货作业。将配齐的商品放置到发货场所指定的货位，然后再进行下一个要货单位的配货。

（2）播种法：也称批量拣选，将每批订单上的同种商品各自累加起来，从储存仓位上取出，集中搬运到理货场，然后将每一要货单位所需的数量取出，分放到该要货单位商品暂储待运货位处，直至配货完毕。

7. 补货作业

补货作业包括从储存区域将货品移到另一个为了做订单拣取的拣货区域，然后将此迁移作业做书面上的处理。

8. 配货作业

配货作业是把拣取分类完成的货品经过配货检验过程后，装入容器并做好标识，再运到配货准备区，等待装车后发运。

9. 配装作业

在单个用户配送数量不能达到车辆的有效载运负荷时，就存在如何集中不同用户的配送货物进行搭配装载以充分利用运能、运力的问题，这就需要配装。和一般送货的不同之处在于，配装可以大大提高送货水平并降低送货成本，配装是配送特有的功能。

10. 配送作业

配送作业指统筹考虑车辆、人员、货物、客户需求和道路状况等因素，合理安排由配送中心出发满足多个用户配送需求的整体方案。如何组成最佳路线，如何使配装和路线有效搭配等，是末端配送的难点。

本 章 小 结

本章首先介绍了运输、配送的基本概念和主要作用，并对二者的相似性和区别进行了概括。配送和运输都是线路活动，但二者的活动范围和功能有显著差别。

其次，对现代运输系统进行了详细描述，包括五种基本的运输方式（公路运输、铁路运输、水路运输、航空运输、管道运输）的优缺点和适用范围、集装箱运输和国际多式联运。

运输合理化是指从物流系统的总体目标出发，按照货物流通规律，运用系统理论和系统工程原理和方法，选择合理的运输路线和运输工具，以最短的路径、最少的环节、最快的速度和最少的劳动消耗，组织好货物的运输与配送，以获取最大的经济效益。第三节介绍了运输规划问题的表上作业法、不合理运输的表现形式以及提高运输合理化程度的有效措施。

再次，概述了不合理配送的表现形式，主要有资源筹措的不合理、库存决策的不合理、价格的不合理、配送与直达的决策不合理、配送中运输规划的不合理、经营观念的不合理等。针对这些不合理配送，可以通过共同配送、送取结合、加工配送、专业化配送、准时配送、即时配送等措施推行配送合理化。

最后，介绍了供应链物流配送中心的定义、主要功能和作业流程，并根据具体的划分标准，对配送中心进行分类。

本章重要术语

运输　配送　运输合理化　配送合理化　运输规划　集装箱运输　国际多式联运

延 伸 阅 读

1. 杜文：《物流运输与配送管理》，机械工业出版社 2006 年版。

2. 汝宜红、宋伯慧：《配送管理》（第 2 版），机械工业出版社 2010 年版。

3. 王转：《配送与配送中心》（第 2 版），电子工业出版社 2015 年版。

4. 李岩：《运输与配送管理》（第 2 版），北京科学出版社 2017 年版。

5. 芮约翰、戴豪文：《零售巨人何以制胜——记沃尔玛物流配送体系》，载《中国交通信息化》2001 年第 2 期。

6. 陈誉文：《协同物流网络资源需求与配送中心运输调度的建模优化》，

上海交通大学硕士学位论文，2009 年。

复习与思考

一、简答题

1. 运输与配送的区别主要表现在哪些方面？
2. 概述五种基本运输方式的优缺点和适用范围。
3. 可以采取哪些措施提高运输合理化的程度？
4. 简述配送中心的作业流程。

二、案例分析题

重庆永辉物流中心

永辉物流中心位于重庆市西部物流园中央商务片区，占地284.5亩，总建筑面积24.6万平方米，总投资9亿元，是永辉超市打造的，其以重庆为中心，辐射贵州、陕西等区域的仓储中心、配送中心、数据结算中心。永辉物流中心包括食品用品中心、加工部、服装部等。

一、永辉供应链运作模式

永辉西永物流中心运作模式如图14-4所示。

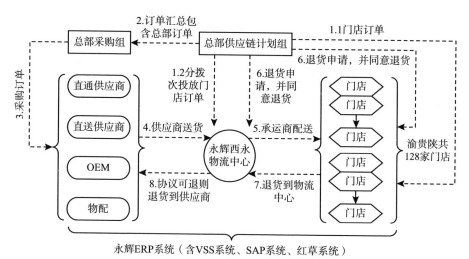

图14-4　永辉西永物流中心运作模式

二、配送模式

食品用品配送中心对商品进行分类配送，分为常温商品和冷链商品。需要进行常温配送的重庆市所有永辉门店和贵州、陕西的门店共 128 家，重庆主城区门店每天下订单，并且当日送货，实施点对点的一车一店多次往返配送，车型是 4.2 米；郊区（含部分陕西、贵州地区）的门店每两天下一次订单，对于同一个运输线路的门店，采用一车多店的一次性配送模式，采用 5.2 米及以上的车型保证配送一次完成。对于贵州和陕西等远距离的配送，通常采用 9.6 米货车进行一车多店的单次配送模式，具体见表 14 - 24 和表 14 - 25。冷链只配送重庆地区物流中心 150 公里范围内的 101 家门店，这些门店分为主城区与郊区两个波次，主城区下单时间为每周一、三、五，物流当日配送，郊区下单时间为每周二、四、六，冷链每天 21：00 发车，保证第二天 8：30 之前送到货。一般一车配送同线路的 5 ~ 6 家门店，每天的配送金额在 80 万元左右，配送车辆为 40 辆左右的 4.2 米车型。

表 14 - 24　　　　　　　　城市配送模式

门店分类		配送时间要求	车辆类型	合车与否	车次
非生鲜	主城	24 小时以内	4.2 米	一车一店	3 次以上/店
	郊区（含陕贵）	48 小时以内	5.2 米及以上	同路线，一车多店	1 次/店
生鲜	主城	每天 8：30 以前	4.2 米	一车多店	1 次/店
	郊区（含贵）	两天一送，8：30 以前	5.2 米	一车多店	1 次/店

表 14 - 25　　　　　　　　配送车辆信息

承运商	车型（长）/米	打包高度/米	数量/辆	可载标准托盘数
犇牛、公运（约定每天车辆周转 3 次）	4.2	1.5	96	6
	5.2	1.5	16	8
	6.8	1.8	27	11
	7.6	1.8	17	13
	9.6	1.8	4	16 ~ 18

续表

承运商	车型（长）/米	打包高度/米	数量/辆	可载标准托盘数
汇总	一共有 162 辆货车，而食品、用品中心的配送车辆只有 60 辆左右，其余为生鲜和散装生鲜产品与包装类生鲜产品（彩食鲜）配送			

资料来源：赵泉午、卜祥智：《现代物流管理》，清华大学出版社 2018 年版。

思考：

1. 详述永辉物流中心的配送模式，并介绍几种常见的配送策略。

2. 为了进一步提高永辉物流配送中心的运作效率，你能否提出若干改进意见？

第 15 章

供应链信息系统

学习目标

1. 熟悉供应链信息系统包含的七个子系统。

2. 掌握供应链运营参考模型（SCOR）包含的五种基本管理流程，了解每一个流程所对应的引导案例及所使用的信息技术。

3. 了解什么是智慧供应链以及信息技术在供应链管理中都有哪些应用。

4. 熟悉采购管理、生产制造管理及配送管理中的业务流程。

引导案例

ISC 是英文 integrated supply chain（集成供应链）的缩写，是企业所在产业链上从原材料供应到终端销售整条链上各行为主体及运作活动的整合，以突破企业运作过程中各节点的信息壁垒，实现信息系统的集成共享、组织间的合作与协同，保证信息与沟通的有序进行，从而提升企业的管理水平。在集成供应链上的行为主体主要包括供应商、制造商、经销商、零售商及客户等，运作活动主要包括订单管理、计划调度、采购、制造及仓管和物流等。

华为针对供应链的变革大致分为三个主要的阶段：前 ISC 阶段、ISC 变革及深化阶段、ISC + 阶段。1998 年之前被认为是前 ISC 阶段，该阶段并未实施集成供应链，各流程环节是相对封闭的。1999 ~ 2012 年被认为是 ISC 变革及深化阶段，该阶段包含三个重要的事件节点：1999 ~ 2003 年是华为集成供应链（ISC）的建设期，将华为内部的不同职能部门和供应链上的各个运作环节连接起来，提高企业的运作效率；2005～2011年是华为全球供应链（GSC）的建设发展期，使华为总部与海外各个分公司之间逐步建立联系，打通了所有供应链环节，逐步建立起海外多供应中心；2012年至今，华为决定将终端业务作为华为公司第三大战略发展方向，由此进行终端供应链（CISC）变革。2015年至今，随着新兴信息技术的快速发展，华为再次升级原有供应链和采购流程、IT系统等，进行ISC＋变革。

第一阶段：前ISC阶段

1998年华为的业务快速扩张，成为国内第一大电信设备提供商，但是企业内部管理水平滞后等问题日益凸显，订单变更频繁、订单交付不及时、生产产能与采购之间难以匹配、采购方式单一等问题严重影响着华为的生产效率及销售利润。这一阶段，华为的供应链是完全分散的独立模块，供应链的各个环节是相对封闭的，信息既不透明也不共享。如何打破闭塞状态，改善现有的计划流程、采购流程、生产流程及交付流程等，提高供应链的整体运作水平，是华为亟待解决的问题。

第二阶段：ISC变革及深化阶段（ISC – GSC – CISC）

集成供应链（ISC）

1999年华为借鉴IBM集成供应链管理的先进经验，在企业内部开始进行大刀阔斧的供应链变革。在销售流程中引入集成销售配置器，并用基于Web的方式向客户开放，提高了订单配置的准确性；在仓管和物流流程中采用条形码、RFID等技术，减少手工作业，对供应商的来料、库存等进行高效管理，同时建立自动物流中心和自动立体仓库，通过现代化的技术手段，减少物料移动，提升仓储物流的运作效率；在IT系统变革中，对内部使用的IT系统进行升级，集成了原MRPII系统、电子采购系统、订单履行系统、物流管理系统、人力资源管理系统等，将各个运作环节有效地衔接与协同起来。历时四年时间，华为基本完成了整个集成供应链的业务建设，将各部门相对独立的IT系统集成到一个IT系统平台中，整合了内部订单处理、采购、制造、物流、交付等流程，通过现代化的技术手段，大大提高了企业的运作效率。

全球供应链（GSC）

2005 年，华为的全球业务获得极大成功，海外收入首次超过国内收入，此外，华为正式成为英国沃达丰（Vodafone）的电信设备供应商，首度为发达国家的客户提供服务。全球化的业务和海外客户对华为的供应链管理提出更高的要求。建立全球化的集成供应链管理体系，提升及时交付能力和响应能力，提高供应链管理团队的全球化运营能力是支撑海外业务快速发展的重要途径。

同年，华为启动海外子公司 ERP 系统实施项目，2007 年底，华为在全球的 80 多家子公司（除巴西、俄罗斯外）已经全部实施 ERP 系统，基本实现全球业务的标准化和信息化管理，实现订单管理、财务报表、采购、付款等运作流程的 IT 系统化。在解决全球化订单管理与交付问题过程中，华为深入研究交付的逻辑和算法，当客户下单到供应链系统后，系统能够自动运行拆分逻辑，将订单拆分到最近、最便捷、成本最优化的地区供应中心进行备货，此举既节省了运输成本，也缩短了货期，提高了交付效率。

终端供应链（CISC）

2011 年，华为高管决定将终端业务作为华为公司除运营商、企业网之外的第三大战略发展方向，这意味着华为由原来面向运营商的供应链模式向面向消费者的模式转变，故此，终端部门启动 IT 变革项目，对原供应链的变革进一步深化，实现信息在供应链各相关部门间的共享，实现市场需求、供应能力、存货与运输的可视化。通过需求信息和供应信息的集成，便于计划、采购、订单履行、生产制造、交付、物流同步协同，以更加快速地做出响应。

第三阶段：物联网时代的智能供应链（ISC＋）

从 1998 年到 2015 年，华为已经基本搭建好 IT 信息化管理平台，系统性地构建起供应链的流程、IT 系统和管理体系。随着新兴信息技术的发展与应用，构建一个数字化、智能化的供应链是华为的发展目标。智能供应链系统（ISC＋）以物联网技术、云计算技术、人工智能技术、大数据挖掘和智能分析技术为支撑，具有更强的智能反应和流程处理能力，能够对运作流程的各个环节及国内外市场的交易状态进行实时监控，实现供应链的智能敏捷化与高校精益化。为实现 ISC＋变革的目标，华为制定了三大主线——简化交易的主线、数字化供应链转型的主线、业务服务化和 IT 轻量化的主线。同时围绕主线产生了 8 个子项目，其中智能运营中心项目（IOC）是 ISC +变革项目群中以"智能化"为核心的 IT 变革项目。华为借助此平台实现了大数据的收集，运用 AI 等智能算法对数据进行智能分析与智能决策。以供应商管理为例，华为向供应商提供一站式平台服务，使用公有云实时监控供应风险，对潜在风险进行仿真预测和预警确保供应链的连续性与稳定性。

资料来源：辛童：《华为供应链管理》，浙江大学出版社 2019 年版。

■15.1 供应链信息系统概述

通过华为逐步建设与深化集成供应链的案例可知，信息技术是有效进行供应链管理的重要工具，集成供应链从无到有需要借助供应链信息系统将企业内外部的运作流程连接成为一个整体，加速信息在企业和个人之间的传递，帮助企业制定决策。随着物联网技术、云计算技术、人工智能技术、大数据挖掘、AI 算法的发展与应用，供应链信息系统也在不断地更新与完善，越来越多的企业在向他们的客户提供以信息技术为基础的增值服务，并以此作为在市场上实施差异化战略的一种方式。

15.1.1 什么是供应链信息系统

1. 供应链信息系统的概念

供应链信息系统指运用现代的供应链管理理念，以现代通信技术和计算机为传输媒介和实施手段，对企业供应链运作的全过程进行有效计划组织协调和控制，为企业的综合管理提供决策服务，实现高效运作的信息系统。它主要包括信息的采集、处理（包含统计、模拟、预测等处理过程）、存储、管理（包含指定信息的存储介质和存储方式等对信息的规划行为）、检索与传输等功能。

2. 供应链信息系统的重要性

供应链信息系统是所有动作的智能控制中心，是供应链能否及时响应、高效沟通、合理调配、信息共享、加快资金流动、提升运转效率和竞争力的重要支撑，是实现现代化、高科技的重要手段。供应链上所有的运作指令都由供应链信息系统发出，它的存在能大大提高整条供应链的作业效率，是实现供应链有效协调的关键。

3. 供应链信息系统框架

如图 15 - 1 所示，供应链信息平台可大致分解为七大子系统：供应商管理系统、库存管理系统、配送管理系统、物料需求系统、物料管理系统、生产制造系统、采购管理系统。

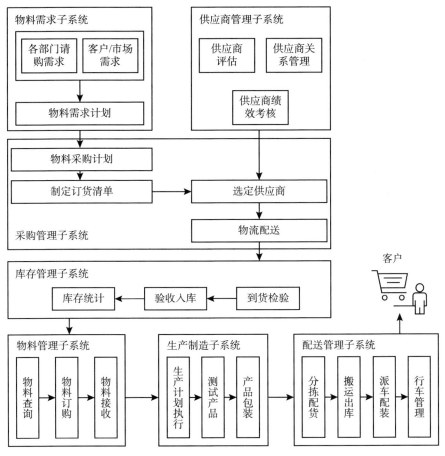

图 15 - 1 供应链信息系统整体框架

供应链信息系统可以实现商业流（常规的买卖流通功能，包括订货和签订合同等）、信息流（与市场需求信息的互动）的双向传递，产品流（原材料的采购—产品的交付）、资金流（资金的流通运转）的单向传递，保证了供应商、企业、客户间的信息共享、资金流动、商业沟通与产品的交付，如图 15 – 2 所示。

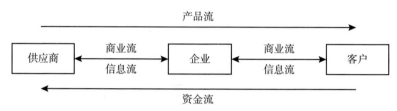

图 15 – 2   供应链中的信息流、产品流、商业流及资金流

资料来源：David Simchi – Levi、Philip Kaminsky、Edith Simchi – Levi 著，季建华、邵晓峰译：《供应链设计与管理概念、战略与案例研究》（第 3 版），中国人民大学出版社 2008 年版，第 398 页。

15.1.2   供应链信息系统设计目标及开发阶段

1. 供应链信息系统设计目标

（1）利用现代化的管理思想管理供应链信息系统，能够使得企业供应链上的运作流程完成信息化的整合，提高企业对于供应链系统的控制与管理能力。

（2）通过统一使用企业供应链信息系统，深度优化企业各部门之间、企业与供应商以及客户之间直接的协作能力，提升供应链的运作效率。

（3）通过供应链信息系统，满足企业不同部门不同运作环节差异化的功能需求。

2. 供应链信息系统开发阶段

供应链信息系统开发的阶段大致可分为五个阶段，每一个阶段的任务如表 15 – 1 所示。

表 15－1　　　　　　　　　　供应链信息系统开发阶段

开发阶段	阶段任务
系统规划	对用户的要求进行初步调查和可行性研究，提出未来系统"是什么"
系统分析	在规划阶段初步调查的基础上进行更详细的调查，以此建立新系统的逻辑方案，解决未来系统"为什么"的问题
系统设计	对未来系统进行总体结构形式及可用资源的总体设计与处理过程的详细设计，解决"如何做"的问题
系统实施	将系统设计的方案付诸实践，包括系统环境实施、编写和调试程序、系统调试和测试、人员培训和系统切换交付
系统运行维护和评价	对系统的功能进行维护，不断完善、扩充系统功能并提高系统效率，对系统运行的情况、系统目标的完成情况进行评价

资料来源：王道平、杨建华：《供应链物流信息系统》，电子工业出版社 2008 年版，第 214～222 页。

15.2　供应链运营参考模型（SCOR）

供应链运营参考模型（supply chain operations reference，SCOR）是由供应链协会（supply chain council，SCC）开发并授权的一个关于供应链管理的跨行业标准，是第一个标准的供应链流程参考模型，是将流程元素、评价指标、最佳实践和运营供应链的方法整合为一个统一的、跨功能的系统框架。它提供了对供应链中成千上万个活动的标准流程描述，以及每个活动的评价指标和支持工具，可以对供应链活动进行有效控制和监管，帮助企业做出正确的业务决策，使企业间、企业内部门之间的供应链活动更加高效和可靠。

15.2.1　SCOR 模型结构框架

SCOR 模型的框架由五个基本的管理流程组成，它们分别是计划（plan）、采购（source）、制造（make）、配送（deliver）和退货（return），每个流程都有相应的支持系统（见图 15－3）。随着信息技术的飞速发展，供应链信息系统也在不断地完善，本书针对 SCOR 模型的五个基本流程，结合相关案例阐述各流程在供应链信息系统中的应用，以便加深对供应链信息系统的理解。

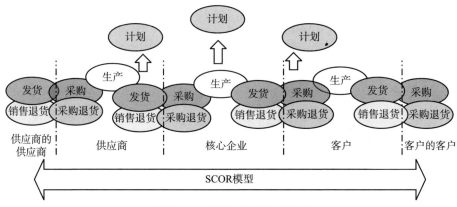

图 15 – 3　SCOR 模型结构框架

资料来源：李莎：《电子商务与快递行业协同发展研究》，载硕博论文库 2010 年，第 33 页。

15.2.2　计划

1. 定义

计划（plan）：规划"需求与供应"的一系列供应链活动。根据客户的需求，评估预期所需的资源，同时结合实际可供应的资源信息，平衡需求与供应之间的关系，使其更好地为其余四个流程服务，从而达到效率更高、成本更少，却能够给予客户更高品质的价值服务的目标。

对于整个供应链而言，需求预测是源头，能够反映出整个市场需求的波动情况。京东借助先进的智能算法与技术手段收集企业外部客户的消费记录、偏好等行为信息，对客户的预期消费进行深度挖掘与智能分析，对供应链需求侧的商品价格、市场位置等进行推测，促进供给侧与需求侧运营的有效对接，在实现成本控制、加速整体运营的同时提升消费者体验[1]。

2. 需求信息系统主要内容

如图 15 – 4 所示，需求信息系统可分为内部需求信息系统和外部需求信

---

[1]　文丹枫、周鹏辉：《智慧供应链：智能化时代的供应链管理与变革》，电子工业出版社 2019 年版，第 175 页。

息系统两部分，内部信息系统主要是企业各职能部门的需求情况以及针对库存信息对所需补充的供给做出预判；外部信息系统主要根据客户的需求情况（数量、生产周期及个性化等）做出预估，运用先进的信息分析工具智能分析供需情况，实现信息处理的客观准确，以支持企业的统筹规划。

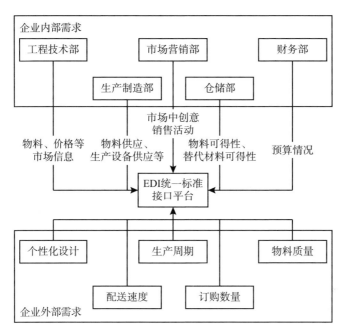

图 15-4　需求信息系统主要内容

15.2.3　采购

1. 定义

采购（source）：按计划或需求与供应商之间进行获取物料和需要的服务，确保企业生产经营活动中的物料供应，并建立能监控及改善彼此关系的标尺。

针对采购管理，华为通过思爱普的 Ariba 采购云系统与数百万供应商建立起智能连接，从采购需求、下订单到发票和付款，从供应商管理、战略寻源、合同缔约到自动化采购执行、财务票据匹配、物流交付，实现了供应链应用场景端到端的云模式，建立起一条动态、健康的供应链；针对供应商管理，华为与产业链上的多层级供应商通过共享合作，实现了订单、计划、物流、制造、供应中心的全流程在线协同。华为不仅实现了成本的缩减，还实现了公司内外部的协作与互联，推动了运营效率的提升。①

2. 采购管理信息系统的主要内容

采购管理的主要内容包括计划、组织、实施和监控。首先，物料需求部门提出用料请求，包括物料详细说明、数量和质量等信息；其次，采购部门接受请求，编制采购计划；再次，采购部门组织实施价格调查、供应商选择、合同签订、物料入库和管理等；最后，对整个采购过程进行监督和监控。②

如图 15-5 所示，在采购信息系统中大致包含物料需求子系统、供应商管理子系统及库存管理子系统。其中，供应商管理子系统是在采购环节中较为关键的部分，选择合适的供应商有助于生产企业摆脱资源短缺的困境，获得更多资源支持，而且市场对生产时效性的更高要求也需要企业选择合适的供应商。此外，供应商参与产品的研发设计，有助于帮助制造商优化产品性能、改善制造工艺、提高生产效率，从而将产品更快投入市场，提高顾客满意度。

对供应商进行管理主要包括供应商评估、供应商绩效考核和供应商关系管理三个方面。通常看来，供应商评估环节主要考虑生产的周期、服务的质量、价格、技术实力、位置信息、最大供给规模等因素。此外，采购商品的规模、性质等对供应商的选择也有重要影响。比如，对于小批量商品，企业更看重的是供应商提供的商品质量和交货速度；而对于大批量商品，企业更多考虑的则是价格因素。供应商绩效考核是主要对供应商所供物资的质量优良率、送货及时率及合同履行情况等进行动态考评。供应商关系管理是指企业根据供应商在供应链中的增值能力及在本行业中的竞争力确定与其的合作关系，从而提高整个供应链的运作效率。③

---

① 辛童：《华为供应链管理》，浙江大学出版社 2019 年版，第 160 页。

② 王子涛：《ZT 公司采购管理信息系统项目建设及应用研究》，长安大学硕士学位论文，2019 年。

③ 王道平、杨建华：《供应链物流信息系统》，电子工业出版社 2008 年版，第 214~222 页。

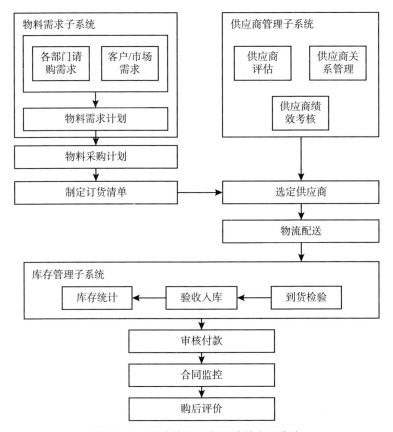

图 15 - 5 采购管理信息系统的主要内容

15.2.4 制造

1. 定义

制造（make）：将原材料转换为成品或服务的过程，包括按库存生产、按订单生产、按订单设计、按订单装配四种生产方式，涵盖物料接收、生产和测试产品、包装、储存与发货等实体价值活动，是整个供应链中最能够用量化标尺来衡量成果的部分[①]，主要包括产品研发管理、生产制造管理、外包管理等。

目前，企业生产制造环节更倾向与物联网、云计算、"5G + 工业互联

---

① 李莎：《电子商务与快递行业协同发展研究》，北京邮电大学硕士学位论文，2010 年，第 33 页。

网"等新一代信息技术相结合实现信息的采集、计算、分析，制造过程依据采集的信息进行智能制造、自动化生产、运作监测等，大大降低了制造误差率及人力成本。此外，产品研发管理也是该流程的重要环节，一般由制造、研发、工程及采购部门的人员组成团队，每一步都要按照流程计划严格执行，全面把控技术、工艺、流程和质量，检验产品的设计、功能、生产工艺和生产流程，发现并搜集生产问题、测试问题或产品本身由设计缺陷导致的功能问题、质量问题等，不断改善产品性能，在试制通过之后，需要进行大量的可靠性测试，比如气压测试、高温测试、跌落测试等，任何产品只有通过可靠性测试才能上市。

外包管理也是许多企业采取的重要制造管理模式，外包工厂一般承接大规模批量生产和技术含量不太高的产品，以作为对自制生产方式的补充，防止自制生产出现异常情况时终端产品无法交付的情况。

2. 生产方式

（1）按订单设计（engineer to order，ETO）：根据特定客户的特殊要求来设计定制的产品，所以说支持客户化的设计是该流程的重要功能和组成部分。在这种生产类型中，产品的生产批量较小，但是设计工作和最终产品往往非常复杂。

（2）按订单生产（make to order，MTO）：根据顾客交付的订单规划生产排程及购买原料，用以生产制造顾客所需的产品，在满足顾客特殊制造要求的同时，将存货降至最低。

（3）按订单装配（assemble to order，ATO）：生产商根据客户对零部件或产品配置提出的要求为其提供相应的产品。所以，生产商必须备有不同部件并准备好多个柔性的组装车间，保持一定数量的零部件库存，以便当客户订单到来时，可以迅速按订单快速装配出产品并交付给客户。

（4）按库存生产（make to stock，MTS）：生产商生产的产品并不是按需定制，客户对最终产品并没有什么建议或要求。通常，这类产品可能属于大众化的市售通用规格的消费商品，也可能是企业的自有品牌产品；它随着市场的需求并参考本身的库存存量来决定是否要安排生产计划。

3. 生产制造系统的主要内容

以按订单生产为例，生产制造系统的主要内容如图 15 - 6 所示。销售下单，订单员接收订单，对订单信息进行审核并对所需生产物料进行查询，以确定是否满足订单需求。订单员审核订单无误后，交付给生产和仓库，由生产主管对生产订单审核后制订生产计划，领取物料开始执行生产计划；生产完成之后，对产品外观、性能、检验合格后包装，流转入库，完成生产制造环节。

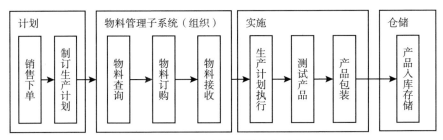

图 15 – 6　生产制造系统的主要内容

15.2.5　配送

配送（deliver）：是"配"和"送"的有机结合，根据客户要求，对产品进行分拣、包装、分割、组配等作业，并按时交付到指定地点的物流活动。配送管理的主要内容包括仓库管理和配送管理等，如图 15 – 7 所示。其中，仓库管理系统包含质检验收、库存管理、出库管理、设备管理等子模块，配送管理系统包含行车管理、配载管理等子模块。

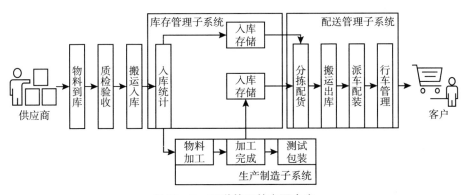

图 15 – 7　配送管理的主要内容

亚马逊的智能物流仓储系统被认为是行业内的典范。亚马逊在 2012 年收购了自动化物流提供商 Kiva 的机器人仓储业务，可自动按照最短路线取到所需货物，完成分拣指令。另外，亚马逊还利用无人机、出租车完成送货上门服务。[①] 通过上述案例可知，物流仓储与快递送达日趋智能化，未来以立体仓库和配送分拣中心为产品的表现形式，由立体货架、有轨巷道堆垛机、出入库托盘输送机系统、通讯系统、自动控制系统、计算机监控管理等组成，运用大数据技术和人工智能技术，实现仓库内货物的物理运动及信息管理的自动化及智能化的智能物流仓储系统将有更大的发展空间。

15.2.6 退货

退货（return）：该流程主要包括将原材料或产品返回给供应商和客户的退货交易，包括原材料/产品存在质量问题、有缺陷，或者原材料/产品在使用过程中出现损坏但未过保修期，或者原材料/产品出现过剩等原因出现的退货行为。退货流程如图 15 - 8 所示，主要包括原材料退货管理和产品退货管理等。原材料退货是指企业与供应商之间进行的退货交易，产品退货是指企业与客户之间进行的退货交易。

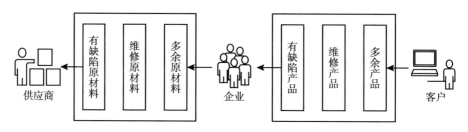

图 15 - 8　退货管理的主要内容

海柔创新企业自主研发的库宝机器人系统 HAIPICK 可以帮助企业快速高效地完成退货处理流程。以处理 20 万双鞋的门店退货为例，在传统人工处理的场景下，这批鞋需要经历 8 周的分拣和入库。而使用库宝系统，操作

---

① 《亚马逊的智能物流仓储系统，离我们有多远？》，https：//www.360kuai.com/pc/93bcd9fc077344289？cota＝4&tj_url＝so_rec&sign＝360_57c3bbd1&refer_scene＝so_1）。

员可将鞋随机存放于料箱中，再由库宝机器人运送料箱至货架即可，仅需 5 位操作员即可在 4 天内完成全部退货的入库，极大地缩减了人力和时间成本，提高了运转效率。[①]

15.3　供应链管理中的信息技术

15.3.1　供应链信息技术的目标

1. 收集信息

收集产品从生产到交付的信息，并向所有参与方提供全部有权限可见的信息，常采用的信息技术为条码技术、IC 卡、全球定位系统、RFID 等。

2. 存储与管理信息

将收集的信息进行安全有效的存储与管理，常采用的信息技术为地理信息系统、LIS、ERP、云计算技术等。

3. 访问信息

通过单点联系方便快捷地访问系统内任何有权限的数据，常采用的信息技术为电子数据交换技术、蓝牙技术、WAP 等。

4. 数据分析

基于整个供应链所提供的信息，分析、计划、统筹企业的各项活动，帮助企业优化决策，常采用的信息技术为 DSS、APS、系统动力学、模拟技术等。

15.3.2　供应链管理中的信息技术

根据信息技术体现价值的不同，大致可以将信息系统的架构分为四层，分别是感知互动层、网络传输层、数据管理层及应用服务层，每层都需要具

---

① 《加速仓库退货处理，库宝机器人智能退货解决方案获赞》，https：//mp. ofweek. com/robot/a845683120756。

有一定的安全体系和标准规范。[①] 信息系统的运作流程大致是：将感知互动层的数据经由网络传输层传输到数据管理层，利用大数据技术、云计算技术、人工智能技术、区块链技术等对数据进行存储、加密、分析等，然后将处理后的数据传输到应用服务层，利用嵌入式智能技术、信息平台等技术借助平台和接口呈现出具体的功能。

1. 感知互动层

主要利用 RFID、WSN、GPS 等技术搜集产品信息、位置信息，实现供应链数据的收集和整合。其中，RFID 技术是供应链管理领域主流的信息技术，被广泛用于业务过程的控制与追踪，它能够自动记录产品从生产线到最终客户的整个供应链上的流动，节省了货物验收、装运等劳动力资源。WSN 技术是由大量传感器构成的传感网络，在供应链配送管理领域，它能够对货物的数据信息进行搜集，对货物配送、物流车辆运行及仓储环境进行动态监测，降低物流配送风险。GPS 卫星导航系统能为用户提供低成本、高精度的导航信息，在供应链配送管理中可以对配送车辆及货物的位置进行动态监测，提供配送路线优化、实时导航等服务，提高配送效率。

2. 网络传输层

主要利用 EDI、WIFI、蓝牙、5G 通信、M2M 技术、云计算技术等信息技术实现数据通信和信息传输。其中在供应链生产制造中，利用 EDI 能充分理解并满足客户的需要，制订出供应计划，达到降低库存、加快资金流动的目的。在配送流程中采用 EDI 能加速货物的提取及周转，减缓仓储空间紧张的矛盾。5G 是最新一代蜂窝移动通信技术，主要优势在于较高的数据传输速率及较低的网络延迟，目前车联网与自动驾驶是 5G 应用的重要领域，5G 网络环境下，车载 AI 系统的效能将帮助车辆在复杂的运输环境下实现自动化运输，打破视距感知限制，依托数据信息即时共享技术来实现物流运输的全自动化。M2M 技术在配送流程领域具有广泛应用，可以实时跟踪物流配送设备、系统与人之间的状态，实现订单查询与管理、运输安排、交付系统控制等业务流程的自动化。

---

① 文丹枫、周鹏辉：《智慧供应链：智能化时代的供应链管理与变革》，电子工业出版社 2019年版，第 175 页。

3. 数据管理层

以大数据技术、云计算技术、区块链技术、人工智能技术、物联网技术为代表的新一代信息技术的发展与应用，使得供应链数据管理的能力得到大幅提升，推动传统的供应链向智慧供应链转型。上文提及的传感器技术、RFID 技术等均是物联网应用的关键技术，通过信息传播媒介进行物与物、人与物之间的信息传递与控制，以实现智能化识别、定位、跟踪、监管、采集等功能。面对海量的信息，大数据、云计算技术得到广泛应用，在供应链需求预测中，利用大数据技术挖掘目标用户的购买、评论、社交、出行、搜索、浏览等数据有助于帮助企业对客户需求进行预测，从而优化库存、改善采购业务流程，而利用云计算技术的优势是能够具备超大的存储空间与超强的计算能力，可以支持目前较大体量的用户数据。人工智能是基于大数据深度学习使计算机来模拟人的某些思维过程和智能行为，以华为货物装车模拟仿真为例，借助智能运营中心平台将人过去对于运输装载方案的预测经验数字化并嵌入系统，可以自动对不同提货点的货物进行模拟，确定最优提货路径，提高了工作效率。区块链技术是近年来备受关注的热门技术，通过区块链可以追溯物品的生产和运送过程，降低物流成本，提高供应链管理的效率。

4. 应用服务层

主要利用嵌入式智能技术、信息平台等技术，借助平台和接口呈现出具体的功能。应用服务层的信息技术主要包括企业内部网、物流信息平台、嵌入式技术等。企业内部网（Intranet）是互联网技术在企业内部的应用，企业可以通过此平台将采集的内、外部信息进行整理、储存与共享，提高各流程的透明化与运作效率。物流信息平台包括封闭式物流信息平台与公共物流信息平台两种主要形态，封闭式物流信息平台依附于线下实体，为组织内或组织间提供封闭式的信息服务；公共物流信息平台具有较高的开放性，有利于促进物流数据的自由流通，提供更加多样化的服务及更大范围的信息交互，提高物流企业的决策效率与质量。嵌入式技术是将计算机作为一个信息处理部件嵌入应用系统中的一种技术，它可以使系统具备更强的图像及语言处理能力，在供应链物流管理领域可以使物流设备更加自动化、智能化，推动物流企业进行跨系统、跨平台的互联互通。

本 章 小 结

本章以华为供应链变革为引导案例，以突出供应链信息系统的优化升级对于企业发展的重要作用，进而引出供应链信息系统的相关概念，包括供应链信息系统的定义、组成、设计目标、开发阶段等。此外，本章介绍了供应链管理领域重要的运营参考模型 SCOR 模型的五个基本管理流程，并结合相关案例阐述了各流程在供应链信息系统中的应用。另外，本章将供应链信息系统分为四层架构，分别介绍了每一层对应的信息技术。

本章重要术语

供应链运营参考模型（SCOR）电子产品代码技术（EPC）
射频识别技术（RFID）无线传感器网络（WSN）全球定位系统（GPS）
电子数据交换（EDI）

延 伸 阅 读

1. 辛童：《华为供应链管理》，浙江大学出版社 2019 年版。

2. 王道平、杨建华：《供应链物流信息系统》，电子工业出版社 2008 年版。

3. 文丹枫、周鹏辉：《智慧供应链：智能化时代的供应链管理与变革》，电子工业出版社 2020 年版。

复习与思考

一、简答题

1. 依据 SCOR 模型可将供应链信息平台分解为哪七大子系统？存在哪些双向流、单向流呢？

2. 简述 SCOR 模型的五个基本流程及其实现的目标。

3. 概述采购管理信息系统、生产制造系统存在的各个流程环节。

二、论述题

1. 请列举 4 种供应链管理中应用到的信息技术并论述其在供应链管理中的具体应用。

2. 谈谈你对集成供应链、智慧供应链的理解。

三、实践题

选择你感兴趣的企业作为调查对象，调查该企业供应链管理信息系统的发展历程，并谈谈信息技术在其中扮演的重要角色及其对你的启发。

第三编

前　沿　篇

第16章

物联网与智慧供应链

学习目标

1. 了解物联网的概念与特点。
2. 掌握供应链管理中物联网技术的组成部件。
3. 熟悉物联网与智慧物流及物联网在物流与供应链领域的未来趋势。

引导案例

物联网在供应链中的应用研究

德国麦德龙超市集团（METRO Group）是德国零售业中最具代表性的企业。2002年，麦德龙集团公布了"未来商店"计划，涵盖了物流及零售店内顾客体验等方面在内的零售供应链各个环节。

2003年4月，麦德龙"未来商店"计划正式启动，麦德龙集团宣布在整个供应链及其位于德国莱茵贝格（Rheinberg）的 Extra Store 采用 RFID 技术。2004年1月，在麦德龙要求其100家供应商向其所属的10个商品配送中心和281个零售店配送货物时，必须在托盘和包装箱上粘贴 RFID 标签。

2004年11月，麦德龙的托盘追踪应用投入运行。其后，麦德龙在其微距德国 Unna 最繁忙的配送中心建立了一个全面的 RFID 托盘跟踪中心。供应商在运送到配送中心的托盘和包装箱上粘贴 RFID 标签，进入仓库的托盘经过一个安装了由易腾迈（Intermec）公司提供的 IF5 RFID 识读器的门户，IF5 识读器智能采集托盘 RFID 标签上的序列运输容器代码（SSCC），过滤托盘上来自货箱标签的数据。之后，SSCC 被自动传输到麦德龙的企业系统内与预先发货通知（ASN）的电子数据交换（EDI）交易记录相对照，符合订单的托盘将被批准接收，相关信息随着物品的入库自动进行记录，同时库存系统数据自动更新。系统确定接收托盘后，会通过 WLAN 将指示命令传输到叉车上的车载电脑，随后叉车操作员进行入库作业。为保证处理正确的托盘，操作员也会利用识读器读取 RFID 标签查看代码。当操作员将货物送达指定位置，车载系统就会读取永久性货位标签，系统自动将其与计划货位进行核对，以防止货物放错位置。

2007 年 9 月，麦德龙启动了在古洛迷亚（Galeria Kaufhof）百货公司开展的 RFID 项目，这是零售业内第一次单品级 RFID 技术的全面部署，该项目采用了 64 台 RFID 识读器、208 个天线，对 3 万件男装应用 RFID 技术。

麦德龙的"未来商店"还提供了很多新奇的客户体验。消费者进入商店后可以推一辆"智能购物车"，该购物车能够自动对放入其中的商品进行登记，并在显示屏上显示出总数和总价。

"未来商店"还提供了"智能电子秤"，其安装了电子摄像机，能够自动识别放在上面的物品，并计算出重量和总价。"智能购物车"和"智能收银台"相互配合，能够在购物车通过收银台的一瞬间计算出总价。另外还有"智能试衣镜"，顾客拿着带 RFID 标签的衣服站在镜子前面，镜子上就会自动显示出消费者身着该款衣服合适尺码的效果，甚至还会推荐消费者搭配这款衣服的其他服饰。

通过对物联网的应用，麦德龙集团取得的成果非常显著：仓储人力开支减少，存货到位率提高 11%，货物丢失率下降 18%，每辆货车检查、卸载时间缩短 15~20 分钟，缺货率降低 11%。另外，对顾客消费情况的记录是进行客户关系管理的重要资料，也有利于麦德龙制定一对一的有针对性营销策略。

资料来源：王怀林：《物联网在供应链中的应用研究》，山东建筑大学硕士学位论文，2012 年。

▇ 16.1　物联网的概念与特点

物联网（Internet of Things，IOT）被认为是继计算机、互联网之后的又一次信息改革浪潮，它是新一代信息技术的重要组成部分，也是"信息化"时代的重要发展阶段，现已被国务院作为战略新兴产业上升为国家发展战略。

16.1.1　物联网的概念

1. 物联网的起源与发展

20 世纪 90 年代有关物联网的研究开始萌芽，此后其概念及内涵随着技术和应用的发展而不断演进。

物联网的理念最早出现于比尔·盖茨 1995 年出版的《未来之路》一书。在《未来之路》中，比尔·盖茨已经提及物互联的构想，只是当时受限于无线网络、硬件及传感设备的发展，并未引起人们的重视。

1998 年，美国麻省理工学院（MIT）创造性地提出了当时被称为产品电子编码（electronic product code，EPC）系统的物联网构想。

1999 年，美国麻省理工学院建立了自动识别中心（Auto – ID），首次提出"物联网"的概念。其理念基于 RFID（射频识别）技术、电子代码（EPC）技术等，在互联网的基础上，构造一个实现全球物品信息实时共享的实物互联网"Internet of Things"（以下简称"物联网"）。这一理念包含两方面含义：一方面强调物联网的核心和基础是互联网，它是在互联网基础上延伸和扩展的网络；另外一方面说明用户端延伸和扩展到了任何物体与物体之间，并进行信息交换和通信。

2005 年 11 月 17 日，在突尼斯举行的信息社会世界峰会（WSIS）上，国际电信联盟（ITU）发布了《ITU 互联网报告 2005：物联网》。该报告指出，无所不在的"物联网"通信时代即将来临，世界所有的物体从轮胎到牙刷、从房屋到纸巾都可以通过互联网主动进行信息交换。射频识别

（RFID）技术、传感器技术、纳米技术、智能嵌入技术将得到更加广泛的应用。

2009 年 1 月 28 日，奥巴马就任美国总统后，与美国工商业领袖举行了一次"圆桌会议"，作为仅有的两名代表之一，国际商业机器公司（IBM）首席执行官彭明盛首次提出"智慧地球"这一概念，建议新政府投资新一代的智慧型基础设施。当年，美国将新能源和物联网列为振兴经济的两大重点。

2009 年，欧盟执委会发表题为"Internet of Things – An action plan for Europe"的物联网行动方案，描绘了物联网技术的应用前景，并提出要加强对物联网的管理、完善隐私和个人数据保护、提高物联网的可信度、推广标准化、建立开放式的创新环境、推广物联网应用等行动建议。韩国通信委员会于 2009 年出台了《物联网基础设施构建基本规划》，该规划是在韩国政府之前的一系列传感器网络（RFID/USN）相关计划的基础上提出的，目标是要在已有的 RFID/USN 应用和实验网条件下构建世界最先进的物联网基础设施、发展物联网服务、研发物联网技术、营造物联网推广环境等。2009 年，日本政府 IT 战略本部制定了日本新一代的信息化战略《i–Japan 战略2015》，该战略旨在到 2015 年让数字信息技术如同空气和水一般融入每一个角落，聚焦于电子政务、医疗保健和教育人才三大核心领域，激活产业和地域的活性并培育新产业，以及整顿数字化基础设施。

我国政府也高度重视物联网的研究和发展。2009 年 8 月，温家宝总理在视察中科院无锡物联网产业研究所时，对于物联网应用也提出了一些看法和要求。自温总理提出"感知中国"以来，物联网被正式列为国家五大新兴战略性产业之一，被写入《政府工作报告》，受到了全社会极大的关注，这一年也被称为中国物联网元年。

为了推进物联网产业体系的不断完善，我国就物联网发展制定了多项国家政策及规划。

2011 年 11 月 28 日，工业和信息化部发布了《物联网"十二五"发展规划》，将超高频和微波 RFID 标签、智能传感器等领域明确为支持重点，并明确在九大领域开展示范工程。

2013 年 2 月 5 日，国务院出台《关于推进物联网有序健康发展的指导意见》，提出了推动我国物联网有序健康发展的思路，总体目标是实现物联网在经济社会各领域的广泛应用，掌握物联网关键核心技术，基本形成安全可控、具国际竞争力的物联网产业体系，成为推动经济社会智能化和可持续发展的重要力量。

2013 年 9 月 5 日，国家发改委等部门联合印发《物联网发展专项行动计划》，10 个专项行动计划分别从各自角度对 2015 年物联网行业将要达到的总体目标做出了规定。

2015 年 5 月 19 日，国务院发布《中国制造 2025》，并指出"加快开展物联网技术研发和应用示范，培育智能监测、远程诊断管理、全产业链追溯等工业互联网新应用"。[①]

从 1999 年的概念提出，物联网已经历了 20 余年历程，特别是近几年，其发展极其迅速。物联网的发展历程如图 16 - 1 所示。

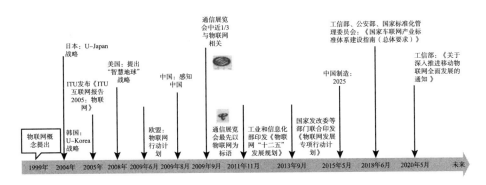

图 16 - 1　物联网发展历程

2. 物联网的定义

由于物联网的理论体系尚未完全建立，对其认识还不够深入，所以目前它还没有一个精确且公认的定义。比较统一的观点是：物联网是通过射频识别（RFID）装置、红外感应器、全球定位系统、激光扫描器等信息传感设备，按约定的协议，把任何物品与互联网相连接，进行信息交换和通信，以

---

① 潘立武、刘志龙、罗丛波：《物联网技术与应用》，航空工业出版社 2018 年版，第 2 页。

实现智能化识别、定位、跟踪、监控和管理的一种网络。另外，下面是几个具有代表性的物联网的概念。

（1）2009 年，欧洲第七框架 RFID 和互联网项目组报告指出，物联网是未来网络的整合部分，它以标准、互通的通信协议为基础，是具有自我配置能力的全球性动态网络设施。所有实质和虚拟的物品都有特定的编码和物理特性，通过智能界面无缝链接，实现信息共享。

（2）中国国家标准《物联网术语》（GB/T 33745 – 2017）对物联网的定义为：物联网是指通过感知设备，按照约定协议，连接物（即物理实体）、人、系统和信息资源，实现对物理和虚拟世界的信息进行处理并做出反应的智能服务系统。

（3）工业和信息化部电信研究院发布的《物联网白皮书（2011）》：物联网是通信网和互联网的拓展应用和网络延伸，它利用感知技术与智能装置对物理世界进行感知识别，通过网络传输互联，进行计算、处理和知识挖掘，实现人与物、物与物的信息交互和无缝连接，以达到对物理世界实时控制、精确管理和科学决策的目的。

（4）国际电信联盟（ITU）在《ITU Internet Reports 2005：the Internet Of Things》指出：物联网是在任何时间、环境，任何物品、人、企业、商业，采用任何通信方式（包括汇聚、连接、收集、计算等），以满足所提供的任何服务的要求。按照 ITU 给出的这个定义，物联网主要解决物品到物品（thing to thing，T2T）、人到物品（human to thing，H2T）、人到人（human to human，H2H）之间的互联，如图 16 – 2 所示。这里与传统互联网最大的区别是，H2T 是指人利用通用装置与物品之间的连接，H2H 是人与人之间不依赖于个人计算机而进行的互联。需要利用物联网才能解决的是传统意义上的互联网没有考虑的物与物相连的问题。

根据物联网的定义，可以从技术和应用两个方面对其进行理解。[①]

---

① 黄永明、潘晓东：《物联网技术基础》，航空工业出版社 2019 年版，第 3 页。

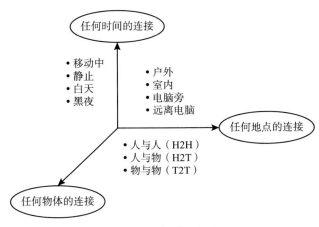

图 16 – 2　物联网概念

①技术理解：物联网是物体的信息利用感应装置，将数据/信息经过传输网络传输到达指定的信息处理中心，最终实现物与物、人与物的自动化信息交互与处理的智能网络。

②应用理解：物联网是把世界上所有的物体都连接到一个网络中，形成"物联网"，然后又与现有的互联网相连，实现人类社会与物体系统的整合，达到更加精细和动态的方式去管理生产和生活。

3. 物联网的体系架构

前面介绍了物联网的起源、发展及相关概念。然而，要彻底、清晰地认识物联网，离不开从体系架构和技术发展的角度了解物联网的系统组成。从系统结构的角度看，物联网体系架构可以分为三个层次：感知层（感知互动层）、网络层（网络传输层）和应用层（应用服务层），如图 16 – 3 所示。三层的关系可以理解为：感知层相当于人体的皮肤和五官，用来识别物体、采集信息；网络层相当于人体的神经系统，将信息传递到大脑，包括延伸网、接入网和核心网；应用层相当于大脑，将神经系统传递来的信息进行存储和处理，使人能够从事各种复杂的事情。

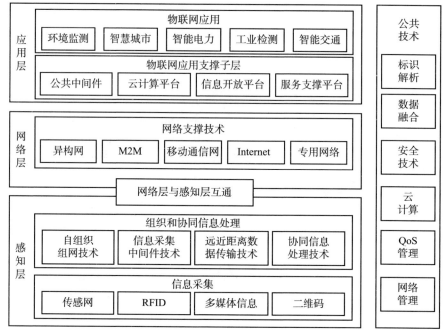

图 16 - 3 物联网网络架构示意

（1）感知层：在物联网的三层架构中，感知层处于最底层，也是物联网发展和应用的基础层，具有物联网全面感知的核心能力。作为物联网最为基本的一层，感知层具有十分重要的作用。物联网在传统网络的基础上扩大通信的对象范围，即通信不仅仅局限于人与人之间的通信，还扩展到人与现实世界的各种物体之间的通信。物联网的感知层解决的就是人类世界和物理世界的数据获取问题。

感知层由数据采集子层、短距离通信技术和协同信息处理子层组成。数据采集子层通过各种类型的传感器获取物理世界中发生的物理事件和数据信息。物联网的数据采集涉及传感器、RFID、多媒体信息采集和实时二维码定位等技术。短距离通信技术和协同信息处理子层将采集到的数据在局部范围内进行协同处理，以提高信息的精度，降低信息冗余度，并通过具有自组织能力的短距离传感网接入广域承载网络。感知层在关键技术、标准化和产业化方面亟待突破，其发展的关键在于具备更精确、更全面的感知能力，并解决低功耗、小型化和低成本的问题。

（2）网络层：网络层在物联网三层架构中连接感知层和应用层，是在现有网络的基础上建立起来的，它与目前主流的移动通信网、国际互联网、企业内部网、各类专网等网络一样，主要承担着数据传输的功能。

网络层将来自感知层的各类信息通过基础承载网络传输到应用层，包括移动通信网、互联网、卫星网、广电网、行业专网及形成的融合网络等。根据应用需求，可作为透传的网络层，也可升级以满足未来不同内容传输的要求。网络层是物联网三层中标准化程度最高、产业化能力最强、最成熟的部分。目前发展的重点在于为物联网应用特征进行优化和改进，形成协同感知的网络。

由于物联网网络层建立在 Internet 和移动通信网等现有网络基础上，目前，除了具有已经比较成熟的如远距离有线、无线通信技术和网络技术外，为实现"物物相连"的需求，物联网网络层将综合使用 IPv6、2G/3G/4G/5G、Wi–Fi 等通信技术，实现有线与无线的结合、宽带与窄带的结合、感知网与通信网的结合。同时，网络层中的感知数据管理与处理技术是实现以数据为中心的物联网的核心技术。感知数据管理与处理技术包括物联网数据的存储、查询、分析、挖掘、理解以及基于感知数据决策和行为的技术。[①]

（3）应用层：应用层主要包括服务支撑层和应用子集层。应用层任务主要与行业需求相结合，实现广泛智能化。具体地讲，应用层将网络层传输来的数据通过各类信息系统进行处理，并通过各种设备与人进行交互。应用程序层进行数据处理，实现跨行业、跨应用、跨系统之间的信息协同、共享、互通的功能，包括电力、医疗、银行、交通、环保、物流、工业、农业、城市管理、家居生活等，也可用于政府、企业、社会组织、家庭、个人等，这正是物联网作为深度信息化网络的重要体现。而终端设备层主要是提供人机界面，物联网虽然是"物物相连的网"，但最终是要以人为本的，最终还是需要人的操作与控制，不过这里的人机界面已远远超出现有人与计算机交互的概念，而是泛指与应用程序相连的各种设备与人的反馈。

---

① 陈志新：《物联网技术与应用》，中国财富出版社 2019 年版，第 9 页。

16.1.2　物联网的特点

1. 物联网的三大特征

和传统的互联网相比，物联网应至少具备 3 个基本特征：一是全面感知，即利用传感器（网络）、RFID 技术等随时随地获取对象信息；二是可靠传输，即通过各种电信网络与互联网的融合，对数据和信息进行实时准确的传输；三是智能处理，即利用云计算、模糊识别等各种智能计算技术，对海量的数据和信息进行分析和处理，对物体实施智能化的控制。

（1）全面标识感知：全面标识感知是指利用射频识别（RFID）、传感器、定位器、二维码等手段随时随地对物体进行信息采集和获取。

物联网为每一件物体植入一个"能说会道"的高科技感应器，这样冷冰冰的、没有生命的物体就可以变得"有感受、有知觉"。例如，应用了物联网系统的货车，当装载超重时，会自动"告诉"司机货车超载。物联网离不开传感设备。射频识别（RFID）、红外感应器、全球定位系统、激光扫描器等信息传感设备，就像视觉、听觉和嗅觉器官对于人的重要性一样，它们是物联网不可或缺的关键元器件。有了它们，物联网才可以实现近/远距离、无接触、自动化感应和数据读出、数据发送等，这也就是物联网之所以被称为"传感器网络"的关键原因。

（2）可靠通信传输：可靠传输是指通过各种电信网络与互联网的融合，对接收到的感知信息进行实时远程传送，实现信息的交互和共享，并进行各种有效的处理。在这一过程中，通常需要用到现有的电信网络，包括无线和有线网络。

由于传感器网络只是一个局部的无线网，因此移动通信网（如 4G/5G 网络）就成为物联网的一个有力支撑。物联网与手机 4G 网络相结合，大大改变了人们的生活方式，使之更加便捷。例如，我们可以通过手机远程控制家中摄像头、空调、台灯的运行和开启状态，调整其参数（方位、温度、亮度等），从而实现随时随地控制，既安全又节能。随着 5G 网络的发展，物联网与 5G 技术结合也是一个必然的趋势。5G 网络给我们带来的不仅仅是更快的网速，它也会推动物联网时代更快地到来。

（3）高度智能控制：智能是指个体对客观事物进行合理分析、判断，有目的地行动和有效处理周围环境事宜的综合能力。物联网的产生是微处理技术、传感器技术、计算机网络技术、无线通信技术不断发展融合的结果。从其自动化、感知化要求来看，它已能代表人、代替人对客观事物进行合理分析、判断，有目的地行动和有效地处理周围环境事宜，智能化是其综合能力的表现。[①]

2. 物联网标准化

物联网标准是国际物联网技术竞争的制高点。由于物联网涉及不同专业技术领域、不同行业应用部门，物联网的标准既要涵盖面向不同应用的基础公共技术，也要涵盖满足行业特定需求的技术标准；既包括国际/国家标准，也包括行业标准。物联网涉及的标准化组织十分复杂，既有国际、区域和国家标准化组织，也有行业协会和联盟组织。依据物联网的参考体系结构和技术框架，不同标准化组织侧重的技术领域也不相同，有些标准化组织的工作覆盖多个层次，不同标准化组织之间错综交互。最活跃的标准组织包括 ITU－T、IEC、ISO/IEC、JTCI、IETF 等。

（1）国际物联网标准的发展。

①国际电信联盟（ITU）是世界各国政府的电信主管部门之间协调电信事务方面的一个国际组织，成立于 1865 年 5 月 17 日，总部设在日内瓦，现有 193 个成员国和 700 多个部门成员及部门准成员，由电信标准部门（ITU－T）、无线电通信部门（ITU－R）和电信发展部门（ITU－D）3个机构组成。ITU－T 是全球性 ICT 标准化组织。目前电信标准部门设有 10个研究组，分别为：SG2（运营方面）、SG3（经济与政策问题）、SG5（环境与气候变化）、SG9（宽带有线与电视）、SG11（协议及测试规范）、SG12（性能、服务质量和体验质量）、SG13（未来网络）、SG15（传输、接入及家庭）、SG16（多媒体）、SG17（安全）。ITU－T 在物联网方面的标准化研究主要集中在总体框架、标识和应用 3 个方面，共涉及 4 个工作组：SG13、SG11、SG16、SG17。其中，SG11 牵头物联网及 M2M 信令和测试方面的工

---

① 彭力：《物联网技术概论》，北京航空航天大学出版社 2015 年版，第 5 页。

作，SG13 牵头物联网网络方面的工作，SG16 牵头物联网应用方面的工作，SG17 牵头物联网应用和业务安全方面的工作。ITU‒T 为更好推进物联网标准化工作，于 2011～2012 年成立 IOT‒GSI 工作组和 FG M2M 工作组。

②第三代合作伙伴计划（3rd Generation Partnership Project，3GPP）作为移动网络技术主要的标准组织之一，其关注的重点在于增强移动网络能力，以满足物联网应用所提出的新需求，是在网络层面开展物联网研究的主要标准组织。目前，3GPP 针对 M2M 的需求，主要研究 M2M 应用对网络的影响，包括网络优化技术等。其具体研究范围只讨论移动网内的 M2M 通信，不具体定义特殊的 M2M 应用。

③互联网工程任务组（Internet Engineering Task Force，IETF）成立于 1985 年年底，是全球互联网最具权威的技术标准化组织，主要负责互联网相关技术规范的研发和制定，当前绝大多数国际互联网技术标准出自 IETF。IETF 中的多个工作组，如 CORE 工作组、6LOWPAN 工作组等，涉及互联网的应用层和网络层标准（这里的应用层和网络层参考 ISO‒OSI 模型）。

④电气和电子工程师协会（Institute of Electrical and Electronics Engineers，IEEE）自成立以来一直致力于推动电工技术在理论方面的发展和应用方面的进步，如今也开始着眼于物联网标准制定工作，期望在物联网领域取得一定优势，IEEE 先后成立了 IEEE 2413（物联网体系架构）、IEEE 1451（智能接口）与 IEEE 802.15 等工作组来从事物联网的相关工作。IEEE 2413 主要针对物联网体系架构进行研究，于 2014 年年底成立。IEEE 1451 的主要研究工作集中在传感器接口标准方面，发布了 IEEE 1451.1～IEEE 1451.5 系列标准协议。IEEE 802.15 主要规范近距离无线通信，于 2003 年 10 月 1 日发布了第一版本标准，即 IEEE 802.15.4‒2003，随后又陆续发布了 IEEE 802.15.4‒2006 和 IEEE 802.15.4‒2011，对先前版本进行完善与改进。①

⑤开放移动联盟（Open Mobile Alliance，OMA）始创于 2002 年 6 月，是由 WAP 论坛（WAP Forum）和开放式移动体系结构（Open Mobile Archi-

---

① 李辉：《物联网发展与应用研究》，北京理工大学出版社 2017 年版，第 11 页。

tecture，OMA）两个标准化组织合并而成的。随后，区域互用性论坛（Location Interoperability Forum，LIF）、信息同步标准协议集（SyncML）、多媒体信息服务（MMS）、互用性研究组（MMS Interoperability Group，MIVLS - IOP）和无线协会（Wireless Village），这些致力于推进移动业务规范工作的组织又相继加入 OMA。OMA 终端管理协议（OMA DM 协议）是目前 M2M 移动终端管理的热门协议之一，目前已有 OMA DM 1.3 和 OMA DM 2.0 两个版本。此外，为了支持资源受限设备的终端管理需求，OMA 还制定了 Light Weight M2M 协议。

⑥国际标准化组织（ISO）和国际电工委员会（IEC）于 1987 年联合成立 JTC1（第一联合技术委员会），负责制定信息技术领域的国际标准。物联网及相关技术分委员会（SC41）是 ISO/IEC JTC1 在 2016 年 11 月召开的全会上成立的，由原 JTC - 1/WG7（传感器网络）和 WG10（物联网）两个工作组合并而成，负责物联网及相关技术领域的标准化工作，是 JTC - 1 物联网及相关技术（包括传感器网络和可穿戴技术）标准化计划的重点和支持者，并为 JTC - 1、IEC、ISO 和其他物联网应用开发的相关实体提供指导。ISO/IEC JTC1 SC41 由 1 个咨询小组、3 个工作组和 7 个特设组构成。其中，1 个咨询小组为 AG6（JTC - 1/SC41 咨询小组），3 个工作组分别为 WG3（物联网架构工作组）、WG4（物联网互操作工作组）和 WG5（物联网应用工作组），7 个特设组分别为 AHG7（可穿戴设备研究组）、AHG4（商业计划特设组）、AHG15（沟通和外联特设组）、AHG16（参考架构和词汇协调研究组）、AHG17（物联网服务的社会和人为因素研究组）、AHG18（物联网和区块链集成研究组）、AHG19（基于物联网参考架构实现特定上下文解决方案/系统架构研究组）。

除了前面介绍的物联网组织外，还有很多国际或区域标准化组织也从事与物联网相关标准的研究与制定。

（2）国内物联网标准的发展。我国物联网标准化在组织方面基本建立了标准化协调工作组织，这些组织负责物联网相关标准化的协调工作，具体标准的制定仍然归到各标准化专业技术委员会。

①在我国，全国信息技术标准化技术委员会（以下简称"信标委"）

于 2006 年成立了无线传感器网络标准项目组，组织国内的大学、科研单位和企业开展了标准研究工作。2009 年 9 月，传感器网络标准工作组正式成立，由 PG1（国际标准化）、PG2（标准体系与系统架构）、PG3（通信与信息交互）、PG4（协同信息处理）、PG5（标识）、PG6（安全）、PG7（接口）和 PG8（电力行业应用调研）等 8 个专项组构成，开展具体的国家标准的制定工作。2010 年 6 月，中国物联网标准联合工作组成立，包含全国 11 个部委及下属的 19 个标准工作组，旨在推进物联网技术的研究和标准的制定。①

②国家标准委和发改委会同科技部、工业和信息化部、公安部、财政部、环境保护部、交通运输部、农业部、国家林业局等联合成立了物联网国家标准推进组。其主要职责为：总体指导国家物联网标准体系建设及规划工作，统筹和协调基础及各应用领域物联网国家标准立项、制定及实施工作；建立物联网综合标准化工作机制，系统管理和指导物联网基础标准工作组、各应用标准工作组以及相关各标准化技术机构工作，畅通渠道，加强协作和衔接配合，整体提升物联网标准化工作水平。物联网国家标准推进组原则上每季度召开一次全体会议。

③为加强物联网顶层设计，支撑物联网试点示范工作，国家标准化管理委员会于 2011 年先后成立了国家物联网社会公共安全领域、环保领域、交通领域、农业领域、林业领域应用标准工作组。4 个标准工作组的主要职责为：研制物联网在各自领域的应用标准，并组织实施；按照物联网在各自领域应用的需要和产业发展的需求，对物联网标准体系进行补充完善；与物联网基础标准工作组进行沟通衔接，反映物联网在各自领域应用的标准化需求，做好基础标准和应用标准的衔接和协调工作。

2014 年 9 月，由我国主导提出的物联网参考体系结构标准，已经顺利通过了 ISO/IEC 的国际标准立项，这是我国在国际标准化领域的又一个突破性进展，同时也标志着我国开始主导物联网国际标准化工作。

截至 2016 年底，国家标准《物联网标识体系物品编码 Ecode》（GB/T

---

① 张璠、陈斌、靳洪玲：《物联网技术基础》，航空工业出版社 2018 年版，第 13 页。

31866 – 2015）、《物联网参考体系结构》（GB/T 33474 – 2016）等已经正式发布。

16.2　供应链管理中物联网技术的组成部件

16.2.1　供应链中物联网支撑技术

1. RFID（射频识别）技术

（1）RFID技术的特点。无线射频识别（Radio Frequency Identification，RFID）技术是近年来业界关注的热点。RFID技术的应用最早可追溯到第二次世界大战时期，美军曾用于识别盟军飞机。目前，RFID技术已应用于我们日常生活中的非接触式就餐卡、车辆防盗系统、道路自动收费系统、门禁系统、身份识别系统等。特别是随着近几年零售和物流行业信息化的不断深入，这些行业越来越依赖于应用信息技术来控制库存、改善供应链管理、降低成本、提高工作效率，这为RFID技术的应用和快速发展提供了极大的市场空间。RFID技术除了能为这些行业节省成本、提高效率外，它的推广还将带动一个巨大的市场，并将给人们日常生活的某些方面带来革命性的变化。

RFID是一种非接触式的自动识别技术，它通过射频信号自动识别目标对象并获取相关数据信息。RFID技术无须直接接触、无须光学可视、无须人工干预即可完成信息输入和处理，操作方便快捷，与传统识别方式相比更具有优势。更具体地，RFID自动识别的优势主要表现在以下几个方面。

①快速扫描。相比条形码一次只能有一个条形码受到扫描，RFID辨识器可同时辨识读取数个RFID标签。

②体积小型化、形状多样化。RFID在读取上并不受尺寸大小与形状限制，不需为了读取精确度而配合纸张的固定尺寸和印刷品质。此外，RFID标签更可往小型化与多样化形态发展，以应用于不同产品。

③抗污染能力和耐久性。传统条形码的载体是纸张，因此容易受到污染，但RFID对水、油和化学药品等物质具有很强的抵抗性。此外，由于条

形码附于塑料袋或外包装纸箱上，所以特别容易受到折损，而 RFID 卷标是将数据存在芯片中，因此可以免受污损。

④可重复使用。现今的条形码在印刷上去之后就无法更改，RFID 标签则可以重复地新增、修改、删除 RFID 卷标内储存的数据，以方便信息的更新。

⑤穿透性和无屏障阅读。在被覆盖的情况下，RFID 能够穿透纸张、木材和塑料等非金属或非透明的材质，并能够进行穿透性通信。而条形码扫描机必须在近距离而且没有物体阻挡的情况下，才可以辨读条形码。

⑥数据的记忆容量大。一维条形码的容量是 50Bytes，二维条形码最大的容量可储存 2~3000 个字符，RFID 最大的容量则有数 MegaBytes。随着记忆载体的发展，数据容量也有不断扩大的趋势。未来物品所需携带的资料量会越来越大，对卷标所能扩充容量的需求也相应增加。

⑦安全性。由于 RFID 承载的是电子式信息，其数据内容可经由密码保护，使其内容不易被伪造及变造。近年来，RFID 因其所具备的远距离读取、高储存量等特性而备受瞩目。它不仅可以帮助一个企业大幅提高货物、信息管理的效率，还可以让销售企业和制造企业互联，从而更加准确地接收反馈信息，控制需求信息，优化整个供应链。

（2）RFID 系统的组成。RFID 系统因应用不同，其组成会有所不同，但基本都由电子标签、阅读器、RFID 中间件和应用系统软件组成，如图 16-4 所示。

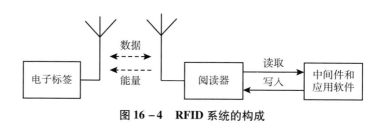

图 16-4　RFID 系统的构成

①电子标签。RFID 标签是由耦合元件、芯片及微型天线组成的，每个标签内部有唯一的电子编码，附着在物体上，用来标识目标对象。标签进入

阅读器扫描场以后，接收到阅读器发出的射频信号，凭借感应电流获得的能量发送出存储在芯片中的电子编码（被动式标签），或者主动发送某一频率的信号（主动式标签）。图 16 – 5 所示为几种不同的电子标签。

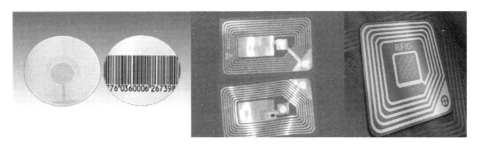

图 16 – 5　不同外观的电子标签

　　②阅读器。阅读器又称读头、读写器等，在 RFID 系统中扮演着重要的角色。图 16 – 6 给出了几种不同外观的阅读器。阅读器主要负责与电子标签的双向通信，同时接收来自主机系统的控制指令，在和电子标签建立通信关系时，会涉及一系列任务，如通信建立、防止碰撞和身份验证等。阅读器的频率决定了 RFID 系统工作的频段，射频识别的有效距离由其功率决定。根据使用的结构和技术不同，阅读器可以是只读装置或是读写装置，它是 RFID 系统的信息控制和处理中心。[①]

图 16 – 6　不同外观的阅读器

---

　　① 邵欣、刘继伟、曹鹏飞：《物联网技术于应用》，北京航空航天大学出版社 2018 年版，第 50 页。

③中间件。中间件是一种独立的系统软件或服务程序，分布式应用软件借助这种软件在不同的技术之间共享资源。中间件位于客户机、服务器的操作系统之上，管理计算资源和网络通信。

RFID 中间件是用来加工和处理来自读写器的所有信息和事件流的软件，是连接读写器和企业应用的纽带，使用中间件提供一组通用的应用程序接口（API），即能连到 RFID 读写器，读取 RFID 标签数据。它要对标签数据进行过滤、分组和计数，以减少发往信息网络系统的数据量并防止错误识读、多读信息。RFID 中间件功能有：标签数据的读写、数据的过滤的和聚集、FID 数据的分层、数据安全。

④应用系统高层。对于某些简单的应用，一个阅读器可以独立完成应用的需要。例如，校园食堂的阅读器可以实现对校园卡的验读和收费。但对于多阅读器构成网络架构的信息系统，高层是必不可少的。

RFID 应用系统高层可以有效地控制阅读器读写电子标签信息，可以根据不同行业需求进行定制开发。RFID 应用系统软件用于对收集到的目标信息进行集中的统计与处理，并且它可以集成到现有的电子商务和电子政务平台中，与 ERP、CRM 以及 WMS 等系统结合以提高各行业的生产效率。

（3）EPC 系统。EPC（electronic product code）技术是由美国麻省理工学院的自动识别研究中心（Auto – ID Center）开发的，目的是对单个产品标识和高效识别，EPC 系统是集编码技术、射频识别技术（RFID）和网络技术为一体的新兴技术，被誉为全球物品编码的未来。

EPC 系统由 EPC 编码、EPC 标签、EPC 读写器、Savant TM（神经网络软件）、对象名解析服务（object naming service，ONS）、实体标记语言（physical markup language，PML）以及众多数据库组成。

EPC 本质上是一个编号，此编号用来唯一地确定某个物品。EPC 编码位于由一片硅芯片和一个天线组成的标签中，标签附着在商品上。使用射频技术，读写器读出 EPC 信息（只是一个信息指针），该信息经过网络，传到作为对象名的解析服务器 ONS，再由 ONS 告诉计算机系统在网络中到哪里查找携带 EPC 的物理对象的信息。而分布式 Savant 软件系统负责处理和管理由读写器读取的 EPC 信息。Savant 将 EPC 传给 ONS，ONS 指示 Savant 到一个保存着产品文件的 PML 服务器查找，该文件可由 Savant 复制，因而文件中的产品信息就能传到供应链上。

2. 传感器技术

（1）传感器的定义。传感器是接收外界的信号并发生反应的器件，它以检测为目的。按照国家标准《传感器通用术语》（GB/T 7665 - 2005），传感器被定义为：能够感应规定的被测量并按照一定规律转换为可用信号的器件或装置。它是将被测量转换为与被测量有一定对应关系、可以应用的信号的装置，所以传感器又称为转换器、换能器、敏感元件、探测器等。常见的各类传感器外形如图 16 - 7 所示。

图 16 - 7　各类传感器的外形

根据上述的定义，可以从下面三个方面理解传感器。

①传感器是由敏感元件和转换元件构成的一种检测装置；

②传感器能按一定规律将被测量转换成电信号输出；

③传感器的输出与输入之间存在确定的关系。

传感器一般由敏感元件和转换元件组成，如图 16 - 8 所示。敏感元件能够直接感受或响应被测量，如应变式压力传感器的弹性元件、电感式传感器的膜盒等；转换元件将敏感元件输出的非电信号直接转换为电信号，如应变片；由于转换元件输出的电信号都很微弱，有时需要信号调理电路与转换电路对信号进行放大和调制等，这类电路一般都需要辅助电源，这样传感器的组成部分有时也包括转换电路和辅助电源，如图 16 - 8 中虚线部分所示。

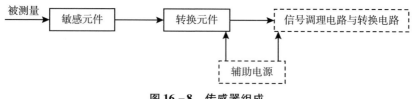

图 16 – 8　传感器组成

实际的传感器功能各不相同，有的很简单，有的很复杂。有些传感器可以只利用转换元件感受被测量直接输出电信号，如利用热电偶传感器测量温度；有些传感器只有敏感元件和转换元件，不需要转换电路；有些传感器需要敏感元件、转换元件和转换电路，并且可能有多个敏感元件。

（2）传感器的分类。传感器的品种极多，原理各异，检测对象门类繁多，因此其分类方法甚繁，至今尚无统一规定。但是，常用的分类方法有两种，一种是按被测物理量来分；另一种是按传感器的工作原理来分。

①按被测物理量分类。根据被测物理量的性质，种类繁多的被测物理量可以分为基本被测量和派生被测量两类，如图 16 – 9 所示。这种分类方法的优点是：比较明确地表达了传感器的用途，便于使用者根据其用途选用；缺点是：没有区分每种传感器在转换机理上有何共性和差异，不便使用者掌握其基本原理及分析方法。

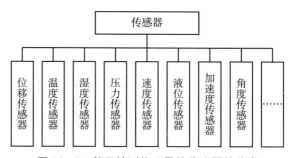

图 16 – 9　基于被测物理量的传感器的分类

②按传感器的工作原理分类。按传感器的工作原理分类，即将物理、化学、生物等学科的原理、规律和效应作为分类的依据，如图 16 – 10 所示。这种分类方法的优点是：对传感器的工作原理比较清楚，类别少，有利于传

感器工作人员对传感器进行深入的研究和分析；缺点是不便于使用者根据用途选用。

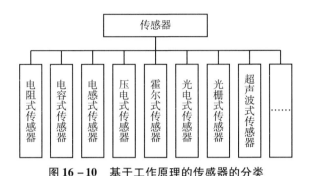

图 16 – 10　基于工作原理的传感器的分类

3. 物联网通信技术

物联网是一个基于互联网、传统电信网等信息承载体，让所有能够被独立寻址的普通物理对象实现互联互通的网络。物联网通信包含有线和无线通信技术，其中无线通信技术最能体现物联网的特征，也是本章学习的重点。下面，本章主要介绍蓝牙技术、ZigBee 技术、Wi – Fi 这三个关键的通信技术。

（1）蓝牙技术。蓝牙（见图 16 – 11），是一种支持设备短距离通信（一般在 10 米内）的无线电技术，能在包括移动电话、PDA、无线耳机、笔记本电脑、相关外设等众多设备之间进行无线信息交换。利用"蓝牙"技术，能够有效地简化移动通信终端设备之间的通信，也能够成功地简化设备与因特网之间的通信，从而使数据传输变得更加迅速高效，为无线通信拓宽道路。

图 16 – 11　蓝牙标识、蓝牙连接的耳机

蓝牙4.0版本提出了蓝牙低耗能技术的规范标准，完整的蓝牙低功耗技术包含三个部分：控制器部分，主机部分与应用 Profiles 规范部分。蓝牙低耗能技术主要有以下三个特点：待机时间长，连接速度快，发射和接收的高峰功率低。这些决定了它的超低功耗性能，使用标准纽扣电池足以操作数年。另外，蓝牙低功耗技术还具有低成本、多种设备之间的互联互操作性能。下面对其中一些具体的特点进行详细的比较说明：

①待机功耗方面。低功耗蓝牙仅采用了三个广播通道，且每次广播时射频的开启时间也由传统的 22.5 毫秒减少到 0.6 ~ 1.2 毫秒。因此，蓝牙低耗能技术找到其他射频设备所消耗的功率是传统蓝牙技术的 1/20 ~ 1/10。这两个协议规范上的改变显然大大降低了因为广播数据导致的待机功耗；此外，低功耗蓝牙设计采用深度睡眠状态来替换传统蓝牙的空闲状态，在深度睡眠状态下，主机长时间处于超低的负载循环（Duty Cycle）状态，只在需要运作时由控制器来启动，因为主机较控制器消耗更多的能源，所以这样的设计也节省了更多的能源；通常传感器类应用程序发送的数据量较小，而且所有连接均采用先进的嗅探性次额定（Sniff – Subrating）功能模式，因此此时的射频能耗几乎可以忽略不计，综合以上因素，蓝牙低功耗的待机功耗较传统蓝牙有大幅度减少。

②连接过程方面。一般蓝牙设备和主机设备的连接步骤分为以下五步：第一步，通过扫描，试图发现新设备；第二步，确认发现的设备没有处于使用状态，也没有处于锁定状况；第三步，发送 IP 地址；第四步，收到并解读待配对设备发送过来的数据；第五步，建立并保存连接。根据传统的蓝牙协议的规范，若某一蓝牙设备正在进行广播，则它不会响应当前正在进行的设备扫描，而低功耗蓝牙协议规范允许正在进行广播的设备连接到正在扫描的设备上，这就有效避免了重复扫描，而通过对连接机制的改善，低功耗蓝牙的设备连接建立过程已可控制在 3 毫秒内完成，同时能让应用程序迅速启动链接器，并在以数毫秒的传输速度完成经认可的数据传递后立即关闭链接，而传统蓝牙协议下即使只是建立链路层连接都需要花费 100 毫秒，建立 L2CAP（逻辑链路控制与适应协议）层的连接花费时间则更长。蓝牙低功耗协议还对拓扑结构进行了优化，通过在每个设备及每个数据包上使用 32 位的存取地址，

能够让数十亿个设备被同时连接。此技术不但将传统蓝牙的一对一连接进行了优化，同时也利用星状拓扑来完成一对多点的连接。在连接和断线切换迅速的应用场景下，数据能够在网状拓扑之间移动，但不至于为了维持此网络而显得过于复杂，这也有效减轻了连接复杂性，减少了连接建立时间。

③峰值功率方面。传统蓝牙技术和低功耗蓝牙技术都使用高斯频移键控（GFSK）调制，然而，蓝牙低耗能技术的调制系数为 0.5，传统蓝牙技术的调制系数为 0.35，调制系数 0.5 接近高斯最小频移键控（GMSK 调制）方案，降低了发射时需要的电源。这种"宽松"的射频系数有两个有益的作用，即增加作用距离和增强可靠性。

传统的蓝牙技术的数据包较长。在传送这些较长的数据包时，射频电路必须保持在较高功率的状态，持续时间较长，因而芯片会发热。这会改变材料的物理特性，并且会改变传输频率（打断连接），除非射频电路不断重新校准。重新校准会消耗很多功率（需要用闭环的方法，因而射频电路更加复杂，提高了设备的价钱）。与此相反，低功耗蓝牙技术对数据包长度进行了更加严格的定义，支持超短（8 ~ 27 Byte）数据包，因而芯片的温度不会很高。于是，蓝牙低耗能收发器不需要耗费能量的校准，也不需要闭环架构。

此外，低功耗蓝牙还通过增加调变指数，并采用 24 位的 CRC（循环冗余检查）确保封包在受干扰时具有更大的稳定度，低功耗蓝牙射程增加至 100 米以上，以上措施结合蓝牙传统的跳频原理，有效降低了峰值功率。

（2）ZigBee 技术。ZigBee 是最近提出的一种近距离、低复杂度、低功耗、低数据速率、低成本的双向无线通信新技术，主要适用于自动控制和远程控制领域，可以满足对小型廉价设备的无线联网和控制，见图 16 – 12。

图 16 – 12 ZigBee 自组网模块、ZigBee 无线多功能设备—家庭智能网关

ZigBee 技术的前身是"HomeRFlite"技术，其核心协议由 2000 年 12 月成立的 IEEE802.15 工作组制定，高层应用、互联互通测试和市场推广由 2002 年 8 月组建的 ZigBee 联盟负责。ZigBee 强调低成本、低耗电、双向传输、感应网络功能等特色，用于个人区域网（PAN）和对等网络，适用于工业控制、环境监测、汽车控制、家庭数字控制网络等应用。

作为一种便宜的、低功耗的近距离无线组网通信技术，ZigBee 技术的优势主要有以下几个方面。

①高连接数。ZigBee 作为一种无线连接，可工作在 214GHz（全球流行）、868MHz（欧洲流行）和 915MHz（美国流行）3 个频段上，分别具有最高至 250kbit/s、20kbit/s、40kbit/s 的传输速率，它的传输距离在 10~75 米的范围内，但还可以继续增加。依据发射功率的大小和应用模式，1 台 ZigBee 设备可以连接多达 254 个同类的设备。

②可靠性高。ZigBee 采用碰撞避免机制，为需要固定的宽带通信业务提供专用时隙，避免数据发送时的竞争和冲突；节点模块之间具有自动动态组网的功能，信息在整个 ZigBee 网络中通过自动路由的方式进行传输，ZigBee 的 MAC 层采用载波监听多路访问/冲突避免接人算法，保证了信息传输的可靠性。当 ZigBee 网络受到外界干扰无法正常工作时，整个网络可以动态地切换到另一个工作信道上。

③短时延。ZigBee 的响应速度较快，一般从睡眠转入工作状态只需 15 毫秒，节点连接进入网络只需 30 毫秒，进一步节省了电能。相比较，蓝牙需要 3~10 秒、Wi-Fi 需要 3 秒。

④近距离。ZigBee 传输范围一般介于 10~100 米之间，在增加 RF 发射功率后，也可增加到 1~3 千米，这指的是相邻节点间的距离。如果通过路由和节点间通信的接力，传输距离将更远。

（3）Wi-Fi 技术。随着社会的不断发展、科技的不断进步，计算机、互联网的广泛应用使得人们的生活方式有了很大的改变，而经过不断的技术更新后，Wi-Fi 技术得到了开发和利用，大大改善了有线网络中存在的种种弊端，成为当代社会不可或缺的一部分，Wi-Fi 标识见图 16-13。

图 16 – 13　Wi – Fi 标识

Wi – Fi（Wireless Fidelity）又叫无线保真技术，它是一种可以将个人电脑、手持设备（如平板、手机、手表）等终端以无线方式互相连接的技术，是由一个名为"无线以太网相容联盟"的组织发布的业界术语，属于一种短程无线传输技术。它遵循 IEEE 制定的 802.11x 系列标准。根据 802.11x 标准的不同，Wi – Fi 的工作频段具有 2.4GHz 和 5GHz 的差别。

Wi – Fi 的目的是改善基于 IEEE802.11 标准的无线网络产品的互通性，其主要特点是传输速率高、可靠性高、建网快速便捷、可移动性好、网络结构弹性化、组网灵活、组网价格较低等。与蓝牙技术一样，Wi – Fi 技术属于短距离无线通信技术，但其覆盖范围更大。下面将会详细介绍 Wi – Fi 技术的几个主要特点。

①无线电波的覆盖范围广。基于蓝牙技术的电波覆盖范围非常小，半径大约只有 15 米，而 Wi – Fi 的半径却可以达到 100 米，通过交换机通信距离甚至可以扩大到 6500 米。

②Wi – Fi 技术传输速度快。Wi – Fi 传输速度非常快，可以达到 11Mb/s，非常符合现有个人应用和社会信息化的需求。

③该领域的门槛比较低。厂商只要在机场、车站、咖啡店、图书馆等人员密集区设置"热点"（其"热点"是通过在互联网连接上安装访问点来创建的），这个访问点将通过无线信号短程传输，所发射出的电波可以达到接入点半径 10 ~ 100 米的地方，用户只要将可以无线上网的便携式终端设备带入这个区域范围内，即可享受高速上网。

④Wi – Fi 的最大优势就是无须布线，可以不受布线条件的限制，因此

非常适合移动办公用户的需要，具有广阔市场前景。目前它已经从传统的医疗保健、库存控制和管理服务等特殊行业向更多行业拓展，甚至开始进入家庭以及教育机构等领域。

⑤Wi-Fi采用的是无线网络。相比直接接触人体的手机而言，其辐射更小，对人体危害更小，较为健康安全。

基于Wi-Fi技术灵活快捷等显著的优点，在现实社会中，该技术在各个领域得到了广泛的应用。

①家庭网络中的应用。家庭中使用的电脑、平板、手机、电视机及智能家居等，均可以与Wi-Fi相连，也能够使家庭内部网络与外部网络相连，在此过程中需要注意的是网络连接安全问题。

②医疗保健中的应用。将Wi-Fi技术应用于医疗保健中，医护人员可以随时了解病人的身体情况，主治医师可以实现对诊断系统的访问，这样就能减少病患发生不可预知风险的情况，或者一旦发现异常现象可以在第一时间采取有效措施。若要实现此种功能，只需将个体病患检测设备与中央分析计算系统相连即可。

③航空服务中的应用。当飞机飞到一定高度时，乘客的手机信号会完全消失，无法与任何人联络。但将Wi-Fi技术应用到该领域后，则能够很好地解决这一问题。如今有了微信、QQ等联系方式后，电话联系方式已经很少使用，且在高空飞行期间电话服务一直处于屏蔽状态。但有了Wi-Fi后，即使飞机高度到达两万英尺的高空中，人们也可以使用Wi-Fi与他人取得联系。

④汽车制造业的应用。汽车制造业如今发生了较大的变化，不仅仅只是生产汽车、保证行车安全，还需要根据当代社会发展的现状、要求等来完善汽车内部构造和性能，如Wi-Fi技术的广泛应用，使得汽车制造业在制造汽车时，将汽车内部的仪器仪表进行改造，使其能够实现与各个终端的连接，也能够通过连接网络来实现附加服务。如目前很多车辆的车载设备均可以与通信设备相连，使得车辆无论在开动时，或是静止时均可以释放Wi-Fi信号，这样车辆就成为了移动的Wi-Fi热点。

16.2.2　物联网在供应链管理环节中的应用

近年来，为应对日益激烈化的市场竞争，许多企业将实施供应链管理作为提升竞争力的主要手段。一些著名的企业在供应链管理实践中取得的巨大成就，也使人们更加坚信供应链管理是企业适应全球竞争的一种有效途径。然而，物联网的出现及其在全球范围内对每个物品跟踪监控的全新理念，将在根本上改变供应链流程和管理手段，物联网技术在物流和供应链领域的应用，将引发一场轰轰烈烈的供应链管理革命，并带来更好的用户体验和产生价值的新途径。

1. 物联网对供应链管理环节的影响

从供应链管理有效实施所依靠的两大载体（计算机信息系统和物流配送中心）上不难发现，每一次信息化产业浪潮的出现都能给供应链管理的发展带来契机。因此，物联网的出现也将为供应链管理过程中出现的一系列问题提供部分解决方案，并且为其在企业中的进一步有效应用带来机遇。物联网对供应链的影响具体表现在供应链管理的各个环节上，如图 16 - 14 所示。

图 16 - 14　供应链管理流程

（1）供应链管理中的运输环节：在运输环节，通过对在途货物和车辆贴上 EPC 标签，在运输线上的检查点安装 RFID 接收转发装置，供应商和经销商能实时了解到货物所处的位置、状态及预计到达时间，还可以合理调度在途车辆，最大限度提高车辆利用率。

（2）供应链管理中的仓储环节：在仓储环节，基于 EPC 的实时盘点和智能货架技术可保证企业对其库存实现高效管理。通过对货物的智能化管理，还可以提高仓储空间的利用率，使企业实时了解有关库存情况，从而降低库存成本，提高企业库存管理的准确性。

（3）供应链管理中的生产环节：在生产制造环节应用 EPC 技术，可以完成自动化生产线运作，在整个生产线上通过识别电子标签来实现对原材料、零部件、半成品和成品的识别与跟踪，并且快速从品类繁多的库存中准确地找出工位所需的原材料和零部件，从而减少人工识别成本和出错率，提高效率和效益。除此之外，EPC 技术还能帮助管理人员及时根据生产进度发出补货信息，使生产更加柔性化，同时也加强了对产品质量的控制与追踪。

（4）供应链管理中的配送/分销环节：在配送环节，通过更新贴在商品上的 EPC 标签的信息，管理员可以通过电脑实施精确的库存控制，从而大大加快配送的速度和提高拣选与分发过程的效率与准确率，并能减少人工、降低配送成本。

（5）供应链管理中的零售环节：在零售环节，当贴有标签的物件发生移动时，货架自动识别并向系统报告这些货物的移动，并且智能货架会扫瞄货架上摆放的商品，若是存货数量降到偏低的水平，或是侦测到有人偷窃，就会通过计算机提醒店员注意。因此，物联网在零售环节的应用可以实现适时补货，有效跟踪运输与库存，提高效率，减少出错，同时还能起到货物防盗的作用。而且智能秤能根据果蔬的表皮特征、外观形状、颜色、大小等自动识别水果和蔬菜的类别，并按该商品来计量、计价和打印小票；在商场出口处，带有射频识别标签的商标由读写器将整车货物一次性扫描，并能从顾客的结算卡上自动扣除相应的金额。这些操作无须人工参与，因此节约了大量人工成本，提高了效率，加快了结账流程，同时提高了顾客的满意度。另外，EPC 标签包含了极其丰富的产品信息，例如生产日期、保质期、储存方法以及与其不能共存的商品，可以最大限度地减少商品耗损。

2. 基于物联网的供应链可视化管理

供应链可视化的概念最早由国外学者提出，其中得到较多认可的说法为弗朗西斯·克里克（Vernon Francis）所提出的定义，即通过特定手段实现对供应链管理中各级元素的实时信息收集，并能够通过信息的变化准确为供应链管理做出反馈。在定义的描述中，特定手段所涉及的方式较多，如数字化、数据化、可视化等。可视化能暴露供应链各个环节决策支持管理系统的相关流程执行效果，并将结果以数据的形式保留在信息化系统中，通过设定不同的决策支持权限，有目的、分角度地提取、统计、分析这些数据，从而为企业提供供应链管理决策支持系统，如图 16 – 15 所示。

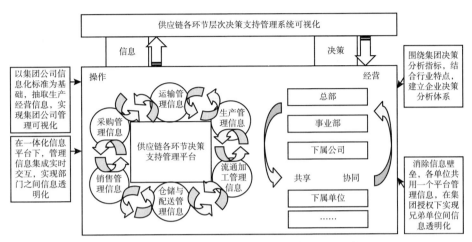

图 16 – 15　供应链管理决策支持系统可视化目标

将物联网技术应用到供应链系统中，可以对供应链中产品的流通进行合理优化，对资源进行合理配置，对流通过程进行实时监控，提高供应链的运行效率和透明度。因此，企业要想在未来的市场竞争中占有先机，必须十分重视发展物联网技术，利用现有的技术条件逐步实现物联网支持下的供应链系统。下面将具体介绍基于物联网的供应链可视化可解决的问题。

（1）产品追溯以及防伪。产品追溯即能从产品的最终成品里查看该产品的原材料、产地、生产加工、包装、运输、销售等一系列信息，并在产品出现质量问题时，能够快速准确查明问题所在，进行精准召回，控制进一步的危害并维护公司的信誉，从而有利于企业品牌的发展和维持。

产品信息在每个环节里都需要进行审核，一开始必须在获得生产许可前从工商管理部门获得授权的 EPC 码范围，然后在每次使用该唯一标识码时必须在售出后保持一段时间再使用同一标识码。既然消费者能够通过产品唯一的 EPC 码获得在自身权限范围内的产品信息，加上产品 EPC 码的唯一性和严格授权，那么就可以更加严格地控制产品的生产真实性，有效地打击假冒伪劣，规范和保持市场的正常运作。

（2）改善库存效率和防盗。在市场经济环境中，产品生产者的愿望永远无法和市场反馈的结果保持完全一致。简单来说，当产品投入市场后，就会出现预期销量、滞销、脱销等多种情况。而预期销量也仅是接近企业的判断，从而保证产品库存成本的控制。不过，市场的变化却导致此类状况较少出现，即大部分企业都会存在因市场判断失误，而导致库存成本提升的状况。另外，一些特殊原料的采购难度较大，一些企业也会采取存货的方式进行管理，由此成本便会进一步提升。而通过供应链可视化系统，以物联网为载体提升产品原料、产品生产、产品存储的沟通效率，无疑能够较大程度上改善诸如此类的状况。

另外，可视化系统的另一优势在于能够实现防盗，即通过系统的信息反馈和产品的明确记录，能够保证流程转换之间的安全性。

（3）有效控制在途运输和发货管理。在途运输是指货物运输过程中的信息反馈，在网络时代未来临之前，主要的掌握信息的方式，在于无线移动业务的沟通。但是，其沟通成本较高，并且实时性较弱。而采取物联网机制，在 GPS 的配合下，企业无疑能够有效掌握货物的运输信息。

另外，在发货管理层面，首先为库存产品贴上 RFID 标签，当产品入库时，通过在叉车或者固定点放置的阅读器，可以快速准确地读取该区域的标签，并通过 EPC 系统获得存储与上一个供应链合作方的产品信息；仓库系统在获得产品信息后自动进行登记，并根据产品的形状、性质对产品进行自动放置安排并登记，然后将放置命令传达给叉车上的阅读器系统；入库完成时，对物品再进行一次移动阅读查验，当查验的信息和入库单符合时，将这一仓储信息存储于本公司的 EPCIS 里，上一供应链合作伙伴可以通过 EPC 码查询到他们发出的货物是否到达并入库到下一个接收商的仓库。出库时，只要对仓库系统下达出库指令，仓库系统就会将之前放置位置传达给叉车或者移动阅读器，移动阅读器到达该处位置进行产品查验，查验结果跟提货单一致则开始提货，当货物通过布置有阅读器的特定出口时，出口阅读器再同提货单核对一致后放行，如不符则发出警报。同样，出库时，根据这一系统，下一个合作商可以通过接收清单查询这批货物的所在位置。如此一来，使用该系统使得接收货物更加准确、快速，整个供应链上的合作方可以实时获得产品的所在位置和状态，并据此做出生产和销售等管理决策。

16.3　物联网与智慧物流

16.3.1　智慧物流概述

1. 智慧物流概念

智慧物流（intelligent logistics，IL）是指通过智能软硬件、物联网、大数据等智慧化技术手段，实现物流各环节精细化、动态化、可视化管理，提高物流系统智能化分析决策和自动化操作执行能力，提升物流运作效率的现代化物流模式。

IBM 于 2009 年提出了建立一个面向未来的具有先进、互联和智能三大特征的供应链，通过感应器、RFID 标签、制动器、GPS 和其他设备及系统生成实时信息的"智慧供应链"概念，紧接着"智慧物流"的概念由此延伸而出。智慧物流将物联网、传感网与现有的互联网整合起来，通过精细、动态、科学的管理，实现物流的自动化、可视化、可控化、智能化、网络化，从而提高资源利用率和生产力水平，创造更丰富的社会价值。

智慧物流的智慧主要体现在三个方面：第一，了解物品和载体的需求，比如哪里有货要运，有哪些工具可以运；第二，把物品、载体等信息都集中起来，放在同样的系统里共享；第三，再进行优化的分析，比如什么产品适合用货轮来运输，怎么排班合理，对此进行一个预测。简单地说，智慧物流就是在物联网的基础上给传统物流加上"智慧的大脑"，极大限度地提高物流的效益和水平。物联网发展推动着中国智慧物流的变革，随着物联网理念的引入、技术的提升、政策的支持，智慧物流将迎来大发展的时代，中国物流业革命性的变化是可以预期的。①

智慧物流这一概念提出的背景是很多物流系统采用了 RFID、传感器、

---

① 缪兴锋、别文群：《物联网技术应用实务》，华中科技大学出版社 2014 年版，第 158 页。

移动通信技术等高新技术使得现代物流系统已基本具备了数字化、可视化、敏捷化、自动化、网络化、柔性化、集成化、信息化、智能化等科技特征。因此，智慧物流就是以物联网技术和现代信息技术为支撑，在物流的整个过程中对其包装、仓储、运输、配送、装卸、信息处理等各个环节实现系统感知、数据分析、实时处理及优化调整运输方案等功能，以实现形成规划智慧、跟踪智慧、创新智慧和系统智慧的现代化综合性物流体系。

2. 智慧物流体系

（1）智慧物流的内容。基于物联网的普及和应用，未来物流的发展方向一定是基于物联网的智慧物流。智慧物流主要包括以下几个方面。

①感知，即利用传感器、RFID、GPS 和智能设备自动感知货物及运输工具信息，各方能准确掌握货物、车辆和仓库等实时信息；

②互联，即通过现代信息技术，实现物质流、信息流和资金流的互联互通；

③可视，即实现物流活动各环节的可视性；

④智能，即利用智能化手段，评估成本、时间、质量、服务和其他要素，实现预测、分析、调度和决策。

建立区域内的现代智慧物流体系，可以充分整合和规范物流资源，有效降低区域物流成本，全面提升物流企业的竞争力；促进产业升级，提升企业竞争力，加强政府对物流行业的监管能力；最后将其建设成集电子政务和物流服务为一体的区域性、综合性、开放性的智慧物流信息服务平台，并以此为突破口，促进区域经济发展。[①]

（2）智慧物流体系。依据物联网的体系结构，智慧物流通过构建包括思维系统、执行系统和信息传导系统的三维体系进行功能实现。思维系统是核心，其通过优化算法和整合算力对大数据展开挖掘与分析，以数据流程化模式得出决策指令；通过机器人、无人驾驶、无人机等自动化的工具与设备，执行系统对思维系统给出的物流决策进行反应并依指令进行自动执行；信息传导系统就是智慧物流的数据传递系统，依靠现代信息技术把前两个系

① 缪兴锋、别文群：《物联网技术应用实务》，华中科技大学出版社 2014 年版，第 159 页。

统联系起来，融合形成了智慧物流体系。

如图 16 – 16 所示，智慧物流在体系框架上分为三层。

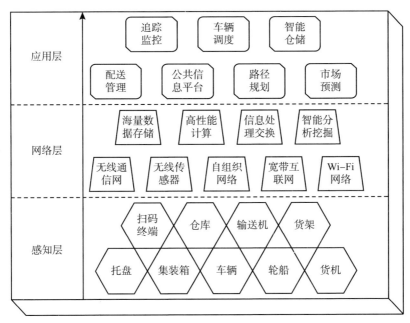

图 16 – 16　智慧物流体系结构

①感知层（数据获取）。这一层是物流系统对运输中的货物进行感知的基础，是智慧物流的起点。常用到的感知技术包括条形码①技术、无线射频识别技术、传感技术、全球定位技术、红外感知技术、语言感知技术、机器视觉感知技术等。

②网络层（决策分析）。网络层是智慧物流体系的神经中枢。它利用大数据、云计算等技术对从感知层中收集到的海量数据进行分类、挖掘并计算，进而形成决策命令，并将指令下达给应用层。

③应用层（指令执行）。应用层是智慧物流体系中的应用执行机构或机制。它将网络层生成的决策指令通过联网的实际物流设施设备进行自动的操

---

① 黄雁：《浅析物联网技术在智慧物流中的应用》，载《数字技术与应用》2017 年第 8 期，第 230、232 页。

作与执行。

整个智慧物流系统就是一整套由信息技术与优化算法搭建的完备智能体系。该体系充分体现了物流系统的信息化、自动化、可视化、可控化、智能化。

3. 智慧物流的发展特点

（1）智能水平快速提升。智能化的重要表征是信息高速交互与共享以及智能决策与自动执行。智能化是智慧物流的典型特征。随着信息技术、人工智能、自动化等技术快速发展，各种智能化手段贯穿于物流活动全过程，物流系统的智能化水平也是水涨船高。通过赋能物流生态系统，以智能管理为目标，将物流活动的各个环节集成为一体化智能系统，有利于大幅提升物流系统运营效率，为顾客提供低成本、高质量的物流服务。可以预见，智慧物流系统的智能化水平仍将伴随着技术进步而快速迭代。

（2）柔性化功能增强。未来，个性化产品定制将成为主流趋势，在智慧物流的支持下，企业不仅可以高效运作，实现成本上的控制优化，还可能实现个性化大规模定制的普及，让产品从车间到用户手中的过程变得更快、更便捷。智慧物流依托物流云平台，为客户企业提供安全稳定的物流基础信息服务和标准统一的应用组件服务，强化客户与企业间的数据连接，能够高效地整合、管理和调度数据资源，从而提供更柔性化服务。

（3）动态化形态发展。智慧物流的发展依赖于技术的进步和应用以获得"智慧"，由于科学技术、信息技术、网络技术与大数据为代表的新技术不断变化发展，因此智慧物流也是一种随着内在技术和外部环境变化不断发展的创新业态形式。另外，由于智慧物流处于不断流动的信息流中，信息变化速度快，有效价值衰减快，因此对信息的收集、加工、处理速度会影响智慧物流的工作效率。此外，供应链协同与物流整合趋势的加强，以及共享物流及信息平台等的进一步发展，会促进物流业的转型升级和创新发展，智慧物流自然而然形成了更具动态性的形态。[①]

---

① 欧阳小迅：《智慧物流的发展特点及技术体系分析》，载《物流工程与管理》2019年第10期，第1~3、22页。

4. 智慧物流中物联网的运用实践意义

智能物流融合了大数据、物联网和云计算等新兴技术，使物流系统高度智能化，实现了物流资源化调度和有效配置以及物流系统效率的提升。特别是与物联网技术的融合，能够实现高度的物流信息化、自动化和便利化。智慧物流利用的智能化技术，使物流系统能模仿人的智能，具有思维、感知、学习、推理判断和自行解决物流中某些问题的能力，从而实现物流资源化调度和有效配置、物流系统效率提升的现代化物流管理模式。物联网在智慧物流中的运用实践意义如下。

（1）物联网促进了物流企业信息化发展进程。在互联网技术与现代化技术不断发展与进步的当下，社会各个行业都积极地推进信息化发展。信息化发展是当前社会的发展趋势，只有主动迎合信息化发展，才能够在社会潮流中屹立不倒。运输企业的智慧物流管理发展，本身便是物流企业发展的具体做法，积极地在智慧物流管理中融入物联网技术，能够有效地针对货物运输的实际情况进行实时追踪，为企业发展与进步带来了强大的动力。物联网中的RFID技术还可以切实有效地解决货物运输中存在的问题，通过对互联网仓库湿度、温度的感知，切实保障货物的实际质量。此外，当货物入库之后，若存在货物缺少的情况，此时若在货物盘点中运用物联网技术，便可以第一时间针对缺少的货物进行警报。

（2）提升物流运作效率。物联网是我国信息化技术发展中，极其重要的内容。积极地在智慧物流管理中融入物联网技术，可以切实地强化物流服务的实际效率和速度，确保现代物流企业的发展。例如，在物流配送的过程中，通过物联网城市交通技术，实时地收集城市路况信息，并且将其发送到配送人员的移动设备当中，可有效避免交通拥堵的现象，最大限度地提升了物流配送的实际效率。并且，条形码查询识别技术在物流存储工作中的运用也较为广泛，例如广大消费者可以通过条形扫码、密码输入等手段，在"菜鸟驿站"、速递易、丰巢等快递点收取自己的包裹。此外，射频识别技术在智慧物流管理中的运用，还可以针对货架信息进行取读，第一时间获取货物的位置信息，以便于工作人员及时地获取货物在仓库中的位置，有效地强化货物入库以及分拣的效率。可以说，物联网技术作为一种高效的技术手段，切实为我国智慧物流管理工作带来了不竭的动力，强化了货物分拣、配送、存储、配送等各个环节的效率。[①]

16.3.2　智慧物流关键技术

物流物联网的建设能够极大加强物流环节各单位间的信息交互，实现企业间有效的协调与合作，推进物流行业的专业化、规模化发展。但实现智慧物流必须有一定的支撑技术。

1. 物联网感知技术

物联网的目标就是万物相连，利用各种信息传感设备将人和人、人和物、物和物连接起来形成互联互通的网络，从而实现智能化的感知、识别和管理，并与周围环境进行交互。物联网体系中首要的技术是感知，实现对人或物的感知并获取其数据。常用的感知技术手段包括以下几个方面。

（1）编码技术：在智慧物流过程中采用现代编码技术对物品进行编码，以实现物品在全网络范围内的感知、识别、追踪与溯源。

（2）自动识别技术：主要包括条码自动识别技术、射频识别（RFID）技术、和生物识别技术。

①条码识别技术是目前使用最广泛的自动识别技术，它利用光电扫描设备识读条码符号，从而实现信息自动录入。

②射频识别技术利用感应、无线电波或微波技术的读写器设备对射频标签进行非接触式识读，达到对数据自动采集的目的。它可以识别高速运动的物体，也可以同时识读多个对象，具有抗恶劣环境、保密性强等特点。

③生物识别技术是利用人类自身生理或行为特征进行身份认定的一种技术，生理特征包括手形、指纹、脸形、虹膜、视网膜、脉搏、耳廓等，行为特征包括签字、声音等。目前，人们已经发展了虹膜识别技术、视网膜识别技术、面部识别技术、签名识别技术、声音识别技术、指纹识别技术等六种生物识别技术。

（3）传感技术：主要是对物流过程中物品的物理性质（如位置、距离、

---

① 杨莉蓉：《智慧物流管理中物联网的运用实践之研究》，载《物流配送》2018年第34期，第21页。

温度、湿度等）进行测度并将数据信息与外部网络进行交互。

（4）位置服务和移动通信技术：比如全球定位系统、北斗卫星导航系统、室内导航定位技术等。

①基于位置的服务现在非常流行，除了传统的 GPS，现在发展最快的是通过智能手机提供的位置服务。手机位置服务（Location Based Services，LBS）又称手机定位服务，是指通过移动终端和移动网络的配合，确定移动用户的实际地理位置，提供位置数据给移动用户本人或他人及通信系统，以实现各种与位置相关的业务，实质上是一种概念较为宽泛的与空间位置有关的新型服务业务。

②移动通信技术。4G 是第四代移动通信及其技术的简称，是集 3G 与 WLAN 于一体并能够传输高质量视频图像且图像传输质量与高清晰度电视不相上下的技术产品。第四代通信技术是继第三代以后又一次无线通信技术的演进，其开发更加具有明确的目标性：提高移动装置无线访问互联网的速度。近几年随着 4G 在全球范围内规模商用，以及应对未来移动数据流量增长、海量的设备连接、不断涌现的各类新业务和应用场景，第五代移动通信（5G）系统应运而生。与前 4 代移动通信及其技术不同的是，5G 的应用十分多样化。峰值速率和平均小区频谱效率，体验速率、连接数、低延时、高可靠、低功耗等都将成为系统设计的重要因素。应用场景也不只是广域覆盖，还包括密集热点、机器间通信、车联网、大型露天集会、地铁、快速路、高铁等具有超高海量密度、超高连接数密度、超高移动性特征的场景，也可以为用户提供超高清视频、虚拟现实、增强现实、在线游戏等极致业务体验，这也决定了 5G 中的技术是多元的。5G 关键技术主要集中在无线技术和网络技术两方面。无线技术领域主要包括大规模 MIMO 技术、新兴的多址接入技术、超高密集度组网技术、新型多载波技术、高级调制编码技术等；网络技术领域主要有网络切片技术、移动边缘计算技术、控制平面/用户平面分离技术、网络功能重构技术等。

（5）人工智能技术：人工智能就是探索研究用各种机器模拟人类智能的途径，使人类的智能得以物化与延伸的一门学科。它借鉴仿生学思想，用数学语言抽象描述知识，用以模仿生物体系和人类的智能机制，目前主要的方法有神经网络、进化计算和粒度计算三种。

①神经网络。神经网络是在生物神经网络研究的基础上模拟人类的形象直觉思维，根据生物神经元和神经网络的特点，通过简化、归纳，提炼总结出来的一类并行处理网络。神经网络的主要功能主要有联想记忆、分类聚类和优化计算等。虽然神经网络具有结构复杂、可解释性差、训练时间长等缺点，但由于其具有对噪声数据的高承受能力和低错误率的优点，以及各种网络训练算法如网络剪枝算法和规则提取算法的不断提出与完善，使得其在数据挖掘中的应用越来越为广大使用者所青睐。

②进化计算。进化计算是模拟生物进化理论而发展起来的一种通用的问题求解的方法。因为它来源于自然界的生物进化，所以它具有自然界生物所共有的极强的适应性特点，这使得它能够解决那些难以用传统方法来解决的复杂问题。它采用了多点并行搜索的方式，通过选择、交叉和变异等进化操作，反复迭代，在个体适应度值的指导下，使得每代进化的结果都优于上一代，如此逐代进化，直至产生全局最优解或全局近优解。其中最具代表性的就是遗传算法，它是基于自然界的生物遗传进化机理而演化出来的一种自适应优化算法。

③粒度计算。早在1990年，我国著名学者张钹和张铃就进行了关于粒度问题的讨论，并指出："人类智能的一个公认的特点，就是人们能从极不相同的粒度上观察和分析同一问题。人们不仅能在不同粒度的世界进行问题的求解，而且能够很快地从一个粒度世界跳到另一个粒度世界，往返自如，毫无困难。这种处理不同粒度世界的能力，正是人类问题求解的强有力表现。"随后，Zadeh（扎德）讨论模糊信息粒度理论时，提出人类认知的三个主要概念，即粒度（包括将全体分解为部分）、组织（包括从部分集成全体）和因果（包括因果的关联），并进一步提出了粒度计算。

2. 数据处理技术

数据处理技术主要是指大数据技术。麦肯锡公司将大数据定义为大小超过常规的数据库工具获取、存储、管理和分析能力的数据集。

大数据技术对所有数据（总体）进行呈现并分析处理，其核心是通过相关性进行预测，即利用海量数据的相互关联，对某件事情发生的概率进行预测。它具有4V特性，即 Volume（海量数据）、Velocity（数据处理速度快）、Variety（数据多样性）和 Value（巨大的数据价值）。大数据技术主要包括三方面内容。

①大数据存储技术，其重点是对半结构化和非结构化数据的存储；

②大数据处理技术，其难点在于对异构数据集的集合转换处理；

③基于大数据的机器学习技术，在数据挖掘的基础上，机器进行传统机器学习以及基于神经网络的深度学习。

大数据的价值不仅在于数据量大（样本即总体），还在于对总体数据的重新组合与关联发现，进而创造价值。例如，京东利用海量的用户交易数据与物流数据组合分析，开发出能更好地为消费者提供服务的移动商店业务。随着大数据技术的发展和推动，智慧物流产业链将会呈现出一切业务数据化和一切数据业务化的发展趋势。

3. 云计算

云计算为大数据提供了安全而又具有弹性的计算范式和基础设备，同时也是产生大数据的平台之一。两者相辅相成，紧密结合。

美国国家标准与技术研究院（National Institute of Standards and Technology，NIST）将云计算定义为一种利用互联网实现随时随地、按需、便捷地访问共享资源池的计算模式。

云计算具有弹性服务、按需服务、服务计费、广泛接入等特点。使用云计算的用户可以通过互联网获得近乎取之不尽的计算能力，形成一系列服务的集合，实现"互联网即计算机"。

物联网、大数据、云计算在智慧物流过程中适用于不同的工作场景，解决不同的工作问题。物联网的重要任务是连接并感知，这是大数据的源头；云计算的任务就是解决海量数据的存储分配与处理计算；大数据的价值发现则需依靠云计算技术得以实现。因此，物联网、云计算、大数据三者关联可以理解为，物联网技术获取数据、寻找价值，大数据技术对所获海量数据进行价值发现；云计算则通过算法和算力帮助大数据实现价值。物联网、大数据、云计算的融合为智慧物流的实际运用搭建了技术支撑体系。[1]

---

[1] 欧阳小迅：《智慧物流的发展特点及技术体系分析》，载《物流工程与管理》2019 年第 10 期，第 1~3、22 页。

16.3.3 物联网对物流的影响

1. 物联网促使物流产业变革

物流产业本是高端服务业，在我国却因为其信息化及技术水平发展的严重滞后，给人一种"体力活"的普遍印象。对于我国物流信息化来说，可以借助"物联网"东风，搭乘新一轮技术革新的高速列车，积极构建统一的信息平台，形成物畅其流、快捷准时、经济合理、用户满意的产业物流服务体系，促使物流业走向高端服务业。

我国物流信息化在经过一段时期的基础性研究和建设后，已经进入一个以整合为目标的新阶段。在这个阶段，信息技术的单点应用将会整合成一个体系，以追求整体效应，从而提高资源利用效率。物流信息化整合可以分为三个层次。

第一，企业内部信息资源的整合。制造企业通过内部信息化整合，实现关键业务应用的技术优化。例如，苏宁建立了以财务为中心，将营销、物流和采购统一起来的信息平台。平台建成后，苏宁的库存周转率提高了60%，资金占用率下降了40%。

第二，供应链的整合。近年来，市场的竞争压力迫使国内制造企业、分销企业和物流企业在供应链上、下游加强合作，制造企业、流通企业的整合与优化进一步深入，整合的资源开始增多。国内最大的第三方物流企业——中国远洋物流有限公司建立了信息数据交换平台，完成了内部系统与外部系统的集成，实现了与客户精确、及时的信息共享。

第三，综合性的物流信息平台建设。随着物流产业的快速发展，资源、市场和信息的整合推动了信息平台的商业化，传统批发市场正在向现代电子交易中心转变，钢铁、煤炭、粮食等大宗商品批发市场纷纷建立了网络商务平台。这些平台融交易、金融、信息、物流等多种服务为一体，在开展网上电子交易的同时，也结合了现货交易和物流配送。

2. EPC物流全球供应链

EPC在全球供应链的应用所引发的革命，使其中各个环节的参与方大大受益。

（1）对制造商来说，首先，实施 EPC 可以实现高效的生产计划，减少库存。同时，制造商可以对需求做出更快的响应，从而在市场信息的捕捉方面夺得先机，满足市场需要，提高市场份额。其次，制造商通过主动跟踪产品的信息，对有"瑕疵"或"缺陷"的产品进行有效召回，提高了服务水平，同时也树立了消费者的信心。EPC 从而为消费者和制造商架起了一座信息交流的桥梁。此外，通过 EPC 所提供信息来合理安排生产，可以有效进行内部员工的调配、设施设备的配置、生产资料的采购等，从而提高生产效率。

（2）对运输商来说，第一，通过 EPC 可以进行货物真伪标识，实现自动通关，实施运输路线追踪，提高货物运输的安全性；第二，运输商可以自动获取数据，自动分类处理，降低取货、送货成本，提高管理质量和客户服务水平；第三，使用 EPC，运输商还可以降低索赔费用和保险费用，提供新信息增值服务，从而提高收益率；第四，运输商还可以通过 EPC 加强资产管理、资产追踪、资产维护，从而提高资产的利用率。

（3）对零售商来说，EPC 的使用，可以大大提高自动结算的速度，减少缺货，降低库存水平，减少非流通存货量，降低最小安全存货量，同时还能防盗，给零售商带来前所未有的方便。而且，零售商还可以通过 EPC 进行产品追溯，提高了产品的质量保证，减少损失。此外，零售商在 EPC 管理中，可以降低运转费用，提高运转效率和工作效率，减少货物损失，从而进一步降低零售商的成本。

（4）对消费者而言，EPC 的应用可以实现个性化购买，减少排队等候的时间，提高了生活质量。同时，消费者通过 EPC 可以了解自己所购买的产品及其厂商的有关信息，一旦产品出现问题，便于进行质量追溯，维护自己的合法权益。

3. 物联网提高物流信息获取能力

物联网结合 EPC 技术和互联网技术，可以对单个物品信息实现自动、快速、并行、实时、非接触式处理，并通过网络实现信息共享，从而达到对供应链实现高效管理的效果。物流企业利用这一平台来拓展信息增值服务，主要体现在通过获取准确、全面和及时的信息来提供独一无二的服务，因此必须提高物流企业的信息获取能力，而物联网的出现，正是迎合了物流企业这一方面的需求。

（1）准确获取信息的能力：EPC 电子标签是对物品的唯一标识，通过它可以对任何一个具体的物品进行监控，并利用网络数据库技术将该物品的任何细节信息进行共享，以供供应链各环节利用。通过物联网，物流企业可以对物品的物流信息进行准确无误的跟踪，准确掌握物品的市场供求变化情况和周转流动情况。

（2）全面获取信息的能力：由于物流企业在供应链中的特殊位置，对信息资源的掌握相对集中，物品在供应链进行的全过程中，物流企业参与了所有的配送、仓储、包装加工等环节，这是能够全面获取物流信息的基础。而物联网的出现，可以对物品流通的所有过程进行监控，并且这种监控是建立在每一个物品的基础上，从而使全面获取物流信息成为可能。

（3）及时获取信息的能力：随着产品生命周期的缩短，企业需要密切关注市场的变化情况，及时掌握产品的供求信息，而传统的物流管理模式对企业的帮助有限。通过物联网，物流企业可以突破传统信息传播模式的障碍，克服信息传播途中的延误，及时、迅速地将物流信息传递到网络数据库中，以供决策。

4. 物联网拓展物流信息增值服务

物联网集合了编码技术、网络技术、射频技术等，突破了以往获取信息模式的瓶颈，在标准化、自动化、网络化等方面进行了创新，从而使物流企业能够准确、全面和及时地获取物流信息，并在此基础上根据不同的信息级别分别提供企业级、行业级和供应链级的信息增值服务。

（1）企业级信息增值服务：由于信息传递不流畅，一些重要的商业信息甚至在企业内部也无法得到互相交换，难以形成对决策有用的信息，从而浪费大量的信息资源。尽管企业也可以依赖其他商业调查机构来获取商业数据，但是会存在周期长、速度慢、耗费大的缺点，阻碍了信息的有效利用，这时企业迫切需要一个既与自身业务有紧密联系，又脱离企业内部框架的组织来提供一种服务。

通过利用物联网，物流企业可以提供这种企业级信息增值服务。企业级信息增值服务的焦点集中在企业产品上，通过对产品的产销规模、销售渠道、运输距离和成本等信息进行集中和分析，实现对产品的销售情况、库存情况（包括途中和销售商货架上的产品）、配送情况等信息的收集，使企业可以跟踪产品的一切市场信息，从而为企业的生产计划、库存计划、销售计划等过程提供决策支持。

企业级信息增值服务是基于微观层面的，主要依靠物联网能够对任何一个单个物品进行跟踪的特点对企业产品在生命周期内的所有过程进行监控，服务于企业的常规作业层工作。

（2）行业级信息增值服务：由于同行竞争的关系，同行业企业的信息交流往往举步维艰，博弈下的竞争经常导致两败俱伤，因此任何一个企业都有必要尽可能了解本行业的市场信息，以及研究行业内部竞争格局、外部发展态势。尽管行业内部企业之间的信息存在着商业秘密的问题，但是一些不涉及具体的经营决策过程和具体的产品成本之类的行业数据，既是企业愿意提供的，又是企业决策需要的。如果能够对这些分散、琐碎的数据进行整合，发掘数据背后隐藏的市场信息，并为企业决策提供支持，这类服务将是企业所迫切需要的。

物流企业以其第三方的特殊身份，能够利用其与行业内部企业千丝万缕的业务联系，提供这种行业级信息增值服务。行业级信息增值服务主要聚焦于行业市场上，在企业级信息的基础上，通过对市场需求变化、供求变化等信息的集中，分析产品的市场结构、系列化结构、消费层次、市场进退等市场变化情况，为企业提供详尽的行业动态信息。

行业级信息增值服务是基于中观和宏观层而言的，主要依靠物联网的网络化优点对物品流通网络全面跟踪，并结合企业级信息实现对产品市场的全方位控制，服务于企业的管理和战略决策工作。

（3）供应链级信息增值服务：利用物联网，物流企业可以对供应链级信息进行整合，冲破供应链管理的信息瓶颈，提供供应链级信息增值服务。供应链级信息增值服务建立在企业级和行业级信息增值服务的基础上，对整个供应链中各个环节的企业进行监控，从企业的订单处理过程到生产过程，再经配送过程、代理过程、销售商库存过程，最后到销售过程都进行信息跟踪，从而整理出对供应链管理有用的信息，并为供应链管理服务。

不管在信息覆盖层面上还是在信息综合程度上，供应链级信息增值服务都是要求最高的，也是附加值最大的一种信息增值服务。这种服务是以产品销售环节为出发点，通过对市场销售情况的信息反馈，将信息通过物联网的方式层层传递，使供应链各个环节根据市场变化情况及时调整，最终达到供应链整体资源的优化配置。

供应链级信息增值服务基于企业级和行业信息服务基础，主要依靠物联网的网络特性和个性化的配套软件系统来实现物品流通过程中对各个市场要素的全方位监控，提供既满足企业所需要的信息服务，又满足整个供应链资源优化配置的信息服务。[①]

■ 16.4 物联网在物流与供应链领域应用的未来趋势

物流业是应用物联网技术最主要的行业，物流与物联网技术的深度融合，推动了物流互联网发展和智慧物流与供应链的落地应用。

16.4.1 物流行业的变革趋势

1. AI + IOT 成为智慧物流发展新趋势

智慧物流的执行系统主要是各类自动化设备的应用，而物联网是智慧物流传输系统的核心技术，物联网技术与物流大脑的全面连接与相互融合，推动了人工智能 AI 技术与物联网 IOT 技术的融合发展。物流互联网的天网与实体货物的地网融合，在 AI + IOT 的技术支持下，物流系统中的人、装备、设施与货物、空间、时间都发生了重大变化，数据流、物流在 AIOT 驱动下产生了重大变革，形成了经济社会新的智慧型基础支撑，在 AIOT 技术基础上重构的信息网络 + 物流网络成为新的经济社会基础设施，数据和 AI 驱动的物流带来运营的高效率，将彻底解构我们原有的物流产业格局。而人工智

---

① 李辉：《物联网发展与应用研究》，北京理工大学出版社 2017 年版，第 94 ~ 100 页。

能技术将针对物流服务链路长、模式复杂、不确定性高等特点，建立基于全局视角的离线规划和在线动态调整的智能服务体系。在离线规划环节，要建立基于全局视角的供需匹配服务网络，网络的设计具备抵抗不确定需求的动态调整能力；在线服务环节，利用大数据建模能力，预估每一个在网络中流动包裹的状态和时效，更好地把握网络流的状态，从而让每一份决策都能防患于未然。

2. 物联网技术推动物流智慧"大脑"的计算模式变革

物联网、云计算、大数据、区块链等新一代技术的协同发展，推动了全面连接的物流互联网逐步形成。"万物互联"呈指数级增长，产生了物流大数据，推动了云计算和人工智能发展，催生了物流"大脑"的逐步成熟与进化。如阿里体系利用物流"大脑"，可以使网购大数据通过在互联网中集合、运算、分析、优化、运筹，再通过"互联网＋物联网智慧"分布到整个实体物流系统，实现对现实物流系统智慧管理、计划控制，实现大数据对现代物流体系的赋能。在物流领域，越来越多的物流场景需要实时决策分析（如在末端配送领域，需要实时匹配和规划运力），这就驱动大数据计算越来越向着实时/离线计算融合方向发展。硬件性能的提升和容器化技术会让实时计算的成本更低，更容易在行业进行普及。对物流行业而言，随着 IOT 设备产生的数据量增长，实时计算会和边缘计算、雾计算结合起来，在 IOT 等数据密集型监控场景上发挥越来越大的作用，推动物流大脑变革与升级。

3. 物联网技术推动了物流创新

物联网技术的应用让线下实体店与线上网店实时融合，让传统门店成为电子商务网购系统的一个交易终端、一个体验场景、一个交付节点、一个物流的前置店仓。客户可以在实体店实现自助体验、自助取货、自助结算或自助下单后由门店配货等功能。利用物联网技术可以实现软件定义门店仓储系统，借助各类物联网感知技术，利用线下门店的物理空间，通过软件系统实现对遍布全国的各类门店物理空间进行云仓管理，可以让线下所有门店都加入物流系统的云仓网络，从而盘活全国各个门店的物理空间，实现店与仓的共享。此外，还可以利用大数据和云计算技术，实现数据订货、在线调拨，通过即时物流系统进行最后一公里的即时配送，让物流配送的实效达到分钟级的精准。

16.4.2　物联网在供应链领域的未来趋势

1. 快捷的反应速度

随着社会经济的发展和市场竞争的日趋激烈，企业能否为客户提供更加快捷、更加及时的服务直接关系着企业整体竞争力的强弱。通过物流网在供应链管理中的应用，供应链管理的可视性将进一步提高，供应链管理中的资源配置将进一步优化，整个系统管理的信息将更加趋向透明化。在这种形势下，企业不仅能够有效降低运营成本，同时能够让供应链管理以更快捷、更及时的反应速度响应客户的需要，达到高效服务客户的目的。

2. 控制水平得到提升

众所周知，供应链管理涉及多个环节，供应链系统是由多种成员所组成的一个整体体系，供应链内部成员的数量和类型不同可能导致供应链管理出现各种各样的不同程度的复杂问题，所以如何协调供应链管理内部成员之间的关系以进一步降低供应链管理的复杂性，是企业所面临的重要问题。借助物联网，企业能够有效实现供应链管理内部各成员间的信息共享，能够更好地让供应链内部成员之间实现作业计划的协调化发展，同时还能够有效、及时地评估企业合作伙伴，从而让供应链实现集成化管理，让针对供应链内部成员及其合作伙伴的监控水平得到进一步提升。

3. 进一步满足客户需求

许多公司在完善供应链管理的过程中，把精力集中到了加强资本投入及采购、物流和生产等上游流程上，却忽视了客户满意度、需求模式的变化等下游流程。面对客户需求模式的变化，企业可以充分利用物联网，在保证采购、物流和生产等上游流程稳定的基础上，通过有效监控商品流动情况，及时读取客户需求的变化，实施基于产品的增值服务，切实提高客户对企业产品的满意度和企业的竞争力。[①]

---

① 缪兴锋、别文群：《物联网技术应用实务》，华中科技大学出版社 2014 年版，第 134～135 页。

16.4.3　物联网对智能物流供应链产生的影响

1. 信息的同步与共享

实现信息同步化与共享化是物联网智能物流供应链管理的基础和首要目标。要做到能够对物流供应链中的物流信息以及资源进行追踪和整合，必须同时保证信息的准确性、真实性和及时性，以免在传递信息的过程中出现差错。在物联网发展的基础上，保证信息同步化和共享化，将会推进整个物流行业的发展，同时也能够准确地评估出市场需求，减少库存。

2. 网络无缝化

经济的发展，社会的进步以及科学技术不断创新，都使得广大客户的需求不断变换，也要求其服务质量不断提升。因此必须保证在满足顾客个性化需求的同时，能够充分利用网络无缝化，提升资源供应的速度和效率。通过智能型供应链网络提升信息交流的效率，保证资源供应的灵活性与变通性，提高供应信息管理控制能力。

3. 管理过程的优化

在智能物流供应管理过程中，优化企业供应链，实现"物—人—物"到"物—物"模式的转变，进而优化整个物流管理过程。这种管理过程的优化，将会避免因为相关工作人员的失误而导致整个供应链效率的降低和智能物流供应管理的损失。不断完善的物流管理过程实现了商品与商品之间的直接传递，准确、安全、高效地实现了物流资源的传递和交互。

4. 可视化的供应链

在供应链监控管理过程中，利用先进的物联网技术实现供应链的可视化。网络运行过程中，智能供应链的帮助使得产品信息有了自己的标签，能够帮助相关物流工作人员准确了解物流产品和物流信息，真正意义上实现了信息的共享与交换，整个供应管理过程也变得更加透明、可视、安全。

本　章　小　结

本章介绍了物联网的起源及其架构体系，展示了供应链管理中物联网技术的组成部件，阐述了物联网与智慧物流的关系，最后探讨了物联网在物流与供应链领域应用的未来趋势。

本章重要术语

物联网　智慧物流　射频识别技术　人工智能　大数据　云计算

延 伸 阅 读

1. 缪兴锋、别文群：《物联网技术应用实务》，华中科技大学出版社2014年版。

2. 黄雁：《浅析物联网技术在智慧物流中的应用》，载《数字技术与应用》2017年第8期。

3. 欧阳小迅：《智慧物流的发展特点及技术体系分析》，载《物流工程与管理》2019年第10期。

4. 杨莉蓉：《智慧物流管理中物联网的运用实践之研究》，载《物流配送》2018年第34期。

5. 李辉：《物联网发展与应用研究》，北京理工大学出版社2017年版。

6. 冯云、汪贻生：《物联网概论》，首都经济贸易大学出版社2013年版。

7. 潘立武、刘志龙、罗丛波：《物联网技术与应用》，航空工业出版社2018年版。

8. 黄永明、潘晓东：《物联网技术基础》，航空工业出版社2019年版。

9. 陈志新：《物联网技术与应用》，中国财富出版社2019年版。

10. 彭力：《物联网技术概论》，北京航空航天大学出版社2015年版。

11. 张瑶、陈斌、靳洪玲：《物联网技术基础》，航空工业出版社2018年版。

12. 邵欣、刘继伟、曹鹏飞：《物联网技术及应用》，北京航空航天大学出版社2018年版。

复习与思考

一、简答题

1. 简述物联网的定义。

2. 简述物联网的特征有哪些。

3. 简述在供应链中物联网的几个支撑技术。

4. 简述智慧物流的定义。

5. 简述智慧物流的关键技术有哪些。

二、论述题

1. 论述物流行业的变革趋势。

2. 谈谈物联网对物流的影响。

3. 讨论物联网对智能供应链产生的影响。

第 17 章

物流与供应链金融

学习目标

1. 了解物流与供应链金融的含义。
2. 熟悉物流与供应链金融的业务模式。
3. 掌握物流与供应链金融的风险管理与控制。
4. 了解物流与供应链金融的未来发展趋势。

引导案例

平安银行供应链金融模式分析——以平安橙 e 网为例

橙 e 网于 2014 年 7 月在深圳发布，其功能主要包括"生意管家""网络融资""移动收款""行情资讯"，试图通过电商金融服务的模式，实现集平台服务、交易风险管理以及流动性管理为一体的供应链金融形态。

平安银行创新推出了"电商金融"的模式，即由银行搭建免费的生意管理平台，帮助产业互联网化过程中未被有效覆盖的客户群体高效、便捷、零成本地管理从订单到仓储运输再到收付款的生意全流程。

在此基础上，银行基于供应商或经销商在该行生意管家上留下的交易（订单）、物流（运单）、付款（收单）等信息，给予他们相应的授信额度。这一功能的宗旨在于，既能解决部分客户群体由于信息化水平低而出现的交易管理混乱、效率低的问题，又能解决他们由于轻资产、规模小而造成的融资难、融资贵的难题。

借助橙 e 网，企业与上下游之间围绕交易而生成的订单（商流）、运单（物流）、收单（资金流）等信息都沉淀在平台上，这些数据对平安银行判断一家企业，尤其是中小企业的经营状况提供了依据，从而改变了过往传统模式下银企之间的信息不对称、银行信息获取的成本和承受的风险过高的局面。与此同时，平安银行在开展供应链金融业务时，可由过往抓核心企业为风控核心，逐渐变为依据数据判断企业是否正常经营为风控核心。

例如，平安银行与第三方支付公司合作，了解商户的销售和结算流水数据；与从事税务相关服务的公司合作，了解企业的纳税和开票信息；与海关或外贸服务商合作，掌握企业出口货物的运输和通关情况；与第三方信息平台对接，获取核心企业与上下游之间的采购等。

资料来源：万联供应链金融研究院：《2016 中国供应链金融白皮书》，第 29～34 页。

17.1　物流与供应链金融概述

17.1.1　物流与供应链金融产生背景

1. 物流金融的产生背景

改革开放以来，中国经济保持着高速的增长，中国丰富的劳动力资源为传统制造的快速发展提供了有力的支持，中小企业也得到了快速的发展。近几年随着劳动力、资金、原材料和环境资源成本不断攀升，对于依赖"成本驱动"，并处于全球产业链低端的中小企业而言，做实业变得越来越难，特别是面对发达国家"再工业化"的新趋势，中小企业将面临新的冲击，其中就包括中小型企业融资难的困境。在国内，由于中小型企业存在着信用体系不健全的问题，所以融资渠道贫乏，生产运营发展的资金压力大。物流金融（logistics finance）的提出，可以有效支持中小型企业的融资活动，缓解中小企业融资难的问题。

另外，我国物流业的快速发展促进了物流行业的多元化发展，物流金融的提出盘活了企业暂时闲置的原材料和产成品的资金占用，优化了企业资源配置。对于现代第三方物流企业而言，物流金融可以提高企业一体化服务水平，提高企业的竞争能力和业务规模，增加高附加值的服务功能，扩大企业的经营利润，降低企业的融资成本，拓宽企业的融资渠道，降低企业原材料、半成品和产品的资本占用率，提高企业资本利用率，实现资本优化配置；对于金融机构而言，物流金融服务可以帮助金融机构扩大贷款规模，降低信贷风险，甚至可以协助金融机构处置部分不良资产。

2. 供应链金融的产生背景

供应链金融（Supply Chain Finance）是供应链管理和金融理论发展的新方向，是解决中小企业融资难、降低融资成本、减少供应链风险的有效手段。21 世纪以来，供应链金融实践在全世界范围内得到了快速的发展。

供应链金融来自供应链管理，传统的供应链管理强调"6R"，即将顾客所需的正确的产品能够在正确的时间、按照正确的数量、正确的质量和正确的状态送到正确的地点，而且使总成本最小。然而，随着经济全球化与网络化进程的加速，不同地区、国家、产业、公司之间的隔离逐步打破，大企业与强国在供应链中占据主导优势地位，而落后地区的小企业则处于劣势地位，成为全球供应链中的短板，制约了全球供应链的发展。为了增强供应链的稳定性并减少供应链整体的财务成本，新时代下的供应链研究和探索开始强调提升资金流效率，重塑商业流程。在此背景下，供应链金融开始产生。

供应链金融作为一种独特的商业融资模式，使得沿着供应链进行贸易融资逐步成为国际银行界日益兴起的一项业务，它可以为很多公司带来实实在在的价值，随着大企业在全球范围内不断寻找低成本生产经营区域，各个地区之间的比较优势被不断发掘和强化。无论是上游企业还是下游企业，在生产供货的过程中，对贸易和生产过程的融资非常关键。实践证明，为供应链上成员提供结构化的融资，能够加快存货、应收账款的流转速度而改善现金流，使得企业在更好地控制财务成本的前提下更快地发展业务，从而提高整个供应链的竞争优势。供应链金融的模式通过产业数据的底层渗透，能够对产业链整体企业全面把控，提供全面金融服务，促进供应链上企业资金流与

"产—供—销"链条的稳固和流转顺畅，降低整个供应链运作成本。

3. 物流与供应链金融的宏观与微观基础

（1）宏观角度：近年来，在美国次贷危机、全球经济危机以及欧洲债务危机等全球性金融危机后，全球经济增速下降。虽然世界各国通过各种手段刺激经济复苏，世界经济面临的下行风险和不确定性有所缓解，但全球经济增长仍未出现明显起色。我国经济运行处在中长期潜在经济增长率下降和短周期弱回升的交织阶段，结构性矛盾突出，运行风险增加经济下行和通货膨胀的压力依然存在。国内外错综复杂的经济形势，使得我国中小企业的经营困难不断加剧。这些困境的叠加效应直接催生了更大的融资需求，使原本融资困难的中小企业更加困窘，虽然国家相继出台了一系列政策扶持中小企业发展，但对信用等级评级普遍较低、可抵押资产少、财务制度不健全的中小企业而言无疑是杯水车薪。相对于传统金融机构，物流与供应链金融对中小企业融资风险的把控能力更强，可以帮助中小企业释放巨大融资需求。

此外，随着经济全球化和网络化的发展，不同公司、国家甚至一国之内的不同地区之间的比较优势被不断地挖掘和强化。对于经济和金融欠发达地区或资金不够雄厚的中小企业而言，一些"成本洼地"往往成了其制约供应链发展的瓶颈，影响到供应链的稳定性和财务成本。在这一背景下，供应链研究和探索的重心逐渐转向了提升资金流效率的供应链金融层面。同时，因为有了互联网技术、全球化运输和物流服务的支撑，产业组织模式也在发生改变，供应链金融发展快速。从厂家到消费者的循环过程中，运作模式从传统的中间多环节运作转向了电子商务和互联网支撑，有了更多直接跟生产和消费对接的方式，形成了对整个产业链的把控能力，对于产业链过程当中消费、生产等各个环节的组织信息的掌握更强，而全新的产业体系金融和物流金融无疑扮演着重要角色。

（2）微观角度：随着金融机构面临的竞争越来越激烈，传统金融行业需要新的发展，金融机构的创新意识不断增强。例如银行等传统金融机构为在竞争中获得优势，不断地进行业务创新。这就促使了物流金融、供应链金融的诞生。物流与供应链金融可以帮助银行吸引和稳定客户，扩大银行的经营规模，增强银行的竞争能力，同时可以协助银行解决质押贷款业务中银行面临的质押物评估、资产处理等服务。物流与金融业务的相互需求与作用，在交易的过程中产生了互为前提、互为条件的物流金融圈。从供应链的角度看，厂商在发展的过程中面临的最大威胁是流动资金不足，存货占用的大量资金使得厂商可能处于流动资金不足的困境。开展物流金融服务是各方互利的选择。

2011 年以来，各家商业银行受到信贷规模的限制，可以发放的贷款额度十分有限，但是通过承兑、票据、信用证等延期支付工具，既能够增强企业之间的互相信任，也稳定了一批客户，银行界空前重视供应链金融业务。在激烈的竞争环境中，充足的流动资金对企业的发展壮大发挥着越来越重要的作用，尤其是对于发展机遇很好却受到现金流制约的中小企业，它们往往没有大型企业的金融资源，却是供应链中不可或缺的重要环节。它们虽然具有可观的发展潜力，却常常因为上下游优势企业的付款政策而出现现金短缺问题。中小企业对供应链不可或缺的意义，体现了解决其融资问题的必要性。

17.1.2 物流金融概述

1. 物流金融的概念

物流金融是金融机构为降低交易成本和风险，利用物流企业提供的物流信息和物流监管，依据物流供应链而进行的金融活动。广义上讲，物流金融是物流企业在供应链业务活动中，运用金融工具有效地组织和调节物流领域中的货币资金，实现物流价值增值的融资活动。狭义上讲，物流金融是物流企业在物流业务过程中利用贷款、承兑汇票等多种信用工具为生产商及其下游经销商、上游供应商和最终客户提供集融资、结算、资金汇划、信息查询等为一体的金融产品和服务。

2. 物流金融的特点

（1）信息化。所有质押品的监管都借助物流公司的信息管理系统统一进行，与该业务有关的管理人员都可以随时通过物流公司的信息管理系统查看质押品的品种、数量和价值，以便获得质押品的即时情况。

（2）规范化。指所有物流产品的质量和包装都根据协议约定的标准加以规范化，由物流公司验收、看管，而且动产质押品的质押要符合规定程序，物流企业对物流金融涉及的动产质押物资均按照银行要求统一、规范的质押程序进行管理，避免了银行派人监管以及客户自行监管的不规范行为，确保了质押物资的安全有效性。

（3）普适性。第一，服务区域的普适性，即只要是在银行自己的网络和物流公司服务的网络区域内，物流金融业务既可以在银行所设机构地区，也可以超出该行所设机构、地区开展业务；第二，物流金融涉及的货物品种的普适性，包括各类工业品和生活品，产成品以及原产品等众多品种；第三，物流金融服务对象的普适性，即无论何种企业，只要具有符合物流金融条件的产品，都可以开展该项业务。

3. 物流金融的作用

（1）帮助中小企业融资。企业在发展过程中面临的最大威胁是流动资金不足，特别是中小企业，流动资金堪称是其生命线。众所周知，在商品从原材料制造到最终消费者手中的整个物流过程中，原材料和流动产品占用了大量的资金，存在着大量的库存，过多的库存就意味着相应资金成本的占用增加，使得企业可能处于流动资金不足的困境。

金融服务能有效盘活物流过程中的资金沉淀，提高企业核心产品的市场占有能力，还可以降低企业的融资成本，拓宽企业的融资渠道，实现资本优化配置。同时，由于物流企业通过金融服务能够更加快速有效地融入企业的供应链中，因此有利于企业集中主业，提高企业的核心竞争力。

（2）增强金融机构创新意识。现代物流的快速发展要求金融服务能够及时适应物流业的经营管理模式，根据物流业的资金特点提供与之相匹配的资金服务。同时，随着外资金融机构不断进入我国展开业务，金融机构当前面临的竞争越发激烈，如何在竞争中获得优势，全面提升其经营管理水平和盈利水平，成为各家金融机构的当务之急。这样就促使金融机构（如银行），根据市场和客户的特性需求有针对性地开发多样化、个性化的金融产品，满足客户日益多样化、个性化的需求。此外，物流金融还可以帮助银行吸引稳定的客户群，扩大银行的经营规模，解决质押贷款业务中银行面临的质押物评估、资产处理等服务，增强银行的竞争能力。

（3）为物流企业带来新的利润增长点。在激烈的竞争背景下，物流企业通过传统物流服务所能获得的利润不断下降，比如卡车运输、货代和一般物流服务利润率下降到平均只有2%左右，已没有进一步提高的可能性。而对于金融服务来说，由于各家企业涉足少，目前还有广大的空间，大型第三方物流企业可以在物流服务中增加金融服务，并将其作为争取客户、增加企业利润的一项重要举措。

17. 1. 3　供应链金融概述

1. 供应链金融的概念

在国外，首次提出供应链金融的学者认为：供应链上的参与方可与为其提供金融支持的供应链外部金融服务机构建立协作，旨在实现供应链贸易的目标，同时结合物流、信息流和资金流及进程、全部资产和供应链上参与经营的主体，这一过程称为供应链金融；也可定义为一个服务与技术方案的结合体，将需求方、供应方和金融服务提供者联系在一起。

在国内，供应链金融主要是指一种独特的商业融资模式，以核心客户为依托，在真实贸易的前提下，运用自偿性贸易融资方式，将资金流有效整合到供应链管理的过程中，既为供应链各环节企业提供贸易资金服务，又为供应链弱势企业提供新型贷款融资服务。

从供应链核心企业的视角来说，根据迈克尔·拉穆勒（Michael Lamoureux，2007）的定义，供应链金融是一种在核心企业主导的企业生态圈中，对资金的可得性和成本进行系统性优化的过程。这种优化主要是在对供应链内的信息流进行归集、整合、打包和利用的过程中，通过嵌入成本分析、成本管理和各类融资手段而实现的。①

从银行的视角出发，深圳发展银行从其业务实践角度提供了自己对供应链金融的理解，认为供应链金融是在对供应链内部的交易结构进行分析的基础上，运用自偿性贸易融资的信贷模型，并引入核心企业、物流监管

---

① Michael Lamoureux, A Supply Chain Finance Prime, *Supply Chain Finance*, 2007.

公司、资金流导引工具等新的风险控制变量，对供应链的不同节点提供封闭的授信支持以及其他结算、理财等综合金融服务。需要说明的是，这里说的"供应链"概念是广义的，既包括企业上游的原材料零部件供应网络和链条，即传统意义上的供应链，也包括下游的分销商、代理商，即渠道链。[①]

结合各方观点我们可以得出，供应链金融是一种集物流运作、商业运作和金融管理为一体的管理行为和过程，它将贸易中的买方、卖方、第三方物流及金融机构紧密联系在一起，实现了用供应链物流盘活资金同时用资金拉动供应链物流的作用。在这个过程中，金融机构（如商业银行、P2P）等互联网金融平台在对供应链内部的交易结构进行分析的基础上，引入核心企业、第三方企业（如物流公司）等新的风险控制变量，对供应链的各个环节提供封闭授信及其他结算理财等综合金融服务，其实质就是依靠风险控制变量，帮助企业盘活其流动资产从而解决其融资问题。

2. 供应链金融的作用

供应链金融的发展与壮大是因为这种全新的产融结合模式解决了传统供应链中参与主体的痛点。对于中小企业来说，供应链金融模式为在全球激烈竞争环境下处于资金支持弱势、降低成本能力弱势、风险管理弱势的中小型企业提供了低成本的融资平台与高效率的运营平台；对于大型核心企业，供应链金融模式降低了整体的供应链成本并探索出新的收入增长点；对于传统的金融机构，供应链金融模式探索出全新的风险管理与流动性管理路径，为利率市场化后的金融机构找到了丰富收入来源的通道。供应链金融的作用主要包括以下几个方面。

（1）供应链金融很好地实现了"物流""资金流""信息流""商流"的四流合一。供应链金融将上下游中小企业和银行紧密地联系起来，使得整个链条形成了一个闭环模式。因此，银行能够准确地掌握各个环节上企业的信息，根据上下游核心企业的优质信誉，为它们提供金融服务，从而在一定程度上降低风险系数。企业通过银行的帮助，也能够做到信息流、物流、资

---

① 深圳发展银行中欧国际工商学院"供应链金融"课题组：《供应链金融：新经济下的新金融》，上海远东出版社 2019 年版，第 26 页。

金流的整合，实现物流的及时跟进和资金收付的高效率，加快整条供应链的物流和资金流的运转速度，提升了整体价值。

（2）实现了供应链和金融领域的产融结合。供应链金融模式对企业间的关系以及企业与银行之间的关系进行改造，为金融行业带来新的低风险利润源。物流金融可为银行提供低风险下的利润增长。通过与物流公司的合作，由物流公司作为中介，使银行授信于企业，有效地保证了银行资金的安全性，降低了融资风险。一方面，银行的介入使供应链上的企业合作能够更加紧密；另一方面，企业与银行之间突破了单纯的资金借贷行为，形成了基于企业真实业务的资金链维护与监控的全程合作，构建了实体经济和金融企业共生发展的新模式。

（3）提升供应链核心竞争能力，促进中小企业的发展。供应链金融主要基于对供应链结构特点和交易细节的把握，从核心企业入手判断其整个供应链，着眼于灵活运用金融产品和服务。一方面，将资金有效注入处于相对弱势的上、下游配套的中小企业，解决供应链失衡问题；另一方面，将银行信用融入上下游中小企业的购销行为，增强其商业信用、改善其谈判地位，使供应链成员更加平等地协商并逐步建立长期战略协同关系，提升供应链的核心竞争能力。此外，发展供应链金融有利于弱化银行及机构对中小企业本身的限制，缓解银行及机构信息不对称的程度，降低银行及机构的交易成本，从而刺激银行及机构释放贷款的积极性，提高银行及机构对中小企业的信贷支持，有效缓解我国中小企业的融资困境。

3. 物流金融与供应链金融的区别与联系

物流与供应链金融是近年来随着物流和供应链相关理论与实践的发展应运而生的崭新的研究视角。两者既有区别，也有联系。两者的区别主要体现在下述几个方面。

（1）参与主体与作用范围：物流金融的参与主体一般是个体企业和为之提供服务的金融机构、第三方物流企业等，其作用范围也局限于单次或一段时间的物流过程。一般来说，第三方物流企业在物流金融业务中起着主导作用。而供应链金融是比物流金融更广泛的概念，其参与主体是整个供应链和外部金融机构，也包括专业的物流服务提供商，甚至涉及投资者，其作用范围是整个供应链的交易往来，是一个长期持续的协作过程。金融机构和核心企业在其中起着主导性的作用，而第三方物流企业在其中扮演着中间人和代理商的角色。

（2）运作机理与服务产品：物流金融的操作是与物流过程相伴而生的，旨在解决物流过程中的资金问题，其产品的开发也是围绕着物流设施融资、物流保险和物流结算等。而供应链金融是根植于整个供应链条的运作，旨在利用金融工具协调供应链上下游物流、资金流及信息流关系，实现整个供应链的资金平衡与绩效提升。

（3）服务对象：物流金融面向所有符合其准入条件的中小企业，不限规模、种类和地域等。而供应链金融是为供应链中的上下游中小企业及供应链的核心企业提供融资服务。

（4）担保及风险：开展物流金融业务时，中小企业以其自有资源提供担保，融资活动的风险主要由贷款企业产生。供应链金融的担保以核心企业为主，或由核心企业负连带责任，其风险由核心企业及上下游中小企业产生，供应链中的任何一个环节出问题，将影响整个供应链的安全及贷款的顺利归还，因此操作风险较大。

（5）物流企业的作用：对于物流金融而言，物流企业作为融资活动的主要运作方，为贷款企业提供融资服务。而供应链金融则以金融机构为主，物流企业仅作为金融机构的辅助部门提供物流运作服务。

（6）异地金融机构的合作程度：在融资活动中，物流金融一般仅涉及贷款企业所在地的金融机构。而对于供应链金融而言，由于上下游企业及核心企业经营和生产的异地化趋势增强，因而涉及多个金融机构间的业务协作及信息共享，加大了监管难度。[1]

物流金融与供应链金融的联系主要在于供应链金融是融资模式发展的新阶段，是对物流金融下融资的继承和发展。两者的共同点在于它们均是基于传统金融产品和服务而进行的创新，均是针对真实的贸易背景开展的，均以融通资金为目的，均是整合物流、资金流与信息流的解决方案。

---

① 李向文、冯茹梅：《物流与供应链金融》，北京大学出版社 2012 年版，第 58 页。

17.2 物流与供应链金融的业务模式

17.2.1 物流金融的主要业务模式

物流产业的繁荣为金融市场的发展带来了机遇，同时也促进了物流金融的快速发展。随着物流金融服务的完善，物流金融在实际操作中形成了多种业务模式，且各有其特点。本节将根据金融机构参与程度的不同，把物流金融运作模式分为资本融通模式、资产融通模式两个方面，并分别进行介绍。

1. 供应链金融与传统贸易金融的不同

与传统的金融模式相比较，供应链金融的具体运作模式完成了演化升级，主要有以下几点不同。

（1）服务对象不同：传统金融的主要服务对象是大型企业、核心企业或者极具发展潜力的企业，中小企业想要获得融资几乎不可能；而供应链金融的主要服务对象是供应链中的核心企业以及上下游的中小企业，金融机构通过考察中小企业在供应链中的地位和与核心企业的交易记录，以作为决定是否向中小企业融资的重要依据。图 17-1 展示了传统金融机构与供应链上企业间的融资过程。

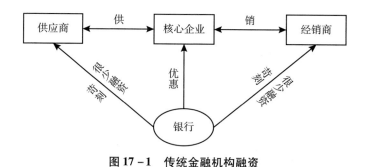

图 17-1　传统金融机构融资

（2）授信主体不同：中小企业本身直接在银行融资的难度较大，传统金融模式下通过核心企业的类担保获得银行融资，本质上仍是基于信用差进行资金的融通，银行授信主体既包括核心企业，也包括中小企业，也是对 N个企业的整体授信。供应链金融模式下，授信主体由原来的"N"变成"1"，即资金方只对核心企业授信，而核心企业再基于实体交易对中下游企业授信，资金风险敞口由银行端下移至核心企业。作为风险承担主体，核心企业也将获得相应风险溢价收益，并且基于自身对行业以及上下游企业的信息优势，进一步获得风险定价能力提升的收益，实现产业整体资源优化配置。

（3）风险把控不同：传统金融的人工成本、时间成本、信息成本以及风险识别成本都较高，金融机构只是与对应的融资企业进行沟通，对风险把控较差。供应链金融模式下，金融机构对融资企业及其所在的环境和供应链相关企业进行综合授信，可以把风险控制在既定范围内，实现企业与金融机构的双赢。另外，供应链融资还强调授信还款来源的自偿性，即引导销售收入直接用于偿还授信。从图 17 - 2 可以看出，在供应链金融模式下，供应链上的企业形成战略联盟，在核心企业的主导下形成了基于企业真实业务的资金链维护与监控的信息共享，形成了实体经济和金融企业共生发展的新模式，银行也更好地实现了对风险的把控。

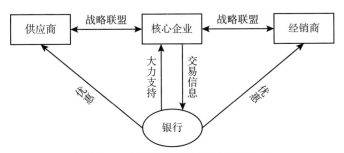

图 17 - 2　供应链金融下金融机构融资

（4）业务模式不同：传统金融多是担保融资，尤其是通过不动产抵押担保；而供应链金融则为信用融资，以核心企业的信用情况以及链条中企业在供应链中的地位为依据，以交易行为为基础进行贷款。[1]

---

① 陈晓华、吴家富：《供应链金融》，人民邮电出版社 2018 年版，第 10 页。

表 17 - 1 展现了传统金融视角下和供应链金融视角下中小企业融资过程的优劣势对比,通过供应链金融的方式,传统中小企业融资难的问题可以得到有效解决。

表 17 - 1　　　　　　　　　　不同视角下的中小企业融资

传统金融视角下的 中小企业融资	供应链金融视角下的中小企业融资
信息披露不充分	供应链金融实现四流合一,供应链上的交易信息可以弥补信息不足的问题
信用风险高	供应链上企业之间具有较强的经营能力,上下游合作者已进行严格的筛选机制,其信用评价可以形成互补效应
经济收益低	供应链金融风险等级较低,可以有效减少信息收集成本

2. 资本融通模式

资本融通模式是指金融物流提供商(第三方物流企业)利用自身与金融机构良好的合作关系,为客户和金融机构创造良好的合作平台,协助中小型企业向金融机构进行融资,提高企业运作效率。在这种模式中,主要是由金融机构向借款企业提供融资,但由物流企业替借款企业向金融机构提供担保,然后金融机构根据物流企业提供的担保向借款企业提供直接或间接的融资。典型的资本融通模式主要有仓单质押模式、买方信贷模式、授信融资模式和垫付货款模式四种。

(1)仓单质押模式。如图 17 - 3 所示,仓单质押模式的业务流程包括以下几方面。

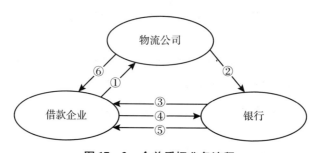

图 17 - 3　仓单质押业务流程

①借款企业将产成品或原材料放在物流公司指定的仓库中，物流公司获得货物的所有权；

②物流公司验货后向银行开具仓单，仓单须背书质押字样，并由物流公司签字盖章；

③银行在收到仓单后办理质押业务，按质押物价值的一定比例发放贷款至指定的账户；

④借款企业实际操作中货主一次或多次向银行还贷；

⑤银行根据借款企业还贷情况向借款企业提供提货单；

⑥物流公司的融通仓根据提货单和银行的发货指令分批向借款企业交货。

仓单质押模式的影响：

①仓单质押业务的开展可大大提高第三方物流企业在供应链中的号召力。物流企业可以通过库存管理、配送管理对库存的变动及流通的区域做到了如指掌，所以为客户提供金融担保服务就应成为一项物流增值服务的项目，不仅为自己带来新的利润增长点，也可以提高物流企业对客户的吸引力，增加物流企业核心竞争力。在整个运作过程中，物流企业承担的风险相对最小，因为有货物作为质押。假如物流企业手中有相当多的资金，就可以不必通过银行，在取货时，物流公司先将一部分钱付给供应商，货到收款后再一并结清，让买家卖家两头放心。

②物流企业的参与提高了整个供应链的效率。目前的资金流运作过程非常烦琐，特别是中小企业单笔的业务量较小，所以运营的成本相对较高，这时如果有第三方加入进来，就可集聚业务量，同时分担银行的部分业务及成本，提高整个流程的效率。

③在我国，由于中小型企业存在着信用体系不健全的问题，所以融资渠道非常缺乏，生产运营的发展资金压力大。仓单质押业务的开展，可以有效支持中小型企业的融资活动。另外，开展仓单质押业务可以盘活企业暂时闲置的原材料和产成品的资金占用，降低企业的融资成本，拓宽企业的融资渠道，有利于企业降低采购成本或扩大销售规模，提高企业的销售利润。

（2）买方信贷模式。如图 17 - 4 所示，买方信贷模式的业务流程包括以下几方面。

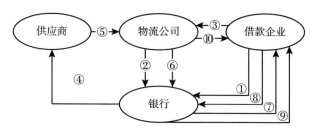

图 17 - 4　买方信贷业务流程

①借款企业根据与供应商签订的《购销合同》向银行提交一定比率的保证金；

②第三方物流公司向银行提供承兑担保；

③借款企业以货物对第三方物流公司提供反担保；

④银行开出承兑汇票给供应商；

⑤供应商在收到银行承兑汇票后向物流公司的保兑仓交货，物流公司获得货物的所有权；

⑥物流公司验货后向银行开具仓单，仓单须背书质押字样，并由物流公司签字盖章；

⑦银行在收到仓单后办理质押业务，按质押物价值的一定比率发放贷款至指定的账户；

⑧借款企业实际操作中货主一次或多次向银行还贷；

⑨银行根据借款企业还贷情况向借款企业提供提货单；

⑩物流公司的融通仓根据提货单和银行的发货指令分批向借款企业交货。

买方信贷模式的影响：

①买方信贷模式是在仓单质押模式的基础上发展出来的，在此业务过程中，有借款企业向银行提供的保证金及向物流企业的货物反担保降低了金融机构及物流企业的风险，同时也降低了整个供应链的风险。

②对银行和物流公司来说，此模式提供了新的增值服务，是新的利润增长点。对借款企业来说，担保物将不再局限在固定资产和房产上，公司的货物也可作为担保物，更方便得到融资帮助，利于企业的长远发展。

③对物流公司来说，作为承担保人，要非常了解经销商的基本情况，对

商品的完整和承保比率进行核准,因此物流公司要具有一定的实力才能做担保。对借款企业来说,必须全程依赖第三方物流公司和银行开展业务,必须以自身的货物进行反担保,并且进行反担保的货物品种均要进行选择。对于银行来说,需要对物流公司资信状态进行评估,同时需要花费时间精力确定借款企业提供的保证金的比率。

(3)授信融资模式。如图 17 – 5 所示,授信融资模式的业务流程包括以下几方面。

图 17 – 5　授信融资业务流程

①银行根据物流公司的实际情况授予物流公司一定的信贷额度;

②借款企业将货物质押到物流公司所在的融通仓库,由融通仓为质物提供仓储管理和监管服务;

③物流公司按质押物价值的一定比率发放贷款;

④借款企业一次或多次向物流公司还贷;

⑤物流公司根据借款企业还贷情况向借款企业提供提货单,物流公司的融通仓根据提货单分批向借款企业交货。

授信融资模式的影响:

①授信融资业务是仓单质押模式的进化,之所以这么说,是因为它简化了原先仓单质押的流程,提高了运作效率。金融机构根据物流公司融通仓仓储中心的规模、经营业绩、运营现状、资产负债比率以及信用程度,授予融通仓仓储中心一定的信贷额度,融通仓仓储中心可以直接利用这些信贷额度向相关企业提供灵活的质押贷款业务,由融通仓直接监控质押贷款业务的全过程,金融机构则基本上不参与该质押贷款项目的具体运作。融通仓直接同需要质押贷款的会员企业接触、沟通和谈判,代表金融机构同贷款企业签订质押借款合同和仓储管理服务协议,向借款企业提供质押融资的同时,为借

款企业寄存的质物提供仓储管理服务和监管服务，从而将申请贷款和质物仓储两项任务整合操作，提高质押贷款业务运作效率。

②该模式有利于企业更加便捷地获得融资，减少原先质押贷款中的一些烦琐的环节。借款企业在质物仓储期间需要不断进行补库和出库，而融通仓确认的过程就是对这些凭证进行审核的过程，中间省去了金融机构确认、通知、协调和处理等许多环节，缩短补库和出库操作的周期，在保证金融机构信贷安全的前提下，提高贷款企业产销供应链运作效率。

③对物流企业来说，开展授信融资业务能拓展公司的业务规模，只要企业能够获得银行的授信，就能方便地为中小企业提供灵活的融资服务，而目前困扰大多数中小企业的问题就是资金问题，物流企业在获得授信后就能更好地为中小企业提供融资服务，提高运作效率。

④对银行来说，开展授信融资有利于银行提高对质押贷款全过程监控的能力，更加灵活地开展质押贷款服务，优化其质押贷款的业务流程和工作环节，降低贷款的风险。

（4）垫付货款模式。如图 17 - 6 所示，垫付货款模式的业务流程包括以下几方面。

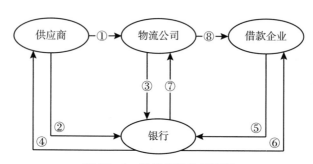

图 17 - 6　垫付货款业务流程

①供应商将货物发送到第三方物流公司指定的仓库；
②供应商开具转移货权凭证给银行；
③第三方物流公司提供货物信息给银行；
④银行根据货物信息向供应商垫付货款；

⑤借款企业还清货款；

⑥银行开出提货单给借款企业；

⑦银行向第三方物流公司发出放货指示；

⑧第三方物流公司根据提货单及银行的放货指示发货。

关于垫付货款模式的说明：在货物运输过程中，供应商将货权转移给银行，银行根据市场情况按一定比率提供融资，当借款企业（提货人）向银行偿还货款后，银行向第三方物流供应商发出放货指示，将货权还给借款企业。当然，如果借款企业不能在规定的期间向银行偿还货款，银行就可以在国际、国内市场上拍卖掌握在手中的货物或者要求供应商承担回购义务。

垫付货款模式的影响：

①对物流公司来说，通过为供应商存储货物、帮助借款企业（经销商）进行销售以及向银行提供真实货物信息，扩大了业务领域，从而增加了新的利润增长点。

②在整个业务过程中，借款企业存在的风险最小，只需货物能按时按价销售，能够还清贷款就有利可图。

③站在整个供应链的角度，货物变现的风险是三方都应该努力规避的。因为对整个合作来说，如果质押物不能变现或者销售情况不好，那么最终借款企业就不能及时还贷或根本无力还贷，银行和物流公司的投资将最终成为泡影，从而导致合作失败。

④这个过程中，物流企业必须具有先进的管理信息系统，能及时获得商品的现时状况，且及时为银行提供最新的信息，随着物流网技术的进一步发展，银行对货物的监管将越来越有效。

3. 资产融通模式

资产融通模式是指第三方物流企业利用自身综合实力、良好的信誉，通过资产经营方式，间接为客户提供融资、物流、流通加工等集成服务。这种模式中，基本上没有金融机构的参与，完全是由物流企业自己给借款企业提供融资服务。典型的资产融通模式有两种：替代采购模式和信用证担保模式。

（1）替代采购模式。如图 17-7 所示，替代采购模式的业务流程包括以下几方面。

图 17 - 7 替代采购业务流程

①由第三方物流公司代替借款企业向供应商采购货品并获得货品所有权；

②第三方物流公司垫付扣除物流费用的部分或者全部货款；

③借款企业向物流公司提交保证金；

④物流公司根据借款企业提交保证金的比例释放货品；

⑤第三方物流公司与供应商结清货款。

关于替代采购模式的说明：在物流公司的采购过程中，物流公司通常向供应商开具商业承担汇票并按照借款企业指定的货物签订购销合同，物流公司同时负责货物运输、仓储、拍卖变现，并协助客户进行流通和销售。除了供应商与借款企业签订的购销合同之外，第三方物流公司还应该与供应商签订物流服务合同，在该合同中供应商应无条件承担回购义务。

替代采购模式的影响：

对第三方物流公司而言，当物流公司代替借款企业向供应商采购货品时，物流企业首先代借款企业预付一半货款，当借款企业取货时则交付给物流企业全部货款。物流企业在将另一半货款交付给供应商之前，产生了一个资金运动的时间差，即这部分资金在交付前有一个沉淀期。在资金的这个沉淀期，物流公司等于获得了一笔不用付息的资金。物流公司可以利用这一不用付息的资金从事贷款，而贷款对象仍为物流公司的客户或与物流公司业务相关的主体。在这里，这笔资金不仅充当交换的支付功能，而且具有了资本与资本运动的含义，而且这种资本的运动是紧密地服务于业务链的运动的。

（2）信用证担保模式。信用证担保模式的业务流程包括以下几方面。

①缔结买卖合同；

②申请开立信用证；

③开立信用证；

④信用证的通知；

⑤装运货物和交单议付；

⑥议付行审单；

⑦开证行，保兑行审单；

⑧提货。

信用证担保模式的影响：

①信用证可使出口商获得信用保障。在进出口过程中银行信用取代了商业信用。这在很大程度上调动了出口商的热情，同时极大地扩张了世界进口贸易的规模。

②信用证可使出口商获得资金通融的便利。由于信用证体现了银行信用，出口商可以利用信用证进行融资，最终达到迅速回收货款、加速资金流转、减少应收账款的规模、改善财务报表的目的。

③信用证可使出口商获得外汇保障，且提高出口交易的确定性。

④信用证可使进口商获得资金融资更加便利，资金融资是大多数开证申请人最为关注的一项便利。

⑤信用证可确定出口商履行合同的日期。即进口商可大致确定出口商履行合同的日期，可以按销售时令或生产计划从容处置货物。

17.2.2　供应链金融的主要业务模式

目前，供应链金融融资的主要方式有下述三种。

1. 应收账款融资

（1）应收账款融资业务流程。

①销售企业与采购企业签订销售合同；

②融资银行对销售合同中的销售款回笼方式进行设定；

③银行在对回款完成监管设定的前提下，向销售企业提供融资；

④销售企业向采购企业发运货物；

⑤采购企业将贷款付至银行监管的指定账户；

⑥银行自动从指定账户划拨款项偿还贷款，并将剩余的款项释放给销售企业使用。

（2）应收账款融资影响。

①缩短企业应收账款收款天数；

②降低了买卖双方的交易成本；

③提高了资金的周转速度；

④提高了人力运用效力，免除人工收账的困扰；

⑤优化企业应收账款管理，为企业活化除固定资产以外的资产科目；

⑥透过应收账款增加营运周转金，强化财务调度能力。

2. 库存融资

（1）库存融资业务流程。

①银行与销售企业和物流企业签订三方协议，协议规定销售企业将货物权利置于银行的监管之下，并由物流企业进行保管；

②销售企业把将要销售的货物存放到指定仓库或交给指定的物流企业进行保管；

③物流企业负责检验并管理收到的货物，保证银行对货物的权利；

④银行在取得货物权利后，向销售企业发放贷款；

⑤销售企业售出货物时，由采购企业将贷款付至银行指定的监管账户；

⑥银行在收到货款后，向物流企业发出货物放行指令，从而将货物移交给采购方；

⑦银行将所收到的货款首先用于偿还货款，然后将超出部分划归销售方所有。

（2）库存融资影响。

①对于许多无法提供不动产抵押或第三方担保的中小企业，只要拥有资金方认定的可进行抵/质押的货物（比如钢材、煤炭），并交付给资金方指定的仓储监管公司监管，就可以从资金方获得融资。从而将原本积压在存货上的资金盘活，并且有利于扩大经营规模；

②这项业务不转移货物所有权，不影响企业正常经营周转；

③融资方式灵活多样，包括流动资金贷款、开立资金方承兑汇票、信用证、资金方保函等；

④企业可以根据经营需要分批赎货，无须一次性筹集大笔的赎货资金。

3. 预付款融资

（1）预付款融资业务流程。

①销售方与采购方签订购方签销协议，然后与银行和物流企业签订四方合作协议，协议中规定款项往来需通过银行指定账户，并且将相关货物权利让渡给银行；

②采购方以支付给销售方的预付款项向银行进行质押；

③银行在销售方检验采购方预付款项下的质押货物；

④银行根据采购方的采购需求发放相应货款，用于支付销售方的贷款；

⑤销售方将货物存放到制定仓库或交给指定的物流企业进行保管，物流企业向银行确认其拥有货物权利；

⑥采购方在货物销售后，将贷款存至银行指定的监管账户；

⑦银行确认收到货款后向物流企业发出相关货物的放行指令，物流企业收到放行指令后向采购方发运货物；

⑧银行将所收到的货款首先用于偿还贷款，然后将超出部分划归销售方。

（2）预付款融资影响。

①利用银行融资支付货款，减少自有资金占用；

②利用预付结算方式批量定购，取得优惠价格，扩大盈利空间；

③融资手续简便，无须提供其他抵质押物或保证担保。

17.3　物流与供应链金融的风险管理与控制

17.3.1　物流与供应链金融风险分析

物流与供应链金融如同一把"双刃剑"，在解决供应链各环节资金问题、缩短现金流量周期、降低企业运营成本、增加供应链企业运营效率的同时，也会对其经营带来一定的风险。

影响供应链金融风险的因素主要包括两个方面：一是外部的宏观层面的风险；二是微观的内部风险。外部环境主要由供应链金融各主体活动所依赖的经济环境、法律制度以及技术环境等构成，对于供应链金融服务的开展起到指导、保障以及约束作用。然而对于商业银行等金融机构来说，在开展供应链金融业务的过程中，外部宏观层面的风险一般是外生的变量，难以有效掌控。因此，在实际操作中金融机构通常更注重微观层面上运营风险的识别。

1. 供应链外生风险

供应链外生风险一般指外部经济周期、金融环境及政策发生变化，对供应链金融造成影响，我们主要从宏观经济周期、政策监管环境以及市场金融环境三个方面来分析。

（1）宏观经济周期：供应链金融在一定的经济环境中运行，金融活动涉及不同产业、融资平台以及流动性服务商，相较于单环节运行的传统贸易业务，供应链金融涉及范围较广，一旦经济状况出现波动，将导致供应链金融模式中的环节主体面临较大的风险，从而导致整体供应链资金风险加剧。尤其在经济出现下行或衰退时，市场需求疲软，供应链中的企业面临生存经营困难等问题，最终造成金融活动丧失良好的信用担保。

（2）政策监管环境：传统金融活动主要由商业银行等金融机构主导，随着市场的快速发展以及企业的迫切扩张需要，为满足市场业务发展需求，金融工具得到不断创新，同时在政策监管的允许下，非金融类企业在取得相应资质后可经营金融类业务，并受到相关法律及监管条例约束，例如供应链贸易企业可从事保理、贷款及融资租赁业务。一旦政策监管环境发生变化，或对供应链贸易企业提供的金融业务的监管力度提高或约束范围扩大，这将对供应链金融活动产生重大影响。

（3）市场金融环境：供应链金融业务的主要盈利来源于息差收入，当供应链企业获取的融资成本远小于其从事供应链金融业务所获得的利息收入时，供应链金融业务利润空间较大。一旦市场流动性偏紧，金融环境恶化导致资金成本上涨，供应链金融业务融资费用增加，尤其在市场利率出现较大波动的情况下，供应链金融业务利润收缩，甚至造成供应链各环节企业资金紧张，融资款项无法收回。[①]

---

① 宋华：《供应链金融》，中国人民大学出版社 2016 年版，第 392 页。

2. 供应链内生风险

供应链内生风险一般指供应链企业在经营过程中结合具体业务模式，在采购、库存以及销售阶段提供不同的融资模式，将资金风险转移到自身，并获取毛利率高的资金收益。我们具体从以下几个方面进行分析。

（1）供应链关联度风险：较为完善的供应链体系整合度较高，资金流转在供应链业务中形成闭环，供应链企业可通过对各环节的跟踪管理来控制供应链金融风险，同时要求供应链采购、生产、销售、仓储及配送等各环节在涉及的贸易业务领域上具有较高的关联度，可对同一领域业务形成紧密、配合顺畅的合作关系。而一旦供应链企业关联度低，融资环节出现缺口造成风险不可控，或将对供应链金融业务参与企业经营造成损失。

（2）供应链贸易背景风险：自偿性是供应链金融最显著的特点，而自偿的根本依据就是贸易背后真实的交易。在供应链融资中，商业银行是以实体经济中供应链上交易方的真实交易关系为基础，利用交易过程中产生的应收账款、预付账款、存货作为抵押，为供应链上下游企业提供融资服务。在融资过程中，真实交易背后的存货、应收账款、核心企业补足担保等是授信融资实现自偿的根本保证，一旦交易背景的真实性不存在，出现伪造贸易合同，或融资对应的应收账款的存在性与合法性出现问题，或买卖双方虚构交易恶意套取银行资金等情况出现，银行在没有了解真实贸易背景的情况下盲目给予借款人授信，就将面临巨大的风险。

（3）核心企业信用风险和道德风险：在供应链金融中，核心企业掌握了供应链的核心价值，担当了整合供应链物流、信息流和资金流的关键角色。商业银行正是基于核心企业的综合实力、信用等级及其对供应链的整体管理程度，而对上下游中小企业开展授信业务。因此，核心企业经营状况和发展前景决定了上下游企业的生存状况和交易质量。一旦核心企业信用出现问题，必然会随着供应链条扩散到上下游企业，影响供应链金融的整体安全。

（4）供应链上下游中小企业信用风险：供应链上下游企业的信用状况在一定程度上反映出其偿债意愿以及偿债能力，良好的资信状况是供应链金融业务正常运转的前提。虽然供应链金融通过引用多重信用支持技术降低了银企之间的信息不对称和信贷风险，通过设计机理弱化了上下游中小企业自身的信用风险，但作为直接承贷主体的中小企业，其公司治理结构不健全、制度不完善、技术力量薄弱、资产规模小、人员更替频繁、生产经营不稳定、抗风险能力差等问题仍然存在，特别是中小企业经营行为不规范、经营透明度差、财务报表缺乏可信度、守信约束力不强等现实问题仍然难以解决。

3. 物流与供应链金融风险特性

供应链金融本是立足于产业供应链而延伸出来的金融活动，其本意是通过产业供应链为金融活动提供支撑和保障，同时又通过金融活动优化产业供应链的过程，这两者之间的断裂，甚至不匹配、不协调都会产生巨大风险。因此，真正要让供应链金融良性、有序发展，一定要充分认识供应链金融风险的特性。供应链金融风险主要有以下特性：

（1）传导效应：供应链上各企业之间是相互依存和相互作用的，它们共同在供应链金融创新活动中获得利益。但是，一旦某个企业出现问题，其风险会向上下游企业传导，使其他企业受到牵连，最终使供应链金融服务者以及合作方都受到损失。

（2）动态性：供应链金融风险不是一成不变的，它会随着供应链的网络规模、融资模式的创新、运营状况的交替、外部环境的变化等因素不断地变动。

（3）高度复杂性：供应链金融的风险是产业供应链风险和金融风险的叠加，除了供应链环境、网络和组织等各层面的影响因素外，金融中可能存在的因素也会使供应链金融运作产生危机。①

17.3.2 物流与供应链金融风险管理

1. 物流与供应链金融风险管理原则

物流与供应链金融作为一种针对中小企业融资的结构性金融创新，虽然在结构上具有较强的科学性和可行性，但是由于参与主体较多、融资模式灵活、契约设计复杂，其运作风险也具有相对复杂的特点。因此，系统掌握物

---

① 陈晓华、吴家富：《供应链金融》，人民邮电出版社 2018 年版，第 243 页。

流与供应链金融风险管理原则是供应链服务商应具备的基本素质和体系运营基础。物流与供应链金融风险管理主要包括以下几个原则。

（1）业务闭合化原则。业务闭合是指首尾相接，形成环路，最大化地提高效率、减少成本，这是供应链金融运行的首要条件。供应链的整体活动应该是有机相连、有序运行的，包括发现价值、生产价值、传递价值和实现价值等环节，这些环节形成了完整的循环。这是因为供应链金融的核心和前提是供应链运营，一旦供应链活动和环节难以实现闭合，或者价值产生和实现过程中出现偏差，就必然会产生潜在问题，导致金融风险产生。

（2）交易信息化原则。交易信息化是影响供应链金融风险的重要因素，主要表现在企业或组织间的信息化与供应链运营过程管理的信息化。

①企业或组织间的信息化。企业或组织间的信息化也分为两个方面。一是企业跨职能信息沟通，比如销售部门及时提供项目执行情况反馈表，生产部门及时反馈项目运行情况等。如果企业内部不能做到信息化和数字化，无法形成有效传递，就必然会产生风险。二是供应链上下游企业之间或者金融服务组织者之间的信息沟通，比如核心企业与相关企业进行信息互换，金融机构与企业之间有效协调等，一旦相异产业之间没有进行信息的标准化和交换，供应链运行就是一个空壳，金融机构的收益也会受到影响，进而使整个供应链受到波及。

②供应链运营过程管理的信息化。供应链运营过程的信息化涉及能否及时掌握供应链运行状况和正确的信息。这一点包括很多方面，比如金融业务网上审批和联网管理，使用物流金融业务现场操作软件系统等互联网技术。

（3）收入自偿化原则。收入自偿化原则是供应链融资的基本条件，它指的是根据企业真实的贸易背景和供应链流程，以及上下游综合经营资信实力，向供应链中的企业提供短期融资解决方案，并且以供应链运营收益或者所产生的确定未来现金流作为直接还款来源的融资过程。在授信理念上，自偿性贸易融资注重贸易背景的真实性，会对企业物流和资金流进行有效的锁定，期限严格与贸易周期匹配，自偿性特征明显。在授信管理方式上，自偿性贸易融资注重客户的债项评级结果，结合特定产品授权控制，相对来说，授权控制宽松很多。另外，从授信结果来看，流动资金贷款多为单笔授信，而自偿性贸易融资则为额度授信，满足了贸易的批量性和周转性。

（4）管理精细化原则。管理精细化意味着为了遵循责任明确、流程可控等目标，而对供应链活动实施有效的专业化管理，并且相互制衡，互不重复或重叠。供应链金融的有效运行依赖于企业内部甚至企业之间合理的结构以及职能对接，确切地讲，从事供应链金融的组织，需要在职能设计上综合考虑产品设计（即根据供应链状况设计相应的金融服务产品）、供应链运营（即供应链经营活动的协调、组织和实施）、营销（供应链服务和金融的推广，以及客户关系管理）、风控（风险评估、监控、管理）、信息化（供应链服务以及供应链金融信息化、大数据平台的建立、信息整合分析与统计）等多个方面的具体内容，以及它们相互之间的制衡和协作关系。一旦某个职责弱化，就会产生巨大风险。

（5）风险结构化原则。风险结构化指的是在开展供应链金融业务的过程中，能合理地设计业务结构，并且采用各种有效手段化解可能存在的风险和不确定性。供应链金融业务往往会由于主体行为失当、作业环节中的差错等产生各种风险，为此，在供应链金融产品的设计过程中需要考虑缓释各种风险的途径和手段。这样一来，即便出现了风险损失，也可将其控制在预期范围内，使其对经营期间的影响得到一定程度的缓解。

（6）声誉资产化原则。声誉资产是企业给社会公众的综合印象，是企业无形资产的总和，即口碑、形象、美誉、表现、行业地位、舆论反应以及社会责任等名声指标的统称。企业的声誉资产需要企业一点一滴地积累，长期不断地努力才能获得。可以说，声誉资产是企业最强大的软性竞争力，用声誉管理大师凯文·杰克逊的话来说，"声誉资产是企业最宝贵的资产"。

在供应链金融创新中，声誉代表了企业在从事或者参与供应链金融业务时的能力、责任和担当。只有声誉良好的企业，才能促进金融业务稳定持续地发展，一旦丧失声誉，意味着企业具有比较高的道德风险，可能会产生恶意破坏行为，导致供应链金融生态环境和市场秩序出现紊乱。[①]

2. 物流与供应链金融风险管理措施

物流与供应链金融风险即相关金融业务，由于操作人员或相关道德信用

---

① 宋华：《供应链金融》，中国人民大学出版社 2016 年版，第 407 页。

或计数手段的缺失、市场变化、相关业务模型设计的天然缺陷、偶发因素等导致的经济损失或信用缺失等，使得物流金融业务的某一方或几方的收益低于预期。有效管理物流与供应链金融风险，应该从银行、核心企业、中小物流企业等多方当事人入手，涵盖整个供应链的各个环节。

（1）化解来自核心企业的风险。要化解来自核心企业的风险，应从两方面入手。一方面，对核心企业经营情况进行跟踪评价。对核心企业经营情况存在的问题进行分析，对其业绩、设备管理、人力资源开发、质量控制、成本控制、技术开发、用户满意度和交货协议等方面及时进行调查，并进行科学的评估。一旦发现某重要供应商可能出现问题，应及时通知关联企业进行预防和改进，针对可能发生的供应链风险制定应急措施。另一方面，成立物流金融公司或核心企业的资本部门，专门从事物流金融服务。因为我国现在的供应链金融必须靠核心企业和银行的合作进行，依靠优势互补来进行操作，但这仍然会因为双方的信息不对称带来种种风险，存在诸多弊端。我国现阶段银行间的业务以及银行与金融机构之间的业务往来仍然有衔接的诸多不便和漏洞。如果建立物流金融公司将二者合二为一，那么由银行间及银行与金融机构的信息不对称而对核心企业信用过分放大的风险自然就会减少，同时有助于提高效率，使物流金融业务更加专业化，也给监管带来便利。

（2）提高对中小企业的风险识别和控制能力。中小企业的特点是投资风险相对较高，因而就对银行风险管理和控制能力提出了更高的要求。一是银行要努力提高对中小企业真实信息的掌控能力，把握好企业经营活动、管理能力、信用意识、资金运营、资产分布及关联交易等的真实情况；二是银行要通过建立适合中小企业客户的信用等级评定体系，如实揭示中小企业客户的信用风险，合理确定中小企业的授信控制量，防止信用评级不客观和授信不及时而把优质中小企业排斥在信贷支持对象之外；三是银行应加强对中小企业的贷后管理，包括存货增减、贷款回笼、固定资产变化等情况。通过对借款人现金流量、财务实力、抵押品价值、行业与经营环境的变化等因素的连续监测和分析，了解企业的偿还能力是否发生变化，从而帮助银行及时发现问题，调整相关政策和措施，有效防范和降低贷款风险。

（3）建立灵活快速的市场商品信息收集和反馈体系，并强化内部控制。

在买方市场时代，产品的质量、更新换代速度、正负面信息的披露等都直接影响着质押商品的变现价值和销售。因此，物流企业和银行应根据市场行情正确选择质押物，并设定合理的质押率。一般来讲，选取销售趋势好、市场占有率高、实力强、知名度高的产品作为质押商品，并对其建立销售情况和价格变化趋势的监控机制，以及时获得真实的资料，避免由信息不对称引起对质押货物的评估失真，控制市场风险。同时，强化内部控制是防范银行内部风险的重要手段。商业银行的内部控制是一种自律行为，是为完成既定工作目标，对内部各职能部门及其工作人员从事的业务活动进行风险控制、制度管理和相互制约的一种方法。

（4）加强信用整合并建立灵活的市场商品和反馈体系。首先，物流企业要加强信用的建立和整合。客户资信风险、仓单风险、商品的监管风险都与信用有联系，所以在开展仓单质押业务时就需要仓库建立和整合这些信用。其次，必须加强对客户的信用管理。通过建立客户资信调查核实制度、客户资信档案制度、客户信用动态分级制度、财务管理制度等一系列制度，对客户进行全方位信用管理。再次，建立灵活快速的市场商品信息收集和反馈体系。这有利于物流企业把握市场行情的脉搏，掌握商品的市场价值和销售情况变化规律，及时获得真实的资料，以利用质押货物的正确评估和选择，避免信息不对称情况下对质押物的评估失真。最后，仓单的管理和规范化在我国现在的形式很不统一，因此要对仓单进行科学的管理，使用固定的格式，按规定方式印刷，同时派专人对仓单进行管理，严防操作失误和内部人员作案，保证仓单的真实性、唯一性和有效性。

（5）建立高效的信息传递渠道，规避供应链企业信息传递风险。利用现代化的通信和信息手段管理并优化整个供应链体系，通过电子数据交换系统对供应链企业进行互连，实现信息共享，使供应链企业之间实现无缝连接。所有供应链企业分享业务计划、预测信息、POS数据、库存信息、进货情况以及有关协调货流的信息，可以使得供应链上的客户、零售商、分销商、生产工厂、各级原料供应商、物流运输公司和各个相关业务合作伙伴在信息共享的基础上能进行协同工作。一般来说，若上下游企业之间有先进的通信方式、及时的反馈机制、规范的处理流程，那么供应链金融风险就能相对减小。信息技术的应用在很大程度上推倒了以前阻碍信息在企业内部各职能部门之间流动的"厚墙",供应链企业之间应该通过建立多种信息传递渠道,加强信息交流和沟通,增加透明度,加大信息共享力度来消除信息扭曲,从而降低供应链金融风险的不确定性并有效防范风险。

（6）进行物流与供应链金融风险转移。风险转移对不同当事人而言具有多种形式,只谈一方,即可推及其他当事人。对物流企业而言,尽量不予垫付货款,或建立起相应的客户档案,对信誉不同的客户予以差别化服务;申请支付令,越权行为要及时征求意见或得到事后追认;与银行和客户建立长期的合作伙伴关系,实施有效的过程监控;尽量控制自身的优质资产,以资金回笼率低的资产参与物流金融活动等。[①]

17.4 物流与供应链金融的未来发展趋势

17.4.1 物流金融的发展方向

物流金融的发展方向可归纳为以下几点。

1. 从静态质押监管向动态质押监管发展

所谓静态质押监管是指这批货质押后不再变动,一直到质押期结束才放货。事实上这种情况是很少见的,很多企业都要不断进行生产,不断采购原料,不断出货和生产。实际上货物处于流动过程,是一种动态的变化。传统基于静态的质押贷款服务已逐渐被动态物流过程中的金融服务所取代。

2. 从物流型客户向生产型客户发展

最初对物流金融服务有大量需求的客户主要是无足够固定资产以便获得银行贷款的流通型贸易商。随着物流金融的便利性和可操作性大为改观,越来越多的生产型企业也开始参与到享受物流金融服务的行业中。

3. 从货物质押向买方信贷发展

这个发展趋势实际上就是物流金融的实施者正从第三方发展到第四方物

---

① 李向文、冯茹梅：《物流与供应链金融》，北京大学出版社 2012 年版，第 183 页。

流，也就是过去常说的融通商、保兑商与物流相结合的形式，是贸易商、供应商、监管方、银行四方合作的业务模式。同时，向更多参与者发展的趋势是愈发明显的。

4. 从自有仓库向外仓库发展

专业化的运作方式使企业将非核心业务的操作流程外包成为主流。

5. 从单一环节向供应链过程发展

由于有了供货者的参与，物流金融服务的提供商对于货物从供应商到客户手中的全过程的监管发展也比较迅速。

17.4.2 供应链金融的发展趋势

1. 互联网供应链金融的发展

互联网下的供应链金融，是以一种"低成本、便捷性"的信贷模式来实现金融末端的普惠，是加快发展多层次资本市场的重要一环，是对传统金融机构借贷作用的有益补充。互联网供应链金融具有信息化与虚拟化、高效性与经济性、网络化与一体化等鲜明特点。互联网供应链金融是信息化条件下的实体经济与金融服务的最佳结合点和最佳推进载体，可以破解我国实体经济与金融经济脱节的难题，特别是在解决中小企业融资难的问题上能够发挥巨大作用，有利于提高产业供应链整体运转效率及竞争力，将成为金融业创新的新蓝海和制高点。

随着物联网、云计算、大数据、人工智能、区块链等技术的运用和突破，供应链金融产业生态与互联网技术的融合主要体现在以下几个方面。

（1）大数据与 AI 促进供应链金融的发展。大数据对于供应链金融的变革主要体现在信息的收集与分析方面，人工智能在供应链金融领域的应用以大数据为基础。首先，大数据极大地拓宽了供应链金融服务者所关注和使用的信息维度，供应链金融平台可以接入和整合相关主体的交易历史与交易习惯等信息，并对交易背后的物流信息进行跟踪，全面掌控平台上相关主体的交易行为，并通过这些信息给相关主体以融资支持。其次，大数据所整合的过程动态信息，极大提升了可用数据量级，能够帮助降低供应链金融业务成本，提高贷后管理能力。比如，能够帮助金融机构从源头开始跟踪押品信息，更容易辨别押品的权属，减少实地核查、单据交接等操作成本；通过对原产地标志的追溯，帮助金融机构掌握押品的品质，减少频繁的抽检工作；金融机构与核心企业的信息互动，甚至可以实现押品的去监管化，从而节约监管成本。在多维、动态、海量信息的基础上，大数据和人工智能能够提升客户画像能力，实现精准营销和智能风控。通过引入客户行为数据，将客户行为数据和银行资金信息数据、物流数据相结合，得到"商流＋物流＋资金流＋信息流"的全景视图，从而提高金融机构客户筛选和精准营销的能力，提升智能风控决策水平。

（2）云计算将会成为重要的金融基础设施。云计算技术和大数据技术一样，逐渐成为互联网金融重要的基础设施之一。云计算是一种基于虚拟化技术、分布式计算技术、并行计算技术等互联网技术提供的可以弹性伸缩、按需使用、按使用付费的计算模式。云计算技术可以根据需要，增加计算平台内的并行设备，从而提升整体的运算能力；云计算技术也可以根据客户对运算力的需要，如同出售电力一样出售运算力。云计算技术提升了计算能力和弹性，降低了中小金融机构的软硬件成本和管理成本。

（3）物联网将成为继互联网后的新风口。近年来，随着以射频识别为代表的信息传感技术逐步成熟，物联网被提升到一个新兴战略产业的高度。作为新一轮信息技术革命，物联网对于人类文明的影响程度将远远超过互联网。与其说互联网实现了人与人之间的交流，那么物联网实现的是人与物间的沟通和交流，也可以实现物与物的信息对接和整合。同时，现代化的智慧物流所提供的金融服务与物联网的运用是分不开的，特别是在为客户开展供应链金融服务的过程中，商品在物流管理中的各个阶段都需要信息系统的监控，也就是说物联网在物流和金融行业的应用是息息相通、密不可分的。[①]

2. 区块链供应链金融的发展

区块链是点对点通信、数字加密、分布式账本、多方协同共识算法等多个领域的融合技术，具有不可篡改、链上数据可溯源的特性，非常适用于多方参与的供应链金融业务场景。互联网信息技术升级使得大部分信息数据传

---

① 万联供应链金融研究院：《2019 中国供应链金融调研报告》，中国人民大学中国供应链战略管理研究中心，2019 年 10 月，第 22 页。

递都可电子化和无纸化，生物识别技术可以提高企业主和融资代表人身份确权的效率和精准度，大数据建模可对借款人资质事先筛查和精准画像，所有这些都为以区块链为核心的供应链金融创新提供了技术上的准备和支持。

在供应链金融领域，区块链技术的作用主要体现在以下几个方面。

（1）区块链技术促进四流合一，使供应链信息透明化。传统的供应链通过纸质合同对参与方进行约束，存在履约风险。在区块链平台上，借用智能合约，使得业务在链上产生，实现商流上链，供应链生态中的参与方依协议共同维护一个公共账本，每一笔交易经全体共识后记账。公共账本上的数据全体可见，可有效保证数据主体的访问权和数据可携权，赋予数据主体对自身数据更为灵活的处置能力。通过数据链上、链下的分级加密存储，可在数据安全和隐私的前提下，保证数据的准确性和不可篡改性，实现数据在不同应用间更高效的自主流转；通过物联网技术，将物流信息整合到区块链平台；相伴于物流整合，在商品、原材料交割的同时，将在链上实现商品归属权的交割、债权清算等，从而实现商流上链；同时配合银行的独立账户系统，在所有权、债权发生转移、清算的同时，能够触发智能合约的自动执行、账户资金的自动支付，完成资金流的整合。至此形成一套完整的闭环。

（2）区块链技术帮助核心企业信用自由流转。在传统供应链金融体系内，由于各企业的独自运营，导致金融机构无法判断远离核心企业的供应商订单是否由于真实的业务需求所驱动，核心企业背书信用会随着应收账款债权的转让不断减弱，导致核心企业的信用仅能传递至一、二级供应商，因此供应链上游末端的供应商就无法获得有竞争力的融资服务。区块链将末端供应商链接入平台，通过链上完成业务订单的多方验证，将相应的业务订单进行关联，把现实的应收账款债权映射到链上，基于区块链的共识机制设计，链上数据不可篡改、可溯源、可承载价值，核心企业背书效用能够沿着可信的融资链路传递，进而解决核心企业信用难以传递到供应链尾端的难题。

（3）区块链技术健全企业征信体系，监管便利性提升。借助区块链平台的不可篡改、可追溯的特性，能够将企业的信用历史、履约能力进行分析，将供应链金融的信息上链加密并实现可追溯，确保了数据的真实性与准确性；同时通过区块链实现纸质文件的电子化以及对智能合约的应用，可以有效地获取监管信息，对资金流分析预警，能够及时对贸易背景真实性进行分析与核实，监管部门能够对整体的营商环境进行全面了解，实现风险的尽早发现、尽早防范。同时，这些数据也是我国企业征信体系的核心数据，能够推动我国健全企业征信体系。

目前来说，短期内区块链在供应链金融领域的应用仍然处于探索阶段，大规模应用的实现需要长时间的实践才能逐步落地。

本 章 小 结

本章首先介绍了物流与供应链金融产生的背景、概念、作用等基本内容，然后展示了物流与供应链的主要业务模式，阐述了物流与供应链金融的风险管理与控制方法，最后探讨了物流与供应链金融的未来发展趋势。

本章重要术语

物流金融　供应链金融　供应链金融风险管理

延 伸 阅 读

1. 邹小芃、陈万翔、夏峻峰：《国内物流金融研究综述》，载《商业时代》2006 年第 36 期。

2. 李向文、冯茹梅：《物流与供应链金融》，北京大学出版社 2012 年版。

3. 宋华：《供应链金融》，中国人民大学出版社 2016 年版。

4. 陈晓华、吴家富：《供应链金融》，人民邮电出版社 2018 年版。

5. 宋华：《互联网供应链金融》，中国人民大学出版社 2017 年版。

复习与思考

一、简答题

1. 简述物流金融的定义。

2. 简述物流与供应链金融的联系与区别。

3. 简述物流金融的主要业务模式。

4. 简述供应链金融的主要业务模式。

二、论述题

1. 谈谈供应链风险有哪些。

2. 探讨一下供应链金融风险防范原则。

3. 讨论物流与供应链风险的规避措施。

第18章

区　块　链

学习目标

1. 掌握区块链的概念、特性和分类。

2. 了解区块链发展历程。

3. 了解区块链关键技术，分别了解哈希运算、数字签名、共识算法、智能合约和 P2P 网络。

4. 了解区块链应用的价值和应用场景。

引导案例

什么是比特币？

关于比特币，可以从一个通俗的故事开始了解。从前，有个古老的村落，里面住着一群村民，这个村庄没有银行为大家存钱、记账，没有一个让所有村民都信赖的村长来维护和记录村民之间的账务往来，也就是没有任何中间机构或个人来记账。于是，村民想出一个不需要中间机构或个人，而是大家一起记账的方法。比如，张三要给李四 1000 块钱。张三在村里大吼一声："大家注意了，我张三给李四转了 1000 块钱。"附近的村民听到了之后做两件事：（1）通过声音判断这是张三喊的，而不是别人冒名张三喊的，从而防止别人去花张三的钱；（2）检查张三是否有足够的钱，每个村民都有个小账本记录了各个村民有多少钱，当确认张三真的有 1000 块钱后，每个村民都会在自己的小账本记录"xxxx 年 x 月 x 日，张三转给李四 1000 块钱"。除此之外，这些村民口口相传，把张三转账的事情告诉了十里八村，当所有人都知道转账的事情后，大家就能够共同证明张三转给李四 1000 块钱。这样，一个不需要村长（中心节点）却能让所有村民都能达成一致的记账系统诞生了。这个记账系统就可以类比为人们今天常说的比特币系统。

从故事里引出了三个值得思考的问题：

（1）记的账在后面是否会被篡改？

（2）村民有什么动力帮别人记账？

（3）这么多人记账，如果记的不一致，那么以谁记的为准？

比特币系统巧妙地解决了这三个问题。

第一，比特币采用两种策略保证账本不可篡改：一是人人记账。人人手上都维护一本账本，这样即使某个人改了自己的账本，他也无权修改其他村民手上的账本，即使有人修改自己的账本，别人是不会认可的。二是采用"区块＋链"的特殊账本结构。在这种账本结构中，每一个区块保存着某段时间内所发生的交易，这些区块通过链式结构连接在一起，形成了一个记录全部交易的完整账本。如果对区块内容进行了修改就会破坏整个区块链的链式结构，导致链条断了，从而很容易被检测到，这两个策略保证了从全局来看整个账本是不可篡改的。

第二，前面一条提到了人人参与记账，那么每个人就应该有参与记账的动力，这就涉及比特币系统中的激励机制。参与记账的村民，被称为"矿工"。这些矿工中，首个记账被认可的人将获得一笔奖励，这笔奖励就是若干个比特币，这也是比特币发行的唯一来源，这种奖励措施使众多矿工积极参加记账，而且谁在某一块账本被认可，其他人都会分别拷贝这块账本，从而保证所有人维护的账本是完全一致的。这两点保证了区块链的自动安全运行。

第三，既然有了激励，大家就会争抢着记账并努力让自己的记账被认可，怎么确定以谁记的为准？为了能够确定以谁记的账为准，村民们想到了一个公平的办法：每一块账本（类比为人们现实账本上的一页）都对应题库中的一道难题，所有参与记账的"矿工"都可以去破解这道难题，谁若最先破解，该页/块就以谁记的账为准。这个破解难题的过程，就被称为"挖矿"，即工作量证明的过程。这里需要说明的是，这个难题的解题过程需要不断地尝试，较为困难，但是找到答案发给别人后，别人是很容易验证的。

因此，比特币通过"区块＋链"的分布式账本保障了交易的不可篡改，通过发放比特币的激励措施激励了"矿工"的参与，通过计算难题（矿工挖矿）保证了记账一致性。这样就形成了一个不依赖于任何中间人即可完成记账的自动运行系统。这其中具有"区块＋链"不可篡改账本、多方参与、结果共识的技术，就是比特币背后的区块链技术。

资料来源：华为区块链技术开发团队：《区块链技术及应用》，清华大学出版社 2019 年版。

18.1　区块链基础

互联网技术的发展和普遍应用，导致了信息传递速度的加快，降低了人类社会的信息传递成本，也深刻地改变了人们的生产方式、生活方式，并已经渗透到方方面面。当前，互联网只是作为信息传递者，打破了信息传播的地域和国家界限，信息自由极大地促进了人类经济、政治、文化的发展，但区块链在此基础上构建了一种新的可信的大规模协作方式，以解决数字经济发展的信任问题，因此区块链被寄予众多期望。

18.1.1　区块链的概念

从 2009 年比特币问世至 2019 年，十年间，区块链逐步进入大众视野，比特币由于广阔的前景和巨大的遐想空间，自 2009 年诞生后价格持续上涨，2011 年币价达到 1 美元，2013 年最高达到 1200 美元，超过 1 盎司黄金价格，有"数字黄金"的美称。现在比特币已成长为一个在全球有着数百万用户，数万商家接受付款，市值最高达百亿美元的货币系统。

那么到底什么是区块链？区块链的定义是什么？工信部指导发布的《区块链技术和应用发展白皮书 2016》的解释是：狭义来讲，区块链是一种按照时间顺序将数据区块以顺序相连的方式组合成的一种链式数据结构，并以密码学方式保证的不可篡改和不可伪造的分布式账本。广义来讲，区块链技术是利用块链式数据结构来验证和存储数据、利用分布式节点共识算法来生成和更新数据、利用密码学的方式保证数据传输和访问的安全性、利用由自动化脚本代码组成的智能合约来编程和操作数据的一种全新的分布式基础架构与计算范式。[①]

目前公认的对区块链的定义如下：

区块链是一种以区块为单位进行产生和存储的数据，并按照时间顺序首尾相连形成链式结构，同时通过密码学保证不可篡改、不可伪造及数据传输访问安全的去中心化分布式账本。区块链中所谓的账本，其作用和现实生活中的账本基本一致，即按照一定的格式记录流水等交易信息。特别是在各种数字货币中，交易内容就是各种转账信息。只是随着区块链的发展，记录的交易内容由各种转账记录扩展至各个领域的数据。比如，在供应链溯源应用中，区块中记录了供应链各个环节中物品所处的责任方、位置等信息。

18.1.2　区块链的特性

区块链是多种已有技术的集成创新，主要用于实现多方信任和高效协同。通常，一个成熟的区块链系统具备透明可信、防篡改可追溯、隐私安全保障以及系统高可靠四大特性。

1. 透明可信

（1）去中心化，人人记账。在去中心化的系统中，网络中的所有节点均是对等节点，大家平等地发送和接收网络中的消息。所以系统中的每个节点都可以完整观察系统中节点的全部行为，并将观察到的这些行为在各个节点进行记录，即维护本地账本。这与中心化的系统是不同的，中心化系统中不同节点之间存在信息不对称的问题，中心节点通常可以接收到更多信息，而且中心节点也通常被设计为具有绝对的话语权，这使得中心节点成为一个不透明的黑盒，而其可信性也只能由中心化系统之外的机制来保证。

---

① 中国区块链技术和产业发展论坛：《区块链技术和应用发展白皮书2016》，第5页。

（2）节点间决策过程共同参与，共识保证可信性。区块链系统是典型的去中心化系统，网络中的所有交易对所有节点均是透明可见的，而交易的最终确认结果也由共识算法保证了在所有节点间的一致性。所以整个系统对所有节点均是透明、公平的，系统中的信息具有可信性。在区块链系统中，每个节点通过共识算法让自己的账本跟其他节点的账本保持一致。

2. 防篡改可追溯

"防篡改"是指交易一旦在全网范围内经过验证并添加至区块链，就很难被修改或者抹除。一方面，当前联盟链所使用的算法，从设计上保证了交易一旦写入就无法被篡改；另一方面，区块链系统的篡改难度及花费都是极大的，除非能够同时控制系统中超过51%的节点，否则单个节点上对数据库的修改是无效的。哈希算法的单向性就是保证区块链网络实现不可篡改性的基础技术之一。

但是，"防篡改"并不意味着不允许编辑区块链系统上记录的内容，只是整个编辑的过程被类似"日志"的形式完整记录了下来，且这个"日志"是不能被修改的。

"防篡改"特性保证了写入到区块链上的交易很难被篡改，这为"可追溯"特性提供了保证。现在很多区块链应用都利用了防篡改可追溯这一特性，使得区块链技术在物品溯源等方面得到了大量应用。

3. 隐私安全保障

由于区块链系统中的任意节点都包含了完整的区块校验逻辑，所以任意节点都不需要依赖其他节点完成区块链中交易的确认过程，也就是无须额外信任其他节点。节点之间不需要互相公开身份，因为任意节点都不需要根据其他节点的身份进行交易有效性的判断，这为区块链系统保护用户隐私提供了前提。

区块链系统中的用户通常以公私钥体系中的私钥作为唯一身份标识，用户只要拥有私钥即可参与区块链上的各类交易，因而在区块链网络上只能查到转账记录，所以区块链系统能够知道某个私钥的持有者在区块链上进行了哪些交易，但不知道地址背后是谁。

4. 系统高可靠

区块链系统的高可靠体现在以下几个方面。

（1）每个节点对等地维护一个账本并参与整个系统的共识。区块链存储器将数据存储在世界上无数个节点上，如果其中某一个节点出故障了，整个系统还能够正常运转。

（2）区块链系统支持拜占庭容错。拜占庭错误来自著名的拜占庭将军问题，现在通常是指系统中的节点行为不可控，可能存在崩溃、拒绝发送消息、发送异常消息或者发送对自己有利的消息（即恶意造假）等行为。

传统的分布式系统虽然也具有高可靠特性，但是通常只能容忍系统内的节点发生崩溃现象或者出现网络分区的问题，不能处理拜占庭错误，而区块链系统则是 BFT 系统，可以处理各类拜占庭错误。严格来说，区块链系统的可靠性也不是绝对的，只能说是在满足其错误模型要求的条件下，能够保证系统的可靠性。然而由于区块链系统中，参与节点数目通常较多，其错误模型要求完全可以被满足，所以人们一般认为，区块链系统是具有高可靠性的。

18.1.3　区块链分类

根据网络范围及参与节点特性，区块链可被划分为公有链、联盟链、私有链三类。这三类区块链特性对比如表 18-1 所示。

表 18-1　区块链的类型及其特性

特性	公有链	联盟链	私有链
参与者	任何人自由进出	联盟成员	个体或公司内部
共识机制	PoW/PoS/DPoS 等	分布式一致性算法	分布式一致性算法
记账人	所有参与者	联盟成员协商确定	自定义
激励机制	需要	可选	可选
中心化程度	去中心化	多中心化	（多）中心化
突出特点	信用的自建立	效率和成本优化	透明和可追溯
承载能力	3~20 笔/秒	1000~1 万笔/秒	1000~20 万笔/秒
典型场景	加密数字货币、存证	支付、清算、公益	审计、发行

18.2　区块链发展历程

18.2.1　区块链基础技术发展历程

区块链的诞生最早可以追溯到密码学和分布式计算，表 18 – 2 显示了区块链的技术发展历程。

表 18 – 2　　　　　　　　　　区块链的技术发展历程

时间	事件	意义
1976 年	迪菲和赫尔曼发表了一篇开创性论文《密码学的新方向》	首次提出公共密钥加密协议与数字签名概念
1979 年	默克勒·拉尔夫提出了 Merkle – Tree 数据结构和相应的算法	被广泛应用于校验分布式网络中数据同步的正确性
1982 年	拜占庭将军问题，证明了在将军总数大于 3f、背叛者个数小于等于 f 时，忠诚的将军们可以达成一致	标志着分布式计算理论和实践正逐渐走向成熟
1982 年	大卫·乔姆公布了密码学支付系统 ECash	ECash 是密码货币最早的先驱之一
1985 年	椭圆曲线加密算法	ECC 的提出极大地推动了非对称加密体系真正进入生产实践领域并发挥巨大影响
1997 年	亚当·巴克提出了 Hash cash 算法	Hash cash 是一种 PoW 算法，后来被比特币系统采纳使用
1998 年	华裔工程师戴伟（Wei Dai）和尼克·萨博各自独立提出密码货币的概念	戴伟的 B – Money 被公认为比特币的精神先驱，尼克·萨博的比特黄金（Bit gold）设想基本就是比特币的雏形
21 世纪初	点对点分布式网络技术飞速发展，先后诞生了 Napster、BitTorrent 等流行应用	为加密数字货币的实现夯实了技术基础

续表

时间	事件	意义
2008 年 11 月	神秘的中本聪先生发表了论文，描述了一种完全去中心化的加密数字货币——比特币	区块链则作为其底层技术进入公众视野①

18.2.2 区块链平台发展历程

区块链的发展先后经历了数字货币、智能合约、价值互联网三个阶段，下面将分别对这几个阶段进行简要的介绍。

1. 区块链 1.0：数字货币

2009 年 1 月，在比特币系统论文发表两个月之后，比特币系统正式运行并开放了源码，标志着比特币网络的正式诞生。区块链实际上是一种极其巧妙的分布式共享账本及点对点价值传输技术，通过构建一个公开透明、去中心化、防篡改的账本系统，比特币开展了一场规模空前的数字货币实验。在区块链 1.0 阶段，区块链技术的应用主要聚集在加密数字货币领域，典型代表即比特币系统以及从比特币系统代码衍生出来的多种加密数字货币。

加密数字货币的"疯狂"发展吸引了人们对区块链技术的关注，对于传播区块链技术起到了很大的促进作用，人们开始尝试在比特币系统上开发加密数字货币之外的应用，这个阶段的区块链的特点见表 18 - 3 所示。

表 18 - 3 区块链 1.0 的特点

以区块为单位的链状数据块结构	区块链系统各节点通过一定的共识机制选取具有打包交易权限的区块节点，该节点需要将新区块的前面区块的哈希值、当前时间戳、一段时间内发生的有效交易及其梅克尔树根值等内容打包成一个区块，向全网广播。由于每一个区块都是与前续区块通过密码学证明的方式链接在一起的，因此当区块链达到一定的长度后，要修改某个历史区块中的交易内容就必须将该区块之前的所有区块的交易记录及密码学证明进行重构，这有效实现了防篡改

---

① 王达、王国强：《区块链的发展之路》，载《张江科技评论》2019 年第 6 期。

续表

全网共享账本	在典型的区块链网络中，每一个节点都能够存储全网发生的历史交易记录的完整、一致账本，即对个别节点的账本数据的篡改、攻击不会影响全网总账的安全性。此外，由于全网的节点是通过点对点的方式连接起来的，没有单一的中心化服务器，因此不存在单一的攻击入口。同时，全网共享账本这个特性也使得防止双重支付成为现实
非对称加密	典型的区块链网络中，账户体系由非对称加密算法下的公钥和私钥组成，若没有私钥则无法使用对应公钥中的资产
源代码开源	区块链网络中设定的共识机制、规则等都可以通过一致的、开源的源代码进行验证①

2. 区块链 2.0：企业应用

2014 年前后，业界开始认识到区块链技术的重要价值，并将其用于数字货币外的领域，如分布式身份认证、分布式域名系统、分布式自治组织等。这些应用被称为分布式应用（DAPP）。用区块链技术架构从零开始构建 DAPP 非常困难，但不同的 DAPP 共享了很多相同的组件。以太坊项目为其底层的区块链账本引入了被称为智能合约的交互接口，这对区块链应用进入 2.0 时代发挥了巨大作用。

智能合约是一种通过计算机技术实现的，旨在以数字化方式达成共识、履约、监控履约过程并验证履约结果的自动化合同。从人类分工协同的角度来看，现代社会已经是契约社会，而契约的签订和执行往往需要付出高昂的成本。以公司合同为例，A 公司和 B 公司签订了一笔供货合同，后来 B 公司违反了合同条款，导致 A 公司供货不足产生重大损失，于是 A 公司向法院提起诉讼，在历经曲折并耗费了大量人力、物力后终于打赢了官司。不料 B 公司拒绝履行判决，A 公司只得向法院申请强制执行，从立案、提供人证物证到强制执行，整个流程浪费了大量社会资源。而通过智能合约，整个履约过程将变得简单、高效、低成本。A 公司和 B 公司签了一笔供货合同，合同以智能合约的形式通过计算机程序编码实现，经过双方确认后，供货智

---

① 中国区块链技术和产业发展论坛：《区块链技术和应用发展白皮书 2016》，第 8 ~ 9 页。

能合约连同预付违约金账户被安装到区块链平台上自动执行，后来 B 公司违反了合同条款，导致 A 公司供货不足产生重大损失，A 公司提供电子证据并通过平台真实性验证后触发供货智能合约的违约赔偿条款，违约赔偿条款自动将 B 公司预付的违约金按照合约规定汇入 A 公司账户作为补偿。

有了智能合约系统的支持，区块链的应用范围开始从单一的货币领域扩大到涉及合约共识的其他金融领域。表 18 - 4 显示了区块链 2.0 的特点。

表 18 - 4   区块链 2.0 的特点

智能合约	区块链系统中的应用，是已编码的、可自动运行的业务逻辑，通常有自己的代币和专用开发语言
DAPP	包含用户界面的应用，包括但不限于各种加密货币，如以太坊钱包
虚拟机	虚拟机是图灵完备的，用于执行智能合约编译后的代码

3. 区块链 3.0：价值互联网

2018 年 5 月 28 日，国家主席习近平在中国科学院发表讲话："进入 21 世纪以来，全球科技创新进入空前密集活跃的时期，新一轮科技革命和产业变革正在重构全球创新版图、重塑全球经济结构，以人工智能、量子信息、移动通信、物联网、区块链为代表的新一代信息技术加速突破应用。"可见，区块链是"新一代信息技术"的一部分。

自带密码学和去中心化属性的区块链技术在分布式身份体系的构建中具备天然优势。互联网先驱们正在积极探索如何通过区块链技术解决现有 Web 协议存在的效率低下、版本变更、中心化和骨干网依赖等问题，现阶段称其"必将取代 HTTP"言之过早，但当前作为万维网协议的补充却是非常有益的。

在这个即将到来的智能价值互联时代，区块链将渗透到生产生活的方方面面，充分发挥审计、监控、仲裁和价值交换的作用，确保技术创新向着让人们的生活更加美好、让世界更加美好的方向发展。

18.3　区块链关键技术

区块链作为一个诞生仅有十年的技术，是一个新兴的概念，但是它所用到的基础技术全是当前非常成熟的技术。区块链的基础技术包括哈希运算、数字签名、P2P 网络、共识算法以及智能合约等，在区块链兴起之前，很多技术已经在各种互联网应用中被广泛使用。但区块链也并不是简单的重复使用现有技术，例如共识算法、隐私保护在区块链中已经有了很多的革新，智能合约也从一个简单的理念变成了一个现实。区块链"去中心化"或"多中心"的这种颠覆性的设计思想，结合其数据不可篡改、透明、可追溯、合约自动执行等强大能力，足以掀起一股新的技术风暴。本节简单介绍这些技术的原理及在区块链系统中的作用。

18.3.1　哈希运算

区块链账本数据主要通过父区块哈希值组成链式结构来保证不可篡改性。哈希算法（Hash Algorithm）即散列算法的直接音译。它的基本功能概括来说，就是把任意长度的输入（例如文本等信息）通过一定的计算，生成一个固定长度的字符串，输出的字符串称为该输入的哈希值。

一个优秀的哈希算法要具备正向快速、输入敏感、逆向困难、强抗碰撞等特征，具体如表 18 - 5 所示。

表 18 - 5　　　　　　　　　哈希运算的特征

正向快速	正向即由输入计算输出的过程，对给定数据，可以在极短时间内快速得到哈希值。如当前常用的 SHA256 算法在普通计算机上的一秒钟能做 2000 万次哈希运算
输入敏感	输入信息发生任何微小变化，哪怕仅仅是一个字符的更改，重新生成的哈希值与原哈希值也会有天壤之别，同时完全无法通过对比新旧哈希值的差异推测数据内容发生了什么变化。因此，通过哈希值可以很容易地验证两个文件内容是否相同

续表

逆向困难	要求无法在较短时间内根据哈希值计算出原始输入信息。在后台数据库仅会保存密码的哈希值，每次登录时，计算用户输入密码的哈希值，并将计算得到的哈希值与数据库中保存的哈希值进行比对。即使数据泄露，黑客也无法根据密码的哈希值得到密码原文，从而保证了密码的安全性
强抗碰撞性	不同的输入很难产生相同的哈希输出。只要算法保证发生碰撞的概率够小，通过暴力枚举获取哈希值对应输入的概率就更小，代价也相应更大

资料来源：朱玮、吴云、杨波：《区块链简史》，中国金融出版社 2020 年版，第 86~88 页。

哈希算法的以上特性，保证了区块链的不可篡改性。对一个区块的所有数据通过哈希算法得到一个哈希值，而这个哈希值无法反推出原来的内容。因此区块链的哈希值可以准确地标识一个区块，任何节点通过简单快速地对区块内容进行哈希计算都可以独立地获取该区块的哈希值。如果想要确认区块的内容是否被篡改，利用哈希算法重新进行计算，对比哈希值即可确认。

18.3.2 数字签名

区块链网络中包含大量的节点，不同节点的权限不同。区块链中的转账操作，必须要由转出方发起。区块链主要使用数字签名来实现权限控制，识别交易发起者的合法身份，防止恶意节点身份冒充。

数字签名也称作电子签名，是通过一定算法实现类似传统物理签名的效果。目前已经有包括欧盟、美国和中国等在内的 20 多个国家和地区认可数字签名的法律效力。2000 年，中国的《合同法》首次确认了电子合同、数字签名的法律效力。2005 年 4 月 1 日，中国首部《电子签名法》正式实施。数字签名在 ISO7498 – 2 （Information Processing Systems） 标准中定义为："附加在数据单元上的一些数据，或是对数据单元所做的密码变换，这种数据和变换允许数据单元的接收者用以确认数据单元来源和数据单元的完整性，并保护数据，防止被人（例如接收者）进行伪造。

但数字签名并不是指通过图像扫描、电子板录入等方式获取签名的电子版，而是通过密码学领域相关算法对签名内容进行处理，获取一段用于表示签名的字符。数字签名通常采用非对称加密算法，即每个节点需要两个密钥，即私钥和公钥。所谓私钥即只有本人可以拥有的密钥，签名时需要使用私钥；公钥即所有人都可以获取的密钥，验签时需要使用公钥。因为公钥人人可以获取，所以所有节点均可以校验身份的合法性。

在区块链网络中，每个节点都拥有一份公私钥对。节点发送交易时，先利用自己的私钥对交易内容进行签名，并将签名附加在交易中。其他节点收到广播消息后，首先对交易中附加的数字签名进行验证，完成消息完整性校验及消息发送者身份合法性校验后，该交易才会触发后续处理流程。这对应到前文"比特币的通俗故事"中村民验证喊出交易者的声音确保是张三自己发出的交易①。

18.3.3　共识算法

区块链通过全民记账来解决信任问题，但是所有节点都参与记录数据，那么最终以哪个记录为准？在传统的中心化系统中，因为有权威的中心节点背书，因此可以以中心节点记录的数据为准，其他节点仅简单复制中心节点的数据即可，很容易达成共识。在区块链中，常用的共识机制主要有 PoW、PoS、DPoS、Paxos、PBFT 等，具体如表 18－6 所示。

表 18－6　　　　　　　　　　　　常用的共识机制

PoW	依赖机器进行数学运算来获取记账权，资源消耗相比其他共识机制高、可监管性弱，同时每次达成共识需要全网共同参与运算，性能效率比较低，容错性方面允许全网 50% 节点出错
PoS	主要思想是节点记账权的获得难度与节点持有的权益成反比，相对于 PoW，一定程度上减少了数学运算带来的资源消耗，性能也得到了相应的提升，但依然是基于哈希运算竞争获取记账权的方式，可监管性弱
DPoS	与 PoS 的主要区别在于节点选举若干代理人，由代理人验证和记账。其合规监管、性能、资源消耗和容错性与 PoS 相似
Paxos	是一种基于选举领导者的共识机制，领导者节点拥有绝对权限，并允许强监管节点参与，性能高，资源消耗低。所有节点一般有线下准入机制，但选举过程中不允许有作恶节点，不具备容错性

---

① 华为区块链技术开发团队：《区块链技术及应用》，清华大学出版社 2019 年版，第 26～27 页。

续表

PBFT	该共识机制允许强监管节点参与，具备权限分级能力，性能更高，耗能更低，容错性为33%①

资料来源：朱玮、吴云、杨波：《区块链简史》，中国金融出版社2020年版，第76~77页。

18.3.4 智能合约

智能合约的引入可谓区块链发展的一个里程碑。区块链从最初单一数字货币应用，至今天融入各个领域，智能合约在其中发挥了重要的作用。这些金融、政务服务、供应链、游戏等各种类别的应用，几乎都是以智能合约的形式运行在不同的区块链平台上。

智能合约并不是区块链独有的概念。早在1995年，跨领域学者尼克·萨博（Nick Szabo）就提出了智能合约的概念，他对智能合约的定义为：一个智能合约是一套以数字形式定义的承诺，包括合约参与方可以在上面执行这些承诺的协议。简单来说，智能合约是一种在满足一定条件时，就自动执行的计算机程序。例如自动售货机，就可以视为一个智能合约系统。客户需要选择商品，并完成支付，这两个条件都满足后售货机就会自动吐出货物。

智能合约，不仅仅是将传统的合约电子化，它的真正意义在革命性地将传统合约的背书执行由法律替换成了代码。比如，球赛期间的打赌即可以通过智能合约实现。首先在球赛前发布智能合约，规定：今天凌晨2：45，A队伍 VS B队伍，如果A队伍赢，则甲给乙1000元；如果B队伍赢，乙给甲1000元。甲和乙都将1000元存入智能合约账户，比赛结果发布，A队伍4：2胜B队伍，触发智能合约响应条件，钱直接打入乙的账户，完成履约。整个过程非常高效、简单，不需要第三方的中间人进行裁决，也完全不会有赖账等问题。

智能合约在区块链中的运行逻辑如图18-1所示。

---

① 中国区块链技术和产业发展论坛：《区块链技术和应用发展白皮书2016》，第42页。

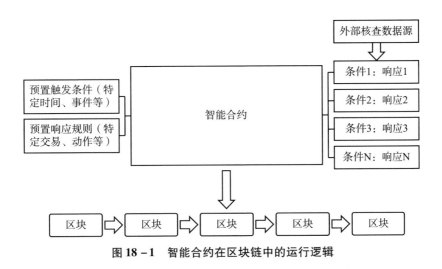

图 18 – 1　智能合约在区块链中的运行逻辑

对应前面打赌的例子，智能合约即为通过代码实现的打赌内容。该智能合约预置的触发条件即为规定球赛场次、时间等相关信息，同时需要规定获取结果途径（例如直接从官网获取结果）。预置响应条件即为触发事件后，智能合约具体执行内容。条件 1：A 队伍赢，响应 1：钱直接打入乙的账户；条件 2：B 队伍赢，响应 2：钱直接打入甲账户。该智能合约一经部署，其内容就会永久地保存在链上，并严格执行。球赛结束后，区块链网络中的节点均会验证响应条件，并将执行结果永久记录在链上。

18.4　区块链应用

18.4.1　区块链应用的趋势

比特币作为区块链技术的第一个应用，其出现为区块链技术在众多领域的使用和推广拉开了序幕。从最初的加密数字货币到后来的金融应用，再到近年来在各大行业领域的广泛使用，区块链技术正以其独特的价值深入影响和改变人们的认知与生活。

从图 18 – 2 中人们可以看到，区块链具体应用领域在不断扩展，而这正是由于人们对区块链的认识和理解不断深入而逐步发展的。最初人们只是片面地认为区块链只用于虚拟货币交易，然而随着对其链式结构原理和不可篡改等特性的了解，人们发现区块链适用的交易其实不只局限于货币，一切金融界的交易都可以用区块链来记录。紧接着随着人们对区块链传递信任本质的领悟，人们发现需要传递信任的地方就需要区块链，金融业只是区块链应用场景的一个分支。由此以来，区块链的应用领域一下被扩展到各种行业：供应链、政务服务、物联网、新能源，甚至庞大的互联网也只能说是区块链领域的一个分支。人们更相信随着区块链应用领域的不断拓展、区块链应用规模的不断扩大，未来将会催生出大量的以区块链为创新点的颠覆性应用，人们的社会也由此向着可信社会的方向迈进。

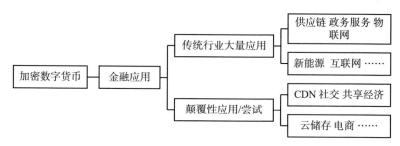

图 18 - 2   区块链应用的趋势

资料来源：马昂、潘晓、吴雷、郭晶峰、黄倩文：《区块链技术基础及应用研究综述》，载《信息安全研究》2017 年第 11 期。

18.4.2   区块链应用的价值

区块链提供一种在不可信环境中，进行信息与价值传递交换的机制，是构建未来联网的基石，也符合党的十九大以来一直提倡的"为实体经济提供可信平台"。区块链发展到现在，人们可以从以下几个方面来分析其应用的价值。

第一，从应用需求视角可以看到，区块链行业应用正加速推进。金融、医疗、数据存证/交物联网设备身份认证、供应链等都可以看到区块链的应用。娱乐、创意、文旅、软件开发等也有区块链的尝试。

第二，从市场应用来看，区块链也逐步成为市场的一种工具，主要作用是减少中间环节，让传统的或者高成本的中间机构成为过去进而降低流通成本。企业应用是区块链的主战场，具有安全准入控制机制的联盟链和私有链将成为主趋势。区块链也将促进公司现有业务模式重心的转移，有望加速公司的发展。同时，新型分布式协作公司也能以更快的方式融入商业体系。

第三，从底层技术来讲，有望推进数据记录、数据传播和数据存储管理模式的转型。区块链本身更像一种互联网底层的开源协议，在不远的将来会触动甚至会最后取代现有的互联网底层的基础协议（建筑在现有互联网底层之上，一个新的中间层，提供可信的、有宿主的、有价值的数据）。把信任机制加到这种协议里，将会是一个很重大的创新。

第四，在区块链应用安全方面，区块链安全问题日渐凸显，安全防卫需要从技术和管理全局考虑，安全可信是区块链的核心要求，标准规范性日显重要。

第五，从服务提供形式来看，云的开放性和云资源的易获得性，决定了公有云平台是当前区块链创新的最佳载体，利用云平台让基于区块链的应用快速进入市场，获得先发优势。区块链与云计算的结合越发紧密，有望成为公共信用的基础设施。

第六，从社会结构来看，区块链技术有望将法律、经济、信息系统融为一体，颠覆原有的社会监管和治理模式，组织形态也会因此发生一定的变化。虽然区块链技术与监管存在冲突，但矛盾有望进一步调和，最终会成为引领人们走向基于合约的法治社会的工具之一。[①]

18.4.3　区块链应用场景

1. 区块链应用场景特征

人们认为在现阶段适合的场景有三个特征：第一，存在去心化、多方参与和写入数据需求；第二，对数据真实性要求高；第三，存在初始情况下相互不信任的多个参与者建立分布式信任的需求。

典型的应用案例如：华为物流部基于区块链进行货物跟踪，该区块链应

---

① 郑志明：《区块链技术与发展》，载《中国信息化周报》2019 年第 007 版。

用提升了数据安全性、隐私性、共享性，解决了商品转移过程中的追溯防伪问题，有效提高物流行业的结算处理效率，节约 20% 以上的物流成本；基于华为云区块链所打造的供应链金融平台，该平台加强了供应金融业务中多方信息的共享，简化企业间的互相担保、机构信用评估等流程，提升企业融资效率，融资过程从半个月降低到 2 天，同时也降低违约处理成本；基于华为云区块链实现内容版权区块链平台，数据内容版权公司能够为海量作品提供低成本、高效率的版权存证方案，版权存证处理流程耗时由 10～20 天提升到实时版权存证，促进了版权合理合法的快速流通。

2. 优化、重构、创造市场

高盛在 2016 年发布的一份区块链产业报告中指出，区块链独特的性质使得它不仅有潜力优化现有市场，也有能力重构市场和创造新市场，具体包括以下几点。

（1）优化现有市场。对于优化现有市场，代表案例如金融结算场景，采用区块链系统可以显著缩短交易结算时间，甚至是从几天缩减到数小时，这也可以帮助减少全流程的资本需求、运营成本和托管费用，实现每年全球 110 亿～120 亿美元的成本节约。

（2）创造性地重构市场。在创造性地重构市场方面，其代表案例如智能电网的分布式售电系统，会带来价值 25 亿～70 亿美元的美国分布式能源市场，区块链可以连接本地的能源生产者（比如有太阳能板的邻居）与该地区的消费者，使得分布式的实时能源交易市场成为可能。

（3）创造新市场。在创造新市场方面，其代表案例如个体家庭住宿的兴起，至 2020 年，30 亿～90 亿美元的新生市场订房费用增量，区块链可以安全地储存和整合用户的在线交易信息，并检查身份验证和支付认证的历史记录，使得各方建立信任更加容易。

3. 触及金融、社交等行业

在未来 5～10 年，区块链有可能触及很多行业，最可能产生颠覆性的行业包括金融业、共享经济和社交网络、存储和内容分发网络等。

（1）金融业领域。在金融业领域，区块链为金融机构系统性地解决全业务链的痛点和顽疾。区块链技术可以被应用在不同的银行业务，从支付结算、票据流转、供应链金融到更复杂的证券发行与交易等各核心业务领域。区块链技术带来的收益将惠及所有的交易参与方，包括银行、银行客户、银行的合作方（如平台企业等）。目前金融服务各流程环节存在效率瓶颈、交易时欺诈和操作风险等痛点，大多数问题有望在区块链技术应用后得到解决，规避现有流程中大量存在的手工操作。比如区块链技术的应用可以帮助跨境支付与结算业务交易参与方节省约 40% 的交易成本。金融业典型的应用场景包括以下几个方面。

①数字货币：随着电子金融及电子商务的崛起，数字货币安全、便利、低交易成本的独特性，更适合基于网络的商业行为，并在将来有可能取代纸质货币的流通。中国央行也在研究法定数字货币，用以提高货币发行、使用及调控的便利性，区块链技术是可能的底层技术之一。

②跨境支付与结算：区块链将摒弃中转银行的角色，实现点到点快速且成本低廉的跨境支付。通过区块链的平台，不但可以绕过中转银行，减少中转费用，还因为区块链安全、透明、低风险的特性，提高了跨境汇款的安全性，以及加快结算与清算速度，极大提高资金利用率。

③票据与供应链金融业务：借助区块链的技术，可以直接实现点对点之间的价值传递，不需要特定的实物票据或是中心系统进行控制和验证；传统中介的角色将被消除，也减少人为操作因素的介入。供应链金融也能通过区块链减少人工成本、降低成本及操作风险、提高安全度及实现端到端的透明化。

④证券发行与交易：区块链技术使得金融交易市场的参与者享用平等的数据来源，让交易流程更加公开、透明、有效率。通过共享的网络系统参与证券交易，使得原本高度依赖中介的传统交易模式变为分散的平面网络交易模式，实现准实时资产转移，加快交易清算速度。

⑤客户征信与反欺诈：记载于区块链中的客户信息与交易记录有助于银行识别异常交易并有效防止欺诈。区块链的技术特性可以改变现有的征信体系，降低法律合规成本，防止金融犯罪。在银行进行客户身份识别（Know Your Customer，KYC）时，将客户数据储存在区块链中。客户信息及交易记录不仅可以随时更新，同时，在客户信息保护法规的框架下，如果能实现客

户信息和交易记录的自动化加密关联共享，银行之间能省去许多 KYC 的重复工作。

（2）共享经济和社交网络应用。在共享经济和社交网络应用中，区块链天生就具备去中心化的特性，这一点与共享经济的宗旨高度吻合。区块链作为一个去中心化的一致性共享数据账本，在此架构下，整个系统的运作都是公开透明的，它将让共享经济变得更加容易。比如可以将智能合约运用于自行租货、房屋共享等领域，如果这种智能合约运用于今天火爆的共享单车领域，也许会给整个行业带来全新的改变。①

本 章 小 结

本章从区块链的基础知识入手，介绍了区块链的概念、特点和分类。其次，回顾了区块链基础技术的发展历程以及区块链的三个发展阶段：数字货币、智能合约和价值互联网。然后，介绍了区块链的几种关键技术，包括哈希运算、数字签名、共识算法、智能合约。最后，对区块链的应用场景进行了总结和展望。

本章重要术语

区块链　数字货币　哈希运算　数字签名　共识算法　智能合约

延 伸 阅 读

1. 唐塔普斯科特、亚力克斯·塔普斯科特：《区块链革命：比特币底层技术如何改变货币、商业和世界》，中信出版社 2016 年版。

2. 华为区块链技术开发团队：《区块链技术及应用》，清华大学出版社 2019 年版。

3. 任明月、张议云、李想：《区块链＋：打造信用与智能社会》，清华大学出版社 2018 年版。

---

① 高盛 2016 研究报告：《区块链，从理论走向实践》，http：//www.360doc.com/content/16/1120/23/37015604_608119098.shtml。

复习与思考

1. 区块链的起源是什么?

2. 区块链具有哪些特点?

3. 目前区块链的共识机制有哪些?

4. 比特币的数量有没有限制, 如果有, 数量是多少?

5. 通过本章节的学习以及网络查找相应的资料, 思考区块链应用现阶段面临的主要问题, 总结并记录下来。

电子商务中的物流

引导案例

成都苏宁第三代物流基地正式投入使用

近日，记者从苏宁电器获悉，经过一年多的施工建设，苏宁在西南地区的首个第三代大型物流基地于近期全部竣工并正式投入使用，标志着苏宁电器在西南地区最大、最先进的物流基地已成功完成战略布局。苏宁成都物流基地的投入使用，将有效打通西南地区物流大动脉，成为名副其实的西南地区家电物流的"大后方"。

一、第三代物流基地投入使用，有效打通西南地区物流大动脉

2005 年 3 月，苏宁作为国内领先的家电连锁企业，率先启动了业界著名的"5315 服务工程"，这是一个涵盖了物流中心、客服中心、售后服务网点的建设项目，以实现苏宁电器服务平台的网络集成化、作业机械化、管理

信息化。同年年底，苏宁第一个第二代物流基地在杭州落成，随后苏宁对第二代物流经营模式进行不断优化并开始积极探索第三代物流基地发展模式。2008 年，苏宁南京总部雨花物流基地的投入运行，标志着苏宁第三代物流基地正式成型。

此次正式投入使用的成都物流基地，成功复制了苏宁第三代物流基地的成熟经验和运作模式。成都苏宁物流基地项目位于成都经济开发区内，交通便利，占地面积 131 亩，仓库面积近 5 万平方米，拥有 2.5 万多个货位，大件商品存储能力达 25 万台/套商品，日作业能力近 4 万台套，可支持 100 亿元的销售。据成都苏宁电器相关负责人介绍，建成后，成都苏宁物流基地的配送区域可辐射周边 300 多公里范围内的长途调拨、门店配送、零售配送等，成为名副其实的西南地区家电物流的"大后方"。

二、运用多种信息化管理平台，有效优化供应链效率

随着商业流通企业的快速发展，物流的重要性日益凸显。由于物流基础设施建设的滞后性，导致了我国大多数企业流通能力的不足。苏宁电器董事长张近东早在 2010 年两会期间就曾以现代化流通体系对国民经济发展的重要性，提出了"全面构建现代流通体系"的提案，受到了全国各界的关注。因此，物流基地的大规模建设就成为苏宁电器拉动内需消费、提高上下游供应链效率的有效工具。

成都苏宁物流基地建设是基于现代供应链环境的要求，以提高物流水平和降低物流成本为宗旨。据了解，相比于曾经的第二代物流基地，成都苏宁物流基地与传统的物流仓库有着本质的区别，对于优化上下游供应链效率有突出的作用。成都苏宁相关负责人介绍说，信息化管理贯穿了成都苏宁物流作业的全过程。商品入库、上架、转仓、拣货、集货等作业由信息系统全程支持，WMS 系统和商品单品的条码化管理，实现了苏宁物流的精细化管理和流水化作业。此外，成都苏宁物流基地在物流作业过程全部实现机械化运作，货物的上下移动由高位叉车作业、货物的水平移动采用电动托盘车作业、货物的批量装卸采用夹抱车作业等。

据了解，通过信息化的管理、机械化的作业，成都苏宁物流已初步完成了与供应商的 B2B 对接，降低了供应链物流成本；苏宁物流的人均作业效

率提高了 3 倍，单位面积的存储能力提高了 2 倍，商品周转率提高了 40%，商品残次率下降了 90%，商品差错率几乎为零，管理成本和作业成本大幅下降。同时，这样的规模效益和供应链的整合，除了可以进一步加大苏宁的价格优势外，还能进一步完善苏宁的配送准时制服务。

第三代物流基地建设，是苏宁电器战略发展规划中的重要组成部分。除目前已经投入使用的北京、杭州、南京、沈阳、无锡、成都等物流基地之外，今年还将完成合肥、天津等地的项目建设。未来 5 年内，苏宁电器还将完成徐州、重庆、青岛李沧、盐城、广州、厦门、哈尔滨、济南、郑州等共 60 家大型物流基地项目建设。

资料来源：腾讯科技，http：//tech. qq. com/a/20110823/000308. htm，2011 年 8 月 23 日。

■ 19.1 电子商务与物流的关系

自互联网进入商业领域之后，全球的电子商务产业得到了迅速发展，到现在电子商务已成为人们生活中不可或缺的一部分。作为支持电子商务迅速发展的基础，物流活动也发生了巨大的变化。

电子商务的发展离不开现代物流，而现代物流在电子商务的环境下获得了千载难逢的发展机遇，电子商务和物流二者之间互相影响、相互促进。物流主要的作用在于构建生产以及消费的载体和媒介。而电子商务则主要是利用现代信息化技术方法进行商品交易的过程。两者具有紧密的关联性。

19.1.1 物流对电子商务的影响

电子商务与物流的关系为：物流是电子商务的重要组成部分，物流是实现电子商务的保证，物流服务于商流，物流是电子商务服务消费者的基础。

1. 物流是电子商务的重要组成部分

如图 19 - 1 所示，电子商务的本质是商务，商务的核心内容是商品的交易，而商品交易会涉及四方面：商品所有权的转移、货币的支付、有关信息的获取与应用、商品本身的转交，即商流、资金流、信息流、物流。

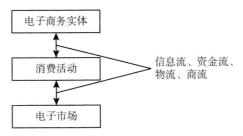

图 19 – 1　物流和商品交易

其中，信息流既包括商品信息的提供、促销行销、技术支持、售后服务等内容，也包括诸如询价单、报价单、付款通知单、转账通知单等商业贸易单证，还包括交易方的支付能力、支付信誉等。商流是指商品在购、销之间进行交易和商品所有权转移的运动过程，具体是指商品交易的一系列活动。资金流主要是指资金的转移过程，包括付款、转账等过程。物流作为四流中最为特殊的一种，是指物质实体的流动过程，具体指运输、储存、配送、装卸、保管、物流信息管理等各种活动。对于少数商品和服务来说，可以直接通过网络传输的方式进行配送，如各种电子出版物、信息咨询服务等。而对于大多数商品和服务来说，物流仍要经由物理方式传输。过去，人们对物流在电子商务中的重要性认识不够，对于物流在电子商务环境下会发生的变化也认识不足，认为对于大多数商品和服务来说，物流仍然可以经由传统的经销渠道。但随着电子商务的进一步推广与应用，物流能力的滞后对其发展的制约越来越明显。物流的重要性对电子商务活动的影响被越来越多的人所注意。

2. 物流是实现电子商务的保证

物流作为电子商务的重要组成部分，是实现电子商务的重要保证。电子商务通过快捷、高效的信息处理手段，可以比较容易地解决信息流、商流和资金流的问题。而将商品及时地配送到用户手中，即完成商品的空间转移才标志着电子商务过程的结束。因此，物流系统的效率高低是电子商务成功与否的关键。电子商务是信息传送保证，物流是执行保证。没有物流，电子商务只能是一张"空头支票"。

3. 物流服务于商流

在整个电子商务中，物流实际上是以商流的后续者和服务者的姿态出现的。一些网上商店在各地成立分公司和配送中心，消费者完成网上交易后，由用户所在地的配送中心将货物运送到用户手里，这种方法可以降低流通费用、提高流通速度。通常只有当第三方物流配送系统非常发达的时候，B2C网上购物才会得到迅速发展。没有现代化的物流，轻松的商务活动只会退化为一纸空文。

4. 物流是电子商务服务消费者的基础

物流服务于商流，是实现"以顾客为中心"理念的根本保证，没有现代化的物流，就无法实现真正的电子商务。因为缺少现代化物流技术与管理，电子商务给消费者带来的便捷等于零，消费者必然会转向他们认为更为可靠的传统购物的方式上。可以说，电子商务的出现，在最大程度上方便了最终消费者。

19.1.2 电子商务对物流的影响

从电子商务对物流的影响程度来看，其影响涵盖了不同方面，具体可以从以下几点进行分析。

1. 电子商务给物流业带来了发展机遇

电子商务是一次高科技和信息化的革命。物流公司既是生产企业的仓库，又是用户的实物供应者。物流企业成为代表所有生产企业及供应商对用户的唯一最集中、最广泛的实物供应者，成为社会生产链条的领导者和协调者，为社会提供全方位的物流服务。可见电子商务把物流业提升到了前所未有的高度，为其提供了空前发展的机遇。

2. 电子商务促进物流服务的社会化和多功能化

因为电子商务属于一个全新的商务形式，其能够在一定程度上为物流营造出虚拟化的活动空间。人们在使用电子商务过程中，其相关的物流的不同作用发挥都是利用虚拟化的形式进行体现。正是在这样的基础上，人们才能够实现物流的社会化和多功能化。社会化的物流通常把物流的各个环节作为一个完整的系统进行统筹协调、合理规划，为电子商务企业提供全面化和功能多样化的物流服务。

3. 电子商务促进物流服务的信息化，提高技术水平

在电子商务的推动之下，物流基础设施也会取得一定程度的发展。因为电子商务要求较高的工作效率，因此相应的物流业应该具备完善的通信网络等其他方面相关的基础设施。在电子商务环境下，物流的内在以及外在技术都会出现较大的发展和进步。现代信息技术的普及和应用大大提高了物流行业的技术水平，随着计算机技术的不断普及，网络技术的不断完善，电子商务势必取得长足的发展，物流技术也将随之不断创新，最终实现真正意义上的"物畅其流"。①

19.1.3　电子商务物流的概念及特征

电子商务物流是在电子商务迅速发展的基础上产生和发展起来的，它不仅推动了电子商务的快速发展，同时也为物流行业的快速发展提供了新的机遇。电子商务物流活动包含了物流活动的基本要素，其作业流程建立在物流信息管理系统的基础上，实现了物流活动的自动化和信息化。

1. 电子商务物流的概念

目前还没有统一的电子商务物流定义，但是随着电子商务物流实践的发展，电子商务物流的概念也在不断地发展和完善。

电子商务物流的概念起源于物流电子化，物流电子化是指物流服务提供商通过以互联网为核心的现代信息通信技术在物流业务活动中的应用，以更好地实现"以客户为中心"的物流服务目标，并通过物流信息在供应链合作伙伴之间的实时共享，致力于实现供应链中物流管理的效率和效益的最大化。

电子商务物流概念模型如图 19－2 所示，主要包括商务服务、配送服务和信息服务三方面的内容。

电子商务物流是物流企业发展到一定阶段的必然产物，物流企业利用自身的核心竞争力进行电子商务相关应用服务，势必会促使"四流"进一步融合，从而提升企业的竞争优势。电子商务物流不是简单的"物流运输＋电子商务"应用，它集电子商务企业、物流企业、信息技术企业的优势于一体。电子商务物流由物流企业来开展是因为物流行业具有不可替代的优势，

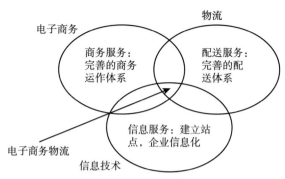

图 19 - 2　电子商务物流概念模型

即物流配送需要投入大量的成本才能建立起来。这种大成本的投入会给其他竞争者造成巨大的进入壁垒。[①]

2. 电子商务物流的特征

物流理论和物流技术在不断发展，许多先进管理理论和先进生产技术、信息技术、电子技术也在不断地与现代物流融合，随着这些理论和技术在物流各个环节中的深入应用，现代物流产生了许多新的变革，表现出许多新的特点，具体如表 19 - 1 所示。

表 19 - 1　　　　　　　　　　电子商务物流的特征

特征	说明
信息化	物流信息化表现为物流信息搜集的数据库化和代码化、物流信息处理的电子化和计算机化、物流信息传递的标准化和实时化、物流信息存储的数字化等
自动化	自动化可以提高物流作业能力、减少物流作业差错等。物流自动化的设施非常多，如基于条码和射频的自动识别系统、自动分拣系统、自动存取系统、货物自动跟踪系统等
智能化	智能化是物流自动化、信息化的一种高层次应用
网络化	实现物流网络化是提高供应链反应速度、增强供应链整体竞争力的关键环节

---

① 董林飞：《电子商务物流概念及模型研究》，载《重庆科技学院学报（社会科学版）》2011年第 20 期，第 74~75 页。

特征	说明
柔性化	柔性化物流是配合生产领域中的柔性制造而提出的一种新型物流模式。物流柔性化对配送中心的要求就是根据多品种、小批量、多批次、短周期的全新消费需求，灵活有效地组织和实施物流作业

■ 19.2　电子商务中的物流管理

电子商务中包含着信息流、商流、资金流、物流等基本"流"。其中，前三种"流"的处理都可以通过计算机和网络通信设备实现。对于物流而言，为了提高物流效率、降低物流成本，物流企业除了要大力发展现代物流技术以外，还要加强物流管理，提高现代物流管理水平。

19.2.1　电子商务中的物流管理概述

物流管理是对物流活动形成系统的管理。因为物流系统是由物流活动的各个环节组成的统一有机联系的整体，物流管理的目的就是使物流总体效益达到最佳。电子商务的出现使物流管理有了一定的变化。

1. 电子商务物流管理概念

概括而言，物流管理是指根据物质流动的规律，应用管理的基本原理和科学方法对物流活动进行计划、组织、指挥、协调、控制和监督，使各项物流活动实现最佳的协调与配合，通过降低物流成本和满足市场需求来提高社会效率和经济效益的过程。

电子商务物流管理不仅涉及系统中不断转移的物质实体，也涉及使物质实体发生运动（包括储存）的手段（如包装、运输、储存和装卸搬运等）与所使用的资源、设施、设备的规划、设计、选择、使用以及与此有关的经济、技术和劳务等方面的问题，还涉及电子商务与物质实体流通的技术、经济、信息和网络关系。

关于电子商务下的物流管理，目前的资料和书籍中并无明确的定义和解释。一般认为电子商务下的物流管理指的是在电子商务过程中使用各种现代化手段和工具，对发生的物流活动进行网络化、电子化管理以降低成本和提高效益的过程。其具体内容包括对电子商务下的物流系统、物流过程、物流技术以及物流成本的管理等。

2. 电子商务物流管理的特点

如表 19 - 2 所示，电子商务物流管理的主要特点包括目的性、综合性、创新型、智能性。

表 19 - 2　　　　　　　　　　　电子物流管理的特点

特点	说明
目的性	主要是降低物流成本、提高物流效率、有效提高客户服务水平
综合性	从其覆盖的领域上看，它涉及商务、物流、信息、技术等领域的管理；从管理的范围看，它不仅涉及企业，而且也涉及供应链的各个环节；从管理的方式方法看，它兼容传统的管理方法和通过网络进行的过程管理、虚拟管理等
创新性	电子商务物流体现了新经济的特征，它以物流信息为管理的出发点和立足点。电子商务活动本身就是信息高度发达的产物，对信息活动的管理是一项全新的内容，也是对传统管理的挑战和更新。我国对互联网的相关管理手段、制度、方法均处于探索阶段，如何对物流活动进行在线管理，还需要产业界与理论界的共同努力
智能性	在电子商务物流管理中，将更多地采用先进的科学技术与管理方法，实现对物流的智能决策、控制与协调等

19.2.2　电子商务物流管理的目标和职能

1. 电子商务物流管理的目标

企业通过实施有效的电子商务物流管理，可以降低物流管理成本，实现物流管理的规模效益和协作效应，具体如下。

（1）降低物流管理的成本。对于企业而言，降低物流管理的成本，在于对物流的各个环节进行必要的成本及效益分析以减少各种原材料及其他生产资料的消耗量。例如，在实际的物流作业中，两次搬运、倒换等均属于不产生价值的无用工作，它们的存在大大增加了企业生产的运作成本，企业若能通过工序或流程再造，使之在生产中所占的比重降低，就能有效节省运营成本，这对企业利润的增长也将起到一个良好的推进作用。

（2）实现物流管理的规模效益。企业通过组建物流总部来对物流活动进行统一的计划、组织和实施，这将有效地使企业在节省物流成本的同时提高物流效益，达到规模经营的效果。例如，企业通过对物流活动相关环节的计划与运筹安排，巧妙合理地将企业所需的物品与企业产品的订货进行分析和汇总，实现采购与销售的规模化与稳定化，这样就能够获得订货或销售的规模效益。

2. 电子商务物流管理的职能

电子商务物流管理和任何管理活动一样，其职能包括组织、计划、协调、指挥、控制、激励和决策。

（1）组织职能。主要工作内容有：确定电子商务物流系统的机构设置、劳动分工和定额定员；配合有关部门进行物流空间组织和时间组织的设计；对电子商务物流中的各项职能进行合理分工，使各个环节的职能进行专业化协调。

（2）计划职能。主要是编制和执行年度电子商务物流的供给和需求计划、月度供应作业计划、电子商务物流各环节的具体作业计划（如运输、仓储等）、物流营运相关的经济财务计划等。

（3）协调职能。这对电子商务物流尤其重要，除电子商务物流业务运作本身的协调功能外，更需要进行物流与商流、资金流、信息流之间的协调，才能保证电子商务用户的服务要求。

（4）指挥职能。物流过程是物资从原材料供应者到最终消费者的一体化过程，指挥就是物流供应管理的基本保证，它涉及物流管理部门直接指挥下属机构和直接控制的物流对象，如产成品、在制品、待售和售后产品、待运和在运货物等。

（5）控制职能。由于电子商务涉及面广，其物流活动参与人员众多、波动大，所以物流管理的标准化、标准的执行与督查以及偏差的发现与矫正等控制职能应具有广泛性和随机性。

（6）激励职能。主要是电子商务物流系统内职员的挑选与培训、绩效的考核与评估、工作报酬与福利、激励与约束机制的设计。

（7）决策职能。电子商务物流管理的决策更多与物流技术挂钩，如库存合理定额的决策以及采购量和采购时间决策。

19.2.3　电子商务物流管理的基本环节

如图 19 - 3 所示，电子商务物流管理的基本环节包括运输、存储、包装、装卸搬运、流通加工、配送等，它们相互联系，构成了电子商务物流系统。在电子商务物流管理中，包装是电子商务物流的起点，商品经过包装以后进入电子商务物流系统；运输是电子商务物流的动脉，负责将商品从卖方送至买方，即电子商务物流系统的核心环节；存储是电子商务物流的中心，商品将在存储环节进行集中和转运，即电子商务物流系统的关键环节；配送是电子商务物流的最后一个环节，商品将通过配送最终到达买方手中，即电子商务的后勤保障环节。以上各个环节将通过装卸搬运实现相互衔接，而物流信息则贯穿于电子商务物流管理全过程，是电子商务物流系统的中枢神经。

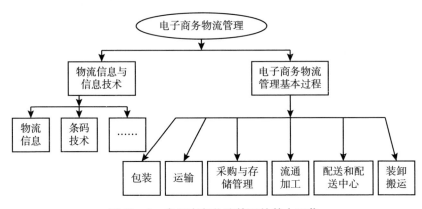

图 19 - 3　电子商务物流管理的基本环节

19.2.4　电子商务物流管理的具体内容

电子商务环境下物流管理的内容主要包括电子商务物流系统管理、电子商务物流业务流程管理、电子商务物流技术管理、电子商务物流成本管理四个方面。

1. 电子商务物流系统的管理

电子商务物流系统管理的主要内容有：

（1）确保电子商务企业的正常运转；

（2）降低物流成本和费用；

（3）压缩库存。

2. 电子商务物流业务流程的管理

电子商务物流业务流程管理的内容包括：

（1）物流的计划管理；

（2）协调物流功能/环节；

（3）物流经济活动管理；

（4）物流的人才管理。

3. 电子商务物流技术的管理

电子商务物流技术包括硬技术和软技术两方面。

（1）硬技术主要包括与电子商务物流密切相关的基础设施、机械技术以及材料技术。

（2）物流信息与通信技术软技术主要包括规划技术、运用技术和评价技术。

4. 电子商务物流成本的管理

物流成本管理要注意以下几点。

（1）要降低物流成本必须以系统整体成本为对象；

（2）在努力削减物流成本的同时，还应当注意不能因为降低物流成本而影响对用户的物流服务质量水准。[①]

■ 19.3 电子商务物流模式与发展趋势

19.3.1 电子商务物流模式

所谓物流模式，就是指从一定的观念出发，根据现实需要，构建相应的

---

① 吴健：《电子商务物流管理》，清华大学出版社 2013 年版，第 51 页。

物流系统，形成有目的、有方向的物流网络，采用某种形式的物流解决方案。下面介绍几种电子商务环境下的物流模式。

1. 企业自营物流

发展自营物流服务模式具有很深的历史渊源，起初这种模式主要体现在企业的销售活动中。企业面对的主要任务之一就是要做好产品的销售工作，制造商、批发商、零售商等都必须面对产品的销售问题。亚马逊是全球最大的网上书店、音乐盒带商店和录像带店，其网上销售的方式有网上直销和网上拍卖，它的配送中心在实现其经营业绩的过程中功不可没。亚马逊有以全资子公司的形式经营和管理的配送中心，拥有完整的物流、配送网络。到2005年，它在美国、欧洲和亚洲共建立了32个配送中心，面积超过350万平方英尺。亚马逊提供了多种送货方式和送货期限供消费者选择，对应的送货费用也不相同。[①]

2. 第三方物流

对大多数从事电子商务的中小企业来说，完全实现自营物流是十分困难的，比较合理的方法还是利用社会化的物流配送服务将物流外包给第三方物流公司。

当然，物流业务外包也有一个程度问题，企业可以把业务从原材料采购到销售等各个环节的物流业务都外包出去，也可以只外包一部分，这主要根据各个企业的具体情况而定。

3. 物流一体化

物流一体化就是利用物流管理，使产品在供应链内迅速移动，并使参与各方的企业都能获益，使整个社会获得明显的经济效益。它是以物流系统为核心的，由生产企业经由物流企业、销售企业直至消费者的供应链的整体化和系统化，它是物流业发展的高级和成熟的阶段。

4. 物流企业联盟

简单地说，物流企业联盟是指在物流方面通过签署合同，形成优势互补、要素双向或多向流动、相互信任、共担风险、共享收益的物流伙伴关

---

① 自营配送模式——引自 MBA 智库百科，https：//wiki. mbalib. com/wiki/% E8% 87% AA% E8% 90% A5% E9% 85% 8D% E9% 80% 81% E6% A8% A1% E5% BC% 8F。

系。企业之间不完全采取以自身利益最大化的行为，也不完全采取需达到共同利益最大化的行为。

5. 第四方物流

第三方物流可以帮助企业节约物流成本，提高物流效率。但是，第三方物流在整合社会所有的物流资源以解决物流瓶颈、达到最大效率等方面存在缺陷。从局部来看第三方物流是高效率的，但从地区、国家的整体来说，第三方物流企业各自为政，这种求和的结果很难达到最优，于是，第四方物流模式出现了。

第四方物流的概念最先是由著名的管理咨询公司埃森哲公司提出的，它被定义为"一个供应链集成商，调和、管理、组织自己的以及具有互补性的服务提供商的资源、能力和技术，以提供一个综合的供应链解决方案"。它主要是在第三方物流的基础上通过对物流资源、物流设施和物流技术的整合和管理，提出物流全过程的方案设计、实施办法和解决途径，为用户提供全面意义上的供应链的解决方案。

19.3.2　电子商务物流发展趋势

在电子商务时代，企业销售范围的扩大、销售方式以及最终消费者购买方式的转变，使得电子商务物流成为一个极为重要的新型服务产业，实现信息化、全球化、多功能化、标准化和提供一流的服务，已成为电子商务时代的物流企业追求的目标。

1. 信息化——现代物流业的必由之路

（1）建立良好的信息处理系统。在电子商务时代，要提供高质量的服务，物流企业必须要有良好的信息处理和传输系统。

（2）建立 JIT 系统。物流企业通过建立 JIT 系统，可从零售商店快速得到销售反馈信息。

2. 全球化——物流企业竞争趋势

（1）全球化的物流模式。如何建立信息处理系统以及时获得必要的信息，对物流企业来说是个难题。

（2）全球化的战略定位。全球化战略的趋势使物流企业和生产企业更紧密地联系在一起。

3. 多功能化——物流产业发展方向

（1）一体化物流企业。在电子商务时代，物流企业不仅提供仓储和运输服务，还必须提供配货、配送和各种提高附加值的流通加工服务，并可按客户要求提供其他服务。企业追求全面的、系统的综合效果，而不是单一的、孤立的局部效益。

（2）合同型物流方式。物流企业在经营形式上，采取合同型物流形式。这种物流企业通过签订合同，为一家或数家企业（客户）提供长期服务，而不是为所有客户提供服务。这种物流企业可能由公用配送中心管理或自行管理，也有可能所有权属于生产厂家，由专门的物流公司管理。

（3）服务多样性。现代物流企业制造完成后经配送中心送到各零售点，再到消费者手中将使未来的产业分工更加精细，产销分工日趋专业化。

（4）技术多样性。在电子商务时代，许多新技术得到了应用。

4. 标准化——现代物流合理化的基础

标准化是以物流作为一个大系统，制定系统内部设施装备、专用工具等各个分系统的技术标准；制定系统内各个分领域，如包装、装卸、运输等方面的工作标准；以系统为出发点，研究各分系统与分领域中技术标准与工作标准的配合，统一整个物流系统的标准；研究物流系统与其他相关系统的配合，进一步谋求物流大系统标准的统一。

5. 提供一流的服务——物流企业追求的目标

（1）扩大服务区域。从物流业的发展现状来看，物流企业不仅要为本地区服务，而且还要提供长距离的服务。客户不但希望得到很好的服务，而且希望服务点不只一处，而是多处。

（2）改变服务观念。服务观念实现由"推"到"拉"的变革，物流企业应更多地考虑"客户要我提供哪些服务"，而不仅仅只考虑"我能为客户提供哪些服务"。

（3）注重自身的服务质量和水平。要想按客户需要把货物送到客户手中，物流企业就要注重自身的服务质量和水平。

19.4　电子商务与逆向物流

19.4.1　逆向物流的内涵

长久以来，企业对于物流环节一直强调供应商物品的获取，用全产业的机能提升物品附加价值，以供顾客所需之物品，即所谓正向物流，但逆向物流并没有引起其足够重视。然而，近年来随着逆向物流已经成为增加企业竞争优势的重要组成因素，企业家对逆向物流投入了越来越多的财力和物力。

经济全球化背景下人们获取可利用资源的空间日渐变窄，生产效率的增长速度逐渐呈现缓慢下降的趋势，进而人们对可持续增长的呼声越来越高，企业迫于社会压力，在保证利益最大化的前提下，开始把目光集聚在拥有"第三个利润源"之称的物流运作上，并希望通过逆向物流来实现企业与公众双赢的局面。

兰伯特和斯托克（Lambert and Stock，1981）提出逆向物流的概念，他们把逆向物流定义为与大部分的货物流动方向相反的一种物流形式。

墨菲和波斯特（Murphy and Post，1989）把逆向物流定义为：货物从消费者到生产者的流动。20 世纪 90 年代，逆向物流的范围仅限于货物从消费者到生产者的流动，与正向物流相反。

随着物流的发展，斯托克（1992 年）将逆向物流定义为：通常用于描述再生、废品处置、危险材料管理等物流活动；作为一种更广泛的视角，逆向物流包括所有的资源节约、再生、替换、材料再利用和废弃物处理等物流活动。

非营利专业组织逆向物流执行协会（The Reverse Logistics Executive Council，RLEC）认为：逆向物流是商品从典型的销售终端向其上一节点的流向过程，其目的在于补救商品的缺陷，恢复商品的价值，或者对其实施正确处置。其内容应该涵盖：出于损坏、季节性再储存、残次品、召回或者过度库存等原因而处理的回流商品；再循环利用的包装原料和容器；修复、改造和重新打磨的产品；处理废弃装备；处理危险物料；恢复价值。

美国物流管理协会（Council of Logistics Management，CLM）在 2002 年 1 月初对逆向物流进行了重新定义：逆向物流就是为了资源回收或正确处理废弃物，在有限成本下实现企业高效率的目标，对原材料、在制品、产成品及相关信息从消费点到产出点的流动和储存进行规划、实施和控制的过程。

按照国家标准《物流术语》（GB/T 18354－2001）中的解释，回收物流是指不合格物品的返修、退货以及周转使用的包装容器从需求方返回到供应方所形成的物品实体流动；废弃物物流是指将经济活动中失去原有使用价值的物品，根据实际需要进行收集、分拣、加工、包装、搬运、储存等环节，然后分别送到专门处理场所形成的物品实体流动。

国内许多学者也给出了逆向物流的定义。向盛斌（2001）认为，"逆向物流是指企业物流过程中，由于某些物质失去了明显的实用价值（如加工过程中的边角料、被消费后的产品、包装材料等），被当作废弃物抛弃，但在这些物质中还存在潜在的使用价值可以再利用，企业应为这部分物质设计一个回收系统，使具有再利用价值的物品回到正轨的企业物流体系中。[①] 简单地说，这个回收系统就是逆向物流系统，而系统中的物流就是逆向物流。广义的逆向物流应涉及全业生产与销售、产品售后服务等各个方面。如生产加工过程中的原材料节约，废料的重新利用，包装物的重新利用，次品改造，产品消费后的回收等。"夏春玉（2005）认为，逆向物流是指物资从产品的消费点（包括最终用户和供应链上的客户）到产品的来源点的物流性流动。

综合以上定义，本书将逆向物流定义为：将原材料、半成品、成品和包装从制造商、分销商或消费者流向回收地点或适当处理地点的规划、实施和控制过程，其目的是为了正确处置废弃产品或重新获得产品的使用价值。逆向物流包括产品再利用、整修、材料再生、再制造等活动，以及伴随而产生的收集、运输、管理等物流活动。

---

① 达庆利、黄祖庆、张钦：《逆向物流系统结构研究的现状及展望》，载《中国管理科学》2004 年第 1 期。

19.4.2　逆向物流的分类

随着逆向物流的不断发展，以退货对象、退货来源、物体属性为标准，可以把逆向物流分为不同种类。

1. 按照逆向物流对象的种类划分

（1）退货物流。退货物流是指下游客户将不符合订单要求的产品，根据销售协议规定将有瑕疵的产品退回给上游供应商（包括产品召回）。

（2）回收物流。回收物流是指将最终客户所持有的废旧物品，或者他们不再需要的物品，或者包装（包装器具，如酒瓶等）以及用于物流配送的专用器具（如托盘、集装箱等），回收到供应游各节点企业，通过检验分类，进行再加工、再分销或者报废处理的过程。

2. 按照逆向物流的退货来源划分

如表 19-3 所示，逆向物流的退货来源包括投诉退回、商业退回、产品召回、终端使用退回、生产报废和副产品回收以及包装的返还。

表 19-3　　　　　　　　　按照逆向物流的退货来源划分

分类	说明
投诉退回	此类逆向物流的形成可能是对产品质量不满意、不符合顾客要求、在质量保证期内需要维修保养的退回
商业退回	季节性产品过季、产品过期或者物流过程中损坏等原因造成的产品退回
产品召回	由于产品设计或制造方面存在缺陷，可能导致安全问题，根据售后服务承诺条款的规定，可以退回给制造商
终端使用退回	报废之后的产品被收集进行再利用、掩埋或者焚烧
生产报废和副产品回收	生产过程中的报废品和副产品被重新回收制造
包装的返还	对于可重复利用的包装容器和材料，每次到达目的地使用之后要回收返还，以便循环使用

3. 按照逆向物流的物体属性划分

根据物体属性可将逆向物流分为产品的逆向物流和包装的逆向物流两

543

种，具体见表19-4。

表 19-4   按照逆向物流的物体属性划分

分类	说明
产品的逆向物流	产品的逆向物流主要指产品的回收，在企业管理中往往与企业的售后服务联系在一起
包装物的逆向物流	逆向物流中包装物包括托盘、大器皿、条板箱、包装袋等

19.4.3 逆向物流的特点

逆向物流作为企业物流过程中不可忽略的一个环节，与正向物流相比，存在很大的差异。逆向物流具有以下特点。

1. 不确定性

逆向物流的不确定性表现在多个方面。第一，由于最终消费者的退货是随机的，企业很难预测和把握，因而具有时间和地点的不确定；第二，由于废旧物资可能产生于不同领域并且可能涉及多个部门和个人，因而具有地点的不确定性；第三，废旧物资数量的不确定和质量的不确定。这些共同构成了逆向物流的不确定性。

2. 复杂性

由于产品的生命周期、产品特点、所需资源设备、所需资源等条件的不同，逆向物流的运作过程及方式复杂多样，因此与正向物流中的新产品生产过程相比，逆向物流更加复杂。

3. 缓慢性

复杂的回收产品处理过程导致了逆向物流的缓慢性，以及产品价值恢复的缓慢性。一方面，逆向物流搜集到的物品刚开始时数量少、种类多，需要通过不断积聚才能形成规模较大的物资流动。另一方面，由于废旧物资的整理过程相当复杂，导致废旧物资的再产生如同新产品的构建一样需要经过产品加工或产品改制等环节，并不能立即满足人们对它重复使用的要求，这一过程需要较长的时间。

4. 高成本性

逆向物流中的产品所涉及的成本范围较广，而且由于产品返回的原因各有不同，对于各种回收产品要进行适当的处理后才能重新进入流通渠道，因而回收处理费用较高。

19.4.4 发展逆向物流的意义

从微观层面来看，一方面，逆向物流允许顾客将手中产品回流，可以提高顾客的满意度，满足他们的个性化要求，培养顾客的忠诚度，扩大企业的市场份额；另一方面，企业可以从回收的已使用或未使用品中获得可观的利润，并且企业通过对逆向物流产品的检查和分析，可以使企业获得足够的信息改进产品的质量和功能，净化正向物流渠道，降低成本，从而增加企业的竞争力。

从宏观层面来看，逆向物流可以节约资源，净化生存环境。一方面，人口规模和对商品的消耗在日益增加，也就意味着对自然资源的需求和对废弃物的处理增加；而另一方面，由于自然资源的不可再生性，逆向物流可以尽量做到资源的循环利用，减少排放物，尽量减少土地的占用，力求将环境的污染降低到最低，以求代际间资源投入的负效益最小。[①]

本 章 小 结

电子商务的发展离不开现代物流，而现代物流在电子商务的环境下获得了千载难逢的发展机遇，电子商务和物流二者之间互相影响、相互促进。为了提高物流效率、降低物流成本，物流企业除了要大力发展现代物流技术以外，还要加强物流管理，提高现代物流管理水平。

本章重要术语

物流 电子商务 物流管理 电子商务物流管理

---

① 杨路明：《电子商务物流管理》，机械工业出版社 2013 年版，第 247 页。

延 伸 阅 读

1. 鲁馨蔓：《电子商务物流管理与应用》，北京大学出版社 2019 年版。

2. 朱传波：《物流与供应链管理：新商业·新链接·新物流》，机械工业出版社 2020 版。

3. 胡荣：《智慧物流与电子商务》，电子工业出版社 2016 年版。

复习与思考

1. 简述电子商务和物流之间的相互关系。

2. 电子商务物流和电子商务物流管理分别有哪些特点？

3. 电子商务物流的发展趋势有哪些？

4. 分析发展逆向物流的意义。

5. 每个团队收集两份电子商务的成功案例，归纳企业成功的主要原因，然后向其他团队介绍。

第 20 章

全球价值链与供应链管理

学习目标

1. 理解全球价值链的概念。
2. 了解全球生产网络的结构与性质。
3. 理解全球供应链的概念及发展。
4. 熟悉全球供应链管理及设计。

引导案例

香港利丰集团——全球供应链经理人

作为中国最早的对外贸易公司之一，利丰集团自 1906 年成立至今已有 100 多年的历史，可称得上是"百年老字号"跨国贸易企业。利丰集团在全世界 40 多个国家和地区建立了 80 多家分公司及办事处，聘用员工超过 3.5 万名。

利丰从中间商到全球供应链经理人身份的转变，主要经历了四个阶段。

20 世纪初，利丰主要为国外企业充当采购代理的中间商角色，代理外商进行大量商品的采购。20 世纪 70 年代初，利丰不仅成为香港采购代理，而且逐步发展成为地区性采购商，甚至成为亚洲商品采购商。

20 世纪 80 年代初，随着香港地区从 Made in Hong Kong 到 Made by Hong

Kong 的转变，利丰逐渐转型成为分散生产的管理商。这种分散生产使利丰不单单是一个香港贸易商，还是多个国家或地区生产的管理者。值得注意的是，利丰没有一个自己的工厂，但是它却履行着对这些生产的管理职能。

20 世纪 90 年代中期后，利丰借助收购金巴莉有限公司（Camberley），在分散生产管理的基础上向虚拟生产模式发展。在该模式中，利丰与境外客户直接签订供货合约，向买家提供所需产品，即直接充当客户的供货商角色。当然，利丰不拥有工厂，所有产品的生产仍然是以外包的形式交给厂家进行。利丰负责统筹并密切跟进整个生产流程，从事一切从产品设计、采购、生产管理与控制，到物流、航空以及其他所有重要的支持性工作。

在第四个阶段，利丰对来自欧美客户的每一份货品订单，在全球范围内进行供应链的优化配置，从而创造出一条最有效益的供应链，为客户提供具有成本竞争力的产品，并从中赚取最大的边际利润。一个全球供应链经理人就这样诞生了。

利丰向客户提供的服务领域，除了负责以产品为中心的工作（包括市场调查、产品设计与开发、原材料采购、选择供货商和生产监控）之外，还监督一系列的进出口清关手续与物流安排，并对潜在的原材料供货商、工厂、批发进口商和零售商等在供应链中占有关键位置的企业进行融资，以使供应链上供求双方的企业都能以最佳状态运作。

资料来源：洪涛：《看利丰如何整合全球网络》，载《物流时代》2008 年第 7 期，第 54 ~ 56 页。

20.1　全球价值链管理

20.1.1　全球价值链

1. 全球价值链概述

（1）波特价值链。"价值链"这一概念最早由哈佛大学商学院教授迈克尔·波特于1985年提出。波特认为，每一个企业都是在设计、生产、销售、发送和辅助其产品的过程中进行各种活动的集合体。所有这些活动可以用一个价值链来表示。

　　企业的价值创造是通过一系列活动实现的，如图 20 – 1 所示，这些活动可分为基本活动和支持性活动两类。如果把"企业"这个"黑匣子"打开，可以把企业创造价值的过程分解为一系列互不相同但又相互关联的经济活动，或者称之为"增值活动"，其总和即构成企业的"价值链"。任何一个企业都是其产品在设计、生产、销售、交货和售后服务方面所进行的各项活动的聚合体。每一项经营管理活动都是这一价值链条上的一个环节。企业的价值链及其进行单个活动的方式，反映了该企业的历史、战略、实施战略的方式以及自身的主要经济状况。

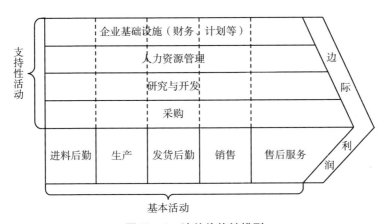

图 20 – 1　波特价值链模型

　　对于企业的全球运作战略来说，价值链概念强调的是，哪些价值链增值活动应该在企业组织内部完成，哪些应该通过外包的方式来实现，以及不同的价值增值活动应该在哪些不同的区位来完成等。但随着贸易全球化和国际分工的不断深化与细化，价值链的内涵已经有了重要的变化。

　　（2）全球价值链。全球价值链（GVC）脱胎于波特的"价值链"分析思想，在研究的过程中，研究者们曾采用了不同的称谓，如价值链、商品链、生产网络、企业网络、价值网络和投入产出分析等。

　　斯特恩（Stern，2001）从组织规模（organizational scale）、地理分布（geographic scale）和生产性主体（productive actor）三个维度来界定全球价

值链。从组织规模看，全球价值链包括参与了某种产品或服务的生产性活动的全部主体；从地理分布来看，全球价值链必须具有全球性；从参与的主体看，有一体化企业、零售商、领导厂商和相关供应商。他认为价值链主要描述了某种商品或服务从生产到交货、消费和服务的一系列过程。

英国 Susses 大学的发展研究所是目前对全球价值链问题进行较广泛研究的机构，它将全球价值链定义为产品在全球范围内，从概念设计到使用直到报废的全生命周期中所创造价值的活动范围，包括对产品的设计、生产、营销、分销以及对最终用户的支持和服务等。组成价值链的各种活动可以包括在一个企业之内，也可以分散于各个企业之间；可以聚集于某个特定的地理范围之内，也可以散布于全球各地。

联合国工业发展组织（UNIDO，2002）在工业发展报告《通过创新和学习来参与竞争》中提出，全球价值链是指为实现商品或服务价值而连接生产、销售、回收处理等过程的全球性跨企业网络组织，涉及从原料采购和运输，半成品和成品的生产和分销，直至最终消费和回收处理的整个过程。它包括所有参与者和生产销售等活动的组织及其价值利润分配，通过相应的业务流程和供应商、合作伙伴、客户之间相链接，增强企业运作能力。该定义强调了全球价值链不仅由大量互补的企业组成，而且是通过各种经济活动联结在一起的企业网络的组织集，关注的焦点不只是企业，也关注契约关系和不断变化的联结方式。[1] 鉴于联合国的定义影响较大，本章分析以此理论为基础。

2. 全球价值链的分类[2]

全球价值链理论强调每条价值链由不同类型的领导厂商所驱动，它协调并掌握生产过程的组织，格里菲（Gereffi，1994）界定了两种类型的全球价值链：生产者驱动和采购者驱动，即全球价值链各个环节在空间上的分离、重组和运行等是在生产者或是在采购者的推动下完成的。

---

① 王益民：《基于共同演化视角的跨国公司战略与产业集群互动研究》，经济科学出版社 2007 年版，第 70～79 页。

② 江心英等：《全球价值链类型与 OEM 企业成长路径》，载《中国软科学》2009 年第 11 期，第 34～41 页。

（1）生产者驱动型全球价值链。生产者驱动是指以生产者投资来推动市场需求，形成全球生产供应链的垂直分工体系。在生产者驱动的全球价值链中，跨国公司通过全球市场网络来组织商品或服务销售、外包和海外投资等产业前后向联系，最终形成生产者主导的全球生产网络体系。一般资本和技术密集型产业的价值链，例如汽车、飞机制造、计算机、半导体和装备制造等，大多属于生产者驱动价值链。[①]

（2）采购者驱动型全球价值链。采购者驱动是指拥有强大品牌优势和国内销售渠道的经济体通过全球采购和贴牌加工（OEM）等生产方式组织起来的跨国商品流通网络，能够形成强大的市场需求，拉动那些奉行出口导向战略的发展中国家的工业化。传统的劳动密集型产业，例如服装、鞋类、玩具、自行车、农产品、家具等大多属于这种价值链。

从表 20 - 1 可以看出：全球价值链的驱动力不同，导致其动力根源不同，不同的动力根源决定了该价值链的核心能力不同，不同驱动力的价值链分布的产业也有所不同等。

表 20 - 1　　　　　　　　生产者和采购者驱动型全球价值链比较

项目	生产者驱动的价值链	采购者驱动的价值链
动力根源	产业资本	商业资本
核心能力	研究与发展（R&D）、生产能力	设计、市场营销
进入门槛	规模经济	范围经济
产业分类	耐用消费品、中间品、资本品等	非耐用消费品
典型产业部门	汽车、计算机、航空器等	服装、鞋类、玩具等
制造企业的业主	跨国企业，主要位于发达国家	地方企业，主要在发展中国家
主要产业联系	以投资为主线	以贸易为主线
主要产业结构	垂直一体化	水平一体化
辅助支撑体系	重硬件，轻软件	重软件，轻硬件
典型案例	英特尔、波音、丰田、海尔等	沃尔玛、国美、耐克、戴尔等

① 张辉：《全球价值链理论与产业发展研究》，载《中国工业经济》2004 年第 5 期，第 39 ~ 41 页。

3. 全球价值链的治理模式①

随着国际分工的进一步细化，价值链也变得更加复杂，内部环节不断增加。这时要想通过提高价值链中的单个环节的效率从而提升整个价值链的收益就变得很困难，因此需要系统性协调价值链中各个环节的活动，从而使整个价值链具有竞争力。这种系统性协调就是价值链的治理，即通过价值链中公司之间的关系安排和制度机制，实现价值链内不同经济活动和不同环节间的非市场化协调。作为一种制度安排，治理在全球价值链上居于核心地位。

格里菲（Gereffi，2003）等在总结以往研究成果的基础上，结合价值链理论、交易成本经济学、技术能力与企业学习等理论提出了一个比较严谨、完整的分析框架。他们首先归纳出五种典型的全球价值链治理方式，按照链中主体之间的协调和力量不对称程度从低到高依次排列为：市场型、模块型、关系型、领导型和层级制。然后通过企业间交易的复杂程度、交易的可标准化性（用标准化契约来降低交易成本的程度）和供应商能力等三个变量来解释五种价值链治理方式。

（1）五种价值链治理模式。

①市场型价值链治理：当契约可以降低交易成本，产品比较简单，供应商能力较强，不需要购买者太多投入，且资产的专用性较低时，就会产生市场治理。这时，交易比较简单，双方只要通过价格和契约就可以很好地控制交易的不确定性。

②模块型价值链治理：产品较复杂，供应商的能力较强，资产专用程度较高，买卖双方虽然数量有限，但仍有一定的市场灵活性，更换合作伙伴较容易。双方交流的信息量较市场型大且复杂，但能够通过标准化契约来较好地降低交易成本，因此需要的协调成本不高。

③关系型价值链治理：产品复杂导致交易复杂，双方需要交换的信息量大且复杂，供应商的能力较强，领导厂商和供应商之间有很强的互相依赖性。但双方可以通过信誉、空间的临近性、家族或种族关系降低交易成本。

---

① 王克岭等：《全球价值链治理模式演进的影响因素研究》，载《产业经济研究》2013年第4期，第14~20页。

双方常常可以通过面对面的交流进行协商和交换复杂的信息，这需要较多的协调，因此改变交易伙伴比较困难。

④领导型价值链治理：产品复杂，供应商的能力较低，为了防止其他供应商竞争，将其资产专用化，结果造成供应商对领导厂商的依赖性非常强，交易对象难以改变，成为"俘虏型供应商"。领导厂商通过高度控制供应商来实现治理，同时通过提供相应支持使供应商愿意保持合作关系。

⑤层级制价值链治理：产品很复杂，外部交易的成本很高，而供应商的能力很低时，领导厂商不得不采用纵向一体化的企业内治理方式。因为交易可能涉及到领导厂商的核心能力，如隐性知识、知识产权等，领导厂商无法通过契约来控制机会主义行为，只能采用企业内生产。

（2）价值链治理决定因素。存在三种基本的价值链治理模式决定因素：企业间交易的复杂程度、交易的可标准化性和供应商能力，具体如表 20 - 2 所示。

表 20 - 2　　　　　全球价值链治理模式选择的决定因素

治理模式		交易的复杂性	交易的可标准性	供应商的能力
市场		低	高	高
网络	模块	高	高	高
	领导	高	低	高
	关系	高	高	低
层级		高	低	低

资料来源：Gereffi, The Governance of global value chains, *Forthcoming in Review of International Political Economy*, 2003. Q4, pp. 5 - 11.

①交易的复杂性。价值链中交易越复杂，各主体之间的交互作用越强，采取的治理模式越倾向于网络型治理模式（模块型、关系型和领导型）和层级制的治理模式。

②交易的可标准性。它反映的是价值链中信息和知识的可获得性，及其传递效率和交易费用。某些行业的价值链中，关于产品、生产过程等的复杂信息经过编辑标准化处理后便很容易在价值链中传递，如果供应商有能力接

受并实施这些信息的标准化，并且这些标准在价值链中被广泛采纳，则采用模块型治理模式；但当未实施信息标准化或者标准化信息无法在价值链中被广泛采纳时，价值链中的主导企业会垄断这些信息，并且对其他供应商企业实施垂直一体化的控制，此时，倾向于采用层级制治理模式；或者在此情况下，主导企业采取外包战略，同时对承包企业进行紧密地监控，此时则倾向于采用领导型治理模式。

③供应商的竞争能力。接受和实施价值链中的主导企业所传递的复杂信息，要求供应商具有较高的能力。如果供应商的能力较低，主导企业只能实行垂直管理，价值链采用的是层级制治理模式；或者外包，采用领导型治理模式。

此外，随着时间的发展，决定价值链治理模式的三个变量将发生变化，价值链的治理模式随之发生变化。这种动态变化在现实中是存在的，如在自行车行业，由于规模经济、标准化和供应商能力的提高使治理方式从层级型转向市场治理；服装行业由于交易复杂程度的降低和供应商能力的增强由领导型发展为关系型；在美国电子产业，分工和专业化的发展使治理方式从层级型（垂直一体化）发展为模块型。

20.1.2 全球生产网络

1. 全球生产网络的发展

随着产业内竞争的加剧，跨国公司根据主要的地源或国家市场建立竞争优势的经营战略逐渐难以为继，于是，在全国范围内配置要素资源和建立生产体系便成为跨国公司获得、保持和加强竞争优势的必然选择。

自20世纪60年代起，跨国公司便开始了向一体化战略的转变。在一体化战略下，跨国公司根据各区域竞争优势，通过内部分工体系将位于不同国家的子公司和合作伙伴的经济活动进行分工和有机结合，使分布于不同国家和区域的生产过程之间建立了高度依存的关系，一个以价值增值链为纽带的国际生产网络便建立起来。在跨国公司组织的全球生产网络中，参与企业根据自己的产业竞争优势占据全球化产品价值链的一个或数个环节。具备劳动力比较优势的国家集中发展各产业中劳动密集的生产环节，拥有技术优势的国家则集中发展各产业中技术密集的生产环节，它们相互分工合作，共同组成国际生产的全部。

2. 全球生产网络的构成

全球生产网络（Global Production Networks，GPN），即将领导厂商（跨国公司）、独资公司、合资公司等与外部的独立供应商、独立承包商、独立分销商及战略伙伴联盟等联系在一起，通过分工合作使领导厂商（flagship）的生产交易成本降到最低，尽可能提高效率，从而增强其核心竞争力。其组织结构如图20-2所示。

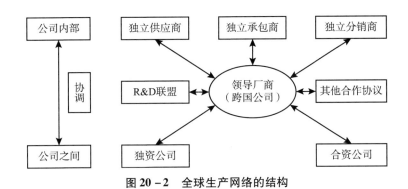

图20-2　全球生产网络的结构

在整个全球生产网络中，参与主体主要可分为两类，领导厂商和当地供应商。

（1）领导厂商。领导厂商是居于核心地位的企业，它可分为两种类型：品牌领导者与合同制造商。前者是指以其自身为主导，在全球配置资源并形成网络，以实现产品差异化、降低成本和贴近市场的目的，它实现了网络内企业间水平分工。而后者则略有不同，即通过垂直分工，设置全球生产网络，从而形成一体化的全球商品供应链，无论是哪种类型的领导厂商，都居于网络的核心位置与主导地位，由他们来进行网络内的战略制定、组织领导、管理控制等重要工作，因而对网络中的其他企业起着绝对的影响与控制作用。

（2）当地供应商。当地供应商分为主要供应商与一般供应商。主要供应商在领导厂商与其他当地供应商中只起到中介作用，它们直接与领导厂商接触且拥有特制的私人资产（包括技术），并建起自己的微型全球生产网络。除了核心的研发与营销战略制定等业务活动由网络领导厂商控制以外，主要供应商要能够完成整个价值链的每一环节的活动，必要时，还要具备协调整个全球供应商网络管理的能力。一般供应商相对居于较为附属的地位，它们的竞争优势主要源于低成本、快速及交货的及时和灵活，一般不直接与网络中的领导厂商接触，而是与主要供应商建立联系。一般供应商通常缺乏特制的资产，融资能力较弱，比较容易受到市场、技术突变，及金融危机的影响。

3. 全球生产网络现状

（1）全球趋势：全球生产网络正在快速扩张。由于经济全球化、信息化和各国贸易投资自由化的发展，全球生产网络在全球范围内快速扩张，跨国公司的国际化战略进一步推动了全球生产网络的发展。上世纪 90 年代以来，全球零部件产品进出口总额呈不断上升的趋势。例如，1992 年全球零部件产品出口总额为 4470 亿美元，1996 年为 7290 亿美元，2003 年增至10480 亿美元，12 年内增长了 134%，这是全球生产网络快速扩张时期。由此可见，全球零部件产品贸易额的大规模增长反映了零部件产品的生产、贸易规模不断扩大，全球生产网络总体上正在不断扩张与深化。

（2）区域趋势：发展中国家和地区更多地参与了全球生产网络。

①东亚地区是全球生产网络最活跃的参与者。

各国及地区不同的自然禀赋、经济贸易政策决定了各自的零部件产品贸易额必有所差别，进而各地区在世界零部件产品进出口额中的份额也有所不同。在整个全球生产网络中，东南亚更多地作为劳动密集型供应商参与到全球生产网络中。例如，在零部件出口方面，2003 年份额最高的三个地区仍是东亚、欧盟、北美，其份额分别为 42.7%、32.2%、18.9%。进口方面的情况大致相同，2003 年进口份额最高的地区为东亚，其份额为 41.5%，欧盟、北美分别为 30.2%、18.2%。这一状况说明了从各地区参与全球生产网络的程度来看，东亚地区参与程度最高。

②参与全球生产网络的发展中国家比较集中。

参与到全球生产网络中的发展中国家大部分集中在东南亚地区。发展中国家中最大的 5 个零部件产品出口国为中国、马来西亚、墨西哥、菲律宾和泰国。这 5 个国家中，有 4 个位于全球生产网络发展活跃的东亚地区，墨西哥则因为参加了北美自由贸易区，从而降低了贸易壁垒，直接与美国、加拿大贸易一体化。与此相反，那些与主要的发达国家市场缺乏贸易联系，加之缺少基础设施的国家，则极少可能参与全球生产网络。

（3）产业趋势：各产业在全球生产网络中的重要性相异。

①电子、机械产业为全球生产网络的主导产业。

在所有零部件产品中，电信设备出口额占全球零部件产品出口额的份额最高，其次为半导体及其他电子部件和汽车零部件/饰件，接下来是办公设备、电子机械和设备、电路转换/保护设备、飞行器及相关设备。这一现象说明全球生产网络所涉及的产品中，电子、机械产品占了主要部分，主导全球生产网络的产业主要是电子产业和机械产业。

②服务业在全球生产网络中的重要性增加。

近些年来，由于全球生产网络的主体——跨国公司对服务业的日益重视，全球生产网络中这种从传统的制造业领域向服务业领域扩展的趋势越来越明显，服务业的重要性不断提高。这种趋势在一定程度上体现在全球 FDI 流入量的部门分布在近十几年内发生的较大变化上：从 20 世纪 90 年代初至 21 世纪初，投入服务业的 FDI 量占 FDI 总量的份额明显增加。

4. 全球生产网络的治理机制

全球生产网络作为一种复杂的生产组织方式弥补和充实了除市场与企业这两个极端协调方式之外的大量中间产品的交易和中间状态的交易组织。市场是组织经济活动最为简单和有效的一种模式，市场上各个经济行为主体通过货币买卖各种商品和服务，其运行的核心机制就是价格机制。而企业制运行的核心则是管理控制。在市场与企业这两个极端的协调方式之间，事实上还存在着大量的中间产品的交易和中间状态的交易组织。全球化生产网络的出现，充实了这一类型的组织，在治理模式也显示出一些不同的特点。

（1）双边交易契约关系。从各主体关系和契约类型看，生产网络中的领导厂商与其他厂商（合作伙伴）之间不是上下等级关系，也不是通过松散的产权买卖的市场方式组织在一起，它是以互补性分工为基础，以互惠互利为原则，通过相互依存的关系往来以一定正式的规则（契约）相互联系在一起的一种生产组织治理模式。这种模式是一种稳定的双边交易契约。

这种双边交易契约关系，可以将不确定性降至最低，既可遏制市场治理模式中较强的机会主义倾向带来的欺诈行为，又可防止企业科层管理中的体制僵化与委托代理问题，它更像是一种建立在信任基础上的、着眼于未来收益的开放性契约，对长期利益的追逐使得各参与主体抛弃了短期的机会主义行为。由于兼容了传统二元治理模式的种种优点，这种模式使得生产组织、交易更有效率，因而提高了领导厂商（跨国公司）的竞争力。

（2）外部治理、共同治理模式。跨国公司的全球生产网络强调外部治理和共同治理相结合。它改变了传统治理结构中，以企业内部资源配置效率为核心，强调内部治理的做法，全球生产网络中的企业成功超越了自身资源与能力的限制，把原本属于其他企业的互补资产、互补技术以及共享的产业能力等大量外部资源纳入了自我发展的轨道。

网络化扩大了企业利用的资源与能力范围，使企业的边界越来越模糊，因此，各网络主体在关注企业内部效率的同时必须关注外部协调效率。全球生产链越长，即生产外部网络化的程度越高，外部协调和外部治理的重要性就越大。比如在全球生产网络中，供应商成为领导厂商内部生产系统的延伸，领导厂商必须与供应商在一定程度上实现信息共享，以及允许对方参与产品设计决策等安排，即在全球生产网络上各利益主体在一定程度上实现共同决策和共同治理，这是网络化生产方式对治理结构的最优安排，从而突破了企业规制下"股东至上"的单边治理逻辑。

（3）核心治理者。尽管实行的是各利益主体的共同治理，但在全球生产网络模型中，仍存在一个整个生产网络的核心治理者。

从发起者的角色差异来看，全球生产网络可分为两类，即购买者驱动类型与生产者驱动类型。前者是指以行业中的零售商、品牌营销商为领导厂商，在全球建立生产网络，主要从事服装、玩具、家居用品等劳动密集型产品的设计、生产与营销活动，网络中的领导厂商往往在设计、品牌与营销方面有突出优势，并控制整个生产网络，而后者生产者驱动类型是指行业中的制造商成为网络的领导厂商，由他们牵头在全球形成生产网络，主要从事汽车、飞机、计算机、半导体和重型机械等资本、技术密集型产品的设计、制造、销售活动，领导厂商往往在资本、技术方面有独特优势。

因此，在整个生产网络中，领导厂商（核心治理者）往往占据利润最多的生产环节，从而在全球生产网络的控制权结构安排中占据主导地位。

（4）领导厂商治理结构的多元化。针对不同的交易应该采取不同的治理结构，这样才能使交易成本最小化。对于一个参与全球生产网络中的企业来讲，它与长期购买协议伙伴、合资伙伴、以及联盟伙伴等的交易在资产专用性、不确定性和交易次数上均有明显差别。按照交易成本最小化的效率原则，应当针对它们采取互不相同的治理结构。一般从购买协议到组建战略联盟，再到涉及股权的合资等方式，生产网络的联系程度逐渐加强。

领导厂商就是要根据交易类型、交易环境变化确定合适的网络联系程度，选择恰当的协作和治理方式，即全球生产网络中的领导厂商的治理结构具有多元特征。

20.1.3　全球价值链、全球生产网络与国际企业全球生产运作战略之间的关系

1. 全球价值链与全球生产网络

全球生产网络通常与特定的主导企业紧密相关，而全球价值链则往往与特定的产品紧密相关，在一个产品特定的全球价值链当中，可能同时包含了多个类型的全球生产网络。全球生产网络体现的是一种系统化的本质，即其中包含了企业间相互关联、相互作用的复杂关系，而全球价值链分析模式则突出刻画了这一网络之中围绕特定产品或服务的生产活动过程所形成的组织权力配置格局及其深远影响。

2. 全球价值链与国际企业全球生产运作战略

全球价值链所刻画的是产品（或者服务）从上游原材料一直到下游售后服务甚至回收利用的完整的纵向序列和环节，因而多个不同的价值链可能共享共同的经济行为主体，并且它本身是动态变化的，始终在不断地再生和重构。"全球价值链"模式将生产、分配等经济活动概念化为一种以纵向联系为主的线性结构，实际上，全球价值链可以被理解为一种高度复杂的网络

式结构，其中的联系机制也是复杂多变的——既有价值链中的纵向关联，也有各种横向的甚至斜向的联系等，它们共同构成一种多维的、多层级的经济活动系统结构。

国际企业需要结合全球价值链表现出的特征精准定位在价值链中的所处位置，寻求其战略支撑点，制定相应的全球生产运作战略。国际企业要充分发挥区位、品牌、物流等核心优势，在全球范围内配置企业资源，实现生产及收益的国际化。无疑，全球价值链为全球生产运作战略的选择、制定与实施提供了支撑条件。

3. 全球生产网络与国际企业全球生产运作战略

全球生产网络以一种更为广阔的视角来看待国际生产活动，即生产活动实质上是在一种多层面、多方面以及非确定性特征明显的动态过程中展开的，这一过程包含了众多中间产品市场与最终产品市场的互动，以及不同层面的经济活动主体、制度等以知识、权力等形式所展开的动态过程。

全球生产网络通过多种多样的股权、非股权联系机制，将国际企业整合于它所形成的各种结构之中，从而使传统的组织边界变得日益模糊。更为重要的是，全球生产网络也把不同国家的经济体系整合进来，从而对特定国家的产业经济、区域经济乃至整体经济发展带来不同程度的影响，这一点对于发展中国家来说尤其明显。此外，以企业组织为核心所形成的全球生产网络，其性质和联结方式受到它们所根植于其中的具体社会、政治情境的复杂影响。因此，基于全球生产网络的视角更有利于分析全球化背景下国际生产活动更为复杂的性质以及地理空间、维度变化，进而为国际企业全球生产运作战略的选择、制定与实施提供重要参考。

4. 三者综合关系

将全球生产网络、全球价值链以及国际企业全球生产运作战略综合起来考虑可以看出，处于不同层级的全球网络参与者受到某一特定主导企业的领导和控制。具体来说，就是在全球生产网络之中，这些企业的成长发展、战略导向以及网络定位都非常明显地依赖和受制于主导企业的全球战略。一个以主导企业为核心的全球生产网络可能同时参与或者介入多个类型的全球价值链之中。

20.2　全球供应链管理

20.2.1　全球供应链的概念及发展

1. 全球供应链的概念

全球供应链是指在全球范围内组合供应链，它要求以全球化的视野，将供应链系统延伸至整个世界范围，根据企业的需要在世界各地选取最有竞争力的合作伙伴。

2. 全球供应链的发展

从 20 世纪 50 年代起，随着跨国公司地位和数量的上升，全球供应链开始着眼于解决多国公司在不同地区开展业务活动时决策最优的问题。有研究者提出多国公司决策问题可采用战略层面总部集中决策，在战术层面选择总部集中决策或分部分散决策均可，在运作层面应选择分部分散决策。

20 世纪 70 至 90 年代，跨国公司面对的是如何在冲突复杂的国际环境中有效配置生产要素，以实现自身利益最大化。在此阶段，全球供应链的研究和企业地理的研究出现分化，开始探索各自的研究范式。

20 世纪 80 年代以后，企业社会责任被引入到全球供应链的研究中。跨国公司迫切需要解决如何平衡全球供应链上各个相关利益方的利益，以更好担负起全球社会责任的问题。在这个背景下，社会责任理论、利益相关者理论逐渐被引入到全球供应链管理理论体系中去。

20.2.2　全球供应链管理概述

1. 全球供应链管理的概念

全球化供应链管理是供应链管理领域出现的一种新的理念。它要求以全球化的观念，将供应链的系统延伸至整个世界范围。在全面、迅速了解世界各地消费者需求偏好的同时，对其供应链进行计划、协调、操作、控制和优化。在供应链中的核心企业与其供应商以及供应商的供应商、核心企业与其销售商及最终消费者之间，依靠现代网络信息技术，实现供应链的一体化和快速反应运作，达到物流、信息流和资金流的协调通畅，以满足全球消费者需求。由此可见，全球化供应链管理范畴较宽，是一种综合性的、跨国、跨企业集成化的管理模式，也是适应全球化下企业跨国经营的一种管理模式。

2. 全球供应链管理的特征

作为一种新型的供应链管理模式，全球化供应链管理具备如下特征。

（1）顾客是全球化供应链管理的驱动者。全球化供应链管理采取"由外及里"的观点，将消费者服务定位为公司的核心，而且从战略上采取为顾客服务的思想，以消费者满意度作为自己的绩效标准；重视进行市场细分，针对不同消费者群体的不同需求，提供多样化的产品和服务；并且注重降低成本和提高效率，以取得消费者对企业产品的认同，提升企业的业绩。例如，美国戴尔计算机公司通过网络进行销售，建立直销渠道模式，赢得了大量的、满意的、重复的顾客。

（2）从全球市场的角度对供应链进行全面协调性的合作式管理。全球化供应链管理作为一种新型的合作理念，是从全球市场的角度对供应链进行全面协调的合作式管理。它不仅要考虑核心企业内部的管理，而且更加注重供应链中各个环节、各个企业之间资源的利用与合作，让各企业之间进行合作博弈，最终达到双赢。全球化供应链管理的合作理念是把供应链视为一个完整的系统，将每一个成员企业视为子系统，组成动态跨国联盟，彼此信任，相互合作，共同开拓市场，追求系统效益最大化，最终分享节约的成本和创造的收益。

（3）以现代网络信息技术为支撑。全球化供应链管理是现代网络信息技术发展与跨国战略联盟思想发展的结晶，高度集成的网络信息系统是其运行的技术基础，ERP（企业资源计划）是其广泛使用的信息技术。进入二十一世纪以来，全球化的发展以及国际竞争的加剧促使网络信息技术在全球供应链管理中扮演着日益重要的角色，现代网络信息技术为全球供应链上企业的生产经营、设计、制造等提供了必要的数据信息、技术支持，对于实现企业资金流、物流、信息流的数字化，提高全球供应链运作效率具有十分重要的意义。

3. 全球供应链管理中的空间属性

对于全球供应链管理而言，下列外部因素对全球供应链管理有一定的制约，在全球供应链设计时应重点考虑。这些因素包括空间距离、预测难度和不准确性，汇率、其他宏观经济不确定因素、基础设计不足等。其中，空间距离的存在导致更长的交货时间、复杂的海关程序、牛鞭效应和增加的库存；空间距离还导致了预测困难和不准确，跨国交流困难会进一步增加库存。

不难看出，空间在全球供应链管理中显得尤为重要，全球供应链的空间分布在供应链设计中发挥战略性作用。通过全球整合和标准化来获取成本效率和通过供应链活动的空间分散和当地化来满足地方市场需求，这两者之间存在冲突，难以同时满足。因此，根据空间市场的特定需求和特定空间地域的资源供应来进行全球供应链的空间布局，必须纳入到全球供应链设计的分析中。针对此问题，迪肯（Dicken）从实证角度提出了全球供应链空间分布的四种模式。

（1）全球集中生产。所有最终产品的生产集中在一个区位，最终产品出口到其他空间距离相对遥远的国家市场。这种生产驱动型的空间布局方式利用了生产过程的规模经济，而最终产品出口的集中化生产模式则是公司开始国际化业务的典型方式，如日本的汽车制造业。

（2）就地生产。生产在相互临近的空间市场区进行，所有的最终产品是在分离的、特定的产地生产，只供应特定的市场及其临近区域。这种市场驱动型的空间布局临近市场和具体的客户需求，有利于根据顾客的需求、品味和偏好进行个性化生产，同时能有效减少或避免行政关税和非关税壁垒。其缺点主要是缺乏规模经济。

（3）区域或全球市场的生产专门化。因为不同地区或国家的相关经济要素禀赋存在差异，所以不同类型产品的生产布置在不同的地理区位或市场，使生产在最适合的地方进行。其理论基础是传统的劳动力地区差异理论。

（4）投入导向的垂直跨国整合。可以按照平行或顺序的方式来组织生产，利用了经济要素或资源禀赋的地区差异，根据劳动力强度或产品和生产过程的标准化，对生产进行空间配置。

20.2.3　全球供应链设计

1. 供应链设计的内容

战略层面的供应链设计的主要内容包括：供应链网络结构设计、供应链成员选择及供应链基本规则设计等。

（1）供应链网络结构设计。供应链的网络结构是以核心企业为中心，连接其他成员的组织结构框架，主要由供应链成员、网络结构变量和供应链流程连接方式三方面组成。为了使非常复杂的网络更易于设计和合理分配资源，有必要从整体出发进行网络结构设计。

（2）供应链成员选择。一条供应链是由多个供应链成员组成的，包括了为满足顾客需求，从原产地到消费地、供应商或客户直接或间接相互作用的所有企业和组织。供应链中一级级叠加起来的成员总数可能会很多，所以这样的供应链是非常复杂的，供应链成员的选择最终是由核心企业对主要的合作伙伴进行选择。

（3）供应链基本规则设计。供应链上节点企业之间的合作是以信任为基础的，信任关系的建立和维系除了需要各个节点企业的真诚之外，必须要有一个共同平台，即供应链运行的基本规则，其主要内容包括：协调机制、生产物流的计划与控制系统、库存的总体布局、资金结算方式、争议解决机制、信息开放与交互方式等。

2. 供应链设计的步骤

（1）分析市场竞争环境。目的在于找到针对哪些产品市场开发供应链才有效，必须知道现在的产品需求是什么，产品的类型和特征是什么，另外还要对市场的不确定性进行分析和评价。

（2）分析、总结企业现状。主要分析企业供需管理的现状（如果企业已经有供应链管理，则分析供应链的现状），目的在于发现供应链开发的方向，分析、寻找、总结企业存在的问题及影响供应链设计的阻力等因素，最后分析得出供应链设计的必要性。

（3）提出供应链设计项目，确立供应链设计目标。主要目的在于针对存在的问题提出供应链设计项目，分析其必要性并获得高用户服务水平和低库存投资、低单位成本两个目标之间的平衡，同时还应做出是否进入新市场、开发新产品等决策。

（4）分析供应链的组成，提出组成供应链的基本框架。供应链中的成员组成主要包括工厂、设备、工艺和供应商、制造商、分销商、零售商及用户。

（5）分析和评价供应链设计的技术可能性。这不仅是策略或改善技术的推荐清单，而且也是开发和实现供应链管理的第一步。同时，这也是一个决策的过程，如果认为方案可行，则进行下面的设计，若不可行，则重新设计。

（6）设计供应链。此步骤主要解决供应链的成员组成、原材料的来源、生产设计、分销任务与能力设计、信息管理系统设计、物流管理系统设计等问题。在供应链设计中，要用到许多工具和技术，包括归纳法、集体问题解决、流程图、模拟和设计软件等。

（7）检验供应链。通过一定的方法、技术进行测试检验或试运行，若存在问题，则重新设计，若无问题，则可实施供应链管理。

3. 全球供应链的设计策略①

（1）产品导向的全球供应链设计策略。全球供应链设计首先要明白用户对企业产品的需求是什么，要注意所设计的供应链必须与产品特性相一致，即基于产品的供应链设计策略（Product Based Supply Chain Design，PBSCD）。

一般来说，产品可分为两大类：功能型产品和创新型产品。其特点的对比如表 20 - 3 所示。

表 20 - 3　　　　　　　　　功能型产品与创新型产品对比

项目	功能型	创新型
产品寿命周期	≥2 年	3 个月到 1 年
边际贡献率	5% ~10%	20% ~60%
产品变种	低（每类 10 ~20 个）	高（每类多至数万个）
预测误差	10%	40% ~100%

① 吴健：《现代物流与供应链管理》，清华大学出版社 2011 年版，第 72 ~73 页。

项目	功能型	创新型
平均脱销率	1% ~2%	10% ~40%
平均折价率	0	10% ~25%
产品提前期	6 个月到 1 年	1 天到 2 周

资料来源：张良卫：《全球供应链管理》，中国物资出版社 2008 年版，第 48 页。

对应于功能型产品和创新型产品，可分别采取有效供应链和快速反应供应链策略。两种供应链的特点如表 20 - 4 所示。

表 20 - 4　　　　　　　　　　有效供应链和快速反应供应链比较

项目	有效供应链	快速反应供应链
适用产品种类	功能型产品	创新型产品
基本目的	以尽可能低的价格有效供应可预测的需求	对不可预测的需求快速做出反应，以减少脱销、折价和过时库存
制造设施	维持高的设备平均利用率	配置过剩缓冲能力
库存战略	快速周转及供应链中库存最小化	配置大量零件或成品的缓冲库存
提前期	在不增加费用的前提下，削减提前期	积极投资以缩短提前期，适应快速变化的市场
选择供应商依据	成本和质量	速度、柔性和质量
产品设计战略	性能最佳化与成本最低化	模块设计，尽可能延迟产品差别化

资料来源：张良卫：《全球供应链管理》，中国物资出版社 2008 年版，第 49 页。

如某创新型产品边际贡献率为 50%，脱销率为 30%，则边际利润损失为 50% × 30% = 15%，对此种产品就需要高度柔性、灵活的供应链，以对多变的国际市场做出迅速反应。对于功能型产品来说，如果边际贡献率为 10%，脱销率为 2%，则边际利润损失仅为 0.2%，对此为改善国际市场反应能力而投入巨资是得不偿失的。[①]

（2）客户导向的全球供应链设计策略。在客户导向的全球供应链管理模式中，客户始终置于整个供应链的中心地位，全球供应链的所有成员必须重视客户的实际需求。Internet 的普及和电子商务的应用为实现这一目标创造了条件，整个全球供应链成员可以通过互联网获取客户的需求信息，分析其特征和行为，并相互传递，实现成员间的资源共享，如图 20 - 3 所示。

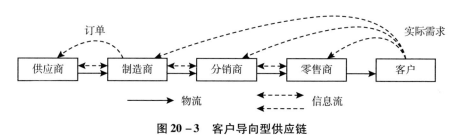

图 20 - 3　客户导向型供应链

资料来源：张良卫：《全球供应链管理》，中国物资出版社 2008 年版，第 53 页。

对全球供应链中的所有成员来说，一个企业既是它的上游企业的客户，又是它的下游企业的供应商。因此，在整个全球供应链内部也存在着一系列的客户导向问题。

进行客户导向的全球供应链设计时必须重视业务流程问题，通过流程管理带动整个供应链中信息流、资金流和物流的良性运作，以及全球供应链中的价值增值活动，创造和提高客户价值，降低其价值成本，达到客户价值最大化的目标。

4. 全球供应链绩效评价

（1）供应链绩效与供应链绩效评价的概念。供应链绩效的概念包括两个方面：结果绩效和过程绩效。结果绩效是指供应链各成员通过信息协调和共享，在供应链基础设施、人力资源和技术开发等内、外资源的支持下，通过物流管理、生产操作、市场营销、顾客服务、信息开发等活动增加和创造的价值的总和；过程绩效是指为了达到结果绩效的目标，供应链成员采取的

---

① 黎继子等：《物流管理》，清华大学出版社 2011 年版，第 181～182 页。

各种活动。

供应链绩效评价是指围绕供应链的目标，对供应链整体、各环节（尤其是核心企业运营状况以及各环节之间的运营关系等）所进行的事前、事中和事后分析评价。评价供应链的绩效，是对整个供应链的整体运行绩效、供应链节点企业、供应链上的节点企业之间的合作关系所做出的评价。

（2）供应链绩效评价体系的构建。

①内部绩效评价。对供应链上的各个成员企业的内部绩效进行评价，着重将企业的供应链活动和过程同以前的作业或目标进行比较。内部绩效评价指标包含成本、客户服务、生产率、管理、质量等。

②外部绩效评价。外部绩效评价主要是对供应链上企业之间的运行状况的评价。外部绩效度量的主要指标有用户满意度、最佳实施基准等。

③供应链整体绩效评价。供应链整体绩效评价是从总体上度量整个供应链的运作绩效和效率。供应链综合绩效的度量主要从用户满意度、时间、成本、资产等几个方面展开。

除一般性统计指标外，供应商的绩效还辅以一些综合型的指标，如供应链生产效率，也可由某些定性指标组成的评价体系来反映，例如用户满意度、企业核心竞争力、核心能力等。

（3）供应链绩效评价的方法。[①] 绩效评价的方法是绩效评价工作的核心和关键，是达到绩效评价结果的工具，直接关系到绩效评价结果的准确性。供应链绩效评价的方法有很多种，本文主要介绍 ROF（Resources Output Flexibility）方法和平衡供应链计分卡法两种方法。

①ROF 法。该方法由比蒙（Beamon）于 1999 年提出，为避免传统绩效评价中出现的问题，他提出了三个方面的绩效评价指标：资源（resources）、产出（output）以及柔性（flexibility）。资源评价和产出评价在供应链绩效评价中已经得到了广泛的应用，而柔性指标则在应用中比较有限。其中，资源评价包括对库存水平、人力资源、设备利用、能源使用和成本等方面；产出评价主要包括客户响应、质量以及最终产出产品的数量；柔性评价主要包

---

① Pierre David 等：《国际物流——国际贸易中的运作管理》，清华大学出版社 2011 年版，第 24～26 页。

括范围柔性和响应柔性两种。这三种指标都各自具有不同的目标：资源评价（成本评价）是高效生产的关键；产出评价（客户响应）必须达到很高的水平以保持供应链的增值性；柔性评价则要达到在变化的环境中快速响应。

②平衡供应链计分卡法。平衡供应链计分卡是一种以信息为基础，系统考虑企业绩效驱动因素，多维度平衡评价的绩效评价系统；同时，它又是一种将企业战略目标与企业绩效驱动因素相结合，动态反映企业战略的战略管理系统。

平衡供应链计分卡法主要从股东、客户、员工三个主要利益相关群体的角度出发，对客户、内部流程运作、改进学习和财务四个方面进行分析，确保组织从系统观的角度反映战略的实施。平衡供应链计分卡法在这四个方面的主要目标及其相互关系如图 20－4 所示。

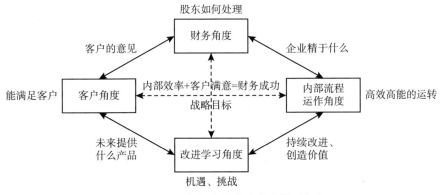

图 20－4　平衡供应链计分卡法模型框架

资料来源：马士华、林勇：《供应链管理》（第五版），机械工业出版社 2017 年版，第 273 页。

平衡供应链计分卡法具有四个主要特征：第一，以单一的形式将组织竞争力各个角度的指标表现出来，防止次优行为的出现，提供了对公司更为全面的理解；第二，假定是和企业未来信息系统紧密联系的；第三，不是简单地将指标列示出来，而是将其分为四个类型，每种类型都提供了公司绩效的特定角度；第四，绩效指标的选择必须是以与公司战略的紧密联系为基础的。

■ 20.3　全球供应链的发展趋势①

20.3.1　多部门集成的全球供应链管理

在供应链管理中，一个企业除了要与其他供应链成员协调运作以外，企业内部各个职能部门的协同也是优化企业资源配置的一个基本前提。特别是在国际企业广泛参与全球经营的背景下，不同地域、不同职能部门之间的有效协调显得尤为重要。在供应链运作过程中，如何获得多部门供应链的最好绩效以达到整体最优是全球供应链管理的重点。多部门的一体化集成运作对于解决国际企业供应链管理所涉及的生产、库存与营销、财务等领域的集成优化问题具有重要作用。因此，在全球供应链管理过程中，需要结合国际企业部门繁多、管理程序复杂等实际问题，探索通过多部门集成提升供应链绩效的模式。

20.3.2　数据驱动的全球供应链管理

在信息技术高度发达的今天，信息已经成为国际企业除人力、财力、物力之外的第四种战略性资源。如何从国际企业积累的大量数据资源出发，通过深度加工和处理，发掘出支持高层管理决策的有用知识，是企业界高度重视的一个问题。近几年，随着互联网、射频识别技术（radio frequency identification，RFID）、区块链等技术的迅速发展，数据驱动的全球供应链管理俨然成为一个热门研究方向。目前，国际企业已经具备了很强的数据搜集能力，能够获取分布在全球范围的供应链运营信息，为全球供应链管理带来了机遇和挑战。大数据环境下需要解决国际企业在生产、库存、风险领域等方面的供应链管理问题，未来研究可以在大数据的基础上探讨更为精细和更具可实施性的供应链管理模式。

---

① 张秀萍，柯曼綦：《全球供应链》，经济管理出版社 2017 年版，第 66 ~ 67 页。

20.3.3　全球可持续供应链管理

全球生态环境的日益恶化给全球经济的进一步发展带来了巨大的负担，而且严重影响了人们的生活环境质量。与此同时，随着国际社会环境保护意识的增强，人们日益关注环保问题，消费者开始自觉抵制那些污染环境或浪费大量资源的产品，甚至越来越关注国际贸易过程中的碳标签（碳足迹）问题。在此背景下，国际企业的生产运作需要面对环保和社会意识带来的双重压力。因此，国际企业迫切需要形成一种综合考虑资源效率、环境影响和社会效益的全球可持续供应链模式来面对日益严格的环境法规和日益增高的公众绿色低碳需求。

<h2 style="text-align:center">本 章 小 结</h2>

本章以全球化的视角论述了全球价值链管理以及全球供应链管理，重点引入了全球价值链和全球供应链的相关理论知识，对国际企业全球生产运作管理具有一定的指导意义。本章共包含三个小节，第一节从全球价值链的角度对全球价值链、全球生产网络做了重点介绍。第二节则立足于全球供应链，对全球供应链运作管理及全球供应链设计等问题进行了详细阐释。第三节重点分析了全球供应链的发展趋势。

<h2 style="text-align:center">本 章 重 要 术 语</h2>

全球价值链　全球生产网络　全球供应链　国际采购　绩效评价

<h2 style="text-align:center">延 伸 阅 读</h2>

1. 张良卫：《全球供应链管理》，中国物资出版社 2008 年版。
2. 张秀萍等：《全球供应链》，经济管理出版社 2016 年版。
3. 约翰·曼根（John Mangan）等：《国际物流与供应链管理》，电子工业出版社 2011 年版。

复习与思考

一、简答题

1. 五种价值链治理模式分别是什么？

2. 全球生产网络有哪些构成要素？

3. 全球供应链管理有哪些特征？

4. 全球供应链的设计策略有哪些？

5. 供应链绩效评价主要有哪些方法？

二、论述题

1. 国际企业如何通过制定全球生产运作战略实现价值链增值？

2. 在"一带一路"背景下，国际企业如何赢得供应链优势？

第 21 章

可持续物流与供应链

1. 了解绿色物流和供应链的概念和内涵。
2. 熟悉绿色供应链管理的内容。
3. 理解实现物流和供应链绿色化的基本途径。
4. 熟悉低碳物流和供应链的概念及意义。
5. 了解物流和供应链低碳化的主要途径。
6. 理解可持续发展的内涵。
7. 熟悉可持续供应链管理的研究趋势。

引导案例

宜家的绿色供应链管理

宜家（IKEA）是 20 世纪少数令人炫目的商业奇迹之一，从 1943 年年初创立"可怜"的文具邮购业务开始，在不到 60 年的时间内就发展成为在全球 42 个国家拥有 180 家连锁店，员工达 7 万多名的"庞然大物"。宜家家具之于家具业，正如麦当劳、肯德基之于餐饮业，沃尔玛、家乐福之于百货业，给本土的商人和消费者带来观念冲击，其绿色供应链管理经验尤其值得国内企业学习与借鉴。宜家绿色供应链管理的具体内容如下。

1. 绿色原材料

宜家要求所有用于宜家产品生产制造的木质原材料均应取自经林业监管专业认证的林带，或经 FSC（Forest Stewardship Council）等具有同等效力的标准认证的林带。为了保护林业资源，宜家提出森林行动计划（Forest Action Plan，FAP），以系统地处理森林事宜。与此同时，宜家家居在其选择原材料时充分强调了环境友好与消费者权益的保护（选择不对消费者健康构成潜在威胁的材料）。

2. 对供应商的管理

宜家目前在全球50个国家拥有约2000家供货厂商。在财政年度 2000 ～ 2003 年，宜家环境工作的一项主要任务是帮助改善部分供货厂商的生产环境。具体措施是，向它们提供有关基本要求的文件材料，然后对要求执行情况进行随后的跟踪检查，其目的是帮助供货商明确了解它们的生产活动对环境造成的影响，从而鼓励它们以可持续发展的方式组织生产。

3. 绿色运输

所有宜家承运代理商须遵从环境标准和多项检查。为了减少公路运输中 CO_2 的排放，宜家设法增加了产品的单位包装数量。另外，采用 CO_2 排放量较小的货运方式，如船舶和火车货运方式、联合运输方式等。宜家对包装材料的环保措施也十分严格，要求包装材料可以回收利用，或二次重复使用。

4. 绿色营销

宜家集团在营销环节强调环境友好。例如，宜家的每一家商场都设立一名环境协调员，在商场员工中组织开展环境知识培训。在废品管理方面，宜家向所有商场发布指示，要求商场将各自产生的垃圾废品分拣成至少五大类，以便回收处理。与此同时，宜家家居在营销过程中充分强调产品对消费者的安全性，一旦发现某一产品对消费者的健康构成潜在的威胁，宜家家居就主动地采取措施解决问题。

资料来源：但斌等：《供应链管理》，科学出版社 2012 年版，第 284 ～ 285 页。

■21.1　绿色物流和供应链

21.1.1　绿色物流和供应链概述

1. 绿色物流和供应链兴起的原因①

（1）人类环境保护意识的觉醒。经济和科技的发展使人类在 20 世纪创造了前所未有的财富，但同时也带来了能源危机、资源枯竭、环境污染、生态失衡等一系列问题。这些问题对人类的生存和发展构成了现实、直接和普遍的威胁，人们逐渐意识到社会发展与环境保护之间存在着相互依存的关系，人类环境保护意识开始觉醒。

（2）各国政府和国际组织的倡导。各国政府在推动绿色物流和供应链发展方面所起的作用主要表现在：一是追加投入以促进环保事业的发展；二是组织力量监督环保工作的开展；三是制定专门政策和法令来引导企业的环保行为。环保事业是关系到人类生存与发展的伟大事业，国际组织为此做出了极大的努力并取得了显著成效。1992 年，第 27 届联大决议通过把每年的 6 月 5 日作为世界环境日，每年的世界环境日都规定有专门的活动主题，以推动世界环境保护工作的发展。联合国环境署、世贸组织环境委员会等国际组织展开了许多环保方面的国际会议，签订了许多环保方面的国际公约与协定，也在一定程度上为绿色物流和供应链的发展铺平了道路。

（3）经济全球化潮流的推动。随着全球生态环境问题的日益严重，环境与贸易的冲突也越来越激烈，从而使贸易保护主义从传统的关税壁垒逐渐转向非关税壁垒，绿色壁垒作为一种新型的非关税壁垒应运而生。为此，ISO14000 成为众多企业进入国际市场的通行证。ISO14000 的两个基本思想是预防污染和持续改进，它要求建立环境管理体系，使其经营活动、产品和服务的每一个环节对环境的影响最小化。

---

① 孙家庆、唐丽敏：《物流学导论》，清华大学出版社 2012 年版，第 303 页。

（4）顺应可持续发展的需要。为了协调和解决资源、环境、人口这三大问题，人们提出了可持续发展战略，将生态环境和经济发展看成是一个有机整体，认为经济发展要考虑到自然生态环境的长期承载能力，使环境和资源既能满足经济发展的需要，又能满足人类长远生存的需要。为贯彻响应可持续发展理念，社会各行各业纷纷进行探索，绿色、低碳、循环等带有环境保护意义的管理方法和技术开始出现。将可持续发展理念应用于物流领域，便首先产生了绿色物流和绿色供应链的概念。

2. 绿色物流和供应链的概念

（1）绿色物流的概念。[①] 绿色物流是20世纪90年代中期才被提出的新概念，至今尚无完全成熟的定义。美国逆向物流执行委员会（Reverse Logistics Executive Council，RLEC）的研究报告将绿色物流定义为：绿色物流也称为"生态型的物流"，是一种对物流过程产生的生态环境影响进行认识并使其最小化的过程。由 A. M. 布鲁尔、K. J. 巴顿和 D. A. 亨舍尔合著的《供应链管理和物流手册》，认为绿色物流一词代表着物流与环境相协调的高效运输配送系统。在中华人民共和国国家标准《物流术语》（GB/T 18354 - 2006）中，绿色物流是指"在物流过程中抑制物流对环境造成危害的同时，实现对物流环境的净化，使物流资源得到最充分利用"。

一般认为，绿色物流（Green Logistics）是指以降低对环境的污染、减少资源消耗为目标，利用先进物流技术规划和实施运输、储存、包装、装卸搬运、流通加工等物流活动。绿色物流是一个多层次的概念，它既包括企业的绿色物流活动，又包括社会对绿色物流活动的管理、规范和控制。从绿色物流活动的范围来看，它既包括各个单项的绿色物流作业（如绿色运输、绿色包装、绿色流通加工等），还包括为实现资源再利用而进行的废弃物循环物流。

（2）绿色供应链的概念。[②] 与绿色物流一样，绿色供应链也没有一个统一的定义，其概念还在不断完善中。1996年，美国国家科学基金资助密歇根州立大学的制造研究协会进行了一项"环境负责制造"研究，该项目组

---

① 周启蕾：《物流学概论》（第3版），清华大学出版社2013年版，第339页。
② 但斌等：《供应链管理》，科学出版社2012年版，第279～285页。

提出了绿色供应链的概念。史蒂夫·沃尔顿（Steve V. Walton）等认为绿色供应链管理就是将供应商加入企业的环境战略中，其核心思想是将集成管理的思想应用到绿色供应链的领域中。M. H. 内格尔认为环境意识是供应链管理从顾客到直接供应商的一种长期的战略驱使过程，主要集中在激发供应链中环境友好的技术创新、有效的成本节约，在顾客与供应商中建立起环境保护的意识平台进而实现在供应链内保持长期的战略关系，绿色供应链的管理涉及产品的使用、组成以及生产的全过程。

目前普遍认为，绿色供应链是一种在整个供应链中综合考虑环境影响和资源效率的现代管理模式，它以绿色制造理论和供应链管理技术为基础，涉及供应商、生产商、销售商和用户，其目的是使得产品从物料获取、加工、包装、仓储、运输、使用到报废处理的整个过程，对环境的影响（副作用）最小，资源效率最高。

3. 绿色物流和供应链的内涵①

（1）绿色物流和供应链的最终目标是实现可持续性发展。绿色物流和供应链是可持续发展原则与现代物流和供应链理念相结合的一种现代观念。它要求企业在追求经济利益目标之外还追求节约资源、保护环境这一既具有经济属性，又具有社会属性的目标。因此，企业无论在战略管理还是战术管理中，都必须从促进经济可持续发展这个基本原则出发，在创造商品的时间效益和空间效益以满足消费者需求的同时，注重按生态环境的要求，保持自然生态平衡和保护自然资源，为子孙后代留下生存和发展的空间。

（2）绿色物流和供应链的活动范围涵盖产品的全生命周期。产品在从原料获取到使用消费、直至再回收利用的整个生命周期，都会对环境产生影响。绿色物流和供应链既包括对从原材料的获取、产品生产、包装、运输、分销，直至送达最终用户手中的前向物流过程的绿色化，也包括对退货品和废物回收逆向物流过程的生态管理与规划。因此，其活动范围包括了产品从生产到报废处置的整个生命周期。

（3）绿色物流和供应链的理论基础包括可持续发展理论、生态经济学

---

① 宋志国、贾引狮：《绿色供应链管理若干问题研究》，中国环境科学出版社 2009 年版，第11 页。

理论、生态伦理学和循环经济理论。物流和供应链运作过程不可避免地要消耗资源和能源，产生环境污染，要实现长期、持续地发展，就必须采取各种措施，形成物流和供应链管理与环境之间的共生发展模式；物流和供应链系统既是经济系统的一个子系统，又通过资源、能源流动建立起了与生态系统之间的联系和相互作用，绿色物流和供应链通过经济目标和环境目标之间的平衡，来实现生态与经济的协调发展；生态伦理学告诉我们，不能一味地追求眼前的经济利益而过度消耗地球资源，破坏子孙后代的生存环境；绿色物流和供应链要实现对前向物流和供应链运作过程以及逆向物流和供应链运作过程的环境管理，也必须以物料循环利用、循环流动为手段，提高资源利用效率，减少污染物排放。

（4）绿色物流和供应链行为主体多样化。绿色物流和供应链的行为主体包括了政府、广大的公众（消费者）和供应链上的全体成员。这些行为主体的环境意识和行动对他们所在的供应链物流的绿色化将产生重要的推动作用或抑制作用。政府的法规约束和政策支持、消费者的环保意识和督导、供应链上下游企业的绿色物流战略都是发展绿色物流不可或缺的因素。

21.1.2　绿色物流和供应链管理[①]

为了实现物流和供应链过程的绿色化，就要对其进行有效管理，对产品从原材料购买、生产、消费，直到废料回收再利用的整个供应链进行生态设计，以实现系统环境最优化。绿色供应链管理的概念模型如图 21 - 1 所示，内容涉及以下六个方面。

1. 绿色设计

绿色设计是指在充分考虑产品的功能、质量、开发周期和成本的同时，将其对环境的影响考虑在内，优化各有关设计因素，使得产品及其制造过程对环境的总体影响和资源消耗降到最小。其主要内容包括以下几个方面。

（1）绿色材料设计。它要求尽量使用绿色环保性材料，避免选用有毒、有害和有辐射性的材料；简化产品设计的表面工艺；不能把含有有害成分与

---

① 吴健：《现代物流与供应链管理》，清华大学出版社 2011 年版，第 465~477 页。

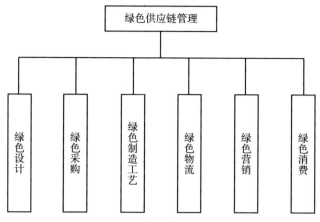

图 21－1　绿色供应链管理的概念模型

资料来源：宋志国、贾引狮：《绿色供应链管理若干问题研究》，中国环境科学出版社 2009 年版。

无害成分的材料混放在一起，尽量使用单一的材料类型；材料要具有可回收性，易于再利用、回收、再制造或易于降解。

（2）可拆卸性及可回收性设计。产品结构要易于拆卸，维护方便，并在产品报废后能够重新回收利用。为此，要预测产品构造，选择相容性好的材料，以方便一起回收这些材料，大大减少拆卸分类的工作量，避免零件的污损。同时，还要选择适当的紧固方法，减少固定原件的数目，简化拆卸操作的方式，保证拆卸安全。

（3）模块化设计。模块化设计的主要目的就是以尽量少的种类和数量的模块组成尽可能多的种类、规格，以及性能、功能不同的产品，其优点一是让用户可以通过不同模块的搭配得到自己需要的产品，满足个性化的需求：二是方便用户在使用过程中对产品进行局部维护或升级达到延长产品寿命减少材料资源消耗的目的。

（4）绿色包装设计。绿色包装设计除了使用绿色包装材料之外，还要避免各种形式的过度包装，比如结构过度、材料过度、装潢过度等。

2. 绿色采购

绿色采购以源头控制的方式，通过减少企业后期治理成本、减少责任风险、保护自然环境、提升公司形象等提高企业绩效。因此，绿色采购可以被看作是减少环境问题产生的起点和根源，采购绿色化程度的提高将直接促进企业和整个供应链环境绩效的提高。

在我国市场采购份额中，政府采购可以说是占据了半壁江山，政府可以为市场树立一个绿色采购的榜样。如果政府机构成为绿色消费的优先选择者，这不但可以从源头上减少能源消耗和能源费用、保护环境，而且能够起到示范带头作用，有利于人们节能环保意识的提高，扩大节能环保产品的市场，进而推动全社会节能环保工作的开展。

3. 绿色制造工艺

绿色制造工艺是实施绿色制造的一个重要环节，它需要充分考虑制造过程中的资源消耗和环境影响问题，通过对制造工艺方法和过程的优化选择和规划设计，制订出绿色制造工艺方案，从而提高原材料和能源的利用率，减少废弃物的产生，从而减少环境污染。因此，绿色制造工业技术是解决产品制造过程中的资源消耗和环境问题的有用方法。

传统制造工艺的目标主要是追求更短的加工时间、更好的加工质量和更低的加工成本，对绿色制造工艺而言，只考虑上述三个目标显然是不够的，还应该把资源消耗和环境影响作为重要因素加以考虑。对此，企业要根据制造系统的实际情况，尽量规划和采用物料及能源消耗少、废弃物少、对环境污染小的工艺方案和工艺路线，要求生产过程所有活动均按 ISO14000 标准生产，在生产过程排放废物之前减少和降低废物的数量和毒性，以期提高生产效率，减少或降低对人类和环境造成的风险。

4. 绿色物流

从物流的功能来看，要实现物流过程的绿色化，就要从以下七个方面入手。

（1）绿色运输和配送。绿色运输和配送主要表现为缓解交通拥挤、降低环境污染，这具体体现在以下几点：提倡使用清洁燃料和绿色交通工具，控制汽车尾气排放对环境造成的污染；选择合适的运输方式，发展共同配送，统筹建立现代化的物流中心，通过有限的交通量来提高物流效率；加强交通管制，使道路设计合理化，减少堵塞，提高运输及配送效率。

（2）绿色仓储与保管。绿色仓储与保管的目的是减少仓库养护环节对周围环境的污染以及减少物品在存储过程中的损耗。这要求在储存环节加强科学养护，采取现代化的储存保养技术，使仓库设备和人员尽可能少受侵蚀与危害。同时，要运用先进的保质保鲜技术，保证存货的数量和质量，尤其要注意防止对有毒化学品，放射性物品，易燃、易爆物品的泄漏和污染。

（3）绿色装卸搬运。绿色装卸搬运是指为尽可能减少装卸搬运环节产生的粉尘烟雾等污染物而采取的现代化的装卸搬运手段及措施。在货物集散场地，尽量减少泄漏和损坏，采用防尘装置杜绝粉尘、烟雾污染；清洗货车的废水应集中收集、处理和排放，加强现场的管理和监督。

（4）绿色包装。绿色包装是指能够循环复用、再生利用或降解腐化，且在产品的整个生命周期中对人体及环境不造成公害的适度包装。其主要途径包括：促进生产部门采用简化的以及由可降解材料制成的包装；商品流通过程中尽量采用可重复使用的单元式包装，实现流通部门自身经营活动用包装的减量化；避免过度包装和重复包装，节省包装资源，降低包装物成本。

（5）绿色流通加工。绿色流通加工的途径主要分两个方面：一方面，变消费者分散加工为专业集中加工，以规模作业的方式提高资源利用效率，以减少环境污染；另一方面，集中处理消费品加工中产生的边角废料，以减少消费者分散加工所造成的废弃物污染。

（6）绿色信息搜集和管理。绿色信息的搜集和管理是企业实施绿色物流战略的依据，面对大量的绿色商机，企业应从市场需求出发，搜集相关的绿色信息，如绿色消费信息、绿色科技信息、绿色资源和产品开发信息，绿色法规信息等，并及时运用到物流中，促进物流活动的进一步"绿色化"。

（7）企业绿色物流管理。所谓"绿色物流管理"，就是将环境保护的观念融于企业物流经营管理之中，要求在企业供应链中时刻全面地考虑环保、体现绿色：通过集约型的科学管理，使企业所需要的各种物质资源最有效、最充分地得到利用，使单位资源的产出达到最大最优；通过实行以预防为主的措施和全过程控制的环境管理，能够使生产经营过程中的各种废弃物最大限度地减少；根据市场需求，开发对环境、对消费者无污染和安全、优质的产品。

5. 绿色营销

绿色营销，即供应链企业在市场调查、产品研制、产品定价、促销活动等整个营销过程中，都以维持生态平衡、重视环保的绿色理论为指导，使企业的发展与消费者和社会的利益相一致。绿色营销的内容主要有以下几个方面。

（1）绿色营销计划。企业在深入进行目标市场调研的基础之上，将企业产品和品牌进行合理的市场定位，分析潜在市场容量和潜在顾客购买能力，对绿色营销资源进行有效整合，发挥绿色营销独特的作用，扬长避短，实现绿色营销的综合效益最大化。

（2）绿色销售渠道。建立绿色营销渠道要选择在消费者心中具有良好绿色信誉的代理商、批发商和零售商，以便维护企业产品的形象；以回归自然的装饰为标志来设立绿色产品专营机构或专柜，便于消费者识别和购买；选择经销商时注意该经销商所经营的非绿色商品与绿色商品的相互补充性和非排斥、非竞争性，谋求中间商对绿色产品的忠诚度，进而大力推销绿色商品。

（3）绿色价格。绿色价格是指与绿色产品相适应的定价方式。绿色产品不同于一般产品，其价格建立在传统价格体系的基础上，对传统价格中不利于环保与生态的价格因素进行调整和改革，把对生态环境的不利影响降低到最低限度，因而绿色价格体系较传统价格更加合理。

（4）绿色宣传。在各种国际媒体广告中重视对绿色经营理念和绿色消费概念的宣传；营销人员必须熟知本企业绿色产品的绿色功能，了解消费者绿色消费的兴趣，并能回答消费者所关心的绿色消费问题。

6. 绿色消费

绿色消费，也称可持续消费，是指一种以适度节制消费，避免或减少对环境的破坏，崇尚自然和保护生态等为特征的新型消费行为和过程。其主要包括三个方面的内容：消费无污染的产品；消费过程中尽量避免对环境造成污染；自觉抵制和不消费那些破坏环境的产品。产品生产的最终目的是满足用户的消费，因此企业在生产活动中，必须了解消费者对绿色消费的态度，引导消费者进行绿色消费，从而提高企业的形象，增加用户对其产品的忠诚度。

21.1.3　实现绿色物流和供应链的基本途径①

1. 加强企业内部管理

企业在决定实施绿色和供应链管理时，应仔细分析自身的状况，要从承载能力和实际出发，既能解决企业急需的问题，又能以较快见效的环节作为突破口。强化企业领导和员工的环境意识，企业高层领导应当转变观念，积极地把经济目标、环境目标和社会目标恰如其分地同供应链联系在一起考虑。要实施绿色采购，尽量根据企业的需求采购原材料和零部件，减少原材料和零部件库存量，对有害材料尽量寻找替代物，对企业的多余设备和材料要充分利用。

2. 加强供应商管理

绿色供应过程对供应商提出了更高的要求。首先，要根据制造商本身的资源与能力、战略目标对评价指标加以适当调整，设置的指标要能充分反映制造商的战略意图。其次，强调供应商与制造商在企业文化与经营理念上对环境保护的认同，这是实现供应链成员间战略伙伴关系的基础。再次，供应链成员应具有可持续的竞争力与创新能力。最后，供应商之间具有可比性，这样有利于在多个潜在的供应商之间择优比较。

3. 加强用户环境消费意识

发展绿色消费可以从消费终端减少消费行为对环境的破坏，遏制生产者粗放式的经营，从而有利于实现我国社会经济可持续发展的目标。同时，发展绿色消费不仅可以从优质无污染的消费对象来改善人们的消费质量、促进身体健康，而且可以在消费过程中通过观念的转化、行为的转变，提高广大群众对环保、绿色消费与可持续发展的认识。

4. 加强政府管理

政府以制定环境法律法规和标准并强制实施的方式来使企业达到国家确

---

① 宋志国、贾引狮：《绿色供应链管理若干问题研究》，中国环境科学出版社 2009 年版，第22 页。

定的环境保护要求；通过收取排污费（税）、产品费（税）、实施排污权交易和一些财政补贴措施等经济刺激手段促使企业遵守上述行政法规；对具有明显外部经济的环境项目（环境公共产品），私人通常是不愿意提供或经营的，或者没有政府帮助私人是很难承担的，因此，可由政府通过财政拨款进行投资兴建和维护，或委托给私人经营。

▌ 21.2 低碳物流和供应链

21.2.1 低碳物流和供应链概述

1. 低碳物流和供应链的起源

近年来，一种旨在降低二氧化碳排放量的低碳经济模式越来越引起人们的关注。2003 年英国能源白皮书《我们的未来：创建低碳经济》首次提出了低碳经济（Low Carbon Economy）的概念，认为低碳经济是在可持续发展理念指导下，通过技术创新、制度创新、产业转型、新能源开发等多种手段，尽可能地减少煤炭、石油等高碳能源消耗，以及温室气体排放，达到经济社会发展与生态环境保护双赢的一种经济发展形态，其实质是提高能源利用效率和创建清洁能源结构，核心是技术创新、制度创新和发展观的转变。

低碳经济的提出，为实现物流和供应链的绿色化以及可持续发展提供了更为细致的科学理论指导。物流和供应链运作过程的碳减排，能够有效降低能量消耗、减少二氧化碳等温室气体的排放量，实现国民经济低能耗、低污染、低排放的持续发展。因此，与低碳经济发展目标相适应，低碳物流和供应链开始兴起。

2. 低碳物流和供应链的概念[①]

（1）低碳物流的概念。目前，关于低碳物流的内涵还没有明确的界定，

[①] 孙家庆、唐丽敏：《物流学导论》，清华大学出版社 2012 年版，第 307 页。

一般认为，低碳物流是以低碳经济和绿色物流理论为基础，将"可持续发展"和"碳减排"的理念融入运输、储存、包装、装卸搬运、流通加工、配送、信息处理等物流活动中，采用先进的物流技术和管理手段，以达到资源利用效率最高、对环境影响最小和系统效益的最优化。

根据这个定义，可以将低碳物流分为以下两种类型。

①直接减排型。指通过物流整合与优化，用碳排放量较低的物流方式直接取代碳排放量较高的物流方式。例如，在所有的交通运输工具中，小型汽车的二氧化碳排放量是最高的，是铁路和水路运输的 100 倍。因此，限制小型货运汽车的保有量，建立健全多式联运体系，将公路、铁路和水路运输方式结合起来，降低公路运输方式所占比重成为世界各国节能减排的主要途径，并已取得了极其显著的成效。

②间接减排型。指通过物流整合与优化，促进资源循环，减少原生资源消耗，维持生态系统的碳循环平衡。

（2）低碳供应链的概念。[①] 低碳供应链就是将低碳化的思想融入所有的供应环节中，形成从原材料采购到产品设计、制造、交付和生命周期支持的完整的低碳供应链体系。它是在绿色供应链的基础上，将低碳排放深化为供应链可持续发展的衡量标准，尝试通过各类相关低碳技术，尽可能地使整个供应链的碳排放量大幅度减少甚至到零。低碳供应链概念的提出，既是当前形势的需要，也是经济发展的必然。

3. 发展低碳物流和供应链的意义

发展低碳经济是实现可持续发展的重要内容。作为国务院出台的十大规划振兴产业之一，物流业虽然产业规模较小，但角色重要，直接支撑了现代经济的发展，在低碳经济中占有特殊地位。一方面物流作为能源消耗大户，又是碳排放大户，降低物流业的能耗，能够有力地促进低碳经济发展；另一方面，先进的物流方式可以支持低碳经济下的生产方式和生活方式，低碳经济需要现代物流的支撑。

（1）低碳物流和供应链是企业转型发展的必要条件和战略选择。应对

---

① 杨红娟：《低碳供应链管理》，科学出版社 2013 年版，第 12 页。

全球气候变化，各国都在推动和实施低碳经济。低碳经济一方面为物流和供应链企业带来了巨大的风险和挑战，企业需要适应这样的变化，根据各国的低碳经济政策调整企业的发展思路，进行企业转型发展来应对低碳经济带来的挑战；另一方面，低碳经济也为物流和供应链企业创造了新的机遇，低碳技术、能效技术、节能减排技术的研发为企业带来了新的商机、新的发展空间，采用低碳技术可以帮助企业塑造良好的形象，有利于企业进一步参与国际市场竞争，规避以低碳技术为主的贸易壁垒，实现生产运营方式和服务市场战略转型，获取更大的商业利润。

（2）低碳物流和供应链的建立，更有利于全面满足人们不断提高的物质和文化生活的需要。物流作为生产和消费的中介，是衔接生产和消费的重要环节，也是满足人们物质和文化生活的基本环节。而低碳物流则是伴随着人们生活需求的进一步提高，尤其是随着低碳生活和低碳消费的提出应运而生的。如果没有低碳物流的维系，生产环节的低碳化以及消费者低碳生活与低碳消费再推广也难以实施。另外，随着电子商务与网络的发展，随之产生的生活的电子化、网络化和连锁化，以及电子商务、网上购物、连锁经营，这些不断提高的物质文化生活，都有赖于低碳物流。

21.2.2 我国低碳物流和供应链发展存在的问题

1. 低碳观念不成熟

一方面，领导和政府的观念仍未转变，低碳物流和供应链的思想还未确立；另一方面，经营者和消费者对于低碳经营和低碳消费的理念仍非常淡薄，低碳物流和供应链的思想几乎为零。比如，企业自身的短期行为。不管是生产企业还是流通企业，为了实现利润最大化，它们会做出一些不顾社会效益的短期行为，如资源利用短期化，低碳物流和供应链的实施需要企业改善原有的经营方式，实现由粗放型向集约型转变，如对高碳能源的革新和利用、新能源交通工具的创新，这些需要企业大量的技术投入和资金投入，在短期内无疑会增加企业成本。对于中、小型企业而言，尤其如此。

2. 低碳政策不完善

低碳政策的不完善主要体现在三个方面：第一，法制不健全。中国在促进低碳经济发展的政策法律体系方面仍处于薄弱的状态。尽管目前中国在有关低碳经济的开发利用领域已经制定了《煤炭法》《电力法》《节约能源法》《可再生能源法》《清洁生产促进法》《循环经济促进法》等多部法律，但这些法律法规的制定不够详细，并且缺乏足够的操作性，这是导致中国目前环境执法（包括能源领域）效果不佳、环保状况不能得到根本改善的重要原因。第二，政策不到位。对新能源的开发和利用是实现低碳经济的重要途径。现在国家对新能源汽车的补贴还在试点中，加之混合动力车（新能源车之一）的基建配套、行业标准的统一化、消费者的购车理念都急需解决。如建充电网，必须要国家电网的配合。第三，与低碳相关的另一措施——碳税（碳排放税）虽酝酿已久，但国家发改委、财政部和环保部等尚未对征收标准、征收对象达成一致。

3. 低碳技术落后

低碳物流和供应链的实现，不仅依赖于低碳思想的建立、物流政策的制定和遵循，更离不开低碳技术的掌握和应用，而我们的物流技术和低碳要求有较大的差距，如中国的物流业还没有什么规模，基本上是各自为政，没有很好的规划，存在物流行业内部的无序发展和无序竞争状态，对环保造成了很大的压力；在机械化方面，物流机械化的程度和先进性与低碳物流要求还有距离；物流材料的使用上，与低碳物流倡导的可重用性、可降解性也存在巨大的差距；另外，在物流的自动化、信息化和网络化环节上，低碳物流更是无从谈起。

21.2.3　物流和供应链低碳化的主要途径

低碳物流和供应链符合可持续发展观的要求，对低碳经济的发展和人类生活质量的改善具有重要意义。因此，可从宏观和微观方面对低碳物流和供应链进行改善。

1. 宏观方面

（1）普及低碳观念、完善相关政策。首先，要普及全民的低碳生活观念，使全社会都能认识到低碳在经济可持续发展中的重要地位，从而积极主动地推进低碳物流和供应链的发展。其次，借鉴发达国家关于低碳经济的立法，完善有关碳税、财政补贴、税收优惠等政策措施。

（2）逐步开发低碳技术。低碳物流和供应链的实现最终要依靠先进的低碳技术。低碳技术的发展方向主要是能源低碳和排放低碳。少数高端物流企业应在政府的大力协助下，以清洁发展为目标，以科技进步为手段，积极自主研发低碳能源核心技术，通过与发达国家相关企业合作，引进低碳技术领域的创新思维，配合清洁能源方面的专业知识，开发新型低碳技术，并将这些新型技术应用在物流和供应链领域中，从而推进低碳物流和供应链的实现。

（3）有效整合物流和供应链资源。在当前阶段，通过整合现有物流和供应链资源，优化资源配置，提高资源利用率，减少资源消耗和浪费，是企业做大、做强的必经之路。只有这样，企业才有时间和精力投入到低碳技术的研发中，逐步将低碳物流和供应链的发展纳入日程，这正是社会可持续发展所提倡的，也是发展低碳物流和供应链亟待逾越的障碍。

（4）培养企业经营者低碳经营的理念及勇于承担社会责任的意识。培养企业经营者低碳经营的理念，包括提供低碳产品、低碳包装等。同时，同样非常关键的一个环节是保证商品在流通过程中的低碳化，从而要培养物流企业经营者承担社会责任的意识，使其在运输和仓储等活动中主动减少废气排放、噪声污染和交通阻塞等问题，让其意识到只有同时实现经济效益、社会效益和生态效益才能实现企业的长远发展。通过消费者的低碳消费舆论迫使相关企业实施低碳物流管理，同时也使大量消费过的物资通过正确途径返回再处理处，以加强物资的循环利用。

2. 微观方面[①]

从供应链的具体运作流程来看，要对采购、制造、支付、物流等环节进行低碳管理，以实现整个供应链的低碳化。低碳供应链管理包含的内容如表 21-1 所示。

---

① 杨红娟：《低碳供应链管理》，科学出版社 2013 年版，第 13 页。

表 21 - 1　　　　　　　　　　低碳供应链管理

低碳供应链管理	低碳采购	低碳采购
	低碳制造	低碳设计
		低碳生产
		低碳包装
	低碳支付	低碳营销
		低碳消费
	低碳物流	低碳运输
		低碳仓储

（1）低碳采购。低碳采购是指在原料采购过程中综合考虑碳排放因素，尽量采购碳排放低的产品或服务。采购人员在供应链低碳管理中担任比以往更重要的角色，一方面，他们要在符合价格、质量等其他标准的前提条件下决定着采购何种原料和设备，这些原料和设备在使用过程中应满足对环境影响最小化；另一方面，因为采购人员最了解如何有效出售最终的废料，所以也经常参与解决有关废料和使用完设备的处置或者再出售问题。

（2）低碳制造。由于制造过程中的每一步都会产生很大数量的碳排放，因此在制造的准备工作进行之时或者之前，应对将来各过程的碳排放进行一个合适的评估，这对于有效减排将起到重要作用。低碳制造包括低碳设计、低碳生产和低碳包装三项内容。

①低碳设计。低碳设计的基本思想是不能等产品产生了不良的后果再采取防治措施（如目前常采用的末端处理），而应该在设计阶段就充分考虑到产品在后续阶段的碳排放量，与和产品有关的人员密切合作、信息共享，应用低碳化评价准则约束和优化制造工艺、装配方案、拆卸方案、回收处理的设计过程，并使之具有良好的经济性。低碳设计要考虑三个主要要素，即成本、碳排放量和性能，如表 21 - 2 所示。低碳设计的目标就是在效能最好、成本最低的基础上，还要追求碳排放量最小。

表 21－2 低碳设计的三要素

要素	成本	原料成本
		制造成本
		运输成本
		循环再生成本
		处理成本
	碳排放量	碳排放量
	性能	安全
		回收性
		附加值
		便利与否
		精神文化
		审美观
		寿命

资料来源：杨红娟：《低碳供应链管理》，科学出版社 2013 年版，第 15 页。

②低碳生产。在正处于蓬勃发展阶段的低碳生产技术中，目前最具有代表性的就是清洁生产。它的主要内容包括：使用环境影响尽可能小的资源替代环境副作用大的资源；采用清洁的工艺技术，以尽可能有效地利用资源；提高储运以及生产组织方面的管理效率，制定并保障清洁生产的规章制度和操作规程；尽可能低成本高效率地处理必须产生的废弃物使之对环境的影响减少到最小。

③低碳包装。包装在产品的保护、物流效率的提高、销售的租金等方面发挥着非常重要的作用，但包装环节也会产生碳排放。对此，在包装的整个生命期中，每一种材料、每一个过程、每一个环节在注重包装功能的同时，应对生态环境、节能环保、绿色安全以及二氧化碳的排放选择最佳值。这就要求包装行业必须认真按照减量化、低排放、再利用、资源化的原则，转变经济增长方式，积极推行低碳包装，促进循环经济和包装产业的可持续发展。

（3）低碳支付。低碳支付包括两部分的内容，即低碳营销和低碳消费。

①低碳营销。低碳营销考虑营销全过程的碳排放因素，第一，要以低碳产品为载体，为消费者提供具有节能、减排作用的产品；第二，制定低碳价格，低碳产品在其开发过程中，增加了企业在原料、技术、碳排放等方面的成本，根据"污染付费"和"环境有偿使用"的原则，企业用于减排方面的支出应该计入成本，构成价格的一部分；第三，选择低碳营销渠道，这会影响低碳产品销售的有效性以及企业的低碳形象；第四，开展低碳促销，通过充分的信息传播，塑造企业与产品的低碳品牌形象，以赢得公众的信任与支持，为企业谋求更多的便利和竞争优势。

②低碳消费。低碳消费方式包括恒温消费方式、经济消费方式、安全消费方式、可持续消费方式以及新领域消费方式。其中，恒温消费指温室气体排放量在消费过程中最低；经济消费指对资源的消耗最小；安全消费指消费结果对环境副作用最小；可持续消费指不危及人类后代的需求；新领域消费指转向消费新型能源，鼓励开发新低碳技术来研发低碳产品，拓展新的消费领域。面对低碳大潮，供应链上的企业更应该重塑生产经营观念，迎合世界潮流。要像对待生产过程一样，把消费作为一个过程予以重新考虑，以便在不浪费企业和消费者时间、精力以及资源的情况下，满足消费者在整个消费过程中随时随地的需要。

（4）低碳物流。

①低碳运输。首先，在运输方式上，最节能、最低碳的运输方式是铁路运输，因此促进铁路运输的发展是实现低碳运输的重要途径。然后，在运输组织上，要提高运输工具实载率，避免无效运输和重复运输。最后，在运输设施方面，应当构建物流信息系统并加强对废旧物流设施的循环利用，从而减少对环境的污染和碳排放。

②低碳仓储。随着低碳经济的发展，仓储企业要继续把业务综合化、精细化管理作为主要竞争手段，大力发展增值服务，努力提升综合业务在企业经营业绩中的比重；引入新的管理理念，为客户量身定做业务模式、业务流程、服务标准和服务质量，裁减冗余，节约成本；科学合理地进行仓储物流园区布局，打造低碳物流园区等途径来实现仓储的低碳化。

▌21.3 可持续物流和供应链

21.3.1 可持续发展理论①

1. 可持续发展的产生与发展过程

从 20 世纪 70 年代环境恶化以来，人们对环境与发展的协调进行了多方面的研究，确定了 21 世纪的经济发展为可持续发展的模式。可持续发展理论的发展过程如表 21 - 3 所示。

表 21 - 3   可持续发展的实践过程

时间	事件	主题
1972 年	斯德哥尔摩第一次人类环境大会	通过了《人类环境宣言》；提出"人类只有一个地球"
1982 年	肯尼亚内罗毕大会	通过了《内罗毕宣言》；人类发展要保护环境，与其在环境破坏后亡羊补牢，不如预防其破坏
1983 年	联合国成立世界环境与发展委员会	布伦特兰夫人任主席，会员要求以可持续发展为基本纲领
1987 年	联合国大会	提交《我们共同的未来》；正式提出可持续发展的模式
1992 年	联合国环境与发展大会	通过了《21 世纪议程》，内容包含：发展中国家的政策和国际合作，消除贫困，改变人口和消费模式；保护大气层、陆地资源，促进人类的可持续发展；妇女谋求可持续和公正的发展；财政资源机制、环境卫生，无害化技术的转让
2002 年	可持续发展世界首脑会议（地球峰会）	通过《执行计划》列出时间表，以设立具体时间和伙伴关系，促进实际行动；如 2015 年将全球渔业恢复到可持续发展水平等
2009 年	哥本哈根联合国气候变化框架公约	被喻为"拯救人类的最后一次机会"的会议；继《京都议定书》后又一具有划时代意义的全球气候协议书；基于现实困境，凭借一个共同文件来约束各国温室气体的排放

资料来源：章竟、汝宜红：《绿色物流》，北京交通大学出版社 2014 年版，第 24 页。

---

① 章竟、汝宜红：《绿色物流》，北京交通大学出版社 2014 年版，第 24 页。

可持续发展的首要和关键所在，就是坚决而积极推进经济增长方式由粗放型向集约型转变，减少和消除不能使经济可持续发展的生产方式和消费方式。从追求"无限的增长"到争取"可持续发展"，标志着人类发展观发生了根本性转变。在某种意义上，可以说人类向成熟又迈进了一大步。

2. 可持续发展概念及内涵

可持续发展是人类为解决非持续发展的缺陷而追求的一种合理的经济发展形态。目前，人们普遍认同的是 1989 年世界和平与发展委员会提出的定义：可持续发展是指既应满足当代人的需要，又不对后代人满足其需要的能力构成危害。可持续发展有以下几个方面的丰富内涵。

（1）共同发展。地球是一个复杂的系统，每个国家或地区都是这个大系统不可分割的子系统。系统的最根本特征是其整体性，每个子系统都和其他子系统相互联系并发生作用，只要一个系统发生问题，都会直接或间接影响到其他系统的紊乱，甚至会诱发系统的整体突变，这在地球生态系统中表现最为突出。因此，可持续发展追求的是整体发展、共同发展。

（2）协调发展。协调发展包括经济、社会、环境三大系统的整体协调，也包括世界、国家和地区三个空间层面的协调，还包括一个国家或地区经济与人口、资源、环境、社会以及内部各个阶层的协调，持续发展源于协调发展。

（3）公平发展。世界经济的发展呈现出因水平差异而表现出来的层次性，这是发展过程中始终存在的问题。但是，这种发展水平的层次性若因不公平、不平等而引发或加剧，就会因为局部而上升到整体，并最终影响到整个世界的可持续发展。可持续发展思想的公平发展包含两个纬度：一是时间纬度上的公平，当代人的发展不能以损害后代人的发展能力为代价；二是空间纬度上的公平，一个国家或地区的发展不能以损害其他国家或地区的发展能力为代价。

（4）高效发展。公平和效率是可持续发展的两个轮子。可持续发展的效率不同于经济学的效率，可持续发展的效率既包括经济意义上的效率，也包含着自然资源和环境的损益等成分。因此，可持续发展思想的高效发展是指经济、社会、资源、环境、人口等协调下的高效率发展。

（5）多维发展。人类社会的发展表现出全球化的趋势，但是不同国家与地区的发展水平是不同的，而且不同国家与地区又有着异质性的文化、体制、地理环境、国际环境等发展背景。此外，由于可持续发展又是一个综合性、全球性的概念，要考虑到不同地域实体的可接受性，因此，在可持续发展这个全球性目标的约束和制导下，各国与各地区在实施可持续发展战略时，应该从国情或区情出发，走符合本国或本区实际的、多样性的、多模式的可持续发展道路。

3. 可持续发展的三大要素

2005 年联合国世界峰会确立经济、环境和社会的可持续发展为可持续发展的三大支柱，旨在以平衡的方式，实现经济发展、社会发展和环境保护。

（1）环境要素。可持续发展首先应考虑环境因素，发展经济的前提是对自然环境的损害较小甚至没有损害，但是由于科学技术还不够发达和完善，人们在进行部分活动时无法认识到环境的重要性，或者无法控制对环境的危害，例如核电站的发展导致可持续发展建设面临的诸多问题。

（2）社会要素。可持续发展并不是指为了减小对环境的破坏而限制人类的社会活动，或者阻碍社会发展，而是应该能够满足我们生存和进步的需要。

（3）经济要素。可持续发展还要考虑经济因素，也就是说，可持续发展应该能够带来一定的经济效益，促进社会经济的发展，只有保证了经济收入，才能使其持续发展下去。

4. 可持续物流和供应链的定义①

可持续发展的有关概念提出后，其在管理科学中的研究和应用相对较少，直到 21 世纪才迅速增加。目前，国际上对可持续物流和供应链的研究角度、研究领域呈现出多样性，涉及垃圾处理、废料管理、绿色物流、逆向物流、生态设计、减少温室气体排放量、可持续采购等多个方面。表 21 – 4 列出了法语文献和英语文献中对可持续物流和供应链的相关定义。

---

① 田睿：《可持续物流研究的发展和法国企业的实践现状》，载《重庆与世界（学术版）》2016 年第 12 期，第 50 ~ 51 页。

表 21 –4 可持续物流和供应链的相关定义

来源	定义
达布朗（Dablanc），2007 年（法）	可持续（城市）物流可被看作是一种物流服务，这种物流服务既能明显改善物流工作者的工作条件，又能带来环境净利益，同时还能为企业及其客户带来更大的服务效率
巴讷（Pan），2010 年（法）	可持续物流是指在制定物流决策时，要同时考虑经济、环保和社会三项制约因素
卡芒等（Camman et al.），2011 年（法）	可持续物流是由企业领导的一切为减少物流活动对环境和社会造成负面影响的战略和行动，以此来保障企业的长久发展
哈斯尼等（Hassini et al.），2012 年（英）	作为供应链运营、资源、信息和基金的管理，可持续物流最大限度地提高了供应链的盈利能力，同时最大限度地减少了环境影响并最大化了社会福利
帕吉尔和吴（Pagell & Wu），2009 年（英）	可持续供应链是指在传统的利益盈亏维度运行良好，也在社会和环境维度表现良好的供应链

资料来源：田睿：《可持续物流研究的发展和法国企业的实践现状》，载《重庆与世界（学术版）》2016 年第 12 期。

21.3.2 我国可持续物流和供应链发展存在的问题及制约因素

1. 我国可持续物流和供应链发展存在的问题

受到可持续发展理念的影响，我国企业逐渐加强了可持续物流和供应链的建设，但是由于我国可持续物流和供应链发展还处于初级阶段，因此其在发展中还存在诸多问题。

第一，由于可持续物流和供应链还没有统一的概念，因此人们对可持续物流和供应链的认识就不够明确和深入，导致可持续物流和供应链的发展缺乏指导性。第二，实施可持续物流和供应链缺乏相应的资金与设备支持。要实施可持续物流和供应链，就需要大量的设备和政策，仅仅靠企业自身是很难实现的，而政府在这方面的政策和资金支持目前还不到位，因此导致企业即使想实现可持续发展，也很难在实际工作中实行。第三，目前在供应链管理方面我国缺乏更多有效的信息，导致企业无法确保获取的信息的准确性，也就不能实现供应链的最优化，影响了企业的效益，给企业可持续供应链的管理增加了难度。

2. 可持续物流和供应链发展的制约因素

（1）内部制约因素。内部制约因素指的是企业自身的问题，一般包括三个方面。第一，管理方面。企业在可持续物流和供应链方面如果缺乏完善的管理制度，管理层缺乏先进的管理理念和方法，就很容易阻碍企业可持续物流和供应链的发展。第二，成本方面。企业要实现可持续物流供应链，肯定会消耗一定量的资金，而其在社会上的作用和社会反馈给企业自身的作用需要较长的时间，在短期内几乎看不到回报，如果企业没有足够的耐心，就会影响企业可持续物流和供应链的发展。第三，资源方面。企业要实现可持续发展，需要大量的资源，包括人力资源和物资等，如果企业的资源匮乏，就会导致企业在很多方面将无法满足可持续物流和供应链发展的需要，从而制约企业的发展。

（2）外部制约因素。外部制约因素指的是企业之外的问题，同样包括三个方面。第一，政府干预方面。政府由于其特殊的身份，对社会企业具有一定的管辖权，所以应通过相应的政策来对企业的活动进行约束，确保企业的行为活动符合可持续发展观念。第二，低价竞争方面，如果社会缺乏监督，社会保障机制不完善，企业就会想方设法缩减开支，以此来降低生产成本。第三，供应商方面。如果供应商出现失约情况，就会对企业的可持续物流和供应链的发展产生一定的影响。

21.3.3　可持续物流和供应链的研究趋势

近年来，随着全球对可持续发展理念的关注度逐渐升高，众多企业开始实施可持续物流和供应链，这对企业的未来发展有着重要的意义。通过当前可持续物流和供应链的发展现状，可以看出其在未来的发展趋势。

1. 从绿色物流和供应链管理逐步发展到可持续物流和供应链管理

很多人认为可持续物流和供应链就是基于绿色物流和供应链提出的，差别不大，事实上，可持续物流和供应链的管理在研究内容上更加全面，对实现可持续发展道路的意义重大。目前人们对于绿色物流和供应链的了解更加全面，其能够有效改善外界环境，但是还不能有效协调环境、经济和社会三者之间的关系。而社会的快速进步却要求这三者之间达到有效统一与协调，因此，可持续物流供应链管理将成为企业未来发展所需。

2. 绩效评价指标的内容逐渐和可持续发展理念接轨

与传统的供应链管理绩效评价指标相比，绿色物流供应链管理绩效评价指标在环境保护方面更加具体和完善，企业不仅对供应链的成本和可靠性有所掌控，还能将企业外部的资源进行合理运用，从而完成自身发展的目标，提高企业的运营效率，促进企业的进一步发展。因而绿色物流和供应链管理绩效评价指标还包括环保指标，这是比传统的供应链评价指标有所进步的地方。可持续物流和供应链虽然是在绿色物流和供应链的基础上提出的，但是它的侧重点更偏向于可持续发展理念，因此，除了上述指标之外，可持续物流和供应链还将可持续发展能力指标的节能减排指标纳入了其中。可以说，绩效评价指标的内容正逐渐融入可持续发展理念。

3. 供应链管理研究的理论和方法日趋完善

供应链管理由采购管理、物流管理发展而来，随后经绿色供应链逐步发展到可持续供应链。一切理论源于实践，研究供应链管理的理论也不例外，它并不是从书本上直接获得的，而是企业在管理实践中不断摸索、不断总结形成的。由于社会与市场环境是不断变化的，因此企业的经营模式也必定会发生相应的变化，企业的供应链管理也随之发生变化。在经济全球化、世界网络化的时代背景下，供应链管理内容也逐渐扩大，不再单单涉及企业内部的供应链，还有全球的供应链。从供应链发展之初到现在，其逐渐从定性研究发展为定量研究，再到二者相互结合，未来可持续供应链的管理将更加完善。

本 章 小 结

本章共包括三个小节，第一节从绿色物流和供应链出发，依次介绍了绿色物流和供应链的兴起原因、概念和内涵，然后介绍了绿色物流和供应链管理的具体内容，最后对绿色物流和供应链的实现途径做了介绍。第二节主要介绍了低碳物流和供应链的起源、概念和意义，以及我国发展低碳物流和供应链存在的问题和解决办法。第三节介绍了作为绿色、低碳物流和供应链的最终发展目标——可持续物流和供应链的相关内容，包括可持续发展的历程、概念、内涵和要素，以及可持续物流和供应链发展的制约因素和未来发展趋势。

本章重要术语

绿色物流　绿色供应链　绿色消费　低碳物流　低碳制造　可持续发展

延 伸 阅 读

1. 章竟、汝宜红：《绿色物流》，北京交通大学出版社 2014 年版。

2. 孙家庆、唐丽敏：《物流学导论》，清华大学出版社 2012 年版。

3. 苏尼尔·乔普拉（Sunil Chopra）、彼得·迈因德尔（Peter Meindl）著，陈荣秋等译：《供应链管理》（第 6 版），中国人民大学出版社 2017 年版。

4. 吴健：《现代物流与供应链管理》，清华大学出版社 2011 年版。

复习与思考

1. 绿色物流和供应链的内涵是什么？

2. 如何实现物流各环节的绿色化？

3. 绿色供应链管理的内容有哪些？

4. 发展低碳物流和供应链有什么意义？

5. 如何实现物流和供应链低碳化？

6. 可持续发展的内涵有哪些？

7. 可持续供应链管理的制约因素有哪些？

参 考 文 献

［1］David Simchi – Levi、Philip Kaminsky 著，季建华等译：《供应链设计与管理》，中国人民大学出版社 2010 年版。

［2］唐·塔普斯科特、亚力克斯·塔普斯科特：《区块链革命：比特币底层技术如何改变货币、商业和世界》，中信出版社 2016 年版。

［3］Euclides A. Coimbra：《物流与供应链改善》，机械工业出版社 2016 年版。

［4］Sunil Chopra、Peter Meindl 著，陈荣秋译：《供应链管理》，中国人民大学出版社 2010 年版。

［5］《加速仓库退货处理，库宝机器人智能退货解决方案获赞》，https://mp. ofweek. com/robot/a845683120756。

［6］Donald J. Bowersox：《供应链物流管理》（原书第 4 版），机械工业出版社 2014 年版。

［7］James A. Cooke, Sharing Supply Chains for Mutual Gain, *CSCMP's Supply Chain Quarterly*, 2011. Q2.

［8］Michael Lamoureux, A Supply Chain Finance Prime, *Supply Chain Finance*, 2007.

［9］Pierre David 等：《国际物流——国际贸易中的运作管理》，清华大学出版社 2011 年版。

［10］Shaw Arch W, Some Problems in Market Distribution：Illustrating the Application of a Basic Philosophy of Business, Cambridge：Harvard University Press, 1915, pp. 66 – 67.

［11］埃弗雷姆·特班、戴维·金、李在奎、梁定、澎德：《电子商务——管理与社交网络视角》（第八版），中国人民大学出版社 2018 年版。

［12］蔡建湖、胡晓青、张玉洁等：《VMI 环境下的供应链管理》，经济科学出版社 2019 年版。

［13］曹为国：《现代物流信息管理》，浙江科学技术出版社 2006 年版。

［14］陈柳钦：《关于全球价值链理论的研究综述》，载《全球科技经济瞭望》2009 年第 12 期。

［15］陈明蔚：《供应链管理》（第二版），北京理工大学出版社 2018 年版。

［16］陈平、王成东：《管理信息系统》，北京理工大学出版社 2013 年版。

［17］陈晓华、吴家富：《供应链金融》，人民邮电出版社 2018 年版。

［18］陈志祥、马士华：《供应链中的企业合作关系》，载《南开管理评论》2001 年第 2 期。

［19］陈志祥、汪云峰、马士华：《供应链运营机制研究——生产计划与控制模式》，载《工业工程与管理》2000 年第 2 期。

［20］陈志新：《物联网技术与应用》，中国财富出版社 2019 年版。

［21］程明：《企业物流运作模式分析与决策研究》，河海大学硕士学位论文，2005 年。

［22］崔介何：《物流学》（第二版），北京大学出版社 2010 年版。

［23］大卫·辛奇－利维等：《供应链设计与管理》（第 3 版），中国人民大学出版社 2010 年版。

［24］但斌、张旭梅：《面向供应链的合作计划、预测与补给》，载《工业工程》2000 年第 1 期。

［25］但斌等：《供应链管理》，科学出版社 2012 年版。

［26］丁小龙、王富忠、李化：《现代物流管理学》，北京大学出版社 2010 年版。

［27］董林飞：《电子商务物流概念及模型研究》，载《重庆科技学院学报（社会科学版）》2011 年第 20 期。

［28］董明：《供应链设计：过程建模、风险分析和绩效优化》，上海交通大学出版社 2010 年版。

［29］董千里等：《物流运作管理》（第 2 版），北京大学出版社 2015 年版。

［30］杜学森：《物流管理》，中国铁道出版社 2008 年版。

［31］冯耕中、刘伟华：《物流与供应链管理》，中国人民大学出版社 2010 年版。

［32］冯云、汪贻生：《物联网概论》，首都经济贸易大学出版社 2013 年版。

［33］国家发展改革委：《"互联网＋"高效物流实施意见》，2016 年。

［34］何慧：《供应链管理》，东南大学出版社 2012 年版。

［35］何明珂：《物流系统论》，高等教育出版社 2004 年版。

［36］何庆斌：《仓储与配送管理》，复旦大学出版社 2011 年版。

［37］侯龙文：《现代物流管理》，经济管理出版社 2006 年版。

［38］胡建波：《物流概论》，西南财经大学出版社 2019 年版。

［39］胡丽：《城市基础设施 PPP 模式融资风险控制研究》，重庆大学出版社 2013 年版。

［40］胡奇英：《供应链管理与商业模式分析与设计》，清华大学出版社 2016 年版。

［41］华为区块链技术开发团队：《区块链技术及应用》，清华大学出版社 2019 年版。

［42］黄雁：《浅析物联网技术在智慧物流中的应用》，载《数字技术与应用》2017 年第 8 期。

［43］黄银娣、卞荣花、张骏：《国内外物流系统仿真软件的应用研究》，载《工业工程与管理》2010 年第 15 期。

［44］黄永明、潘晓东：《物联网技术基础》，航空工业出版社 2019 年版。

［45］蹇明：《供应链管理理论与方法》，西南交通大学出版社 2015 年版。

［46］江心英等：《全球价值链类型与 OEM 企业成长路径》，载《中国软科学》2009 年第 11 期。

［47］姜春华：《第三方物流》，东北财经大学出版社 2005 年版。

［48］蒋长兵等：《运输与配送管理：实验与案例》（第 2 版），中国物资出版社 2016 年版。

［49］蒋志青：《企业组织结构设计与管理》，电子工业出版社 2004 年版。

［50］金钟、陈剑飞：《中国石油企业海外项目采购管理探析》，载《国际石油经济》2020 年第 9 期。

［51］赖万英、陈福集：《企业物流组织结构再造研究》，载《物流科技》2005 年第 12 期。

［52］李辉：《物联网发展与应用研究》，北京理工大学出版社 2017 年版。

［53］李健、侯书生：《协同与供应：企业的供应链管理》，四川大学出版社 2016 年版。

［54］李莎：《电子商务与快递行业协同发展研究》，北京邮电大学硕士学位论文，2010 年。

［55］李圣状、乔良、戚光远：《采购管理》，机械工业出版社 2019 年版。

［56］李向文、冯茹梅：《物流与供应链金融》，北京大学出版社 2012 年版。

［57］李亦亮：《现代物流仓储管理》，安徽大学出版社 2009 年版。

［58］李毅学：《物流规划理论与案例分析》，中国物资出版社 2010 年版。

［59］梁锷：《现代物流的战略新动向》，载《企业活力》2011 年第 1 期。

［60］林贤福、黄裕章：《仓储与配送管理实务》（第 2 版），北京理工大学出版社 2018 年版。

［61］刘伯莹、徐瑾：《牛鞭效应的危害及其对策》，载《物流技术》2003 年第 1 期。

［62］刘丽艳、乔向红：《物流与供应链管理》，电子工业出版社 2019 年版。

［63］刘敏：《采购与供应管理》，山东人民出版社 2017 年版。

［64］刘明菲、王槐林：《物流管理》，科学出版社 2008 年版。

［65］刘南、兰振东：《运输与配送》，科学出版社 2010 年版。

［66］刘伟华、刘希龙：《物流服务运作与创新》，清华大学出版社 2017 年版。

［67］刘章勇、王翅：《渠道管理》，北京理工大学出版社 2018 年版。

［68］柳荣：《新物流与供应链运营管理》，人民邮电出版社 2020 年版。

［69］罗岚、姚琪、殷伟：《供应链管理》，华中科技大学出版社 2016 年版。

［70］罗宇毅：《从零开始学采购》，电子工业出版社 2018 年版。

［71］骆温平：《第三方物流》（第三版），高等教育出版社 2019 年版。

［72］马宁：《电子商务物流管理》（微课版第 3 版），人民邮电出版社 2020 年版。

［73］马士华、林勇：《供应链管理》，机械工业出版社 2010 年版。

［74］马士华、林勇：《企业生产与物流管理》（第 2 版），清华大学出版社 2015 年版。

［75］马士华、林勇等：《供应链管理》（第 5 版），机械工业出版社 2016 年版。

［76］马士华：《供应链管理》（第 3 版），中国人民大学出版社 2017 年版。

［77］缪兴锋、别文群：《物联网技术应用实务》，华中科技大学出版社 2014 年版。

［78］欧阳小迅：《智慧物流的发展特点及技术体系分析》，载《物流工程与管理》2019 年第 10 期。

［79］潘立武、刘志龙、罗丛波：《物联网技术与应用》，航空工业出版社 2018 年版。

［80］彭力：《物联网技术概论》，北京航空航天大学出版社 2015 年版。

［81］曲永栋、邢金山、朱付长：《网店运营理论与实操》，中国农业科学技术出版社 2016 年版。

［82］任明月、张议云、李想：《区块链+：打造信用与智能社会》，清华大学出版社 2018 年版。

［83］汝宜红、田源：《物流学》（第二版），高等教育出版社 2014 年版。

［84］邵欣、刘继伟、曹鹏飞：《物联网技术与应用》，北京航空航天大学出版社 2018 年版。

［85］深圳发展银行中欧国际工商学院"供应链金融"课题组：《供应链金融：新经济下的新金融》，上海远东出版社 2019 年版。

［86］施李华：《物流战略》，对外经济贸易大学出版社 2004 年版。

［87］施先亮、王耀球：《供应链管理》（第 3 版），机械工业出版社 2018 年版。

［88］宋华、于亢亢：《物流与供应链管理》（第三版），中国人民大学出版社 2017 年版。

［89］宋华：《供应链金融》，中国人民大学出版社 2016 年版。

［90］宋华：《互联网供应链金融》，中国人民大学出版 2017 年版。

［91］宋慧勇、汤少梁：《基于 CPFR 的供应链整合研究》，载《现代商贸工业》2007 年第 10 期。

［92］宋志国、贾引狮：《绿色供应链管理若干问题研究》，中国环境科学出版社 2009 年版。

［93］苏尼尔·乔普拉（Sunil Chopra）、彼得·迈因德尔（Peter Meindl）：《供应链管理》（第 5 版），清华大学出版社 2014 年版。

［94］苏尼尔·乔普拉（Sunil Chopra）等：《供应链管理》（第 6 版），中国人民大学出版社 2017 年版。

［95］隋鑫：《企业物流管理》，中国物资出版社 2010 年版。

［96］孙朝苑：《企业物流规划与管理》，西南交通大学出版社 2008 年版。

［97］孙家庆、唐丽敏：《物流学导论》，清华大学出版社 2012 年版。

［98］谭力文等：《21 世纪以来战略管理理论的前沿与演进》，载《南开管理评论》2014 年第 2 期。

［99］田睿：《可持续物流研究的发展和法国企业的实践现状》，载《重庆与世界（学术版）》2016 年第 12 期。

[100] 田宇：《第三方物流分包管理》，中山大学出版社 2006 年版。

[101] 涂高发：《采购管理从入门到精通》，化学工业出版社 2019 年版。

[102] 万立军、闫秀荣：《物流企业管理》，清华大学出版社 2011 年版。

[103] 万联供应链金融研究院：《2019 中国供应链金融调研报告》，中国人民大学中国供应链战略管理研究中心，2019 年 10 月。

[104] 王成林：《柔性化配送中心构建模式研究》，中国财富出版社 2012 年版。

[105] 王道平、杨建华：《供应链物流信息系统》，电子工业出版社 2008 年版。

[106] 王刚：《供应链管理中的牛鞭效应研究》，武汉理工大学硕士学位论文，2007 年。

[107] 王槐林、刘明菲：《物流管理学》（第三版），武汉大学出版社 2010 年版。

[108] 王克岭等：《全球价值链治理模式演进的影响因素研究》，载《产业经济研究》2013 年第 4 期。

[109] 王鹏：《供应链管理》，北京理工大学出版社 2016 年版。

[110] 王萍：《电子商务基础》，华东理工大学出版社 2010 年版。

[111] 王效俐、沈四林：《物流运输与配送管理》，清华大学出版社 2012 年版。

[112] 王益民：《基于共同演化视角的跨国公司战略与产业集群互动研究》，经济科学出版社 2007 年版。

[113] 王长青：《仓储与配送管理实务》，北京理工大学出版社 2018 年版。

[114] 王子涛：《ZT 公司采购管理信息系统项目建设及应用研究》，长安大学硕士学位论文，2019 年。

[115] 魏修建、姚峰：《现代物流与供应链管理》，西安交通大学出版社 2008 年版。

[116] 魏翼飞、李晓东、[加] 于非（Fei Richard Yu）：《区块链原理、架构与应用》，清华大学出版社 2019 年版。

［117］文丹枫、周鹏辉：《智慧供应链：智能化时代的供应链管理与变革》，电子工业出版社 2020 年版。

［118］吴斌：《车辆路径问题及其智能优化算法》，经济管理出版社 2013 年版。

［119］吴承健、傅培华、王姗姗：《物流学概论》，浙江大学出版社 2009 年版。

［120］吴健：《电子商务物流管理》（第 2 版），清华大学出版社 2013 年版。

［121］吴健：《现代物流与供应链管理》，清华大学出版社 2011 年版。

［122］吴文祥：《VMI 供应链系统的经济效果评价研究》，载《管理评论》2003 年第 6 期。

［123］谢非：《风险评价原理与方法》，重庆大学出版社 2013 年版。

［124］谢家平、魏航：《跨国公司全球供应链运营模式》，上海财经大学出版社 2010 年版。

［125］辛童：《华为供应链管理》，浙江大学出版社 2019 年版。

［126］熊恒庆、施和平：《延迟策略：对付不确定性风险的利器》，载《商场现代化》2011 年第 15 期。

［127］徐冠杰：《供应链合作新概念——协同运输管理（CTM）》，载《物流技术》2006 年第 2 期。

［128］徐杰：《物流组织网络：结构与运作》，社会科学文献出版社 2008 年版。

［129］徐君：《企业战略管理》，清华大学出版社 2017 年版。

［130］杨付等：《精神型领导、战略共识与员工职业发展：战略柔性的调节作用》，载《管理世界》2014 年第 10 期。

［131］杨海荣：《现代物流系统与管理》，北京邮电大学出版社 2003 年版。

［132］杨红娟：《低碳供应链管理》，科学出版社 2013 年版。

［133］杨莉蓉：《智慧物流管理中物联网的运用实践之研究》，载《物流配送》2018 年第 34 期。

［134］杨路明：《电子商务物流管理》，机械工业出版社 2013 年版。

［135］杨思东、黄静：《仓储管理实务》，中国经济出版社 2010 年版。

［136］张诚、周湘峰、刘美玲：《物流与供应链管理理论精要与实践案例》，经济管理出版社 2018 年版。

［137］张璠、陈斌、靳洪玲：《物联网技术基础》，航空工业出版社 2018 年版。

［138］张光明：《供应链管理》，武汉大学出版社 2011 年版。

［139］张华、李一辉、喻立：《电子商务与物流管理》，华中科技大学出版社 2015 年版。

［140］张辉：《全球价值链理论与我国产业发展研究》，载《中国工业经济》2004 年第 5 期。

［141］张良卫：《全球供应链管理》，中国物资出版社 2008 年版。

［142］张荣杰、张健：《可持续供应链管理研究现状综述》，载《生态经济》2012 年第 1 期。

［143］张涛、邵志芳、吴继兰：《企业资源计划（ERP）原理与实践》，机械工业出版社 2015 年版。

［144］张相斌、林萍、张冲：《供应链管理》，人民邮电出版社 2015 年版。

［145］张向春：《仓储管理实务》，北京理工大学出版社 2012 年版。

［146］张秀萍、柯曼綦：《全球供应链》，经济管理出版社 2017 年版。

［147］张旭辉、杨勇攀：《第三方物流》（第 2 版），北京大学出版社 2017 年版。

［148］张旭梅：《物流信息管理》，重庆大学出版社 2008 年版。

［149］张宇航：《基于竞争优势理论的企业物流战略研究》，长安大学硕士学位论文，2006 年。

［150］章竟、汝宜红：《绿色物流》，北京交通大学出版社 2014 年版。

［151］赵钢、杨冰、杨英宝：《供应链网络运行与控制》，科学出版社 2017 年版。

［152］赵泉午、卜祥智：《现代物流管理》，清华大学出版社 2018 年版。

［153］赵晓波、黄四民：《库存管理》，清华大学出版社2008年版。

［154］赵旭、刘进平：《物流战略管理》（第二版），中国人民大学出版社2015年版。

［155］赵玉国：《仓储管理》，冶金工业出版社2008年版。

［156］郑称德：《供应链物流管理》，南京大学出版社2018年版。

［157］郑吉春、李伊松：《精益物流与敏捷物流的选择策略分析》，载《北京交通大学学报（社会科学版）》2004年第2期。

［158］郑凯等：《低碳物流》，北京交通大学出版社2012年版。

［159］郑克俊等：《第三方物流》，科学出版社2007年版。

［160］中国区块链技术和产业发展论坛：《区块链技术和应用发展白皮书2016》。

［161］中国物流与采购联合会：《中国物流发展报告（2014－2015）》，中国财富出版社2015年版。

［162］中国物流与采购联合会：《中国物流发展报告（2018－2019）》，中国财富出版社2019年版。

［163］中华人民共和国国家标准《供应链管理》第2部分：SCM术语（GB/T26337.2－2011）。

［164］中华人民共和国国家标准《物流术语》（GB/T18354－2001）。

［165］中华人民共和国国家标准《物流术语》（GB/T18354－2006）。

［166］周建良、胡珺、陈苏勇：《电子商务实务》（第二版），清华大学出版社2014年版。

［167］周启蕾：《物流学概论》（第3版），清华大学出版社2013年版。

［168］周晓桦、柴伟莉：《第三方物流》，电子工业出版社2010年版。

［169］周永亮：《价值链重构：突破企业成长的关口》，机械工业出版社2016年版。

［170］周跃进、陈国华等：《物流网络规划（第2版）》，清华大学出版社2015年版。

［171］朱道立等：《物流和供应链管理》，复旦大学出版社2006年版。

［172］朱静：《牛鞭效应的成因及对策分析》，载《现代营销》（经营

版）2020 年第 6 期。

　[173] 朱玮、吴云、杨波：《区块链简史》，中国金融出版社 2020 年版。

　[174] 朱有兆：《供应链环境下的战略性采购管理与风险控制研究》，复旦大学硕士学位论文，2008 年。

　[175] 自营配送模式——引自 MBA 智库百科，https：//wiki. mbalib. com/wiki/% E8% 87% AA% E8% 90% A5% E9% 85% 8D% E9% 80% 81% E6% A8% A1% E5% BC% 8F。

　[176] 邹小芃、陈万翔、夏峻峰：《国内物流金融研究综述》，载《商业时代》2006 年第 36 期。